# 陕西统计年鉴 2019

SHAANXI
STATISTICAL YEARBOOK

陕西省统计局
国家统计局陕西调查总队 编

中国统计出版社
China Statistics Press

图书在版编目（CIP）数据

陕西统计年鉴. 2019 : 汉英对照 / 陕西省统计局 , 国家统计局陕西调查总队编. -- 北京 : 中国统计出版社, 2019.8
ISBN 978-7-5037-8875-8

Ⅰ. ①陕… Ⅱ. ①陕… ②国… Ⅲ. ①统计资料—陕西—2019—年鉴 Ⅳ. ①C832.41-54

中国版本图书馆CIP数据核字（2019）第153338号

陕西统计年鉴—2019

作　　者 / 陕西省统计局　国家统计局陕西调查总队
责任编辑 / 郭　栋
封面设计 / 翟　竞
出版发行 / 中国统计出版社
通信地址 / 北京市丰台区西三环南路甲6号　邮政编码 /100073
电　　话 / 邮购（010）63376909　书店（010）68783171
网　　址 /http://www.zgtjcbs.com/
印　　刷 / 河北鑫兆源印刷有限公司
经　　销 / 新华书店
开　　本 /880mm×1230mm　1/16
字　　数 /1050千字
印　　张 /32.5　彩页1.25印张
版　　别 /2019年8月第1版
版　　次 /2019年8月第1次印刷
定　　价 /398.00元

本书附同版本CD-ROM一张，光盘内容以书面文字为准。
如有印装差错，由本社发行部调换。

# 陕西一日

- 6.15 地方财政收入（亿元）
- 1126 出 生（人）
- 658 死 亡（人）
- 823 结 婚（对）
- 274 离 婚（对）
- 3.36 粮食产量（万吨）
- 56.88 住户存款（亿元）
- 1672 油料产量（吨）
- 11976 入境旅游人数（人次）
- 2.76 苹果产量（万吨）
- 3.93 进口总值（亿元）
- 4.95 蔬菜产量（万吨）
- 5.69 出口总值（亿元）
- 3136 肉类产量（吨）
- 199 客运量（万人）
- 170.75 原煤产量（万吨）
- 475 货运量（万吨）

| 生产总值（亿元） | 第一产业 | 第二产业 | 第三产业 |
|---|---|---|---|
| 66.95 | 5.01 | 33.31 | 28.63 |

- 9.64 原油产量（万吨）
- 1.22 天然气（亿立方米）
- 4.88 发电量（亿千瓦小时）
- 1702 汽车产量（辆）
- 35.34 能源消费量（万吨标准煤）
- 24.49 社会消费品零售额（亿元）

## 生产总值（亿元）

## 人均生产总值（元）

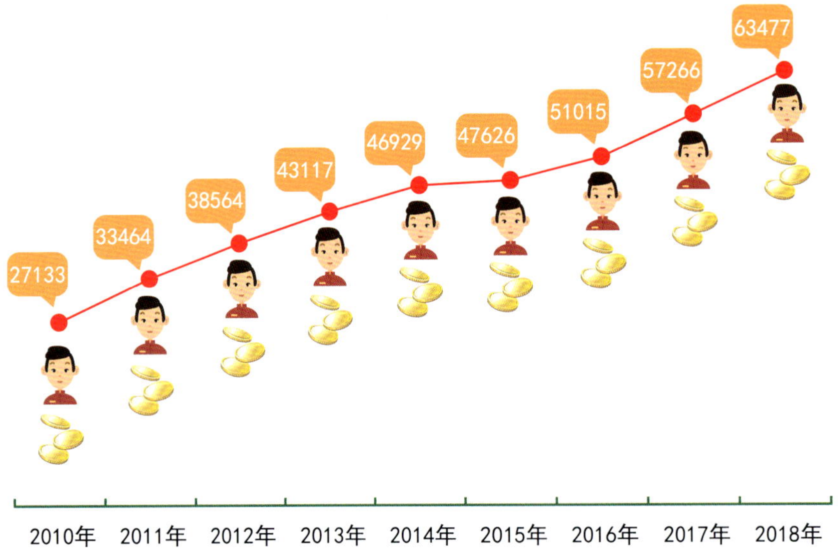

# 常住人口及城镇人口比重

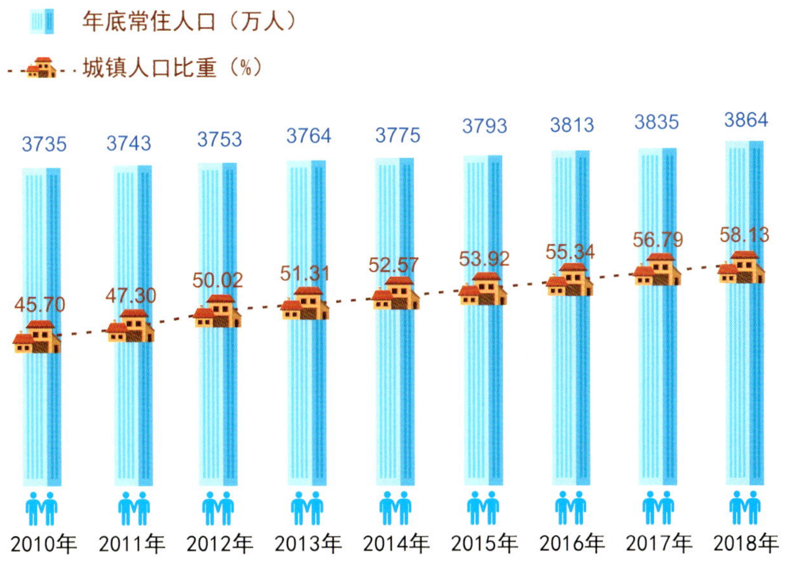


# 60岁及以上人口和比重

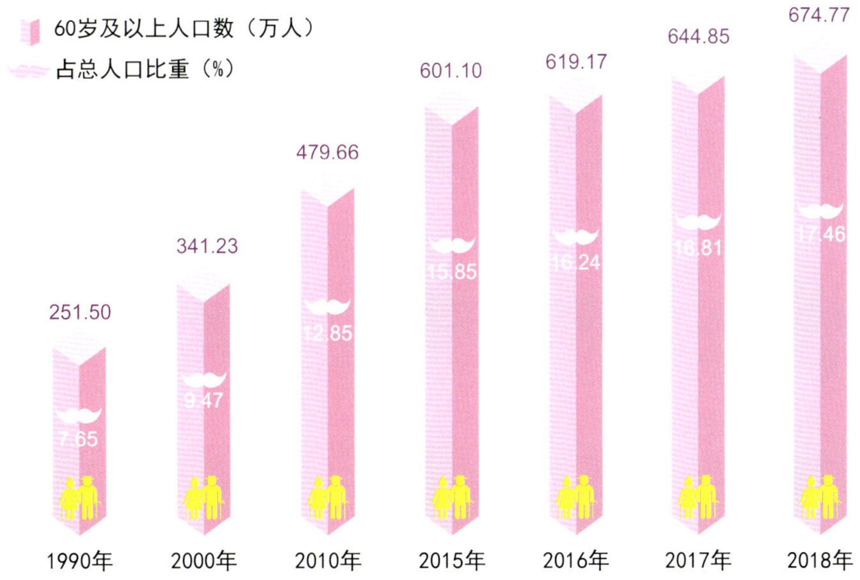

## 全社会固定资产投资比上年增长（%）

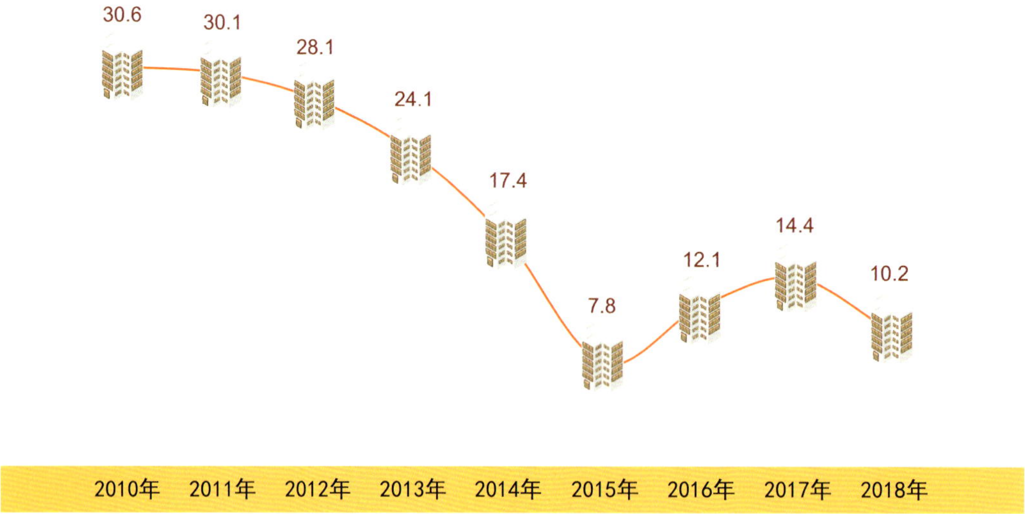


## 地方财政收入（亿元）

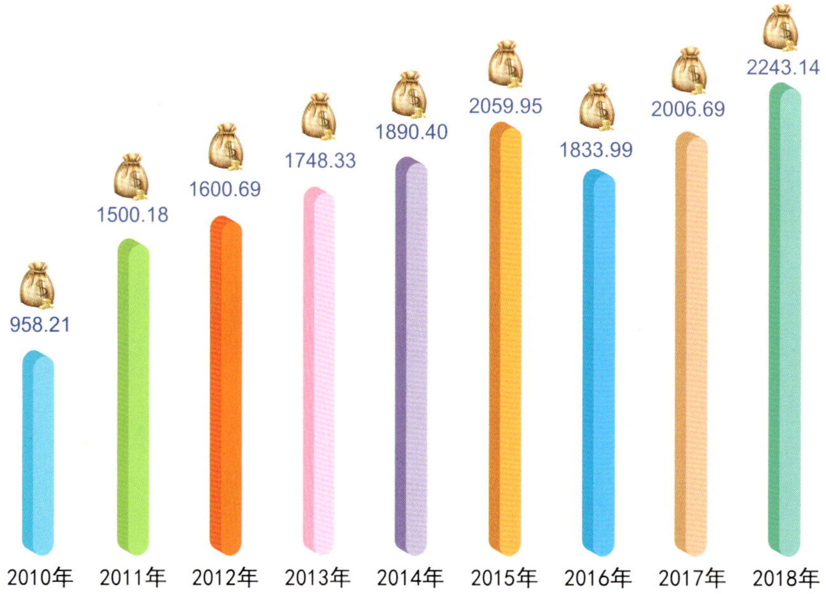

## 能源生产总量（万吨标准煤）

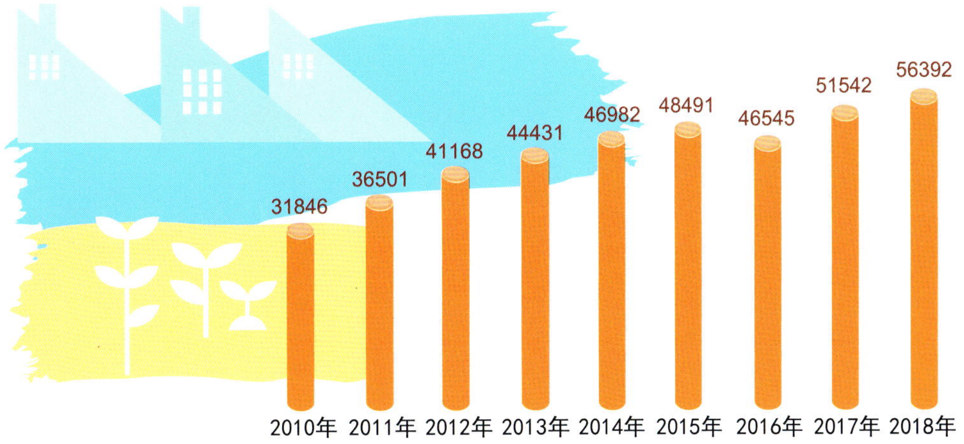


## 能源消费总量（万吨标准煤）

## 农村居民人均可支配收入（元）

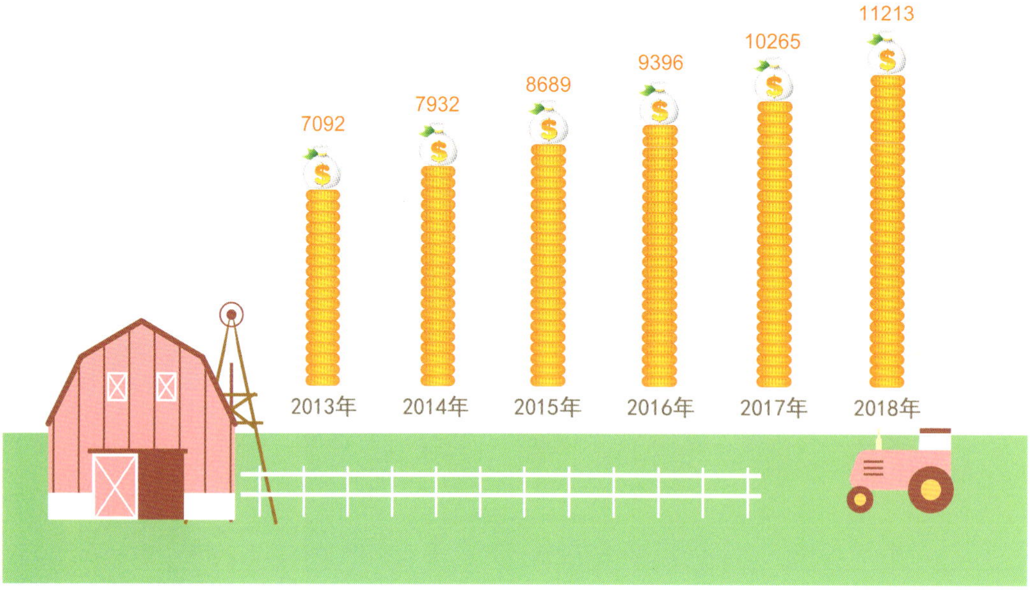


## 城镇居民人均可支配收入（元）

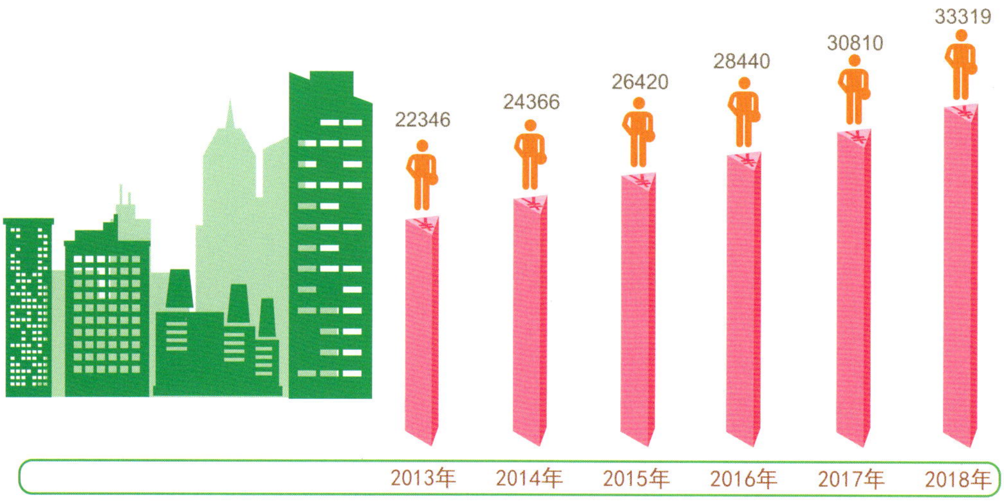

## 城乡居民收入比（以农村居民为1）

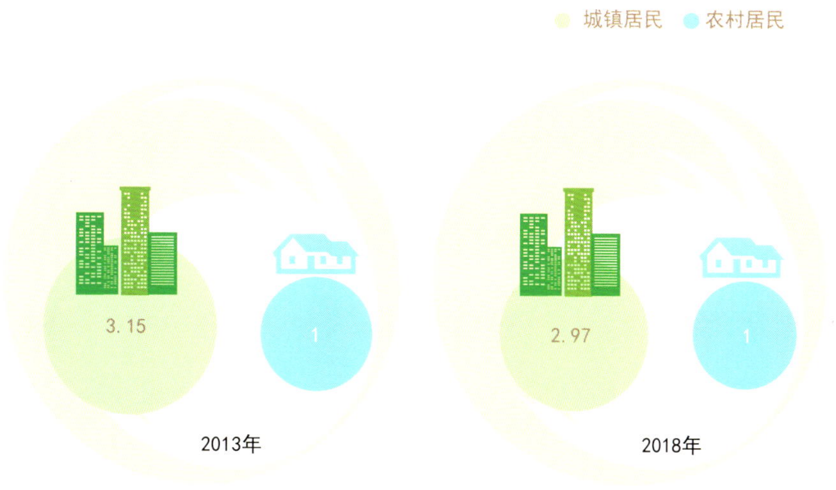


## 居民人均生活消费支出构成

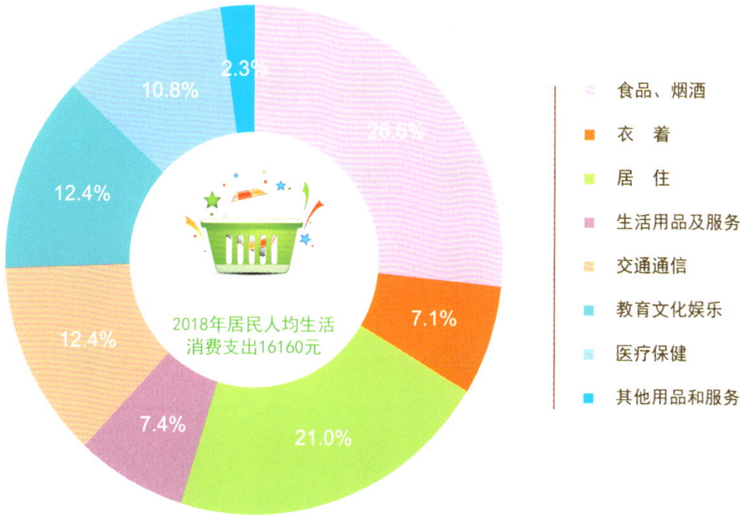

## 高速公路里程（公里）

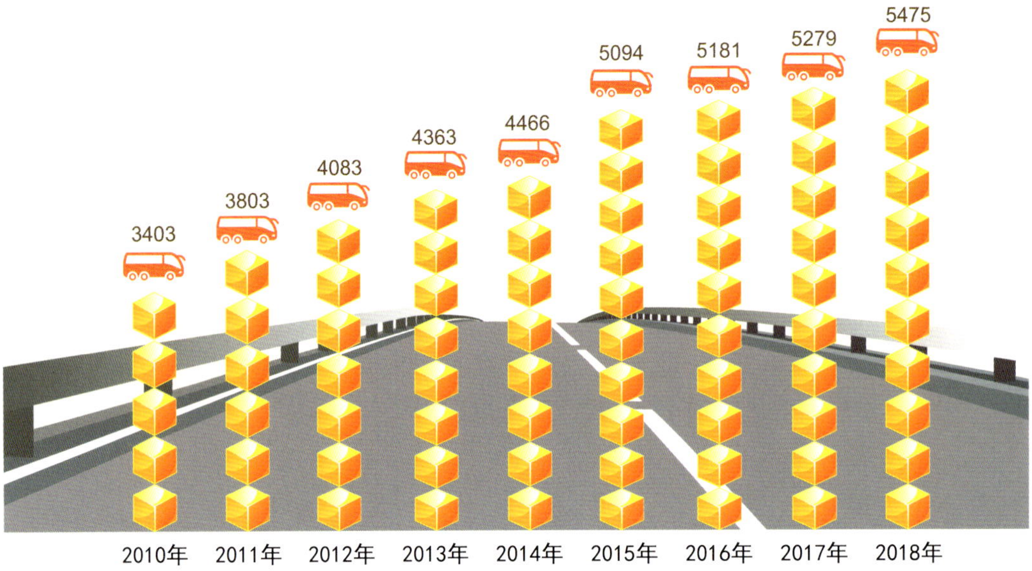


## 私人汽车拥有量（万辆）

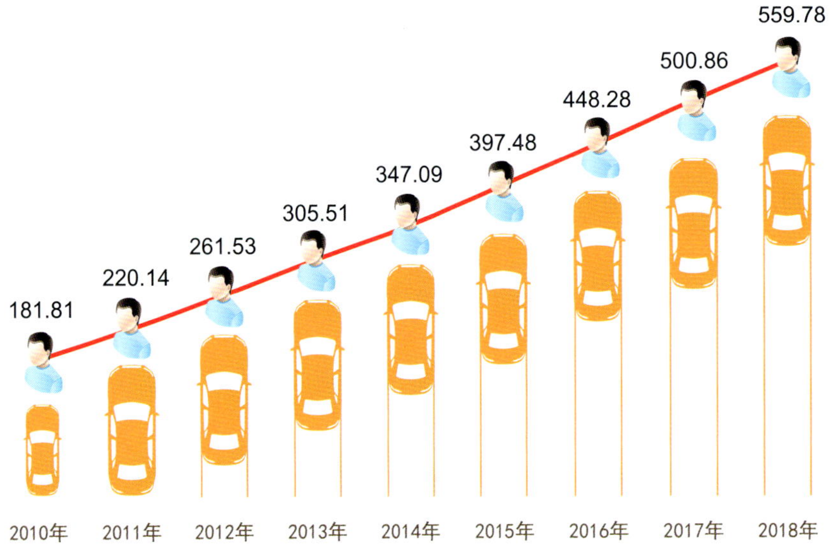

## 天然原油产量（万吨）

## 天然气产量（亿立方米）

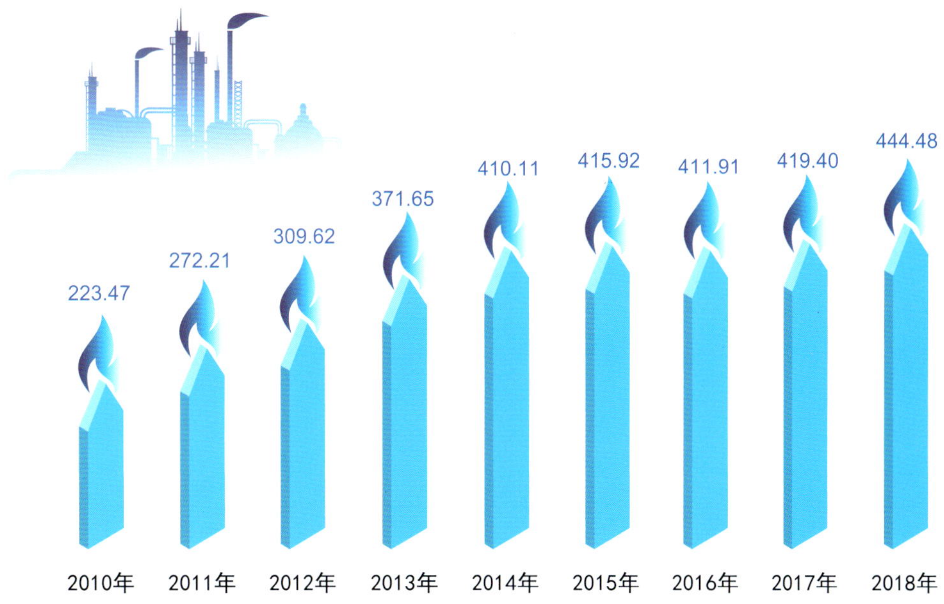

## 粮食产量（万吨）

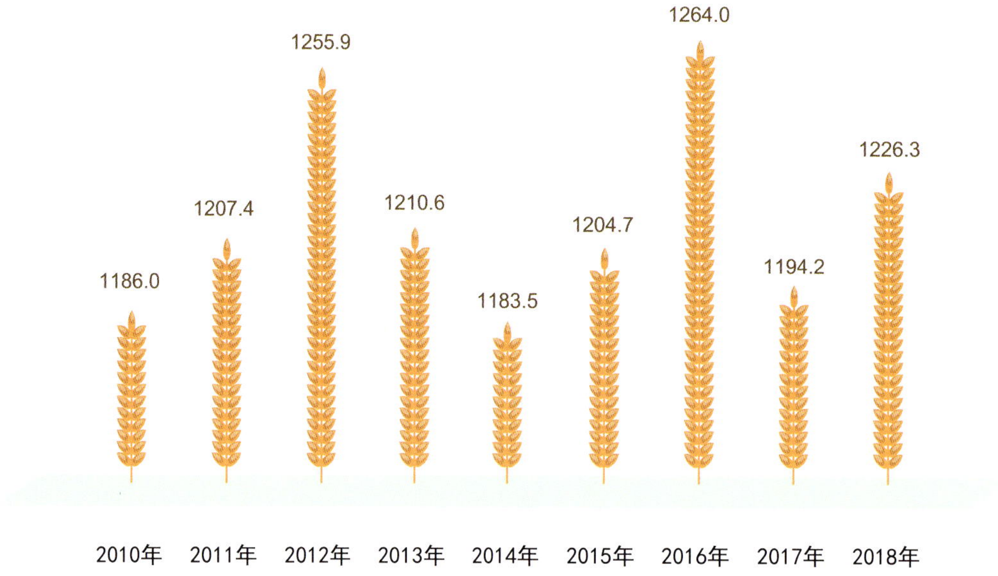


## 苹果产量（万吨）

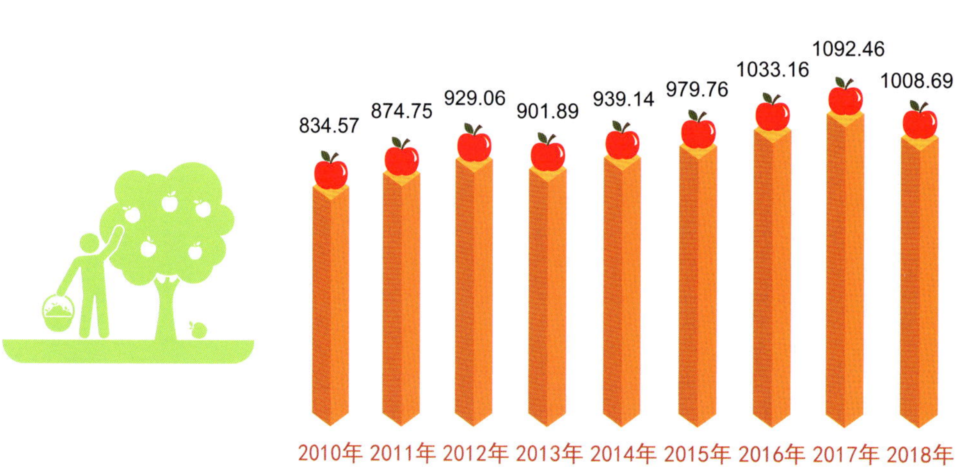

## 移动电话年末用户（万户）

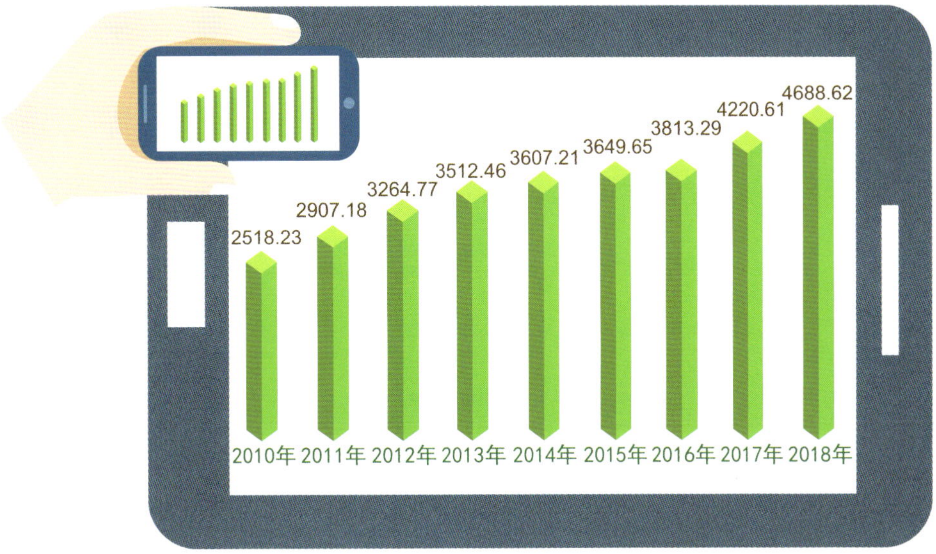


## 社会消费品零售总额

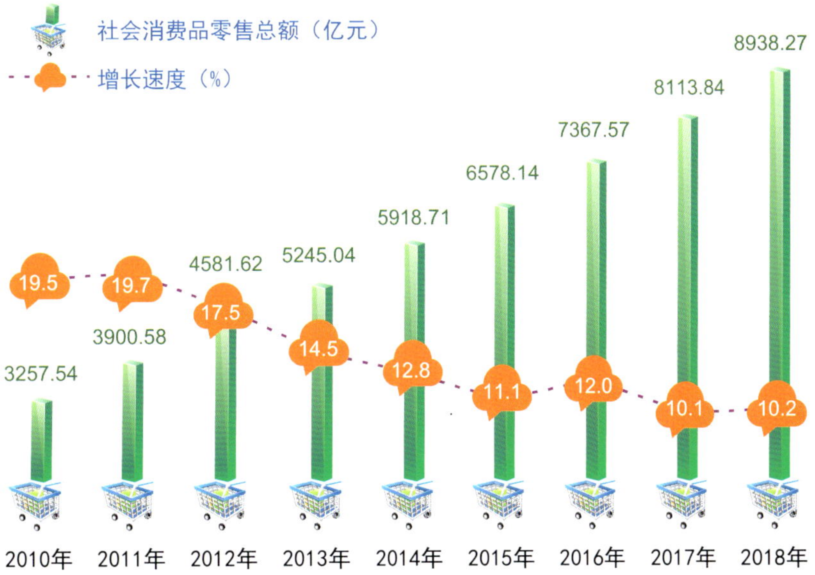

## 发电量（亿千瓦小时）

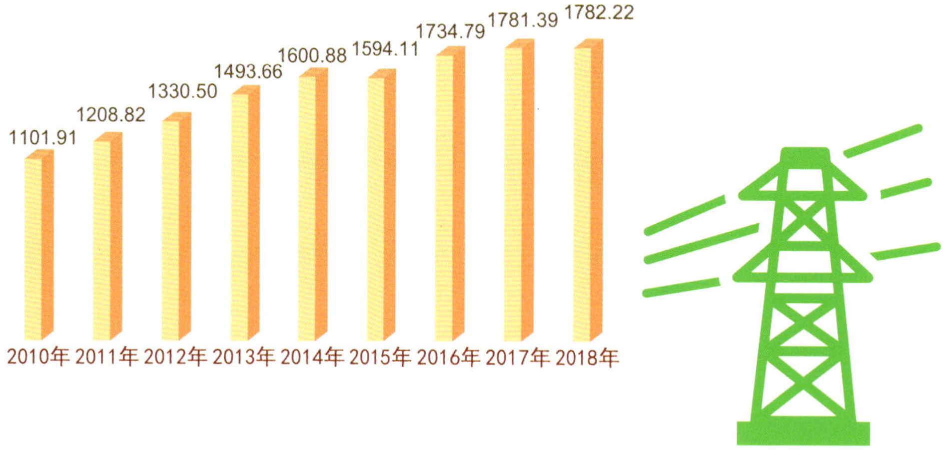


## 汽车产量（万辆）

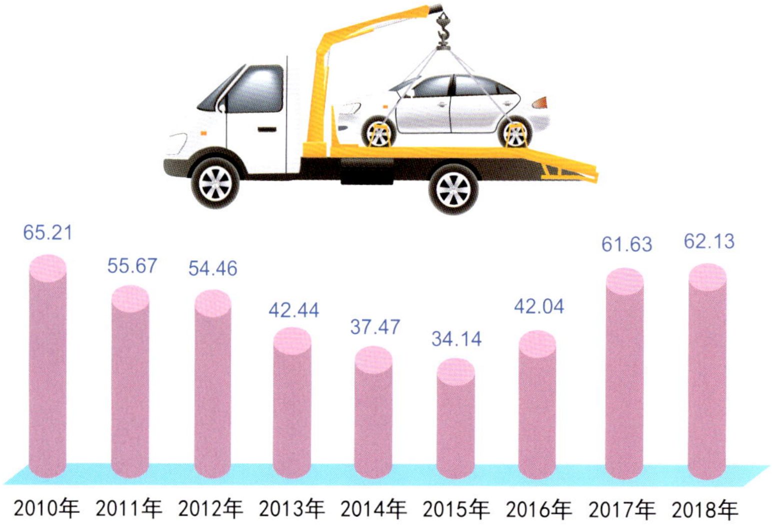

## 卫生机构床位数（万张）

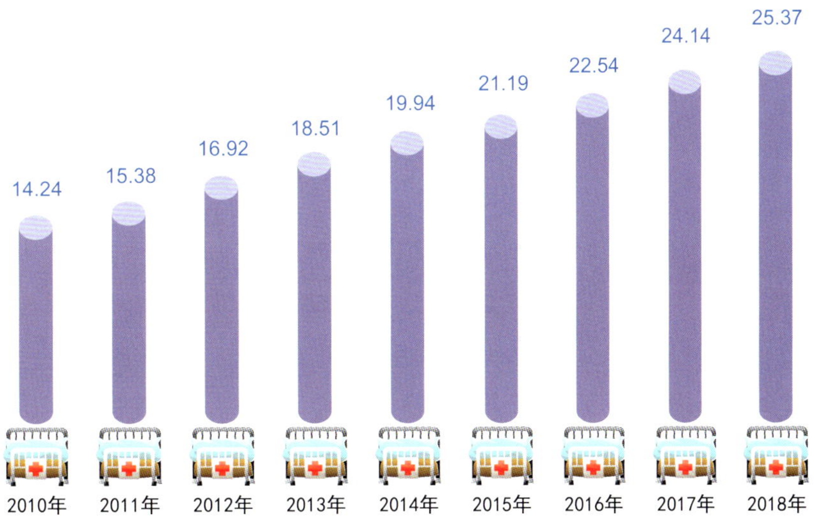


## 普通高等学校毕业生数（万人）

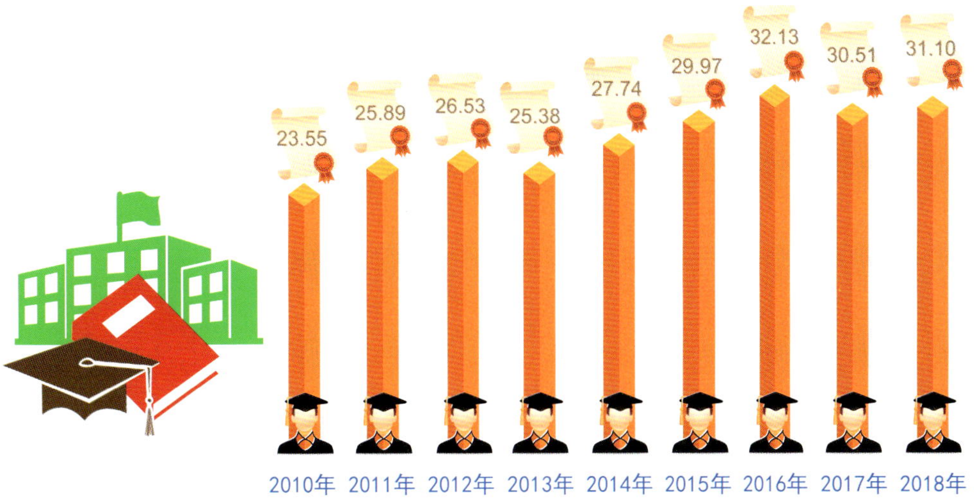

# 进出口总值（亿元）

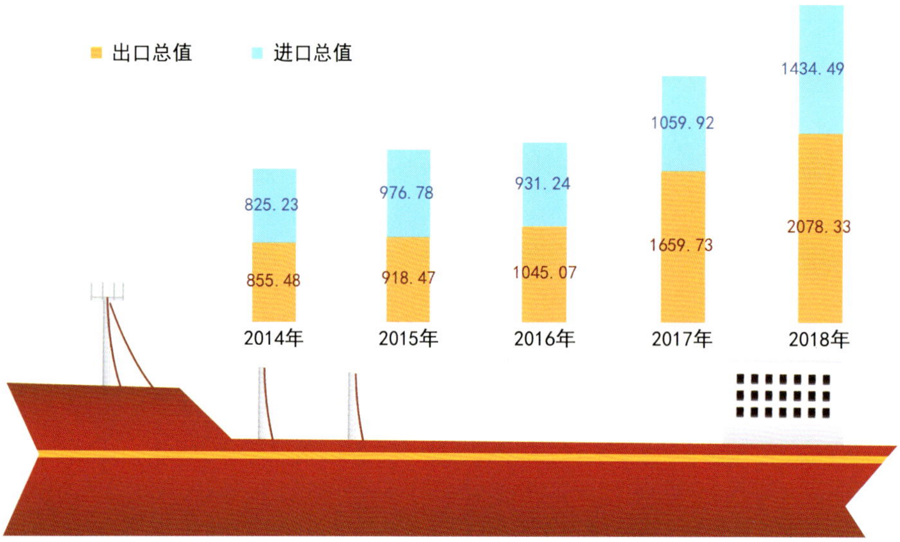


# 实际利用外资额

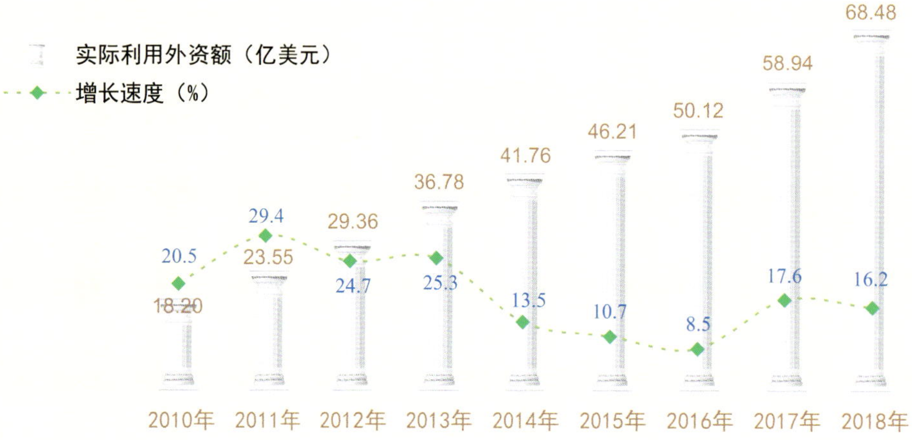

# 《陕西统计年鉴－2019》

## 编委会和编辑工作人员名单

# Shaanxi Statistical Yearbook - 2019

## EDITORIAL BOARD AND EDITORIAL STAFF

# 编 者 说 明

一、《陕西统计年鉴－2019》是一部全面系统反映陕西省经济、社会、科技发展状况的资料性年刊。书中资料根据全省各专业统计年报加工而成，并收录了各市、县及省级有关部门的统计数据。

二、全书内容分为21部分：1．行政区划和自然资源；2．综合；3．国民经济核算；4．人口；5．就业和工资；6．固定资产投资；7．能源；8．财政、金融和保险；9．价格指数；10．人民生活；11．环境和城市；12．农业；13．工业；14．建筑业；15．运输和邮电；16．批发和零售业、住宿和餐饮业；17．对外经济贸易和旅游；18．教育、科技和文化；19．体育、卫生和其他；20．水利；21．全国各省、市、自治区主要指标。附录为2018年陕西省统计局大事记、2018年陕西调查总队大事记、陕西省统计局机构一览表、陕西调查总队机构一览表。为方便读者使用，各篇章前设有简要说明，列示主要统计指标提要和统计图，后面附主要统计指标解释。

三、本年鉴数据以2018年为主，主要指标列示改革开放以来重点年份的资料。

四、2012 年韩城市试点设立省内计划单列市，本年鉴在各市（区）主要指标中增加了韩城市的数据。

五、本年鉴全国及各省、市、自治区主要指标资料来源于《中国统计摘要－2019》，部分数据为初步统计数，正式数据以《中国统计年鉴－2019》为准。

六、本年鉴表中的符号使用说明：“...”表示数据不足本表最小单位；“空格”表示该项统计指标数据不详或无该项数据；“#”表示其中项。

# EDITOR'S NOTES

Ⅰ. *Shaanxi Statistical Yearbook-2019* is an annual statistical publication, which reflects various aspects of province's economic, social science and technology development.

The major data sources of the publication are statistical annual report of different sectors. Also some other statistical data of city, county, and relevant departments are filled.

Ⅱ. The yearbook contains the following twenty-one chapters:

1. Divisions of Administrative Areas and Natural Resources;
2. General Survey;
3. National Accounts;
4. Population;
5. Employment and Wages;
6. Investment in Fixed Assets;
7. Energy;
8. Government Finance, Banking and Insurance;
9. Price Indices;
10. People's Livelihood;
11. Environment and Cities;
12. Agriculture;
13. Industry;
14. Construction;
15. Transport, Post and Telecommunication Services;
16. Wholesale and Retail Trades, Hotels and Catering Services;
17. Foreign Trade and Tourism;
18. Education, Science, Technology and Culture;
19. Sports, Public Health and Others;
20. Irrigation;
21. Main Indicators of National Economy by Countrywide, Province, Municipality and Autonomous Region.

The addenda include chronicle of events of Shaanxi Provincial Bureau of Statistics in 2018, chronicle of events of NBS Survey Office in Shaanxi in 2018, list of institutions of Shaanxi Provincial Bureau of Statistics and list of institutions of NBS Survey Office in Shaanxi.

As a matter of convenience for readers, we make Brief Introduction, abstract of major indicators and statistical charts at the beginning of each chapter and explanatory notes on main statistical indicators at the end of each chapter.

Ⅲ. The yearbook is based on data of 2018. Each part includes statistical materials for historically important years, especially from 1978. Since then we have been implementing the reform and opening policy.

Ⅳ.The Hancheng city has established the city specifically designated in the province plan in 2012. So, the main index by city(district) has added the data of Hancheng city in the yearbook.

Ⅴ.The rough data of the nation and other provinces are taken from *China Statistical Abstract-2019*. The official data should refer to *China Statistical Yearbook-2019* later.

Ⅵ.Explanatory symbol for notations used in this yearbook:

"..." indicates that the figure is not large enough to be measured with the smallest unit in the table;

"  " (blank) indicates that the data not available;

"#" indicates that the major items of the total.

# 目　录

# CONTENTS

## 一、行政区划和自然资源

## Divisions of Administrative Areas and Natural Resources

## 二、综合
## General Survey



## 三、国民经济核算
## National Accounts

## 四、人口
## Population



## 五、就业和工资
## Employment and Wages

## 六、固定资产投资
## Investment in Fixed Assets

## 七、能源
## Energy

## 八、财政、金融和保险
## Government Finance, Banking and Insurance



## 九、价格指数
## Price Indices

## 十、人民生活
## People's Livelihood

## 十一、环境和城市
## Environment and Cities



## 十二、农业
## Agriculture

## 十三、工业
## Industry

## 十四、建筑业
## Construction

## 十五、运输和邮电
## Transport, Post and Telecommunication Services

## 十六、批发和零售业、住宿和餐饮业
## Wholesale and Retail Trades, Hotels and Catering Services



## 十七、对外经济贸易和旅游
## Foreign Trade and Tourism

## 十八、教育、科技和文化
## Education, Science, Technology and Culture

## 十九、体育、卫生和其他
## Sports, Public Health and Others

## 二十、水利
## Irrigation

## 二十一、全国各省、市、自治区主要指标

## Main Indicators of National Economy by Countrywide, Province, Municipality and Autonomous Region

# 一、行政区划和自然资源

Divisions of Administrative Areas and Natural Resources

资料整理：李　娟　梁珠荣

# 简 要 说 明

一、本篇资料反映陕西行政区划、自然资源的开发和利用等情况。自然资源包括土地、气候、森林、水利、矿产资源情况。

二、本篇资料来源：土地资源、矿产资源、森林资源、水利资源、气象资料分别由省自然资源厅、省林业局、省水利厅、省气象局提供，土地资源资料取自省自然资源厅《陕西省国土资源公报（2017年度）》。

# Brief Introduction

Ⅰ.This chapter reflects the data on administrative division's areas and the exploitation and utilization of the natural resources of Shaanxi Province. Natural resources cover land, climate, forest, water conservancy and mineral resources.

Ⅱ.Data resources: the data on land resources, mineral resources, forest resources, water conservancy and meteorology are provided by Department of Land and Resources of Shaanxi Province, Shaanxi Provincial Bureau of Forestry, Shaanxi Provincial Department of Water Resources and Shaanxi Provincial Bureau of Meteorology. The data on land resources are obtained from "Shaanxi Territorial Resources communiqué (2017)".

# 1.行政区划和自然资源

陕西位于东经105°29′－111°15′和北纬31°42′－39°35′之间，东隔黄河与山西相望，西连甘肃、宁夏，北临内蒙古，南连四川、重庆，东南与河南、湖北接壤。2018年全省设西安、铜川、宝鸡、咸阳、渭南、延安、汉中、榆林、安康、商洛10个省辖市和杨凌农业高新技术产业示范区，有5个县级市，72个县和30个市辖区，982个镇，23个乡，308个街道办事处。

全省面积为20.56万平方公里。地势南北高、中间低，西部高、东部低，地形复杂多样，北部为陕北黄土高原，中部为号称“八百里秦川”的关中平原，南部为陕南秦巴山地。

全省以秦岭为界南北河流分属长江水系和黄河水系。主要有渭河、泾河、洛河、无定河和汉江、丹江、嘉陵江等。陕西属大陆性季风气候，2018年平均气温12.7摄氏度，年平均降水量629.4毫米，南北差异明显。

全省自然资源丰富，矿产多，储量大，探明矿产居全国前十位的矿种60种。

## 主要城市年平均气温（摄氏度）
（2018年）

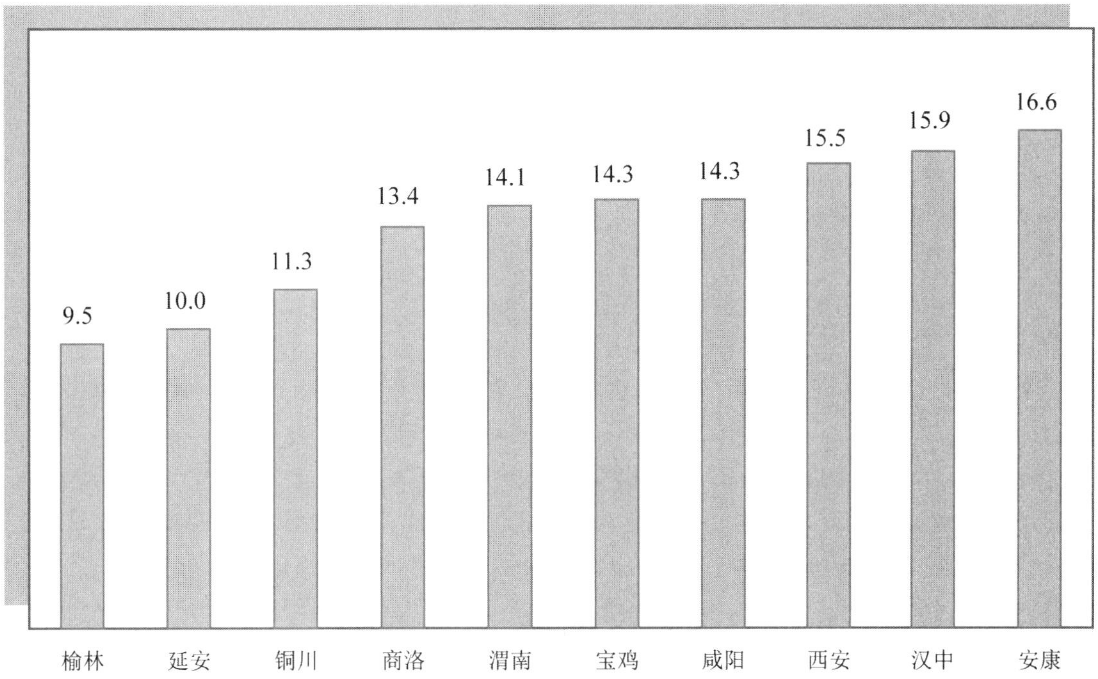

# 1-1 陕西省行政区划(2018年)
# Divisions of Administrative Areas in Shaanxi (2018)

单位：个 (unit)

| 地区 | Region | 地级市 Cities at Prefecture Level | 县级市 Cities at County Level | 县 Counties | 市辖区 Districts under the Jurisdiction of Cities | 镇 Towns | 乡 Townships | 街道办事处 Street Communities |
|---|---|---|---|---|---|---|---|---|
| **全省** | **Shaanxi** | **11** | **5** | **72** | **30** | **982** | **23** | **308** |
| 西安市 | Xi'an | 1 | | 2 | 11 | 52 | | 120 |
| 铜川市 | Tongchuan | 1 | | 1 | 3 | 20 | 1 | 17 |
| 宝鸡市 | Baoji | 1 | | 9 | 3 | 99 | | 17 |
| 咸阳市 | Xianyang | 1 | 2 | 9 | 2 | 99 | | 37 |
| 渭南市 | Weinan | 1 | 2 | 7 | 2 | 108 | | 27 |
| 延安市 | Yan'an | 1 | | 11 | 2 | 84 | 12 | 18 |
| 汉中市 | Hanzhong | 1 | | 9 | 2 | 152 | | 24 |
| 榆林市 | Yulin | 1 | 1 | 9 | 2 | 145 | 10 | 29 |
| 安康市 | Ankang | 1 | | 9 | 1 | 135 | | 4 |
| 商洛市 | Shangluo | 1 | | 6 | 1 | 86 | | 12 |
| 杨凌示范区 | Yangling | 1 | | | 1 | 2 | | 3 |

# 1−2　陕西省行政区划一览(2018年)
# Divisions List of Administrative Areas in Shaanxi (2018)

单位：个　　(unit)

| 地　　区 | Region | 镇 Towns | 乡 Townships | 街道办事处 Street Communities | 村民委员会 Village Committees | 居民委员会 Neighbourhood Committees |
|---|---|---|---|---|---|---|
| **全　　省** | **Shaanxi** | **982** | **23** | **308** | **17436** | **3016** |
| **西 安 市** | **Xi'an** | **52** | | **120** | **1949** | **1016** |
| 新 城 区 | Xincheng | | | 9 | | 101 |
| 碑 林 区 | Beilin | | | 8 | | 98 |
| 莲 湖 区 | Lianhu | | | 9 | | 131 |
| 灞 桥 区 | Baqiao | | | 9 | 201 | 59 |
| 未 央 区 | Weiyang | | | 12 | 87 | 178 |
| 雁 塔 区 | Yanta | | | 10 | 61 | 167 |
| 阎 良 区 | Yanliang | 2 | | 5 | 73 | 25 |
| 临 潼 区 | Lintong | | | 23 | 226 | 43 |
| 长 安 区 | Chang'an | | | 25 | 364 | 142 |
| 高 陵 区 | Gaoling | | | 7 | 86 | 17 |
| 鄠 邑 区 | Huyi | 13 | | 1 | 254 | 26 |
| 蓝 田 县 | Lantian | 18 | | 1 | 337 | 9 |
| 周 至 县 | Zhouzhi | 19 | | 1 | 260 | 20 |
| **铜 川 市** | **Tongchuan** | **20** | **1** | **17** | **359** | **71** |
| 王 益 区 | Wangyi | 1 | | 6 | 26 | 20 |
| 印 台 区 | Yintai | 5 | | 4 | 72 | 23 |
| 耀 州 区 | Yaozhou | 8 | | 6 | 144 | 26 |
| 宜 君 县 | Yijun | 6 | 1 | 1 | 117 | 2 |
| **宝 鸡 市** | **Baoji** | **99** | | **17** | **1202** | **186** |
| 渭 滨 区 | Weibin | 5 | | 5 | 68 | 58 |
| 金 台 区 | Jintai | 4 | | 7 | 68 | 60 |
| 陈 仓 区 | Chencang | 15 | | 3 | 218 | 16 |
| 凤 翔 县 | Fengxiang | 12 | | | 160 | 4 |
| 岐 山 县 | Qishan | 9 | | | 144 | 15 |
| 扶 风 县 | Fufeng | 7 | | 1 | 113 | 9 |
| 眉　 县 | Meixian | 7 | | 1 | 86 | 9 |
| 陇　 县 | Longxian | 10 | | | 104 | 3 |
| 千 阳 县 | Qianyang | 7 | | | 65 | 3 |
| 麟 游 县 | Linyou | 7 | | | 66 | 3 |
| 凤　 县 | Fengxian | 9 | | | 66 | 4 |
| 太 白 县 | Taibai | 7 | | | 44 | 2 |
| **咸 阳 市** | **Xianyang** | **99** | | **37** | **2023** | **287** |
| 秦 都 区 | Qindu | | | 12 | 71 | 112 |
| 渭 城 区 | Weicheng | | | 10 | 81 | 81 |
| 三 原 县 | Sanyuan | 9 | | 1 | 141 | 9 |
| 泾 阳 县 | Jingyang | 12 | | 1 | 213 | 9 |
| 乾　 县 | Qianxian | 15 | | 1 | 173 | 8 |

## 1-2 续表 1 continued

单位：个 (unit)

| 地 区 | Region | 镇 Towns | 乡 Townships | 街道办事处 Street Communities | 村民委员会 Village Committees | 居民委员会 Neighbourhood Committees |
|---|---|---|---|---|---|---|
| 礼泉县 | Liquan | 11 | | 1 | 213 | 18 |
| 永寿县 | Yongshou | 6 | | 1 | 157 | 7 |
| 长武县 | Changwu | 7 | | 1 | 133 | 1 |
| 旬邑县 | Xunyi | 9 | | 1 | 123 | 2 |
| 淳化县 | Chunhua | 7 | | 1 | 204 | 3 |
| 武功县 | Wugong | 7 | | 1 | 183 | 6 |
| 兴平市 | Xingping | 8 | | 5 | 179 | 21 |
| 彬州市 | Binzhou | 8 | | 1 | 152 | 10 |
| **渭南市** | **Weinan** | **108** | | **27** | **1949** | **363** |
| 临渭区 | Linwei | 14 | | 13 | 309 | 88 |
| 华州区 | Huazhou | 9 | | 1 | 121 | 28 |
| 潼关县 | Tongguan | 4 | | 1 | 18 | 10 |
| 大荔县 | Dali | 15 | | 2 | 272 | 26 |
| 合阳县 | Heyang | 11 | | 1 | 126 | 94 |
| 澄城县 | Chengcheng | 9 | | 1 | 160 | 14 |
| 蒲城县 | Pucheng | 15 | | 2 | 271 | 21 |
| 白水县 | Baishui | 7 | | 1 | 124 | 15 |
| 富平县 | Fuping | 14 | | 1 | 268 | 13 |
| 韩城市 | Hancheng | 6 | | 2 | 166 | 39 |
| 华阴市 | Huayin | 4 | | 2 | 114 | 15 |
| **延安市** | **Yan'an** | **84** | **12** | **18** | **1869** | **146** |
| 宝塔区 | Baota | 9 | 4 | 5 | 320 | 48 |
| 安塞区 | Ansai | 8 | | 3 | 117 | 12 |
| 延长县 | Yanchang | 7 | | 1 | 159 | 6 |
| 延川县 | Yanchuan | 7 | | 1 | 163 | 14 |
| 子长县 | Zichang | 8 | | 1 | 188 | 9 |
| 志丹县 | Zhidan | 7 | | 1 | 109 | 5 |
| 吴起县 | Wuqi | 8 | | 1 | 91 | 3 |
| 甘泉县 | Ganquan | 3 | 2 | 1 | 62 | 9 |
| 富县 | Fuxian | 6 | 1 | 1 | 115 | 22 |
| 洛川县 | Luochuan | 7 | 1 | 1 | 194 | 2 |
| 宜川县 | Yichuan | 4 | 2 | 1 | 112 | 5 |
| 黄龙县 | Huanglong | 5 | 2 | | 47 | 3 |
| 黄陵县 | Huangling | 5 | | 1 | 192 | 8 |
| **汉中市** | **Hanzhong** | **152** | | **24** | **1901** | **281** |
| 汉台区 | Hantai | 7 | | 8 | 147 | 75 |
| 南郑区 | Nanzheng | 20 | | 1 | 292 | 21 |
| 城固县 | Chenggu | 15 | | 2 | 232 | 36 |
| 洋县 | Yangxian | 15 | | 3 | 271 | 15 |
| 西乡县 | Xixiang | 15 | | 2 | 179 | 36 |
| 勉县 | Mianxian | 17 | | 1 | 160 | 38 |
| 宁强县 | Ningqiang | 16 | | 2 | 200 | 13 |
| 略阳县 | Lueyang | 15 | | 2 | 145 | 20 |
| 镇巴县 | Zhenba | 19 | | 1 | 156 | 25 |
| 留坝县 | Liuba | 7 | | 1 | 75 | 1 |
| 佛坪县 | Foping | 6 | | 1 | 44 | 1 |

# 1-2 续表 2 continued

单位：个 (unit)

| 地　区 | Region | 镇 Towns | 乡 Townships | 街道办事处 Street Communities | 村民委员会 Village Committees | 居民委员会 Neighbourhood Committees |
|---|---|---|---|---|---|---|
| **榆 林 市** | **Yulin** | **145** | **10** | **29** | **3394** | **214** |
| 榆 阳 区 | Yuyang | 14 | 5 | 12 | 317 | 79 |
| 横 山 区 | Hengshan | 13 | | 5 | 361 | 18 |
| 府 谷 县 | Fugu | 14 | | | 172 | 15 |
| 靖 边 县 | Jingbian | 16 | | 1 | 184 | 14 |
| 定 边 县 | Dingbian | 14 | 4 | 1 | 185 | 12 |
| 绥 德 县 | Suide | 15 | | | 339 | 8 |
| 米 脂 县 | Mizhi | 8 | | 1 | 206 | 5 |
| 佳　县 | Jiaxian | 12 | | 1 | 330 | 8 |
| 吴 堡 县 | Wubu | 5 | | 1 | 94 | 9 |
| 清 涧 县 | Qingjian | 9 | | | 330 | 5 |
| 子 洲 县 | Zizhou | 11 | 1 | 1 | 550 | 11 |
| 神 木 市 | Shenmu | 14 | | 6 | 326 | 30 |
| **安 康 市** | **Ankang** | **135** | | **4** | **1630** | **251** |
| 汉 滨 区 | Hanbin | 24 | | 4 | 425 | 100 |
| 汉 阴 县 | Hanyin | 10 | | | 141 | 9 |
| 石 泉 县 | Shiquan | 11 | | | 140 | 21 |
| 宁 陕 县 | Ningshan | 11 | | | 68 | 12 |
| 紫 阳 县 | Ziyang | 17 | | | 175 | 22 |
| 岚 皋 县 | Langao | 12 | | | 125 | 11 |
| 平 利 县 | Pingli | 11 | | | 137 | 6 |
| 镇 坪 县 | Zhenping | 7 | | | 58 | 4 |
| 旬 阳 县 | Xunyang | 21 | | | 253 | 53 |
| 白 河 县 | Baihe | 11 | | | 108 | 13 |
| **商 洛 市** | **Shangluo** | **86** | | **12** | **1105** | **178** |
| 商 州 区 | Shangzhou | 14 | | 4 | 250 | 34 |
| 洛 南 县 | Luonan | 14 | | 2 | 205 | 39 |
| 丹 凤 县 | Danfeng | 11 | | 1 | 132 | 23 |
| 商 南 县 | Shangnan | 9 | | 1 | 108 | 18 |
| 山 阳 县 | Shanyang | 16 | | 2 | 198 | 41 |
| 镇 安 县 | Zhen'an | 14 | | 1 | 147 | 7 |
| 柞 水 县 | Zhashui | 8 | | 1 | 65 | 16 |
| **杨凌示范区** | **Yangling** | **2** | | **3** | **55** | **23** |
| 杨 陵 区 | Yangling | 2 | | 3 | 55 | 23 |

# 1—3 自然状况及资源
# Natural Conditions and Resources

| 指　　标 | | Item | | 2018 |
|---|---|---|---|---|
| **一、自然状况** | | **Natural Conditions** | | |
| 1.土　地 | | Land | | |
| 土地总面积 | (万平方公里) | Land Area | (10 000 sq.km) | 20.56 |
| 2.气　候 | | Climate | | |
| 全省年平均降水量 | (毫米) | Annual Average Precipitation in the Whole Province | (mm) | 629.4 |
| 全省年平均气温 | (摄氏度) | Annual Average Temperature in the Whole Province | (℃) | 12.7 |
| 全省年平均日照时数 | (小时) | Annual Average Sunshine Hours in the Whole Province | (hour) | 2042.6 |
| 全省年平均风速 | (米/秒) | Annual Average Wind Speed in the Whole Province | (m/s) | 1.8 |
| 全省年平均无霜期 | (天) | Annual Average Frost-free Period in the Whole Province | (day) | 225.5 |
| **二、自然资源** | | **Natural Resources** | | |
| 1.土地资源 | | Land Resources | | |
| 耕地面积 | (万公顷) | Area of Cultivated Land | (10 000 hectares) | 398.29 |
| 园地面积 | (万公顷) | Area of Plantation Land | (10 000 hectares) | 81.64 |
| 林地面积 | (万公顷) | Area of Forestland | (10 000 hectares) | 1116.68 |
| 草地面积 | (万公顷) | Area of Grassland | (10 000 hectares) | 287.03 |
| 城镇村及工矿用地 | (万公顷) | Residential Purpose, Manufacturing and Mining Land | (10 000 hectares) | 82.22 |
| 交通运输用地 | (万公顷) | Transportation Land | (10 000 hectares) | 26.16 |
| 水域及水利设施用地 | (万公顷) | Water-conservancy Projects Land | (10 000 hectares) | 30.75 |
| 其他土地面积 | (万公顷) | Area of Unused Land | (10 000 hectares) | 33.48 |
| 2.林木资源 | | Forest Resources | | |
| 森林面积 | (万公顷) | Forest Area | (10 000 hectares) | 887 |
| 森林覆盖率 | (%) | Forest-coverage Rate | (%) | 43.06 |
| 森林蓄积量 | (亿立方米) | Stock Volume of the Forest | (100 million cu.m) | 5.1 |
| 3.水利资源 | | Water Resources | | |
| 河流流域面积 | (万平方公里) | Drainage Area of Rivers | (10 000 sq.km) | 20.56 |
| 黄河流域 | | Yellow River (Huanghe River) Drainage Area | | 13.33 |
| 长江流域 | | Yangtze River (Changjiang River)Drainage Area | | 7.23 |
| 水资源总量 | (亿立方米) | Total Amount of Water Resources | (100 million cu. m) | 371.43 |
| 地表水资源量 | | Surface Water | | 347.55 |
| 地下水资源量 | | Ground-Water | | 125.03 |
| 地表水与地下水资源重复量 | | Duplicated Measurement between Surface and Underground | | 101.15 |

注：本表土地资源数据为2017年数。
a) The data of land resources in this table are 2017.

## 1-4 主要山脉
## Main Mountain Ranges

| 名　称 | Mountain Range | 海拔高度(米) Altitude above Sea Level (m) |
|---|---|---|
| 太白山 | Taibai Mountains | 3767 |
| 化龙山 | Hualong Mountains | 2917 |
| 首阳山 | Shouyang Mountains | 2719 |
| 终南山 | Zhongnan Mountains | 2604 |
| 华　山 | Huashan Mountains | 2160 |
| 白于山 | Baiyu Mountains | 1823 |
| 巴　山 | Bashan Mountains | 1500～2000 |
| 子午岭 | Ziwuling Mountains | 1400～1600 |

## 1-5 主要河流
## Major Rivers

| 名　称 | River | 流域面积(平方公里) Drainage Area (sq.km) | 河　长(公里) Length (km) |
|---|---|---|---|
| 无定河 | Wudinghe River | 30261 | 491.2 |
| 延　河 | Yanhe River | 7687 | 284.3 |
| 泾　河 | Jinghe River | 45421 | 455.1 |
| 渭　河 | Weihe River | 62440 | 818.0 |
| 北洛河 | Beiluohe River | 26905 | 680.3 |
| 嘉陵江 | Jialingjiang River | 9930 | 244.0 |
| 汉　江 | Hanjiang River | 61959 | 652.0 |
| 丹　江 | Danjiang River | 7551 | 244.0 |

## 1-6 主要矿产保有储量(2018年)
## Ensured Reserves of Major Mineral (2018)

| 矿　种 | | Item | | 保有储量 Ensured Reserves |
|---|---|---|---|---|
| 钠　盐 | (亿吨) | Sodium Salt NaCl | (100 million tons) | 9286.00 |
| 煤 | (亿吨) | Coal | (100 million tons) | 1716.48 |
| 石油(剩余可采储量) | (万吨) | Petroleum(Surplus Developable Resources) | (10 000 tons) | 34889.25 |
| 天然气(剩余可采储量) | (亿立方米) | Natural Gas(Surplus Developable Resources) | (100 million cu.m) | 9594.88 |
| 岩　金 | (金属吨) | Rock Gold | (Metal,ton) | 444.06 |
| 砂　金 | (金属吨) | Placer Gold | (Metal,ton) | 14.82 |
| 伴生金 | (金属吨) | Associated Gold | (Metal,ton) | 3.87 |
| 钼 | (金属万吨) | Molybdenum | (Metal, 10 000 tons) | 139.69 |
| 铅 | (金属万吨) | Lead | (Metal, 10 000 tons) | 265.12 |
| 锌 | (金属万吨) | Zinc | (Metal, 10 000 tons) | 471.25 |
| 汞 | (金属吨) | Mercury | (Metal, 10 000 tons) | 1291.13 |
| 锑 | (金属吨) | Antimony | (Metal, 10 000 tons) | 41695.41 |
| 水泥用石灰岩 | (矿石亿吨) | Cement Limestone | (Ore, 100 million tons) | 77.30 |
| 玻璃用石英岩 | (矿石亿吨) | Glass Quartzite | (Ore, 100 million tons) | 1.89 |
| 铁 | (矿石亿吨) | Iron | (Ore, 100 million tons) | 10.95 |

# 1-7 陕西重要矿产保有储量在全国和西部的位次(2018年)
# Precedence of Shaanxi Major Mineral Ensured Reserves in China and Western China(2018)

| 矿种 | Item | 位次 Precedence 全国 National Total | 西部 West | 矿种 | Item | 位次 Precedence 全国 National Total | 西部 West |
|---|---|---|---|---|---|---|---|
| 煤 | Coal | 4 | 3 | 钼矿 | Molybdenum | 7 | 3 |
| 石油 | Petroleum | 3 | 2 | 金矿 | Gold | 10 | 6 |
| 天然气 | Natural Gas | 3 | 3 | 银矿 | Silver | 23 | 9 |
| 铁矿 | Iron | 16 | 6 | 硫铁矿 | Pyrite Ore | 20 | 9 |
| 铜矿 | Copper | 19 | 9 | 磷矿 | Phosphorus Ore | 7 | 4 |
| 铅矿 | Lead | 13 | 9 | 盐矿 | Sodium Salt NaCl | 1 | 1 |
| 锌矿 | Zinc | 13 | 10 | 水泥用灰岩 | Cement Limestone | 5 | 2 |
| 铝土矿 | Bauxite | 12 | 6 | | | | |

# 1-8 陕西矿产保有储量居全国前十位的矿种(2018年)
# Mineral Kinds of Shaanxi Mineral Ensured Reserves Within the Top Ten Places in China (2018)

| 位次 Precedence | 矿种 Item | 矿种数 Types |
|---|---|---|
| 1 | 盐矿(NaCl)、透辉石、水泥配料用黄土、片麻岩<br>Salt (NaClmilliontons), Diopside, Cement batching with loess, Gneiss | 4 |
| 2 | 毒重石、透闪石<br>Witherite, Tremolite | 2 |
| 3 | 石油、天然气、锶矿(天青石)、铼矿、电石用灰岩、镁盐(MgSO4)、镁盐(MgCl2)、蓝石棉、石榴子石(砂矿)、蛭石、高岭土、饰面用板岩<br>Petroleum, Natural Gas, Strontium, Rhenium ore, Calcium carbide with limestone, Magnesium (MgSO4), Magnesium (MgCl2), Blue asbestos, Garnet (mineral), Vermiculite, Kaolin, Finishes with slate | 12 |
| 4 | 煤炭、钛矿(钛铁矿)、碲矿、矽线石、制碱用灰岩、陶粒页岩、陶瓷土、海泡石粘土、陶粒用黏土<br>Coal, Titanium ores (ilmenite), Tellurium ore, Sillmanite, Soda limestone, Haydite shale, Ceramic clay, Sepiolite clay, Ceramsite clay | 9 |
| 5 | 重晶石、水泥用灰岩、玻璃用石英岩<br>Barite, Cement with limestone, Glass with quartz | 3 |
| 6 | 钛矿(金红石)、钒矿、化肥用蛇纹岩、石墨(隐晶质石墨)、石棉、长石、玻璃用脉石英<br>Titanium ores(rutile TiO2) , Vanadium,Fertilizer with serpentinite, Graphite(aphanitic), Asbestine, Feldspar, Vein quartz for glass | 7 |
| 7 | 油页岩、石煤、钼矿、铌矿(氧化铌)、锗矿、硫铁矿(伴生硫)、磷矿(矿石)、饰面用大理岩<br>Oil shale, Stone coal, Molybdenum ore, Niobium (Niobium oxide), Germanium, Pyrite (associated sulfur), Phosphate rock (ore), Finish with marble | 8 |
| 8 | 铍矿(绿柱石)、石墨(晶质石墨)、云母<br>Berylliume (Beryl mineral), Graphite (crystalline), Mica | 3 |
| 9 | 钛矿(钛铁矿砂矿)、镍矿、汞矿、稀土矿(稀土氧化物)、冶金用白云岩、冶金用石英岩、石榴子石(矿石)<br>Titanium (ilmenite placer minerals), Nickel, Mercury, Rare earth ore (rare earth oxide), Metallurgical dolomite, Metallurgical quartzite, Garnet (mineral) | 7 |
| 10 | 金矿、红柱石、冶金用脉石英、玻璃用白云岩、砖瓦用粘土<br>Gold, Andalusite, Metallurgical vein quartz, Glass with dolomite, Clay for bricks and tiles | 5 |

# 1-9 主要城市气候基本情况(2018年)
## Basic Statistics on Climate of Major Cities (2018)

| 城市 City | 平均气温(摄氏度) Average Temperature (℃) | 日照时数(小时) Sunshine Hours (hour) | 平均风速(米/秒) Average Wind Speed (m/s) | 相对湿度(%) Relative Humidity (%) | 无霜期(天) Frost-free Period (day) | 气压(百帕) Pressure (hPa) | 降水量(毫米) Precipitation (mm) |
|---|---|---|---|---|---|---|---|
| 西安市 Xi'an | 15.5 | 2087.7 | 2.3 | 59 | 214 | 968.5 | 459.1 |
| 铜川市 Tongchuan | 11.3 | 2370.5 | 2.4 | 66 | 218 | 905.4 | 550.8 |
| 宝鸡市 Baoji | 14.3 | 1698.2 | 1.1 | 64 | 243 | 945.6 | 617.9 |
| 咸阳市 Xianyang | 14.3 | 2151.5 | 2.0 | 64 | 185 | 961.2 | 457.2 |
| 渭南市 Weinan | 14.1 | 2287 | 1.6 | 62 | 255 | 942.2 | 536.4 |
| 延安市 Yan'an | 10.0 | 2355.1 | 2.1 | 58 | 168 | 883.8 | 572.1 |
| 汉中市 Hanzhong | 15.9 | 1514.2 | 1.1 | 74 | 289 | 956.9 | 730.3 |
| 榆林市 Yulin | 9.5 | 2818.2 | 2.9 | 43 | 203 | 885.6 | 696.7 |
| 安康市 Ankang | 16.6 | 1767 | 1.2 | 71 | 290 | 981.8 | 860.7 |
| 商洛市 Shangluo | 13.4 | 1974.9 | 2.0 | 66 | 202 | 930.8 | 532.6 |

# 1-10 主要城市平均气温(2018年)
## Monthly Average Temperature of Major Cities(2018)

单位：摄氏度 (℃)

| 月份 Month | 西安市 Xi'an | 铜川市 Tongchuan | 宝鸡市 Baoji | 咸阳市 Xianyang | 渭南市 Weinan | 延安市 Yan'an | 汉中市 Hanzhong | 榆林市 Yulin | 安康市 Ankang | 商洛市 Shangluo |
|---|---|---|---|---|---|---|---|---|---|---|
| 一 月 Jan. | -0.9 | -4.2 | -1.0 | -2.3 | -2.2 | -6.1 | 2.4 | -8.2 | 2.8 | -1.4 |
| 二 月 Feb. | 4.5 | 0 | 3.9 | 2.8 | 3.1 | -1.9 | 6.0 | -4.0 | 6.8 | 2.8 |
| 三 月 Mar. | 13.2 | 9.4 | 12.7 | 12.0 | 12.0 | 9.7 | 13.4 | 8.6 | 13.9 | 11.4 |
| 四 月 Apr. | 17.8 | 13.7 | 16.6 | 16.4 | 16.6 | 14.0 | 17.8 | 13.7 | 18.2 | 15.7 |
| 五 月 May | 21.8 | 17.6 | 20.0 | 20.6 | 20.2 | 17.4 | 21.3 | 18.1 | 21.2 | 18.5 |
| 六 月 June | 26.6 | 21.7 | 24.5 | 25.6 | 25.1 | 20.8 | 25.0 | 22.3 | 25.7 | 23.4 |
| 七 月 July | 28.4 | 24.0 | 26.1 | 27.7 | 26.5 | 22.8 | 26.8 | 23.6 | 28.7 | 25.1 |
| 八 月 Aug. | 29.1 | 24.0 | 27.0 | 28.5 | 27.4 | 22.6 | 28.3 | 22.9 | 29.0 | 25.8 |
| 九 月 Sept. | 20.7 | 16.6 | 19.2 | 19.8 | 19.0 | 14.4 | 20.9 | 14.1 | 21.9 | 18.4 |
| 十 月 Oct. | 15.3 | 10.6 | 13.9 | 13.5 | 14.1 | 9.3 | 15.3 | 8.7 | 15.7 | 12.5 |
| 十一月 Nov. | 7.9 | 4.3 | 7.4 | 6.7 | 6.9 | 3.0 | 9.0 | 1.9 | 10.0 | 6.9 |
| 十二月 Dec. | 1.7 | -2.3 | 1.5 | 0.5 | 0.1 | -5.5 | 4.3 | -7.6 | 5.0 | 1.3 |
| 极端最高 Highest | 40.1 | 34.1 | 37.6 | 39.1 | 36.2 | 33.1 | 36.6 | 34.4 | 39.1 | 36.7 |
| 极端最低 Lowest | -9.8 | -15.6 | -11.0 | -16.6 | -11.0 | -19.9 | -4.7 | -22.6 | -5.0 | -12.1 |
| 年平均 Annual Average | 15.5 | 11.3 | 14.3 | 14.3 | 14.1 | 10.0 | 15.9 | 9.5 | 16.6 | 13.4 |

# 1-11　主要城市降水量(2018年)
# Monthly Precipitation of Major Cities(2018)

单位：毫米　　(millimeters)

| 月 份 Month | 西安市 Xi'an | 铜川市 Tongchuan | 宝鸡市 Baoji | 咸阳市 Xianyang | 渭南市 Weinan | 延安市 Yan'an | 汉中市 Hanzhong | 榆林市 Yulin | 安康市 Ankang | 商洛市 Shangluo |
|---|---|---|---|---|---|---|---|---|---|---|
| 一　月 Jan. | 22.0 | 23.8 | 25.0 | 27.3 | 34.2 | 17.3 | 12.3 | 7.5 | 5.2 | 32.6 |
| 二　月 Feb. | 3.6 | 4.2 | 6.3 | 5.3 | 9.6 | 0.0 | 2.8 | 0.1 | 7.8 | 7.6 |
| 三　月 Mar. | 21.2 | 15.6 | 24.1 | 19.0 | 34.4 | 10.4 | 36.8 | 14.2 | 32.6 | 23.0 |
| 四　月 Apr. | 36.4 | 53.2 | 61.2 | 43.2 | 55.2 | 51.7 | 115.4 | 34.7 | 72.6 | 55.9 |
| 五　月 May | 25.7 | 46.9 | 58.1 | 27.0 | 51.8 | 64.5 | 31.1 | 68.2 | 149.7 | 56.2 |
| 六　月 June | 50.7 | 71.2 | 75.9 | 50.3 | 78.9 | 120.6 | 151.5 | 22.5 | 217.8 | 46.7 |
| 七　月 July | 114.1 | 129.9 | 173.9 | 139.7 | 113.4 | 132.4 | 203.3 | 206.1 | 74.7 | 147.8 |
| 八　月 Aug. | 71.7 | 102.1 | 72.5 | 43.7 | 11.9 | 105.2 | 25.2 | 246.4 | 79.1 | 15.0 |
| 九　月 Sept. | 73.7 | 76.1 | 81.9 | 66.7 | 96.1 | 54.5 | 82.4 | 72.1 | 159.3 | 103.0 |
| 十　月 Oct. | 8.9 | 10.9 | 8.3 | 5.9 | 10.4 | 10.7 | 11.8 | 24.9 | 7.7 | 5.1 |
| 十一月 Nov. | 28.6 | 15.2 | 28.6 | 26.7 | 37.3 | 4.8 | 49.9 | 0.0 | 48.2 | 32.5 |
| 十二月 Dec. | 2.5 | 1.7 | 2.1 | 2.4 | 3.2 | 0.0 | 7.8 | 0.0 | 6.0 | 7.2 |

# 1-12　主要城市日照时数(2018年)
# Monthly Sunshine Hours of Major Cities(2018)

单位：小时　　(hours)

| 月 份 Month | 西安市 Xi'an | 铜川市 Tongchuan | 宝鸡市 Baoji | 咸阳市 Xianyang | 渭南市 Weinan | 延安市 Yan'an | 汉中市 Hanzhong | 榆林市 Yulin | 安康市 Ankang | 商洛市 Shangluo |
|---|---|---|---|---|---|---|---|---|---|---|
| 一　月 Jan. | 92.0 | 155.6 | 103.6 | 115.7 | 115.9 | 169.6 | 82.0 | 185.9 | 98.4 | 120.3 |
| 二　月 Feb. | 185.5 | 214.7 | 167.1 | 193.4 | 205.0 | 229.1 | 114.2 | 239.0 | 137.6 | 190.7 |
| 三　月 Mar. | 196.7 | 226.8 | 173.4 | 212.3 | 207.0 | 224.0 | 143.8 | 242.9 | 171.3 | 204.0 |
| 四　月 Apr. | 196.8 | 206.9 | 194.8 | 208.9 | 199.7 | 237.2 | 185.7 | 276.8 | 191.1 | 185.6 |
| 五　月 May | 185.5 | 237.4 | 162.8 | 197.9 | 210.2 | 247.2 | 142.7 | 284.5 | 124.9 | 157.5 |
| 六　月 June | 203.2 | 230.1 | 166.6 | 225.9 | 237.4 | 212.8 | 162.2 | 273.0 | 201.0 | 217.3 |
| 七　月 July | 184.8 | 212.0 | 106.3 | 202.3 | 234.7 | 137.4 | 141.0 | 209.2 | 210.0 | 155.0 |
| 八　月 Aug. | 284.3 | 248.5 | 192.6 | 271.6 | 301.5 | 149.0 | 254.3 | 226.3 | 268.7 | 233.1 |
| 九　月 Sept. | 148.4 | 146.9 | 100.4 | 140.8 | 152.3 | 138.5 | 84.3 | 190.4 | 93.4 | 122.1 |
| 十　月 Oct. | 202.2 | 213.7 | 149.4 | 194.3 | 204.7 | 234.5 | 121.1 | 266.7 | 144.9 | 187.2 |
| 十一月 Nov. | 118.1 | 148.4 | 106.1 | 103.0 | 119.4 | 179.1 | 59.0 | 205.0 | 86.6 | 128.7 |
| 十二月 Dec. | 90.2 | 129.5 | 75.1 | 85.4 | 99.2 | 196.7 | 23.9 | 218.5 | 39.1 | 73.4 |

# 1-13 历届陕西省人民代表大会代表人数
## Number of Deputies to All the Previous Shaanxi Province People's Congresses

单位：人 (person)

| 届次 | Congress | 年份 Year | 代表人数 Number of Deputies | # 女代表 Female Deputies 人数 Number | 占代表总数% As Percentage to Total Deputies (%) | # 少数民族代表 Ethnic Minority Deputies 人数 Number | 占代表总数% As Percentage to Total Deputies (%) |
|---|---|---|---|---|---|---|---|
| 第一届 | First Congress | 1954 | 386 | 51 | 13.2 | 9 | 2.3 |
| 第二届 | Second Congress | 1959 | 400 | 67 | 16.8 | 12 | 3.0 |
| 第三届 | Third Congress | 1964 | 520 | 84 | 16.0 | 15 | 2.9 |
| 第四届 | Fourth Congress | 1975 | | | | | |
| 第五届 | Fifth Congress | 1978 | 1186 | 234 | 19.7 | 26 | 2.2 |
| 第六届 | Sixth Congress | 1983 | 727 | 168 | 23.1 | 29 | 4.0 |
| 第七届 | Seventh Congress | 1988 | 600 | 117 | 19.3 | 19 | 3.2 |
| 第八届 | Eighth Congress | 1993 | 602 | 118 | 19.6 | 22 | 3.7 |
| 第九届 | Ninth Congress | 1998 | 566 | 129 | 22.8 | 19 | 3.4 |
| 第十届 | Tenth Congress | 2003 | 565 | 117 | 20.7 | 18 | 3.2 |
| 第十一届 | Eleventh Congress | 2008 | 574 | 142 | 24.9 | 19 | 3.3 |
| 第十二届 | Twelfth Congress | 2013 | 578 | 132 | 22.8 | 18 | 3.1 |
| 第十三届 | Thirteenth Congress | 2018 | 568 | 156 | 27.5 | 24 | 4.2 |

# 1-14 历届陕西省政治协商会议委员人数
## Number of Deputies to All the Previous Shaanxi Province People's Political Consultative Conferences

单位：人 (person)

| 届次 | Congress | 年份 Year | 委员人数 Number of Deputies | 中国共产党党员代表 Deputies from the Communist Party of China 人数 Number | 占代表总数% As Percentage to Total Deputies (%) | 民主党派和无党派爱国人士代表 Deputies from Democratic Parties and Non-partisan Patriot 人数 Number | 占代表总数% As Percentage to Total Deputies (%) |
|---|---|---|---|---|---|---|---|
| 第一届 | First Congress | 1955 | 165 | 42 | 25.5 | 123 | 74.5 |
| 第二届 | Second Congress | 1958 | 262 | 85 | 32.4 | 177 | 67.6 |
| 第三届 | Third Congress | 1963 | 275 | 91 | 33.1 | 184 | 66.9 |
| 第四届 | Fourth Congress | 1977 | 420 | 205 | 48.8 | 215 | 51.2 |
| 第五届 | Fifth Congress | 1983 | 428 | 162 | 37.9 | 266 | 62.1 |
| 第六届 | Sixth Congress | 1988 | 502 | 191 | 38.0 | 311 | 62.0 |
| 第七届 | Seventh Congress | 1993 | 506 | 244 | 48.2 | 262 | 51.8 |
| 第八届 | Eighth Congress | 1998 | 539 | 216 | 40.1 | 323 | 59.9 |
| 第九届 | Ninth Congress | 2003 | 590 | 235 | 39.8 | 355 | 60.2 |
| 第十届 | Tenth Congress | 2008 | 627 | 248 | 39.6 | 379 | 60.4 |
| 第十一届 | Eleventh Congress | 2013 | 648 | 258 | 39.8 | 390 | 60.2 |
| 第十二届 | Twelfth Congress | 2018 | 573 | 226 | 39.4 | 347 | 60.6 |

# 主要统计指标解释

**行政区划** 指国家对行政区域的划分。根据有关法规规定，我国的行政区域划分如下：(1)全国分为省、自治区、直辖市；(2)省、自治区分为自治州、县、自治县、市；(3)自治州分为县、自治县、市；(4)县、自治县分为乡、民族乡、镇；(5)直辖市和较大的市分为区、县；(6)国家在必要时设立的特别行政区。

**气候** 指地球与大气之间长期能量交换与质量交换所形成的一种自然环境状态，它是多种因素综合作用的结果。气候既是人类生活和生产的环境要素之一，又是供给人类生活和生产的重要资源。气温、降水、湿度等气象要素的多年平均值是用来描述一个地区气候状况的主要参数，而各种气象要素某年、某月的平均值(或总量)则可以反映出该时期天气气候状况的重要特征。

**自然资源** 指人类可以直接从自然界获得，并用于生产和生活的物质资源。自然资源一般可以分成可再生资源和非再生资源两大类。可再生资源指在较短时间内可以再生、可以循环利用的资源，包括土地资源、水资源、气候资源、生物资源和海洋资源等。非再生资源指在使用后不能再生的资源，包括矿产资源和地热能源。

**土地资源** 土地指陆地的表层部分，它主要由岩石、岩石的风化物和土壤构成。土地资源按利用类型可以分为农用地、建筑用地和未利用地。农用地包括耕地、园地、林地、牧草地和水面。建筑用地包括居民点及工矿用地、交通用地和水利设施用地。未利用地指农用地和建筑用地以外的土地，包括滩涂、荒漠、戈壁、冰川和石山等。

**森林面积** 指由乔木树种构成，郁闭度 0.2 以上(含 0.2)的林地或冠幅宽度 10 米以上的林带的面积，即有林地面积。森林面积包括天然起源和人工起源的针叶林面积、阔叶林面积、针阔混交林面积和竹林面积，不包括灌木林地面积和疏林地面积。

**森林覆盖率** 指一个国家或地区森林面积占土地总面积的百分比。森林覆盖率是反映森林资源的丰富程度和生态平衡状况的重要指标。在计算森林覆盖率时，森林面积包括郁闭度 0.2 以上的乔木林地面积和竹林地面积，国家特别规定的灌木林地面积、农田林网以及四旁(村旁、路旁、水旁、宅旁)林木的覆盖面积。计算公式为：

$$\text{森林覆盖率}(\%)=\frac{\text{森林面积}}{\text{土地总面积}}\times 100\%$$

**矿产资源** 矿产资源指由地质作用形成的，具有利用价值的，呈固态、液态、气态的自然资源，是社会生产发展的重要物质基础。目前我国已发现矿种有 170 多种，按其特点和用途，可分为能源矿产(如煤炭、石油、天然气、地热)、金属矿产(如铁矿、锰矿、铜矿、铅矿、铝土矿)、非金属矿产(如金刚石、石灰岩、粘土)和水气矿产(如地下水、矿泉水、二氧化碳气)四大类。其中：金属矿产按其物质成份和性质又可分为：黑色金属矿产、有色金属矿产、贵金属矿产、稀有金属矿产、稀土金属矿产、分散元素金属矿产六类。

**气温** 指空气的温度，我国一般以摄氏度(℃)为单位表示。气象观测的温度表是放在离地面约 1.5 米处通风良好的百叶箱里测量的，因此，通常说的气温指的是离地面 1.5 米处百叶箱中的温度。其统计计算方法为：

月平均气温是将全月各日的平均气温相加，除以该月的天数而得。

年平均气温是将 12 个月的月平均气温累加后除以 12 而得。

**降水量** 指从天空降落到地面的液态或固态(经融化后)水，未经蒸发、渗透、流失而在地面上积聚的深度。其统计计算方法为：

月降水量是将全月各日的降水量累加而得。

年降水量是将 12 个月的月降水量累加而得。

**日照时数** 指太阳实际照射地面的时间。其统计方法与降水量相同。

# Explanatory Notes on Main Statistical Indicators

**Divisions of Administrative Areas** refers to the division of administrative areas by the State. The relative laws stipulate that 1) the whole country is divided into provinces, autonomous regions and municipalities directly under the Central Government; 2) provinces and autonomous regions are further divided into autonomous prefectures, counties, autonomous counties and cities; 3) autonomous prefectures are further divided into counties, autonomous counties and cities; 4) counties and autonomous counties are further divided into townships, ethnic townships and towns; 5) municipalities directly under the Central Government and large cities are divided into districts and counties, 6) the State shall, when necessary, establish special administrative regions.

**Climate** refers to the natural environmental status formed by the long-term exchange of energy and mass between the earth and the atmosphere, and is the result of interaction of many factors. Climate is both one of the environment factors and also the important resources for living and production activities of the human being. The average values across several years of meteorological factors such as temperature, rainfall and humidity are used as important parameters to describe the climate of a region, while the average values (or total values) of a given year or month of meteorological factors reflect the key characteristics of climate for that period of time.

**Natural Resources** refers to material resources that could be obtained from the nature by human being and used for production and living. Natural resources in general can be classified as renewable resources and non-renewable resources. Renewable resources refer to resources that could be renewed and recycled during a relatively short period of time, including land resource, water resource, climate resource, biology resource and marine resource. Non-renewable resources include resources that could not be renewed, such as minerals and geothermal resource.

**Land Resource** Land refers to the surface of the earth, consisting of mainly rocks and its weathering and earth. Land resource can be classified, by its utilization, as land for agriculture, land for construction and unused land. Land for agriculture includes cultivated land, plantation land, forestland, grassland and waters. Land for construction includes land for residential purpose, for manufacturing and mining, for transportation and for water-conservancy projects. Unused land refers to land other than land for agriculture and construction, including beaches, deserts, Gobi, glaciers and rock mountains

**Forest Area** refers to the area of forest where trees and bamboo grow with canopy density above 0.2, including land of natural woods and planted woods, but excluding bush land and thin forest land. It reflects the total areas of afforestation.

**Forest Coverage Rate** refers to the ratio of area of afforested land to total land area. It is a very important indicator that reflects the status of abundance of forest resource and balance of the ecosystem. Forest area includes the area of trees and bamboo grow with canopy density above 0.2, the area of shrubby tree according to regulations of the government, the area of forest land inside farm land and the area of trees planted by the side of villages, farm houses and along roads and rivers. The formula for calculating forest coverage rate is as follows:

$$\text{Forestry coverage rate (\%)} = \frac{\text{Area of Afforested Land}}{\text{Area of Total Land}} \times 100\%$$

**Mineral Resources** refers to useful minerals, with solid state, liquid state, gaseity, due to the geological process. Minerals are important natural resources, and important material base for social development. At present, there are more than 170 types of minerals discovered in China. They can be categorized into four groups: energy producing minerals (including coal, petroleum, natural gas and terrestrial heat), metallic minerals (including iron, manganese, copper, lead and bauxite), non metallic minerals (including diamond, limestone and clay), and water/gas related minerals (including ground water, mineral water and carbon dioxide). Metallic minerals can be further classified as ferrous, non-ferrous, noble metal, rare metal, rare earth metal and dispersed metals.

**Temperature** refers to the air temperature. China uses centigrade as the unit. The thermometry used for weather observation is put in a breezy shutter, which is 1.5 meters high from the ground. Therefore, the commonly used temperature refers to the temperature in the breezy shutter 1.5 meters away from the ground. The calculation method is as follows:

Monthly average temperature is the summation of average daily temperature of one month divided by the actual days of that particular month.

Annual average temperature is the summation of monthly average of a year divided by 12 months.

**Volume of Precipitation** refers to the deepness of liquid state or solid state (thawed) water falling from the sky to the ground that has not been evaporated, infiltrated or run off. The calculation method is as follows:

Monthly precipitation is the summation of daily precipitation of a month.

Annual precipitation is the summation of 12 months precipitation of a year.

**Sunshine Hours** refers to the actual hours of sun irradiating the earth. The calculation method is the same as that of the precipitation.

# 二、综　合

General Survey

资料整理：马　靖

# 简 要 说 明

一、本篇资料反映陕西经济、科技、社会等方面的规模、水平、速度、结构、比例、效益情况，并收录了基本单位统计情况。

二、国民经济综合资料是抽取全书的精华，通过对各篇章主要统计指标及其速度、结构、比例和效益等的加工计算，来反映国民经济和社会发展的总体情况。

三、本篇资料根据各专业统计年报资料以及国家统计局、省级有关部门提供的统计资料加工整理而成。

## Brief Introduction

Ⅰ.This chapter reflects the scale, level, speed, structure, proportion and efficiency of the national economy, science and technology and the social development of Shaanxi Province.

Ⅱ. The summary data on the national economy reflect the overall situation of the economic and social development by presenting further processed statistics including growth, structure, ratio, and efficiency data derived from other chapters.

Ⅲ.The summary data are processed and prepared on the basis of the annual reports of various specialized fields provided by Statistics Bureau of Shaanxi Province and the statistics provided by the National Bureau of Statistics and some related departments of Shaanxi Province.

# 2.综　合

| | | |
|---|---|---|
| 2018年全省 | | |
| 生产总值 | 24438.32 | 亿元 |
| 地方财政收入 | 2243.14 | 亿元 |
| 社会消费品零售总额 | 8938.27 | 亿元 |
| 进出口总值 | 3512.82 | 亿元 |
| 城镇居民人均可支配收入 | 33319 | 元 |
| 农村居民人均可支配收入 | 11213 | 元 |

## 生产总值增长速度

（比上年增长%）

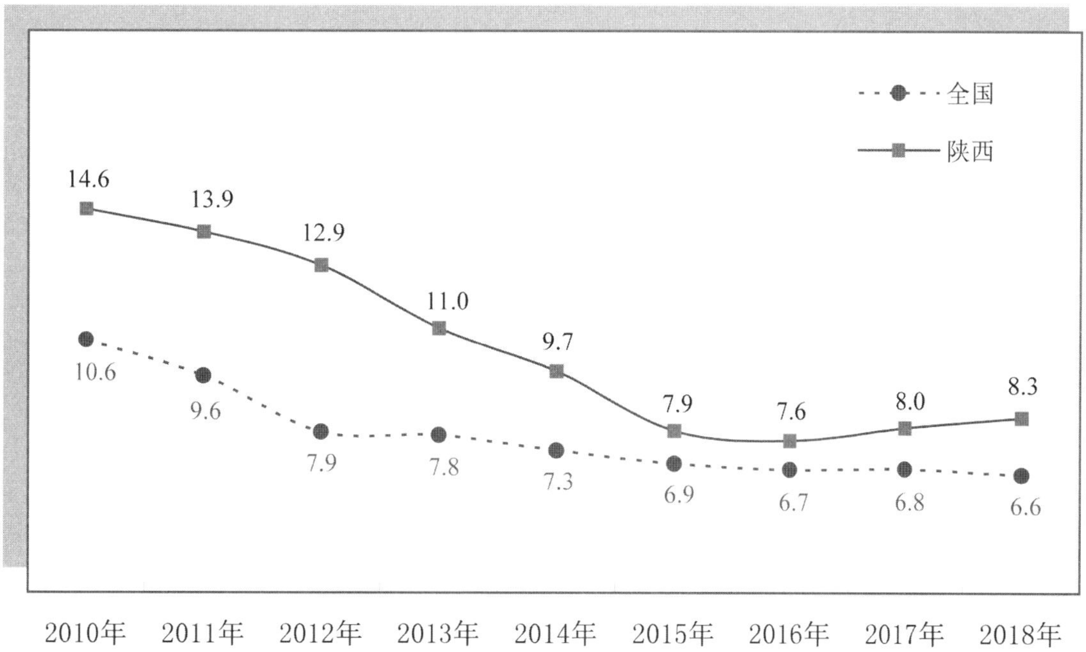

# 2-1 陕 西 一 日

## Selected Indicators on Average Daily Social and Economic Activities

| 指 标 | | Item | | 2005 | 2010 | 2015 | 2017 | 2018 |
|---|---|---|---|---|---|---|---|---|
| **每天创造的财富** | | **Daily Production** | | | | | | |
| 生产总值 | (万元) | Gross Domestic Product | (10 000 yuan) | 107773 | 277356 | 493750 | 599967 | 669543 |
| 第一产业 | | Primary Industry | | 11939 | 27081 | 43771 | 47711 | 50142 |
| 第二产业 | | Secondary Industry | | 53462 | 149208 | 248825 | 298161 | 333082 |
| 第三产业 | | Tertiary Industry | | 42372 | 101067 | 201153 | 254095 | 286319 |
| 地方一般预算收入 | (万元) | Local General Bugetary Revenue | (10 000 yuan) | 7543 | 26252 | 56437 | 54978 | 61456 |
| 粮 食 | (万吨) | Grain | (10 000 tons) | 3.12 | 3.25 | 3.30 | 3.27 | 3.36 |
| 棉 花 | (吨) | Cotton | (ton) | 213 | 144 | 57 | 33 | 27 |
| 油 料 | (吨) | Oil-bearing Crops | (ton) | 1242 | 1469 | 1559 | 1639 | 1672 |
| 肉 类 | (吨) | Meat | (ton) | 3674 | 2948 | 3606 | 3107 | 3136 |
| 布 | (万米) | Cloth | (10 000 m) | 217.26 | 206.16 | 186.51 | 252.52 | 210.18 |
| 原 煤 | (万吨) | Coal | (10 000 tons) | 29.62 | 98.95 | 143.08 | 156.05 | 170.75 |
| 原 油 | (吨) | Crude Oil | (ton) | 48717 | 82665 | 102376 | 95612 | 96424 |
| 发 电 量 | (万千瓦小时) | Electricity | (10 000 kwh) | 13834 | 30189 | 43674 | 48805 | 48828 |
| 粗 钢 | (吨) | Crude Steel | (ton) | 8419 | 16570 | 28144 | 32445 | 35913 |
| **每天消费量** | | **Daily National Consumption** | | | | | | |
| 能源消费量 | (万吨标准煤) | Energy Consumption | (10 000 tons of SCE) | 15.26 | 22.71 | 32.07 | 34.32 | 35.34 |
| 社会消费品零售额 | (万元) | Total Retail Sales of Consumer Goods | (10 000 yuan) | 36475 | 89248 | 180223 | 222297 | 244884 |
| **每天其他经济活动** | | **Other Daily Economic Activities** | | | | | | |
| 货 运 量 | (万吨) | Freight Traffic | (10 000 tons) | 125.27 | 286.09 | 386.05 | 446.81 | 474.66 |
| 客 运 量 | (万人) | Passenger Traffic | (10 000 persons) | 107.16 | 257.41 | 193.99 | 194.90 | 199.38 |
| 邮电业务总量 | (万元) | Business Volume of Postal and Telecommunication Services | (10 000 yuan) | 9072 | 24736 | 20742 | 26091 | 64515 |
| 进出口总值 | (万元) | Total Value of Imports and Exports | (10 000 yuan) | 1253.93 (万美元) | 3310.36 (万美元) | 51925 | 74511 | 96242 |
| # 出口总值 | | Total Exports | | 842.69 (万美元) | 1700.75 (万美元) | 25163 | 45472 | 56941 |
| 入境旅游人数 | (人次) | Number of Overseas Visitor Arrivals | (person-times) | 2544 | 5813 | 8028 | 10513 | 11976 |
| **每天人口变动和婚姻** | | **Daily Population Changes and Marriages** | | | | | | |
| 出 生 | (人) | Births | (person) | 1013 | 994 | 1047 | 1164 | 1126 |
| 死 亡 | (人) | Deaths | (person) | 608 | 613 | 651 | 655 | 658 |
| 结 婚 | (对) | Marriages | (couples) | 571 | 950 | 976 | 824 | 823 |
| 离 婚 | (对) | Divorces | (couples) | 64 | 122 | 203 | 235 | 274 |

注：1.本表价值量指标中，除邮电业务总量按不变价格计算，其余均按当年价格计算。
2.工业产品产量为规模以上企业数据。
3.能源消费量按等价值计算。

a) Figures in value terms in this table are at current prices, except that on the business volume of postal and telecommunication services which is at constant prices.
b) Output of industrial products are obtained from above designated size enterprises.
c) Energy consumption are calculated at equivalent value.

# 2-2 陕西省主要国民经济指标占全国比重(2018年)

# Percentage of Shaanxi Main Indicators on National Economic to National Total(2018)

| 指标 | | Item | | 陕西 Shaanxi | 全国 National Total | 陕西占全国% Shaanxi as Percentage of National Total (%) |
|---|---|---|---|---|---|---|
| 年底总人口 | (万人) | Population at Year-end | (10 000 persons) | 3864 | 139538 | 2.8 |
| 就业人员 | (万人) | Number of Employed Persons | (10 000 persons) | 2071 | 77586 | 2.7 |
| 生产总值 | (亿元) | Gross Domestic Product | (100 million yuan) | 24438.32 | 900309 | 2.7 |
| 第一产业 | | Primary Industry | | 1830.19 | 64734 | 2.8 |
| 第二产业 | | Secondary Industry | | 12157.48 | 366001 | 3.3 |
| 第三产业 | | Tertiary Industry | | 10450.65 | 469575 | 2.2 |
| 地方一般预算收入 | (亿元) | Local General Bugetary Revenue | (100 million yuan) | 2243.14 | 97905 | 2.3 |
| 主要产品产量 | | Output of Major Products | | | | |
| 粮　　食 | (万吨) | Grain | (10 000 tons) | 1226.31 | 65789.2 | 1.9 |
| 棉　　花 | (万吨) | Cotton | (10 000 tons) | 0.99 | 610.3 | 0.2 |
| 油　　料 | (万吨) | Oil-bearing Crops | (10 000 tons) | 61.03 | 3433.4 | 1.8 |
| 肉　　类 | (万吨) | Meat | (10 000 tons) | 114.46 | 8624.6 | 1.3 |
| 原　　煤 | (万吨) | Coal | (10 000 tons) | 62324.51 | 368324.9 | 16.9 |
| 原　　油 | (万吨) | Crude Oil | (10 000 tons) | 3519.49 | 18910.6 | 18.6 |
| 天 然 气 | (亿立方米) | Natural Gas | (100 million cu.m) | 444.48 | 1602.7 | 27.7 |
| 发 电 量 | (亿千瓦小时) | Electricity | (100 million kwh) | 1782.22 | 71117.7 | 2.5 |
| 粗　　钢 | (万吨) | Crude Steel | (10 000 tons) | 1310.82 | 92800.9 | 1.4 |
| 水　　泥 | (万吨) | Cement | (10 000 tons) | 6270.83 | 220770.7 | 2.8 |
| 化　　肥 | (万吨) | Fertilizers | (10 000 tons) | 128.90 | 5424.4 | 2.4 |
| 纱 | (万吨) | Yarn | (10 000 tons) | 39.41 | 2959 | 1.3 |
| 布 | (亿米) | Cloth | (100 million m) | 7.67 | 657.3 | 1.2 |
| 汽　　车 | (万辆) | Motor Vehicles | (10 000 units) | 62.13 | 2781.9 | 2.2 |
| 货物周转量 | (亿吨公里) | Total Freight Ton-kilometers | (100 million ton-km) | 4025.99 | 204685.8 | 2.0 |
| 邮电业务总量 | (亿元) | Business Volume of Postal and Telecommunication Services | (100 million yuan) | 2354.79 | 77900.9 | 3.0 |
| 社会消费品零售总额 | (亿元) | Total Retail Sales of Consumer Goods | (100 million yuan) | 8938.27 | 380986.9 | 2.3 |
| 进出口总值 | (亿元) | Total Value of Imports and Exports | (100 million yuan) | 3512.82 | 305050.4 | 1.2 |
| # 出口总值 | | Exports | | 2078.33 | 164176.7 | 1.3 |
| 入境旅游人数 | (万人次) | Number of Overseas Visitor Arrivals | (10 000 person-times) | 437.14 | 14119.8 | 3.1 |
| 国际旅游外汇收入 | (亿美元) | Foreign Exchange Earnings from International Tourism | (USD 100 million) | 31.26 | 1271.0 | 2.5 |
| 大学生在校学生数 | (万人) | Students Enrollment of College and University | (10 000 persons) | 105.48 | 2831.0 | 3.7 |

# 2-3 国民经济和社会发展总量与速度指标

| 指 标 | | Item | | 1978 | 2005 |
|---|---|---|---|---|---|
| **人口与就业** | | **Population and Employment** | | | |
| 人 口 | | Population | | | |
| 年底总人口 | (万人) | Population at Year-end | (10 000 persons) | 2779 | 3690 |
| 城镇人口 | | Urban | | 454 | 1374 |
| 乡村人口 | | Rural | | 2325 | 2316 |
| 男性人口 | | Male | | 1444 | 1899 |
| 女性人口 | | Female | | 1335 | 1791 |
| 就 业 | | Employment | | | |
| 就业人员 | (万人) | Number of Employed Persons | (10 000 persons) | 1078 | 1976 |
| # 职工人数 | | Number of Staff and Workers | | 257 | 323 |
| 城镇登记失业人数 | (万人) | Registered Unemployment in Urban Areas | (10 000 persons) | | 21.54 |
| **宏观经济** | | **Macro Economy** | | | |
| 国民经济核算 | | National Accounting | | | |
| 生产总值 | (亿元) | Gross Domestic Product | (100 million yuan) | 81.07 | 3933.72 |
| 第一产业 | | Primary Industry | | 24.70 | 435.77 |
| 第二产业 | | Secondary Industry | | 42.13 | 1951.36 |
| 第三产业 | | Tertiary Industry | | 14.24 | 1546.59 |
| 固定资产投资 | | Investment in Fixed Assets | | | |
| 房地产开发投资 | (亿元) | Investment in Real Estate Development | (100 million yuan) | | 298.95 |
| 财 政 | | Government Finance | | | |
| 地方一般预算收入 | (亿元) | Local General Bugetary Revenue | (100 million yuan) | | 275.32 |
| 一般预算支出 | (亿元) | General Bugetary Expenditure | (100 million yuan) | 18.30 | 638.96 |
| 物价指数 | (上年＝100) | Price Indices | (preceding year=100) | | |
| 商品零售价格指数 | | Retail Price Index | | 100.5 | 100.1 |
| 居民消费价格指数 | | Consumer Price Index | | 100.6 | 101.2 |
| 利用外资 | | Utilization of Foreign Capital | | | |
| 签订利用客商直接投资协议额 | (万美元) | Contracted Value of Direct Investments | (USD 10 000) | | 158237 |
| 实际利用客商直接投资额 | (万美元) | Actually Utilized Value of Direct Investments | (USD 10 000) | | 62839 |
| 能源生产与消费(等价值) | | Production and Consumption of Energy | (Equivalent Value) | | |
| 能源生产总量 | (万吨标准煤) | Total Energy Production | (10 000 tons of SCE) | | 14576 |
| 能源消费总量 | (万吨标准煤) | Total Energy Consumption | (10 000 tons of SCE) | | 5571 |

注：1.本表价值量指标中，除邮电业务总量按不变价格计算，其余指标均按当年价格计算。
2.2000年及以后工业产品产量、财务指标为规模以上企业数据。
3.1998年及以后职工人数、职工工资总额、职工平均工资为在岗职工数据。
4.本表速度指标中，生产总值及三次产业增加值、物价指数、农林牧渔业增加值、工业增加值、居民人均可支配收入和职工平均工资均按不变价格计算。

# Principal Aggregate Indicators on National Economic and Social Development and Growth Rates

| 2010 | 2015 | 2017 | 2018 | 2018年为下列年份%<br>2018 as Percentage of the Following Years(%) 1978 | 2005 | 2010 | 2015 | 2017 | 1979-2018 平均增长% Average Annual Growth Rate(%) |
|---|---|---|---|---|---|---|---|---|---|
| 3735 | 3793 | 3835 | 3864 | 139.1 | 104.7 | 103.5 | 101.9 | 100.8 | 0.8 |
| 1707 | 2045 | 2178 | 2246 | 494.7 | 163.5 | 131.6 | 109.8 | 103.1 | 4.1 |
| 2028 | 1748 | 1657 | 1618 | 69.6 | 69.9 | 79.8 | 92.6 | 97.6 | -0.9 |
| 1930 | 1958 | 1980 | 1994 | 138.1 | 105.0 | 103.3 | 101.8 | 100.7 | 0.8 |
| 1805 | 1835 | 1855 | 1870 | 140.1 | 104.4 | 103.6 | 101.9 | 100.8 | 0.8 |
| 2074 | 2071 | 2072 | 2071 | 192.1 | 104.8 | 99.9 | 100.0 | 100.0 | 1.6 |
| 343 | 474 | 472 | 472 | 183.7 | 146.1 | 137.7 | 99.6 | 100.0 | 1.5 |
| 21.42 | 22.35 | 23.44 | 24.12 | | 112.0 | 112.6 | 107.9 | 102.9 | |
| 10123.48 | 18021.86 | 21898.81 | 24438.32 | 5793.5 | 425.0 | 212.6 | 125.9 | 108.3 | 10.7 |
| 988.45 | 1597.63 | 1741.45 | 1830.19 | 739.6 | 196.1 | 145.6 | 112.3 | 103.2 | 5.1 |
| 5446.10 | 9082.13 | 10882.88 | 12157.48 | 8609.0 | 479.2 | 223.6 | 125.7 | 108.7 | 11.8 |
| 3688.93 | 7342.10 | 9274.48 | 10450.65 | 11078.0 | 429.6 | 214.4 | 128.9 | 108.8 | 12.5 |
| 1159.47 | 2494.29 | 3101.97 | 3534.67 | | 1182.4 | 304.9 | 141.7 | 113.9 | |
| 958.21 | 2059.95 | 2006.69 | 2243.14 | | 814.7 | 234.1 | 108.9 | 111.8 | |
| 2218.83 | 4376.06 | 4833.19 | 5302.44 | 28971.0 | 829.9 | 239.0 | 121.2 | 109.7 | 15.2 |
| 103.6 | 99.8 | 101.3 | 102.1 | 534.6 | 134.6 | 113.8 | 103.7 | 102.1 | 4.3 |
| 104.0 | 101.0 | 101.6 | 102.1 | 677.9 | 143.2 | 120.7 | 105.1 | 102.1 | 4.9 |
| 221030 | 578208 | 1002910 | 537672 | | 339.8 | 243.3 | 93.0 | 53.6 | |
| 182006 | 462118 | 589437 | 684794 | | 1089.8 | 376.2 | 148.2 | 116.2 | |
| 31846 | 48491 | 51542 | 56392 | | 386.9 | 177.1 | 116.3 | 109.4 | |
| 8288 | 11707 | 12527 | 12900 | | 231.5 | 155.7 | 110.2 | 103.0 | |

a) Figures in value terms in this table are at current prices, except that on the business volume of postal and telecommunication services which is at constant prices.

b) Since 2000, Output of industrial products and financial indicators are obtained from above designated size enterprises.

c) Figures on number of staff and workers ,total wage bill and average wage refer to fully employed staff and workers since 1998 .

d) The indices and growth rates of the follow indicators are calculated at constant prices: gross domestic product, value-added of the three strata of industry,price indices,value-added of agriculture, forestry, animal husbandry and fishery ,value-added of industry, per capita annual disposable income of households average wage of staff and workers.

2–3 续表 1

| 指　　标 | | Item | | 1978 | 2005 |
|---|---|---|---|---|---|
| **产　业** | | **Industry** | | | |
| 农　业 | | Agriculture | | | |
| 常用耕地面积 | (千公顷) | Cultivated Land | (1 000 hectares) | 3854 | 2788 |
| 农林牧渔业增加值 | (亿元) | Value-added of Agriculture, Forestry, Animal Husbandry and Fishery | (100 million yuan) | 24.70 | 435.77 |
| 主要农产品产量 | | Output of Major Farm Products | | | |
| 粮　食 | (万吨) | Grain | (10 000 tons) | 800 | 1140 |
| 棉　花 | (万吨) | Cotton | (10 000 tons) | 10.54 | 7.78 |
| 油　料 | (万吨) | Oil-bearing Crops | (10 000 tons) | 5.65 | 45.35 |
| 烤　烟 | (万吨) | Flue-Cured Tobacco | (10 000 tons) | 1.38 | 5.88 |
| 茶　叶 | (吨) | Tea | (ton) | 1408 | 11382 |
| 水　果 | (万吨) | Fruits | (10 000 tons) | 33.41 | 765.74 |
| 蔬　菜 | (万吨) | Vegetables | (10 000 tons) | | 869.93 |
| 肉　类 | (万吨) | Meat | (10 000 tons) | 14.20 | 134.11 |
| 工　业 | | Industry | | | |
| 工业增加值 | (亿元) | Value-added of Industry | (100 million yuan) | 36.52 | 1650.63 |
| 主要工业产品产量 | | Output of Major Industrial Products | | | |
| 纱 | (万吨) | Yarn | (10 000 tons) | 13.85 | 19.43 |
| 布 | (亿米) | Cloth | (100 million m) | 5.81 | 7.93 |
| 原　煤 | (万吨) | Coal | (10 000 tons) | 1666.00 | 10810.72 |
| 原　油 | (万吨) | Crude Oil | (10 000 tons) | 6.03 | 1778.16 |
| 天然气 | (亿立方米) | Natural Gas | (100 million cu.m) | | 80.59 |
| 发电量 | (亿千瓦小时) | Electricity | (100 million kwh) | 66.10 | 504.94 |
| 粗　钢 | (万吨) | Crude Steel | (10 000 tons) | 24.29 | 307.28 |
| 钢　材 | (万吨) | Rolled Steel | (10 000 tons) | 17.38 | 337.10 |
| 水　泥 | (万吨) | Cement | (10 000 tons) | 210.66 | 1972.13 |
| 化　肥 | (万吨) | Fertilizers | (10 000 tons) | 13.69 | 122.86 |
| 汽　车 | (万辆) | Motor Vehicles | (10 000 units) | | 4.26 |
| 规模以上工业企业 | | Industrial Enterprises above Designated Size | | | |
| 资产总计 | (亿元) | Original Value of Fixed Assets | (100 million yuan) | | 5085.90 |
| 主营业务收入 | (亿元) | Revenue from Principal Business | (100 million yuan) | | 3302.50 |
| 利润总额 | (亿元) | Total Profits | (100 million yuan) | | 400.70 |
| 交通运输 | | Transportation | | | |
| 货物运输量 | (万吨) | Freight Traffic | (10 000 tons) | 7160 | 45724 |
| # 铁　路 | | Railways | | 2400 | 12123 |
| 公　路 | | Highways | | 4733 | 33483 |
| 货物周转量 | (亿吨公里) | Freight Ton-kilometers | (100 million ton-km) | 176.11 | 1115.31 |
| # 铁　路 | | Railways | | 165.58 | 905.76 |
| 公　路 | | Highways | | 10.39 | 207.85 |
| 旅客运输量 | (万人) | Passenger Traffic | (10 000 persons) | 5628 | 39137 |
| # 铁　路 | | Railways | | 2009 | 3600 |
| 公　路 | | Highways | | 3605 | 34780 |
| 旅客周转量 | (亿人公里) | Passenger-Kilometers | (100 million passenger-km) | 60.73 | 571.60 |
| # 铁　路 | | Railways | | 47.56 | 279.08 |
| 公　路 | | Highways | | 12.95 | 206.54 |

continued

| 2010 | 2015 | 2017 | 2018 | 2018年为下列年份% 2018 as Percentage of the Following Years(%) 1978 | 2005 | 2010 | 2015 | 2017 | 1979-2018 平均增长% Average Annual Growth Rate(%) |
|---|---|---|---|---|---|---|---|---|---|
| 2861 | 2904 | 3014 | 3015 | 78.2 | 108.1 | 105.4 | 103.8 | 100.0 | -0.6 |
| 988.45 | 1673.22 | 1830.62 | 1927.31 | 743.1 | 197.0 | 146.3 | 112.6 | 103.3 | 5.1 |
| 1186 | 1205 | 1194 | 1226 | 153.3 | 107.6 | 103.4 | 101.8 | 102.7 | 1.1 |
| 5.26 | 2.07 | 1.20 | 0.99 | 9.4 | 12.7 | 18.8 | 47.8 | 82.5 | -5.7 |
| 53.61 | 56.91 | 59.82 | 61.03 | 1080.2 | 134.6 | 113.8 | 107.2 | 102.0 | 6.1 |
| 5.77 | 5.06 | 3.82 | 3.36 | 243.5 | 57.1 | 58.2 | 66.0 | 88.0 | 2.2 |
| 24890 | 54055 | 66672 | 71038 | 5045.3 | 624.1 | 285.4 | 131.4 | 106.5 | 10.3 |
| 1195.06 | 1504.78 | 1660.80 | 1566.01 | 4687.3 | 204.5 | 131.0 | 104.1 | 94.3 | 10.1 |
| 1294.49 | 1613.45 | 1733.99 | 1808.44 | | 207.9 | 139.7 | 112.1 | 104.3 | |
| 107.62 | 131.63 | 113.41 | 114.46 | 806.1 | 85.4 | 106.4 | 87.0 | 100.9 | 5.4 |
| 4558.97 | 7344.62 | 8691.79 | 9634.80 | 9548.5 | 479.5 | 225.5 | 125.9 | 109.0 | 12.1 |
| 27.12 | 49.46 | 42.60 | 39.41 | 284.5 | 202.8 | 145.3 | 79.7 | 92.5 | 2.6 |
| 7.52 | 6.81 | 9.22 | 7.67 | 132.0 | 96.7 | 102.0 | 112.7 | 83.2 | 0.7 |
| 36115.50 | 52224.16 | 56959.93 | 62324.51 | 3741.0 | 576.5 | 172.6 | 119.3 | 109.4 | 9.5 |
| 3017.28 | 3736.73 | 3489.82 | 3519.49 | 58366.3 | 197.9 | 116.6 | 94.2 | 100.9 | 17.3 |
| 223.47 | 415.92 | 419.40 | 444.48 | | 551.6 | 198.9 | 106.9 | 106.0 | |
| 1101.91 | 1594.11 | 1781.39 | 1782.22 | 2696.2 | 353.0 | 161.7 | 111.8 | 100.0 | 8.6 |
| 604.82 | 1027.27 | 1184.26 | 1310.82 | 5396.5 | 426.6 | 216.7 | 127.6 | 110.7 | 10.5 |
| 994.89 | 1655.58 | 1377.61 | 1445.15 | 8315.0 | 428.7 | 145.3 | 87.3 | 104.9 | 11.7 |
| 5463.79 | 8580.09 | 7476.09 | 6270.83 | 2976.8 | 318.0 | 114.8 | 73.1 | 83.9 | 8.9 |
| 82.74 | 187.13 | 148.39 | 128.90 | 941.6 | 104.9 | 155.8 | 68.9 | 86.9 | 5.8 |
| 65.21 | 34.14 | 61.63 | 62.13 | | 1457.8 | 95.3 | 182.0 | 100.8 | |
| 14688.70 | 26393.17 | 30642.94 | 32432.48 | | 637.7 | 220.8 | 122.9 | 105.8 | |
| 10888.80 | 18823.01 | 22090.99 | 23060.35 | | 698.3 | 211.8 | 122.5 | 104.4 | |
| 1469.57 | 1412.41 | 2238.04 | 2436.27 | | 608.0 | 165.8 | 172.5 | 108.9 | |
| 104423 | 140908 | 163086 | 173253 | 2419.7 | 378.9 | 165.9 | 123.0 | 106.2 | 8.3 |
| 27121 | 32951 | 39162 | 42245 | 1760.2 | 348.5 | 155.8 | 128.2 | 107.9 | 7.4 |
| 77123 | 107731 | 123721 | 130823 | 2764.1 | 390.7 | 169.6 | 121.4 | 105.7 | 8.7 |
| 2465.99 | 3264.64 | 3761.63 | 4025.99 | 2286.1 | 361.0 | 163.3 | 123.3 | 107.0 | 8.1 |
| 1267.90 | 1435.91 | 1641.77 | 1723.00 | 1040.6 | 190.2 | 135.9 | 120.0 | 104.9 | 6.0 |
| 1195.91 | 1826.80 | 2118.21 | 2301.37 | 22149.9 | 1107.2 | 192.4 | 126.0 | 108.6 | 14.5 |
| 93954 | 70806 | 71138 | 72773 | 1293.0 | 185.9 | 77.5 | 102.8 | 102.3 | 6.6 |
| 5411 | 7866 | 8908 | 10953 | 545.2 | 304.2 | 202.4 | 139.2 | 123.0 | 4.3 |
| 87457 | 61436 | 60724 | 60269 | 1671.8 | 173.3 | 68.9 | 98.1 | 99.3 | 7.3 |
| 851.45 | 908.58 | 907.65 | 957.71 | 1577.0 | 167.5 | 112.5 | 105.4 | 105.5 | 7.1 |
| 362.60 | 464.44 | 471.03 | 510.36 | 1073.1 | 182.9 | 140.8 | 109.9 | 108.4 | 6.1 |
| 383.99 | 293.23 | 289.15 | 286.98 | 2216.1 | 138.9 | 74.7 | 97.9 | 99.3 | 8.1 |

2–3 续表 2

| 指　　标 | | Item | 1978 | 2005 |
|---|---|---|---|---|
| 邮电通信业 | | Postal and Telecommunication Services | | |
| 邮电业务总量 | (亿元) | Business Volume of Postal and Telecommunication Services (100 million yuan) | 0.50 | 331.13 |
| 函　件 | (万件) | Number of Letters Delivered (10 000 pieces) | 9188 | 15119 |
| 报刊期发数 | (万份) | Number of Newspapers and Magazines Distributed (10 000 copies) | 319 | 286 |
| 固定电话 | (万户) | Number of Fixed Telephone Subscribers (10 000 subscribers) | 4.65 | 859.32 |
| 移动电话 | (万户) | Number of Mobile Telephone Subscribers (10 000 subscribers) | | 938.10 |
| 互联网宽带用户 | (万户) | Number of Internet Subscribers (10 000 subscribers) | | 236.90 |
| 国内商业 | | Domestic Trade | | |
| 社会消费品零售总额 | (亿元) | Total Retail Sales of Consumer Goods (100 million yuan) | 33.37 | 1331.35 |
| 对外贸易和旅游 | | Foreign Trade and Tourism | | |
| 进出口总值 | (亿元) | Total Value of Imports and Exports (100 million yuan) | | 45.77亿美元 |
| 进口总值 | | Imports | | 15.01亿美元 |
| 出口总值 | | Exports | 0.12亿美元 | 30.76亿美元 |
| 国际旅游 | | International Tourism | | |
| 入境旅游人数 | (万人次) | Number of Overseas Visitor Arrivals (10 000 person-times) | 1.37 | 92.84 |
| 旅游收入 | (万美元) | Foreign Exchange Earnings from International Tourism (USD 10 000) | 177 | 44625 |
| 金　融 | | Financial Intermediation | | |
| 金融机构人民币存款 | (亿元) | Deposits of National Banking System in RMB (100 million yuan) | | 6446.48 |
| 金融机构人民币贷款 | (亿元) | Loans of National Banking System in RMB (100 million yuan) | | 3983.19 |
| **教育・文化** | | **Education and Culture** | | |
| 教　育 | | Education | | |
| 专任教师数 | (万人) | Full-time Teachers (10 000 persons) | | |
| 普通高等学校 | | Regular Institutions of Higher Education | 1.07 | 4.29 |
| 中等职业学校 | | Vocational Secondary Schools | 0.33 | 2.85 |
| 普通中学 | | Secondary Schools | 9.17 | 15.91 |
| 小　学 | | Primary Schools | 17.30 | 18.66 |
| 在校学生数 | (万人) | Students Enrollment (10 000 persons) | | |
| 普通高等学校 | | Regular Institutions of Higher Education | 3.44 | 66.69 |
| 中等职业学校 | | Vocational Secondary Schools | 2.93 | 55.84 |
| 普通中学 | | Secondary Schools | 193.47 | 304.56 |
| 小　学 | | Primary Schools | 450.51 | 340.09 |
| 文　化 | | Culture | | |
| 出版数量 | | Number of Publication | | |
| 图　书 | (万册) | Books (10 000 copies) | 7661 | 17628 |
| 杂　志 | (万册) | Magazines (10 000 copies) | 1423 | 6450 |
| 报　纸 | (万份) | Newspapers (10 000 copies) | | 68219 |
| 制作电视节目 | (小时) | Time for TV Programs Production (hour) | | 71983 |

continued

| 2010 | 2015 | 2017 | 2018 | 2018年为下列年份% 2018 as Percentage of the Following Years(%) | | | | | 1979-2018 平均增长% Average Annual Growth Rate(%) |
|---|---|---|---|---|---|---|---|---|---|
| | | | | 1978 | 2005 | 2010 | 2015 | 2017 | |
| 902.85 | 757.09 | 952.31 | 2354.79 | 468615.2 | 711.1 | 260.8 | 311.0 | 247.3 | 23.5 |
| 9734 | 2499 | 1908 | 2194 | 23.9 | 14.5 | 22.5 | 87.8 | 115.0 | -3.5 |
| 517 | 379 | 302 | 302 | 94.7 | 105.6 | 58.4 | 79.7 | 99.9 | -0.1 |
| 781.89 | 723.28 | 622.79 | 650.72 | 14007.2 | 75.7 | 83.2 | 90.0 | 104.5 | 13.2 |
| 2518.23 | 3649.65 | 4220.61 | 4688.62 | | 499.8 | 186.2 | 128.5 | 111.1 | |
| 368.83 | 605.42 | 903.22 | 1057.40 | | 446.3 | 286.7 | 174.7 | 117.1 | |
| 3257.54 | 6578.14 | 8113.84 | 8938.27 | 26785.3 | 671.4 | 274.4 | 135.9 | 110.2 | 15.0 |
| 120.83亿美元 | 1895.25 | 2719.65 | 3512.82 | | 936.9 | 429.5 | 185.3 | 129.2 | |
| 58.75亿美元 | 976.78 | 1059.92 | 1434.49 | | 1166.6 | 360.7 | 146.9 | 135.3 | |
| 62.08亿美元 | 918.47 | 1659.73 | 2078.33 | 1107410.0 | 824.9 | 494.6 | 226.3 | 125.2 | 26.2 |
| 212.17 | 293.03 | 383.74 | 437.14 | 31908.0 | 470.9 | 206.0 | 149.2 | 113.9 | 15.5 |
| 101596 | 200022 | 270440 | 312642 | 176633.9 | 700.6 | 307.7 | 156.3 | 115.6 | 20.6 |
| 16456.05 | 32415.24 | 37784.01 | 40567.42 | | 629.3 | 246.5 | 125.1 | 107.4 | |
| 10033.12 | 21760.61 | 26679.06 | 30513.81 | | 766.1 | 304.1 | 140.2 | 114.4 | |
| 5.83 | 6.65 | 6.69 | 6.85 | 639.9 | 159.7 | 117.4 | 102.9 | 102.3 | 4.7 |
| 3.46 | 2.17 | 2.12 | 2.09 | 634.8 | 73.4 | 60.5 | 96.4 | 98.7 | 4.7 |
| 17.05 | 16.18 | 15.73 | 15.59 | 170.0 | 98.0 | 91.4 | 96.4 | 99.1 | 1.3 |
| 17.52 | 14.31 | 14.41 | 16.42 | 94.9 | 88.0 | 93.7 | 114.7 | 113.9 | -0.1 |
| 92.78 | 109.97 | 106.94 | 105.48 | 3066.3 | 158.2 | 113.7 | 95.9 | 98.6 | 8.9 |
| 89.93 | 43.69 | 41.56 | 39.98 | 1364.5 | 71.6 | 44.5 | 91.5 | 96.2 | 6.8 |
| 259.91 | 187.57 | 180.63 | 180.81 | 93.5 | 59.4 | 69.6 | 96.4 | 100.1 | -0.2 |
| 261.04 | 233.11 | 252.31 | 265.61 | 59.0 | 78.1 | 101.8 | 113.9 | 105.3 | -1.3 |
| 19830 | 20625 | 18748 | 21650 | 282.6 | 122.8 | 109.2 | 105.0 | 115.5 | 2.6 |
| 7522 | 3693 | 2976 | 3119 | 219.2 | 48.4 | 41.5 | 84.4 | 104.8 | 2.0 |
| 62239 | 60132 | 52761 | 52265 | | 76.6 | 84.0 | 86.9 | 99.1 | |
| 83275 | 117762 | 127553 | 121921 | | 169.4 | 146.4 | 103.5 | 95.6 | |

2-3 续表 3

| 指 标 | | Item | | 1978 | 2005 |
|---|---|---|---|---|---|
| **家庭·生活·环境** | | **Family, People's Living Conditions and Environment** | | | |
| 家 庭 | | Family | | | |
| 家庭总户数 | (万户) | Total Number of Households | (10 000 households) | 560.82 | 1055.74 |
| 居民家庭平均每户居住人口 | (人) | Average Household Size of All Households | (person) | | |
| 城镇居民平均每户居住人口 | (人) | Average Household Size in Urban Areas | (person) | | |
| 农村居民平均每户居住人口 | (人) | Average Household Size in Rural Areas | (person) | | |
| 婚 姻 | | Marriages and Divorces | | | |
| 结婚数 | (对) | Number of Marriages | (couples) | 136230 | 208421 |
| 离婚数 | (对) | Number of Divorces | (couples) | | 23447 |
| 居 住 | | Housing | | | |
| 居民家庭人均住房建筑面积 | (平方米) | Per Capita Floor Space of All Households | (sq.m) | | |
| 城镇居民人均住房建筑面积 | (平方米) | Per Capita Floor Space of Urban Residents | (sq.m) | | |
| 农村居民人均住房建筑面积 | (平方米) | Per Capita Floor Space of Rural Residents | (sq.m) | | |
| 生 活 | | People's Living Conditions | | | |
| 居民人均可支配收入 | (元) | Per Capita Annual Disposable Income of All Households | (yuan) | | |
| 城镇居民人均可支配收入 | (元) | Per Capita Annual Disposable Income of Urban Households | (yuan) | 310 | 8159 |
| 农村居民人均可支配收入 | (元) | Per Capita Annual Disposable Income of Rural Households | (yuan) | 134 | 2162 |
| 居民人均生活消费支出 | (元) | Per Capita Living Expenditure of All Households | (yuan) | | |
| 城镇居民人均生活消费支出 | (元) | Per Capita Living Expenditure of Urban Households | (yuan) | | |
| 农村居民人均生活消费支出 | (元) | Per Capita Living Expenditure of Rural Households | (yuan) | | |
| 工 资 | | Wages | | | |
| 职工工资总额 | (亿元) | Total Wages of Staff and Workers | (100 million yuan) | 16.44 | 477.97 |
| 职工平均工资 | (元) | Average Wage of Staff and Workers | (yuan) | 654 | 14796 |
| 卫 生 | | Health Care | | | |
| 医院数 | (个) | Number of Hospitals | (unit) | 3064 | 2674 |
| 医生数 | (万人) | Number of Doctors | (10 000 persons) | 3.43 | 6.03 |
| 医院床位数 | (万张) | Number of Hospital Beds | (10 000 units) | 4.99 | 10.34 |
| 市政建设 | | Municipal Works | | | |
| 自来水供应量 | (万立方米) | Volume of Tap Water Supply | (10 000 cu.m) | 21119 | 71170 |
| 排水管道长度 | (公里) | Length of Sewer Pipelines | (km) | 431 | 3250 |
| 城市天然气供应量 | (万立方米) | Volume of Natural Gas Supply in Urban Areas | (10 000 cu.m) | | 76285 |
| 道路长度 | (公里) | Length of Paved Roads | (km) | 639 | 3191 |
| 园林绿地面积 | (公顷) | Area of Green Land | (hectare) | 488 | 15003 |
| 环境、灾害 | | Environment and Disaster | | | |
| 环境污染治理投资总额 | (万元) | Total Investment in the Treatment of Environmental Pollution | (10 000 yuan) | | |
| 突发环境事件次数 | (次) | Environmental Disasters | (time) | | |
| 火灾发生数 | (起) | Number of Fire Disasters | (unit) | | 7490 |
| 火灾损失 | (万元) | Loss of Fire Disasters | (10 000 yuan) | | 4683 |
| 交通事故发生数 | (件) | Number of Traffic Accidents | (unit) | 3979 | 12011 |
| 交通事故损失 | (万元) | Loss of Traffic Accidents | (10 000 yuan) | 165 | 6242 |

continued

| 2010 | 2015 | 2017 | 2018 | 2018年为下列年份% 2018 as Percentage of the Following Years(%) | | | | | 1979-2018 平均增长% Average Annual Growth Rate(%) |
|---|---|---|---|---|---|---|---|---|---|
| | | | | 1978 | 2005 | 2010 | 2015 | 2017 | |
| | | | | | | | | | |
| 1198.37 | 1268.08 | 1300.25 | 1318.18 | 235.0 | 124.9 | 110.0 | 104.0 | 101.4 | 2.2 |
| | 3.20 | 3.11 | 3.10 | | | | 96.9 | 99.8 | |
| | 2.90 | 2.88 | 3.05 | | | | 105.2 | 106.0 | |
| | 3.36 | 3.26 | 3.10 | | | | 92.3 | 95.3 | |
| | | | | | | | | | |
| 346645 | 356413 | 300594 | 300405 | 220.5 | 144.1 | 86.7 | 84.3 | 99.9 | 2.0 |
| 44402 | 74097 | 85870 | 100174 | | 427.2 | 225.6 | 135.2 | 116.7 | |
| | | | | | | | | | |
| | 37.0 | 39.3 | 39.8 | | | | 107.6 | 101.4 | |
| | 31.3 | 32.7 | 38.2 | | | | 122.0 | 116.8 | |
| | 42.6 | 46.0 | 41.5 | | | | 97.5 | 90.3 | |
| | | | | | | | | | |
| | 17395 | 20635 | 22528 | | | | 123.2 | 106.9 | |
| 15343 | 26420 | 30810 | 33319 | 1551.6 | 290.1 | 180.7 | 119.9 | 106.0 | 7.1 |
| 4477 | 8689 | 10265 | 11213 | 1053.0 | 327.9 | 204.3 | 123.4 | 106.8 | 6.1 |
| | 13087 | 14900 | 16160 | | | | 123.5 | 108.5 | |
| | 18464 | 20388 | 21966 | | | | 119.0 | 107.7 | |
| | 7901 | 9306 | 10071 | | | | 127.5 | 108.2 | |
| | | | | | | | | | |
| 1176.33 | 2734.38 | 3171.03 | 3535.69 | 21506.7 | 739.7 | 300.6 | 129.3 | 111.5 | 14.4 |
| 34299 | 56896 | 67433 | 74993 | 1616.5 | 356.5 | 182.1 | 125.4 | 108.9 | 7.2 |
| | | | | | | | | | |
| 2639 | 2612 | 2710 | 2729 | 89.1 | 102.1 | 103.4 | 104.5 | 100.7 | -0.3 |
| 6.28 | 7.95 | 9.32 | 9.88 | 288.0 | 163.8 | 157.4 | 124.3 | 106.0 | 2.7 |
| 13.72 | 20.63 | 23.71 | 24.94 | 499.8 | 241.2 | 181.8 | 120.9 | 105.2 | 4.1 |
| | | | | | | | | | |
| 81335 | 97664 | 137917 | 141582 | 670.4 | 198.9 | 174.1 | 145.0 | 102.7 | 4.9 |
| 5666 | 8026 | 9590 | 10333 | 2397.4 | 317.9 | 182.4 | 128.7 | 107.7 | 8.3 |
| 164654 | 311286 | 378752 | 473094 | | 620.2 | 287.3 | 152.0 | 124.9 | |
| 4810 | 6508 | 7631 | 8569 | 1341.0 | 268.5 | 178.2 | 131.7 | 112.3 | 6.7 |
| 26063 | 56108 | 67965 | 70950 | 14539.0 | 472.9 | 272.2 | 126.5 | 104.4 | 13.3 |
| | | | | | | | | | |
| | 2418911 | 3112585 | | | | | | | |
| | | | | | | | | | |
| | 58 | 33 | | | | | | | |
| 4620 | 13548 | 9681 | 9462 | | 126.3 | 204.8 | 69.8 | 97.7 | |
| 8354 | 11180 | 8935 | 10208 | | 218.0 | 122.2 | 91.3 | 114.3 | |
| 6004 | 5406 | 5820 | 5816 | 146.2 | 48.4 | 96.9 | 107.6 | 99.9 | 1.0 |
| 3311 | 3742 | 4222 | 4465 | 2705.8 | 71.5 | 134.8 | 119.3 | 105.8 | 8.6 |

# 2-4 国民经济主要结构指标
# Main Composition Indicators on National Economy

单位：% (%)

| 指　　标 | Item | 2005 | 2010 | 2015 | 2017 | 2018 |
|---|---|---|---|---|---|---|
| **人口与就业** | **Population and Employment** | | | | | |
| 人　口 | Population | | | | | |
| 城乡结构 | Urban and Rural Composition | | | | | |
| 城　镇 | Urban | 37.2 | 45.7 | 53.9 | 56.8 | 58.1 |
| 乡　村 | Rural | 62.8 | 54.3 | 46.1 | 43.2 | 41.9 |
| 性别结构 | Sexual Composition | | | | | |
| 男 | Male | 51.5 | 51.7 | 51.6 | 51.6 | 51.6 |
| 女 | Female | 48.5 | 48.3 | 48.4 | 48.4 | 48.4 |
| **宏观经济** | **Macro Economy** | | | | | |
| 国民经济核算 | National Accounting | | | | | |
| 生产总值产业结构 | Industrial Composition | | | | | |
| 第一产业 | Primary Industry | 11.1 | 9.8 | 8.9 | 8.0 | 7.5 |
| 第二产业 | Secondary Industry | 49.6 | 53.8 | 50.4 | 49.7 | 49.7 |
| 第三产业 | Tertiary Industry | 39.3 | 36.4 | 40.7 | 42.4 | 42.8 |
| 生产总值地区结构 | By Region | | | | | |
| 关　中 | Guanzhong | 66.2 | 62.8 | 65.4 | 64.6 | 63.3 |
| 陕　南 | Southern Shaanxi | 12.2 | 11.1 | 13.7 | 14.0 | 14.2 |
| 陕　北 | Northern Shaanxi | 21.6 | 26.1 | 20.8 | 21.4 | 22.5 |
| 能　源 | Energy | | | | | |
| 能源生产总量结构 | Composition of Total Energy Production | | | | | |
| 原　煤 | Coal | 74.7 | 76.5 | 76.5 | 78.4 | 79.4 |
| 原　油 | Crude Oil | 17.4 | 13.5 | 11.0 | 9.7 | 8.9 |
| 天然气 | Natural Gas | 6.7 | 9.1 | 11.4 | 10.5 | 10.1 |
| 水电、风电及其他能发电 | Hydro-power, Wind Power and Others | 1.1 | 0.9 | 1.1 | 1.4 | 1.6 |
| 能源消费总量结构 | Composition of Total Energy Consumption | | | | | |
| 煤　品 | Coal | 75.6 | 70.5 | 72.7 | 74.9 | 74.8 |
| 油　品 | Petroleum | 17.4 | 17.1 | 13.3 | 8.6 | 8.4 |
| 天然气 | Natural Gas | 4.1 | 9.0 | 9.5 | 10.7 | 10.6 |
| 水电、风电及其他能发电 | Hydro-power, Wind Power and Others | 3.0 | 3.4 | 4.5 | 5.8 | 6.3 |
| **产　　业** | **Industry** | | | | | |
| 农　业 | Agriculture | | | | | |
| 农林牧渔业产值结构 | Composition of Gross Output Value of Agriculture, Forestry,Animal Husbandry and Fishery | | | | | |
| 农　　业 | Farming | 64.7 | 65.9 | 66.8 | 68.1 | 69.3 |
| 林　　业 | Forestry | 3.4 | 2.1 | 2.7 | 3.1 | 3.2 |
| 牧　　业 | Animal Husbandry | 27.2 | 26.6 | 24.8 | 22.6 | 21.1 |
| 渔　　业 | Fishery | 0.8 | 0.5 | 0.8 | 0.9 | 0.9 |
| 农林牧渔服务业 | Services in Support of Agriculture,Forestry,Animal Husbandry and Fishery | 3.9 | 4.8 | 4.9 | 5.3 | 5.5 |

## 2-4 续表 continued

单位：% (%)

| 指 标 | Item | 2005 | 2010 | 2015 | 2017 | 2018 |
|---|---|---|---|---|---|---|
| 交通运输业 | Transportation | | | | | |
| 客运量结构 | Composition of Passenger Traffic | | | | | |
| 铁 路 | Railways | 9.2 | 5.8 | 11.1 | 12.5 | 15.1 |
| 公 路 | Highways | 88.9 | 93.1 | 86.8 | 85.4 | 82.8 |
| 水 运 | Waterways | 0.9 | 0.3 | 0.5 | 0.6 | 0.5 |
| 民用航空 | Civil Aviation | 1.1 | 0.8 | 1.6 | 1.6 | 1.6 |
| 货运量结构 | Composition of Freight Traffic | | | | | |
| 铁 路 | Railways | 26.5 | 26.0 | 23.4 | 24.0 | 24.4 |
| 公 路 | Highways | 73.2 | 73.9 | 76.5 | 75.9 | 75.5 |
| 水 运 | Waterways | 0.3 | 0.2 | 0.2 | 0.1 | 0.1 |
| 民用航空 | Civil Aviation | … | … | … | … | … |
| 国内贸易 | Domestic Trade | | | | | |
| 社会消费品零售总额构成 | Composition of Total Retail Sales of Consumer Goods | | | | | |
| 城 镇 | Urban | | 87.0 | 88.1 | 88.1 | 88.0 |
| 乡 村 | Rural | | 13.0 | 11.9 | 11.9 | 12.0 |
| 国际旅游 | International Tourism | | | | | |
| 入境旅游人数结构 | Composition of Overseas Visitor Arrivals | | | | | |
| 外国人 | Foreigners | 80.3 | 73.2 | 66.3 | 68.3 | 70.3 |
| 港澳台同胞 | Hong Kong, Macao and Taiwan Compatriots | 19.7 | 26.8 | 33.7 | 31.7 | 29.7 |
| **生活・环境** | **People's Living Conditions and Environment** | | | | | |
| 生 活 | People's Living Conditions | | | | | |
| 居民可支配收入结构 | Annual Per Capita Disposable Income | | | | | |
| 工资性收入 | Wages Income | | | 54.8 | 54.5 | 54.0 |
| 经营净收入 | Net Income from Business | | | 14.6 | 12.7 | 13.5 |
| 财产净收入 | Property Income | | | 6.9 | 5.7 | 6.0 |
| 转移净收入 | Transfer Income | | | 23.8 | 27.0 | 26.6 |
| 居民消费支出结构 | Annual Per Capita Consumption Expenditure | | | | | |
| 食品、烟酒 | Food,Tobacco and Alcohol | | | 27.9 | 27.7 | 26.6 |
| 衣 着 | Clothing | | | 7.6 | 7.3 | 7.1 |
| 居 住 | Residence | | | 21.3 | 20.0 | 21.0 |
| 生活用品及服务 | Living Articles and Services | | | 6.8 | 7.0 | 7.4 |
| 交通通信 | Transportation and Communications | | | 11.7 | 11.8 | 12.4 |
| 教育文化娱乐 | Recreation, Education and Culture Services | | | 12.3 | 12.5 | 12.4 |
| 医疗保健 | Medicine and Medical Services | | | 10.4 | 11.4 | 10.8 |
| 其他用品和服务 | Others | | | 2.1 | 2.4 | 2.3 |
| 环 境 | Environment | | | | | |
| 工业污染防治投资结构 | Consumption of Investment in the Treatment of Industrial Pollution | | | | | |
| 治理废水 | Waste Water Treatment | | | | 12.7 | |
| 治理废气 | Waste Gas Treatment | | | | 64.1 | |
| 治理固体废物 | Solid Wastes Treatment | | | | 0.8 | |
| 治理噪音 | Noise Abatement | | | | 0.2 | |
| 其 他 | Others | | | | 22.3 | |

# 2-5 国民经济和社会发展比例与效益指标
# Indicators on Proportions and Efficiency in National Economic and Social Development

| 指 标 | Item | 2005 | 2010 | 2015 | 2017 | 2018 |
|---|---|---|---|---|---|---|
| 人 口 | Population | | | | | |
| 出生率 (‰) | Birth Rate (‰) | 10.02 | 9.73 | 10.10 | 11.11 | 10.67 |
| 死亡率 (‰) | Death Rate (‰) | 6.01 | 6.01 | 6.28 | 6.24 | 6.24 |
| 自然增长率 (‰) | Natural Growth Rate (‰) | 4.01 | 3.72 | 3.82 | 4.87 | 4.43 |
| 就 业 | Employment | | | | | |
| 城镇登记失业率 (%) | Registered Unemployment Rate in Urban Areas (%) | 4.18 | 3.85 | 3.36 | 3.28 | 3.21 |
| 国民经济核算 | National Accounting | | | | | |
| 一、二、三产业增加值比例 (%) | Ratio of Value-added by Type of Industry(%) | | | | | |
| (第一产业＝100) | (Value added in Primary Industry=100) | | | | | |
| 第一产业 | Primary Industry | 100.0 | 100.0 | 100.0 | 100.0 | 100.0 |
| 第二产业 | Secondary Industry | 447.8 | 551.0 | 568.5 | 624.9 | 664.3 |
| 第三产业 | Tertiary Industry | 354.9 | 373.2 | 459.6 | 532.6 | 571.0 |
| 人均生产总值 (元) | Per Capita GDP (yuan) | 10674 | 27133 | 47626 | 57266 | 63477 |
| 财 政 | Government Finance | | | | | |
| 地方一般预算收入相当于生产总值比例 (%) | Proportion of Local General Bugetary Revenue to GDP (%) | 7.0 | 9.5 | 11.4 | 9.2 | 9.2 |
| 一般预算支出相当于生产总值比例 (%) | Proportion of General Bugetary Expenditure to GDP (%) | 16.2 | 21.9 | 24.3 | 22.1 | 21.7 |
| 利用外资 | Utilization of Foreign Capital | | | | | |
| 实际利用外资额相当于签订利用外资额比例 (%) | Proportion of Actually Utilization of Foreign Capital to Signed Utilization of Foreign Capital (%) | 39.7 | 82.3 | 79.9 | 58.8 | 127.4 |
| 能 源 | Energy | | | | | |
| 能源生产弹性系数 | Elasticity Ratio of Energy Production | 1.14 | 1.15 | 0.41 | 1.34 | 1.13 |
| 能源消费弹性系数 | Elasticity Ratio of Energy Consumption | 0.99 | 0.72 | 0.56 | 0.43 | 0.36 |
| 单位GDP能耗下降率 (%) | Energy Consumption Per Unit of GDP (%) | | 3.64 | 3.21 | 4.19 | 4.88 |

注：能源生产和能源消费用等价值折算，GDP按不变价格计算。
a) Energy production and Energy consumption are converted on the basis of equal value.GDP are calculated at constant prices.

## 2-5　续表 1　continued

| 指　标 | Item | 2005 | 2010 | 2015 | 2017 | 2018 |
|---|---|---|---|---|---|---|
| 农　业 | Agriculture | | | | | |
| 人均耕地面积　(公顷) | Per Capita Cultivated Land (hectare) | 0.08 | 0.08 | 0.08 | 0.08 | 0.08 |
| 每公顷耕地农业机械总动力(千瓦) | Total Power of Agricultural Machinery per Hectare of Cultivated Land (kw) | 5.04 | 6.60 | 9.18 | 7.44 | 7.67 |
| 每公顷耕地化肥施用量　(公斤) | Chemical Fertilizer Consumption per Hectare of Cultivated Land (kg) | 527 | 688 | 799 | 770 | 762 |
| 每公顷耕地生产的农业产值　(元) | Agricultural Output Value per Hectare of Cultivated Land (yuan) | 26205 | 58349 | 97158 | 102098 | 107474 |
| 每公顷播种面积农产品产量(公斤) | Output of Farm Crops per Hectare of Sown Area (kg) | | | | | |
| 粮　食 | Grain | 3300 | 3707 | 3990 | 3955 | 4080 |
| 棉　花 | Cotton | 1107 | 1366 | 1412 | 1417 | 1431 |
| 油　料 | Oil-bearing Crops | 1638 | 1860 | 2078 | 2144 | 2144 |
| 工　业 | Industry | | | | | |
| 总资产贡献率　(%) | Ratio of Total Assets to Industrial Output Value (%) | 15.4 | 17.1 | 12.2 | 13.5 | 14.1 |
| 资产负债率　(%) | Assets-Liability Ratio (%) | 62.2 | 56.8 | 56.0 | 54.1 | 53.9 |
| 流动资产周转次数　(次/年) | Number of Times of Annual of Turnover Circulating Funds (times/year) | 1.7 | 1.7 | 2.1 | 2.0 | 1.9 |
| 成本费用利润率　(%) | Ratio of Profits to Industrial Cost (%) | 14.5 | 16.1 | 8.4 | 11.5 | 12.2 |
| 产品销售率　(%) | Proportion of Products Sold (%) | 97.7 | 96.9 | 95.2 | 96.4 | 96.0 |
| 建筑业 | Construction | | | | | |
| 产值利润率　(%) | Ratio of Per-tax Profits to Gross Output Value (%) | 1.5 | 1.9 | 3.3 | 2.8 | 3.2 |
| 全员劳动生产率　(元/人) | Overall Labor Productivity (yuan/person) | 135356 | 269553 | 374782 | 405054 | 432961 |
| 运输邮电通信业 | Transportation, Postal and Telecommunication Services | | | | | |
| 铁路网密度　(公里/平方公里) | Railway Density (km/sq.km) | 0.016 | 0.019 | 0.022 | 0.025 | 0.025 |
| 公路网密度　(公里/平方公里) | Highway Density (km/sq.km) | 0.265 | 0.717 | 0.827 | 0.848 | 0.862 |
| 铁路客运密度　(万人公里/公里) | Density of Passenger Traffic (10 000 person-km/km) | 850.8 | 1004.4 | 1122.3 | 1025.5 | 1060.3 |
| 铁路货运密度　(万吨公里/公里) | Railway Freight Traffic Density (10 000 ton-km/km) | 2686.1 | 2863.5 | 3094.5 | 3209.7 | 3326.8 |
| 固定电话普及率　(部/百人) | Access to Fixed Telephones (set/100 persons) | 23.28 | 20.93 | 19.07 | 16.24 | 16.84 |
| 移动电话普及率　(部/百人) | Access to Mobile Telephones (set/100 persons) | 25.42 | 67.42 | 96.22 | 110.04 | 121.33 |

## 2–5 续表 2 continued

| 指　　标 | Item | 2005 | 2010 | 2015 | 2017 | 2018 |
|---|---|---|---|---|---|---|
| 国内商业 | Domestic Trade | | | | | |
| 人均消费品零售额 （元） | Per Capita Retail Sales of Consumer Goods (yuan) | 3612 | 8731 | 17384 | 21218 | 23217 |
| 对外贸易 | Foreign Trade | | | | | |
| 进出口总值相当于生产总值比例（%） | Proportion of Total Value of Imports and Exports to GDP (%) | 9.5 | 8.1 | 10.5 | 12.4 | 14.4 |
| 金　融 | Financial Intermediation | | | | | |
| 金融机构存款相当于生产总值比例 （%） | Deposits of Financial Institutions as Percentage of GDP (%) | | | 179.9 | 172.5 | 166.0 |
| 金融机构贷款相当于生产总值比例 （%） | Loans of Financial Institutions as Percentage of GDP (%) | | | 120.7 | 121.8 | 124.9 |
| 教育 | Education | | | | | |
| 每万人大学生数 （人） | Number of College and University Students per 10 000 Population (person) | 181 | 248 | 290 | 279 | 273 |
| 文　化 | Culture | | | | | |
| 每万人有艺术表演团体 （个） | Number of Troupesper 10 000 Population (unit) | 0.03 | 0.03 | 0.02 | 0.02 | 0.02 |
| 每万人有公共图书馆 （个） | Number of Public Libraries per 10 000 Population (unit) | 0.03 | 0.03 | 0.03 | 0.03 | 0.03 |
| 每万人有博物馆 （个） | Number of Museums per 10 000 Population (unit) | 0.02 | 0.03 | 0.07 | 0.07 | 0.08 |
| 广播电视 | Radio and Television | | | | | |
| 广播人口覆盖率 （%） | Radio Coverage of Population (%) | 93.2 | 96.7 | 98.1 | 98.6 | 98.8 |
| 电视人口覆盖率 （%） | TV Coverage of Population (%) | 94.4 | 97.7 | 98.7 | 99.0 | 99.3 |
| 卫　生 | Health Care | | | | | |
| 每万人医院数 （个） | Number of Hospitals per 10 000 Population (unit) | 0.7 | 0.7 | 0.7 | 0.7 | 0.7 |
| 每万人医生数 （人） | Number of Doctors per 10 000 Population (person) | 16 | 17 | 21 | 24 | 26 |
| 每万人医院床位数 （张） | Number of Hospital Beds per 10 000 Population (unit) | 28 | 37 | 54 | 62 | 65 |
| 市政建设 | Municipal Works | | | | | |
| 城市供水普及率 （%） | Coverage Rate of Urban Population with Supply Water (%) | 93.20 | 99.39 | 97.12 | 93.81 | 95.45 |
| 城市燃气普及率 （%） | Coverage Rate of Urban Population with Access to Gas (%) | 79.80 | 90.39 | 94.73 | 93.61 | 96.74 |
| 人均公园绿地面积 （平方米） | Per Capita Public Green Area (sq.m) | | 10.67 | 12.57 | 12.64 | 11.73 |
| 灾　害 | Disasters | | | | | |
| 平均每起火灾损失 （元） | Average Loss of per Fire Disaster (yuan) | 6253 | 18082 | 8252 | 9229 | 10789 |
| 平均每起交通事故损失 （元） | Average Loss of per Traffic Accident (yuan) | 5197 | 5515 | 6922 | 7254 | 7676 |

# 2-6 人均工农业主要产品产量

## Per Capita Output of Major Industrial and Agricultural Products

| 年 份 Year | 粮 食 (公斤) Grain (kg) | 棉 花 (公斤) Cotton (kg) | 油 料 (公斤) Oil-bearing Crops (kg) | 蔬 菜 (公斤) Vegetables (kg) | 水 果 (公斤) Fruits (kg) | 肉 类 (公斤) Meat (kg) | 禽 蛋 (公斤) Poultry Eggs (kg) | 水产品 (公斤) Aquatic Products (kg) |
|---|---|---|---|---|---|---|---|---|
| 1978 | 289.3 | 3.8 | 2.0 | | 12.1 | 5.1 | 0.9 | 0.1 |
| 1980 | 268.5 | 2.9 | 3.9 | | 9.9 | 8.2 | 1.1 | 0.1 |
| 1985 | 319.0 | 1.4 | 10.0 | 99.6 | 11.2 | 10.1 | 3.8 | 0.2 |
| 1990 | 328.7 | 2.4 | 10.3 | 112.8 | 19.0 | 14.4 | 5.7 | 0.6 |
| 1995 | 261.2 | 1.1 | 10.9 | 103.8 | 81.2 | 22.7 | 11.5 | 1.1 |
| 2000 | 299.9 | 0.8 | 10.7 | 153.3 | 136.0 | 25.4 | 11.7 | 1.7 |
| 2001 | 267.7 | 1.4 | 10.3 | 144.0 | 146.4 | 26.4 | 11.6 | 1.7 |
| 2002 | 274.9 | 1.2 | 11.2 | 180.6 | 157.9 | 28.9 | 12.7 | 1.8 |
| 2003 | 264.1 | 1.4 | 11.3 | 193.3 | 169.4 | 31.1 | 13.4 | 1.8 |
| 2004 | 315.6 | 2.2 | 12.5 | 213.6 | 200.1 | 33.3 | 13.2 | 1.9 |
| 2005 | 309.2 | 2.1 | 12.3 | 236.0 | 207.8 | 36.4 | 13.2 | 2.0 |
| 2006 | 282.0 | 2.4 | 11.2 | 229.7 | 238.7 | 27.5 | 11.1 | 1.3 |
| 2007 | 289.4 | 2.3 | 10.5 | 250.3 | 251.6 | 25.9 | 11.7 | 1.4 |
| 2008 | 301.7 | 2.4 | 13.0 | 280.2 | 282.5 | 30.0 | 12.9 | 1.4 |
| 2009 | 308.7 | 1.9 | 14.2 | 322.8 | 300.9 | 26.5 | 12.9 | 1.5 |
| 2010 | 317.9 | 1.4 | 14.4 | 347.0 | 320.3 | 28.8 | 12.6 | 1.6 |
| 2011 | 322.9 | 1.3 | 15.0 | 359.1 | 340.9 | 27.0 | 13.5 | 2.2 |
| 2012 | 335.1 | 1.2 | 15.2 | 376.9 | 363.6 | 31.0 | 13.8 | 2.8 |
| 2013 | 322.1 | 0.9 | 14.7 | 395.3 | 371.8 | 32.9 | 14.7 | 3.3 |
| 2014 | 314.0 | 0.6 | 14.9 | 412.8 | 383.5 | 34.5 | 14.5 | 3.7 |
| 2015 | 318.4 | 0.5 | 15.0 | 426.4 | 397.7 | 34.8 | 15.3 | 4.6 |
| 2016 | 332.4 | 0.4 | 15.1 | 438.3 | 412.2 | 33.8 | 18.8 | 4.8 |
| 2017 | 312.3 | 0.3 | 15.6 | 453.4 | 434.3 | 29.7 | 15.7 | 4.8 |
| 2018 | 318.5 | 0.3 | 15.9 | 469.7 | 406.8 | 29.7 | 16.0 | 4.8 |

2-6 续表 continued

| 年 份 Year | 纱 (公斤) Yarn (kg) | 布 (米) Cloth (m) | 机制纸及纸板 (公斤) Machine-made Paper and Paperboard (kg) | 原 煤 (公斤) Coal (kg) | 原 油 (公斤) Crude Oil (kg) | 发电量 (千瓦小时) Electricity (kwh) | 粗 钢 (公斤) Crude Steel (kg) | 水 泥 (公斤) Cement (kg) |
|---|---|---|---|---|---|---|---|---|
| 1978 | 5.0 | 21.0 | 2.4 | 602.4 | 2.2 | 239.1 | 8.8 | 76.2 |
| 1980 | 5.3 | 23.4 | 3.2 | 635.7 | 3.0 | 280.7 | 8.7 | 81.4 |
| 1985 | 5.3 | 21.5 | 6.3 | 902.5 | 7.4 | 364.5 | 11.6 | 128.6 |
| 1990 | 4.6 | 22.4 | 12.9 | 1021.5 | 21.5 | 459.7 | 15.0 | 162.7 |
| 1995 | 4.0 | 22.6 | 24.6 | 1214.8 | 47.8 | 677.1 | 15.4 | 243.6 |
| 2000 | 4.3 | 19.8 | 6.6 | 962.0 | 205.6 | 749.9 | 14.8 | 272.5 |
| 2001 | 4.3 | 18.9 | 7.8 | 1242.1 | 251.0 | 831.8 | 19.0 | 304.3 |
| 2002 | 4.8 | 19.9 | 6.6 | 1602.0 | 290.8 | 939.2 | 24.0 | 363.2 |
| 2003 | 4.9 | 20.2 | 8.7 | 2016.0 | 345.6 | 1121.4 | 47.4 | 418.4 |
| 2004 | 5.1 | 20.3 | 14.2 | 2291.9 | 415.6 | 1308.2 | 60.0 | 489.7 |
| 2005 | 5.3 | 21.5 | 10.9 | 2933.3 | 482.5 | 1370.1 | 83.4 | 535.1 |
| 2006 | 5.1 | 21.1 | 13.8 | 4184.0 | 538.3 | 1562.6 | 105.2 | 643.0 |
| 2007 | 5.8 | 22.2 | 19.2 | 4944.9 | 611.8 | 1886.8 | 107.0 | 817.1 |
| 2008 | 5.9 | 19.9 | 19.8 | 6458.8 | 663.5 | 2264.3 | 82.1 | 965.0 |
| 2009 | 6.6 | 20.0 | 20.0 | 7954.6 | 724.2 | 2415.6 | 140.4 | 1199.4 |
| 2010 | 7.3 | 20.2 | 23.2 | 9679.8 | 808.7 | 2953.4 | 162.1 | 1464.4 |
| 2011 | 7.3 | 16.4 | 24.8 | 11002.2 | 862.7 | 3233.2 | 201.0 | 1720.0 |
| 2012 | 7.7 | 17.3 | 21.4 | 12781.8 | 941.2 | 3550.0 | 221.1 | 2015.2 |
| 2013 | 9.5 | 15.3 | 21.4 | 13338.9 | 981.3 | 3974.2 | 260.8 | 2273.7 |
| 2014 | 10.6 | 16.2 | 18.8 | 13797.1 | 999.6 | 4247.0 | 275.4 | 2409.8 |
| 2015 | 13.1 | 18.0 | 18.5 | 13801.5 | 987.5 | 4212.8 | 271.5 | 2267.5 |
| 2016 | 10.3 | 21.1 | 19.0 | 13451.2 | 921.0 | 4561.9 | 243.2 | 1986.9 |
| 2017 | 11.1 | 24.1 | 19.9 | 14895.3 | 912.6 | 4658.4 | 309.7 | 1955.0 |
| 2018 | 10.2 | 19.9 | 18.8 | 16188.5 | 914.2 | 4629.2 | 340.5 | 1628.8 |

# 2–7 各市(区)国民经济主要指标(2018年)

| 指标 | | Item | 关中 Guanzhong | 西安市 Xi'an |
|---|---|---|---|---|
| 年底常住人口 | (万人) | Number of Usual Residents in the Households Surveyed at Year-end (10 000 persons) | 2448.15 | 1000.37 |
| 城镇非私营单位就业人员年末人数 | (万人) | Number of Fully Employed Staff and Workers in Urban Non-private Units at Year-end (10 000 persons) | 328.09 | 183.54 |
| 生产总值 | (亿元) | Gross Domestic Product (100 million yuan) | 15237.60 | 8349.86 |
| 房地产开发投资 | (亿元) | Investment in Real Estate Development (100 million yuan) | 3042.86 | 2518.01 |
| 地方一般预算收入 | (亿元) | Local General Bugetary Revenue (100 million yuan) | 984.06 | 684.70 |
| 一般预算支出 | (亿元) | General Bugetary Expenditure (100 million yuan) | 2463.06 | 1151.87 |
| 城镇非私营单位就业人员工资总额 | (亿元) | Total Wages Bill of Fully Employed Staff and Workers in Urban Non-private Units (100 million yuan) | 2383.06 | 1554.03 |
| 城镇非私营单位就业人员平均工资 | (元) | Average Wage of Fully Employed Staff and Workers in Urban Non-private Units (yuan) | | 83962 |
| 城镇居民人均可支配收入 | (元) | Per Capita Annual Disposable Income of Urban Households (yuan) | | 38729 |
| 农村居民人均可支配收入 | (元) | Per Capita Annual Disposable Income of Rural Residents (yuan) | | 13286 |
| 农林牧渔业总产值 | (亿元) | Gross Output Value of Agriculture, Forestry, Animal Husbandry and Fishery (100 million yuan) | 1831.63 | 461.21 |
| 粮食产量 | (万吨) | Grain (10 000 tons) | 691.07 | 142.14 |
| 棉花产量 | (吨) | Cotton (ton) | 9300 | 88 |
| 油料产量 | (万吨) | Oil-bearing Crops (10 000 tons) | 12.97 | 0.67 |
| 规模以上工业总产值 | (亿元) | Gross Industrial Output Value above Designated Size (100 million yuan) | 14311.57 | 5734.50 |
| 邮电业务总量 | (亿元) | Business Volume of Postal and Telecommunication Services (100 million yuan) | 1631.40 | 973.15 |
| 固定电话 | (万户) | Number of Fixed Telephone Subscribers (10 000 subscribers) | 475.61 | 318.97 |
| 移动电话 | (万户) | Number of Mobile Telephone Subscribers (10 000 subscribers) | 3202.39 | 1766.18 |
| 社会消费品零售总额 | (亿元) | Total Retail Sales of Consumer Goods (100 million yuan) | 7092.26 | 4658.72 |
| 进出口总值 | (亿元) | Total Value of Imports and Exports (100 million yuan) | 3452.20 | 3303.24 |
| # 出口总值 | | Exports | 2045.63 | 1957.17 |
| 实际利用外商直接投资额 | (万美元) | Actually Utilized Value of Direct Investments (USD 10 000) | 626099 | 598168 |
| 卫生机构数 | (个) | Health Care Institutions (unit) | 18676 | 5928 |
| 卫生机构床位数 | (张) | Number of Beds (unit) | 161827 | 66337 |
| 卫生技术人员 | (人) | Medical Technical Personnel (person) | 221108 | 98030 |

注：本表价值量指标中，除邮电业务总量按不变价格计算，其余均按当年价格计算。

# Main Indicators on National Economic by City(District)(2018)

| | | | | | 陕　南 | | | | 陕　北 | | |
|---|---|---|---|---|---|---|---|---|---|---|---|
| 铜川市 Tongchuan | 宝鸡市 Baoji | 咸阳市 Xianyang | 渭南市 Weinan | 杨 凌 示范区 Yangling | Southern Shaanxi | 汉中市 Hanzhong | 安康市 Ankang | 商洛市 Shangluo | Northern Shaanxi | 延安市 Yan'an | 榆林市 Yulin |
| 80.37 | 377.10 | 436.61 | 532.77 | 20.93 | 848.52 | 343.61 | 266.89 | 238.02 | 567.72 | 225.94 | 341.78 |
| 11.03 | 40.43 | 46.01 | 42.48 | 4.60 | 70.37 | 29.76 | 20.17 | 20.44 | 74.33 | 30.69 | 43.64 |
| 327.96 | 2265.16 | 2376.45 | 1767.71 | 150.46 | 3430.42 | 1471.88 | 1133.77 | 824.77 | 5407.53 | 1558.91 | 3848.62 |
| 28.77 | 201.83 | 118.62 | 154.15 | 21.48 | 268.02 | 115.85 | 129.92 | 22.24 | 223.79 | 131.17 | 92.62 |
| 23.10 | 87.76 | 89.09 | 90.91 | 8.49 | 99.30 | 49.96 | 27.51 | 21.83 | 538.10 | 148.34 | 389.76 |
| 127.97 | 330.28 | 379.78 | 445.98 | 27.18 | 904.62 | 342.02 | 319.66 | 242.95 | 1046.44 | 397.69 | 648.75 |
| 63.61 | 243.11 | 253.34 | 239.58 | 29.39 | 402.89 | 182.94 | 118.51 | 101.44 | 517.09 | 210.75 | 306.34 |
| 60567 | 60165 | 56218 | 57307 | 63756 | | 61840 | 59476 | 50753 | | 68770 | 70948 |
| 29996 | 31802 | 33364 | 31133 | 35193 | | 30380 | 24977 | 23491 | | 32226 | 31317 |
| 9289 | 11936 | 10893 | 11655 | 12392 | | 10088 | 9504 | 9112 | | 10786 | 12034 |
| 44.82 | 289.25 | 496.22 | 526.61 | 13.52 | 760.68 | 363.23 | 222.09 | 175.35 | 647.24 | 241.12 | 406.12 |
| 28.78 | 132.54 | 160.16 | 225.96 | 1.49 | 230.73 | 105.62 | 75.06 | 50.06 | 335.74 | 69.56 | 266.19 |
| | 13 | | 9199 | | 358 | 207 | 128 | 23 | 246 | 47 | 199 |
| 0.19 | 1.85 | 2.90 | 7.11 | 0.24 | 33.81 | 17.97 | 13.86 | 1.97 | 14.25 | 0.98 | 13.28 |
| 319.61 | 3154.27 | 2961.18 | 1969.62 | 172.38 | 4236.50 | 1376.22 | 1648.77 | 1211.52 | 6056.74 | 1594.80 | 4461.94 |
| 37.43 | 171.55 | 230.36 | 218.91 | | 339.91 | 146.22 | 116.17 | 77.52 | 383.48 | 150.66 | 232.82 |
| 7.48 | 51.23 | 37.81 | 60.11 | | 89.97 | 42.71 | 29.74 | 17.52 | 85.14 | 32.40 | 52.74 |
| 79.01 | 370.32 | 483.51 | 503.36 | | 759.68 | 331.27 | 252.48 | 175.93 | 726.56 | 284.14 | 442.41 |
| 153.54 | 864.60 | 674.19 | 719.87 | 21.35 | 1016.92 | 469.29 | 332.68 | 214.95 | 829.09 | 314.98 | 514.11 |
| 3.00 | 63.11 | 59.86 | 14.83 | 8.17 | 36.89 | 10.89 | 4.71 | 21.29 | 10.34 | 2.99 | 7.34 |
| 3.00 | 33.63 | 34.17 | 13.17 | 4.49 | 23.96 | 6.98 | 4.47 | 12.51 | 8.14 | 1.80 | 6.33 |
| 2009 | 9092 | 9016 | 5641 | 2173 | 8632 | 3066 | 3559 | 2007 | 11094 | 2332 | 8762 |
| 873 | 2991 | 4363 | 4320 | 201 | 9399 | 3662 | 2897 | 2840 | 6515 | 2655 | 3860 |
| 6568 | 26921 | 29130 | 31281 | 1590 | 54912 | 23976 | 16539 | 14397 | 34328 | 13705 | 20623 |
| 9186 | 31768 | 42292 | 37419 | 2413 | 59249 | 25196 | 18877 | 15176 | 43991 | 17597 | 26394 |

a) Figures in value terms in this table are at current prices, except that on the business volume of postal and telecommunication services which is at constant prices.

# 主要统计指标解释

**平均增长速度** 平均增长速度表明社会经济现象在一个较长的时期内逐期平均增长变化的程度，它不能根据各个环比增长速度直接求得，但与平均发展速度之间存在着一定的数量关系：平均增长速度＝平均发展速度－1。

平均发展速度是一种根据环比发展速度计算的序时平均数，由于各时期对比的基础不同，所以计算平均发展速度不能采用一般的序时平均数的计算方法，计算方法分为水平法和累计法。水平法，又称几何平均法，即将环比发展速度按连乘法用几何平均数公式计算。累计法，也称方程法，根据一段时期内各年发展水平总和与基期水平的关系，列出方程式计算平均发展速度。水平法着重考虑最后一年所达到的发展水平；累计法着重考虑整个时期累计发展水平的总量。

本《年鉴》内所列的平均增长速度，除固定资产投资用“累计法”计算外，其余均用“水平法”计算。从某年到某年平均增长速度的年份，均不包括基期年在内。如建国六十年以来的平均增长速度是以 1949 年为基期计算的，则写为1950-2009 年平均增长速度，其余类推。

**企业(单位)登记注册类型** 是以在工商行政管理机关登记注册的各类企业为划分对象，以工商行政管理部门对企业登记注册的类型为依据，将企业登记注册类型分为内资企业、港澳台商投资企业和外商投资企业三大类。内资企业包括国有企业、集体企业、股份合作企业、联营企业、有限责任公司、股份有限公司、私营公司和其他企业；港澳台商投资企业和外商投资企业分别包括合资经营企业、合作经营企业、独资经营企业和股份有限公司。对不在工商行政管理部门进行登记注册的行政机关、事业单位和社会团体，主要按其经费来源和管理方式进行划分。

**国有企业** 指企业全部资产归国家所有，并按《中华人民共和国企业法人登记管理条例》规定登记注册的非公司制的经济组织。不包括有限责任公司中的国有独资公司。

**集体企业** 指企业资产归集体所有，并按《中华人民共和国企业法人登记管理条例》规定登记注册的经济组织。

**股份合作企业** 指以合作制为基础，由企业职工共同出资入股，吸收一定比例的社会资产投资组建，实行自主经营，自负盈亏，共同劳动，民主管理，按劳分配与按股分红相结合的一种集体经济组织。

**联营企业** 指两个及两个以上相同或不同所有制性质的企业法人或事业单位法人，按自愿、平等、互利的原则，共同投资组成的经济组织。联营企业包括国有联营企业、集体联营企业、国有与集体联营企业和其他联营企业。

**有限责任公司** 指根据《中华人民共和国公司登记管理条例》规定登记注册，由两个以上、五十个以下的股东共同出资，每个股东以其所认缴的出资额对公司承担有限责任，公司以其全部资产对其债务承担责任的经济组织。有限责任公司包括国有独资公司以及其他有限责任公司。

**股份有限公司** 指根据《中华人民共和国公司登记管理条例》规定登记注册，其全部注册资本由等额股份构成并通过发行股票筹集资本，股东以其认购的股份对公司承担有限责任，公司以其全部资产对其债务承担责任的经济组织。

**私营企业** 指由自然人投资设立或由自然人控股，以雇佣劳动为基础的营利性经济组织。包括按照《公司法》、《合伙企业法》、《私营企业暂行条例》规定登记注册的私营有限责任公司、私营股份有限公司、私营合伙企业和私营独资企业。

**其他企业** 指上述企业之外的其他内资经济组织。

**与港澳台商合资经营企业** 指港澳台地区投资者与内地企业依照《中华人民共和国中外合资经营企业法》及有关法律的规定，按合同规定的比例投资设立、分享利润和分担风险的企业。

**与港澳台商合作经营企业** 指港澳台地区投资者与内地企业依照《中华人民共和国中外合作经营企业法》及有关法律的规定，依照合作合同的约定进行投资或提供条件设立、分配利润和分担风险的企业。

**港澳台商独资经营企业** 指依照《中华人民共和国外资企业法》及有关法律的规定，在内地由港澳台地区投资者全额投资设立的企业。

**港澳台商投资股份有限公司** 指根据国家有关规定，经原外经贸部依法批准设立，其中港、澳、台商的股本占公司注册资本的比例达 25% 以上的股份有限公司。凡其中港、澳、台商的股本占公司注册资本的比例小于 25%的，属于内资企业中的股份有限公司。

**中外合资经营企业** 指外国企业或外国人与中国内地企业依照《中华人民共和国中外合资经营企业法》及有关法律的规定，按合同规定的比例投资设立、分享利润和分担风险的企业。

**中外合作经营企业** 指外国企业或外国人与中国内地企业依照《中华人民共和国中外合作经营企业法》及有关法律的规定，依照合作合同的约定进行投资或提供条件设立、分配利润和分担风险的企业。

**外资企业** 指依照《中华人民共和国外资企业法》及有关法律的规定，在中国内地由外国投资者全额投资设立的企业。

**外商投资股份有限公司** 指根据国家有关规定，经原外经贸部依法批准设立，其中外资的股本占公司注册资本的比例达 25% 以上的股份有限公司。凡其中外资股本占公司注册资本的比例小于 25%的，属于内资企业中的股份有限公司。

**行政机关、事业单位和社会团体** 参照企业登记注册类型，主要按其经费来源和管理方式划分。具体规定如下：

⑴行政机关：包括国家机关和政党机关，原则上均列为

“国有”。但有特殊规定的，如供销社等，则列为“集体”。

⑵事业单位：包括经国家机构编制部门和有关业务主管部门批准成立的各类事业单位，不包括实行企业化管理的事业单位。事业单位的划分办法如下：

①由国家财政预算拨款或列入财政预算外资金管理以及经费主要来源于国有主管部门或国有上级单位的事业单位，列为“国有”。

②经费主要来源于集体单位的事业单位，列为“集体”。

③公民个人(或个人合伙)开办的事业单位，列为“私营”。

④上述以外的其他事业单位，如果其经费来源不明确，按管理方式进行归类。

⑶社会团体：包括经民政部门批准成立以及未纳入社会团体管理条例范围的工会、妇联等各类社会团体。社会团体的划分办法如下：

①未纳入民政部社会团体管理条例范围的工会、妇联、共青团、青联、工商联、科协、侨联等社会团体，国家拨款设立的基金会或基金管理组织以及经费主要来源于国有业务主管部门或国有上级单位的社会团体，列为“国有”。

②经费主要来源于集体单位的社会团体，列为“集体”。

③公民个人(或个人合伙)开办的社会团体，划为“私营”。

④上述以外的其他社会团体，如果其经费来源不明确，改按管理方式进行归类。

# Explanatory Notes on Main Statistical Indicators

**Average Annual Growth Rate** shows the average growth rate of social and economic development during a longer period. It can not be directly calculated by chain based growth rate. The relation is:

Average Annual Growth Rate = Average Speed of Development – 1

Average speed of development is the time series average of speed which calculated by chain based. Because the reference bases during the different periods are not same, average speed of development can not be calculated by the general method. Level approach and accumulative approach for calculating average speed of development rate are applied. The "level approach", or the method of calculating the geometric average, is derived by the formula of geometric average of the chain-based speeds of development, or comparing the level of the last year of the interval with that of the beginning year; the other is called the "accumulative approach" or the "algebraic average", "equation" method, which is derived by the summation of the actual figure of each year in the interval divided by the figure in the base year. The level approach focuses on the level of the last year, while the accumulative approach emphasizes the aggregate development in the duration.

The average annual growth rates listed in the Yearbook are calculated by the level approach except for the growth rate of investment in fixed assets. The base year is not listed in the duration for which average annual growth rates are computed. For instance, the average annual growth rate of the 60 years since 1949 is shown as the average annual growth rate of 1950-2009 without showing the base year 1949.

**Registration Status of Enterprises** Enterprises are classified into 3 categories, namely domestic-funded enterprises, enterprises with investment from Hong Kong, Macau and Taiwan, and enterprises with foreign investment, according to the registration status of an enterprise in industrial and commercial administration agencies. Domestic-funded enterprises include State-owned enterprises, collective-owned enterprises, cooperative enterprises, joint ownership enterprises, limited liability corporations, share-holding corporations Ltd., private enterprises and other enterprises. Included in the enterprises with investment from Hong Kong, Macau and Taiwan and enterprises with foreign investment are joint-venture enterprises, cooperative enterprises, sole investment enterprises and share-holding corporations Ltd. For government agencies, institutions and social organizations which are not registered in industrial and commercial administration agencies, they are classified mainly by their sources of funding and manner of management.

**State-owned Enterprises** refer to non-corporation economic units where the entire assets are owned by the State and which have been registered in accordance with the *Regulation of the People's Republic of China on the Management of Registration of Corporate Enterprises*. Not included from this category are solely State-funded corporations in the limited liability corporations.

**Collective-owned Enterprises** refer to economic units where the assets are owned collectively and which have been registered in accordance with the *Regulation of the People's Republic of China on the Management of Registration of Corporate Enterprises*.

**Cooperative Enterprises** refer to a form of collective economic units (enterprises) where capitals come mainly from employees as their shares, with certain proportion of capital from the outside, where production is organized on the basis of independent operation, independent accounting for profits and losses, joint work, democratic management, and a distribution system that integrates remuneration according to work with dividend according to capital share.

**Joint Ownership Enterprises** refer to economic units established by two or more corporate enterprises or corporate institutions of the same or different ownership, through joint investment on the basis of voluntary participation, equality, and mutual benefits. They include State joint ownership enterprises; collective joint ownership enterprises; joint State-collective enterprises; and other joint ownership enterprises.

**Limited Liability Corporations** refer to economic units established with investment from 2-50 investors and registered in accordance with the *Regulation of the People's Republic of China on the Management of Registration of Corporations*, each investor bearing limited liability to the corporation depending on its share of investment, and the corporation bearing liability to its debt to the maximum of its total assets. Limited liability corporations include solely State-funded limited liability corporations and other limited liability corporations.

**Share-holding Corporations Ltd.** refer to economic units registered in accordance with the *Regulation of the People's Republic of China on the Management of Registration of Corporations*, with total registered capital divided into equal shares and raised through issuing stocks. Each investor bears limited liability to the corporation depending on the holding of shares, and the corporation bears liability to its debt to the maximum of its total assets.

**Private Enterprises** refer to profit-making economic units invested and established by natural persons, or controlled by natural persons using employed labour. Included in this category are private limited liability corporations, private share-holding corporations Ltd., private partnership enterprises and private-funded enterprises registered in accordance with the *Company Law*, *the Law on Partnership Business* and *Interim Regulations on Private Enterprises* .

**Other Domestic-funded Enterprises** refer to

domestic-funded economic units other than those mentioned above.

**Joint Venture Enterprises with Funds from Hong Kong, Macau and Taiwan** are enterprises established by investors from Hong Kong, Macau and Taiwan with enterprises in the mainland of China in accordance with the *Law of the People's Republic of China on Sino-foreign Equity Joint Ventures* and other relevant laws, where the establishment of the investment and the sharing of profits and risks are stipulated under joint venture contracts.

**Cooperative Enterprises with Funds from Hong Kong, Macau and Taiwan** established by investors from Hong Kong, Macau and Taiwan with enterprises in the mainland of China in accordance with the *Law of the People's Republic of China on Sino-foreign Contractual Joint Venture* and other relevant laws, where the investment or provision of facilities and the sharing of profits and risks are stipulated under cooperative contracts.

**Enterprises with Sole (exclusive) Investment from Hong Kong, Macau and Taiwan** refer to enterprises established in the mainland of China with exclusive investment from investors from Hong Kong, Macau and Taiwan in accordance with the *Law of the People's Republic of China on Wholly Foreign-owned Enterprises* and other relevant laws.

**Share-holding Corporations Ltd. with Investment from Hong Kong, Macau and Taiwan** refer to share-holding corporations Ltd. established with the approval from the former Ministry of Foreign Trade and Economic Relations in line with relevant State regulations, where the share of investment from Hong Kong, Macau or Taiwan businessmen exceeds 25% of the total registered capital of the corporation. In case the share of investment from Hong Kong, Macau or Taiwan is less than 25% of the total registered capital, the enterprise is to be classified as domestic-funded share-holding corporation Ltd.

**Joint Venture Enterprises with Foreign Investment** refer to enterprises jointly established by foreign enterprises or foreigners with enterprises in the mainland of China in accordance with the *Law of the People's Republic of China on Sino-foreign Equity Joint Ventures* and other relevant laws, where the sharing of investment, profits and risks is stipulated under contract.

**Cooperative Enterprises with Foreign Investment** refer to enterprises jointly established by foreign enterprises or foreigners with enterprises in the mainland of China in accordance with the *Law of the People's Republic of China on Sino-foreign Contractual Joint Venture* and other relevant laws, where the investment or provision of facilities and the sharing of profits and risks are stipulated under cooperative contracts.

**Enterprises with Sole (exclusive) Foreign Investment** refer to enterprises established in the mainland of China with exclusive investment from foreign investors in accordance with the *Law of the People's Republic of China on Wholly Foreign-owned Enterprises* and other relevant laws.

**Share-holding Corporations Ltd. with Foreign Investment** refer to share-holding corporations Ltd. established with the approval from the former Ministry of Foreign Trade and Economic Relations in line with relevant State regulations, where the share of investment from foreign investors exceeds 25% of the total registered capital of the corporation. In case the share of foreign investment is less than 25% of the total registered capital, the enterprise is to be classified as domestic-funded share-holding corporation Ltd.

**Government Agencies, Institutions and Social Organizations** are classified into the following categories by source of funds and manner of management taking reference of the registration status of enterprises:

(1) Government agencies: include State and party agencies, classified in principle as State-owned. There are exceptions, such as supply and marketing cooperatives which are classified as collective-owned.

(2) Institutions: include institutions of various types established with the approval by organization and staffing departments of the government, but exclude institutions where enterprise management system is introduced. Institutions are further classified as follows:

(a) Institutions for which their main budgets are from government budget appropriations or extra-budget funds, or allocated from the budget of their competent government agencies. Such institutions are classified as state-owned.

(b) Institutions for which their budget mainly come from collective units. Such institutions are classified as collective-owned.

(c) Social institutions established by individual or a group of citizens, which are classified as private.

(d) Institutions other than those mentioned above for which their sources of budget are not clear. Such institutions are classified by the manner of management.

(3) Social organizations: include social organizations established with the approval from the Ministry of Civil Affairs, and organizations that are not covered by social organization management regulations such as trade unions, women's federations etc.. Social organizations are further classified as follows:

(a) Social organizations that are not covered by social organization management regulations of the Ministry of Civil Affairs such as trade unions, women federations, communist youth leagues, youth associations, industrial and commerce associations, scientist associations, overseas Chinese associations, etc., foundations and fund management organizations established with funds from the state, and social organizations whose funds mainly come from the budget of their competent government agencies. Such institutions are classified as State-owned.

(b) Social organizations for which their budget mainly come from collective units. Such institutions are classified as collective-owned.

(c) Social organizations established by individual or a group of citizens, which are classified as private.

(d) Social organizations other than those mentioned above for which their sources of budget are not clear. Such organizations are classified by the manner of management.

# 三、国民经济核算

National Accounts

资料整理：孙小芳　萨　慧　王阿耕　杨利强　肖　坤

# 简 要 说 明

一、本篇资料反映陕西国民经济核算情况。

二、国民经济核算资料主要包括生产总值及其有关资料。生产总值是根据不同产业部门、不同支出构成的特点和资料来源情况而采用不同方法计算的。

三、本年鉴公布的生产总值以及与之有关的指标数据，如果遇到普查或者重大核算方法改革，在能够获得更详细的基础资料的情况下，生产总值的历史数据还会发生变动。2016年，国家统计局改革研发支出的核算方法，将能够为所有者带来经济利益的研发支出不再作为中间消耗，而是作为固定资本形成处理。根据新的核算方法，本年鉴2016年起生产总值包含研发支出新增GDP数据。

四、2012年，根据国家质检总局和国家标准委颁布的《国民经济行业分类》（GB/T 4754—2011），国家统计局对《三次产业划分规定》进行了修订，将“农、林、牧、渔业”中的“农、林、牧、渔服务业”，“采矿业”中的“开采辅助活动”，“制造业”中的“金属制品、机械和设备修理业”等三个大类一并调入第三产业。

五、国民经济核算数据绝对数按当年价格计算，速度按可比价格计算。

## Brief Introduction

Ⅰ. This chapter reflects the national accounts of Shaanxi Province.

Ⅱ. The data on national accounts mainly include gross domestic product (GDP) and related data. Data on GDP are calculated with various approaches in accordance with the features of various industrial sectors, various expenditure structures and the data resources.

III. Data on GDP and related indicators published in the Yearbook. Where a census has been conducted, or method of siganificant accounting methods is reformed, historical data of GDP of the previous years may also undergo change. In 2016, National Bureau of Statistics reforms the Methodology of Expenditure for Research and Development, which that will bring economic benefit for the owners is not treated as Intermediate Consumption, and is treated as fixed assets formation. R&D expenditure was included in GDP accounting since 2016 in this Yearbook.

IV. “Classification Rules of Three Strata of Industry” was adjusted by National Bureau of Statistics of China in accordance with “Industrial Classification for National Economic Activities” (GB/T 4754—2011) in 2012, which was promulgated by AQSIQ and SAC. Services in support of agriculture, forestry, animal husbandry and fishery, support activities for mining, repair service of metal products, machinery and equipment are categorized into tertiary industry.

Ⅴ. The data on national accounts are calculated at current prices, and the growth rates are calculated at constant prices.

# 3.国民经济核算

| | | | | |
|---|---|---|---|---|
| 2018年全省 | | | | |
| 生产总值 | 24438.32 | 亿元 | 比上年增长 | 8.3% |
| 第一产业 | 1830.19 | 亿元 | 比上年增长 | 3.2% |
| 第二产业 | 12157.48 | 亿元 | 比上年增长 | 8.7% |
| 第三产业 | 10450.65 | 亿元 | 比上年增长 | 8.8% |
| 人均生产总值 | 63477 | 元 | 比上年增长 | 7.5% |

## 生产总值构成

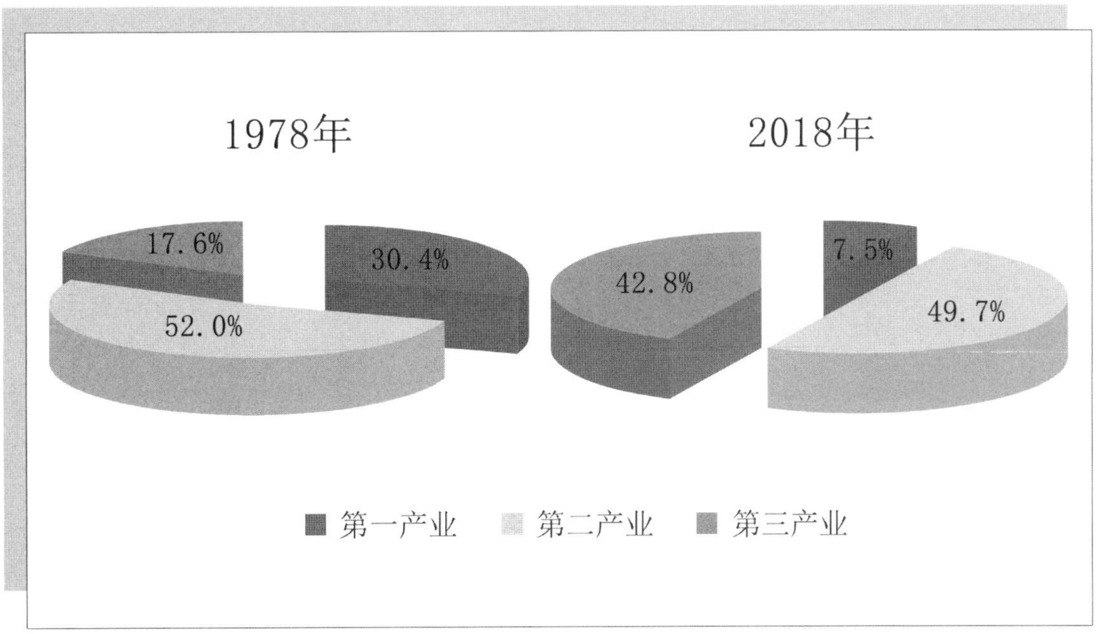

# 3-1 生产总值
# Gross Domestic Product

| 年 份<br>Year | 生产总值<br>(亿元)<br>Gross Domestic Product<br>(100 million yuan) | 第一产业<br>Primary Industry | 第二产业<br>Secondary Industry | 第三产业<br>Tertiary Industry | 人均生产总值<br>(元)<br>Per Capita GDP<br>(yuan) |
|---|---|---|---|---|---|
| 1978 | 81.07 | 24.70 | 42.13 | 14.24 | 291 |
| 1979 | 94.52 | 32.52 | 44.67 | 17.33 | 336 |
| 1980 | 94.91 | 28.47 | 47.74 | 18.70 | 334 |
| 1981 | 102.09 | 35.40 | 46.25 | 20.44 | 356 |
| 1982 | 111.95 | 37.02 | 50.36 | 24.57 | 385 |
| 1983 | 123.39 | 40.00 | 55.15 | 28.24 | 420 |
| 1984 | 149.35 | 51.05 | 63.12 | 35.18 | 504 |
| 1985 | 180.87 | 53.39 | 81.96 | 45.52 | 604 |
| 1986 | 208.31 | 58.00 | 93.48 | 56.83 | 688 |
| 1987 | 244.96 | 67.84 | 108.20 | 68.92 | 794 |
| 1988 | 314.48 | 82.69 | 138.58 | 93.21 | 1004 |
| 1989 | 358.37 | 91.28 | 158.50 | 108.59 | 1124 |
| 1990 | 404.30 | 105.56 | 166.95 | 131.79 | 1241 |
| 1991 | 468.37 | 116.88 | 197.54 | 153.95 | 1402 |
| 1992 | 531.63 | 116.71 | 232.07 | 182.85 | 1571 |
| 1993 | 678.20 | 148.24 | 297.49 | 232.47 | 1981 |
| 1994 | 839.03 | 171.81 | 364.40 | 302.82 | 2424 |
| 1995 | 1036.85 | 217.27 | 441.67 | 377.91 | 2965 |
| 1996 | 1215.84 | 250.58 | 514.27 | 450.99 | 3446 |
| 1997 | 1363.60 | 255.42 | 567.25 | 540.93 | 3834 |
| 1998 | 1458.40 | 266.92 | 607.82 | 583.66 | 4070 |
| 1999 | 1592.64 | 254.57 | 681.43 | 656.64 | 4415 |
| 2000 | 1804.00 | 258.22 | 782.58 | 763.20 | 4968 |
| 2001 | 2010.62 | 263.63 | 878.82 | 868.17 | 5511 |
| 2002 | 2253.39 | 282.21 | 1007.56 | 963.62 | 6161 |
| 2003 | 2587.72 | 302.66 | 1221.17 | 1063.89 | 7057 |
| 2004 | 3175.58 | 372.28 | 1553.10 | 1250.20 | 8638 |
| 2005 | 3933.72 | 435.77 | 1951.36 | 1546.59 | 10674 |
| 2006 | 4743.61 | 484.81 | 2452.44 | 1806.36 | 12840 |
| 2007 | 5757.29 | 592.63 | 2986.46 | 2178.20 | 15546 |
| 2008 | 7314.58 | 753.72 | 3861.12 | 2699.74 | 19700 |
| 2009 | 8169.80 | 789.64 | 4236.42 | 3143.74 | 21947 |
| 2010 | 10123.48 | 988.45 | 5446.10 | 3688.93 | 27133 |
| 2011 | 12512.30 | 1220.90 | 6935.59 | 4355.81 | 33464 |
| 2012 | 14453.68 | 1370.16 | 8073.87 | 5009.65 | 38564 |
| 2013 | 16205.45 | 1460.97 | 8912.34 | 5832.14 | 43117 |
| 2014 | 17689.94 | 1564.94 | 9577.24 | 6547.76 | 46929 |
| 2015 | 18021.86 | 1597.63 | 9082.13 | 7342.10 | 47626 |
| 2016 | 19399.59 | 1693.85 | 9490.72 | 8215.02 | 51015 |
| 2017 | 21898.81 | 1741.45 | 10882.88 | 9274.48 | 57266 |
| 2018 | 24438.32 | 1830.19 | 12157.48 | 10450.65 | 63477 |

注：1.本表按当年价格计算。
2.实施研发支出核算方法改革后，2016年起包含研发支出新增GDP数据(以下相关表同)。

a) Data in this table are calculated at current prices.

b)As methodology of R&D expenditure accounting is reformed，R&D expenditure was included in GDP accounting since 2016 (The same applies to zhe relevant tables following).

# 3-2 生产总值指数
# Indices of Gross Domestic Product

(上年=100) (preceding year=100)

| 年 份 Year | 生产总值 Gross Domestic Product | 第一产业 Primary Industry | 第二产业 Secondary Industry | 第三产业 Tertiary Industry | 人 均 生产总值 Per Capita GDP |
|---|---|---|---|---|---|
| 1978 | 111.0 | 98.4 | 114.7 | 122.2 | 115.5 |
| 1979 | 107.5 | 109.1 | 102.7 | 123.7 | 110.0 |
| 1980 | 107.3 | 109.0 | 106.4 | 107.9 | 98.0 |
| 1981 | 104.5 | 113.7 | 96.3 | 108.1 | 103.5 |
| 1982 | 109.1 | 106.5 | 108.5 | 115.3 | 107.6 |
| 1983 | 107.3 | 101.5 | 109.5 | 112.7 | 106.3 |
| 1984 | 117.8 | 112.5 | 120.0 | 121.9 | 116.9 |
| 1985 | 116.5 | 99.3 | 121.9 | 131.0 | 115.1 |
| 1986 | 108.7 | 104.6 | 105.9 | 118.2 | 107.7 |
| 1987 | 110.0 | 101.8 | 110.8 | 116.6 | 107.8 |
| 1988 | 121.0 | 105.3 | 125.0 | 127.9 | 119.2 |
| 1989 | 103.3 | 106.5 | 102.8 | 101.6 | 101.4 |
| 1990 | 103.4 | 105.3 | 101.8 | 104.5 | 101.3 |
| 1991 | 107.2 | 106.8 | 105.2 | 110.2 | 105.7 |
| 1992 | 108.3 | 103.0 | 110.4 | 109.9 | 106.9 |
| 1993 | 112.1 | 108.1 | 115.0 | 111.5 | 110.8 |
| 1994 | 108.6 | 97.0 | 116.4 | 106.9 | 107.4 |
| 1995 | 110.4 | 104.0 | 115.2 | 108.0 | 109.3 |
| 1996 | 110.9 | 109.6 | 112.8 | 108.9 | 109.9 |
| 1997 | 110.7 | 99.7 | 112.6 | 114.8 | 109.8 |
| 1998 | 111.6 | 107.3 | 113.8 | 110.7 | 110.8 |
| 1999 | 110.3 | 97.7 | 112.4 | 113.7 | 109.6 |
| 2000 | 110.4 | 104.0 | 111.1 | 112.1 | 109.6 |
| 2001 | 109.8 | 101.9 | 111.2 | 111.2 | 109.3 |
| 2002 | 111.1 | 103.5 | 113.4 | 111.0 | 110.9 |
| 2003 | 111.8 | 104.1 | 115.8 | 109.8 | 111.5 |
| 2004 | 112.9 | 108.6 | 116.7 | 109.7 | 112.6 |
| 2005 | 113.7 | 107.7 | 116.1 | 112.5 | 113.5 |
| 2006 | 113.9 | 107.4 | 114.6 | 114.9 | 113.7 |
| 2007 | 115.8 | 105.0 | 117.5 | 116.5 | 115.6 |
| 2008 | 116.4 | 107.6 | 118.5 | 115.8 | 116.1 |
| 2009 | 113.6 | 104.9 | 113.8 | 115.3 | 113.3 |
| 2010 | 114.6 | 105.8 | 118.0 | 112.1 | 114.4 |
| 2011 | 113.9 | 105.9 | 116.4 | 112.5 | 113.7 |
| 2012 | 112.9 | 106.0 | 114.8 | 111.6 | 112.6 |
| 2013 | 111.0 | 104.6 | 112.6 | 110.1 | 110.7 |
| 2014 | 109.7 | 105.1 | 110.9 | 108.9 | 109.4 |
| 2015 | 107.9 | 105.1 | 106.6 | 110.5 | 107.5 |
| 2016 | 107.6 | 104.0 | 107.3 | 108.8 | 107.1 |
| 2017 | 108.0 | 104.6 | 107.8 | 108.9 | 107.3 |
| 2018 | 108.3 | 103.2 | 108.7 | 108.8 | 107.5 |

注：本表按不变价格计算。

a) Data in this table are calculated at constant prices.

# 3-3 生产总值指数
# Indices of Gross Domestic Product

(1978年=100) (year of 1978=100)

| 年份 Year | 生产总值 Gross Domestic Product | 第一产业 Primary Industry | 第二产业 Secondary Industry | 第三产业 Tertiary Industry | 人均生产总值 Per Capita GDP |
|---|---|---|---|---|---|
| 1979 | 107.5 | 109.1 | 102.7 | 123.7 | 110.0 |
| 1980 | 115.3 | 118.9 | 109.3 | 133.5 | 107.8 |
| 1981 | 120.5 | 135.2 | 105.3 | 144.3 | 111.6 |
| 1982 | 131.5 | 144.0 | 114.3 | 166.4 | 120.1 |
| 1983 | 141.1 | 146.2 | 125.2 | 187.5 | 127.7 |
| 1984 | 166.2 | 164.5 | 150.2 | 228.6 | 149.3 |
| 1985 | 193.6 | 163.3 | 183.1 | 299.5 | 171.8 |
| 1986 | 210.4 | 170.8 | 193.9 | 354.0 | 185.0 |
| 1987 | 231.4 | 173.9 | 214.8 | 412.8 | 199.4 |
| 1988 | 280.0 | 183.1 | 268.5 | 528.0 | 237.7 |
| 1989 | 289.2 | 195.0 | 276.0 | 536.4 | 241.0 |
| 1990 | 299.0 | 205.3 | 281.0 | 560.5 | 244.1 |
| 1991 | 320.5 | 219.3 | 295.6 | 617.7 | 258.0 |
| 1992 | 347.1 | 225.9 | 326.3 | 678.9 | 275.8 |
| 1993 | 389.1 | 244.2 | 375.2 | 757.0 | 305.6 |
| 1994 | 422.6 | 236.9 | 436.7 | 809.2 | 328.2 |
| 1995 | 466.6 | 246.4 | 503.1 | 873.9 | 358.7 |
| 1996 | 517.5 | 270.1 | 567.5 | 951.7 | 394.2 |
| 1997 | 572.9 | 269.3 | 639.0 | 1092.6 | 432.8 |
| 1998 | 639.4 | 289.0 | 727.2 | 1209.5 | 479.5 |
| 1999 | 705.3 | 282.4 | 817.4 | 1375.2 | 525.5 |
| 2000 | 778.7 | 293.7 | 908.1 | 1541.6 | 575.9 |
| 2001 | 855.0 | 299.3 | 1009.8 | 1714.3 | 629.5 |
| 2002 | 949.9 | 309.8 | 1145.1 | 1902.9 | 698.1 |
| 2003 | 1062.0 | 322.5 | 1326.0 | 2089.4 | 778.4 |
| 2004 | 1199.0 | 350.2 | 1547.4 | 2292.1 | 876.5 |
| 2005 | 1363.3 | 377.2 | 1796.5 | 2578.6 | 994.8 |
| 2006 | 1552.8 | 405.1 | 2058.8 | 2962.8 | 1131.1 |
| 2007 | 1798.1 | 425.4 | 2419.1 | 3451.7 | 1307.6 |
| 2008 | 2093.0 | 457.7 | 2866.6 | 3997.1 | 1518.1 |
| 2009 | 2377.6 | 480.1 | 3262.2 | 4608.7 | 1720.0 |
| 2010 | 2724.7 | 507.9 | 3849.4 | 5166.4 | 1967.7 |
| 2011 | 3103.4 | 537.9 | 4480.7 | 5812.2 | 2237.3 |
| 2012 | 3503.7 | 570.2 | 5143.8 | 6486.4 | 2519.2 |
| 2013 | 3889.1 | 596.4 | 5791.9 | 7141.5 | 2788.8 |
| 2014 | 4266.3 | 626.8 | 6423.2 | 7777.1 | 3050.9 |
| 2015 | 4603.3 | 658.8 | 6847.1 | 8593.7 | 3279.7 |
| 2016 | 4953.2 | 685.2 | 7346.9 | 9349.9 | 3512.6 |
| 2017 | 5349.5 | 716.7 | 7920.0 | 10182.0 | 3769.0 |
| 2018 | 5793.5 | 739.6 | 8609.0 | 11078.0 | 4051.7 |

注：本表按不变价格计算。
a) Data in this table are calculated at constant prices.

# 3-4 分行业增加值

## Value-added of the Tertiary Industry

单位：亿元 (100 million yuan)

| 年 份 Year | 生产总值 Gross Domestic Product | 农、林、牧、渔业 Agriculture, Forestry, Animal Husbandry and Fishery | 工 业 Industry | 建筑业 Construction | 交通运输仓储和邮政业 Transport, Storage and Post | 批发和零售业 Wholesale and Retail Trades | 住宿和餐饮业 Hotels and Catering Services | 金融业 Financial Intermediation | 房地产业 Real Estate | 其 他 Others |
|---|---|---|---|---|---|---|---|---|---|---|
| 1978 | 81.07 | 24.70 | 36.52 | 5.61 | 3.15 | 5.46 | | 1.72 | 0.99 | 2.92 |
| 1979 | 94.52 | 32.52 | 39.38 | 5.29 | 3.83 | 6.00 | | 2.01 | 1.21 | 4.28 |
| 1980 | 94.91 | 28.47 | 42.22 | 5.52 | 3.91 | 6.52 | | 2.31 | 1.22 | 4.74 |
| 1981 | 102.09 | 35.40 | 40.08 | 6.17 | 3.65 | 7.02 | | 2.67 | 1.37 | 5.73 |
| 1982 | 111.95 | 37.02 | 43.31 | 7.05 | 4.69 | 7.91 | | 4.13 | 1.47 | 6.37 |
| 1983 | 123.39 | 40.00 | 47.48 | 7.67 | 5.48 | 8.53 | | 4.45 | 1.62 | 8.16 |
| 1984 | 149.35 | 51.05 | 53.82 | 9.30 | 7.79 | 9.33 | | 4.87 | 1.72 | 11.47 |
| 1985 | 180.87 | 53.39 | 68.81 | 13.15 | 9.95 | 10.58 | | 5.63 | 2.28 | 17.08 |
| 1986 | 208.31 | 58.00 | 78.81 | 14.67 | 11.57 | 13.26 | | 6.52 | 3.15 | 22.33 |
| 1987 | 244.96 | 67.84 | 90.47 | 17.73 | 15.60 | 15.03 | | 7.54 | 4.11 | 26.64 |
| 1988 | 314.48 | 82.69 | 117.77 | 20.81 | 21.17 | 17.46 | | 8.73 | 5.99 | 39.86 |
| 1989 | 358.37 | 91.28 | 136.40 | 22.10 | 25.45 | 21.83 | | 10.10 | 5.86 | 45.35 |
| 1990 | 404.30 | 105.56 | 143.28 | 23.67 | 33.79 | 25.50 | | 11.69 | 6.78 | 54.03 |
| 1991 | 468.37 | 116.88 | 168.28 | 29.26 | 35.36 | 35.70 | | 13.52 | 6.81 | 62.56 |
| 1992 | 531.63 | 116.71 | 198.93 | 33.14 | 42.32 | 41.79 | | 15.65 | 8.22 | 74.87 |
| 1993 | 678.20 | 148.24 | 250.07 | 47.42 | 59.59 | 48.30 | | 18.10 | 11.30 | 95.18 |
| 1994 | 839.03 | 171.81 | 307.46 | 56.94 | 77.31 | 59.90 | | 20.95 | 16.87 | 127.79 |
| 1995 | 1036.85 | 217.27 | 377.91 | 63.76 | 90.60 | 86.71 | | 24.24 | 19.06 | 157.30 |
| 1996 | 1215.84 | 250.58 | 439.66 | 74.61 | 99.56 | 111.91 | | 28.04 | 22.56 | 188.92 |
| 1997 | 1363.60 | 255.42 | 477.35 | 89.90 | 111.71 | 130.64 | | 32.45 | 33.62 | 232.51 |
| 1998 | 1458.40 | 266.92 | 500.26 | 107.56 | 115.32 | 138.05 | | 37.55 | 41.36 | 251.38 |
| 1999 | 1592.64 | 254.57 | 549.01 | 132.42 | 127.03 | 152.28 | | 43.44 | 47.18 | 286.71 |
| 2000 | 1804.00 | 258.22 | 629.88 | 152.70 | 151.75 | 175.62 | | 50.27 | 59.42 | 326.14 |
| 2001 | 2010.62 | 263.63 | 706.62 | 172.20 | 182.96 | 202.17 | | 58.16 | 68.11 | 356.77 |
| 2002 | 2253.39 | 282.21 | 819.51 | 188.05 | 203.15 | 228.35 | | 67.30 | 77.68 | 387.14 |
| 2003 | 2587.72 | 302.66 | 1006.92 | 214.25 | 217.50 | 256.16 | | 77.87 | 83.90 | 428.46 |
| 2004 | 3175.58 | 372.28 | 1306.50 | 246.60 | 267.10 | 311.00 | | 90.10 | 95.90 | 486.10 |
| 2005 | 3933.72 | 435.77 | 1650.63 | 300.73 | 246.48 | 322.13 | 88.23 | 127.58 | 108.62 | 653.55 |
| 2006 | 4743.61 | 484.81 | 2094.02 | 358.42 | 291.76 | 391.68 | 107.03 | 152.25 | 125.20 | 738.44 |
| 2007 | 5757.29 | 592.63 | 2544.42 | 442.04 | 326.99 | 449.39 | 132.66 | 231.03 | 153.98 | 884.15 |
| 2008 | 7314.58 | 753.72 | 3274.57 | 586.55 | 378.63 | 568.68 | 165.35 | 287.16 | 193.27 | 1106.65 |
| 2009 | 8169.80 | 789.64 | 3501.25 | 735.17 | 423.24 | 707.39 | 175.01 | 336.21 | 239.92 | 1261.97 |
| 2010 | 10123.48 | 988.45 | 4558.97 | 887.13 | 474.60 | 856.65 | 218.16 | 384.75 | 315.95 | 1438.82 |
| 2011 | 12512.30 | 1220.90 | 5857.92 | 1077.67 | 552.54 | 1036.35 | 266.92 | 432.11 | 398.03 | 1669.86 |
| 2012 | 14453.68 | 1370.16 | 6847.41 | 1226.46 | 617.39 | 1166.90 | 312.27 | 551.20 | 450.12 | 1911.77 |
| 2013 | 16205.45 | 1526.05 | 7507.34 | 1452.79 | 611.11 | 1289.60 | 338.51 | 738.52 | 518.60 | 2222.93 |
| 2014 | 17689.94 | 1635.85 | 7993.39 | 1645.65 | 675.66 | 1413.16 | 365.85 | 948.93 | 579.44 | 2432.01 |
| 2015 | 18021.86 | 1673.22 | 7344.62 | 1780.85 | 713.02 | 1504.04 | 432.02 | 1082.37 | 695.53 | 2796.19 |
| 2016 | 19399.59 | 1776.29 | 7598.00 | 1943.20 | 771.77 | 1604.40 | 457.63 | 1181.54 | 747.17 | 3319.59 |
| 2017 | 21898.81 | 1830.62 | 8691.79 | 2217.97 | 832.62 | 1762.33 | 497.62 | 1300.10 | 861.53 | 3904.23 |
| 2018 | 24438.32 | 1927.31 | 9634.80 | 2552.54 | 887.54 | 1916.03 | 544.12 | 1419.87 | 992.59 | 4563.52 |

注：本表按当年价格计算。

a) Data in this table are calculated at current prices.

# 3-5 分行业增加值指数
## Indices of Value-added of the Tertiary Industry

(上年＝100) (preceding year=100)

| 年 份 Year | 生产总值 Gross Domestic Product | 农、林、牧、渔业 Agriculture, Forestry, Animal Husbandry and Fishery | 工 业 Industry | 建筑业 Construction | 交通运输仓储和邮政业 Transport, Storage and Post | 批发和零售业 Wholesale and Retail Trades | 住宿和餐饮业 Hotels and Catering Services | 金融业 Financial Intermediation | 房地产业 Real Estate | 其 他 Others |
|---|---|---|---|---|---|---|---|---|---|---|
| 1978 | 111.0 | 98.4 | 114.7 | 114.7 | 122.2 | 122.2 | | | | |
| 1979 | 107.5 | 109.1 | 102.7 | 102.7 | 121.6 | 121.7 | | 121.3 | 122.2 | 119.7 |
| 1980 | 107.3 | 109.0 | 106.4 | 106.4 | 102.1 | 77.9 | | 156.1 | 100.8 | 122.9 |
| 1981 | 104.5 | 113.7 | 96.2 | 96.3 | 92.3 | 113.0 | | 114.3 | 111.5 | 107.2 |
| 1982 | 109.1 | 106.5 | 108.5 | 108.4 | 123.3 | 92.9 | | 152.3 | 102.2 | 109.6 |
| 1983 | 107.3 | 101.5 | 109.5 | 109.6 | 114.6 | 100.2 | | 106.4 | 108.6 | 110.5 |
| 1984 | 117.8 | 112.5 | 120.0 | 119.9 | 139.0 | 125.1 | | 106.2 | 104.0 | 106.8 |
| 1985 | 116.5 | 99.3 | 121.9 | 122.0 | 101.0 | 140.1 | | 108.1 | 122.3 | 111.6 |
| 1986 | 108.7 | 104.6 | 105.9 | 105.0 | 138.1 | 119.3 | | 109.2 | 131.3 | 108.9 |
| 1987 | 110.0 | 101.8 | 110.8 | 110.2 | 128.8 | 103.6 | | 106.5 | 118.3 | 112.1 |
| 1988 | 121.0 | 105.3 | 125.0 | 121.0 | 132.3 | 138.1 | | 97.1 | 132.6 | 114.1 |
| 1989 | 103.3 | 106.5 | 104.0 | 95.4 | 102.9 | 68.2 | | 97.8 | 93.2 | 109.3 |
| 1990 | 103.4 | 105.3 | 102.2 | 96.1 | 112.2 | 116.9 | | 114.3 | 105.2 | 101.8 |
| 1991 | 107.2 | 106.8 | 105.3 | 104.6 | 102.5 | 119.8 | | 109.1 | 112.4 | 110.4 |
| 1992 | 108.3 | 103.0 | 111.2 | 105.7 | 105.9 | 116.1 | | 105.6 | 116.3 | 109.1 |
| 1993 | 112.1 | 108.1 | 116.1 | 107.8 | 117.2 | 115.9 | | 103.4 | 115.6 | 107.1 |
| 1994 | 108.6 | 97.0 | 118.1 | 104.9 | 115.2 | 99.5 | | 97.1 | 113.4 | 107.1 |
| 1995 | 110.4 | 104.0 | 116.4 | 106.2 | 110.4 | 107.0 | | 105.2 | 110.3 | 107.1 |
| 1996 | 110.9 | 109.6 | 113.8 | 104.5 | 109.5 | 107.6 | | 106.3 | 111.2 | 109.2 |
| 1997 | 110.7 | 99.7 | 112.7 | 111.5 | 112.5 | 117.1 | | 110.2 | 112.6 | 116.3 |
| 1998 | 111.6 | 107.3 | 113.6 | 115.4 | 111.2 | 110.1 | | 115.8 | 118.1 | 108.7 |
| 1999 | 110.3 | 97.7 | 111.6 | 119.7 | 111.6 | 110.8 | | 116.4 | 113.9 | 116.1 |
| 2000 | 110.4 | 104.0 | 111.3 | 109.3 | 112.5 | 113.4 | | 114.1 | 116.6 | 110.2 |
| 2001 | 109.8 | 101.9 | 111.8 | 108.6 | 114.9 | 113.6 | | 113.8 | 114.2 | 107.2 |
| 2002 | 111.1 | 103.5 | 115.2 | 106.0 | 113.9 | 111.4 | | 115.6 | 114.0 | 107.9 |
| 2003 | 111.8 | 104.1 | 116.8 | 111.2 | 110.6 | 112.0 | | 113.8 | 107.1 | 108.0 |
| 2004 | 112.9 | 108.6 | 118.6 | 107.7 | 110.4 | 112.1 | | 110.2 | 102.0 | 109.4 |
| 2005 | 113.7 | 107.7 | 115.9 | 117.6 | 110.5 | 111.4 | 116.8 | 109.9 | 108.1 | 114.5 |
| 2006 | 113.9 | 107.4 | 114.5 | 115.2 | 110.7 | 116.7 | 119.7 | 117.6 | 112.5 | 139.9 |
| 2007 | 115.8 | 105.0 | 118.1 | 114.0 | 111.2 | 114.4 | 117.3 | 119.6 | 116.9 | 118.8 |
| 2008 | 116.4 | 107.6 | 118.7 | 117.1 | 109.3 | 115.8 | 111.7 | 112.5 | 110.4 | 120.2 |
| 2009 | 113.6 | 104.9 | 111.6 | 126.5 | 109.3 | 122.0 | 109.0 | 117.3 | 120.3 | 113.8 |
| 2010 | 114.6 | 105.8 | 118.7 | 114.6 | 108.5 | 113.5 | 115.8 | 110.3 | 121.3 | 111.0 |
| 2011 | 113.9 | 105.9 | 117.1 | 112.6 | 110.2 | 115.4 | 113.9 | 106.1 | 118.9 | 111.6 |
| 2012 | 112.9 | 106.0 | 115.7 | 110.1 | 107.8 | 109.9 | 111.2 | 122.9 | 109.9 | 111.3 |
| 2013 | 111.0 | 104.7 | 112.7 | 113.0 | 101.0 | 108.6 | 103.6 | 128.9 | 111.8 | 108.8 |
| 2014 | 109.7 | 105.2 | 110.8 | 111.8 | 107.4 | 108.8 | 104.1 | 117.0 | 107.8 | 107.7 |
| 2015 | 107.9 | 105.1 | 105.9 | 109.3 | 102.5 | 107.4 | 114.3 | 114.2 | 109.4 | 114.1 |
| 2016 | 107.6 | 104.1 | 106.8 | 109.3 | 106.8 | 106.4 | 104.3 | 111.3 | 106.0 | 111.0 |
| 2017 | 108.0 | 104.7 | 108.1 | 106.2 | 106.9 | 108.5 | 107.7 | 106.3 | 106.5 | 111.4 |
| 2018 | 108.3 | 103.3 | 109.0 | 107.5 | 105.7 | 106.5 | 106.3 | 105.3 | 105.1 | 112.9 |

注：本表按不变价计算。
a) Data in this table are calculated at constant prices.

# 3-6 分行业增加值指数
## Indices of Value-added of the Tertiary Industry

(1978年＝100) (year of 1978=100)

| 年 份<br>Year | 生产总值<br>Gross Domestic Product | 农、林、牧、渔业<br>Agriculture, Forestry, Animal Husbandry and Fishery | 工 业<br>Industry | 建筑业<br>Construction | 交通运输仓储和邮政业<br>Transport, Storage and Post | 批发和零售业<br>Wholesale and Retail Trades | 住宿和餐饮业<br>Hotels and Catering Services | 金融业<br>Financial Intermediation | 房地产业<br>Real Estate | 其 他<br>Others |
|---|---|---|---|---|---|---|---|---|---|---|
| 1978 | 100.0 | 100.0 | 100.0 | 100.0 | 100.0 | 100.0 | | 100.0 | 100.0 | 100.0 |
| 1979 | 107.5 | 109.1 | 102.7 | 102.7 | 121.6 | 121.7 | | 121.3 | 122.2 | 119.7 |
| 1980 | 115.3 | 118.9 | 109.3 | 109.3 | 124.2 | 94.8 | | 189.3 | 123.2 | 147.1 |
| 1981 | 120.5 | 135.2 | 105.1 | 105.3 | 114.6 | 107.1 | | 216.4 | 137.3 | 157.7 |
| 1982 | 131.5 | 144.0 | 114.0 | 114.1 | 141.3 | 99.5 | | 329.6 | 140.4 | 172.8 |
| 1983 | 141.1 | 146.2 | 124.8 | 125.1 | 161.9 | 99.7 | | 350.7 | 152.4 | 191.0 |
| 1984 | 166.2 | 164.5 | 149.8 | 150.0 | 225.1 | 124.8 | | 372.5 | 158.5 | 204.0 |
| 1985 | 193.6 | 163.3 | 182.6 | 183.0 | 227.3 | 174.8 | | 402.6 | 193.9 | 227.6 |
| 1986 | 210.4 | 170.8 | 193.4 | 192.2 | 313.9 | 208.5 | | 439.7 | 254.6 | 247.9 |
| 1987 | 231.4 | 173.9 | 214.3 | 211.8 | 404.3 | 216.0 | | 468.2 | 301.2 | 277.9 |
| 1988 | 280.0 | 183.1 | 267.9 | 256.3 | 535.0 | 298.3 | | 454.7 | 399.3 | 317.1 |
| 1989 | 289.2 | 195.0 | 278.6 | 244.5 | 550.5 | 203.5 | | 444.7 | 372.2 | 346.6 |
| 1990 | 299.0 | 205.3 | 284.7 | 235.0 | 617.6 | 237.8 | | 508.3 | 391.5 | 352.8 |
| 1991 | 320.5 | 219.3 | 299.8 | 245.8 | 633.1 | 284.9 | | 554.5 | 440.1 | 389.5 |
| 1992 | 347.1 | 225.9 | 333.4 | 259.8 | 670.4 | 330.8 | | 585.6 | 511.8 | 424.9 |
| 1993 | 389.1 | 244.2 | 387.1 | 280.1 | 785.7 | 383.4 | | 605.5 | 591.7 | 455.1 |
| 1994 | 422.6 | 236.9 | 457.2 | 293.8 | 905.2 | 381.5 | | 587.9 | 670.9 | 487.4 |
| 1995 | 466.6 | 246.4 | 532.2 | 312.0 | 999.3 | 408.2 | | 618.5 | 740.1 | 522.0 |
| 1996 | 517.5 | 270.1 | 605.6 | 326.0 | 1094.2 | 439.2 | | 657.4 | 822.9 | 570.1 |
| 1997 | 572.9 | 269.3 | 682.5 | 363.5 | 1231.0 | 514.3 | | 724.5 | 926.6 | 663.0 |
| 1998 | 639.4 | 289.0 | 775.3 | 419.5 | 1368.9 | 566.3 | | 839.0 | 1094.4 | 720.7 |
| 1999 | 705.3 | 282.4 | 865.2 | 502.1 | 1527.7 | 627.4 | | 976.6 | 1246.5 | 836.7 |
| 2000 | 778.7 | 293.7 | 963.0 | 548.8 | 1718.6 | 711.5 | | 1114.3 | 1453.4 | 922.0 |
| 2001 | 855.0 | 299.3 | 1076.6 | 596.0 | 1974.7 | 808.2 | | 1268.0 | 1659.8 | 988.4 |
| 2002 | 949.9 | 309.8 | 1240.2 | 631.8 | 2249.2 | 900.4 | | 1465.8 | 1892.1 | 1066.5 |
| 2003 | 1062.0 | 322.5 | 1448.6 | 702.6 | 2487.6 | 1008.4 | | 1668.1 | 2026.5 | 1151.8 |
| 2004 | 1199.0 | 350.2 | 1718.0 | 756.7 | 2746.3 | 1130.5 | | 1838.3 | 2067.0 | 1260.1 |
| 2005 | 1363.3 | 377.2 | 1991.2 | 889.9 | 3034.7 | 1259.3 | | 2020.3 | 2234.4 | 1442.8 |
| 2006 | 1552.8 | 405.1 | 2279.9 | 1025.2 | 3359.4 | 1469.6 | | 2375.8 | 2513.7 | 2018.5 |
| 2007 | 1798.1 | 425.4 | 2692.6 | 1168.7 | 3735.6 | 1681.3 | | 2841.5 | 2938.5 | 2398.0 |
| 2008 | 2093.0 | 457.7 | 3196.1 | 1368.5 | 4083.0 | 1946.9 | | 3196.7 | 3244.2 | 2882.3 |
| 2009 | 2377.6 | 480.1 | 3566.8 | 1731.2 | 4462.8 | 2375.2 | | 3749.7 | 3902.7 | 3280.1 |
| 2010 | 2724.7 | 507.9 | 4233.8 | 1984.0 | 4842.1 | 2695.9 | | 4135.9 | 4734.0 | 3640.9 |
| 2011 | 3103.4 | 537.9 | 4957.8 | 2234.0 | 5336.0 | 3111.1 | | 4388.2 | 5628.7 | 4063.2 |
| 2012 | 3503.7 | 570.2 | 5736.2 | 2459.6 | 5752.2 | 3419.1 | | 5393.1 | 6185.9 | 4522.3 |
| 2013 | 3889.1 | 597.0 | 6464.7 | 2779.3 | 5809.7 | 3713.1 | | 6951.7 | 6915.8 | 4920.3 |
| 2014 | 4266.3 | 628.0 | 7162.9 | 3107.3 | 6239.6 | 4039.9 | | 8133.5 | 7455.3 | 5299.2 |
| 2015 | 4603.3 | 660.0 | 7585.5 | 3396.3 | 6395.6 | 4338.9 | | 9288.5 | 8156.1 | 6046.4 |
| 2016 | 4953.2 | 687.1 | 8103.7 | 3712.1 | 6830.5 | 4616.5 | | 10338.1 | 8645.5 | 6711.5 |
| 2017 | 5349.5 | 719.4 | 8760.1 | 3942.3 | 7301.8 | 5008.9 | | 10989.4 | 9207.5 | 7476.6 |
| 2018 | 5793.5 | 743.1 | 9548.5 | 4238.0 | 7718.0 | 5334.5 | | 11571.8 | 9677.1 | 8441.1 |

注：本表按不变价计算。
a) Data in this table are calculated at constant prices.

## 3-7 三次产业贡献率

## Share of the Contributions of the Three Strata of Industry to the Increase of the GDP

单位：% (%)

| 年 份 Year | 生产总值 Gross Domestic Product | 第一产业 Primary Industry | 第二产业 Secondary Industry | 第三产业 Tertiary Industry |
|---|---|---|---|---|
| 2000 | 100.0 | 5.9 | 54.5 | 39.6 |
| 2001 | 100.0 | 2.8 | 49.1 | 48.1 |
| 2002 | 100.0 | 4.2 | 53.4 | 42.4 |
| 2003 | 100.0 | 4.3 | 60.1 | 35.6 |
| 2004 | 100.0 | 7.7 | 60.4 | 31.9 |
| 2005 | 100.0 | 6.2 | 56.7 | 37.1 |
| 2006 | 100.0 | 5.9 | 52.0 | 42.1 |
| 2007 | 100.0 | 3.3 | 55.2 | 41.5 |
| 2008 | 100.0 | 4.4 | 57.0 | 38.6 |
| 2009 | 100.0 | 3.1 | 52.1 | 44.8 |
| 2010 | 100.0 | 3.2 | 63.4 | 33.4 |
| 2011 | 100.0 | 4.1 | 63.2 | 32.7 |
| 2012 | 100.0 | 4.2 | 63.4 | 32.4 |
| 2013 | 100.0 | 3.4 | 63.6 | 33.0 |
| 2014 | 100.0 | 4.0 | 63.3 | 32.7 |
| 2015 | 100.0 | 4.8 | 47.6 | 47.6 |
| 2016 | 100.0 | 4.6 | 47.9 | 47.5 |
| 2017 | 100.0 | 4.9 | 49.1 | 46.0 |
| 2018 | 100.0 | 3.5 | 50.2 | 46.3 |

注：三次产业贡献率指各产业增加值增量与GDP增量之比。

a) Share of the contributions of the three strata of industry to the increase of the GDP refers to the proportion of the increment of the value-added of each industry to the increment of GDP.

## 3-8 三次产业对生产总值增长的拉动

## Contribution of the Three Strata of Industry to GDP Growth

单位：百分点 (Percentage points)

| 年 份 Year | 生产总值 Gross Domestic Product | 第一产业 Primary Industry | 第二产业 Secondary Industry | 第三产业 Tertiary Industry |
|---|---|---|---|---|
| 2000 | 10.4 | 0.6 | 5.7 | 4.1 |
| 2001 | 9.8 | 0.3 | 4.8 | 4.7 |
| 2002 | 11.1 | 0.5 | 5.9 | 4.7 |
| 2003 | 11.8 | 0.5 | 7.1 | 4.2 |
| 2004 | 12.9 | 1.0 | 7.8 | 4.1 |
| 2005 | 13.7 | 0.8 | 7.8 | 5.1 |
| 2006 | 13.9 | 0.8 | 7.2 | 5.9 |
| 2007 | 15.8 | 0.5 | 8.7 | 6.6 |
| 2008 | 16.4 | 0.7 | 9.4 | 6.3 |
| 2009 | 13.6 | 0.4 | 7.1 | 6.1 |
| 2010 | 14.6 | 0.5 | 9.2 | 4.9 |
| 2011 | 13.9 | 0.6 | 8.8 | 4.5 |
| 2012 | 12.9 | 0.5 | 8.2 | 4.2 |
| 2013 | 11.0 | 0.4 | 7.0 | 3.6 |
| 2014 | 9.7 | 0.4 | 6.1 | 3.2 |
| 2015 | 7.9 | 0.3 | 3.8 | 3.8 |
| 2016 | 7.6 | 0.4 | 3.6 | 3.6 |
| 2017 | 8.0 | 0.4 | 3.9 | 3.7 |
| 2018 | 8.3 | 0.3 | 4.2 | 3.8 |

注：三次产业拉动指GDP增长速度与各产业贡献率之乘积。

a) Contribution of the three strata of industry to GDP growth refers to the growth rate of GDP multiplied by the contribution share of every industry.

# 3-9 分行业增加值构成(2018年)
## Value-added by Sector(2018)

| 行　　业 | Sector | 增加值(亿元) Value Added (100 million yuan) | 构　成(%) Composition (%) | 2018年比2017年增长% Growth Rate in 2018 over 2017(%) |
|---|---|---|---|---|
| **总　计** | **Total** | **24438.32** | **100.0** | **8.3** |
| 农、林、牧、渔业 | Agriculture, Forestry, Animal Husbandry and Fishery | 1927.31 | 7.9 | 3.3 |
| 工　业 | Industry | 9634.80 | 39.4 | 9.0 |
| 建筑业 | Construction | 2552.54 | 10.4 | 7.5 |
| 交通运输、仓储和邮政业 | Traffic, Transport, Storage and Post | 887.54 | 3.6 | 5.7 |
| 批发和零售业 | Wholesale and Retail Trades | 1916.03 | 7.9 | 6.5 |
| 住宿和餐饮业 | Hotels and Catering Services | 544.12 | 2.2 | 6.3 |
| 金融业 | Financial Intermediation | 1419.87 | 5.8 | 5.3 |
| 房地产业 | Real Estate | 992.59 | 4.1 | 5.1 |
| 其他服务业 | Others | 4563.52 | 18.7 | 12.9 |
| 营利性服务业 | Profit Services | 1838.12 | 7.5 | 28.7 |
| 非营利性服务业 | Non-profit Services | 2725.40 | 11.2 | 3.5 |
| 第一产业 | Primary Industry | 1830.19 | 7.5 | 3.2 |
| 第二产业 | Secondary Industry | 12157.48 | 49.7 | 8.7 |
| 第三产业 | Tertiary Industry | 10450.65 | 42.8 | 8.8 |

注：本表增加值及构成按当年价格计算，增长速度按不变价格计算。
a) Value added and Compositionin in this table are calculated at current prices.The growth rates are calculated at constant prices.

# 3-10 非公有制经济增加值
## Value-added of Non-public Economy

| 年　份 Year | 非公有制经济增加值(亿元) Value-added of Non-public Economy (100 million yuan) | 第一产业 Primary Industry | 第二产业 Secondary Industry | 第三产业 Tertiary Industry | 非公有制经济增加值占生产总值比重(%) Value-added of Non-public Economy as Percentage of GDP(%) | 第一产业 Primary Industry | 第二产业 Secondary Industry | 第三产业 Tertiary Industry |
|---|---|---|---|---|---|---|---|---|
| 2005 | 1651.14 | 129.53 | 728.34 | 793.27 | 43.3 | 29.7 | 37.6 | 54.4 |
| 2006 | 2059.16 | 144.64 | 991.70 | 922.82 | 44.4 | 29.8 | 40.9 | 53.1 |
| 2007 | 2599.06 | 177.49 | 1313.63 | 1107.94 | 45.6 | 30.0 | 44.3 | 51.6 |
| 2008 | 3462.21 | 245.79 | 1817.01 | 1399.41 | 47.3 | 32.6 | 47.1 | 51.8 |
| 2009 | 3971.78 | 248.74 | 1998.65 | 1724.39 | 48.6 | 31.5 | 47.2 | 54.9 |
| 2010 | 5011.39 | 294.56 | 2583.52 | 2133.31 | 49.5 | 29.8 | 47.4 | 57.8 |
| 2011 | 6318.20 | 359.80 | 3355.98 | 2602.43 | 50.5 | 29.5 | 48.4 | 59.8 |
| 2012 | 7398.04 | 488.74 | 3955.51 | 2953.79 | 51.2 | 35.7 | 49.0 | 59.0 |
| 2013 | 8459.01 | 463.91 | 4551.32 | 3443.78 | 52.2 | 32.6 | 51.1 | 59.0 |
| 2014 | 9323.58 | 455.75 | 4999.02 | 3868.80 | 52.7 | 30.1 | 52.2 | 59.1 |
| 2015 | 9630.16 | 490.92 | 4778.59 | 4360.65 | 53.4 | 30.7 | 52.6 | 59.4 |
| 2016 | 10430.18 | 479.85 | 5091.60 | 4858.73 | 53.8 | 28.3 | 53.6 | 59.1 |
| 2017 | 11845.07 | 460.10 | 5896.24 | 5488.73 | 54.1 | 26.4 | 54.2 | 59.2 |
| 2018 | 13238.62 | 458.35 | 6666.40 | 6113.88 | 54.2 | 25.0 | 54.8 | 58.5 |

注：本表按当年价格计算。
a) Data in this table are calculated at current prices.

# 3-11 各市(区)生产总值
# Gross Domestic Product by City(District)

| 地 区 | Region | 生产总值(亿元) Gross Domestic Product (100 million yuan) | 第一产业 Primary Industry | 第二产业 Secondary Industry | 第三产业 Tertiary Industry | 人均生产总值(元) Per Capita GDP (yuan) |
|---|---|---|---|---|---|---|
| 西安市 | Xi'an | 8349.86 | 258.82 | 2925.61 | 5165.43 | 85114 |
| 铜川市 | Tongchuan | 327.96 | 24.74 | 141.66 | 161.56 | 40065 |
| 宝鸡市 | Baoji | 2265.16 | 163.39 | 1434.07 | 667.70 | 59988 |
| 咸阳市 | Xianyang | 2376.45 | 284.97 | 1352.92 | 738.56 | 54368 |
| 渭南市 | Weinan | 1767.71 | 296.80 | 742.28 | 728.63 | 33009 |
| 延安市 | Yan'an | 1558.91 | 138.07 | 925.97 | 494.87 | 68940 |
| 汉中市 | Hanzhong | 1471.88 | 205.48 | 702.15 | 564.25 | 42754 |
| 榆林市 | Yulin | 3848.62 | 231.00 | 2417.65 | 1199.97 | 112845 |
| 安康市 | Ankang | 1133.77 | 123.25 | 626.80 | 383.72 | 42544 |
| 商洛市 | Shangluo | 824.77 | 94.57 | 441.69 | 288.51 | 34674 |
| 杨凌示范区 | Yangling | 150.46 | 7.84 | 82.70 | 59.92 | 72388 |

3-11 续表 continued

| 地 区 | Region | 指数(上年=100) Indices(preceding year=100) | | | | |
|---|---|---|---|---|---|---|
| | | 生产总值 Gross Domestic Product | 第一产业 Primary Industry | 第二产业 Secondary Industry | 第三产业 Tertiary Industry | 人均生产总值 Per Capita GDP |
| 西安市 | Xi'an | 108.2 | 103.3 | 108.5 | 108.3 | 105.2 |
| 铜川市 | Tongchuan | 106.0 | 103.1 | 104.9 | 107.4 | 108.4 |
| 宝鸡市 | Baoji | 107.2 | 102.7 | 107.4 | 108.2 | 107.3 |
| 咸阳市 | Xianyang | 107.0 | 103.0 | 107.0 | 108.6 | 107.0 |
| 渭南市 | Weinan | 107.1 | 103.2 | 107.2 | 108.7 | 107.5 |
| 延安市 | Yan'an | 109.1 | 102.9 | 109.8 | 109.8 | 108.9 |
| 汉中市 | Hanzhong | 109.5 | 103.9 | 113.1 | 107.4 | 109.7 |
| 榆林市 | Yulin | 109.0 | 103.1 | 108.0 | 111.7 | 108.4 |
| 安康市 | Ankang | 110.2 | 103.8 | 113.5 | 107.2 | 110.0 |
| 商洛市 | Shangluo | 108.0 | 103.5 | 109.8 | 106.7 | 107.8 |
| 杨凌示范区 | Yangling | 109.1 | 103.4 | 113.5 | 104.3 | 108.0 |

注：本表绝对数按当年价格计算，增长速度按不变价格计算。
a) Level data in this table are calculated at current prices, while Indices at constant prices.

# 3-12 各市(区)非公有制经济增加值
# Value-added of Non-public Economy by City(District)

| 地 区 | Region | 非公有制经济增加值(亿元) Value-added of Non-public Economy (100 million yuan) | | | | | | | | |
|---|---|---|---|---|---|---|---|---|---|---|
| | | 2010 | 2011 | 2012 | 2013 | 2014 | 2015 | 2016 | 2017 | 2018 |
| **全 省** | **Shaanxi** | **5011.39** | **6318.20** | **7398.04** | **8459.01** | **9323.58** | **9630.16** | **10430.18** | **11845.07** | **13238.62** |
| 西安市 | Xi'an | 1611.28 | 1952.78 | 2244.25 | 2569.20 | 2892.90 | 3060.38 | 3314.20 | 3962.95 | 4459.64 |
| 铜川市 | Tongchuan | 82.13 | 107.48 | 129.00 | 154.62 | 158.20 | 154.25 | 160.73 | 181.47 | 164.22 |
| 宝鸡市 | Baoji | 471.30 | 578.48 | 681.17 | 773.29 | 822.60 | 895.61 | 974.65 | 1110.75 | 1155.92 |
| 咸阳市 | Xianyang | 532.92 | 668.87 | 786.81 | 944.95 | 1072.42 | 1121.60 | 1267.00 | 1207.74 | 1271.65 |
| 渭南市 | Weinan | 350.19 | 459.62 | 526.82 | 610.86 | 676.86 | 695.19 | 736.92 | 830.57 | 877.19 |
| 延安市 | Yan'an | 151.47 | 201.55 | 235.25 | 266.65 | 292.62 | 280.77 | 282.99 | 378.35 | 456.82 |
| 汉中市 | Hanzhong | 252.35 | 327.03 | 387.88 | 467.60 | 516.86 | 545.60 | 595.87 | 694.76 | 780.55 |
| 榆林市 | Yulin | 632.37 | 828.49 | 1004.65 | 1081.25 | 1179.98 | 1021.56 | 1164.48 | 1423.65 | 1647.55 |
| 安康市 | Ankang | 156.53 | 198.52 | 247.20 | 307.86 | 364.78 | 408.86 | 467.37 | 566.54 | 672.80 |
| 商洛市 | Shangluo | 138.93 | 180.09 | 211.78 | 260.15 | 296.60 | 328.45 | 375.42 | 417.55 | 463.65 |
| 杨凌示范区 | Yangling | 23.05 | 29.68 | 32.43 | 43.08 | 49.17 | 56.78 | 66.15 | 78.94 | 87.06 |

3-12 续表 continued

| 地 区 | Region | 非公有制经济增加值占生产总值比重(%) Value-added of Non-public Economy as Percentage of GDP (%) | | | | | | | | |
|---|---|---|---|---|---|---|---|---|---|---|
| | | 2010 | 2011 | 2012 | 2013 | 2014 | 2015 | 2016 | 2017 | 2018 |
| **全 省** | **Shaanxi** | **49.5** | **50.5** | **51.2** | **52.2** | **52.7** | **53.4** | **53.8** | **54.1** | **54.2** |
| 西安市 | Xi'an | 49.7 | 50.6 | 51.4 | 52.2 | 52.7 | 52.8 | 52.8 | 53.0 | 53.4 |
| 铜川市 | Tongchuan | 43.8 | 46.2 | 47.2 | 48.1 | 48.6 | 50.2 | 51.6 | 52.1 | 50.1 |
| 宝鸡市 | Baoji | 48.3 | 49.2 | 49.6 | 50.0 | 50.1 | 50.1 | 50.4 | 50.7 | 51.0 |
| 咸阳市 | Xianyang | 48.5 | 49.1 | 50.0 | 50.8 | 51.4 | 52.1 | 53.0 | 52.7 | 53.5 |
| 渭南市 | Weinan | 43.7 | 44.7 | 45.7 | 46.2 | 47.5 | 48.6 | 49.5 | 50.3 | 49.6 |
| 延安市 | Yan'an | 17.1 | 18.1 | 18.5 | 19.7 | 21.1 | 23.4 | 26.1 | 28.8 | 29.3 |
| 汉中市 | Hanzhong | 49.5 | 50.5 | 51.4 | 52.5 | 51.5 | 51.5 | 51.5 | 52.1 | 53.0 |
| 榆林市 | Yulin | 36.0 | 36.1 | 37.6 | 38.9 | 40.4 | 41.0 | 42.0 | 42.4 | 42.8 |
| 安康市 | Ankang | 47.9 | 48.8 | 49.8 | 50.9 | 52.9 | 54.2 | 55.5 | 58.1 | 59.3 |
| 商洛市 | Shangluo | 48.6 | 49.6 | 50.0 | 50.9 | 51.6 | 53.1 | 54.2 | 55.2 | 56.2 |
| 杨凌示范区 | Yangling | 48.7 | 48.8 | 48.1 | 50.5 | 50.6 | 53.6 | 55.5 | 57.6 | 57.9 |

# 3-13 各县(市、区)生产总值(2018年)
## Gross Domestic Product by County (City and District)(2018)

| 地 区 | Region | 生产总值(亿元) Gross Domestic Product (100 million yuan) | 生产总值比上年增长(%) Growth Rate of GDP over Preceding Year(%) |
|---|---|---|---|
| **西安市** | **Xi'an** | | |
| 新城区 | Xincheng | 650.64 | 7.7 |
| 碑林区 | Beilin | 965.26 | 8.0 |
| 莲湖区 | Lianhu | 820.73 | 7.1 |
| 灞桥区 | Baqiao | 480.78 | 12.1 |
| 未央区 | Weiyang | 964.83 | 7.3 |
| 雁塔区 | Yanta | 1757.98 | 8.3 |
| 阎良区 | Yanliang | 250.10 | 7.7 |
| 临潼区 | Lintong | 237.52 | 8.2 |
| 长安区 | Chang'an | 909.11 | 8.2 |
| 高陵区 | Gaoling | 378.45 | 8.1 |
| 鄠邑区 | Huyi | 217.26 | 8.0 |
| 蓝田县 | Lantian | 151.67 | 8.0 |
| 周至县 | Zhouzhi | 146.27 | 6.0 |
| **铜川市** | **Tongchuan** | | |
| 王益区 | Wangyi | 87.24 | 6.0 |
| 印台区 | Yintai | 76.75 | 5.7 |
| 耀州区 | Yaozhou | 133.39 | 6.4 |
| 宜君县 | Yijun | 30.56 | 5.9 |
| **宝鸡市** | **Baoji** | | |
| 渭滨区 | Weibin | 546.30 | 9.2 |
| 金台区 | Jintai | 370.65 | 4.7 |
| 陈仓区 | Chencang | 212.84 | 7.3 |
| 凤翔县 | Fengxiang | 216.80 | 9.2 |
| 岐山县 | Qishan | 193.10 | 8.5 |
| 扶风县 | Fufeng | 139.87 | 8.6 |
| 眉 县 | Meixian | 156.98 | 9.0 |
| 陇 县 | Longxian | 97.42 | 9.5 |
| 千阳县 | Qianyang | 59.76 | 9.0 |
| 麟游县 | Linyou | 109.72 | 13.0 |
| 凤 县 | Fengxian | 133.78 | -5.7 |
| 太白县 | Taibai | 27.70 | 10.5 |
| **咸阳市** | **Xianyang** | | |
| 秦都区 | Qindu | 382.82 | 4.7 |
| 渭城区 | Weicheng | 378.72 | 6.4 |
| 三原县 | Sanyuan | 239.76 | 9.1 |
| 泾阳县 | Jingyang | 75.43 | 4.5 |
| 乾 县 | Qianxian | 173.65 | 5.8 |
| 礼泉县 | Liquan | 160.50 | 7.2 |
| 永寿县 | Yongshou | 85.43 | 9.0 |
| 长武县 | Changwu | 100.46 | 4.9 |
| 旬邑县 | Xunyi | 96.58 | 7.4 |
| 淳化县 | Chunhua | 76.08 | 6.0 |
| 武功县 | Wugong | 141.24 | 8.5 |
| 兴平市 | Xingping | 248.33 | 8.5 |
| 彬州市 | binzhou | 217.11 | 9.3 |
| **渭南市** | **Weinan** | | |
| 临渭区 | Linwei | 419.64 | 6.7 |
| 华州区 | Huazhou | 75.61 | 5.8 |
| 潼关县 | Tongguan | 40.35 | 7.6 |
| 大荔县 | Dali | 150.58 | 8.0 |
| 合阳县 | Heyang | 97.18 | 8.5 |
| 澄城县 | Chengcheng | 87.85 | 4.2 |
| 蒲城县 | Pucheng | 190.63 | 7.5 |
| 白水县 | Baishui | 77.50 | 6.4 |
| 富平县 | Fuping | 166.00 | 8.1 |
| 韩城市 | Hancheng | 368.99 | 7.1 |
| 华阴市 | Huayin | 91.16 | 7.7 |

## 3-13 续表 continued

| 地 区 | Region | 生产总值（亿元）Gross Domestic Product (100 million yuan) | 生产总值比上年增长(%) Growth Rate of GDP over Preceding Year(%) |
|---|---|---|---|
| **延安市** | **Yan'an** | | |
| 宝塔区 | Baota | 328.95 | 8.9 |
| 安塞区 | Ansai | 107.22 | 8.3 |
| 延长县 | Yanchang | 54.08 | 8.7 |
| 延川县 | Yanchuan | 114.36 | 9.2 |
| 子长县 | Zichang | 114.58 | 10.0 |
| 志丹县 | Zhidan | 149.99 | 8.0 |
| 吴起县 | Wuqi | 150.67 | 9.1 |
| 甘泉县 | Ganquan | 26.65 | 7.1 |
| 富 县 | Fuxian | 62.68 | 10.0 |
| 洛川县 | Luochuan | 243.99 | 9.0 |
| 宜川县 | Yichuan | 36.26 | 8.0 |
| 黄龙县 | Huanglong | 17.03 | 8.6 |
| 黄陵县 | Huangling | 152.41 | 10.1 |
| **汉中市** | **Hanzhong** | | |
| 汉台区 | Hantai | 322.54 | 10.0 |
| 南郑区 | Nanzheng | 216.86 | 9.7 |
| 城固县 | Chenggu | 260.40 | 10.8 |
| 洋 县 | Yangxian | 140.06 | 8.3 |
| 西乡县 | Xixiang | 110.85 | 8.4 |
| 勉 县 | Mianxian | 147.38 | 9.1 |
| 宁强县 | Ningqiang | 89.05 | 9.5 |
| 略阳县 | Lueyang | 72.35 | 9.2 |
| 镇巴县 | Zhenba | 84.56 | 9.6 |
| 留坝县 | Liuba | 16.92 | 9.0 |
| 佛坪县 | Foping | 10.90 | 6.4 |
| **榆林市** | **Yulin** | | |
| 榆阳区 | Yuyang | 777.28 | 9.5 |
| 横山区 | Hengshan | 189.44 | 11.2 |
| 府谷县 | Fugu | 539.58 | 8.9 |
| 靖边县 | Jingbian | 373.39 | 8.6 |
| 定边县 | Dingbian | 317.28 | 8.0 |
| 绥德县 | Suide | 93.97 | 10.1 |
| 米脂县 | Mizhi | 57.58 | 9.2 |
| 佳 县 | Jiaxian | 54.92 | 9.0 |
| 吴堡县 | Wubu | 23.41 | 2.4 |
| 清涧县 | Qingjian | 60.21 | 8.5 |
| 子洲县 | Zizhou | 63.63 | 9.1 |
| 神木市 | Shenmu | 1298.03 | 8.6 |
| **安康市** | **Ankang** | | |
| 汉滨区 | Hanbin | 342.36 | 8.8 |
| 汉阴县 | Hanyin | 107.67 | 11.1 |
| 石泉县 | Shiquan | 96.19 | 11.8 |
| 宁陕县 | Ningshan | 34.69 | 9.5 |
| 紫阳县 | Ziyang | 103.65 | 10.6 |
| 岚皋县 | Langao | 59.36 | 10.5 |
| 平利县 | Pingli | 99.62 | 11.5 |
| 镇坪县 | Zhenping | 23.03 | 10.5 |
| 旬阳县 | Xunyang | 187.99 | 10.1 |
| 白河县 | Baihe | 79.17 | 11.6 |
| **商洛市** | **Shangluo** | | |
| 商州区 | Shangzhou | 163.29 | 7.8 |
| 洛南县 | Luonan | 140.65 | 7.7 |
| 丹凤县 | Danfeng | 99.05 | 6.7 |
| 商南县 | Shangnan | 87.90 | 7.8 |
| 山阳县 | Shanyang | 147.95 | 8.8 |
| 镇安县 | Zhen'an | 111.20 | 8.0 |
| 柞水县 | Zhashui | 74.56 | 9.0 |
| **杨凌示范区** | **Yangling** | | |
| 杨陵区 | Yangling | 150.46 | 9.1 |

注：本表数据为快报数。
a) Data in this table are from annual statistical reporting forms.

# 主要统计指标解释

**三次产业**　指根据社会生产活动历史发展的顺序对产业结构的划分。目前我国的三次产业划分是：

第一产业是指农、林、牧、渔业（不含农、林、牧、渔服务业）。

第二产业是指采矿业（不含开采辅助活动），制造业（不含金属制品、机械和设备修理业），电力、热力、燃气及水生产和供应业，建筑业。

第三产业即服务业，是指除第一产业、第二产业以外的其他行业。

**国内生产总值(GDP)**　指按市场价格计算的一个国家(或地区)所有常住单位在一定时期内生产活动的最终成果。国内生产总值有三种表现形态，即价值形态、收入形态和产品形态。从价值形态看，它是所有常住单位在一定时期内生产的全部货物和服务价值超过同期投入的全部非固定资产货物和服务价值的差额，即所有常住单位的增加值之和；从收入形态看，它是所有常住单位在一定时期内创造并分配给常住单位和非常住单位的初次收入之和；从产品形态看，它是所有常住单位在一定时期内最终使用的货物和服务价值与货物和服务净出口价值之和。在实际核算中，国内生产总值有三种计算方法，即生产法、收入法和支出法。三种方法分别从不同的方面反映国内生产总值及其构成。

对于一个地区来说，称为地区生产总值或地区 GDP。

**劳动者报酬**　指劳动者因从事生产活动所获得的全部报酬。包括劳动者获得的各种形式的工资、奖金和津贴，既包括货币形式的，也包括实物形式的，还包括劳动者所享受的公费医疗和医药卫生费、上下班交通补贴、单位支付的社会保险费、住房公积金等。

**生产税净额**　指生产税减生产补贴后的余额。生产税指政府对生产单位从事生产、销售和经营活动以及因从事生产活动使用某些生产要素(如固定资产、土地、劳动力)所征收的各种税、附加费和规费。生产补贴与生产税相反，指政府对生产单位的单方面转移支出，因此视为负生产税，包括政策亏损补贴、价格补贴等。

**固定资产折旧**　指一定时期内为弥补固定资产损耗按照规定的固定资产折旧率提取的固定资产折旧，或按国民经济核算统一规定的折旧率虚拟计算的固定资产折旧。它反映了固定资产在当期生产中的转移价值。各类企业和企业化管理的事业单位的固定资产折旧是指实际计提的折旧费；不计提折旧的政府机关、非企业化管理的事业单位和居民住房的固定资产折旧是按照统一规定的折旧率和固定资产原值计算的虚拟折旧。原则上，固定资产折旧应按固定资产当期的重置价值计算，但是目前我国尚不具备对全社会固定资产进行重估价的基础，所以暂时只能采用上述办法。

**营业盈余**　指常住单位创造的增加值扣除劳动者报酬、生产税净额和固定资产折旧后的余额。它相当于企业的营业利润加上生产补贴，但要扣除从利润中开支的工资和福利等。

**支出法国内生产总值**　是从最终使用的角度反映一个国家(或地区)一定时期内生产活动最终成果的一种方法，包括最终消费支出、资本形成总额及货物和服务净出口三部分。计算公式为：

支出法国内生产总值=最终消费支出+资本形成总额+货物和服务净出口

**最终消费支出**　指常住单位为满足物质、文化和精神生活的需要，从本国经济领土和国外购买的货物和服务的支出。它不包括非常住单位在本国经济领土内的消费支出。最终消费支出分为居民消费支出和政府消费支出。

**居民消费支出**　指常住住户在一定时期内对于货物和服务的全部最终消费支出。居民消费支出除了直接以货币形式购买的货物和服务的消费支出外，还包括以其他方式获得的货物和服务的消费支出，即所谓的虚拟消费支出。居民虚拟消费支出包括如下几种类型：单位以实物报酬及实物转移的形式提供给劳动者的货物和服务；住户生产并由本住户消费了的货物和服务，其中的服务仅指住户的自有住房服务和付酬的家庭雇员提供的家庭和个人服务；金融机构提供的金融媒介服务。

**政府消费支出**　指政府部门为全社会提供的公共服务的消费支出和免费或以较低的价格向居民住户提供的货物和服务的净支出，前者等于政府服务的产出价值减去政府单位所获得的经营收入的价值，后者等于政府部门免费或以较低价格向居民住户提供的货物和服务的市场价值减去向住户收取的价值。

**资本形成总额**　指常住单位在一定时期内获得减去处置的固定资产和存货的净额，包括固定资本形成总额和存货增加两部分。

**固定资本形成总额**　指常住单位在一定时期内获得的固定资产减处置的固定资产的价值总额。固定资产是通过生产活动生产出来的，且其使用年限在一年以上、单位价值在规定标准以上的资产，不包括自然资产。可分为有形固定资本形成总额和无形固定资本形成总额。有形固定资本形成总额包括一定时期内完成的建筑工程、安装工程和设备工器具购置(减处置)价值，以及土地改良、新增役、种、奶、毛、娱乐用牲畜和新增经济林木价值。无形固定资本形成总额包括矿藏的勘探、计算机软件等获得减处置。

**存货增加**　指常住单位在一定时期内存货实物量变动的市场价值，即期末价值减期初价值的差额，再扣除当期由于价格变动而产生的持有收益。存货增加可以是正值，也可以是负值，正值表示存货上升，负值表示存货下降。存货包括生产单位购进的原材料、燃料和储备物资等存货，以及生产单位生产的产成品、在制品和半成品等存货。

**货物和服务净出口**　指货物和服务出口减货物和服务进口的差额。出口包括常住单位向非常住单位出售或无偿转让的各种货物和服务的价值；进口包括常住单位从非常住单位购买或无偿得到的各种货物和服务的价值。由于服务活动的提供与使用同时发生，一般把常住单位从非常住单位得到的服务作为进口，非常住单位从常住单位得到的服务作为出口。货物的出口和进口都按离岸价格计算。

# Explanatory Notes on Main Statistical Indicators

**Three Strata of Industry** Classification of economic activities into three strata of industry is a common practice in the world, although the grouping varies to some extent from country to country. In China economic activities are categorized into the following three strata of industry:

Primary industry refers to agriculture, forestry, animal husbandry and fishery(do not include services in support of these industries).

Secondary industry refers to mining and quarrying (do not include support activities for mining), manufacturing (do not include repair service of metal products, machinery and equipment), production and supply of electricity, water and gas, and construction.

Tertiary industry refers to all other economic activities not included in the primary or secondary industries.

**Gross Domestic Product (GDP)** refers to the final products at market prices produced by all resident units in a country (or a region) during a certain period of time. Gross domestic product is expressed in three different perspectives, namely value, income, and products respectively. GDP in its value perspective refers to the total value of all goods and services produced by all resident units during a certain period of time, minus the total value of input of goods and services of the nature of non-fixed assets; in other words, it is the sum of the value-added of all resident units. GDP from the perspective of income includes the primary income created by all resident units and distributed to resident and non-resident units. GDP from the perspective of products refers to the value of all goods and services for final demand by all resident units plus the net exports of goods and services during a given period of time. In the practice of national accounting, gross domestic product is calculated from three approaches, namely production approach, income approach and expenditure approach, which reflect gross domestic product and its composition from different angles.

For a region, it is called as Gross Regional Product(GRP) or regional GDP.

**GDP by Expenditure Approach** refers to the method of measuring the final results of production activities of a country (region) during a given period from the perspective of final uses. It includes final consumption expenditure, gross capital formation and net export of goods and services. The formula for computation is.:

GDP by expenditure approach = final consumption expenditure + gross capital formation + net export of goods and services

**Final Consumption Expenditure** refers to the total expenditure of resident units for purchases of goods and services from both the domestic economic territory and abroad to meet the needs of material, cultural and spiritual life. It does not include the expenditure of non-resident units on consumption in the economic territory of the country. The final consumption expenditure is broken down into household consumption expenditure and government consumption expenditure.

**Household Consumption Expenditure** refers to the total expenditure of resident households on the final consumption of goods and services. In addition to the consumption of goods and services bought by the households directly with money, the household consumption expenditure also includes expenditure on goods and services obtained by the households in other ways, i.e. the so-called imputed consumption expenditure, which includes the following: (a) the goods and services provided to households by employers in the form of payment in kind and transfer in kind; (b) goods and services produced and consumed by the households themselves, in which the services refer to the owner-occupied housing and services offered by payed family employees; (c) financial intermediate services provided by financial institution.

**Government Consumption Expenditure** refers to the consumption expenditure spent for the provision of public services provided by the government to the whole country and the net expenditure on the goods and services provided by the government to households free of charge or at reduced prices. The former equals to the output value of the government services minus the value of operating income obtained by the government departments. The latter equals to the market value of the goods and services provided by the government free of charge or at reduced prices to the households minus the value received by the government from the households.

**Gross Capital Formation** refers to the fixed assets acquired less disposals and the net value of inventory, thus including gross fixed capital formation and changes in inventories.

**Gross Fixed Capital Formation** refers to the value of acquisitions less those disposals of fixed assets during a given period. Fixed assets are the assets produced through production activities with unit value above a specified amount and which could be used for over one year. Natural assets are not included. Gross fixed capital formation can be categorized into total tangible fixed capital formation and total intangible fixed capital formation. Total tangible fixed capital formation includes the value of the construction projects and installation projects completed and the equipment, apparatus and instruments purchased (less those disposed) as well as the value of land improved, the value of draught animals, breeding stock and animals for milk, for wool and for recreational purposes and the newly increased forest with economic value. Total intangible fixed capital formation includes the prospecting of minerals and the acquisition of computer software minus the disposal of them.

**Changes in Inventories** refers to the market value of the change in the physical volume of inventory of resident units during a given period, i.e. the difference between the values at the beginning and at the end of the period minus the gains due to the change in prices. The changes in inventories can have a positive or a negative value. A positive value indicates an increase in inventory while a negative value indicates a decrease in inventory. The inventory includes raw materials, fuels and reserve materials purchased by the production units as well as the inventory of finished products, semi-finished products and work-in-progress.

**Net Export of Goods and Services** refers to the exports of goods and services subtracting the imports of goods and services. Exports include the value of various goods and services sold or gratuitously transferred by resident units to non-resident units. Imports include the value of various goods and services purchased or gratuitously acquired resident units from non-resident units. Because the provision of services and the use of them happen simultaneously, the acquisition of services by resident units from abroad is usually treated as import while the acquisition of services by non-resident units in this country is usually treated as export. The exports and imports of goods are calculated at FOB.

# 四、人 口

Population

资料整理：李 艳

# 简 要 说 明

一、本篇资料反映陕西人口发展变化基本情况，主要内容和数据来源：

1．年末常住人口、性别比例、年龄比例、城镇人口比例以及人口出生率、人口死亡率和人口自然增长率等，数据根据人口普查、1%人口抽样调查或年度人口变动情况抽样调查推算所得，2001−2009年年末常住人口根据2010年第六次全国人口普查数据进行了调整。

2．户籍人口资料数据来源于省公安厅人口统计年报。

二、人口统计调查方法

目前人口统计调查有：在逢“0”的年份进行全国人口普查； 在逢“5”的年份进行全国1%人口抽样调查；其余年份进行人口变动情况抽样调查。

# Brief Introduction

Ⅰ. This chapter reflects the basic conditions of development and changes of population in Shaanxi, including mainly:

1. Permanent population at the year-end, proportion of population by sex, proportion of population by age, proportion of urban population, birth rate, death rate and natural growth rate of population. The data are estimated by Shaanxi Provincial Bureau of Statistics on the basis of population censuses, the one percent sample survey on population, or annual sample surveys on population changes. Permanent Population at the Year-end from 2001 to 2009 have been adjusted in accordance with the flash sums of the 6th National Population Census in 2010.

2. The total population with residence registration are obtained from the annual reports of population of Shaanxi Provincial Department of Public Security.

Ⅱ. Sampling Methodology

The statistical surveys on population are as follows:

The national population census is conducted in the year ending with 0; the national 1 percent population sample survey is conducted in the year ending with 5; sample surveys on population changes are conducted in the rest of the years.

# 4.人 口

| | | | |
|---|---|---|---|
| 2018 年全省 | | | |
| 年底总人口 | 3864 | 万人 | 比上年增长 0.8% |
| # 城镇人口 | 2246 | 万人 | 占总人口比重为 58.13% |
| 人口自然增长率 | 4.43 | ‰ | 比上年下降 0.44个千分点 |
| 男女性别比（以女性为100） | 106.65 | | |
| 人口密度 | 188 | 人/平方公里 | |

## 人口年龄构成

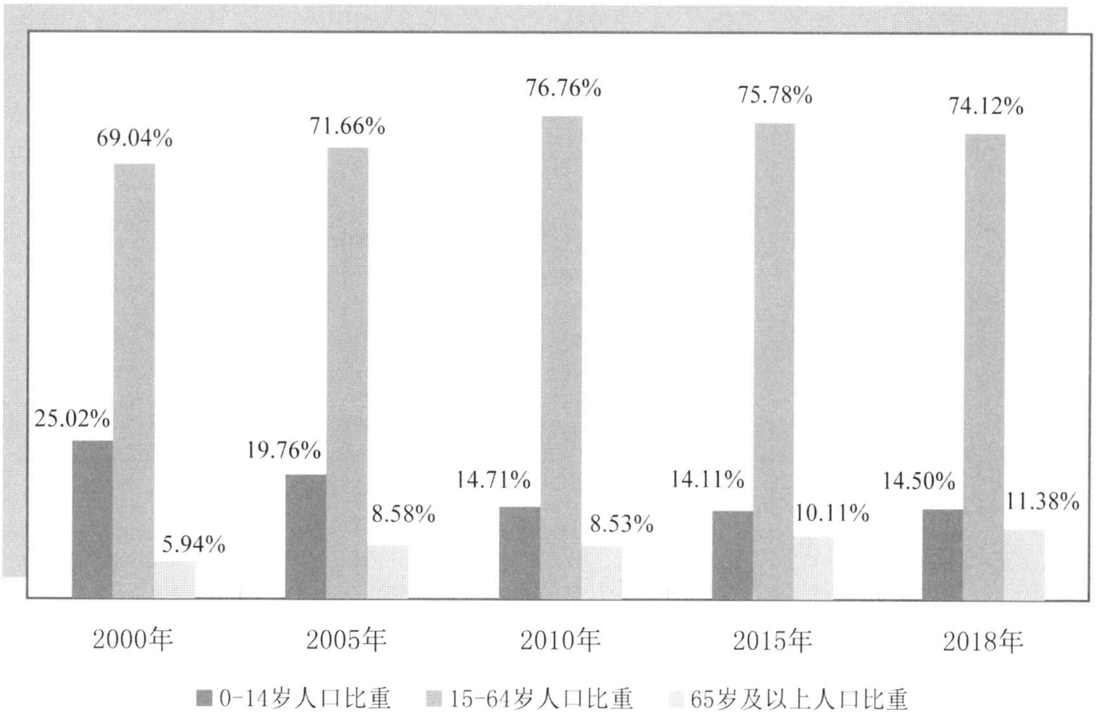

# 4－1 人口数和构成

## Population and Its Composition

单位：万人 (10 000 persons)

| 年 份 Year | 年底总人口 Total Population at Year-end | 按性别分 By Sex | | | | 按城乡分 By Residence | | | |
|---|---|---|---|---|---|---|---|---|---|
| | | 男 Male | | 女 Female | | 城 镇 Urban | | 乡 村 Rural | |
| | | 人口数 Population | 比重(%) Proportion | 人口数 Female | 比重(%) Proportion | 人口数 Female | 比重(%) Proportion | 人口数 Female | 比重(%) Proportion |
| 1978 | 2779 | 1444 | 51.96 | 1335 | 48.04 | 454 | | 2325 | |
| 1979 | 2807 | 1456 | 51.87 | 1351 | 48.13 | 469 | | 2339 | |
| 1980 | 2831 | 1468 | 51.85 | 1363 | 48.15 | 522 | | 2309 | |
| 1981 | 2865 | 1486 | 51.87 | 1379 | 48.13 | 535 | | 2329 | |
| 1982 | 2904 | 1507 | 51.89 | 1397 | 48.11 | 548 | | 2356 | |
| 1983 | 2931 | 1525 | 52.03 | 1406 | 47.97 | 577 | | 2354 | |
| 1984 | 2966 | 1546 | 52.12 | 1420 | 47.88 | 1111 | | 1865 | |
| 1985 | 3002 | 1566 | 52.17 | 1436 | 47.83 | 1167 | | 1834 | |
| 1986 | 3042 | 1588 | 52.20 | 1454 | 47.80 | 1203 | | 1839 | |
| 1987 | 3088 | 1613 | 52.23 | 1476 | 47.80 | 1244 | | 1844 | |
| 1988 | 3140 | 1640 | 52.23 | 1500 | 47.77 | 1405 | | 1735 | |
| 1989 | 3198 | 1671 | 52.25 | 1527 | 47.75 | 1438 | | 1759 | |
| 1990 | 3316 | 1727 | 52.08 | 1589 | 47.92 | 1501 | | 1815 | |
| 1991 | 3363 | 1754 | 52.16 | 1609 | 47.84 | 1539 | | 1824 | |
| 1992 | 3405 | 1777 | 52.19 | 1628 | 47.81 | 1576 | | 1829 | |
| 1993 | 3443 | 1799 | 52.25 | 1644 | 47.75 | 1654 | | 1789 | |
| 1994 | 3481 | 1819 | 52.26 | 1662 | 47.74 | 1668 | | 1813 | |
| 1995 | 3513 | 1836 | 52.26 | 1677 | 47.74 | 1738 | | 1775 | |
| 1996 | 3543 | 1842 | 51.99 | 1701 | 48.01 | 1939 | | 1604 | |
| 1997 | 3570 | 1866 | 52.27 | 1704 | 47.73 | 2279 | | 1291 | |
| 1998 | 3596 | 1879 | 52.25 | 1717 | 47.75 | 2547 | | 1049 | |
| 1999 | 3618 | 1892 | 52.29 | 1726 | 47.71 | 2593 | | 1025 | |
| 2000 | 3644 | 1896 | 52.03 | 1748 | 47.97 | 1176 | 32.27 | 2468 | 67.73 |
| 2001 | 3653 | 1879 | 51.44 | 1774 | 48.56 | 1228 | 33.62 | 2425 | 66.38 |
| 2002 | 3662 | 1882 | 51.39 | 1780 | 48.61 | 1268 | 34.63 | 2394 | 65.37 |
| 2003 | 3672 | 1883 | 51.28 | 1789 | 48.72 | 1305 | 35.54 | 2367 | 64.46 |
| 2004 | 3681 | 1893 | 51.43 | 1788 | 48.57 | 1338 | 36.35 | 2343 | 63.65 |
| 2005 | 3690 | 1899 | 51.46 | 1791 | 48.54 | 1374 | 37.24 | 2316 | 62.76 |
| 2006 | 3699 | 1902 | 51.42 | 1797 | 48.58 | 1447 | 39.12 | 2252 | 60.88 |
| 2007 | 3708 | 1906 | 51.40 | 1802 | 48.60 | 1506 | 40.62 | 2202 | 59.38 |
| 2008 | 3718 | 1911 | 51.40 | 1807 | 48.60 | 1565 | 42.10 | 2153 | 57.90 |
| 2009 | 3727 | 1916 | 51.41 | 1811 | 48.59 | 1621 | 43.50 | 2106 | 56.50 |
| 2010 | 3735 | 1930 | 51.67 | 1805 | 48.33 | 1707 | 45.70 | 2028 | 54.30 |
| 2011 | 3743 | 1931 | 51.58 | 1812 | 48.42 | 1770 | 47.30 | 1973 | 52.70 |
| 2012 | 3753 | 1938 | 51.65 | 1815 | 48.35 | 1877 | 50.02 | 1876 | 49.98 |
| 2013 | 3764 | 1944 | 51.64 | 1820 | 48.36 | 1931 | 51.31 | 1833 | 48.69 |
| 2014 | 3775 | 1949 | 51.62 | 1826 | 48.38 | 1985 | 52.57 | 1790 | 47.43 |
| 2015 | 3793 | 1958 | 51.63 | 1835 | 48.37 | 2045 | 53.92 | 1748 | 46.08 |
| 2016 | 3813 | 1969 | 51.65 | 1844 | 48.35 | 2110 | 55.34 | 1703 | 44.66 |
| 2017 | 3835 | 1980 | 51.63 | 1855 | 48.37 | 2178 | 56.79 | 1657 | 43.21 |
| 2018 | 3864 | 1994 | 51.60 | 1870 | 48.40 | 2246 | 58.13 | 1618 | 41.87 |

注：1.1990年以前为公安年报数，1990年及以后为人口普查及人口变动情况抽样调查推算的常住人口数。
2.2001—2009年人口数根据2010年人口普查进行了修正。
3.城乡人口，2000年以前按乡(镇、街办)级行政区域统计，2000年及以后是以《国家统计局统计上划分城乡的规定》为标准的人口普查和人口变动抽样调查推算数。

a) Data before 1990 were taken from the statistics of household registration.Since 1990, data have been estimated on the basis of the national population census or usual residents of the annual national sample surveys on population changes.

b) Data of population from 2001 to 2009 were adjusted according to the national population census in 2010.

c) Data by residence before 2000 were from the divisions of administrative areas. Since 2000, data have been estimated on the national population census and the basis of the annual national sample surveys on population changes,which regard "The provisions on the division of urban and rural areas" as standard.

# 4-2　人口自然变动情况
# Population Natural Changes

| 年　份<br>Year | 出生人口<br>（万人）<br>Births<br>(10 000 persons) | 死亡人口<br>（万人）<br>Deaths<br>(10 000 persons) | 出生率<br>(‰)<br>Birth Rate<br>(‰) | 死亡率<br>(‰)<br>Death Rate<br>(‰) | 自然增长率<br>(‰)<br>Natural Growth Rate<br>(‰) |
|---|---|---|---|---|---|
| 1953 | 53.4 | 18.0 | 34.00 | | |
| 1964 | 83.1 | 33.3 | 40.00 | 16.00 | 24.00 |
| 1982 | 54.9 | 19.3 | 19.02 | 6.70 | 12.30 |
| 1990 | 77.2 | 21.4 | 23.48 | 6.52 | 16.96 |
| 1991 | 66.2 | 21.7 | 19.82 | 6.51 | 13.31 |
| 1992 | 63.8 | 22.2 | 18.85 | 6.57 | 12.28 |
| 1993 | 60.4 | 22.4 | 17.63 | 6.55 | 11.08 |
| 1994 | 60.9 | 22.9 | 17.59 | 6.60 | 10.99 |
| 1995 | 55.7 | 23.0 | 15.93 | 6.57 | 9.36 |
| 1996 | 52.9 | 23.0 | 14.99 | 6.51 | 8.48 |
| 1997 | 49.5 | 22.4 | 13.91 | 6.29 | 7.62 |
| 1998 | 48.6 | 23.0 | 13.56 | 6.43 | 7.13 |
| 1999 | 45.1 | 23.0 | 12.51 | 6.38 | 6.13 |
| 2000 | 45.4 | 23.1 | 12.50 | 6.36 | 6.14 |
| 2001 | 38.4 | 23.2 | 10.50 | 6.34 | 4.16 |
| 2002 | 38.4 | 23.3 | 10.48 | 6.36 | 4.12 |
| 2003 | 39.2 | 23.4 | 10.67 | 6.38 | 4.29 |
| 2004 | 39.0 | 23.3 | 10.59 | 6.33 | 4.26 |
| 2005 | 37.0 | 22.2 | 10.02 | 6.01 | 4.01 |
| 2006 | 37.7 | 22.8 | 10.19 | 6.15 | 4.04 |
| 2007 | 37.9 | 22.8 | 10.21 | 6.16 | 4.05 |
| 2008 | 38.3 | 23.1 | 10.29 | 6.21 | 4.08 |
| 2009 | 38.2 | 23.3 | 10.24 | 6.24 | 4.00 |
| 2010 | 36.3 | 22.4 | 9.73 | 6.01 | 3.72 |
| 2011 | 36.5 | 22.7 | 9.75 | 6.06 | 3.69 |
| 2012 | 38.0 | 23.4 | 10.12 | 6.24 | 3.88 |
| 2013 | 37.6 | 23.1 | 10.01 | 6.15 | 3.86 |
| 2014 | 38.2 | 23.6 | 10.13 | 6.26 | 3.87 |
| 2015 | 38.2 | 23.8 | 10.10 | 6.28 | 3.82 |
| 2016 | 40.5 | 23.7 | 10.64 | 6.23 | 4.41 |
| 2017 | 42.5 | 23.9 | 11.11 | 6.24 | 4.87 |
| 2018 | 41.1 | 24.0 | 10.67 | 6.24 | 4.43 |

注：1.本表为人口普查、人口变动情况抽样调查数。
　　2.2001—2009年数据根据2010年人口普查进行了修正。

a) Data in this table are obtained from the national population census and the annual national sample surveys on population changes.

b) Data of population from 2001 to 2009 were adjusted according to the national population census in 2010.

# 4–3 人口年龄结构和抚养比
# Age Composition and Dependency Ration of Population

单位：% (%)

| 年 份 Year | 各年龄段人口比重 Percentage to Tatal Population By Age | | | 总抚养比 Gross Dependency Ratio | 少儿抚养比 Children Dependency Ratio | 老年抚养比 Old Dependency Ratio |
|---|---|---|---|---|---|---|
| | 0–14岁 Aged 0-14 | 15–64岁 Aged 15-64 | 65岁及以上 Aged 65 and Over | | | |
| 1953 | 36.71 | 59.25 | 4.04 | 68.78 | 61.96 | 6.82 |
| 1964 | 41.26 | 55.23 | 3.51 | 81.06 | 74.71 | 6.35 |
| 1982 | 33.06 | 62.40 | 4.57 | 60.30 | 52.98 | 7.32 |
| 1990 | 28.88 | 65.98 | 5.15 | 51.57 | 43.77 | 7.80 |
| 1991 | 30.21 | 64.07 | 5.72 | 56.08 | 47.15 | 8.93 |
| 1992 | 30.15 | 64.19 | 5.66 | 55.78 | 46.96 | 8.82 |
| 1993 | 29.30 | 65.09 | 5.61 | 53.64 | 45.02 | 8.62 |
| 1994 | 28.31 | 66.43 | 5.26 | 50.53 | 42.62 | 7.91 |
| 1995 | 28.88 | 65.40 | 5.72 | 52.90 | 44.16 | 8.74 |
| 1996 | 28.90 | 65.11 | 6.00 | 53.59 | 44.38 | 9.21 |
| 1997 | 27.63 | 66.52 | 5.85 | 50.33 | 41.54 | 8.79 |
| 1998 | 27.15 | 66.15 | 6.70 | 51.16 | 41.04 | 10.12 |
| 1999 | 26.28 | 66.58 | 7.14 | 50.21 | 39.48 | 10.73 |
| 2000 | 25.02 | 69.04 | 5.94 | 44.84 | 36.24 | 8.60 |
| 2001 | 24.49 | 68.78 | 6.73 | 45.39 | 35.61 | 9.78 |
| 2002 | 22.35 | 69.64 | 8.01 | 43.60 | 32.09 | 11.51 |
| 2003 | 20.90 | 71.35 | 7.75 | 40.15 | 29.29 | 10.86 |
| 2004 | 19.81 | 72.54 | 7.65 | 37.86 | 27.31 | 10.55 |
| 2005 | 19.76 | 71.66 | 8.58 | 39.55 | 27.57 | 11.97 |
| 2006 | 18.70 | 72.70 | 8.60 | 37.55 | 25.72 | 11.83 |
| 2007 | 18.13 | 72.91 | 8.96 | 37.16 | 24.87 | 12.29 |
| 2008 | 17.75 | 73.28 | 8.97 | 36.46 | 24.22 | 12.24 |
| 2009 | 17.05 | 73.84 | 9.11 | 35.43 | 23.09 | 12.34 |
| 2010 | 14.71 | 76.76 | 8.53 | 30.27 | 19.16 | 11.11 |
| 2011 | 14.55 | 76.74 | 8.71 | 30.31 | 18.96 | 11.35 |
| 2012 | 14.42 | 76.61 | 8.97 | 30.53 | 18.82 | 11.71 |
| 2013 | 14.30 | 76.27 | 9.43 | 31.11 | 18.75 | 12.36 |
| 2014 | 14.10 | 75.93 | 9.97 | 31.70 | 18.57 | 13.13 |
| 2015 | 14.11 | 75.78 | 10.11 | 31.96 | 18.62 | 13.34 |
| 2016 | 14.13 | 75.51 | 10.36 | 32.43 | 18.71 | 13.72 |
| 2017 | 14.34 | 74.86 | 10.80 | 33.58 | 19.16 | 14.43 |
| 2018 | 14.50 | 74.12 | 11.38 | 34.92 | 19.56 | 15.35 |

注：本表为人口普查、人口变动情况抽样调查数。抚养比指0–14岁、65岁及以上人口占15–64岁人口的比重。

a) Data in this table are obtained from the national population census and the annual national sample surveys on population changes.Dependency ratio refers to the population aged 0-14,65 and over as percentage of the population aged 15-64.

# 4-4 60岁及以上人口和比重
# Population and Percentage of People Aged 60 and Over

| 年 份<br>Year | 60岁及以上人口 Population Aged 60 and Over | | 65岁及以上人口 Population Aged 65 and Over | |
|---|---|---|---|---|
| | 人口数(万人) Population (10 000 persons) | 占总人口比重(%) Percentage to Tatal Population(%) | 人口数(万人) Population (10 000 persons) | 占总人口比重(%) Percentage to Tatal Population(%) |
| 1953 | 101.50 | 6.74 | 60.74 | 4.04 |
| 1964 | 125.21 | 6.03 | 72.88 | 3.51 |
| 1982 | 215.17 | 7.44 | 131.99 | 4.57 |
| 1990 | 251.50 | 7.65 | 169.40 | 5.15 |
| 2000 | 341.23 | 9.47 | 216.45 | 5.94 |
| 2010 | 479.66 | 12.85 | 318.41 | 8.53 |
| 2011 | 495.78 | 13.25 | 325.98 | 8.71 |
| 2012 | 520.10 | 13.86 | 336.65 | 8.97 |
| 2013 | 551.39 | 14.65 | 354.92 | 9.43 |
| 2014 | 584.28 | 15.48 | 376.38 | 9.97 |
| 2015 | 601.10 | 15.85 | 383.46 | 10.11 |
| 2016 | 619.17 | 16.24 | 394.99 | 10.36 |
| 2017 | 644.85 | 16.81 | 414.23 | 10.80 |
| 2018 | 674.77 | 17.46 | 439.72 | 11.38 |

注：本表为人口普查、人口变动情况抽样调查数。
a) Data in this table are obtained from the national population census and the annual national sample surveys on population changes.

# 4-5 各市(区)常住人口和自然增长率
# Usual Residents and Natural Growth Rate by City(District)

| 地 区 | Region | 2017 | | | | 2018 | | | |
|---|---|---|---|---|---|---|---|---|---|
| | | 常住人口(万人) Usual Residents (10 000 persons) | 出生率(‰) Birth Rate (‰) | 死亡率(‰) Death Rate (‰) | 自然增长率(‰) Natural Growth (‰) | 常住人口(万人) Usual Residents (10 000 persons) | 出生率(‰) Birth Rate (‰) | 死亡率(‰) Death Rate (‰) | 自然增长率(‰) Natural Growth (‰) |
| **全 省** | **Shaanxi** | **3835.44** | **11.11** | **6.24** | **4.87** | **3864.40** | **10.67** | **6.24** | **4.43** |
| 西 安 市 | Xi'an | 961.67 | 12.62 | 5.42 | 7.20 | 1000.37 | 12.47 | 5.48 | 6.99 |
| 铜 川 市 | Tongchuan | 83.34 | 9.56 | 5.85 | 3.71 | 80.37 | 9.03 | 5.86 | 3.17 |
| 宝 鸡 市 | Baoji | 378.10 | 9.91 | 6.07 | 3.84 | 377.10 | 9.61 | 6.13 | 3.48 |
| 咸 阳 市 | Xianyang | 437.60 | 10.45 | 5.75 | 4.70 | 436.61 | 10.05 | 5.79 | 4.26 |
| 渭 南 市 | Weinan | 538.29 | 10.59 | 6.56 | 4.03 | 532.77 | 10.12 | 6.59 | 3.53 |
| 延 安 市 | Yan'an | 226.31 | 10.78 | 6.20 | 4.58 | 225.94 | 10.50 | 6.20 | 4.30 |
| 汉 中 市 | Hanzhong | 344.93 | 10.30 | 7.50 | 2.80 | 343.61 | 9.50 | 7.25 | 2.25 |
| 榆 林 市 | Yulin | 340.33 | 12.15 | 6.48 | 5.67 | 341.78 | 11.23 | 6.45 | 4.78 |
| 安 康 市 | Ankang | 266.10 | 10.10 | 7.18 | 2.92 | 266.89 | 9.62 | 7.19 | 2.43 |
| 商 洛 市 | Shangluo | 238.13 | 11.13 | 7.11 | 4.02 | 238.02 | 10.23 | 7.14 | 3.09 |
| 杨凌示范区 | Yangling | 20.64 | 9.88 | 3.95 | 5.93 | 20.93 | 9.58 | 3.90 | 5.68 |

注：本表根据人口变动抽样调查数据结果评估推算。
a) Data in the table are estimated from the 6th national population census.

# 4-6 各市、县(市、区)常住人口
# Usual Residents by City and County (City and District)

单位：万人 (10 000 persons)

| 地 区 | Region | 2017 | 2018 | 地 区 | Region | 2017 | 2018 |
|---|---|---|---|---|---|---|---|
| **全 省** | **Shaanxi** | **3835.44** | **3864.40** | 陇 县 | Longxian | 25.29 | 25.25 |
| **西安市** | **Xi'an** | **961.67** | **1000.37** | 千阳县 | Qianyang | 12.59 | 12.57 |
| 新城区 | Xincheng | 62.06 | 64.13 | 麟游县 | Linyou | 9.23 | 9.21 |
| 碑林区 | Beilin | 65.18 | 67.97 | 凤 县 | Fengxian | 10.75 | 10.73 |
| 莲湖区 | Lianhu | 73.67 | 76.86 | 太白县 | Taibai | 5.20 | 5.18 |
| 灞桥区 | Baqiao | 64.06 | 67.73 | **咸阳市** | **Xianyang** | **437.60** | **436.61** |
| 未央区 | Weiyang | 70.17 | 77.74 | 秦都区 | Qindu | 35.30 | 35.12 |
| 雁塔区 | Yanta | 125.49 | 134.32 | 渭城区 | Weicheng | 21.60 | 21.29 |
| 阎良区 | Yanliang | 29.47 | 30.12 | 三原县 | Sanyuan | 41.23 | 41.17 |
| 临潼区 | Lintong | 68.99 | 69.69 | 泾阳县 | Jingyang | 31.66 | 31.48 |
| 长安区 | Chang'an | 100.97 | 104.28 | 乾 县 | Qianxian | 53.66 | 53.61 |
| 高陵区 | Gaoling | 35.70 | 36.26 | 礼泉县 | Liquan | 45.68 | 45.58 |
| 鄠邑区 | Huyi | 54.93 | 55.86 | 永寿县 | Yongshou | 18.85 | 18.93 |
| 蓝田县 | Lantian | 53.26 | 53.68 | 长武县 | Changwu | 17.16 | 17.24 |
| 周至县 | Zhouzhi | 58.94 | 59.41 | 旬邑县 | Xunyi | 26.71 | 26.79 |
| 西咸新区 | Xixian | 98.78 | 102.32 | 淳化县 | Chunhua | 19.70 | 19.78 |
| **铜川市** | **Tongchuan** | **83.34** | **80.37** | 武功县 | Wugong | 42.09 | 41.74 |
| 王益区 | Wangyi | 19.54 | 17.45 | 兴平市 | Xingping | 50.97 | 50.61 |
| 印台区 | Yintai | 20.95 | 18.95 | 彬州市 | Binzhou | 32.99 | 33.27 |
| 耀州区 | Yaozhou | 23.75 | 23.61 | **渭南市** | **Weinan** | **538.29** | **532.77** |
| 新 区 | Xinqu | 9.89 | 11.35 | 临渭区 | Linwei | 90.01 | 91.21 |
| 宜君县 | Yijun | 9.21 | 9.01 | 华州区 | Huazhou | 32.80 | 31.81 |
| **宝鸡市** | **Baoji** | **378.10** | **377.10** | 潼关县 | Tongguan | 15.94 | 15.42 |
| 渭滨区 | Weibin | 45.61 | 45.53 | 大荔县 | Dali | 70.44 | 69.63 |
| 金台区 | Jintai | 40.13 | 39.98 | 合阳县 | Heyang | 44.41 | 44.32 |
| 陈仓区 | Chencang | 60.50 | 60.39 | 澄城县 | Chengcheng | 39.32 | 37.91 |
| 凤翔县 | Fengxiang | 49.21 | 48.98 | 蒲城县 | Pucheng | 75.20 | 74.36 |
| 岐山县 | Qishan | 46.72 | 46.60 | 白水县 | Baishui | 28.40 | 27.96 |
| 扶风县 | Fufeng | 42.37 | 42.26 | 富平县 | Fuping | 75.37 | 75.03 |
| 眉 县 | Meixian | 30.50 | 30.43 | 韩城市 | Hancheng | 40.06 | 39.94 |

4-6 续表 continued

单位：万人 (10 000 persons)

| 地 区 | Region | 2017 | 2018 | 地 区 | Region | 2017 | 2018 |
|---|---|---|---|---|---|---|---|
| 华阴市 | Huayin | 26.34 | 25.18 | 府谷县 | Fugu | 26.89 | 27.15 |
| **延安市** | **Yan'an** | **226.31** | **225.94** | 靖边县 | Jingbian | 37.73 | 38.20 |
| 宝塔区 | Baota | 49.18 | 49.08 | 定边县 | Dingbian | 33.37 | 33.94 |
| 安塞区 | Ansai | 17.79 | 17.78 | 绥德县 | Suide | 28.64 | 28.75 |
| 延长县 | Yanchang | 12.86 | 12.85 | 米脂县 | Mizhi | 15.58 | 14.54 |
| 延川县 | Yanchuan | 17.18 | 17.15 | 佳 县 | Jiaxian | 17.83 | 15.55 |
| 子长县 | Zichang | 22.10 | 22.07 | 吴堡县 | Wubu | 6.45 | 6.46 |
| 志丹县 | Zhidan | 14.71 | 14.69 | 清涧县 | Qingjian | 12.40 | 12.47 |
| 吴起县 | Wuqi | 15.21 | 15.20 | 子洲县 | Zizhou | 16.87 | 16.39 |
| 甘泉县 | Ganquan | 7.97 | 7.95 | 神木市 | Shenmu | 47.12 | 48.50 |
| 富 县 | Fuxian | 15.76 | 15.74 | **安康市** | **Ankang** | **266.10** | **266.89** |
| 洛川县 | Luochuan | 23.06 | 23.01 | 汉滨区 | Hanbin | 88.04 | 88.38 |
| 宜川县 | Yichuan | 12.24 | 12.23 | 汉阴县 | Hanyin | 24.90 | 24.97 |
| 黄龙县 | Huanglong | 5.02 | 5.00 | 石泉县 | Shiquan | 17.32 | 17.38 |
| 黄陵县 | Huangling | 13.23 | 13.19 | 宁陕县 | Ningshan | 7.13 | 7.03 |
| **汉中市** | **Hanzhong** | **344.93** | **343.61** | 紫阳县 | Ziyang | 28.72 | 28.67 |
| 汉台区 | Hantai | 54.08 | 54.02 | 岚皋县 | Langao | 15.60 | 15.65 |
| 南郑区 | Nanzheng | 47.77 | 47.72 | 平利县 | Pingli | 19.53 | 19.59 |
| 城固县 | Chenggu | 47.24 | 47.19 | 镇坪县 | Zhenping | 5.16 | 5.18 |
| 洋 县 | Yangxian | 38.74 | 38.70 | 旬阳县 | Xunyang | 43.17 | 43.47 |
| 西乡县 | Xixiang | 34.50 | 34.46 | 白河县 | Baihe | 16.53 | 16.58 |
| 勉 县 | Mianxian | 39.40 | 38.41 | **商洛市** | **Shangluo** | **238.13** | **238.02** |
| 宁强县 | Ningqiang | 30.91 | 30.88 | 商州区 | Shangzhou | 54.08 | 54.05 |
| 略阳县 | Lueyang | 20.03 | 20.00 | 洛南县 | Luonan | 44.96 | 44.94 |
| 镇巴县 | Zhenba | 24.89 | 24.87 | 丹凤县 | Danfeng | 29.97 | 29.96 |
| 留坝县 | Liuba | 4.35 | 4.34 | 商南县 | Shangnan | 22.55 | 22.54 |
| 佛坪县 | Foping | 3.02 | 3.02 | 山阳县 | Shanyang | 42.83 | 42.81 |
| **榆林市** | **Yulin** | **340.33** | **341.78** | 镇安县 | Zhen'an | 28.01 | 28.00 |
| 榆阳区 | Yuyang | 66.20 | 68.48 | 柞水县 | Zhashui | 15.72 | 15.71 |
| 横山区 | Hengshan | 31.25 | 31.35 | **杨凌示范区** | **Yangling** | **20.64** | **20.93** |

注：本表各市、县(市、区)数据根据人口变动抽样调查结果评估推算。

a) Data of City and County (City and District) in the table are estimated from the annual national sample surveys on population changes.

# 4-7 各市、县(市、区)总户数和户籍人口数(2018年)
# Total Households and Population by City and County (City and District)(2018)

| 地区 | Region | 总户数 (户) Total Households (household) | 户籍总人口 (人) Total Population (person) | 男 Male | 女 Female |
|---|---|---|---|---|---|
| **全省** | **Shaanxi** | **13181847** | **40229159** | **20718982** | **19510177** |
| **西安市** | **Xi'an** | **2904135** | **9228242** | **4615145** | **4613097** |
| 新城区 | Xincheng | 180701 | 528293 | 262641 | 265652 |
| 碑林区 | Beilin | 227400 | 717497 | 356760 | 360737 |
| 莲湖区 | Lianhu | 259257 | 731797 | 361103 | 370694 |
| 灞桥区 | Baqiao | 205185 | 625453 | 305853 | 319600 |
| 未央区 | Weiyang | 289845 | 893870 | 435978 | 457892 |
| 雁塔区 | Yanta | 378065 | 1183757 | 581137 | 602620 |
| 阎良区 | Yanliang | 84820 | 271345 | 135903 | 135442 |
| 临潼区 | Lintong | 223080 | 725161 | 366485 | 358676 |
| 长安区 | Chang'an | 380561 | 1220880 | 606574 | 614306 |
| 高陵区 | Gaoling | 112668 | 357738 | 177084 | 180654 |
| 鄠邑区 | Huxian | 185191 | 625485 | 321039 | 304446 |
| 蓝田县 | Lantian | 194102 | 655284 | 340151 | 315133 |
| 周至县 | Zhouzhi | 183260 | 691682 | 364437 | 327245 |
| **铜川市** | **Tongchuan** | **275980** | **797953** | **412450** | **385503** |
| 王益区 | Wangyi | 66673 | 175225 | 89098 | 86127 |
| 印台区 | Yintai | 67448 | 189356 | 99083 | 90273 |
| 耀州区 | Yaozhou | 110483 | 343243 | 176237 | 167006 |
| 宜君县 | Yijun | 31376 | 90129 | 48032 | 42097 |
| **宝鸡市** | **Baoji** | **1147364** | **3781363** | **1954085** | **1827278** |
| 渭滨区 | Weibin | 148407 | 424043 | 212406 | 211637 |
| 金台区 | Jintai | 128812 | 366850 | 183914 | 182936 |
| 陈仓区 | Chencang | 165867 | 601130 | 312780 | 288350 |
| 凤翔县 | Fengxiang | 155727 | 521675 | 269436 | 252239 |
| 岐山县 | Qishan | 137469 | 464389 | 240210 | 224179 |
| 扶风县 | Fufeng | 119561 | 443071 | 232675 | 210396 |
| 眉　县 | Meixian | 93291 | 326177 | 169302 | 156875 |
| 陇　县 | Longxian | 80435 | 272437 | 143129 | 129308 |
| 千阳县 | Qianyang | 41810 | 133737 | 70165 | 63572 |
| 麟游县 | Linyou | 27031 | 86081 | 45666 | 40415 |
| 凤　县 | Fengxian | 32075 | 93328 | 48708 | 44620 |
| 太白县 | Taibai | 16879 | 48445 | 25694 | 22751 |
| **咸阳市** | **Xianyang** | **1561467** | **5235610** | **2703403** | **2532207** |
| 秦都区 | Qindu | 174016 | 529221 | 264370 | 264851 |
| 渭城区 | Weicheng | 127415 | 418468 | 208686 | 209782 |
| 三原县 | Sanyuan | 132914 | 408165 | 206584 | 201581 |
| 泾阳县 | Jingyang | 148474 | 530435 | 267916 | 262519 |
| 乾　县 | Qianxian | 167801 | 589935 | 310863 | 279072 |
| 礼泉县 | Liquan | 146566 | 475520 | 248872 | 226648 |

注：本表为公安部门统计数。
a) Data in this table are obtained from the annual reports of the bureau of public security.

4-7　续表 1　continued

| 地　区 | Region | 总户数 (户) Total Households (household) | 户籍总人口 (人) Total Population (person) | 男 Male | 女 Female |
|---|---|---|---|---|---|
| 永寿县 | Yongshou | 58668 | 205405 | 108363 | 97042 |
| 长武县 | Changwu | 60330 | 186708 | 98144 | 88564 |
| 旬邑县 | Xunyi | 89730 | 292850 | 155015 | 137835 |
| 淳化县 | Chunhua | 62687 | 193101 | 104063 | 89038 |
| 武功县 | Wugong | 129487 | 440678 | 225563 | 215115 |
| 兴平市 | Xingping | 163866 | 601085 | 312934 | 288151 |
| 彬州市 | Binzhou | 99513 | 364039 | 192030 | 172009 |
| **渭南市** | **Weinan** | **1715363** | **5463306** | **2781241** | **2682065** |
| 临渭区 | Linwei | 318949 | 952718 | 481091 | 471627 |
| 华州区 | Huazhou | 107627 | 323472 | 164694 | 158778 |
| 潼关县 | Tongguan | 51686 | 149955 | 76885 | 73070 |
| 大荔县 | Dali | 206518 | 718879 | 363455 | 355424 |
| 合阳县 | Heyang | 139110 | 447208 | 226964 | 220244 |
| 澄城县 | Chengcheng | 125488 | 379707 | 194176 | 185531 |
| 蒲城县 | Pucheng | 217088 | 778315 | 395702 | 382613 |
| 白水县 | Baishui | 95896 | 278590 | 145318 | 133272 |
| 富平县 | Fuping | 239444 | 794483 | 404281 | 390202 |
| 韩城市 | Hancheng | 131609 | 397020 | 203889 | 193131 |
| 华阴市 | Huayin | 81948 | 242959 | 124786 | 118173 |
| **延安市** | **Yan'an** | **864575** | **2340968** | **1215352** | **1125616** |
| 宝塔区 | Baota | 181551 | 471879 | 238339 | 233540 |
| 安塞区 | Ansai | 68033 | 196650 | 102601 | 94049 |
| 延长县 | Yanchang | 61468 | 154400 | 81232 | 73168 |
| 延川县 | Yanchuan | 72533 | 188623 | 98684 | 89939 |
| 子长县 | Zichang | 94243 | 266920 | 139374 | 127546 |
| 志丹县 | Zhidan | 58159 | 160351 | 83476 | 76875 |
| 吴起县 | Wuqi | 52066 | 145430 | 75667 | 69763 |
| 甘泉县 | Ganquan | 34047 | 88424 | 46106 | 42318 |
| 富　县 | Fuxian | 52930 | 156260 | 82004 | 74256 |
| 洛川县 | Luochuan | 76469 | 218761 | 115596 | 103165 |
| 宜川县 | Yichuan | 48178 | 123690 | 64027 | 59663 |
| 黄龙县 | Huanglong | 18903 | 48731 | 25671 | 23060 |
| 黄陵县 | Huangling | 45995 | 120849 | 62575 | 58274 |
| **汉中市** | **Hanzhong** | **1384496** | **3806825** | **1976094** | **1830731** |
| 汉台区 | Hantai | 215853 | 566688 | 283180 | 283508 |
| 南郑区 | Nanzheng | 201696 | 563110 | 289951 | 273159 |
| 城固县 | Chenggu | 210620 | 542493 | 278460 | 264033 |
| 洋　县 | Yangxian | 163217 | 446434 | 236715 | 209719 |
| 西乡县 | Xixiang | 156961 | 415399 | 218769 | 196630 |
| 勉　县 | Mianxian | 144484 | 411976 | 211507 | 200469 |
| 宁强县 | Ningqiang | 112691 | 324888 | 170327 | 154561 |

4-7 续表 2 continued

| 地 区 | Region | 总户数 (户) Total Households (household) | 户籍总人口 (人) Total Population (person) | 男 Male | 女 Female |
|---|---|---|---|---|---|
| 略阳县 | Lueyang | 62989 | 180727 | 95834 | 84893 |
| 镇巴县 | Zhenba | 88889 | 280644 | 151605 | 129039 |
| 留坝县 | Liuba | 15243 | 41882 | 22230 | 19652 |
| 佛坪县 | Foping | 11853 | 32584 | 17516 | 15068 |
| **榆林市** | **Yulin** | **1361141** | **3838354** | **2009391** | **1828963** |
| 榆阳区 | Yuyang | 228629 | 599099 | 304588 | 294511 |
| 横山区 | Hengshan | 109080 | 382032 | 200702 | 181330 |
| 府谷县 | Fugu | 96829 | 248196 | 130661 | 117535 |
| 靖边县 | Jingbian | 105915 | 361346 | 187276 | 174070 |
| 定边县 | Dingbian | 102449 | 356601 | 185231 | 171370 |
| 绥德县 | Suide | 137945 | 354103 | 185842 | 168261 |
| 米脂县 | Mizhi | 82415 | 221847 | 116558 | 105289 |
| 佳 县 | Jiaxian | 104609 | 267676 | 142817 | 124859 |
| 吴堡县 | Wubu | 34244 | 82314 | 43187 | 39127 |
| 清涧县 | Qingjian | 68336 | 214105 | 115841 | 98264 |
| 子洲县 | Zizhou | 114955 | 299490 | 160475 | 139015 |
| 神木市 | Shenmu | 175735 | 451545 | 236213 | 215332 |
| **安康市** | **Ankang** | **1058106** | **3037028** | **1624058** | **1412970** |
| 汉滨区 | Hanbin | 349558 | 1011523 | 534531 | 476992 |
| 汉阴县 | Hanyin | 104933 | 311556 | 167959 | 143597 |
| 石泉县 | Shiquan | 71958 | 182441 | 97807 | 84634 |
| 宁陕县 | Ningshan | 27132 | 71070 | 38295 | 32775 |
| 紫阳县 | Ziyang | 110204 | 335108 | 181330 | 153778 |
| 岚皋县 | Langao | 54880 | 167161 | 90406 | 76755 |
| 平利县 | Pingli | 98662 | 231067 | 123980 | 107087 |
| 镇坪县 | Zhenping | 22222 | 59111 | 31279 | 27832 |
| 旬阳县 | Xunyang | 150434 | 453037 | 242805 | 210232 |
| 白河县 | Baihe | 68123 | 214954 | 115666 | 99288 |
| **商洛市** | **Shangluo** | **857019** | **2510271** | **1331730** | **1178541** |
| 商州区 | Shangzhou | 198238 | 560374 | 295888 | 264486 |
| 洛南县 | Luonan | 150818 | 457431 | 240126 | 217305 |
| 丹凤县 | Danfeng | 101080 | 314002 | 165798 | 148204 |
| 商南县 | Shangnan | 93762 | 248249 | 130208 | 118041 |
| 山阳县 | Shanyang | 153137 | 467331 | 249552 | 217779 |
| 镇安县 | Zhen'an | 101530 | 301045 | 161839 | 139206 |
| 柞水县 | Zhashui | 58454 | 161839 | 88319 | 73520 |
| **杨凌示范区** | **Yangling** | **52201** | **189239** | **96033** | **93206** |

# 主要统计指标解释

**人口数** 指一定时点、一定地区范围内有生命的个人总和。

年度统计的年末人口数指每年 12 月 31 日 24 时的人口数。年度统计的全国人口总数内未包括香港、澳门特别行政区和台湾省以及海外华侨人数。

**城镇人口和乡村人口** 城镇人口是指居住在城镇范围内的全部常住人口；乡村人口是除上述人口以外的全部人口。

**出生率(又称粗出生率)** 指在一定时期内(通常为一年)一定地区的出生人数与同期内平均人数(或期中人数)之比，用千分率表示。本资料中的出生率指年出生率，其计算公式为：

$$出生率=\frac{年出生人数}{年平均人数}\times1000‰$$

式中：出生人数指活产婴儿，即胎儿脱离母体时(不管怀孕月数)，有过呼吸或其他生命现象。年平均人数指年初、年底人口数的平均数，也可用年中人口数代替。

**死亡率(又称粗死亡率)** 指在一定时期内(通常为一年)一定地区的死亡人数与同期内平均人数(或期中人数)之比，用千分率表示。本资料中的死亡率指年死亡率，其计算公式为：

$$死亡率=\frac{年死亡人数}{年平均人数}\times1000‰$$

**人口自然增长率** 指在一定时期内(通常为一年)人口自然增加数(出生人数减死亡人数)与该时期内平均人数(或期中人数)之比，用千分率表示。计算公式为：

$$人口自然增长率=\frac{本年出生人数-本年死亡人数}{年平均人数}\times1000‰$$
$$=人口出生率-人口死亡率$$

**总抚养比** 也称总负担系数。指人口总体中非劳动年龄人口数与劳动年龄人口数之比。通常用百分比表示。说明每 100 名劳动年龄人口大致要负担多少名非劳动年龄人口。用于从人口角度反映人口与经济发展的基本关系。计算公式为：

$$GDR=\frac{P_{0\sim14}+P_{65^+}}{P_{15\sim64}}\times100\%$$

其中：$GDR$ 为总抚养比；

$P_{0\sim14}$ 为 0～14 岁少年儿童人口数；

$P_{65}{}^{+}$ 为 65 岁及 65 岁以上的老年人口数；

$P_{15\sim64}$ 为 15～64 岁劳动年龄人口数。

**老年人口抚养比** 也称老年人口抚养系数。指某一人口中老年人口数与劳动年龄人口数之比。通常用百分比表示。用以表明每 100 名劳动年龄人口要负担多少名老年人。老年人口抚养比是从经济角度反映人口老化社会后果的指标之一。计算公式为：

$$ODR=\frac{P_{65^+}}{P_{15\sim64}}\times100\%$$

其中：$ODR$ 为老年人口抚养比；

$P_{65}{}^{+}$ 为 65 岁及 65 岁以上的老年人口数；

$P_{15\sim64}$ 为 15～64 岁的劳动年龄人口数。

**少年儿童抚养比** 也称少年儿童抚养系数。指某一人口中少年儿童人口数与劳动年龄人口数之比。通常用百分比表示。以反映每 100 名劳动年龄人口要负担多少名少年儿童。计算公式为：

$$CDR=\frac{P_{0\sim14}}{P_{15\sim64}}\times100\%$$

其中：$CDR$ 为少年儿童抚养比；

$P_{0\sim14}$ 为 0～14 岁少年儿童人口数；

$P_{15\sim64}$ 为 15～64 岁劳动年龄人口数。

# Explanatory Notes on Main Statistical Indicators

**Total Population** refers to the total number of people alive at a certain point of time within a given area.

The annual statistics on total population is taken at midnight, the 31st of December, not including residents in Taiwan province, Hong Kong SAR and Macao SAR and Chinese national residing abroad.

**Urban Population and Rural Population** Urban population refers to all people residing in cities and towns, while rural population refers to population other than urban population.

**Birth Rate (or Crude Birth Rate)** refers to the ratio of the number of births to the average population (or mid-period population) during a certain period of time (usually a year), expressed in ‰. Birth rate in the chapter refers to annual birth rate. The following formula is used:

$$\text{Birth Rate} = \frac{\text{Number of Births}}{\text{Annual Average Population}} \times 1000‰$$

Number of births in the formula refers to live births, i.e. when a baby has breathed or showed any vital phenomena regardless of the length of pregnancy.

Annual average population is the average of the number of population at the beginning of the year and that at the end of the year. Sometimes it is substituted by the mid-year population.

**Death Rate (or Crude Death Rate)** refers to the ratio of the number of deaths to the average population (or mid-period population) during a certain period of time (usually a year), expressed in ‰. Death rate in the chapter refers to annual death rate. The following formula is used:

$$\text{Death Rate} = \frac{\text{Number of Deaths}}{\text{Annual Average Population}} \times 1000‰$$

**Natural Growth Rate of Population** refers to the ratio of natural increase in population (number of births minus number of deaths) in a certain period of time (usually a year) to the average population (or mid-period population) of the same period, expressed in ‰. The following formula is applied:

$$\begin{array}{c}\text{Natural Growth}\\ \text{Rate of Population}\end{array} = \frac{\text{Number of Births - Number of Deaths}}{\text{Annual Average Population}} \times 1000‰$$

Natural Growth Rate of Population = Birth Rate-Death Rate

**Gross Dependency Ratio** also called gross dependency coefficient, refers to the ratio of non-working-age population to the working-age population, express in %. Describing in general the number of non-working-age population that every 100 people at working ages will take care of, this indicator reflects the basic relation between population and economic development from the demographic perspective. The gross dependency ratio is calculated with the following formula:

$$GDR = \frac{P_{0\sim14} + P_{65^+}}{P_{15\sim64}} \times 100\%$$

Where: GDR is the gross dependency ratio,

$P_{0-14}$ is the population of children aged 0-14,

$P_{65+}$ is the elderly population aged 65 and over, and

$P_{15-64}$ is the working-age population aged 15-64.

**Old Dependency Ratio** also called old dependency coefficient, refers to the ratio of the elderly population to the working-age population, express in %. It describes the number of the elderly population that every 100 people at working ages will take care of. Old dependency ratio is one of the indicators reflecting the social implication of population aging from the economic perspective. The old dependency ratio is calculated with the following formula:

$$ODR = \frac{P_{65^+}}{P_{15\sim64}} \times 100\%$$

Where: ODR is the old dependency ratio,

$P_{65+}$ is the elderly population aged 65 and over, and

$P_{15-64}$ is the working-age population aged 15-64.

**Children Dependency Ratio** also called children dependency coefficient, refers to the ratio of the children population to the working-age population, express in %. It describes the number of children population that every 100 people at working ages will take care of. The children dependency ratio is calculated with the following formula:

$$CDR = \frac{P_{0\sim14}}{P_{15\sim64}} \times 100\%$$

Where: CDR is the children dependency ratio,

$P_{0-14}$ is the children population aged 0-14, and

$P_{15-64}$ is the working-age population aged 15-64.

# 五、就业和工资

Employment and Wages

资料整理：张　峰

# 简 要 说 明

一、本篇资料反映陕西劳动就业与工资的基本情况。主要内容包括全社会就业人员数、城镇非私营单位就业人员数、城镇私营企业和个体工商业就业人数、城镇非私营单位就业人员工资、城镇私营单位就业人员工资、城镇登记失业率、社会保障情况等。

二、本篇资料中，城镇登记失业人数及失业率、社会保障情况、城镇私营及个体就业人员资料由省人力资源和社会保障厅、省民政厅、省市场监督管理局等部门提供并加工整理。

三、统计范围和调查方法

1．城镇非私营单位：指城镇地区全部非私营法人单位，具体包括国有单位、城镇集体单位、联营经济、股份制经济、外商投资经济、港澳台投资经济等单位。工资统计是统计单位的就业人员，个体就业人员、自由职业者等非单位就业人员不在工资统计范围内。对城镇非私营单位工资统计采用全面调查的方法。

2．城镇私营单位：主要是指在内资法人单位中由自然人投资设立或由自然人控股，以雇佣劳动为基础的营利性经济组织，包括按照《公司法》、《合伙企业法》、《私营企业暂行条例》规定登记注册的私营有限责任公司、私营股份有限公司、私营合伙企业和私营独资企业。对城镇私营单位工资统计采用全面调查和抽样调查相结合的方法。

# Brief Introduction

Ⅰ. This chapter reflects the basic conditions of labour employment and wages of Shaanxi Province, mainly including the number of all employed persons, number of urban non-private units, number of urban private enterprise and private industry and commerce, wages of urban non-private units employed persons, wages of urban private enterprise employed persons, registered urban unemployment rate, the social security situation and etc.

Ⅱ. The data on registered urban unemployment and unemployment rate, social security, number of the persons employed in urban private enterprises and self-employed persons in industry and commerce are processed and prepared from figures provided by Shaanxi Provincial Department of Labour and Social Security, Shaanxi Provincial Department of Civil Affairs, Shaanxi Provincial Administration for Market Regulation and etc.

Ⅲ. The Statistical Coverage and Investigation Methods

a) The urban non-private units: are all non-private legal units in urban area, including state-owned units, urban collective-owned units, joint ownership units, cooperative units, foreign funded units and units with funds from Hong Kong, Macao & Taiwan etc. Wage of employed persons in urban non-private units are the persons employed in those units, except self-employed and freelancers. The investigation method of Wage of employed persons in urban non-private units is comprehensive survey.

b) The Urban private units: are established by natural person or controlled by natural person in legal units invested by domestic, are for-profit units based on wage-labor, including private limited liability corporations, private share holding corporations Ltd., partnership corporations and private sole proprietorship corporations registered in accordance with the "company law", "partnership enterprise law" and "Provisional Regulations". The investigation method of Wage of employed persons in urban private units is combined with comprehensive survey and sampling survey.

# 5.就业和工资

| | | | |
|---|---|---|---|
| 2018 年全省 | | | |
| 年底就业人员 | 2071 | 万人 | |
| # 城镇非私营单位在岗职工 | 453 | 万人 | |
| 城镇非私营单位就业人员平均工资 | 71983 | 元 | 比上年增长10.4% |
| 城镇私营单位就业人员平均工资 | 40783 | 元 | 比上年增长 8.8% |
| 城镇登记失业率 | 3.21 | % | |

## 在岗职工年末人数（万人）

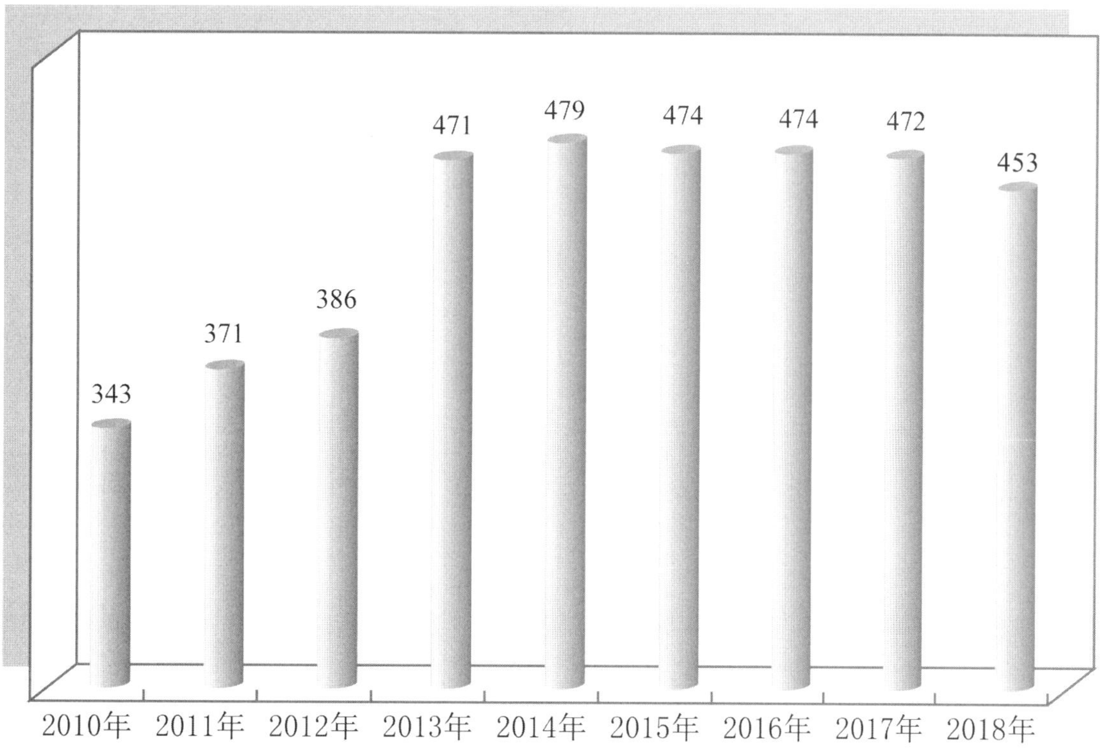

# 5-1 就业人员人数
# Number of Employed Persons

单位：万人 (10 000 persons)

| 年份 Year | 就业人员 人数 Number of Employed Persons | 第一产业 Primary Industry | 第二产业 Secondary Industry | 第三产业 Tertiary Industry | 年末职工 人数 Number of Staff & Workers at Year-end | #国有单位 State-owned Units | #城镇集体单位 Urban Collective-owned Units | 其他就业人员 Others | 城镇私营及个体就业人员 Employed Persons in Private Enterprises, Self-employed Individuals in Urban Areas | 乡村就业人员 Rural Employed Persons |
|---|---|---|---|---|---|---|---|---|---|---|
| 1978 | 1078 | 766 | 193 | 119 | 257 | 222 | 35 | | … | 821 |
| 1979 | 1105 | 794 | 191 | 120 | 264 | 225 | 40 | | | 840 |
| 1980 | 1158 | 831 | 199 | 128 | 282 | 239 | 43 | | 1 | 875 |
| 1981 | 1202 | 874 | 188 | 140 | 297 | 250 | 47 | | 2 | 903 |
| 1982 | 1250 | 904 | 198 | 148 | 309 | 258 | 50 | | 3 | 939 |
| 1983 | 1285 | 925 | 199 | 161 | 312 | 261 | 51 | | 4 | 969 |
| 1984 | 1337 | 936 | 217 | 184 | 324 | 260 | 63 | | 7 | 1007 |
| 1985 | 1375 | 888 | 287 | 200 | 337 | 271 | 65 | | 9 | 1029 |
| 1986 | 1409 | 874 | 303 | 232 | 350 | 282 | 67 | | 10 | 1049 |
| 1987 | 1449 | 905 | 311 | 233 | 358 | 289 | 68 | | 14 | 1077 |
| 1988 | 1494 | 950 | 299 | 245 | 366 | 298 | 68 | | 15 | 1112 |
| 1989 | 1529 | 973 | 298 | 258 | 374 | 304 | 68 | | 17 | 1138 |
| 1990 | 1576 | 1010 | 302 | 264 | 379 | 311 | 67 | | 17 | 1180 |
| 1991 | 1640 | 1054 | 314 | 272 | 390 | 321 | 68 | | 18 | 1232 |
| 1992 | 1672 | 1069 | 321 | 283 | 395 | 326 | 67 | | 19 | 1258 |
| 1993 | 1708 | 1061 | 335 | 312 | 398 | 326 | 66 | 14 | 24 | 1272 |
| 1994 | 1720 | 1055 | 333 | 332 | 392 | 327 | 60 | 13 | 32 | 1283 |
| 1995 | 1748 | 1056 | 341 | 351 | 395 | 333 | 56 | 13 | 42 | 1298 |
| 1996 | 1776 | 1053 | 341 | 382 | 398 | 336 | 54 | 11 | 59 | 1308 |
| 1997 | 1792 | 1053 | 339 | 400 | 396 | 335 | 52 | 11 | 63 | 1322 |
| 1998 | 1788 | 1055 | 300 | 433 | 335 | 270 | 36 | 12 | 99 | 1342 |
| 1999 | 1808 | 1052 | 304 | 452 | 335 | 271 | 32 | 11 | 109 | 1353 |
| 2000 | 1813 | 1010 | 299 | 504 | 328 | 265 | 29 | 9 | 133 | 1343 |
| 2001 | 1785 | 994 | 297 | 494 | 324 | 258 | 27 | 9 | 118 | 1333 |
| 2002 | 1874 | 1003 | 308 | 563 | 322 | 253 | 25 | 10 | 179 | 1363 |
| 2003 | 1912 | 997 | 364 | 551 | 319 | 246 | 23 | 11 | 185 | 1397 |
| 2004 | 1941 | 965 | 361 | 615 | 319 | 243 | 22 | 13 | 184 | 1425 |
| 2005 | 1976 | 957 | 368 | 651 | 323 | 242 | 21 | 11 | 205 | 1437 |
| 2006 | 1986 | 956 | 375 | 655 | 324 | 247 | 21 | 11 | 227 | 1425 |
| 2007 | 2013 | 933 | 401 | 679 | 331 | 240 | 19 | 11 | 257 | 1414 |
| 2008 | 2039 | 909 | 420 | 710 | 332 | 240 | 19 | 12 | 275 | 1420 |
| 2009 | 2060 | 876 | 493 | 691 | 335 | 233 | 16 | 17 | 282 | 1425 |
| 2010 | 2074 | 856 | 561 | 657 | 343 | 239 | 14 | 22 | 333 | 1376 |
| 2011 | 2059 | 824 | 585 | 650 | 371 | 251 | 14 | 22 | 359 | 1307 |
| 2012 | 2061 | 797 | 298 | 458 | 386 | 272 | 15 | 25 | 351 | 1298 |
| 2013 | 2058 | 779 | 322 | 475 | 471 | 223 | 18 | 35 | 297 | 1256 |
| 2014 | 2067 | 782 | 335 | 528 | 479 | 229 | 17 | 37 | 355 | 1196 |
| 2015 | 2071 | 789 | 335 | 615 | 474 | 224 | 15 | 38 | 449 | 1111 |
| 2016 | 2073 | 791 | 338 | 654 | 474 | 224 | 16 | 37 | 494 | 1068 |
| 2017 | 2072 | 790 | 347 | 698 | 472 | 217 | 15 | 39 | 550 | 1011 |
| 2018 | 2071 | 788 | 330 | 786 | 453 | 194 | 13 | 40 | 645 | 933 |

注：1. 本表职工人数1998年及以后为在岗职工(含劳务派遣人员)数。
2. 由于统计制度变化，2012年及以后二、三产业中未含乡村就业人员。

a) Data in this table refer to number of staff and workers including labor dispatch personnel since 1998.
b) Number of employed persons in secondary industry and tertiary industry does not include rural employed persons because of the statistical system since 2012.

# 5-2 分行业就业人员人数(2018年)
## Number of Employed Persons by Sector (2018)

单位：万人 (10 000 persons)

| 行业 | Sector | 合计 Total | 国有单位 State-owned Units | 城镇集体单位 Urban Collective-owned Units | 其他单位 Units of Other Types of Ownership | 私营企业 Private Enterprises | 城镇个体 Urban Self-employed Individuals | 乡村就业人员 Rural Employed Persons |
|---|---|---|---|---|---|---|---|---|
| **总计** | **Total** | **2071.2** | **207.8** | **13.6** | **271.8** | **226.9** | **417.9** | **933.2** |
| 第一产业 | Primary Industry | 788.2 | 1.6 | 0.02 | 0.1 | 6.2 | 15.3 | 765.0 |
| 农、林、牧、渔业 | Agriculture, Forestry, Animal Husbandry and Fishery | 788.2 | 1.6 | 0.02 | 0.1 | 6.2 | 15.3 | 765.0 |
| 第二产业 | Secondary Industry | 329.7 | 28.8 | 9.0 | 161.2 | 107.2 | 23.5 | |
| 采矿业 | Mining | 42.1 | 3.3 | 0.2 | 30.3 | 7.9 | 0.4 | |
| 制造业 | Manufacturing | 167.4 | 16.5 | 2.3 | 73.0 | 56.7 | 18.9 | |
| 电力、燃气及水生产和供应业 | Production and Distribution of Electricity,Gas and Water | 13.9 | 5.0 | 0.0 | 7.1 | 1.7 | 0.1 | |
| 建筑业 | Construction | 106.3 | 4.0 | 6.5 | 50.8 | 40.9 | 4.1 | |
| 第三产业 | Tertiary Industry | 786.4 | 177.3 | 4.8 | 110.7 | 113.6 | 380.0 | |
| 批发和零售业 | Wholesale and Retail Trades | 253.4 | 2.7 | 0.6 | 19.5 | 38.5 | 192.1 | |
| 交通运输、仓储和邮政业 | Traffic, Transport, Storage and Post | 50.8 | 8.2 | 0.2 | 18.9 | 7.5 | 16.0 | |
| 住宿和餐饮业 | Hotels and Catering Services | 122.8 | 0.7 | 0.1 | 8.9 | 13.5 | 99.6 | |
| 信息传输、软件和信息技术服务业 | Information Transmission, Software and Information Services | 23.5 | 0.4 | 0.01 | 12.3 | 6.0 | 4.8 | |
| 金融业 | Financial Intermediation | 22.3 | 3.7 | 1.5 | 16.4 | 0.7 | | |
| 房地产业 | Real Estate | 23.5 | 0.9 | 0.1 | 10.9 | 10.8 | 0.80 | |
| 租赁和商务服务业 | Leasing and Business Services | 22.5 | 1.7 | 0.7 | 6.1 | 9.3 | 4.7 | |
| 科学研究和技术服务业 | Scientific Research, Technology Services | 23.1 | 11.6 | 0.2 | 5.3 | 5.7 | 0.3 | |
| 水利、环境和公共设施管理业 | Management of Water Conservancy, Environment and Public Facilities | 12.8 | 7.5 | 0.1 | 2.7 | 2.0 | 0.5 | |
| 居民服务、修理和其他服务业 | Residents Service, Repair and other Services | 61.5 | 0.6 | 0.1 | 0.9 | 4.0 | 55.9 | |
| 教育 | Education | 61.1 | 51.1 | 0.3 | 3.7 | 5.3 | 0.7 | |
| 卫生和社会工作 | Health, Social Work | 35.7 | 25.0 | 0.8 | 2.0 | 6.8 | 1.1 | |
| 文化、体育和娱乐业 | Culture, Sports and Entertainment | 12.4 | 2.9 | 0.0 | 2.6 | 3.5 | 3.4 | |
| 公共管理、社会保障和社会组织 | Public Management, Social Security and Social Organization | 61.0 | 60.3 | 0.1 | 0.5 | | 0.1 | |

注：本表第二、三产业就业人员中未含乡村就业人员。
a) Data in this table Number of employed persons in secondary industry and tertiary Industry does not include rural employed persons.

# 5-3 城镇非私营单位企业、事业、机关人数和工资(2018年)
# Persons and Wages of Urban Non-private Enterprises, Institutions and State Organs (2018)

| 指　标 | Item | 合计 Total | 企业 Enterprises | 事业 Institutions | 机关 Agencies & Organizations | 民间非盈利组织 Civil Non-profit Organization | 其他 Others |
|---|---|---|---|---|---|---|---|
| 一、就业人员年末人数（人） | Employed Persons in Urban Units at Year-end (person) | 4931655 | 3346701 | 1071507 | 496461 | 10965 | 6021 |
| # 女　性 | Female | 1800655 | 1073133 | 561589 | 155764 | 6555 | 3614 |
| # 在岗职工及劳务派遣人员人数 | Number of Staff and Workers including Labor Dispatch Personnel | 4530051 | 3056231 | 998289 | 459490 | 10253 | 5788 |
| 1.国有单位 | State-owned Units | 1942295 | 503238 | 978975 | 458074 | 1297 | 711 |
| 2.集体单位 | Urban Collective-owned Units | 127882 | 117990 | 8889 | 81 | 245 | 677 |
| 3.其他单位 | Units of Other Types of Ownership | 2459874 | 2435003 | 10425 | 1335 | 8711 | 4400 |
| 二、就业人员工资总额（万元） | Earning of Employed Persons in Urban Units (10 000 yuan) | 35356942 | 24097295 | 7760382 | 3407455 | 49071 | 42739 |
| # 在岗职工及劳务派遣人员工资总额 | Number of Staff and Workers including Labor Dispatch Personnel | 33905792 | 22936235 | 7562568 | 3317808 | 46925 | 42256 |
| 三、就业人员平均工资（元） | Average Earning of Employed Persons in Urban Units (yuan) | 71983 | 72553 | 71974 | 68756 | 44990 | 73334 |
| 四、在岗职工及劳务派遣人员平均工资（元） | Average Wage of Staff and Workers (yuan) | 74993 | 75416 | 75219 | 72342 | 45960 | 74657 |
| 1.国有单位 | State-owned Units | 75602 | 79136 | 75285 | 72351 | 61697 | 65456 |
| 2.集体单位 | Urban Collective-owned Units | 57616 | 57319 | 61400 | 71537 | 54145 | 57371 |
| 3.其他单位 | Units of Other Types of Ownership | 75385 | 75474 | 80700 | 69073 | 43369 | 79059 |

# 5-4 城镇非私营单位分行业就业人员年末人数(2018年)
# Number of Fully Employed Staff and Workers in Urban Non-private Units at Year-end by Sector (2018)

单位：人 (person)

| 行业 | Sector | 年末人数 Number at Year-end | 国有单位 State-owned Units | 城镇集体单位 Urban Collective-owned Units | 其他单位 Units of Other Types of Ownership |
|---|---|---|---|---|---|
| **总计** | **Total** | **4931655** | **2077826** | **136053** | **2717776** |
| 农、林、牧、渔业 | Agriculture, Forestry, Animal Husbandry and Fishery | 17657 | 16332 | 224 | 1101 |
| 采矿业 | Mining | 337945 | 32565 | 2010 | 303370 |
| 制造业 | Manufacturing | 917743 | 164988 | 23141 | 729614 |
| 电力、燃气及水生产和供应业 | Production and Distribution of Electricity, Gas and Water | 121519 | 50164 | 363 | 70992 |
| 建筑业 | Construction | 611984 | 39725 | 64630 | 507629 |
| 批发和零售业 | Wholesale and Retail Trades | 227171 | 26699 | 5608 | 194864 |
| 交通运输、仓储和邮政业 | Traffic, Transport, Storage and Post | 272829 | 82141 | 2048 | 188640 |
| 住宿和餐饮业 | Hotels and Catering Services | 95735 | 6546 | 628 | 88561 |
| 信息传输、软件和信息技术服务业 | Information Transmission, Software and Information Services | 127107 | 4187 | 89 | 122831 |
| 金融业 | Financial Intermediation | 216191 | 37400 | 15295 | 163496 |
| 房地产业 | Real Estate | 118577 | 9441 | 624 | 108512 |
| 租赁和商务服务业 | Leasing and Business Services | 85105 | 17101 | 7032 | 60972 |
| 科学研究和技术服务业 | Scientific Research, Technology Services | 170445 | 115689 | 1914 | 52842 |
| 水利、环境和公共设施管理业 | Management of Water Conservancy, Environment and Public Facilities | 102176 | 75022 | 502 | 26652 |
| 居民服务、修理和其他服务业 | Residents Service, Repair and other Services | 15835 | 6420 | 492 | 8923 |
| 教育 | Education | 550520 | 510481 | 2686 | 37353 |
| 卫生和社会工作 | Health, Social Work | 278353 | 250322 | 7656 | 20375 |
| 文化、体育和娱乐业 | Culture, Sports and Entertainment | 55731 | 29387 | 344 | 26000 |
| 公共管理、社会保障和社会组织 | Public Management, Social Security and Social Organization | 609032 | 603216 | 767 | 5049 |

# 5-5　各市(区)城镇非私营单位就业人员年末人数(2018年)

# Number of Fully Employed Staff and Workers in Urban Non-private Units at Year-end by City(District)(2018)

单位：人　　　　(person)

| 地　区 | Region | 总　计 Total | 国有单位 State-owned Units | 城镇集体单位 Urban Collective-owned Units | 其他单位 Others | # 港澳台投资 Funds from Hong Kong, Macao & Taiwan | # 外商投资 Foreign Funded |
|---|---|---|---|---|---|---|---|
| **全　省** | **Shaanxi** | **4931655** | **2077826** | **136053** | **2717776** | **78795** | **87225** |
| 西安市 | Xi'an | 1835393 | 681304 | 35341 | 1118748 | 64686 | 68764 |
| 铜川市 | Tongchuan | 110316 | 44337 | 2410 | 63569 | 104 | 1030 |
| 宝鸡市 | Baoji | 404321 | 153819 | 20318 | 230184 | 2515 | 5076 |
| 咸阳市 | Xianyang | 460133 | 217903 | 24445 | 217785 | 7503 | 3520 |
| 渭南市 | Weinan | 424818 | 206264 | 7376 | 211178 | 239 | 2420 |
| 延安市 | Yan'an | 306899 | 139098 | 6715 | 161086 | 435 | 252 |
| 汉中市 | Hanzhong | 297599 | 150584 | 18554 | 128461 | 1450 | 1469 |
| 榆林市 | Yulin | 436392 | 223061 | 6561 | 206770 | 224 | 1448 |
| 安康市 | Ankang | 201745 | 105827 | 4369 | 91549 | 1528 | 552 |
| 商洛市 | Shangluo | 204401 | 100716 | 9658 | 94027 |  | 1402 |
| 杨凌示范区 | Yangling | 45965 | 14546 | 21 | 31398 | 111 | 1292 |

注：全省数据含省级直报单位。
a) The data of Shaanxi is include the direct reporting organization.

# 5-6　城镇非私营单位就业人员年末人数和工资

# Total Persons and Wages of Employed Staff and Workers in Urban Non-private Units

| 指　标 | Item | 年末人数(人) Number of Staff and Workers (person) |  | 工资总额(万元) Total Wages Bill (10 000 yuan) |  | 平均工资(元) Average Wage (yuan) |  |
|---|---|---|---|---|---|---|---|
|  |  | 2017 | 2018 | 2017 | 2018 | 2017 | 2018 |
| **总　计** | **Total** | **5103881** | **4931655** | **33104853** | **35356942** | **65181** | **71983** |
| 国有单位 | State-owned Units | 2314923 | 2077826 | 15597644 | 15236268 | 67001 | 72680 |
| 集体单位 | Urban Collective-owned Units | 157934 | 136053 | 831894 | 743193 | 53547 | 56482 |
| 其他单位 | Units of Other Types of Ownership | 2631024 | 2717776 | 16675314 | 19377481 | 64246 | 72198 |
| (一)内　资 | Domestic Funds | 2455538 | 2551843 | 15409336 | 18028791 | 63550 | 71636 |
| 1.股份合作制 | Cooperative | 15791 | 14892 | 94399 | 94904 | 57049 | 70692 |
| 2.联　营 | Joint Ownership | 4433 | 4971 | 31375 | 35140 | 71323 | 70818 |
| 3.有限责任公司 | Limited Liability Corporations | 1915477 | 2048226 | 11651096 | 14344308 | 61731 | 71146 |
| 4.股份有限公司 | Share-holding Corporations Ltd. | 467783 | 433063 | 3398771 | 3294782 | 73085 | 76203 |
| 5.其　它 | Others | 52054 | 50691 | 233695 | 259657 | 45481 | 52146 |
| (二)港、澳、台投资 | Funds from Hong Kong, Macao & Taiwan | 79777 | 78708 | 452827 | 496651 | 59113 | 62036 |
| (三)外商投资 | Foreign Funded | 95709 | 87225 | 813151 | 852040 | 86337 | 97743 |

# 5-7 职工平均工资和指数
## Average Wage of Staff and Workers and Related Indices

| 年 份 Year | 平均工资 (元) Average Wage (yuan) | # 国有单位 State-owned Units | # 城镇集体单位 Urban Collective-owned Units | 指数(1978年=100) Indices (1978 year=100) 平均货币工资 Average Wage | # 国有单位 State-owned Units | # 城镇集体单位 Urban Collective-owned Units | 平均实际工资 Average Real Wage | # 国有单位 State-owned Units | # 城镇集体单位 Urban Collective-owned Units |
|---|---|---|---|---|---|---|---|---|---|
| 1978 | 654 | 669 | 558 | 100.0 | 100.0 | 100.0 | 100.0 | 100.0 | 100.0 |
| 1979 | 705 | 728 | 570 | 107.8 | 108.8 | 102.2 | 106.3 | 107.3 | 100.7 |
| 1980 | 785 | 811 | 636 | 120.0 | 121.2 | 114.0 | 112.3 | 113.4 | 106.6 |
| 1981 | 780 | 812 | 609 | 119.3 | 121.4 | 109.1 | 107.7 | 109.6 | 98.6 |
| 1982 | 797 | 831 | 619 | 121.9 | 124.2 | 110.9 | 109.1 | 111.2 | 99.3 |
| 1983 | 824 | 857 | 652 | 126.0 | 128.1 | 116.8 | 111.0 | 112.9 | 102.9 |
| 1984 | 973 | 1024 | 757 | 148.8 | 153.1 | 135.7 | 126.7 | 130.4 | 115.6 |
| 1985 | 1122 | 1182 | 869 | 171.6 | 176.7 | 155.7 | 135.8 | 139.9 | 123.3 |
| 1986 | 1291 | 1363 | 987 | 197.4 | 203.7 | 176.9 | 146.7 | 151.4 | 131.4 |
| 1987 | 1409 | 1493 | 1054 | 215.4 | 223.2 | 188.9 | 146.6 | 151.8 | 128.5 |
| 1988 | 1680 | 1788 | 1206 | 256.9 | 267.3 | 216.2 | 145.5 | 151.4 | 122.5 |
| 1989 | 1856 | 1975 | 1319 | 283.8 | 295.2 | 236.4 | 136.7 | 142.2 | 113.9 |
| 1990 | 2042 | 2174 | 1425 | 312.2 | 325.0 | 255.4 | 146.6 | 152.6 | 119.9 |
| 1991 | 2198 | 2332 | 1554 | 336.1 | 348.6 | 278.5 | 147.1 | 152.6 | 121.9 |
| 1992 | 2434 | 2594 | 1634 | 372.2 | 387.7 | 292.8 | 146.5 | 152.6 | 115.2 |
| 1993 | 2890 | 3077 | 1918 | 441.9 | 459.9 | 343.7 | 152.5 | 158.8 | 118.6 |
| 1994 | 3803 | 4050 | 2299 | 581.5 | 605.4 | 412.0 | 156.6 | 163.0 | 110.9 |
| 1995 | 4396 | 4639 | 2795 | 672.2 | 693.4 | 500.9 | 153.4 | 158.2 | 114.3 |
| 1996 | 4882 | 5142 | 3082 | 746.5 | 768.6 | 552.3 | 154.4 | 159.0 | 114.3 |
| 1997 | 5184 | 5452 | 3177 | 792.7 | 814.9 | 569.4 | 155.9 | 160.2 | 111.9 |
| 1998 | 6029 | 6257 | 3823 | 921.9 | 935.3 | 685.1 | 185.5 | 188.2 | 137.9 |
| 1999 | 6931 | 7162 | 4318 | 1059.8 | 1070.6 | 773.8 | 219.4 | 221.6 | 160.2 |
| 2000 | 7804 | 8043 | 4920 | 1193.3 | 1202.2 | 881.7 | 246.3 | 248.2 | 182.0 |
| 2001 | 9120 | 9440 | 5293 | 1394.5 | 1411.1 | 948.6 | 287.6 | 291.0 | 195.6 |
| 2002 | 10351 | 10700 | 6080 | 1582.7 | 1599.4 | 1089.6 | 332.4 | 335.9 | 228.8 |
| 2003 | 11461 | 11833 | 6858 | 1752.4 | 1768.8 | 1229.0 | 365.1 | 368.5 | 256.0 |
| 2004 | 13024 | 13333 | 7373 | 1991.4 | 1992.9 | 1321.3 | 402.8 | 403.1 | 267.2 |
| 2005 | 14796 | 15223 | 7926 | 2262.3 | 2275.5 | 1420.4 | 453.5 | 456.1 | 284.7 |
| 2006 | 16918 | 17139 | 9086 | 2586.8 | 2561.9 | 1628.3 | 507.9 | 502.5 | 319.4 |
| 2007 | 21296 | 21653 | 11289 | 3256.3 | 3236.6 | 2023.1 | 607.7 | 603.5 | 377.2 |
| 2008 | 25942 | 26516 | 13523 | 3966.7 | 3963.5 | 2423.5 | 697.1 | 695.9 | 425.5 |
| 2009 | 30185 | 31537 | 16415 | 4615.4 | 4710.1 | 2941.8 | 810.3 | 827.6 | 516.5 |
| 2010 | 34299 | 35495 | 20650 | 5244.5 | 5305.7 | 3700.7 | 887.9 | 898.2 | 626.5 |
| 2011 | 39043 | 41291 | 27336 | 5969.9 | 6172.0 | 4898.9 | 956.2 | 988.6 | 784.7 |
| 2012 | 44330 | 46810 | 33142 | 6778.3 | 6997.0 | 5939.4 | 1058.2 | 1092.3 | 927.2 |
| 2013 | 48853 | 49815 | 39141 | 7469.9 | 7446.1 | 7014.6 | 1134.4 | 1130.8 | 1065.2 |
| 2014 | 52119 | 51919 | 43562 | 7969.3 | 7760.7 | 7806.8 | 1191.2 | 1160.0 | 1166.8 |
| 2015 | 56896 | 57592 | 46528 | 8699.7 | 8608.7 | 8338.4 | 1288.8 | 1275.3 | 1235.2 |
| 2016 | 61626 | 62689 | 49239 | 9422.9 | 9370.6 | 8824.2 | 1378.0 | 1370.3 | 1290.4 |
| 2017 | 67433 | 69281 | 54549 | 10310.9 | 10355.9 | 9775.8 | 1484.1 | 1490.6 | 1407.0 |
| 2018 | 74993 | 75602 | 57616 | 11466.8 | 11300.7 | 10325.4 | 1616.5 | 1593.1 | 1455.5 |

注：本表不含城镇私营单位和个体，1998年及以后数据为在岗职工平均工资，指数据此推算。

a) Data in this table do not include urban private enterprises and self-employed individuals. The data refer to average wage of fully employed staff and workers since 1998 and the indices was calculated on it.

# 5-8　城镇非私营单位就业人员分行业工资总额(2018年)
# Earnings of Employed Persons by Sector in Urban Non-private Units (2018)

单位：万元　　(10 000 yuan)

| 行　　业 | Sector | 工资总额 Total Wages Bill | 国有单位 State-owned Units | 城镇集体单位 Urban Collective-owned Units | 其他单位 Others |
|---|---|---|---|---|---|
| **总　　计** | **Total** | **35356942** | **15236268** | **743193** | **19377481** |
| 农、林、牧、渔业 | Agriculture, Forestry, Animal Husbandry and Fishery | 94412 | 89103 | 1273 | 4036 |
| 采矿业 | Mining | 3052866 | 267629 | 11811 | 2773427 |
| 制造业 | Manufacturing | 6191140 | 1151474 | 160587 | 4879079 |
| 电力、燃气及水生产和供应业 | Production and Distribution of Electricity, Gas and Water | 1175192 | 511696 | 2093 | 661403 |
| 建筑业 | Construction | 3430289 | 211900 | 263536 | 2954853 |
| 批发和零售业 | Wholesale and Retail Trades | 1238153 | 195348 | 17527 | 1025278 |
| 交通运输、仓储和邮政业 | Traffic, Transport, Storage and Post | 2218570 | 545605 | 14427 | 1658539 |
| 住宿和餐饮业 | Hotels and Catering Services | 362967 | 24869 | 2350 | 335747 |
| 信息传输、软件和信息技术服务业 | Information Transmission, Software and Information Services | 1671128 | 27532 | 538 | 1643058 |
| 金融业 | Financial Intermediation | 1878104 | 451647 | 159762 | 1266695 |
| 房地产业 | Real Estate | 691027 | 52060 | 2781 | 636187 |
| 租赁和商务服务业 | Leasing and Business Services | 424757 | 95558 | 26013 | 303185 |
| 科学研究和技术服务业 | Scientific Research, Technology Services | 1636715 | 1034906 | 13365 | 588444 |
| 水利、环境和公共设施管理业 | Management of Water Conservancy, Environment and Public Facilities | 463235 | 333761 | 2354 | 127120 |
| 居民服务、修理和其他服务业 | Residents Service, Repair and other Services | 80918 | 39356 | 2776 | 38786 |
| 教　育 | Education | 4218437 | 3994070 | 17374 | 206994 |
| 卫生和社会工作 | Health, Social Work | 2081966 | 1935519 | 39622 | 106826 |
| 文化、体育和娱乐业 | Culture, Sports and Entertainment | 334726 | 201722 | 1308 | 131696 |
| 公共管理、社会保障和社会组织 | Public Management, Social Security and Social Organization | 4112341 | 4072513 | 3698 | 36130 |

# 5-9 城镇非私营单位就业人员分行业平均工资(2018年)

## Average Earnings of Employed Persons by Sector in Urban Non-private Units (2018)

单位：元 (yuan)

| 行 业 | Sector | 平均工资 Average Wage | 国有单位 State-owned Units | 城镇集体单位 Urban Collective-owned Units | 其他单位 Others |
|---|---|---|---|---|---|
| **合 计** | **Total** | **71983** | **72680** | **56482** | **72198** |
| 农、林、牧、渔业 | Agriculture, Forestry, Animal Husbandry and Fishery | 53301 | 54371 | 56835 | 36655 |
| 采矿业 | Mining | 91512 | 81109 | 59173 | 92877 |
| 制造业 | Manufacturing | 66489 | 65098 | 68945 | 66748 |
| 电力、燃气及水生产和供应业 | Production and Distribution of Electricity, Gas and Water | 96748 | 101792 | 51933 | 93421 |
| 建筑业 | Construction | 58710 | 54643 | 43659 | 60907 |
| 批发和零售业 | Wholesale and Retail Trades | 54357 | 74139 | 31439 | 52348 |
| 交通运输、仓储和邮政业 | Traffic, Transport, Storage and Post | 81571 | 67191 | 68404 | 87908 |
| 住宿和餐饮业 | Hotels and Catering Services | 38556 | 37556 | 35078 | 38660 |
| 信息传输、软件和信息技术服务业 | Information Transmission, Software and Information Services | 135541 | 65960 | 56663 | 138044 |
| 金融业 | Financial Intermediation | 86335 | 119838 | 104639 | 76965 |
| 房地产业 | Real Estate | 58330 | 55113 | 44417 | 58690 |
| 租赁和商务服务业 | Leasing and Business Services | 51747 | 55499 | 38613 | 52157 |
| 科学研究和技术服务业 | Scientific Research, Technology Services | 94877 | 87989 | 71780 | 110964 |
| 水利、环境和公共设施管理业 | Management of Water Conservancy, Environment and Public Facilities | 45479 | 44499 | 47360 | 48232 |
| 居民服务、修理和其他服务业 | Residents Service, Repair and other Services | 48480 | 55564 | 53687 | 42664 |
| 教 育 | Education | 75909 | 77404 | 65240 | 55857 |
| 卫生和社会工作 | Health, Social Work | 74814 | 77167 | 52333 | 53703 |
| 文化、体育和娱乐业 | Culture, Sports and Entertainment | 60860 | 68845 | 38249 | 51939 |
| 公共管理、社会保障和社会组织 | Public Management, Social Security and Social Organization | 67603 | 67594 | 47962 | 71672 |

# 5-10 城镇非私营单位在岗职工(含劳务派遣)分行业平均工资(2018年)
## Average Wage of Employed Staff and Workers in Urban Non-private Units by Sector (2018)

单位：元 (yuan)

| 行 业 | Sector | 平均工资 Average Wage | 国有单位 State-owned Units | 城镇集体单位 Urban Collective-owned Units | 其他单位 Others |
|---|---|---|---|---|---|
| **合 计** | **Total** | **74993** | **75602** | **56482** | **75385** |
| 农、林、牧、渔业 | Agriculture, Forestry, Animal Husbandry and Fishery | 54123 | 55271 | 56835 | 36655 |
| 采矿业 | Mining | 93454 | 81377 | 59173 | 95033 |
| 制造业 | Manufacturing | 67045 | 65577 | 68945 | 67276 |
| 电力、燃气及水生产和供应业 | Production and Distribution of Electricity, Gas and Water | 98182 | 102787 | 51933 | 95116 |
| 建筑业 | Construction | 59926 | 56685 | 43659 | 62468 |
| 批发和零售业 | Wholesale and Retail Trades | 54977 | 75181 | 31439 | 52863 |
| 交通运输、仓储和邮政业 | Traffic, Transport, Storage and Post | 83551 | 70236 | 68404 | 89159 |
| 住宿和餐饮业 | Hotels and Catering Services | 39796 | 38979 | 35078 | 39903 |
| 信息传输、软件和信息技术服务业 | Information Transmission, Software and Information Services | 136947 | 67227 | 56663 | 139369 |
| 金融业 | Financial Intermediation | 124718 | 130912 | 104639 | 125629 |
| 房地产业 | Real Estate | 59225 | 55879 | 44417 | 59586 |
| 租赁和商务服务业 | Leasing and Business Services | 56896 | 60692 | 38613 | 58039 |
| 科学研究和技术服务业 | Scientific Research, Technology Services | 96684 | 89040 | 71780 | 114898 |
| 水利、环境和公共设施管理业 | Management of Water Conservancy, Environment and Public Facilities | 50899 | 51539 | 47360 | 49442 |
| 居民服务、修理和其他服务业 | Residents Service, Repair and other Services | 49007 | 55697 | 53687 | 43284 |
| 教 育 | Education | 78119 | 79639 | 65240 | 57397 |
| 卫生和社会工作 | Health, Social Work | 77314 | 79844 | 52333 | 53872 |
| 文化、体育和娱乐业 | Culture, Sports and Entertainment | 61865 | 70130 | 38249 | 52315 |
| 公共管理、社会保障和社会组织 | Public Management, Social Security and Social Organization | 71083 | 71082 | 47962 | 74646 |

# 5-11 城镇私营单位分行业就业人员平均工资
## Average Wage of Employed Persons in Urban Private Units by Sector

单位：元 (yuan)

| 行　业 | Sector | 2015 | 2016 | 2017 | 2018 |
|---|---|---|---|---|---|
| **合　计** | **Total** | **33220** | **35676** | **37472** | **40783** |
| 农、林、牧、渔业 | Agriculture, Forestry, Animal Husbandry and Fishery | 22993 | 26255 | 27177 | 29498 |
| 采矿业 | Mining | 36772 | 40376 | 43956 | 47174 |
| 制造业 | Manufacturing | 33841 | 37044 | 38280 | 40982 |
| 电力、燃气及水生产和供应业 | Production and Distribution of Electricity, Gas and Water | 32714 | 34596 | 47416 | 43750 |
| 建筑业 | Construction | 33136 | 36002 | 37356 | 41532 |
| 批发和零售业 | Wholesale and Retail Trades | 31480 | 33577 | 34944 | 37880 |
| 交通运输、仓储和邮政业 | Traffic, Transport, Storage and Post | 31296 | 32903 | 36053 | 41870 |
| 住宿和餐饮业 | Hotels and Catering Services | 26799 | 28393 | 30042 | 32302 |
| 信息传输、软件和信息技术服务业 | Information Transmission, Software and Information Services | 42117 | 45439 | 55334 | 60233 |
| 金融业 | Financial Intermediation | 32253 | 35384 | 41766 | 46532 |
| 房地产业 | Real Estate | 37933 | 38328 | 39910 | 43642 |
| 租赁和商务服务业 | Leasing and Business Services | 37018 | 38768 | 41110 | 48042 |
| 科学研究和技术服务业 | Scientific Research, Technology Services | 42208 | 41934 | 45715 | 48100 |
| 水利、环境和公共设施管理业 | Management of Water Conservancy, Environment and Public Facilities | 30193 | 33887 | 35859 | 42017 |
| 居民服务、修理和其他服务业 | Residents Service, Repair and Other Services | 27793 | 28799 | 31436 | 34199 |
| 教　育 | Education | 34863 | 35752 | 33977 | 38915 |
| 卫生和社会工作 | Health, Social Work | 32283 | 33505 | 35737 | 39565 |
| 文化、体育和娱乐业 | Culture, Sports and Entertainment | 28439 | 29999 | 31956 | 34424 |

# 5-12 各市(区)城镇非私营单位就业人员工资总额(2018年)

# Earnings of Employed Persons and Total Wages Bill of Fully Employed Staff in Urban Non-private Units by City(District)(2018)

单位：万元 (10 000 yuan)

| 地区 | Region | 就业人员工资总额 Total Wages Bill of Employed Persons | 国有单位 State-owned Units | 城镇集体单位 Urban Collective-owned Units | 其他单位 Others | # 港澳台投资 Funds from Hong Kong, Macao & Taiwan | # 外商投资 Foreign Funded |
|---|---|---|---|---|---|---|---|
| **全省** | **Shaanxi** | **35356942** | **15236268** | **743193** | **19377481** | **500661** | **852040** |
| 西安市 | Xi'an | 15540330 | 6190094 | 177229 | 9173007 | 417643 | 736417 |
| 铜川市 | Tongchuan | 636108 | 287421 | 10480 | 338207 | 402 | 4336 |
| 宝鸡市 | Baoji | 2431142 | 1056880 | 127873 | 1246389 | 19479 | 19527 |
| 咸阳市 | Xianyang | 2533397 | 1265277 | 101834 | 1166286 | 39542 | 22028 |
| 渭南市 | Weinan | 2395770 | 1228576 | 33483 | 1133712 | 1205 | 15202 |
| 延安市 | Yan'an | 2107476 | 937327 | 42154 | 1127995 | 3854 | 1790 |
| 汉中市 | Hanzhong | 1829436 | 1020303 | 132073 | 677059 | 8201 | 11739 |
| 榆林市 | Yulin | 3063429 | 1328327 | 43038 | 1692064 | 1701 | 13402 |
| 安康市 | Ankang | 1185077 | 746969 | 20693 | 417415 | 8045 | 3710 |
| 商洛市 | Shangluo | 1014410 | 564132 | 54245 | 396033 | | 13912 |
| 杨凌示范区 | Yangling | 293859 | 116508 | 92 | 177260 | 589 | 9977 |

注：全省数据含省级直报单位。下表同。
a) The data of Shaanxi is include the direct reporting organization. The same applies to the table following.

# 5-13 各市(区)城镇非私营单位就业人员平均工资(2018年)

# Average Earnings of Employed Persons and Average Wage of Fully Employed Staff and Workers in Urban Non-private Units by City(District)(2018)

单位：元 (yuan)

| 地区 | Region | 就业人员平均工资 Average Wage of Employed Persons | 国有单位 State-owned Units | 城镇集体单位 Urban Collective-owned Units | 其他单位 Others | # 港澳台投资 Funds from Hong Kong, Macao & Taiwan | # 外商投资 Foreign Funded |
|---|---|---|---|---|---|---|---|
| **全省** | **Shaanxi** | **71983** | **72680** | **56482** | **72198** | **62465** | **97743** |
| 西安市 | Xi'an | 83962 | 87858 | 53048 | 82424 | 62930 | 107461 |
| 铜川市 | Tongchuan | 60567 | 65169 | 43325 | 57811 | 50873 | 47645 |
| 宝鸡市 | Baoji | 60165 | 68616 | 63701 | 54196 | 77329 | 38205 |
| 咸阳市 | Xianyang | 56218 | 58217 | 45223 | 55332 | 55615 | 60934 |
| 渭南市 | Weinan | 57307 | 59928 | 44823 | 55146 | 47445 | 60422 |
| 延安市 | Yan'an | 68770 | 67297 | 62748 | 70302 | 89425 | 68042 |
| 汉中市 | Hanzhong | 61840 | 67669 | 71830 | 53451 | 55225 | 77795 |
| 榆林市 | Yulin | 70948 | 59904 | 65858 | 83146 | 75924 | 91359 |
| 安康市 | Ankang | 59476 | 71091 | 48223 | 46437 | 52105 | 67453 |
| 商洛市 | Shangluo | 50753 | 56616 | 56968 | 43661 | | 99374 |
| 杨凌示范区 | Yangling | 63756 | 80422 | 43571 | 56125 | 42681 | 76689 |

# 5-14 城镇登记失业人数及失业率

## Registered Urban Unemployment Persons and Unemployment Rate

| 年 份 Year | 年末城镇登记实有失业人数(人) Registered Unemployed Persons in Urban Areas (person) | 城镇登记失业率(%) Registered Unemployment Rate in Urban Areas (%) | 年 份 Year | 年末城镇登记实有失业人数(人) Registered Unemployed Persons in Urban Areas (person) | 城镇登记失业率(%) Registered Unemployment Rate in Urban Areas (%) |
|---|---|---|---|---|---|
| 1980 | 216209 | 7.1 | 2004 | 184617 | 3.77 |
| 1985 | 67044 | 1.9 | 2005 | 215414 | 4.18 |
| 1990 | 112345 | 3.0 | 2006 | 215432 | 4.03 |
| 1991 | 100790 | 3.0 | 2007 | 209546 | 4.02 |
| 1992 | 90844 | 3.0 | 2008 | 208337 | 3.91 |
| 1993 | 108306 | 3.0 | 2009 | 214757 | 3.94 |
| 1994 | 99800 | 3.3 | 2010 | 214206 | 3.85 |
| 1995 | 85700 | 3.2 | 2011 | 209061 | 3.59 |
| 1996 | 125700 | 3.3 | 2012 | 194807 | 3.22 |
| 1997 | 151600 | 3.4 | 2013 | 210600 | 3.32 |
| 1998 | 122100 | 3.1 | 2014 | 223486 | 3.41 |
| 1999 | 107000 | 2.6 | 2015 | 223486 | 3.36 |
| 2000 | 113861 | 2.7 | 2016 | 227433 | 3.30 |
| 2001 | 140082 | 3.2 | 2017 | 234351 | 3.28 |
| 2002 | 135094 | 3.3 | 2018 | 241193 | 3.21 |
| 2003 | 139490 | 3.7 | | | |

# 5-15 社会保障基本情况

## Basic Statistics on Social Security

| 指 标 | Item | 2015 | 2016 | 2017 | 2018 |
|---|---|---|---|---|---|
| 城镇居民最低生活保障户数 (万户) | Number of Families Receiving Minimum Living Allowance in Urban Areas (10 000 households) | 25.40 | 21.03 | 15.70 | 13.60 |
| 城镇居民最低生活保障人数 (万人) | Number of Persons Receiving Minimum Living Allowance in Urban Areas (10 000 persons) | 50.90 | 42.08 | 30.60 | 25.90 |
| 参加失业保险职工人数 (万人) | Unemployment Insurance Contributors (10 000 persons) | 347.74 | 352.23 | 356.50 | 372.35 |
| 参加养老保险职工人数 (万人) | Pension Insurance Contributors (10 000 persons) | 751.55 | 789.63 | 953.94 | 991.80 |
| 参加医疗保险职工人数 (万人) | Medical Care Insurancce Contributors (10 000 persons) | 580.26 | 599.64 | 619.76 | 674.40 |
| 城镇居民基本医疗保险参保人数 (万人) | Basic Medical Care Insurancce Contributors in Urban Areas (10 000 persons) | 667.00 | 648.40 | 631.24 | 677.48 |
| 参加工伤保险职工人数 (万人) | Work Injury Insurance Contributors (10 000 persons) | 427.33 | 441.60 | 459.35 | 528.03 |
| 参加生育保险职工人数 (万人) | Maternity Insurance Contributors (10 000 persons) | 265.29 | 283.45 | 328.65 | 401.86 |

## 5−16 参加基本养老保险的职工及离退休人员(2018年)

## Staff and Workers, Retired and VCSR Joined Basic Pension Insurance(2018)

单位：人 (person)

| 指　　标 | Item | 职工人数 Number of Employees | 离退休职工 Number of Retirees |
|---|---|---|---|
| **总　　计** | **Total** | **7337235** | **2580774** |
| 一、执行企业基本养老保险制度 | Enterprises(including others) | 6071756 | 2038574 |
| 1、企　业 | Enterprises | 4766337 | 1561051 |
| 2、其　他 | Others | 1305419 | 477523 |
| 二、执行机关事业单位养老保险制度 | Agencies and Institutions | 1265479 | 542200 |

## 5−17 失业保险基本情况

## Basic Statistics on Unemployment Insurance

单位：人 (person)

| 指　　标 | Item | 2015 | 2016 | 2017 | 2018 |
|---|---|---|---|---|---|
| 参加失业保险人数 | Unemployment Insurance Contributors | 3477375 | 3522251 | 3565028 | 3723528 |
| 一、企　业 | Enterprises | 2664831 | 2701461 | 2779485 | 2976263 |
| (一)内资企业 | Domestic Units | 2594014 | 2626054 | 2694373 | 2852498 |
| 1.国有企业 | State-owned Units | 1451147 | 1390032 | 1329682 | 1336126 |
| 2.集体企业 | Collective-owned Units | 220357 | 215506 | 234441 | 248423 |
| 3.其　他 | Others | 922510 | 1020516 | 1130250 | 1267949 |
| (二)港澳台及外资企业 | Funds from Hong Kong,Macao,Taiwan and Foreign | 70817 | 75407 | 85112 | 123765 |
| 二、事业单位 | Institutions | 776994 | 778749 | 720100 | 687975 |
| 三、其他单位 | Others | 35550 | 42041 | 65443 | 59290 |
| 领取失业保险金人数 | Beneficiaries of Unemployment Insurance Fund | 51359 | 27799 | 52316 | 53101 |

# 主要统计指标解释

**就业人员** 指在一定年龄以上，有劳动能力，为取得劳动报酬或经营收入而从事一定社会劳动的人员。具体指年满16周岁，为取得报酬或经营利润，在调查周内从事了1小时（含1小时）以上的劳动或由于学习、休假等原因在调查周内暂时处于未工作状态，但有工作单位或场所的人口。

**单位就业人员** 指报告期末最后一日24时在本单位中工作，并取得工资或其他形式劳动报酬的人员数。该指标为时点指标，不包括最后一日当天及以前已经与单位解除劳动合同关系的人员，是在岗职工、劳务派遣人员及其他就业人员之和。就业人员不包括：

(1)离开本单位仍保留劳动关系，并定期领取生活费的人员；

(2)利用课余时间打工的学生及在本单位实习的各类在校学生；

(3)本单位因劳务外包而使用的人员。

**城镇私营和个体就业人员** 城镇私营就业人员指在工商管理部门注册登记，其经营地址设在县城关镇(含县城关镇)以上的私营企业就业人员，包括私营企业投资者和雇工。城镇个体就业人员指在工商管理部门注册登记，并持有城镇户口或在城镇长期居住，经批准从事个体工商经营的就业人员，包括个体经营者和在个体工商户劳动的家庭帮工和雇工。

**国有单位** 指资产归国家所有的经济组织。包括按《中华人民共和国企业法人登记管理条例》规定登记注册的非公司制的经济组织，以及中央、地方各级国家机关、事业单位和社会团体。

**集体单位** 指生产资料归集体所有，并按《中华人民共和国企业法人登记管理条例》规定登记注册的经济组织。

**其他单位** 包括股份合作单位、联营单位、有限责任公司、股份有限公司、港澳台商投资单位以及外商投资单位等其他登记注册类型单位。

**在岗职工** 指在本单位工作且与本单位签订劳动合同，并由单位支付各项工资和社会保险、住房公积金的人员，以及上述人员中由于学习、病伤、产假等原因暂未工作仍由单位支付工资的人员。在岗职工还包括：

(1)应订立劳动合同而未订立劳动合同人员(如使用的农村户籍人员)；

(2)处于试用期人员；

(3)编制外招用的人员；

(4)派往外单位工作，但工资仍由本单位发放的人员(如挂职锻炼、外派工作等情况)。

**工资总额** 指根据《关于工资总额组成的规定》(1990年1月1日国家统计局发布的一号令)进行修订，在报告期内(季度或年度)直接支付给本单位全部就业人员的劳动报酬总额。包括计时工资、计件工资、奖金、津贴和补贴、加班加点工资、特殊情况下支付的工资，是在岗职工工资总额、劳务派遣人员工资总额和其他就业人员工资总额之和。

工资总额是税前工资，包括单位从个人工资中直接为其代扣或代缴的房费、水费、电费、住房公积金和社会保险基金个人缴纳部分等。

工资总额不论是计入成本的还是不计入成本的，不论是以货币形式支付的还是以实物形式支付的，均应列入工资总额的计算范围。

**平均工资** 指单位就业人员在一定时期内平均每人所得的工资额。它表明一定时期工资收入的高低程度，是反映就业人员工资水平的主要指标。计算公式为：

$$平均工资=\frac{报告期就业人员工资总额}{报告期就业人员平均人数}$$

**平均工资指数** 指报告期就业人员平均工资与基期就业人员平均工资的比率，是反映不同时期就业人员货币工资水平变动情况的相对数。计算公式为：

$$平均工资指数=\frac{报告期就业人员平均工资}{基期就业人员平均工资}\times 100\%$$

**平均实际工资指数** 就业人员平均实际工资指扣除物价变动因素后的就业人员平均工资。就业人员平均实际工资指数是反映实际工资变动情况的相对数，表明就业人员实际工资水平提高或降低的程度。计算公式为:

$$平均实际工资指数=\frac{报告期就业人员平均工资指数}{报告期城镇居民消费价格指数}\times 100\%$$

**城镇登记失业人员** 指有非农业户口，在一定的劳动年龄内(16周岁至退休年龄)，有劳动能力，无业而要求就业，并在当地劳动保障部门进行失业登记的人员。

**城镇登记失业率** 城镇登记失业人员与城镇单位就业人员(扣除使用的农村劳动力、聘用的离退休人员、港澳台及外方人员)、城镇单位中的不在岗职工、城镇私营业主、个体户主、城镇私营企业和个体就业人员、城镇登记失业人员之和的比。

# Explanatory Notes on Main Statistical Indicators

**Employed Persons** refers to persons above a specified age who had labour capacity and performed some social work for compensation or business gains. Specifically, it refers to all persons, aged 16 and over, who performed some work for compensation or business gains for one hour or more during the reference period; or who had work units or sites but were temporarily not at work during the reference period,

**Persons Employed in Various Units** refer to the total number of employees who work at his unit and obtain wages or other forms of payment at the end of the reporting period. This indicator is a kind of time point index and it equals to the sum of the number of employed staff and workers, labor dispatch personnel and other employed persons. Employed persons do not include:

1)persons who have left their working units while keeping their labour contract (employment relation) unchanged and receiving regular alimony;

2)students who do part-time jobs in spare time and all kinds of enrolled students who do internship in various units;

3)persons employed due to labor outsourcing;

4)persons who dissolve labor contracts with their units on the last day of reporting period or before.

**Persons Employed in Private Enterprises and Self-Employed Individuals in Urban Areas** Persons employed in private enterprises refer to the persons employed in the private enterprises which have been registered at the departments of industrial and commercial administration for which the business operation are situated at a county town (i.e. a town where the county government is located), or at urban areas with administrative hierarchy higher than a county town. The self-employed individuals in urban areas refer to persons who hold the certificates of residence in urban areas or have resided in the urban areas for a long time and have been registered at the departments of industrial and commercial administration and approved to be engaged in individual industrial or commercial business, including self-employed persons as well as helpers and hired laborers who work in individual households.

**State-owned Units** refer to economic units whose assets are owned by the state, including non-corporation units registered according to *Regulation of the People's Republic of China on the Registration of Enterprises and Corporations*, state organs, institutions and social organizations at the central-level and local levels.

**Collective-owned Units** refer to economic units registered according to *Regulation of the People's Republic of China on the Registration of Enterprises and Corporations* where the means of production are collectively owned.

**Units of Other Types of Ownership** refer to units registered with other types of ownership, including cooperative units, joint ownership units, limited liability corporations, share holding corporations, units funded by entrepreneurs from Hong Kong, Macao, and Taiwan, and foreign- funded units.

**Employed Staff and Workers** refer to persons who signed labor contracts with working units and working units would pay wages, social insurance and housing funds for them. Persons who have their work posts but are temporarily absent from work for reasons of study or on sick, injury or maternal leave and still receive wages from their working units are also included. Employed staff and workers also include:

1)Persons who should have signed the labor contracts but not (like people with rural household registration);

2)Employees on probation;

3)Employees beyond the staffing quota;

4)Employees who are sent to other working units but still obtain wages from their original units (situations like on-the-job placement, expatriated assignment, etc. )

**Total Wage Bill** It is revised according to the "Provision of Composition of Total Wages" (Order No.1 by National Bureau of Statistics on January, 1st, ,1990), total wage bill refers to the total remuneration payment to all employed persons in various units during the reporting period (by quarter or by year), including hourly-paid wages, piece-rate wages, bonuses, allowance and subsidies, overtime wages and wages paid under special circumstances. It equals to the sum of total wages of employed staff and workers, dispatch labors and other employed persons.

Total wage bill is pre-tax wages, including the room charges, utility bills, housing funds and social insurance paid or withheld by employee's units.

Total wage bill, whether or not included in cost, whether or not paid in money or in kind, shall be included in the calculation of total wage.

**Average Wage** refers to the average per capita wage during a certain period of time for employed persons. It shows the general level of wage income during a certain period of time, one major indicator to reflect the wage level. It is calculated as follows:

$$\text{Average Wage} = \frac{\begin{array}{c}\text{Total Wage Bill of Employed}\\ \text{Persons at Reference Time}\end{array}}{\begin{array}{c}\text{Average Number of Persons}\\ \text{Employed at Reference Time}\end{array}}$$

**Average Wage Indices** refers to the ratio of average wage of employed persons the reporting period to that at the base period, which reflects the change of wage of employed persons at the different period. It is calculated as follows:

$$\begin{array}{c}\text{Average}\\ \text{Wage Indices}\end{array} = \frac{\begin{array}{c}\text{Average Wage of Employed}\\ \text{Persons at Reference Time}\end{array}}{\begin{array}{c}\text{Average Wage of Persons}\\ \text{Employeds at Base Period}\end{array}} \times 100\%$$

**Average Real Wage Indices** average real wage of employed persons refers to the average wage of employed persons after removing the effects of the price changes and average real wage indices of employed persons refers to the change of real wage, which reflects the relative increasing or decreasing level of real wage of employed persons ,which is calculated as follows:

$$\text{Average Real Wage Indices} = \frac{\text{Average Wage Indices of Employed Persons at the Reference Time}}{\text{Urban Consumer Price Indices at Reference Time}} \times 100\%$$

**Registered Unemployed Persons in Urban Areas** refer to the persons with non-agricultural household registration at certain working ages (16 years old to retirement age), who are capable of working, unemployed and willing to work, and have been registered at the local employment service agencies to apply for a job.

**Registered Unemployment Rate in Urban Areas** refers to the ratio of the number of the registered unemployed persons to the sum of the number of persons employed in various units (minus the employed rural labour force, re-employed retirees, and Hong Kong, Macao, Taiwan or foreign employees), laid-off staff and workers in urban units, owners of private enterprises in urban areas, owners of self-employed individuals in urban areas, employees of private enterprises in urban areas, employee of self-employed individuals in urban areas, and the registered unemployed persons in urban areas.

# 六、固定资产投资

Investment in Fixed Assets

资料整理：郑　娟　袁军会　陈晓锋　穆　丹　刘海燕　刘卫斌

# 简 要 说 明

一、本篇资料反映陕西固定资产投资的基本情况，主要包括：全社会固定资产投资，房地产开发投资，商品房销售情况。

二、固定资产投资统计的范围包括：城乡建设项目投资，房地产开发投资及农户投资。

三、固定资产投资统计的资料来源主要为统计局的全面统计报表。除农户固定资产投资统计采用抽样调查方法外，其他均为全面统计报表。

四、统计口径的变化

自1997年起，除房地产开发投资、非农户投资、农户投资及城镇和工矿区私人建房投资外，固定资产投资的统计起点由5万元提高到50万元。

自2006年起，非农户固定资产投资统计改为按项目统计，调查方法由抽样调查改为全面统计报表，起点提高到50万元。城镇和工矿区私人建房投资改为按项目统计，起点为50万元。

自2011年起，提高固定资产投资统计起点标准，从计划总投资额50万元提高到500万元。投资统计的范围从城镇扩大到农村企事业组织，并将这一统计范围定义为“固定资产投资（不含农户）”。

# Brief Introduction

Ⅰ.This chapter reflects the basic conditions of investment in fixed assets of Shaanxi Province, mainly including total investment in fixed assets in the whole province, real estate development, Sales of Commercial Buildings.

Ⅱ.Statistics on the investment in fixed assets cover investments in capital construction projects in urban and rural areas, investments in real estate development, as well as rural household investment.

Ⅲ.The data sources for the statistics of investment in fixed assets mainly come from complete statistical report forms. Investment in fixed assets by farm households are calculated with sample survey, and the others come from complete statistical report forms.

Ⅳ. Changes in Statistical Scope

Since 1997, the cut-off point of projects covered by statistics of investment in fixed assets are raised from an investment of 50,000 yuan to 500,000 yuan, except investment in real estate development, farm household investment, non-farm household investment and private investment in housing construction in urban areas and industrial and mining areas.

Since 2006, statistics on investments in fixed assets of rural non-farm households are changed to project-based. Survey method is changed from sample survey to the system of reporting form with complete enumeration. The cut-off point has been raised to 500,000 yuan. Statistics on private investment in housing construction in urban areas and industrial and mining areas have become project-based. The cut-off point has been raised to 500,000 yuan.

Since 2011, the cut-off point of statistics on investments in fixed assets are raised, amount of intended investment are raised from 500,000 yuan to 5,000,000 yuan. The scope of investment statistics expends from urban to rural enterprises, and this scope of statistics is defined “investments in fixed assets(non-farm)”.

# 6.固定资产投资

| | | | |
|---|---|---|---|
| 2018年全省 | | | |
| 全社会固定资产投资 | | | 比上年增长 10.2% |
| # 房地产开发投资 | 3534.67 | 亿元 | 比上年增长 13.9% |
| 商品房销售面积 | 4118.56 | 万平方米 | 比上年增长 5.9% |

## 房地产开发投资（亿元）

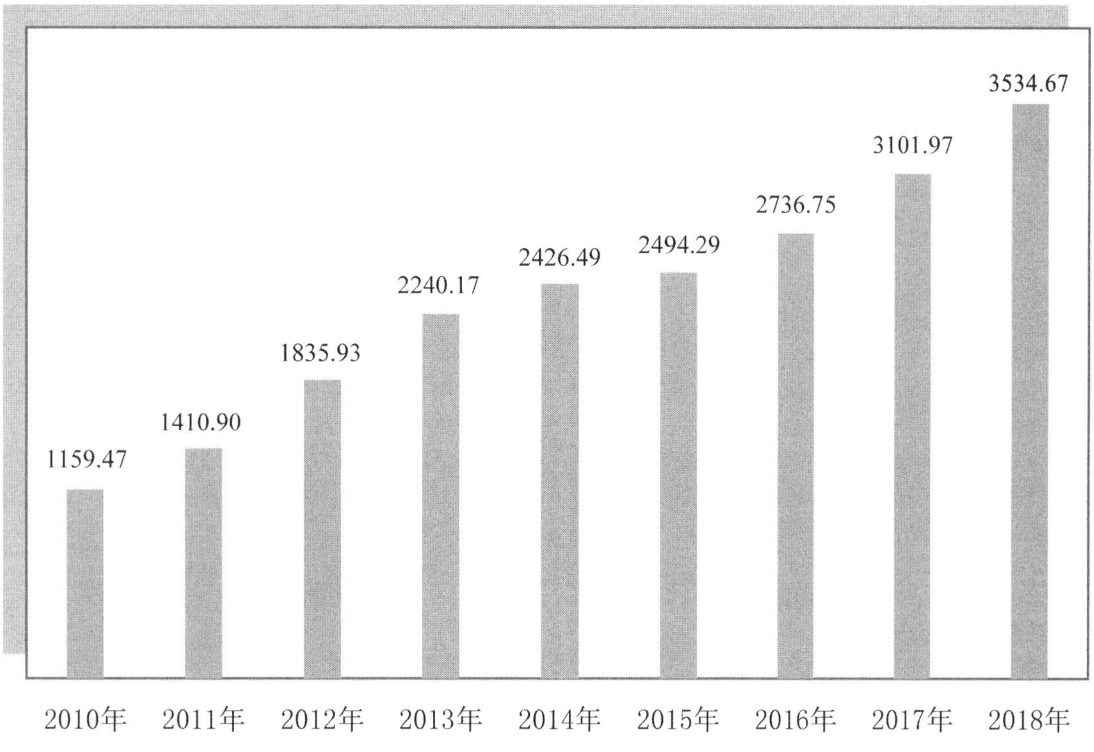

# 6-1 全社会固定资产投资增长速度
## Growth Rate of the Total Investment in Fixed Assets of the Whole Province

单位：% (%)

| 年份 Year | 全社会固定资产投资 Total Investment | 固定资产投资 Investment in Fixed Assets | #房地产开发 Real Estate Development | 农户固定资产投资 Rural Investment in Fixed Assets |
|---|---|---|---|---|
| 1979 | 4.0 | 1.9 | | 35.5 |
| 1980 | 31.4 | 31.0 | | 36.3 |
| 1981 | -17.5 | -22.3 | | 36.0 |
| 1982 | 28.6 | 31.9 | | 7.9 |
| 1983 | 4.6 | -0.1 | | 41.1 |
| 1984 | 31.0 | 20.0 | | 91.4 |
| 1985 | 43.6 | 40.8 | | 53.2 |
| 1986 | 9.6 | 16.8 | | -13.4 |
| 1987 | 27.3 | 27.2 | | 27.7 |
| 1988 | 17.1 | 14.9 | | 26.6 |
| 1989 | 0.5 | -2.7 | | 12.9 |
| 1990 | 9.0 | 10.4 | | 4.2 |
| 1991 | 20.5 | 17.2 | | 31.8 |
| 1992 | 14.0 | 22.7 | | -13.2 |
| 1993 | 60.2 | 69.8 | | 17.3 |
| 1994 | 24.1 | 19.2 | | 55.6 |
| 1995 | 14.5 | 14.1 | 55.5 | 16.1 |
| 1996 | 14.7 | 13.5 | 6.5 | 20.3 |
| 1997 | 14.0 | 15.8 | -2.0 | 5.8 |
| 1998 | 28.5 | 34.1 | 73.9 | 0.5 |
| 1999 | 13.7 | 13.3 | 33.1 | 16.1 |
| 2000 | 20.4 | 25.9 | 15.5 | -14.8 |
| 2001 | 14.1 | 14.6 | 26.5 | 8.8 |
| 2002 | 14.6 | 14.7 | 23.8 | 12.9 |
| 2003 | 31.2 | 32.9 | 52.6 | 14.2 |
| 2004 | 20.8 | 22.2 | 22.6 | 3.2 |
| 2005 | 28.4 | 29.8 | 29.3 | 7.9 |
| 2006 | 31.7 | 33.0 | 32.1 | 8.6 |
| 2007 | 39.5 | 40.8 | 35.6 | 13.0 |
| 2008 | 33.2 | 33.1 | 42.4 | 35.8 |
| 2009 | 35.1 | 36.1 | 23.8 | 9.1 |
| 2010 | 30.6 | 31.3 | 22.9 | 10.2 |
| 2011 | 30.1 | 29.7 | 22.5 | 46.2 |
| 2012 | 28.1 | 28.9 | 30.1 | 5.2 |
| 2013 | 24.1 | 24.7 | 22.0 | 3.5 |
| 2014 | 17.4 | 17.8 | 8.3 | 0.3 |
| 2015 | 7.8 | 8.0 | 2.8 | -0.1 |
| 2016 | 12.1 | 12.3 | 9.7 | -0.2 |
| 2017 | 14.4 | 14.6 | 13.3 | 0.2 |
| 2018 | 10.2 | 10.4 | 13.9 | 2.0 |

注：1.2011年起，城镇固定资产投资数据发布口径改为固定资产投资(不含农户)。固定资产投资(不含农户)等于原口径的城镇固定资产投资加上非农户投资(以下相关表同)。
2.2016年起，全社会固定资产投资不包含跨省项目(以下相关表同)。

a) Urban Investment in Fixed Assets has changed to Investment in fixed assets (excluding rural households) since 2011. Investment in fixed assets (excluding rural households) is the Urban Investment in Fixed Assets and Non-farm Households(The related tables is the same).
b)Total investment in Fixed Assets in 2016 do not include inter provincial project.The same applies to the relevant tables following.

# 6-2　全社会固定资产投资主要指标增长速度(2018年)

## Growth Rate of the Main Indicators and Composition of Total Investment in Fixed Asset of the Whole Province (2018)

单位：%　　　　(%)

| 指　　标 | Item | 合　计 Total | 内　资 Domestic | 国　有 State-owned | 集　体 Collective-owned |
|---|---|---|---|---|---|
| 一、投资总额 | Total Investment | 10.2 | 10.6 | 0.9 | 24.6 |
| 1.按隶属关系分 | By Jurisdiction of Management | | | | |
| 中　央 | Central Investment | -5.3 | -5.1 | -9.4 | -32.0 |
| 地　方 | Local Investment | 11.1 | 11.5 | 1.5 | 24.8 |
| 2.按构成分 | By Use of Funds | | | | |
| 建筑安装工程 | Construction and Installation | 11.5 | 12.4 | 5.6 | 28.0 |
| 设备工器具购置 | Purchase of Equipment and Instruments | -2.3 | -4.7 | -8.2 | 74.1 |
| 其他费用 | Others | 13.7 | 12.9 | -22.6 | -40.3 |
| # 建设用地费 | Construction Land Fee | 21.6 | 20.1 | -40.0 | -69.0 |
| 3.按建设性质分 | By Type of Construction | | | | |
| # 新　建 | New Construction | 11.0 | 11.1 | 2.7 | 31.2 |
| 扩　建 | Expansion | -9.9 | -8.1 | -12.4 | 3.2 |
| 改建和技改 | Reconstruction and Technical Transformation | 8.8 | 5.4 | -1.3 | 9.3 |
| 4.按产业构成分 | By Type of Industry | | | | |
| 第一产业 | Primary Industry | 45.4 | 45.1 | 22.2 | 210.0 |
| 第二产业 | Secondary Industry | 5.5 | 4.4 | -7.7 | -11.4 |
| 第三产业 | Tertiary Industry | 9.4 | 10.4 | 1.8 | 12.9 |
| 二、本年新增固定资产 | Newly Increased Fixed Assets This Year | 5.8 | 7.6 | 5.1 | -28.1 |

注：本年新增固定资产统计范围不含计划总投资5000万元以下项目。
a) Data for newly increased fixed assets do not include those under 50 million yuan.

## 6-2 续表 continued

单位：% (%)

| 指　标 | Item | 其 他 Others | 港澳台商投资 Funds from Hong Kong, Macao & Taiwan | 外商投资 Foreign Funded | 个体经营 Self-employed Individual |
|---|---|---|---|---|---|
| 一、投资总额 | Total Investment | 18.6 | -38.4 | 27.7 | 1.9 |
| 1.按隶属关系分 | By Jurisdiction of Management | | | | |
| 中　央 | Central Investment | -1.7 | 62.8 | -81.4 | |
| 地　方 | Local Investment | 19.9 | -40.8 | 30.2 | 1.9 |
| 2.按构成分 | By Use of Funds | | | | |
| 建筑安装工程 | Construction and Installation | 18.4 | -36.5 | 7.2 | -7.0 |
| 设备工器具购置 | Purchase of Equipment and Instruments | -4 | -52.5 | 53.2 | 45.9 |
| 其他费用 | Others | 44.1 | 25.4 | 70.5 | 67.3 |
| # 建设用地费 | Construction Land Fee | 66.3 | 57.1 | 376.6 | -86.8 |
| 3.按建设性质分 | By Type of Construction | | | | |
| # 新　建 | New Construction | 21.3 | -58.3 | 57.8 | 3.0 |
| 扩　建 | Expansion | -4.8 | 904.7 | -83.6 | -14.9 |
| 改建和技改 | Reconstruction and Technical Transformation | 10.4 | 5.2 | 109.2 | -86.5 |
| 4.按产业构成分 | By Type of Industry | | | | |
| 第一产业 | Primary Industry | 50.6 | | | 49.2 |
| 第二产业 | Secondary Industry | 9.5 | -17.8 | 41.1 | -25.7 |
| 第三产业 | Tertiary Industry | 20.1 | -48.4 | 0.1 | -6.7 |
| 二、本年新增固定资产 | Newly Increased Fixed Assets This Year | 10.2 | 78.1 | -82.4 | 2.0 |

# 6-3 各市(区)全社会固定资产投资增长速度
# Growth Rate of the Total Investment in Fixed Assets of the Whole Province by City(District)

单位：% (%)

| 地 区 | Region | 2014 | 2015 | 2016 | 2017 | 2018 |
|---|---|---|---|---|---|---|
| **全 省** | **Shaanxi** | **17.4** | **7.8** | **12.1** | **14.4** | **10.2** |
| 西安市 | Xi'an | 15.0 | -12.5 | 2.0 | 12.9 | 8.4 |
| 铜川市 | Tongchuan | 26.0 | 17.2 | 10.2 | 12.5 | 13.8 |
| 宝鸡市 | Baoji | 26.1 | 23.0 | 24.1 | 20.5 | 12.1 |
| 咸阳市 | Xianyang | 21.3 | 22.9 | 19.1 | 11.3 | 9.0 |
| 渭南市 | Weinan | 20.3 | 18.1 | 10.6 | 19.3 | 14.5 |
| # 韩城市 | Hancheng | 25.7 | 23.3 | 30.7 | 20.6 | 17.0 |
| 延安市 | Yan'an | 16.7 | 6.2 | -15.4 | -5.6 | 6.9 |
| 汉中市 | Hanzhong | 24.4 | 23.0 | 24.5 | 19.3 | 14.0 |
| 榆林市 | Yulin | -9.9 | -15.9 | 6.0 | 7.5 | 8.5 |
| 安康市 | Ankang | 25.5 | 25.2 | 24.2 | 24.1 | 16.1 |
| 商洛市 | Shangluo | 26.0 | 22.8 | 21.9 | 23.6 | 8.5 |
| 杨凌示范区 | Yangling | 26.2 | 25.1 | 24.1 | 15.2 | 12.9 |

注：2016年起全社会固定资产投资不包含跨省项目，增速为同口径数据。
a)Total investment in Fixed Assets in 2016 do not include inter provincial project.Growth rate is calculated on the same line.

# 6-4 各行业按构成分的固定资产投资增长速度(2018年)
# Growth Rate of the Investment by Sector and Use of Funds in the Whole Province (2018)

单位：%　　(%)

| 行　业 | Sector | 投资额 Investment | 建筑安装工程 Construction and Installation | 设备工器具购置 Purchase of Equipment and Instruments | 其他费用 Other Expenses |
|---|---|---|---|---|---|
| **全省总计** | **Total** | **10.4** | **12** | **-3.3** | **13.3** |
| 农、林、牧、渔业 | Agriculture, Forestry, Animal Husbandry and Fishery | 42 | 42 | 52.9 | 33.7 |
| 农业 | Farming | 54.5 | 55.9 | 56.3 | 43.5 |
| 林业 | Forestry | 43 | 36.7 | 101.9 | 54.3 |
| 畜牧业 | Animal Husbandry | 30.1 | 32.8 | 40.9 | -7.5 |
| 渔业 | Fishery | -16.9 | -22 | -33.9 | 87.9 |
| 农、林、牧、渔专业及辅助性活动 | Agriculture, Forestry, Animal Husbandry and Fishery Professional and Supporting Activities | 15.7 | 11 | 61.1 | 19.7 |
| 采矿业 | Mining | 25.6 | 34.3 | 23.2 | -0.1 |
| 煤炭开采和洗选业 | Mining and Washing of Coal | 6.8 | 35.6 | -21 | -20.9 |
| 石油和天然气开采业 | Extraction of Petroleum and Natural Gas | 53.4 | 37.3 | 122.5 | 68.2 |
| 黑色金属矿采选业 | Mining and Processing of Ferrous Metal Ores | -50 | -38.8 | -62.2 | -71 |
| 有色金属矿采选业 | Mining and Processing of Non-Ferrous Metal Ores | -4.8 | -3.7 | 89.4 | -60.8 |
| 非金属矿采选业 | Mining and Processing of Non-metal Ores | 69.4 | 79.7 | 149.7 | -41.1 |
| 开采专业及辅助性活动 | Professional and Support Activities for Mining | 61.2 | 38.2 | -1.2 | |
| 其他采矿业 | Mining of Other Ores | 190.5 | -6.7 | | 408.5 |
| 制造业 | Manufacturing | 8.6 | 13.7 | -5.4 | 21.6 |
| 农副食品加工业 | Processing of Food from Agricultural Products | 10.8 | 17.5 | 14.4 | -50 |
| 食品制造业 | Manufacture of Foods | -16.7 | -11.3 | -31 | -55.1 |
| 酒、饮料和精制茶制造业 | Manufacture of Liquor, Beverages and Refined Tea | 10.8 | 15.2 | -18.7 | 48.8 |
| 烟草制品业 | Manufacture of Tobacco | -38.3 | -30.8 | -96.8 | |
| 纺织业 | Manufacture of Textile | -10.7 | -19.2 | 17.9 | -38.2 |
| 纺织服装、服饰业 | Manufacture of Textile, Wearing Apparel and Accessories | 25.4 | 14.8 | 54 | 69.8 |
| 皮革、毛皮、羽毛及其制品和制鞋业 | Manufacture of Leather, Fur, Feather and Related Products and Footwear | -20.4 | 35 | -73.5 | 286 |
| 木材加工和木、竹、藤、棕、草制品业 | Processing of Timber, Manufacture of Wood, Bamboo, Rattan,Palm and Straw Products | 1.7 | 8.5 | -29.2 | -9.3 |
| 家具制造业 | Manufacture of Furniture | -31.3 | -39.2 | 35.6 | -67.2 |
| 造纸和纸制品业 | Manufacture of Paper and Paper Products | 59.3 | 71.4 | 56.4 | -28.7 |
| 印刷和记录媒介复制业 | Printing and Reproduction of Recording Media | 0.5 | 5.4 | -4.2 | -51.4 |
| 文教、工美、体育和娱乐用品制造业 | Manufacture of Articles for Culture,Education,Arts and Crafts, Sport and Entertainment Activities | 43.7 | 203.2 | -55.8 | -49.7 |
| 石油、煤炭及其他燃料加工业 | Processing of Petroleum, Coal and Other Fuel | 19.6 | 54.4 | 1.2 | -13 |
| 化学原料和化学制品制造业 | Manufacture of Raw Chemical Materials and Chemical Products | 33.7 | 32.9 | 1.5 | 132.5 |
| 医药制造业 | Manufacture of Medicines | 8.7 | 8.7 | -13.1 | 76.3 |
| 化学纤维制造业 | Manufacture of Chemical Fibres | -41 | -65.9 | 21.1 | |
| 橡胶和塑料制品业 | Manufacture of Rubber and Plastics Products | -7.4 | -6.6 | -11.6 | -2.3 |
| 非金属矿物制品业 | Manufacture of Non-metallic Mineral Products | 13.3 | 26.2 | -9.9 | -32.4 |
| 黑色金属冶炼和压延加工业 | Smelting and Pressing of Ferrous Metals | 74.7 | 82 | 41.9 | 177.8 |
| 有色金属冶炼和压延加工业 | Smelting and Pressing of Non-ferrous Metals | -17.8 | -14.6 | -26.7 | 55.1 |
| 金属制品业 | Manufacture of Metal Products | -16.3 | -13 | -14.4 | -73.3 |
| 通用设备制造业 | Manufacture of General Purpose Machinery | -5.8 | -1.5 | -8.9 | -38.5 |
| 专用设备制造业 | Manufacture of Special Purpose Machinery | -6.4 | -0.5 | -21.9 | 1.3 |

# 6-4 续表 1 continued

单位：%  (%)

| 行业 | Sector | 投资额 Investment | 建筑安装工程 Construction and Installation | 设备工器具购置 Purchase of Equipment and Instruments | 其他费用 Other Expenses |
|---|---|---|---|---|---|
| 汽车制造业 | Manufacture of Automobiles | 53.1 | 70.0 | -6.9 | 267.5 |
| 铁路、船舶、航空航天和其他运输设备制造业 | Manufacture of Railway, Ship, Aerospace and Other Transport Equipments | 9.7 | -10.7 | 61.8 | 8.0 |
| 电气机械和器材制造业 | Manufacture of Electrical Machinery and Apparatus | -20.8 | -12.3 | -34.7 | -37.8 |
| 计算机、通信和其他电子设备制造业 | Manufacture of Computers, Communication and Other Electronic Equipment | 21.2 | 33.7 | 1.8 | 230.9 |
| 仪器仪表制造业 | Manufacture of Measuring Instruments and Machinery | -4.8 | 12.4 | -13.6 | -98.5 |
| 其他制造业 | Other Manufacture | 20.7 | 29.7 | 18.3 | -54.8 |
| 废弃资源综合利用业 | Utilization of Waste Resources | 32.2 | 38.6 | 4.7 | 33.4 |
| 金属制品、机械和设备修理业 | Repair Service of Metal Products, Machinery and Equipment | -96.0 | -95.6 | -96.0 | |
| 电力、热力、燃气及水生产和供应业 | Production and Supply of Electricity, Heat, Gas and Water | -16.7 | -9.0 | -26.0 | -37.4 |
| 电力、热力生产和供应业 | Production and Supply of Electric Power and Heat Power | -24.9 | -18.0 | -31.8 | -36.9 |
| 燃气生产和供应业 | Production and Supply of Gas | 38.0 | 24.4 | 136.1 | 34.5 |
| 水的生产和供应业 | Production and Supply of Water | -2.4 | 3.9 | -12.3 | -58.5 |
| 建筑业 | Construction | -9.0 | -15.5 | -10.5 | 42.8 |
| 房屋建筑业 | Construction of Buildings | 131.5 | 34.3 | 133.3 | |
| 土木工程建筑业 | Civil Engineering | -79.0 | -98.0 | -12.2 | |
| 建筑安装业 | Building Installation | | | | |
| 建筑装饰、装修和其他建筑业 | Building Decoration and Other Constructions | -54.8 | -39.5 | -87.0 | -2.1 |
| 批发和零售业 | Wholesale and Retail Trades | -15.5 | -7.5 | -32.2 | -45.8 |
| 批发业 | Wholesale Trade | -19.4 | -5.5 | -25.4 | -80.2 |
| 零售业 | Retail Trade | -12.7 | -8.8 | -37.1 | 3.3 |
| 交通运输、仓储和邮政业 | Transport, Storage and Post | 12.7 | 11.9 | 61.1 | -1.5 |
| 铁路运输业 | Railway Transport | 36.4 | 47.2 | 121.8 | -4.0 |
| 道路运输业 | Road Transport | 10.9 | 7.1 | 92.0 | 15.7 |
| 水上运输业 | Water Transport | | | | |
| 航空运输业 | Air Transport | 26.3 | 106.3 | -36.2 | -71.3 |
| 管道运输业 | Transport Via Pipelines | 48.5 | 52.4 | -60.4 | 47.9 |
| 多式联运和运输代理业 | Multimodal Transport and Forwarding Agency | 76.2 | 124.7 | 23.4 | -42.1 |
| 装卸搬运和仓储业 | Loading, Unloading and Storage | 4.2 | 6.3 | 21.0 | -27.8 |
| 邮政业 | Post | -63.2 | -39.4 | | |
| 住宿和餐饮业 | Hotels and Catering Services | 28.9 | 22.7 | 31.6 | 72.4 |
| 住宿业 | Hotels | 50.0 | 41.4 | 63.3 | 96.7 |
| 餐饮业 | Catering Services | -21.1 | -21.3 | -5.9 | -48.3 |
| 信息传输、软件和信息技术服务业 | Information Transmission, Software and Information Technology | 6.7 | 4.9 | -12.0 | 202.5 |
| 电信、广播电视和卫星传输服务 | Telecommunication, Radio and Television and Satellite Transmission Service | -24.9 | -23.9 | -29.4 | 49.6 |
| 互联网和相关服务 | Internet and Related Service | 19.5 | 9.6 | 65.2 | -39.1 |
| 软件和信息技术服务业 | Software and Information Technology | 68.9 | 35.8 | 48.4 | |
| 金融业 | Financial Intermediation | -12.2 | -27.4 | -23.3 | 343.1 |
| 货币金融服务 | Monetary and Financial Service | -42.2 | -47.2 | -1.3 | -55.7 |

# 6-4 续表 2 continued

单位：%　　(%)

| 行　业 | Sector | 投资额 Investment | 建筑安装工程 Construction and Installation | 设备工器具购置 Purchase of Equipment and Instruments | 其他费用 Other Expenses |
|---|---|---|---|---|---|
| 资本市场服务 | Capital Market Service | 24.9 | -8.2 | -49.2 | 724.3 |
| 保险业 | Insurance | -35.4 | -35.4 | | |
| 其他金融业 | Other Financial Activities | | | | |
| 房地产业 | Real Estate | 13.1 | 4.3 | -0.3 | 60.5 |
| 房地产业 | Real Estate | 13.1 | 4.3 | -0.3 | 60.5 |
| 租赁和商务服务业 | Leasing and Business Services | 8.9 | 28.5 | -51.0 | 10.4 |
| 租赁业 | Leasing | -74.7 | 92.8 | -76.4 | -90.4 |
| 商务服务业 | Business Services | 27.2 | 28.3 | 81.9 | 11.2 |
| 科学研究和技术服务业 | Scientific Research and Technical Services | 16.8 | 12.9 | 46.5 | 6.3 |
| 研究和试验发展 | Research and Experimental Development | -23.1 | -38.2 | 143.5 | -7.7 |
| 专业技术服务业 | Professional Technical Services | 22.7 | 31.6 | -15.7 | 38.1 |
| 科技推广和应用服务业 | Science and Technology Popularization and Application Services | 48.7 | 51.8 | 61.3 | 7.1 |
| 水利、环境和公共设施管理业 | Management of Water Conservancy, Environment and Public Facilities | 6.1 | 13.2 | -8.4 | -30.3 |
| 水利管理业 | Management of Water Conservancy | -15.4 | -9.4 | -19.2 | -45.5 |
| 生态保护和环境治理业 | Ecological Protection and Environmental Treatment | 44.5 | 38.0 | 101.7 | 59.8 |
| 公共设施管理业 | Management of Public Facilities | 6.8 | 14.8 | -19.1 | -29.7 |
| 土地管理业 | Management of Land | 41.8 | 23.6 | | -81.4 |
| 居民服务、修理和其他服务业 | Service to Households, Repair and Other Services | 25.7 | 40.9 | 100.2 | -58.4 |
| 居民服务业 | Service to Households | 0.2 | 19.3 | 23.8 | -67.7 |
| 机动车、电子产品和日用产品修理业 | Repair of Motor Vehicle, Electronics and Household Products | 136.1 | 87.7 | 278.4 | -55.5 |
| 其他服务业 | Other Services | 223.6 | 208.9 | 450.6 | 173.1 |
| 教育 | Education | -7.5 | 4.5 | -34.8 | -63.3 |
| 教育 | Education | -7.5 | 4.5 | -34.8 | -63.3 |
| 卫生和社会工作 | Health and Social Services | 14.4 | 14.6 | 55.1 | -23.5 |
| 卫生 | Health | 47.0 | 48.0 | 63.3 | 17.2 |
| 社会工作 | Social Service | -31.4 | -28.0 | 10.2 | -79.2 |
| 文化、体育和娱乐业 | Culture, Sports and Entertainment | 39.2 | 44.9 | 13.9 | 11.3 |
| 新闻和出版业 | Journalism and Publishing Activities | 6.1 | -74.8 | 31.4 | |
| 广播、电视、电影和录音制作业 | Radio, Television, Movies and Recordings Production Services | 38.4 | 42.2 | 74.5 | -84.1 |
| 文化艺术业 | Cultural and Art Activities | -18.9 | -12.6 | -11.6 | -64.0 |
| 体育 | Sports Activities | 66.5 | 71.4 | -37.4 | 203.5 |
| 娱乐业 | Entertainment | 182.6 | 194.0 | 116.6 | 149.4 |
| 公共管理、社会保障和社会组织 | Public Management, Social Security and Social Organization | 16.7 | 14.8 | 96.0 | -41.1 |
| 中国共产党机关 | Organs of Communist Party of China | 88.7 | 88.7 | | |
| 国家机构 | Government Agencies | 20.8 | 21.3 | 43.6 | -16.9 |
| 人民政协、民主党派 | People's Political Consultative Conference and Democratic Parties | | | | |
| 社会保障 | Social Security | -6.2 | -17.1 | 533.1 | |
| 群众团体、社会团体和其他成员组织 | Non-Governmental Organizations, Social Organizations and Membership Organizations | 3.9 | 8.5 | -45.7 | 99.5 |
| 基层群众自治组织 | Grass Roots Self-Governing Organizations | 10.2 | -3.8 | 482.9 | -94.4 |

# 6-5 分行业固定资产投资施工、投产项目个数及新增固定资产增长速度(2018年)

# Number of Investment Projects under Construction and Put into Use and Growth Rate of the Newly Increased Fixed Assets by Sector in the Whole Province(2018)

单位：% (%)

| 行业 | Sector | 施工项目 Number of Projects under Construction | 全部建成投产项目 Number of Projects Completed and Put into Use | 施工项目计划总投资 Total Planned Investment of Projects under Construction | 本年完成投资额 Investment Completed This Year | 本年新增固定资产 Newly Increased Fixed Assets This Year |
|---|---|---|---|---|---|---|
| **全省总计** | **Total** | **9.4** | **23.9** | **10.8** | **10.4** | **6.0** |
| 农、林、牧、渔业 | Agriculture,Forestry,Animal Husbandry and Fishery | 30.8 | 45.6 | 27.7 | 42.0 | 36.6 |
| 农业 | Farming | 43.8 | 70.6 | 39.6 | 54.5 | 34.0 |
| 林业 | Forestry | 23.4 | 17.8 | 19.3 | 43.0 | 122.3 |
| 畜牧业 | Animal Husbandry | 21.5 | 41.2 | 24.5 | 30.1 | 52.1 |
| 渔业 | Fishery | 7.0 | 3.7 | -34.9 | -16.9 | 85.9 |
| 农、林、牧、渔专业及辅助性活动 | Agriculture, Forestry, Animal Husbandry and Fishery Professional and Supporting Activities | 2.2 | -8.5 | -5.9 | 15.7 | -28.7 |
| 采矿业 | Mining | 28.2 | 43.8 | -5.8 | 25.6 | 62.3 |
| 煤炭开采和洗选业 | Mining and Washing of Coal | 35.2 | 44.7 | -6.8 | 6.8 | 4.3 |
| 石油和天然气开采业 | Extraction of Petroleum and Natural Gas | 16.7 | 280.0 | -3.7 | 53.4 | 144.2 |
| 黑色金属矿采选业 | Mining and Processing of Ferrous Metal Ores | 18.8 | -25.0 | -56.4 | -50.0 | -86.9 |
| 有色金属矿采选业 | Mining and Processing of Non-Ferrous Metal Ores | -9.4 | | -12.5 | -4.8 | 95.6 |
| 非金属矿采选业 | Mining and Processing of Non-metal Ores | 33.9 | 44.0 | 32.7 | 69.4 | -29.9 |
| 开采专业及辅助性活动 | Professional and Support Activities for Mining | 6.7 | 133.3 | 49.7 | 61.2 | 233.5 |
| 其他采矿业 | Mining of Other Ores | 166.7 | 50.0 | 466.7 | 190.5 | |
| 制造业 | Manufacturing | 15.2 | 31.3 | 8.5 | 8.6 | 12.6 |
| 农副食品加工业 | Processing of Food from Agricultural Products | 27.6 | 43.2 | 0.4 | 10.8 | -10.2 |
| 食品制造业 | Manufacture of Foods | -0.5 | 4.7 | -13.4 | -16.7 | -38.1 |
| 酒、饮料和精制茶制造业 | Manufacture of Liquor, Beverages and Refined Tea | 6.6 | 2.8 | -13.2 | 10.8 | 6.2 |
| 烟草制品业 | Manufacture of Tobacco | -40.0 | | -38.6 | -38.3 | |
| 纺织业 | Manufacture of Textile | 1.1 | 14.0 | -6.2 | -10.7 | -46.4 |
| 纺织服装、服饰业 | Manufacture of Textile, Wearing Apparel and Accessories | 69.0 | 170.0 | -33.9 | 25.4 | 24.3 |
| 皮革、毛皮、羽毛及其制品和制鞋业 | Manufacture of Leather, Fur, Feather and Related Products and Footware | 12.5 | | -53.9 | -20.4 | -69.4 |
| 木材加工和木、竹、藤、棕、草制品业 | Processing of Timber, Manufacture of Wood, Bamboo, Rattan, Palm and Straw Products | -11.9 | 37.5 | -22.2 | 1.7 | -71.0 |
| 家具制造业 | Manufacture of Furniture | 59.2 | 133.3 | 3.5 | -31.3 | -18.7 |
| 造纸和纸制品业 | Manufacture of Paper and Paper Products | 78.8 | 125.0 | 24.5 | 59.3 | 101.7 |
| 印刷和记录媒介复制业 | Printing and Reproduction of Recording Media | 9.4 | | -8.0 | 0.5 | 109.7 |
| 文教、工美、体育和娱乐用品制造业 | Manufacture of Articles for Culture,Education,Arts and Crafts, Sport and Entertainment Activities | 104.2 | 242.9 | 95.7 | 43.7 | 374.8 |
| 石油、煤炭及其他燃料加工业 | Processing of Petroleum, Coal and Other Fuel | 21.8 | -12.3 | 25.9 | 19.6 | 190.6 |
| 化学原料和化学制品制造业 | Manufacture of Raw Chemical Materials and Chemical Products | 17.9 | 14.5 | -5.6 | 33.7 | -85.4 |
| 医药制造业 | Manufacture of Medicines | 18.7 | -18.8 | 6.7 | 8.7 | -45.0 |
| 化学纤维制造业 | Manufacture of Chemical Fibres | -20.0 | 100.0 | -52.2 | -41.0 | |
| 橡胶和塑料制品业 | Manufacture of Rubber and Plastics Products | 35.3 | 8.3 | -2.1 | -7.4 | -34.3 |
| 非金属矿物制品业 | Manufacture of Non-metallic Mineral Products | 35.5 | 50.0 | 4.5 | 13.3 | -18.0 |
| 黑色金属冶炼和压延加工业 | Smelting and Pressing of Ferrous Metals | 17.1 | -15.8 | -20.4 | 74.7 | -80.2 |

注：本年新增固定资产统计范围不含计划总投资5000万元以下项目。

a) Data for newly increased fixed assets do not include those under 50 million yuan.

## 6-5 续表 1 continued

单位：% (%)

| 行业 | Sector | 施工项目 Number of Projects under Construction | 全部建成投产项目 Number of Projects Completed and Put into Use | 施工项目计划总投资 Total Planned Investment of Projects under Construction | 本年完成投资额 Investment Completed This Year | 本年新增固定资产 Newly Increased Fixed Assets This Year |
|---|---|---|---|---|---|---|
| 有色金属冶炼和压延加工业 | Smelting and Pressing of Non-ferrous Metals | -32.5 | 76.3 | 0.9 | -17.8 | |
| 金属制品业 | Manufacture of Metal Products | 18.9 | 33.3 | -8.0 | -16.3 | -15.1 |
| 通用设备制造业 | Manufacture of General Purpose Machinery | 10.2 | 26.6 | 8.9 | -5.8 | |
| 专用设备制造业 | Manufacture of Special Purpose Machinery | 12.7 | 8.2 | 13.8 | -6.4 | -47.7 |
| 汽车制造业 | Manufacture of Automobiles | 5.5 | 38.9 | 43.0 | 53.1 | 144.5 |
| 铁路、船舶、航空航天和其他运输设备制造业 | Manufacture of Railway, Ship, Aerospace and Other Transport Equipments | -8.1 | 120.5 | -0.8 | 9.7 | 243.7 |
| 电气机械和器材制造业 | Manufacture of Electrical Machinery and Apparatus | 7.5 | 14.5 | 16.3 | -20.8 | 30.8 |
| 计算机、通信和其他电子设备制造业 | Manufacture of Computers, Communication and Other Electronic Equipment | 22.2 | 72.7 | 21.8 | 21.2 | 214.1 |
| 仪器仪表制造业 | Manufacture of Measuring Instruments and Machinery | 42.3 | 33.3 | -5.1 | -4.8 | 258.5 |
| 其他制造业 | Other Manufacture | -26.2 | -27.6 | 36.6 | 20.7 | 373.4 |
| 废弃资源综合利用业 | Utilization of Waste Resources | 69.5 | 157.9 | 27.8 | 32.2 | -10.2 |
| 金属制品、机械和设备修理业 | Repair Service of Metal Products, Machinery and Equipment | -84.2 | -87.5 | -83.5 | -96.0 | -85.1 |
| 电力、热力、燃气及水生产和供应业 | Production and Supply of Electricity, Heat, Gas and Water | 17.9 | 38.4 | -11.1 | -16.7 | -14.0 |
| 电力、热力生产和供应业 | Production and Supply of Electric Power and Heat Power | 13.6 | 30.0 | -18.6 | -24.9 | -28.0 |
| 燃气生产和供应业 | Production and Supply of Gas | 51.7 | 123.6 | 35.0 | 38.0 | 27.9 |
| 水的生产和供应业 | Production and Supply of Water | 10.4 | 19.5 | 4.1 | -2.4 | 62.6 |
| 建筑业 | Construction | -26.1 | | -2.9 | -9.0 | -75.9 |
| 房屋建筑业 | Construction of Buildings | 33.3 | | 427.8 | 131.5 | |
| 土木工程建筑业 | Civil Engineering | -64.3 | -55.6 | -86.4 | -79.0 | |
| 建筑安装业 | Building Installation | | | | | |
| 建筑装饰、装修和其他建筑业 | Building Decoration and Other Constructions | | 150.0 | -88.0 | -54.8 | |
| 批发和零售业 | Wholesale and Retail Trades | -16.4 | 24.0 | -4.3 | -15.5 | 13.1 |
| 批发业 | Wholesale Trade | -24.4 | 2.9 | -0.7 | -19.4 | 47.8 |
| 零售业 | Retail Trade | -11.8 | 37.4 | -7.2 | -12.7 | -1.6 |
| 交通运输、仓储和邮政业 | Transport, Storage and Post | 8.1 | 30.4 | 4.9 | 12.7 | 14.1 |
| 铁路运输业 | Railway Transport | -10.3 | 20.0 | -11.9 | 36.4 | 101.8 |
| 道路运输业 | Road Transport | 5.1 | 25.2 | 10.2 | 10.9 | 25.0 |
| 水上运输业 | Water Transport | | | | | |
| 航空运输业 | Air Transport | 31.3 | 300.0 | 5.8 | 26.3 | -46.5 |
| 管道运输业 | Transport Via Pipelines | -12.5 | | 1.8 | 48.5 | |
| 多式联运和运输代理业 | Multimodal Transport and Forwarding Agency | -5.0 | 140.0 | 88.1 | 76.2 | 447.7 |
| 装卸搬运和仓储业 | Loading, Unloading and Storage | 27.1 | 50.4 | -7.1 | 4.2 | -33.8 |
| 邮政业 | Post | -36.4 | 25.0 | -18.0 | -63.2 | 0.8 |
| 住宿和餐饮业 | Hotels and Catering Services | -3.2 | 3.7 | 33.3 | 28.9 | 58.7 |
| 住宿业 | Hotels | 43.5 | 83.9 | 44.6 | 50.0 | 161.8 |
| 餐饮业 | Catering Services | -43.8 | -39.0 | -21.7 | -21.1 | -55.3 |
| 信息传输、软件和信息技术服务业 | Information Transmission, Software and Information Technology | 10.1 | 30.1 | 19.6 | 6.7 | 33.9 |
| 电信、广播电视和卫星传输服务 | Telecommunication, Radio and Television and Satellite Transmission Service | -20.0 | 30.6 | 3.2 | -24.9 | -7.1 |
| 互联网和相关服务 | Internet and Related Service | 64.2 | 40.7 | 38.6 | 19.5 | -20.6 |
| 软件和信息技术服务业 | Software and Information Technology | 18.5 | 15.0 | 34.1 | 68.9 | 173.6 |

## 6-5 续表 2 continued

单位：% (%)

| 行业 | Sector | 施工项目 Number of Projects under Construction | 全部建成投产项目 Number of Projects Completed and Put into Use | 施工项目计划总投资 Total Planned Investment of Projects under Construction | 本年完成投资额 Investment Completed This Year | 本年新增固定资产 Newly Increased Fixed Assets This Year |
|---|---|---|---|---|---|---|
| 金融业 | Financial Intermediation | 12.5 | 44.4 | -2.5 | -12.2 | -46.4 |
| 货币金融服务 | Monetary and Financial Service | 25.0 | 50.0 | -27.0 | -42.2 | -40.5 |
| 资本市场服务 | Capital Market Service | -33.3 | | 0.1 | 24.9 | |
| 保险业 | Insurance | 100.0 | | 2.3 | -35.4 | |
| 其他金融业 | Other Financial Activities | | | | | |
| 房地产业 | Real Estate | -2.9 | 2.8 | 10.8 | 13.1 | -28.0 |
| 房地产业 | Real Estate | -2.9 | 2.8 | 10.8 | 13.1 | -28.0 |
| 租赁和商务服务业 | Leasing and Business Services | | 53.0 | 33.0 | 8.9 | -14.8 |
| 租赁业 | Leasing | -23.1 | 200.0 | -28.9 | -74.7 | -92.7 |
| 商务服务业 | Business Services | 1.4 | 30.6 | 37.6 | 27.2 | 38.7 |
| 科学研究和技术服务业 | Scientific Research and Technical Services | 2.2 | 20.9 | -6.5 | 16.8 | 43.9 |
| 研究和试验发展 | Research and Experimental Development | -24.0 | 111.1 | -25.6 | -23.1 | -19.7 |
| 专业技术服务业 | Professional Technical Services | 13.5 | 4.9 | -9.3 | 22.7 | -0.7 |
| 科技推广和应用服务业 | Science and Technology Popularization and Application Services | 5.8 | 17.1 | 13.2 | 48.7 | 164.0 |
| 水利、环境和公共设施管理业 | Management of Water Conservancy, Environment and Public Facilities | 6.6 | 15.0 | 19.4 | 6.1 | 30.6 |
| 水利管理业 | Management of Water Conservancy | -6.1 | 0.8 | 4.4 | -15.4 | 25.5 |
| 生态保护和环境治理业 | Ecological Protection and Environmental Treatment | 19.5 | 46.4 | 26.6 | 44.5 | 45.3 |
| 公共设施管理业 | Management of Public Facilities | 5.9 | 11.9 | 20.9 | 6.8 | 31.0 |
| 土地管理业 | Management of Land | 511.8 | | 21.4 | 41.8 | -43.1 |
| 居民服务、修理和其他服务业 | Service to Households, Repair and Other Services | 22.9 | 6.1 | 18.7 | 25.7 | 194.9 |
| 居民服务业 | Services to Households | 13.7 | -2.7 | 4.7 | 0.2 | 146.5 |
| 机动车、电子产品和日用产品修理业 | Repair of Motor Vehicle, Electronics and Household Products | 9.1 | | 28.5 | 136.1 | 208.9 |
| 其他服务业 | Other Services | 91.7 | 72.7 | 109.1 | 223.6 | |
| 教育 | Education | -0.6 | -11.1 | 2.4 | -7.5 | -21.9 |
| 教育 | Education | -0.6 | -11.1 | 2.4 | -7.5 | -21.9 |
| 卫生和社会工作 | Health and Social Service | 7.8 | 27.6 | 10.3 | 14.4 | 74.4 |
| 卫生 | Health | 10.2 | 20.3 | 49.4 | 47.0 | 85.1 |
| 社会工作 | Social Service | 3.3 | 43.2 | -45.3 | -31.4 | 50.3 |
| 文化、体育和娱乐业 | Culture, Sports and Entertainment | 38.1 | 45.0 | 46.4 | 39.2 | -18.4 |
| 新闻和出版业 | Journalism and Publishing Activities | -16.7 | -33.3 | 162.7 | 6.1 | |
| 广播、电视、电影和录音制作业 | Radio, Television, Movies and Recordings Production Services | 29.2 | 13.3 | 397.0 | 38.4 | 73.8 |
| 文化艺术业 | Cultural and Art Activities | -4.3 | 17.9 | -15.3 | -18.9 | -52.2 |
| 体育 | Sports Activities | 40.4 | 31.0 | 134.5 | 66.5 | -30.9 |
| 娱乐业 | Entertainment | 140.3 | 139.1 | 150.7 | 182.6 | 114.4 |
| 公共管理、社会保障和社会组织 | Public Management, Social Security and Social Organization | -17.7 | 16.9 | -4.0 | 16.7 | -37.9 |
| 中国共产党机关 | Organs of Communist Party of China | 200.0 | | 2.3 | 88.7 | |
| 国家机构 | Government Agencies | -14.0 | -4.1 | 4.2 | 20.8 | -52.6 |
| 人民政协、民主党派 | People's Political Consultative Conference and Democratic Parties | | | | | |
| 社会保障 | Social Security | -22.9 | 80.0 | -46.7 | -6.2 | |
| 群众团体、社会团体和其他成员组织 | Mass Organizations, Social Organizations and Other Membership Organizations | 13.3 | 150.0 | 43.5 | 3.9 | |
| 基层群众自治组织 | Grass Roots Self-Governing Organizations | -34.7 | 54.2 | -49.7 | 10.2 | |

# 6-6 固定资产投资新增生产能力或效益(2018年)
# Newly Increased Production Capacity or Project Efficiency through Investment(2018)

| 名　称 | | Item | | 能力或效益 Capacity or Efficiency |
|---|---|---|---|---|
| 原煤开采 | (万吨／年) | Coal Mining | (10 000 tons/year) | 7717.4 |
| 焦　炭 | (万吨／年) | Coke | (10 000 tons/year) | 641 |
| 天然原油开采 | (万吨／年) | Petroleum Extraction | (10 000 tons/year) | 185.5 |
| 天然气开采 | (亿立方米／年) | Natural Gas Extraction | (100 million cu.m/year) | 0.5 |
| 石油加工：蒸馏设备能力 | (处理万吨/年) | Petroleum Processing: Distillation Equipment Capacity | (Processing 10 000 tons/year) | 952.7 |
| 裂化设备能力 | (处理万吨/年) | Cracking Equipment Capacity | (Processing 10 000 tons/year) | 491 |
| 铁矿开采(原矿) | (万吨／年) | Iron-Ore Mining | (10 000 tons/year) | 8.15 |
| 钢　材 | (万吨／年) | Steels | (10 000 tons/year) | 2600.9 |
| 黄　金 | (公斤／年) | Gold | (kilogram /year) | 100 |
| 水力发电 | (万千瓦) | Hydraulic Power | (10 000 kw) | 3.43 |
| 火力发电 | (万千瓦) | Thermal Power | (10 000 kw) | 70 |
| 风力发电 | (万千瓦) | Wind Power | (10 000 kw) | 67.66 |
| 太阳能发电 | (万千瓦) | Solar Energy | (10 000 kw) | 350.73 |
| 其他发电 | (万千瓦) | Others | (10 000 kw) | 0.29 |
| 输电线路长度(110KV及以上) | (公里) | Length of Transmission Lines (above 110 000 VA) | (km) | 1468.75 |
| 水　泥 | (万吨／年) | Cement | (10 000 tons/year) | 52 |
| 氮　肥 | (吨／年) | Nitrogen Fertilizers | (ton/year) | 24970 |
| 磷　肥 | (吨／年) | Phosphate Fertilizer | (ton/year) | 93721 |
| 钾　肥 | (吨／年) | Potash Fertilizer | (ton/year) | 5350 |
| 塑料树脂及共聚物 | (吨／年) | Plastic Resin and Copolymers | (ton/year) | 2619 |
| 合成橡胶 | (吨／年) | Synthetic Rubber | (ton/year) | 4695 |
| 其他汽车制造 | (辆) | Others | (unit) | 780 |
| 棉纺锭 | (锭) | Knitting Spindle | (spindle) | 102900 |
| 啤　酒 | (万吨／年) | Beer | (10 000 tons/year) | 0.5 |
| 白　酒 | (万吨／年) | White Spirit | (10 000 tons/year) | 0.4 |
| 其他酒 | (万吨／年) | Others | (10 000 tons/year) | 1.33 |
| 新建铁路里程 | (公里) | Newly Railways | (km) | 32.1 |
| 新建公路 | (公里) | Newly Highways | (km) | 2248.38 |
| # 高速公路 | | Expressway | | 199.4 |
| 一级公路 | | First Class | | 1.7 |
| 二级公路 | | Second Class | | 84.2 |
| 改建公路 | (公里) | Reconstructed Highways | (km) | 2025.46 |
| # 一级公路 | | First Class | | 34.4 |
| 二级公路 | | Second Class | | 269.4 |
| 新建独立公路桥梁 | (延长米) | New-built Separate Highway Bridge | (linear-meter) | 8676.18 |
| 新建独立公路桥梁 | (座) | New-built Separate Highway Bridge | (unit) | 16 |
| 新(扩)建客、货运站 | (个) | New (expanded) Passenger and Freight Stations | (unit) | 6 |
| 新(扩)建客、货运站 | (平方米) | New (expanded) Passenger and Freight Stations | (sq.m) | 27933.8 |
| 民航机场跑道 | (条) | Airport Runway | (unit) | 1 |
| 民航机场跑道 | (米) | Airport Runway | (m) | 3000 |
| 候机楼 | (座) | Air Terminal | (unit) | 2 |
| 候机楼 | (平方米) | Air Terminal | (sq.m) | 36000 |
| 城市自来水供水能力 | (万吨／日) | Tap Water Supply Capacity in City | (10 000 tons/day) | 34.31 |
| 城市污水处理能力 | (万吨／日) | Waste Water Treated Capacity in City | (10 000 tons/day) | 18.04 |

# 6−7　分行业工业投资增长速度(2018年)
# Growth Rate of the Investment of Industrial by Sector(2018)

单位：%　　　　(%)

| 行　业 | Sector | 投资额 Investment | # 改建和技术改造 Reconstruction and Technical Transformation |
|---|---|---|---|
| **工业投资合计** | **Total of Industrial Investment** | **5.3** | **1.7** |
| 采矿业 | Mining | 25.6 | 7.2 |
| 煤炭开采和洗选业 | Mining and Washing of Coal | 6.8 | -19.9 |
| 石油和天然气开采业 | Extraction of Petroleum and Natural Gas | 53.4 | 617.8 |
| 黑色金属矿采选业 | Mining and Processing of Ferrous Metal Ores | -50.0 | 6.9 |
| 有色金属矿采选业 | Mining and Processing of Non-Ferrous Metal Ores | -4.8 | 7.6 |
| 非金属矿采选业 | Mining and Processing of Non-metal Ores | 69.4 | 39.3 |
| 开采专业及辅助性活动 | Professional and Support Activities for Mining | 61.2 | 30.7 |
| 其他采矿业 | Mining of Other Ores | 190.5 | |
| 制造业 | Manufacturing | 8.6 | 4.4 |
| 农副食品加工业 | Processing of Food from Agricultural Products | 10.8 | -11.6 |
| 食品制造业 | Manufacture of Foods | -16.7 | -14.3 |
| 酒、饮料和精制茶制造业 | Manufacture of Liquor, Beverages and Refined Tea | 10.8 | -11.8 |
| 烟草制品业 | Manufacture of Tobacco | -38.3 | -26.3 |
| 纺织业 | Manufacture of Textile | -10.7 | 77.9 |
| 纺织服装、服饰业 | Manufacture of Textile, Wearing Apparel and Accessories | 25.4 | -94.6 |
| 皮革、毛皮、羽毛及其制品和制鞋业 | Manufacture of Leather, Fur, Feather and Related Products and Footware | -20.4 | -30.2 |
| 木材加工和木、竹、藤、棕、草制品业 | Processing of Timber, Manufacture of Wood, Bamboo, Rattan, Palm and Straw Products | 1.7 | -29.5 |
| 家具制造业 | Manufacture of Furniture | -31.3 | -21.7 |
| 造纸和纸制品业 | Manufacture of Paper and Paper Products | 59.3 | 66.4 |
| 印刷和记录媒介复制业 | Printing and Reproduction of Recording Media | 0.5 | 19.9 |
| 文教、工美、体育和娱乐用品制造业 | Manufacture of Articles for Culture,Education,Arts and Crafts, Sport and Entertainment Activities | 43.7 | -85.4 |
| 石油、煤炭及其他燃料加工业 | Processing of Petroleum, Coal and Other Fuel | 19.6 | 11.7 |
| 化学原料和化学制品制造业 | Manufacture of Raw Chemical Materials and Chemical Products | 33.7 | 27.9 |
| 医药制造业 | Manufacture of Medicines | 8.7 | 19.1 |
| 化学纤维制造业 | Manufacture of Chemical Fibres | -41.0 | |
| 橡胶和塑料制品业 | Manufacture of Rubber and Plastics Products | -7.4 | -0.8 |
| 非金属矿物制品业 | Manufacture of Non-metallic Mineral Products | 13.3 | 3.2 |
| 黑色金属冶炼和压延加工业 | Smelting and Pressing of Ferrous Metals | 74.7 | -44.3 |
| 有色金属冶炼和压延加工业 | Smelting and Pressing of Non-ferrous Metals | -17.8 | -8.7 |
| 金属制品业 | Manufacture of Metal Products | -16.3 | -3.7 |
| 通用设备制造业 | Manufacture of General Purpose Machinery | -5.8 | 8.3 |
| 专用设备制造业 | Manufacture of Special Purpose Machinery | -6.4 | -21.1 |
| 汽车制造业 | Manufacture of Automobiles | 53.1 | 74.3 |
| 铁路、船舶、航空航天和其他运输设备制造业 | Manufacture of Railway, Ship, Aerospace and Other Transport Equipments | 9.7 | 65.9 |
| 电气机械和器材制造业 | Manufacture of Electrical Machinery and Apparatus | -20.8 | -19.3 |
| 计算机、通信和其他电子设备制造业 | Manufacture of Computers, Communication and Other Electronic Equipment | 21.2 | 21.9 |
| 仪器仪表制造业 | Manufacture of Measuring Instruments and Machinery | -4.8 | 13.5 |
| 其他制造业 | Other Manufacture | 20.7 | -86.0 |
| 废弃资源综合利用业 | Utilization of Waste Resources | 32.2 | -41.5 |
| 金属制品、机械和设备修理业 | Repair Service of Metal Products, Machinery and Equipment | -96.0 | |
| 电力、热力、燃气及水生产和供应业 | Production and Supply of Electricity, Heat, Gas and Water | -16.7 | -23.9 |
| 电力、热力生产和供应业 | Production and Supply of Electric Power and Heat Power | -24.9 | -17.7 |
| 燃气生产和供应业 | Production and Supply of Gas | 38.0 | -27.6 |
| 水的生产和供应业 | Production and Supply of Water | -2.4 | -38.4 |

# 6-8 民间投资(2018年)
# Private Investment(2018)

| 行　业 | Sector | 比上年增长(%) Investment (%) | 占民间投资比重(%) Rate (%) |
| --- | --- | --- | --- |
| **民间投资合计** | **Total of Private Investment** | **22.3** | **100.0** |
| 农、林、牧、渔业 | Agriculture, Forestry, Animal Husbandry and Fishery | 52.6 | 10.9 |
| 采矿业 | Mining | 53.9 | 2.5 |
| 制造业 | Manufacturing | 15.6 | 21.9 |
| 电力、热力、燃气及水生产和供应业 | Production and Supply of Electricity, Heat, Gas and Water | -15.7 | 3.1 |
| 建筑业 | Construction | 170.4 | 0.1 |
| 批发和零售业 | Wholesale and Retail Trades | -22.5 | 2.6 |
| 交通运输、仓储和邮政业 | Transport, Storage and Post | 50.7 | 3.5 |
| 住宿和餐饮业 | Hotels and Catering Services | 18.8 | 1.4 |
| 信息传输、软件和信息技术服务业 | Information Transmission, Software and Information Technology | 58.2 | 0.6 |
| 金融业 | Financial Intermediation | -53.1 | |
| 房地产业 | Real Estate | 30.6 | 39.3 |
| 租赁和商务服务业 | Leasing and Business Services | -29.5 | 1.0 |
| 科学研究和技术服务业 | Scientific Research and Technical Services | 15.0 | 0.8 |
| 水利、环境和公共设施管理业 | Management of Water Conservancy, Environment and Public Facilities | -4.0 | 7.6 |
| 居民服务、修理和其他服务业 | Service to Households, Repair and Other Services | 23.3 | 0.3 |
| 教　育 | Education | 36.7 | 0.9 |
| 卫生和社会工作 | Health and Social Service | 67.0 | 1.3 |
| 文化、体育和娱乐业 | Culture, Sports and Entertainment | 75.1 | 2.0 |
| 公共管理、社会保障和社会组织 | Public Management, Social Security and Social Organization | 59.3 | 0.2 |

# 6-9 基础设施投资(2018年)
# Investment for Basic Infrastructure(2018)

| 行　业 | Sector | 比上年增长(%) Investment (%) | 占基础设施投资比重(%) Rate (%) |
|---|---|---|---|
| **基础设施投资合计** | **Total Investment of Infrastructure** | **3.5** | **100.0** |
| 一、电力、热力、燃气及水生产和供应业 | Production and Supply of Electricity,Heat,Gas and Water | -16.7 | 12.9 |
| 电力、热力的生产和供应业 | Production and Supply of Electric Power and Heat Power | -24.9 | 9.0 |
| 燃气的生产和供应业 | Production and Supply of Gas | 38.0 | 1.6 |
| 水的生产和供应业 | Production and Supply of Water | -2.4 | 2.4 |
| 二、交通运输和邮政业 | Transport and Post | 14.1 | 22.1 |
| 铁路运输业 | Railway Transport | 36.4 | 2.9 |
| 道路运输业 | Road Transport | 10.9 | 18.1 |
| 水上运输业 | Water Transport | | |
| 航空运输业 | Air Transport | 26.3 | 0.7 |
| 管道运输业 | Transport Via Pipelines | 48.5 | 0.1 |
| 多式联运和运输代理业 | Multimodal Transport and Forwarding Agency | 76.2 | 0.2 |
| 装卸搬运 | Loading, Unloading | -51.6 | |
| 邮政业 | Post | -63.2 | |
| 三、信息传输业 | Information Transmission | -16.3 | 1.6 |
| 电信、广播电视和卫星传输服务 | Telecommunication, Radio and Television and Satellite Transmission Service | -24.9 | 1.1 |
| 互联网和相关服务 | Internet and Related Service | 19.5 | 0.5 |
| 四、水利、环境和公共设施管理业 | Management of Water Conservancy, Environment and Public Facilities | 5.9 | 63.5 |
| 水利管理业 | Management of Water Conservancy | -15.4 | 5.3 |
| 生态保护和环境治理业 | Ecological Protection and Environmental Treatment | 44.5 | 3.1 |
| 公共设施管理业 | Management of Public Facilities | 6.8 | 55.1 |

# 6–10 文化产业投资(2018年)
# Culture Industry Investment(2018)

| 行 业 | Sector | 比上年增长(%) Investment (%) | 占文化产业投资比重(%) Rate (%) |
|---|---|---|---|
| **文化产业投资合计** | **Total Investment of Culture Industry** | **29.7** | **100.0** |
| 新闻信息服务 | News Information Service | 85.2 | 0.5 |
| 内容创作生产 | Cultural Works Production | -5.9 | 10.0 |
| 创意设计服务 | Creative Design Service | 89.8 | 0.3 |
| 文化传播渠道 | Culture Transmitting Channel | -23.0 | 2.3 |
| 文化投资运营 | Cultural Investment and Operation | 157.3 | 5.4 |
| 文化娱乐休闲服务 | Cultural Leisure and Entertainment Service | 29.9 | 70.2 |
| 文化辅助生产和中介服务 | Cultural Production Supporting and Intermediary Servic | 63.4 | 8.5 |
| 文化装备生产 | Cultural Equipment Production | 239.2 | 2.3 |
| 文化消费终端生产 | Cultural Consumption Terminal Production | -50.3 | 0.5 |

# 6–11 全社会固定资产投资到位资金增长速度(2018年)
# Growth Rate of the Source of Funds of Investment in Fixed Assets for Finance Allocation in the Whole Province(2018)

单位：% (%)

| 指 标 | Item | 合 计 Total | 固定资产投 资 Investment in Fixed Assets | 房地产开发 Real Estate Development | 农户投资 Farm Households |
|---|---|---|---|---|---|
| 上年末结余资金 | Funds of Last Year-end | 5.7 | 15.8 | 2.4 | |
| 本年实际到位资金 | Funds of This Year | 6.0 | 1.7 | 17.4 | 2.0 |
| 国家预算内资金 | State Budget | -8.8 | -8.8 | | |
| 国内贷款 | Domestic Loans | -13.3 | -11.6 | -22.0 | 117.2 |
| 债 券 | Bond | -83.4 | -83.4 | | |
| 利用外资 | Foreign Investment | -34.5 | -34.2 | | |
| 自筹资金 | Self-raising Fund | 8.4 | 4.2 | 31.6 | -12.3 |
| 其他资金来源 | Others | 20.1 | 32.8 | 15.4 | 983.8 |
| 本年各项应付款合计 | Total Payment of this year | 8.5 | 7.6 | 10.1 | |
| # 工程款 | Project Payment | -1.3 | -8.5 | 7.6 | |

注：固定资产投资到位资金统计范围不含计划总投资5000万元以下项目。
a) Data for newly increased fixed assets do not include those under 50 million yuan.

# 6-12 各市(区)按国民经济行业分的固定资产投资增长速度(2018年)
# Growth Rate of the Investment by Sector and City(District)(2018)

单位：% (%)

| 地区 | Region | 总计 Total | 农、林、牧、渔业 Agriculture, Forestry, Animal Husbandry & Fishery Industry | 采矿业 Mining | 制造业 Manufacturing | 电力、热力、燃气及水生产和供应业 Production and Supply of Electricity, Heat,Gas and Water | 建筑业 Construction | 批发和零售业 Wholesale and Retail Trades | 交通运输仓储和邮政业 Transport, Storage and Post | 住宿和餐饮业 Hotels and Catering Services | 信息传输、软件和信息技术服务业 Information Transmission, Software and Information |
|---|---|---|---|---|---|---|---|---|---|---|---|
| **全省** | **Shaanxi** | **10.4** | **42.0** | **25.6** | **8.6** | **-16.7** | **-9.0** | **-15.5** | **12.7** | **28.9** | **6.7** |
| 西安市 | Xi'an | 7.8 | 18.1 | 21.0 | 31.8 | 2.1 | -62.7 | -16.6 | 11.1 | 133.3 | 15.4 |
| 铜川市 | Tongchuan | 11.0 | 51.8 | -27.7 | 11.3 | -21.4 | | -25.3 | 13.5 | 25.2 | 20.0 |
| 宝鸡市 | Baoji | 11.3 | 50.1 | -47.2 | -18.8 | -3.6 | 110.2 | -41.6 | 0.0 | 28.3 | -20.2 |
| 咸阳市 | Xianyang | 8.2 | 56.5 | 11.0 | -16.2 | -2.4 | | -4.7 | 40.7 | -12.1 | -28.2 |
| 渭南市 | Weinan | 13.8 | 17.8 | -16.1 | 18.2 | -27.5 | | 44.8 | 15.3 | -28.8 | 224.9 |
| #韩城市 | Hancheng | 16.8 | 161.6 | 136.1 | 3.2 | -24.8 | | 110.9 | -40.2 | 27.4 | 384.3 |
| 延安市 | Yan'an | 1.9 | 158.0 | -8.3 | 9.3 | -27.7 | | 0.2 | 2.3 | -49.4 | -62.3 |
| 汉中市 | Hanzhong | 19.5 | 63.4 | 16.6 | 38.2 | 59.7 | 73.1 | 11.4 | 18.2 | 80.4 | 80.9 |
| 榆林市 | Yulin | 7.4 | 16.3 | 26.3 | 29.3 | -46.1 | | -20.2 | 28.3 | 148.1 | -33.3 |
| 安康市 | Ankang | 16.5 | 20.9 | 27.8 | 35.6 | -7.7 | -3.2 | 23.6 | 0.2 | -21.5 | -18.8 |
| 商洛市 | Shangluo | 12.6 | 58.5 | 38.7 | -2.8 | 6.0 | | -38.5 | -6.0 | 83.1 | -25.0 |
| 杨凌示范区 | Yangling | 13.1 | 139.4 | | 34.3 | 82.9 | | -45.9 | -33.4 | -70.5 | 116.4 |
| 不分地区 | Not Classified by Region | 26.7 | | 86.3 | | 22.7 | | | 1.0 | | |

## 6-12 续表 continued

单位：% (%)

| 地区 | Region | 金融业 Financial Intermediation | 房地产业 Real Estate | 租赁和商务服务业 Leasing and Business Services | 科学研究和技术服务业 Scientific Research and Technical Services | 水利环境和公共设施管理业 Management of Water Conservancy, Environment and Public Facilities | 居民服务、修理和其他服务业 Services to Households, Repair and Other Services | 教育 Education | 卫生和社会工作 Health and Social Services | 文化体育和娱乐业 Culture, Sports and Entertainment | 公共管理、社会保障和社会组织 Public Management, Social Security and Social Organization |
|---|---|---|---|---|---|---|---|---|---|---|---|
| **全省** | **Shaanxi** | **-12.2** | **13.1** | **8.9** | **16.8** | **6.1** | **25.7** | **-7.5** | **14.4** | **39.2** | **16.7** |
| 西安市 | Xi'an | -50.3 | 5.7 | -6.6 | -12.1 | 7.4 | -15.7 | -38.6 | 22.4 | 19.4 | 10.7 |
| 铜川市 | Tongchuan | | -5.5 | -31.7 | 134.7 | 20.4 | -28.7 | 27.6 | 5.2 | 40.1 | 148.7 |
| 宝鸡市 | Baoji | -34.1 | 34.7 | 117.9 | 22.4 | 27.5 | 89.8 | -10.2 | 28.2 | 73.4 | -20.6 |
| 咸阳市 | Xianyang | -61.1 | 10.7 | 30.1 | 223.9 | 12.9 | -3.2 | 63.0 | -9.6 | -10.4 | 249.9 |
| 渭南市 | Weinan | | 10.0 | 126.5 | -0.3 | 18.7 | 42.1 | 34.9 | 6.4 | 6.0 | -14.3 |
| #韩城市 | Hancheng | | 17.9 | 258.9 | 168.6 | 5.5 | 15.9 | 54.9 | -29.1 | -16.9 | 842.2 |
| 延安市 | Yan'an | | 120.1 | 357.7 | 237.2 | -38.6 | 368.5 | 28.9 | -14.6 | 114.0 | -2.1 |
| 汉中市 | Hanzhong | -93.4 | 53.7 | -25.7 | 30.9 | -33.5 | 31.1 | 2.3 | 37.6 | 114.9 | 51.7 |
| 榆林市 | Yulin | 614.3 | 15.3 | -86.1 | -23.8 | 33.7 | 5.9 | 35.1 | 1.0 | 55.6 | -0.2 |
| 安康市 | Ankang | -86.2 | 14.7 | -17.4 | 17.3 | 11.4 | 10.0 | 26.4 | 45.6 | 34.0 | -16.6 |
| 商洛市 | Shangluo | | -13.0 | 33.5 | 1330.7 | 25.9 | 70.1 | -54.3 | 3.4 | 872.4 | -68.5 |
| 杨凌示范区 | Yangling | 166.0 | -10.4 | | -5.8 | 8.9 | -0.4 | 7.0 | 89.2 | 3.9 | 16.9 |
| 不分地区 | Not Classified by Region | | | | | 8.5 | | | | | |

# 6-13 各市(区)工业投资增长速度(2018年)

## Growth Rate of the Investment of Industry by City(District) (2018)

单位：% (%)

| 地区 | Region | 投资额 Investment | # 改建和技术改造 Reconstruction and Technical Transformation |
|---|---|---|---|
| **全省** | **Shaanxi** | **5.3** | **1.7** |
| 西安市 | Xi'an | 25.8 | 25.5 |
| 铜川市 | Tongchuan | 0.4 | -9.5 |
| 宝鸡市 | Baoji | -18.6 | -4.6 |
| 咸阳市 | Xianyang | -12.8 | -17.8 |
| 渭南市 | Weinan | 0.7 | -48.3 |
| # 韩城市 | Hancheng | 5.7 | -46.9 |
| 延安市 | Yan'an | -3.9 | 230.7 |
| 汉中市 | Hanzhong | 40.2 | 28.6 |
| 榆林市 | Yulin | -3.0 | -19.9 |
| 安康市 | Ankang | 29.4 | 33.9 |
| 商洛市 | Shangluo | 1.4 | -1.6 |
| 杨凌示范区 | Yangling | 39.3 | 164.5 |
| 不分地区 | Not Classified by Region | 60.5 | |

# 6-14 各市(区)能源工业投资增长速度(2018年)

## Growth Rate of the Investment in Energy Industry by City(District)(2018)

单位：% (%)

| 地区 | Region | 能源工业投资 Energy Industry | 煤炭开采和洗选业 Mining and Washing of Coal | 石油和天然气开采业 Extraction of Petroleum and Natural Gas | 石油、煤炭及其他燃料加工业 Processing of Petroleum,Coal and Other Fuel | 电力、热力生产和供应业 Production and Distribution of Electricity and Heat |
|---|---|---|---|---|---|---|
| **全省** | **Shaanxi** | **0.3** | **6.8** | **53.4** | **19.6** | **-24.9** |
| 西安市 | Xi'an | 31.6 | 1.9 | 121.6 | 2312.4 | 20.7 |
| 铜川市 | Tongchuan | -17.2 | 35.1 | -77.9 | 1582.9 | -24.5 |
| 宝鸡市 | Baoji | -31.1 | -65.9 | | 63.0 | -9.9 |
| 咸阳市 | Xianyang | -19.8 | -8.2 | | -49.6 | -25.6 |
| 渭南市 | Weinan | -12.4 | 40.2 | 185.0 | 194.8 | -29.1 |
| # 韩城市 | Hancheng | 34.0 | 204.8 | 165.0 | 239.0 | -39.6 |
| 延安市 | Yan'an | -6.0 | 11.7 | -13.2 | 8.4 | -37.4 |
| 汉中市 | Hanzhong | 61.5 | | | 116.7 | 71.0 |
| 榆林市 | Yulin | -13.2 | 17.7 | 159.3 | 32.0 | -52.1 |
| 安康市 | Ankang | 8.4 | | | | 3.3 |
| 商洛市 | Shangluo | 3.1 | | | | 1.0 |
| 杨凌示范区 | Yangling | -43.2 | | | | -43.2 |
| 不分地区 | Not Classified by Region | 57.7 | | 86.3 | | 15.7 |

# 6-15 各市(区)按构成分的固定资产投资增长速度（2018年）
# Growth Rate of the Investment by Use of Funds and City(District)(2018)

单位：% (%)

| 地 区 | Region | 总 计<br>Total | 建筑安装工程<br>Construction and Installation | 设备工具器具购置<br>Purchase of Equipment and Instruments | 其他费用<br>Others | # 建设用地费<br>Construction Land Fee |
|---|---|---|---|---|---|---|
| **全 省** | **Shaanxi** | **9.6** | **14.8** | **-2.7** | **-9.8** | **-22.3** |
| 西 安 市 | Xi'an | 7.7 | 8.0 | 24.2 | -7.8 | -23.6 |
| 铜 川 市 | Tongchuan | 10.4 | 5.6 | 36.8 | 33.2 | 48.9 |
| 宝 鸡 市 | Baoji | 10.2 | 23.8 | -19.0 | -32.5 | -53.7 |
| 咸 阳 市 | Xianyang | 7.9 | 14.8 | -36.5 | 38.4 | 48.3 |
| 渭 南 市 | Weinan | 11.7 | 16.1 | 17.0 | -31.9 | -57.3 |
| # 韩城市 | Hancheng | 14.0 | 17.3 | 38.8 | -21.0 | -74.1 |
| 延 安 市 | Yan'an | -5.8 | 11.3 | -26.1 | -55.3 | -4.6 |
| 汉 中 市 | Hanzhong | 19.6 | 18.0 | 112.5 | -7.2 | -34.8 |
| 榆 林 市 | Yulin | 5.6 | 21.8 | -28.3 | 5.0 | -22.2 |
| 安 康 市 | Ankang | 14.1 | 13.9 | 23.2 | 10.0 | -8.1 |
| 商 洛 市 | Shangluo | 12.8 | 18.8 | -5.1 | -22.3 | -45.3 |
| 杨凌示范区 | Yangling | 14.9 | 24.5 | -1.3 | -61.0 | -71.4 |
| 不分地区 | Not Classified by Region | 26.7 | 18.9 | 95.7 | 31.3 | |

注：本表不含房地产开发投资。下表同。
a) Data in this table do not include those of real estate development. The same applies to the table following.

# 6-16 各市(区)按建设性质分的固定资产投资增长速度(2018年)
# Growth Rate of the Investment by Type of Construction and City(District)(2018)

单位：% (%)

| 地 区 | Region | 总 计<br>Total | 新 建<br>New Construction | 扩 建<br>Expansion | 改建和技改<br>Reconstruction and Technological Transformation | 单纯建造生活设施<br>Construction of Living Facilities | 迁 建<br>Removal Construction | 恢 复<br>Reestablishment | 单纯购置<br>Purchase of Equipment |
|---|---|---|---|---|---|---|---|---|---|
| **全 省** | **Shaanxi** | **9.6** | **11.0** | **-9.9** | **8.8** | **-10.1** | **-10.6** | **47.1** | **40.4** |
| 西 安 市 | Xi'an | 7.7 | 6.9 | -21.9 | 39.8 | -36.8 | -10.6 | | 55.5 |
| 铜 川 市 | Tongchuan | 10.4 | 11.2 | 48.8 | -25.6 | | 359.8 | 34.5 | 30.3 |
| 宝 鸡 市 | Baoji | 10.2 | 17.8 | -42.3 | 10.8 | 178.0 | 295.2 | 83.9 | -99.7 |
| 咸 阳 市 | Xianyang | 7.9 | 6.1 | 17.4 | 1.9 | 158.8 | 54.6 | -93.1 | 120.7 |
| 渭 南 市 | Weinan | 11.7 | 12.5 | 4.7 | -14.8 | -39.2 | 152.1 | 14.9 | 395.6 |
| # 韩城市 | Hancheng | 14.0 | 10.1 | 177.3 | -5.9 | -54.0 | 17.9 | | 701.1 |
| 延 安 市 | Yan'an | -5.8 | -4.8 | -29.6 | 150.6 | | -91.7 | | |
| 汉 中 市 | Hanzhong | 19.6 | 24.9 | 36.0 | -13.0 | -37.6 | -55.8 | -11.9 | 84.3 |
| 榆 林 市 | Yulin | 5.6 | 8.7 | -13.2 | -11.9 | | | 71.8 | -68.1 |
| 安 康 市 | Ankang | 14.1 | 13.9 | -24.5 | 37.5 | | 95.6 | 801.0 | 841.0 |
| 商 洛 市 | Shangluo | 12.8 | 16.9 | 15.6 | -17.1 | 7.2 | -20.6 | 138.1 | |
| 杨凌示范区 | Yangling | 14.9 | 16.5 | -52.6 | 270.8 | | | | 29.3 |
| 不分地区 | Not Classified by Region | 26.7 | 27.4 | 23.8 | -40.0 | | | | |

# 6-17 各市(区)固定资产投资施工、投产项目个数及新增固定资产增长速度(2018年)

# Number of Investment Projects under Construction and Put into Use and Growth Rate of the Newly Increased Fixed Assets by City(District)(2018)

单位：%　　(%)

| 地　区 | Region | 施工项目 Number of Project under Construction | 全部建成投产项目 Number of Project Completed and Put into Use | 施工项目计划总投资 Total Investment Planned under Construction | 本年完成投资额 Investment Completed This Year | 本年新增固定资产 Newly Increased Fixed Assets of This Year |
|---|---|---|---|---|---|---|
| **全　省** | **Shaanxi** | **10.1** | **24.5** | **8.9** | **9.6** | **16.4** |
| 西 安 市 | Xi'an | 13.3 | 25.1 | 13.4 | 7.7 | 19.7 |
| 铜 川 市 | Tongchuan | 14.2 | 59.6 | 13.3 | 10.4 | 7.7 |
| 宝 鸡 市 | Baoji | -3.0 | 1.6 | 19.5 | 10.2 | 74.8 |
| 咸 阳 市 | Xianyang | 53.1 | 109.9 | 10.5 | 7.9 | 27.9 |
| 渭 南 市 | Weinan | 37.2 | 7.7 | 8.6 | 11.7 | 44.9 |
| # 韩城市 | Hancheng | 99.0 | 36.6 | -7.1 | 14.0 | -1.2 |
| 延 安 市 | Yan'an | -3.0 | 77.5 | 4.7 | -5.8 | -12.1 |
| 汉 中 市 | Hanzhong | -9.5 | 41.3 | 6.0 | 19.6 | 20.2 |
| 榆 林 市 | Yulin | 20.2 | 18.7 | -2.1 | 5.6 | -18.0 |
| 安 康 市 | Ankang | 0.8 | 8.2 | 12.2 | 14.1 | 7.0 |
| 商 洛 市 | Shangluo | 11.2 | -8.6 | 12.0 | 12.8 | -13.7 |
| 杨凌示范区 | Yangling | -11.4 | -61.5 | -17.3 | 14.9 | -6.0 |
| 不分地区 | Not Classified by Region | 11.8 | 45.5 | -4.7 | 26.7 | 23.6 |

注：1.本表不含房地产开发投资。
　　2.本年新增固定资产指标统计范围不含计划总投资5000万元以下项目。
a) Data in this table do not include those of real estate development.
b) Data for newly increased fixed assets do not include those under 50 million yuan.

# 6-18 房地产开发投资主要指标及构成(2018年)
# Main Indicators and Composition of Investment for Real Estate Development(2018)

| 指标 | Item | 房地产开发 Real Estate Development | # 地方 Local Governments | # 省属 Provincial Owned |
|---|---|---|---|---|
| 一、企业(单位)个数 (个) | Number of Enterprises (unit) | 2508 | 2409 | 61 |
| 二、本年完成投资 (万元) | Investment Completed This Year (10 000 yuan) | 35346664 | 34666124 | 603984 |
| 1.按隶属关系分 | Group by Jurisdiction of Management | | | |
| 中央 | Central | 680540 | | |
| 地方 | Local | 34666124 | 34666124 | 603984 |
| # 市县属 | City and County Level | 34062140 | 34062140 | |
| 2.按构成分 | By Composition of Funds | | | |
| 建筑工程 | Construction | 22047160 | 21731523 | 390528 |
| 安装工程 | Installation | 3407693 | 3370847 | 80991 |
| 设备工器具购置 | Purchase of Equipment and Instruments | 417830 | 414911 | 6725 |
| 其他费用 | Others | 9473981 | 9148843 | 125740 |
| # 旧建筑物购置费 | Purchase of Used Buildings | 210518 | 210518 | 8 |
| 土地购置费 | Total Value of Land Purchased | 7304879 | 7027492 | 55723 |
| 3.按工程用途分 | By Use of Projects | | | |
| 住宅 | Residential Buildings | 24115501 | 23573197 | 307980 |
| # 别墅、高档公寓 | Villas,High-grade Apartments | 941463 | 886686 | |
| 办公楼 | Office Buildings | 2346118 | 2318899 | 55041 |
| 商业营业用房 | Houses for Business Use | 4621629 | 4565337 | 121341 |
| 其他 | Others | 4263416 | 4208691 | 119622 |
| 三、本年新增固定资产(万元) | Newly Increased Fixed Assets of This Year (10 000 yuan) | 5649574 | 5649574 | 186707 |
| 四、房屋建筑面积及竣工价值 | Floor Space of Buildings Completed and Value of Buildings Completed | | | |
| 施工面积 (万平方米) | Floor Space of Buildings under Construction (10 000 sq.m) | 24618.05 | 24233.76 | 742.03 |
| # 住宅 | Residential Buildings | 17479.71 | 17194.87 | 529.83 |
| 竣工面积 (万平方米) | Floor Space of Buildings Completed (10 000 sq.m) | 1524.66 | 1524.66 | 39.16 |
| # 住宅 | Residential Buildings | 1036.15 | 1036.15 | 23.12 |
| 竣工价值 (亿元) | Value of Buildings Completed (100 million yuan) | 461.40 | 461.40 | 15.55 |
| # 住宅 | Residential Buildings | 303.99 | 303.99 | 9.22 |

## 6-18 续表 continued

| 指标 | Item | 按登记注册类型分 By Status of Registration 内资 Domestic Funded | 国有 State-owned | 集体 Collective-owned | 其它 Others | 港澳台投资 Funds from Hong Kong, Macao and Taiwan | 外商投资 Foreign Funded |
|---|---|---|---|---|---|---|---|
| 一、企业(单位)个数 (个) | Number of Enterprises (unit) | 2467 | 88 | 6 | 2373 | 22 | 19 |
| 二、本年完成投资 (万元) | Investment Completed This Year (10 000 yuan) | 34460760 | 1929945 | 1469 | 32529346 | 325073 | 560831 |
| 1.按隶属关系分 | Group by Jurisdiction of Management | | | | | | |
| 中 央 | Central | 680540 | 79124 | | 601416 | | |
| 地 方 | Local | 33780220 | 1850821 | 1469 | 31927930 | 325073 | 560831 |
| # 市县属 | City and County Level | 33176770 | 1788768 | 1469 | 31386533 | 325073 | 560297 |
| 2.按构成分 | By Composition of Funds | | | | | | |
| 建筑工程 | Construction | 21512369 | 1379602 | 971 | 20131796 | 239375 | 295416 |
| 安装工程 | Installation | 3292556 | 140172 | 72 | 3152312 | 19795 | 95342 |
| 设备工器具购置 | Purchase of Equipment and Instruments | 409351 | 10536 | 65 | 398750 | 7121 | 1358 |
| 其他费用 | Others | 9246484 | 399635 | 361 | 8846488 | 58782 | 168715 |
| # 旧建筑物购置费 | Purchase of Used Buildings | 210518 | 200 | | 210318 | | |
| 土地购置费 | Total Value of Land Purchased | 7096958 | 115555 | 361 | 6981042 | 46655 | 161266 |
| 3.按工程用途分 | By Use of Projects | | | | | | |
| 住 宅 | Residential Buildings | 23543056 | 1420883 | 1469 | 22120704 | 209956 | 362489 |
| # 别墅、高档公寓 | Villas,High-grade Apartments | 941457 | | | 941457 | 6 | |
| 办公楼 | Office Buildings | 2335044 | 125160 | | 2209884 | 11074 | |
| 商业营业用房 | Houses for Business Use | 4486302 | 122064 | | 4364238 | 78860 | 56467 |
| 其 他 | Others | 4096358 | 261838 | | 3834520 | 25183 | 141875 |
| 三、本年新增固定资产(万元) | Newly Increased Fixed Assets of This Year (10 000 yuan) | 5006664 | 551171 | | 4455493 | 635186 | 7724 |
| 四、房屋建筑面积及竣工价值 | Floor Space of Buildings Completed and Value of Buildings Completed | | | | | | |
| 施工面积 (万平方米) | Floor Space of Buildings under Construction (10 000 sq.m) | 23719.38 | 1469.80 | 2.31 | 22247.27 | 431.16 | 467.51 |
| # 住 宅 | Residential Buildings | 16838.68 | 1108.07 | 2.31 | 15728.30 | 254.40 | 386.63 |
| 竣工面积 (万平方米) | Floor Space of Buildings Completed (10 000 sq.m) | 1383.38 | 132.60 | | 1250.79 | 138.19 | 3.09 |
| # 住 宅 | Residential Buildings | 965.61 | 113.44 | | 852.17 | 67.55 | 2.99 |
| 竣工价值 (亿元) | Value of Buildings Completed (100 million yuan) | 406.64 | 43.30 | | 363.33 | 53.99 | 0.77 |
| # 住 宅 | Residential Buildings | 270.30 | 36.90 | | 233.39 | 32.94 | 0.75 |

# 6-19 房地产开发投资资金来源(2018年)

## Sources of Funds of Investment for Real Estate Development (2018)

单位：万元 (10 000 yuan)

| 指标 | Item | 总计 Total | 内资 Domestic | 国有 State-owned | 集体 Collective-owned | 其他 Others | 港澳台投资 Funds from Hong Kong, Macao and Taiwan | 外商投资 Foreign Investment |
|---|---|---|---|---|---|---|---|---|
| 一、本年资金来源合计 | Total of Sources of Funds This Year | 57055267 | 54328791 | 2259125 | 5331 | 52064335 | 934386 | 1792090 |
| 1.上年末结余资金 | Funds of Last Year-end | 11417643 | 10202315 | 459235 | | 9743080 | 194544 | 1020784 |
| 2.本年资金来源小计 | Subtotal of Sources of Funds This Year | 45637624 | 44126476 | 1799890 | 5331 | 42321255 | 739842 | 771306 |
| 国内贷款 | Domestic Loans | 3863846 | 3813836 | 757568 | | 3056268 | 30010 | 20000 |
| # 银行贷款 | Loans from Bank | 3106149 | 3066899 | 601637 | | 2465262 | 27250 | 12000 |
| 非银行金融机构贷款 | Loans from Non-bank | 757697 | 746937 | 155931 | | 591006 | 2760 | 8000 |
| 利用外资 | Foreign Investment | | | | | | | |
| # 外商直接投资 | Foreign Direct Investment | | | | | | | |
| 自筹资金 | Self-raising Funds | 21465207 | 20970927 | 687134 | 4500 | 20279293 | 257665 | 236615 |
| # 自有资金 | Self-owned Funds | | | | | | | |
| 其他资金来源 | Others | 20308571 | 19341713 | 355188 | 831 | 18985694 | 452167 | 514691 |
| # 定金及预收款 | Booked and Prepayed Money | 13558519 | 12963119 | 192540 | 358 | 12770221 | 309530 | 285870 |
| 个人按揭贷款 | Individual Credit | 4855799 | 4534359 | 18733 | 473 | 4515153 | 96801 | 224639 |
| 二、本年各项应付款合计 | Total Payment of this year | 9810211 | 9604347 | 880542 | | 8723805 | 94839 | 111025 |
| # 工程款 | Project Payment | 5195799 | 5035745 | 216266 | | 4819479 | 63059 | 96995 |

# 6-20 各市(区)房地产开发投资和新增固定资产(2018年)

## Investment for Real Estate Development and Newly Increased Fixed Assets by City(District)(2018)

单位：万元 (10 000 yuan)

| 地区 | Region | 计划总投资 Total Investment Planed | 自开始建设至本年底累计完成投资 Accumulative Investment Actually Completed Since Start of Construction up to the end of This Year | 本年完成投资 Investment Completed This Year | 本年新增固定资产 Newly Increased Fixed Assets of This Year |
|---|---|---|---|---|---|
| **全　省** | **Shaanxi** | **222134958** | **140253588** | **35346664** | **5649574** |
| 西安市 | Xi'an | 166371075 | 106318028 | 25180087 | 4090439 |
| 铜川市 | Tongchuan | 2374561 | 1787840 | 287710 | 129768 |
| 宝鸡市 | Baoji | 10909459 | 6665391 | 2018332 | 115694 |
| 咸阳市 | Xianyang | 6016483 | 3716697 | 1186233 | 56329 |
| 渭南市 | Weinan | 9533494 | 4755126 | 1541473 | 347935 |
| # 韩城市 | Hancheng | 1815911 | 762287 | 339324 | 128840 |
| 延安市 | Yan'an | 5350250 | 3522342 | 1311682 | 44064 |
| 汉中市 | Hanzhong | 7543610 | 4384391 | 1158499 | 235819 |
| 榆林市 | Yulin | 5496023 | 3894472 | 926186 | 391239 |
| 安康市 | Ankang | 5349313 | 3312139 | 1299244 | 132773 |
| 商洛市 | Shangluo | 1529504 | 820699 | 222440 | 30986 |
| 杨凌示范区 | Yangling | 1661186 | 1076463 | 214778 | 74528 |

# 6–21 各市(区)按构成和工程用途分的房地产开发投资(2018年)
# Investment for Real Estate Development by Use of Funds and Projects by City(District)(2018)

单位：万元 (10 000 yuan)

| 地区 | Region | 按构成分 by Use of Founds | | | | 按工程用途分 by Use of Projects | | | | |
|---|---|---|---|---|---|---|---|---|---|---|
| | | 建筑安装工程 Construction and Installation Projects | 设备工器具购置 Purchase of Equipment and Instruments | 其他费用 Others | # 土地购置费 Total Value of Land Purchased | 住宅 Residential Buildings | # 别墅、高档公寓 Villas, High-grade Apartments | 办公楼 Office Buildings | 商业营业用房 Houses for Business Use | 其他 Others |
| **全　省** | **Shaanxi** | **25454853** | **417830** | **9473981** | **7304879** | **24115501** | **941463** | **2346118** | **4621629** | **4263416** |
| 西安市 | Xi'an | 17381044 | 245710 | 7553333 | 5628403 | 16553911 | 772426 | 2082622 | 3267080 | 3276474 |
| 铜川市 | Tongchuan | 223215 | 3475 | 61020 | 53398 | 148726 | | 8132 | 59587 | 71265 |
| 宝鸡市 | Baoji | 1695068 | 51355 | 271909 | 221671 | 1729375 | 41024 | 44882 | 189799 | 54276 |
| 咸阳市 | Xianyang | 1016206 | 5662 | 164365 | 122156 | 1036698 | 6600 | 12635 | 94524 | 42376 |
| 渭南市 | Weinan | 1233612 | 34471 | 273390 | 231947 | 1100685 | 6010 | 19521 | 263782 | 157485 |
| # 韩城市 | Hancheng | 272848 | 2033 | 64443 | 38056 | 201035 | 1000 | 9119 | 71812 | 57358 |
| 延安市 | Yan'an | 936321 | 11351 | 364010 | 349787 | 781280 | 11600 | 61214 | 251055 | 218133 |
| 汉中市 | Hanzhong | 905431 | 23812 | 229256 | 199955 | 838108 | 16609 | 18447 | 147879 | 154065 |
| 榆林市 | Yulin | 659776 | 22012 | 244398 | 201111 | 647589 | 8573 | 43252 | 148440 | 86905 |
| 安康市 | Ankang | 1038595 | 10079 | 250570 | 236813 | 921485 | 58177 | 50481 | 148071 | 179207 |
| 商洛市 | Shangluo | 208020 | 9383 | 5037 | 3802 | 174951 | | 800 | 40752 | 5937 |
| 杨凌示范区 | Yangling | 157565 | 520 | 56693 | 55836 | 182693 | 20444 | 4132 | 10660 | 17293 |

# 6–22 房地产开发面积及造价(2018年)
# Floor Space and Cost of Buildings in Real Estate Development(2018)

| 地区 | Region | 施工房屋面积(万平方米) Floor Space of Buildings Construction (10 000 sq.m) | # 住宅 Residential Buildings | 竣工房屋面积(万平方米) Floor Space of Buildings Completed (10 000 sq.m) | # 住宅 Residential Buildings | 竣工房屋价值(亿元) Value of Buildings Completed (100 million yuan) | # 住宅 Residential Buildings | 竣工房屋造价(元/平方米) Cost of Buildings Completed (yuan/sq.m) | # 住宅 Residential Buildings |
|---|---|---|---|---|---|---|---|---|---|
| **全　省** | **Shaanxi** | **24618.05** | **17479.71** | **1524.66** | **1036.15** | **461.40** | **303.99** | **3026** | **2934** |
| 西安市 | Xi'an | 16044.57 | 11208.59 | 977.28 | 623.40 | 330.61 | 208.68 | 3383 | 3347 |
| 铜川市 | Tongchuan | 496.12 | 365.15 | 46.16 | 39.90 | 10.92 | 9.38 | 2366 | 2351 |
| 宝鸡市 | Baoji | 1228.45 | 933.73 | 45.39 | 38.66 | 10.04 | 8.71 | 2211 | 2254 |
| 咸阳市 | Xianyang | 765.42 | 660.13 | 25.29 | 22.39 | 5.63 | 5.01 | 2227 | 2238 |
| 渭南市 | Weinan | 1457.18 | 1047.75 | 130.43 | 89.48 | 32.88 | 18.94 | 2521 | 2117 |
| # 韩城市 | Hancheng | 177.47 | 98.70 | 29.44 | 10.25 | 11.83 | 2.60 | 4020 | 2539 |
| 延安市 | Yan'an | 1037.47 | 635.30 | 23.01 | 8.92 | 4.20 | 1.26 | 1826 | 1413 |
| 汉中市 | Hanzhong | 1077.86 | 795.01 | 69.22 | 54.39 | 18.10 | 13.85 | 2615 | 2545 |
| 榆林市 | Yulin | 1073.26 | 734.80 | 124.66 | 86.68 | 33.16 | 24.49 | 2660 | 2826 |
| 安康市 | Ankang | 898.46 | 675.66 | 64.19 | 55.37 | 11.61 | 10.00 | 1808 | 1806 |
| 商洛市 | Shangluo | 364.64 | 275.73 | 12.22 | 11.83 | 2.92 | 2.83 | 2390 | 2393 |
| 杨凌示范区 | Yangling | 174.62 | 147.88 | 6.80 | 5.14 | 1.33 | 0.83 | 1952 | 1614 |

# 6–23 商品房屋销售情况(2018年)

## Seal of Commercialized Buildings(2018)

| 地区 | Region | 商品房销售面积(平方米) Floor Space of Commercialized Buildings Sold (sq.m) | 住宅 Residential Buildings | # 别墅、公寓 Villas, High-grade Apartments | 办公楼 Office Buildings | 商业营业用房 Houses for Business Use | 其他 Others |
|---|---|---|---|---|---|---|---|
| **全省** | **Shaanxi** | **41185587** | **35456044** | **467449** | **2181398** | **2315079** | **1233066** |
| 西安市 | Xi'an | 27134577 | 22212699 | 353713 | 2104051 | 1689091 | 1128736 |
| 铜川市 | Tongchuan | 546264 | 506781 | | | 39483 | |
| 宝鸡市 | Baoji | 2515931 | 2427839 | 1419 | 11795 | 74015 | 2282 |
| 咸阳市 | Xianyang | 1509481 | 1485430 | | 5927 | 18124 | |
| 渭南市 | Weinan | 2529773 | 2228416 | 16484 | 47912 | 233311 | 20134 |
| # 韩城市 | Hancheng | 687067 | 496701 | | 34495 | 143543 | 12328 |
| 延安市 | Yan'an | 927619 | 884801 | | | 17676 | 25142 |
| 汉中市 | Hanzhong | 2064564 | 1954715 | 12703 | 1358 | 88665 | 19826 |
| 榆林市 | Yulin | 1066156 | 1017441 | 1723 | 10355 | 15643 | 22717 |
| 安康市 | Ankang | 1523462 | 1460895 | 81107 | | 60282 | 2285 |
| 商洛市 | Shangluo | 751290 | 695064 | 300 | | 49039 | 7187 |
| 杨凌示范区 | Yangling | 616470 | 581963 | | | 29750 | 4757 |

6–23 续表 continued

| 地区 | Region | 商品房销售额(万元) Total Sale of Commercialized Buildings (10 000 yuan) | 住宅 Residential Buildings | # 别墅、公寓 Villas, High-grade Apartments | 办公楼 Office Buildings | 商业营业用房 Houses for Business Use | 其他 Others |
|---|---|---|---|---|---|---|---|
| **全省** | **Shaanxi** | **34074478** | **28087752** | **593718** | **2535964** | **2724060** | **726702** |
| 西安市 | Xi'an | 27531301 | 22141762 | 529396 | 2492080 | 2204552 | 692907 |
| 铜川市 | Tongchuan | 219975 | 182599 | | | 37376 | |
| 宝鸡市 | Baoji | 1137866 | 1076107 | 1243 | 8823 | 50683 | 2253 |
| 咸阳市 | Xianyang | 789815 | 766001 | | 3709 | 20105 | |
| 渭南市 | Weinan | 1074329 | 893606 | 5910 | 22790 | 150606 | 7327 |
| # 韩城市 | Hancheng | 311923 | 196703 | | 17551 | 95110 | 2559 |
| 延安市 | Yan'an | 536725 | 504409 | | | 27208 | 5108 |
| 汉中市 | Hanzhong | 904057 | 817359 | 10781 | 805 | 78356 | 7537 |
| 榆林市 | Yulin | 622151 | 591933 | 1391 | 7757 | 15574 | 6887 |
| 安康市 | Ankang | 775269 | 672095 | 44937 | | 102394 | 780 |
| 商洛市 | Shangluo | 248463 | 222694 | 60 | | 23851 | 1918 |
| 杨凌示范区 | Yangling | 234527 | 219187 | | | 13355 | 1985 |

# 6–24 房地产开发经营情况(2018年)
## Operating Statistics on Enterprises for Real Estate Development(2018)

单位：万元 (10 000 yuan)

| 地区 | Region | 主营业务收入 Revenue from Principal Business | 土地转让收入 Land Transferred | 商品房屋销售收入 Commercialized Building Sold | 房屋出租收入 House Leased | 其它收入 Others | 主营业务成本 Operating Costs of Main Business | 主营业务税金及附加 Operating Tax and Extra Charge on Main Business |
|---|---|---|---|---|---|---|---|---|
| **全省** | **Shaanxi** | **17823484** | **60720** | **16888788** | **159567** | **645626** | **14001029** | **687099** |
| 西安市 | Xi'an | 12603487 | 55525 | 12015148 | 122628 | 348535 | 9815010 | 507300 |
| 铜川市 | Tongchuan | 102259 | 1 | 99410 | 1221 | 1578 | 89219 | 3541 |
| 宝鸡市 | Baoji | 919822 | 1529 | 894714 | 8457 | 12617 | 758266 | 26356 |
| 咸阳市 | Xianyang | 711585 | | 657624 | 2351 | 51260 | 553074 | 26009 |
| 渭南市 | Weinan | 813588 | 1248 | 803043 | 3875 | 4422 | 628601 | 28312 |
| #韩城市 | Hancheng | 131723 | | 131656 | | 68 | 77224 | 2043 |
| 延安市 | Yan'an | 532058 | 105 | 345751 | 2984 | 183211 | 509890 | 9295 |
| 汉中市 | Hanzhong | 725017 | 277 | 714450 | 1962 | 7469 | 493305 | 25182 |
| 榆林市 | Yulin | 373652 | 2036 | 357769 | 5095 | 7765 | 319453 | 10811 |
| 安康市 | Ankang | 662422 | | 636256 | 9843 | 16028 | 507846 | 36430 |
| 商洛市 | Shangluo | 203205 | | 188811 | 976 | 12742 | 168496 | 5301 |
| 杨凌示范区 | Yangling | 176389 | | 175811 | 174 | | 157869 | 8562 |

# 6–25 房地产开发企业基本情况(2018年)
## Basic Statistics on Real Estate Development Enterprises (2018)

| 地区 | Region | 开发公司个数(个) Number of Enterprises for Real Estate Development (unit) | 实收资本金总计(万元) Total Capital Held (10 000 yuan) | 资产总计(万元) Total Assets (10 000 yuan) | 本年折旧(万元) Depreciation This Year (10 000 yuan) | 负债合计(万元) Total Liabilities (10 000 yuan) | 所有者权益合计(万元) Owners' Equity (10 000 yuan) | 全部从业人员年平均人数(人) Average Number of Employed Persons (persons) | 本年应付职工薪酬(万元) Total Wages This Year (10 000 yuan) |
|---|---|---|---|---|---|---|---|---|---|
| **全省** | **Shaanxi** | **2508** | **15498925** | **161293706** | **150986** | **137493395** | **23800311** | **86693** | **696943** |
| 西安市 | Xi'an | 1129 | 11063361 | 116912727 | 87794 | 101802708 | 15110019 | 46513 | 491168 |
| 铜川市 | Tongchuan | 84 | 173797 | 1976327 | 1641 | 1641004 | 335322 | 2406 | 10488 |
| 宝鸡市 | Baoji | 243 | 665764 | 9677233 | 14937 | 7396735 | 2280498 | 5994 | 33060 |
| 咸阳市 | Xianyang | 133 | 349979 | 3562803 | 5180 | 2920746 | 642057 | 5528 | 24488 |
| 渭南市 | Weinan | 175 | 422765 | 5174029 | 5679 | 4140206 | 1033824 | 6898 | 27491 |
| #韩城市 | Hancheng | 32 | 99731 | 1000370 | 1251 | 882622 | 117747 | 1504 | 6796 |
| 延安市 | Yan'an | 129 | 784757 | 6037734 | 9593 | 4948469 | 1089265 | 3955 | 24894 |
| 汉中市 | Hanzhong | 231 | 582109 | 4908512 | 6182 | 3882491 | 1026021 | 5826 | 32270 |
| 榆林市 | Yulin | 178 | 562864 | 4497384 | 9159 | 3618110 | 879275 | 2888 | 14999 |
| 安康市 | Ankang | 140 | 569395 | 6149748 | 8777 | 5176777 | 972970 | 4718 | 24093 |
| 商洛市 | Shangluo | 44 | 141190 | 1247141 | 1369 | 1006419 | 240722 | 1440 | 10085 |
| 杨凌示范区 | Yangling | 22 | 182942 | 1150068 | 676 | 959731 | 190337 | 527 | 3907 |

# 主要统计指标解释

**全社会固定资产投资** 是以货币形式表现的在一定时期内全社会建造和购置固定资产的工作量以及与此有关的费用的总称。该指标是反映固定资产投资规模、结构和发展速度的综合性指标,又是观察工程进度和考核投资效果的重要依据。全社会固定资产投资按登记注册类型可分为国有、集体、个体、联营、股份制、外商、港澳台商、其他等。

**固定资产投资（不含农户）** 指城镇和农村各种登记注册类型的企业、事业、行政单位及城镇个体户进行的计划总投资500万元及500万元以上的建设项目投资和房地产开发投资，包含原口径的城镇固定资产投资加上农村企事业组织项目投资，该口径自2011年起开始使用。

**房地产开发投资** 指各种登记注册类型的房地产开发法人单位统一开发的包括统代建、拆迁还建的住宅、厂房、仓库、饭店、宾馆、度假村、写字楼、办公楼等房屋建筑物和配套的服务设施，土地开发工程（如道路、给水、排水、供电、供热、通讯、平整场地等基础设施工程）的投资；不包括单纯的土地交易活动。

**固定资产投资的资金来源** 根据固定资产投资的资金来源不同，分为国家预算内资金、国内贷款、利用外资、自筹资金和其他资金。

(1)国家预算内资金：分为财政拨款和财政安排的贷款两部分。包括中央财政的基本建设基金(分经营性基金和非经营性基金两部分)、专项支出(如煤代油专项等)、收回再贷、贴息资金，财政安排的挖潜改造和新产品试制支出、城建支出、商业部门简易建筑支出、不发达地区发展基金等资金中用于固定资产投资的资金；地方财政中由国家统筹安排的资金等。

(2)国内贷款：指报告期固定资产投资单位向银行及非银行金融机构借入的用于固定资产投资的各种国内借款，包括银行利用自有资金及吸收的存款发放的贷款、上级主管部门拨入的国内贷款、国家专项贷款、地方财政专项资金安排的贷款、国内储备贷款、周转贷款等。

(3)利用外资：指报告期收到的用于固定资产建造和购置的国外资金(包括设备、材料、技术在内)。包括对外借款(外国政府、国际金融组织贷款、出口信贷、外国银行商业贷款、对外发行债券和股票)、外商直接投资及外商其他投资。不包括我国自有外汇资金(国家外汇、地方外汇、留成外汇、调剂外汇和中国银行自有资金发行的外汇贷款等)。计算利用外资时，需要折算成人民币，折算中所使用的外汇汇率按现汇计算，即按使用外汇时的汇率计算。

(4)自筹资金：指固定资产投资单位报告期收到的，由各地区、各部门及企、事业单位筹集用于固定资产投资的预算外资金，包括中央各部门、各级地方和企、事业单位的自筹资金。

(5)其他资金：指在报告期收到的除以上各种资金之外其他用于固定资产投资的资金，包括企业或金融机构通过发行各种债券筹集到的资金、群众集资、个人资金、无偿捐赠的资金及其他单位拨入的资金等。

**固定资产投资按国民经济行业分** 根据建设项目建成投产后的主要产品或主要用途及社会经济活动性质来确定国民经济行业。一般情况下，一个建设项目或一个企业、事业单位只能属于一种国民经济行业。

**固定资产投资按隶属关系分** 是按建设单位或企业、事业、行政单位的主管上级机关确定的。

（1）中央：是指中共中央、人大常委会和国务院各部、委、局、总公司以及直属机构直接领导的建设项目和企业、事业、行政单位。这些单位的固定资产投资计划由国务院各部门直接编制和下达，建设中所需物资、主要设备以及建设中的问题都由中央有关部门安排和解决。

（2）地方：是由省（自治区、直辖市）、地区（州、盟、省辖市）、县（旗、县级市）三级政府及业务主管部门直接领导和管理的建设项目、企业、事业、行政单位。地方项目还包括不隶属以上各级政府及主管部门的建设项目和企业、事业单位，如外商投资企业和无主管部门的企业等。

**固定资产投资按建设性质分** 根据整个建设项目情况来确定。建设项目的性质一般分为新建、扩建、改建和技术改造、迁建、恢复。房地产开发单位、农村投资、城镇工矿区私人建房投资不划分建设性质。

(1)新建：一般指从无到有开始建设的企业、事业和行政单位或建设项目。有的单位原有基础很小，经过建设后新增的固定资产价值超过该企、事业、行政单位原有固定资产价值(原值)三倍以上的也应作为新建。

(2)扩建：指在厂内或其他地点，为扩大原有产品的生产能力(或效益)或增加新的产品生产能力，而增建主要的生产车间(或主要工程)、分厂、独立的生产线。行政、事业单位在原单位增建业务用房(如学校增建教学用房、医院增建门诊部、病房等)也作为扩建。

现有企、事业单位为扩大原有主要产品生产能力或增加新的产品生产能力，增建一个或几个主要生产车间(或主要工程)、分厂，同时进行一些更新改造工程的，也应作为扩建。

(3)改建和技术改造：指现有企业、事业单位，对原有设施进行技术改造或更新(包括相应配套的辅助性生产、生活福利设施) 的建设项目。现有企业、事业单位为适应市场变化的需要，而改变企业的主要产品种类(如军工企业转产民用品等) 的建设项目，应作为改建。原有产品生产作业线由于各工序(车间)之间能力不平衡，为填平补齐充分发挥原有生产能力而增建不增加本企业主要产品设计能力的车间，也应作为改建。技术改造是指企业、事业单位在现有基础上，用先进的技术代替落后的技术，用先进的工艺和装备代替落后的工艺和装备，以改变企业落后的技术经济面貌，实现以内涵为主的扩大再生产，达到提高产品质量、促进产品更新换代、节约能源、降低消耗、扩大生产规模、全面提高社会经济效益的目的。技术改造具体包括以下内容：机器设备和工具的更新改造；生产工艺改革、节约能源和原材料的改造；厂房建筑和公共设施的改造；劳动条件和生产环境的改造等。

**固定资产投资按构成分**　固定资产投资活动按其工作内容和实现方式分为建筑安装工程，设备、工具、器具购置，其他费用三个部分。

(1)建筑安装工程(建筑安装工作量)：指各种房屋、建筑物的建造工程和各种设备、装置的安装工程。包括各种房屋建造工程；各种用途设备基础和各种工业窑炉的砌筑工程及金属结构工程；为施工而进行的各种准备工作和临时工程以及完工后的清理工作等；铁路、道路的铺设，矿井的开凿及石油管道的架设等；水利工程；防空地下建筑等特殊工程；列入房屋工程预算内的暖气、卫生、通风、照明、煤气等设备的价值及装设油饰工程；列入建筑工程预算内的各种管道(蒸汽、压缩空气、石油、给排水等管道)、电力、电讯电缆导线等的敷设工程；以及各种机械设备的安装工程；为测定安装工程质量，对设备进行的试运工作；房地产开发单位进行的商品房屋开发建设工程、土地开发工程。

在安装工程中，不包括被安装设备本身的价值。

(2)设备、工具、器具购置：指建设单位或企、事业单位购置或自制的，达到固定资产标准的设备、工具、器具的价值。新建单位及扩建单位的新建车间，按照设计或计划要求购置或自制的全部设备、工具、器具，不论是否达到固定资产标准均计入“设备、工具、器具购置”中。

(3)其他费用：指在固定资产建造和购置过程中发生的，除上述几项内容以外的各种应分摊计入固定资产的费用。

**施工项目**　指报告期内进行过建筑或安装施工活动的项目。凡是报告期内施过工的建设项目，不论施工时间长短，均作为施工项目统计。施工项目个数可以反映一定时期固定资产投资的实际规模，与同期全部建成投产项目个数相比，可以从建设速度的角度反映固定资产投资的效果。根据建设项目施工活动的不同性质，施工项目又分为：本年正式施工项目、本年收尾项目和以前年度全部停缓建项目。

**全部建成投产项目**　工业项目指设计文件规定形成生产能力的主体工程及其相应配套的辅助设施全部建成，经负荷试运转，证明具备生产设计规定合格产品的条件，并经过验收鉴定合格或达到竣工验收标准，与生产性工程配套的生活福利设施可以满足近期正常生产的需要，正式移交生产的建设项目。非工业项目指设计文件规定的主体工程和相应的配套工程全部建成，能够发挥设计规定的全部效益，经验收鉴定合格或达到竣工验收标准，正式移交使用的建设项目。

**新增生产能力(或工程效益)**　指通过固定资产投资活动而增加的设计能力(或工程效益)，该指标是以实物形态表现的反映固定资产投资成果的指标，也是考核投资经济效果的重要依据之一。

新增生产能力(或工程效益)一般有以下几种表现形式：

(1)用产品数量表示，以工程在单位时间内(一般是一年)所能生产的产品数量(即年产量)表示。如原煤开采用万吨／年表示，化学农药用吨／年表示，拖拉机制造用台／年表示等。某些化工产品由于含量差别较大，按其设计含量计算折合量表示，如硫酸、纯碱、烧碱等。

(2)用单位时间内所能处理的原料数量表示，以工程每天(或小时)所能处理原料的数量表示。如机制糖工程日处理原料吨，食用植物油日处理原料吨，城市污水处理能力用万吨／日表示等。

(3)用新增加的主要设备的数量或容量表示，如新增棉布织机、丝织机等台数，毛纺锭等锭数，发电厂新增发电机组容量用千瓦表示等。

(4)用建筑物容积、容量、面积、长度表示，是非工业项目或工程新增效益的一种表现形式。如铁路投产里程、新建公路、水库容量、粮食仓库、学校学生席位、医院病床、有效灌溉面积等。

根据工程的特点，有时需要用两种或两种以上的复合计量单位表示新增生产能力(或工程效益)，如新增内燃机生产能力同时用年产台数、千瓦数表示等。

为了规范新增生产能力(或工程效益)的名称和计算单位，国家统计局制订了《新增生产能力(或工程效益)目录及代码》。各固定资产投资单位在统计新增生产能力(或工程效益)时，必须按目录中规定的名称、计量单位和代码填报。

**房屋建筑面积**　指房屋建筑物勒脚以上外墙外围的水平截面面积，包括房屋建筑物的有效面积和结构面积。该指标是从实物形态上反映建设规模和建设成果的重要指标之一，也是检查工程形象进度、计算工程造价、分析投资效果、研究施工任务和建筑材料之间平衡情况的重要依据。

**住宅建筑面积**　指施工和竣工房屋建筑面积中供居住用的房屋建筑面积。

**施工面积**　指报告期内施工的全部房屋建筑面积。包括本期新开工的面积和上期开工跨入本期继续施工的房屋面积，以及上期已停建在本期恢复施工的房屋面积。本期竣工和本期施工后又停缓建的房屋，其建筑面积仍计入本期房屋施工面积中。

**竣工面积**　指在报告期内房屋建筑按照设计要求已经全部完工，达到住人和使用条件，经验收鉴定合格(或达到竣工验收标准)，正式移交使用单位的各栋房屋建筑面积的总和。

**房屋建筑面积竣工率**　指一定时期内房屋竣工面积占同期房屋施工面积的比率。

**新增固定资产**　指报告期内已经完成建造和购置过程，并已交付生产或使用单位的固定资产价值。该指标是表示固定资产投资成果的价值指标，也是反映建设进度，计算固定资产投资效果的重要指标。

**项目建成投产率**　指一定时期内全部建成投产项目个数与同期施工项目个数的比率。该指标是从建设单位建设速度的角度反映投资效果的指标。

**固定资产交付使用率**　指一定时期新增固定资产与同期完成投资额的比率。该指标是反映固定资产动用速度，衡量建设过程中宏观投资效果的综合指标。由于新增固定资产是较长时期内形成的结果，而投资额则是当年完成的，因此，该指标一般适宜于反映较长时期内固定资产的动用情况。

**商品房销售面积**　指报告期内出售商品房屋的合同总面积(即双方签署的正式买卖合同中所确定的建筑面积)。由现房销售建筑面积和期房销售建筑面积两部分组成。

**商品房销售额**　指报告期内出售商品房屋的合同总价款(即双方签署的正式买卖合同中所确定的合同总价)。该指标与商品房销售面积同口径，由现房销售额和期房销售额两部分组成。

# Explanatory Notes on Main Statistical Indicators

**Total Investment in Fixed Assets in the Whole Country** refers to the volume of activities in construction and purchases of fixed assets of the whole country and related fees, expressed in monetary terms during the reference period. It is a comprehensive indicator which shows the size, structure and growth of the investment in fixed assets, providing a basis for observing the progress of construction projects and evaluating results of investment. Total investment in fixed assets in the whole country includes, by type of ownership, the investment by State-owned units, collective-owned units, individuals, joint ownership units, share-holding units, as well as investments by entrepreneurs from foreign countries and from Hong Kong, Macao and Taiwan, and by other units.

**Investment in Fixed Assets (Excluding Rural Households)** refers to the investment in construction projects with a total planned investment of 5 million yuan and over by enterprises of various ownerships, institutions, administrative units and urban self-employed individuals, and the investment in real estate development in both urban and rural areas. Since 2011, it covers the urban investment in fixed assets under the previous statistical coverage plus project investments by rural enterprises and institutions.

**Investment in Real Estate Development** refers to investment by real estate development companies, commercialized buildings construction companies and other real estate development units of various types of ownership in the construction of buildings, such as residential buildings, factory buildings, warehouses, hotels, guesthouses, holiday villages, office buildings, the complementary service facilities and land development projects, such as roads, water supply, water drainage, power supply, heating supply, telecommunications, land leveling and other infrastructural projects. It does not include activities in pure land transactions.

**Sources of Funds for Investment in Fixed Assets** are categorized as funds from the State budget, domestic loans, foreign investment, self-raised funds, and others, depending on the sources of investment.

(1) Fund from the State budget consists of budgetary appropriation and loans from the State budget. More specifically, it includes, from the budget of the central government, capital construction fund (operation fund and non-operational fund), special expenses (e.g. expenses on substituting petroleum with coal), loans from repayment, discount fund, expenses on innovation and trial production of new products, expenses on urban construction, expenses on temporary construction from business departments, development fund for less developed areas, as well as local budgetary fund transferred from the central budget.

(2) Domestic loans refer to loans of various forms borrowed by investing units from banks and non-bank financial institutions during the reference period for the purpose of investment in fixed assets, including loans issued by banks from their self-owned funds and deposit, loans appropriated by higher authorities, special loans by government, loans arranged by local government from special funds, domestic reserve loan, and working loan.

(3) Foreign investment refers to foreign funds received during the reference period for the construction and purchase of investment in fixed assets (covering equipment, materials and technology), including foreign borrowings (loans from foreign governments and international financial institutions, export credit, commercial loans from foreign banks, issue of bonds and stocks overseas), foreign direct investment and other foreign investments. Excluded from this category is capital in foreign exchanges owned by China (foreign exchanges owned by the central and local governments, foreign exchanges retained by enterprises, foreign exchanges by enterprises through the regulating mechanism, loans in foreign exchanges issued by the Bank of China with its own fund, etc.). In calculating the utilization of foreign capital, foreign currencies are converted into Chinese Renminbi applying the current exchange rate when the foreign capitals are actually used.

(4) Self-raised funds refer to extra-budgetary funds for investment in fixed assets received during the reference period by investing units from central government ministries, local governments, enterprises and institutions, including their self-raised funds.

(5) Others refer to funds for investment in fixed assets received from sources other than those listed above, including capital raised through issuing bonds by enterprises or financial institutions, funds raised from individuals and through donations, and funds transferred from other units.

**Investment in Fixed Assets by Sector** The classification of construction projects by sector is determined by the major products or the purpose of the projects when they are put into production or use, and by the nature of their social economic activities. In general, one project or one enterprise or institution can only be classified into one sector.

**Investment in Fixed Assets by Jurisdiction of Management** refers to the classification of investment by the competent authorities under which investment is made by construction units, enterprises, institutions or administrative units.

(1) Central investment refers to the investment in projects or by enterprises, institutions or administrative units which are under the direct leadership and management of the State Council and of the national commissions, ministries, agencies and State-owned large corporations. Various ministries and departments of the State Council prepare and implement plans for investment in fixed assets by those departments, and arrange and ensure the supply of materials and key equipment required for the projects.

(2) Local investment refers to the investment in projects or by enterprises, institutions or administrative units which are under the direct leadership and management of departments under the provincial, prefecture and county governments. Also included are projects by foreign-invested enterprises and enterprises without competent managing authorities.

**Investment in Fixed Assets by Type of Construction** Construction projects in general can be classified, by the type of construction, into new construction, expansion, reconstruction and technical transformation, moving and restoration. However, investment by type of construction is not applied to investment by real-estate development units, investment in rural areas and private investment in housing construction in urban areas and in industrial and mining areas.

(1) New construction in general refers to construction projects, which start from scratch, of enterprises, institutions, administrative agencies. In case the size of the existing unit is quite small, and the value of newly added fixed assets is more than three times of the original value, the expansion will be considered as new construction.

(2) Expansion refers to construction of new major production workshop, branch factory or independent production line within a factory or in other locations, for the purpose of increasing the production capacity (or improving efficiency) or adding new production capacity. Newly constructed accommodation for the operation of institutions and administrative organizations (such as newly constructed buildings for teaching in schools, buildings for clinics or wards in hospitals, etc.) are also classified as expansion.

Also included in expansion are investments by existing enterprises or institutions in building major production line(s) or branch factory(ies) along with some work on innovation, for the purpose of expanding the production capacity of original products or producing new products.

(3) Reconstruction and technical transformation refers to construction projects by existing enterprises or institutions in innovation or technical transformation of the old facilities (including auxiliary production equipment and welfare facilities). Also considered as reconstruction is the construction of new workshops by the existing enterprises or institutions to change the variety of products to meet the market demand (such as the production of civil products by defence industries), or to bring the designed production capacity into full play through a more balanced production process on production lines. Technical transformation refers to replacement of old technology or equipment by new technology or equipment, in order to expand the reproduction through improvement of technology contents in production, to improve product quality, to promote new products, to save energy, to reduce consumption, to expand the production scale and to improve overall social-economic efficiency. Contents of technical transformation include: updating of machinery, equipment and tools; reforming production process by using energy or materials saving technology; construction of factory workshops and transformation of public facilities; improvement of working conditions and environment, etc.

**Investment in Fixed Assets by Structure** By their contents and the mode of implementation, investment activities are classified into 3 categories, i.e. construction and installation, purchase of equipment and instrument, and other expenses.

(1) Construction and installation (work volume of construction and installation) refers to the construction of houses and buildings and the installation of various kinds of equipment and instruments. They include construction of houses; equipment foundations, industrial kilns and stoves, and metal structure work; preparation works and temporary works for project construction, and clearing up works post project construction; pavement of railways and roads, drilling of mines and putting up of oil pipes; construction of water conservancy; construction of underground air-raid shelters and construction of other special projects; value of equipment for heating, sanitation, ventilation, lighting, gas, painting, etc. that are covered by the budget of housing projects; laying out of various pipelines (for steam, compressed air, petroleum, tap water and sewage) and wiring and cabling for electric power and for communications; installation of various machinery and equipment; testing operation for pre-testing the quality of installation projects, and land and other development work conducted by real estate developers for commercialized housing. The value of equipment installed is itself not included in the value of installation projects.

(2) Purchase of equipment and instruments refers to the total value of equipment, tools, and instruments purchased or self-produced which come up to the cut-off point for fixed assets by the construction units or investing enterprises or institutions. Equipment, tools and instruments purchased or self-produced for new workshops by newly established or expanded units are categorized as "purchase of equipment and instruments" no matter whether they come up to the cut-off point for fixed assets.

(3) Other expenses refer to expenses arising during the construction or purchase of fixed assets other than those mentioned above.

**Projects under Construction** refer to projects with construction and installation activities undertaken in the reference period. All projects that have construction activities undertaken during the reference period are reported as projects under construction irrespective of the length of construction work. The number of projects under construction can reflect the actual size of investment in fixed assets during a given period, and when compared with the number of projects completed and put into use during the same period, it demonstrates the results of investment in fixed assets from the angle of the speed of the construction. Depending on the nature of construction activities, projects under construction can also be classified into projects beginning construction in current year, winding-up projects in current year and stopped or suspended projects in previous years (with resumption of work in current year).

**Projects Completed and Put into Use** Industrial projects refer to the major projects and anxilliary facilities having been completed in accordance with the design documents, resulting in forming production capacity and having checked and accepted after relevant tests, while the living and welfare facilities having been completed and being capable of ensuring normal production. Non-industrial projects refer to the major projects and anxilliary facilities which have been completed in accordance with the design documents; have been checked, accepted after relevant examination; and have been formally delivered for use.

**Newly Increased Production Capacity (or Project Efficiency)** refers to the increase in design capacity (or project efficiency) through investment in fixed assets, which reflects the accomplishment of investment in fixed assets in physical form and serves as an important basis for evaluating the economic efficiency of investment.

The newly increased production capacity (project efficiency) are usually expressed in one of the following forms:

(1) Volume of output of products, i.e. the volume of output that the project can produce during a given period (usually a year). For instance, the capacity in coal mining is expressed in 10,000 tons/year, the capacity in producing chemical pesticides expressed in ton/year, the capacity in producing tractors in tractor/year, etc. For some chemical products where the effective contents differ significantly, the production capacity is expressed as the designed effective content equivalent, such as in the case of sulphuric acid, soda ash, caustic soda, etc;

(2) Volume of raw materials processed per unit of time, i.e. the volume of raw materials that could be processed by the project per day (or per hour), such as tons of materials processed per day by a sugar refining project or edible vegetable oil project, or tons of urban sewage processed per day;

(3) Number or capacity of major equipment increased, such as number of cotton or silk looms increased, wool spindles increased, or capacity (in kilowatts) of power generators increased; and

(4) Physical measures (volume, capacity, area, and length) of construction, which is typical for non-industrial projects, for instance, the length of railways put into operation, the length of highways, the capacity of reservoirs, the capacity of warehouses, the floor space of housing projects, capacity for new students in schools or beds in hospitals, areas under new irrigation project, etc.

The special features of projects may sometimes call for the combined use of two or more measurements to reflect the increase in production capacity (or project efficiency); for instance, the new capacity for the production of internal combustion engines is expressed in sets per year and kilowatts per year simultaneously.

To standardize the nomenclature and unit of measurement for newly increased production capacity (or project efficiency), the National Bureau of Statistics has developed the *Nomenclature and Codes for New Production Capacity (Project Efficiency)*. All reporting units with investment activities are required to follow these two nomenclatures in reporting statistics on new production capacity (project efficiency).

**Floor Space of Buildings under Construction** refers to the total floor space of the horizontal section of outer walls above the plinth of the building, including the effective area and the area occupied by the structure. This indicator is one of the important indicators in physical terms to reflect the scale and accomplishment of the construction industry and also an important basis for monitoring the progress, calculating the cost, analyzing the efficiency and studying the supply of building materials in relation to the construction projects.

**Floor Space of Residential Buildings** refers to the floor space of the residential buildings among the total space of buildings under construction or completed.

**Floor Space under Construction** refers to total floor space of all buildings under construction during the reference period, including floor space of newly started buildings during the reference period, floor space of construction extended from the previous period to the current period, and floor space of construction suspended during the previous period and resumed in the current period. Floor space of construction completed in the current period, and floor space of construction started and then suspended in the current period are also included in the floor space under construction of the current year.

**Floor Space Completed** refers to the floor space of all buildings completed in the reference period, which have been appraised and accepted (or come up to the designed standards) and have been transferred to owner units.

**Completion Rate of Floor Space of Buildings** refers to the ratio of the floor space of buildings completed in a certain period of time to the floor space of buildings under construction in the same period.

**Newly Increased Fixed Assets** refer to the newly increased value of fixed assets, constructed or purchased, that have been transferred to the investors. This is an indicator that demonstrates the results of investment in fixed assets in monetary terms, and an important indicator to reflect the speed of construction and to calculate the efficiency of investment.

**Rate of Construction Projects Completed and Put into Use** refers to the ratio of the number of construction projects completed and put into use in a certain period of time to the number of projects under construction in the same period. This reflects the investment efficiency from the perspective of the speed of projects construction.

**Rate of Projects of Fixed Assets Completed and Put into Operation** refers to the ratio of the newly increased fixed assets to the total investment made in the same period. This is a comprehensive indicator reflecting the speed of the employment of fixed assets and the investment efficiency at the macro-level. As the newly increase fixed assets is the result of a long period while the investment is completed in the current year, this indicator is expected to be used to reflect the employment of fixed assets over a long period of time.

**Area of Commercialized Housing Sold** refers to total contracted area of commercialized housing (i.e. area of floor space as designated in the formal contracts signed by both sides) during the reference time. It constitutes floor space of completed housing and floor space of future housing.

**Value of Commercialized Housing Sold** refers to the total contracted value (i.e. value of sales/purchase for selling/purchase of commercialized housing as designated in the contract signed by both sides) during the reference time. This indicator has the same coverage as the area of commercialized housing sold, which constitutes floor space of completed housing and floor space of housing yet to be completed.

# 七、能　源

Energy

资料整理：蔡军辉

# 简 要 说 明

一、本篇资料反映陕西能源生产、消费和能耗水平等情况。主要内容有能源生产、消费及品种构成，能源生产和消费弹性系数，分行业、分主要能源品种的消费量，能源加工转换效率及生活用能源消费量、单位生产总值能耗等指标。

二、关于数据口径与计算的说明：

1．能源生产与消费弹性系数分别以能源生产、消费增长速度与地区生产总值增长速度相比求得。

2．能源平衡表中，进口量和出口量采用海关统计数据，电力折算标准煤系数按平均发电煤耗计算。

3．能源加工转换效率表中的电力折算标准煤系数采用当量值计算，每千瓦小时折0.1229千克标准煤。

4．GDP按不变价格计算。

三、2015—2017年能源消费数据根据第四次经济普查进行了调整。

# Brief Introduction

Ⅰ. This chapter reflects the energy production, consumption and efficiency of Shaanxi Province, mainly including energy production, consumption and composition, elasticity ratio of energy production and consumption, consumption of energy by sector and by types of energy, efficiency of energy processing and conversion and the consumption of energy for non-production uses, energy consumption of unit gross domestic product.

Ⅱ. Data coverage and calculation:

1. The elasticity ratio of energy production is calculated as the quotient of the growth rate of energy production divided by the growth rate of GDP; and the elasticity ratio of energy consumption is calculated as the quotient of the growth rate of energy consumption divided by the growth rate of GDP.

2. In the energy balance sheet, the data on the imports and exports are data from the customs statistics. The ratio for converting electric power into the standard coal equivalent is calculated according to the average consumption of coal for generating electricity.

3. In the table on the efficiency of energy conversion, the ratio for converting electric power into the standard coal equivalent is calculated on the basis of heat value equivalent. One kilowatt is equal to 0.1229 kg SCE.

4. Gross domestic product are calculated at constant price.

III. Energy consumption data for 2015-2017 are adjusted according to the forth economic census.

# 7.能　源

| | | | |
|---|---|---|---|
| 2018 年全省 | | | |
| 能源生产总量 | 56391.63 | 万吨标准煤（等价值） | 比上年增长 9.4% |
| 能源消费总量 | 12900.38 | 万吨标准煤（等价值） | 比上年增长 3.0% |
| 平均每天消费能源 | 35.34 | 万吨标准煤 | |
| #原　煤 | 74.97 | 万　吨 | |
| 原　油 | 5.11 | 万　吨 | |
| 天然气 | 2526 | 万立方米 | |
| 电　力 | 47787 | 万千瓦小时 | |

## 能源生产总量构成
（2018年）

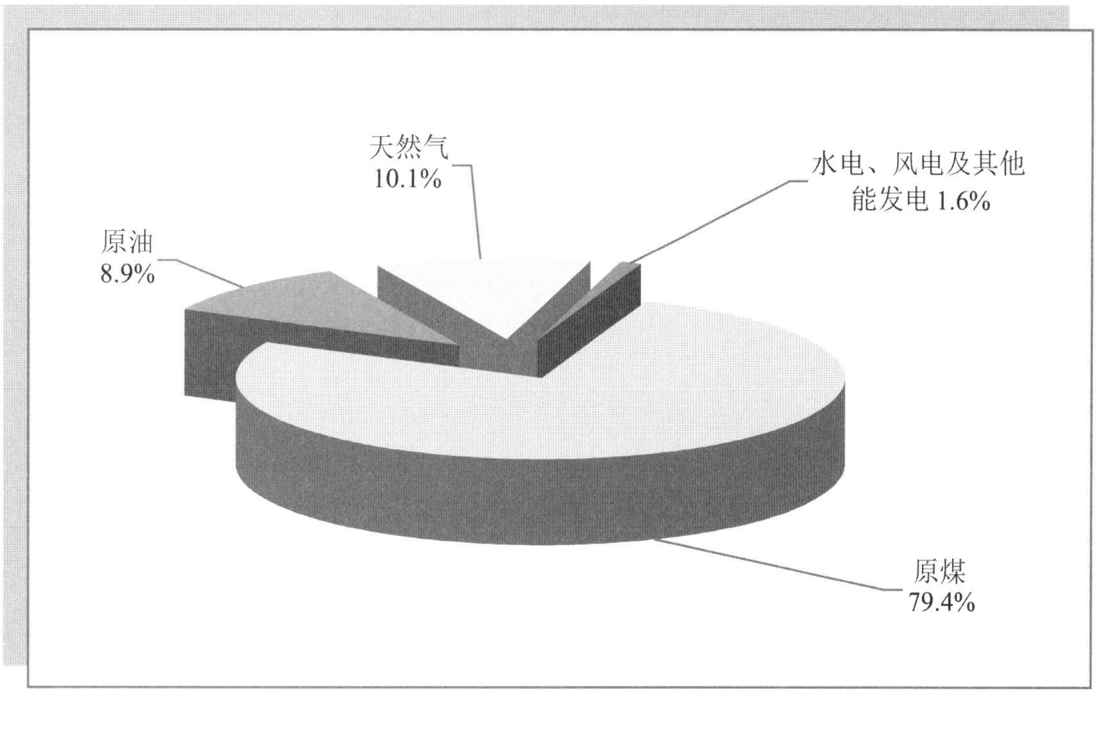

# 7-1 能源生产、消费总量及构成
## Total Production and Consumption of Energy and Its Composition

| 指 标 | Item | 2010 | 2011 | 2012 | 2013 | 2014 |
|---|---|---|---|---|---|---|
| **能源生产总量** | **Total Energy Production** | **31845.63** | **36500.59** | **41168.40** | **44431.03** | **46981.85** |
| **（万吨标准煤）** | **(10 000 tons of SCE)** | | | | | |
| 原 煤 | Coal | 24370.38 | 27991.63 | 31847.45 | 33997.02 | 35736.98 |
| 原 油 | Crude Oil | 4310.49 | 4607.83 | 5039.48 | 5268.73 | 5382.69 |
| 天然气 | Natural Gas | 2885.46 | 3620.42 | 3998.94 | 4786.41 | 5454.46 |
| 水电、风电及其他能发电 | Hydro-power,Wind Power and Others | 279.30 | 280.71 | 282.53 | 378.87 | 407.72 |
| **能源生产构成 （%）** | **Energy Production Composition (%)** | **100.00** | **100.00** | **100.00** | **100.00** | **100.00** |
| 原 煤 | Coal | 76.53 | 77.10 | 77.36 | 76.52 | 76.07 |
| 原 油 | Crude Oil | 13.54 | 12.40 | 12.24 | 11.86 | 11.46 |
| 天然气 | Natural Gas | 9.06 | 9.74 | 9.71 | 10.77 | 11.61 |
| 水电、风电及其他能发电 | Hydro-power,Wind Power and Others | 0.88 | 0.76 | 0.69 | 0.85 | 0.87 |
| **能源消费总量** | **Total Energy Consumption** | **8287.63** | **9107.48** | **9914.53** | **10610.48** | **11222.46** |
| **（万吨标准煤）** | **(10 000 tons of SCE)** | | | | | |
| 煤 品 | Coal | 5844.95 | 6562.60 | 7255.99 | 7671.85 | 8125.91 |
| 油 品 | Crude Oil | 1421.13 | 1444.03 | 1571.34 | 1652.66 | 1690.24 |
| 天然气 | Natural Gas | 742.26 | 820.15 | 804.67 | 907.10 | 998.58 |
| 水电、风电及其他能发电 | Hydro-power,Wind Power and Others | 279.30 | 280.71 | 282.53 | 378.87 | 407.72 |
| **能源消费构成 （%）** | **Energy Consumption Composition (%)** | **100.00** | **100.00** | **100.00** | **100.00** | **100.00** |
| 煤 品 | Coal | 70.53 | 72.06 | 73.19 | 72.30 | 72.41 |
| 油 品 | Crude Oil | 17.15 | 15.86 | 15.85 | 15.58 | 15.06 |
| 天然气 | Natural Gas | 8.96 | 9.01 | 8.12 | 8.55 | 8.90 |
| 水电、风电及其他能发电 | Hydro-power,Wind Power and Others | 3.37 | 3.08 | 2.85 | 3.57 | 3.63 |

注：能源消费总量用等价值折算。等价值指电力按当年平均火力发电煤耗换算成标准煤。

a)Energy consumption are converted on the basis of equal value,equivalent value refers to the value of average standard coal consumption by thermal power in the current year.

## 7-1 续表 continued

| 指　标 | Item | 2015 | 2016 | 2017 | 2018 |
|---|---|---|---|---|---|
| **能源生产总量** | **Total Energy Production** | **48491.24** | **46544.99** | **51542.05** | **56391.63** |
| **（万吨标准煤）** | **(10 000 tons of SCE)** | | | | |
| 原　煤 | Coal | 37088.81 | 35703.52 | 40404.21 | 44838.89 |
| 原　油 | Crude Oil | 5338.29 | 5003.57 | 4985.56 | 5031.53 |
| 天然气 | Natural Gas | 5531.69 | 5345.34 | 5429.29 | 5713.23 |
| 水电、风电及其他能发电 | Hydro-power,Wind Power and Others | 532.44 | 492.56 | 723.00 | 807.98 |
| **能源生产构成　（%）** | **Energy Production Composition (%)** | **100.00** | **100.00** | **100.00** | **100.00** |
| 原　煤 | Coal | 76.49 | 76.71 | 78.39 | 79.40 |
| 原　油 | Crude Oil | 11.01 | 10.75 | 9.67 | 8.92 |
| 天然气 | Natural Gas | 11.41 | 11.48 | 10.53 | 10.13 |
| 水电、风电及其他能发电 | Hydro-power,Wind Power and Others | 1.10 | 1.06 | 1.40 | 1.55 |
| **能源消费总量** | **Total Energy Consumption** | **11706.60** | **12111.76** | **12527.07** | **12900.38** |
| **（万吨标准煤）** | **(10 000 tons of SCE)** | | | | |
| 煤　品 | Coal | 8511.67 | 9142.83 | 9387.18 | 9643.84 |
| 油　品 | Crude Oil | 1552.57 | 1199.44 | 1078.97 | 1083.73 |
| 天然气 | Natural Gas | 1109.91 | 1276.93 | 1337.92 | 1364.83 |
| 水电、风电及其他能发电 | Hydro-power,Wind Power and Others | 532.44 | 492.56 | 723.00 | 807.98 |
| **能源消费构成　（%）** | **Energy Consumption Composition (%)** | **100.00** | **100.00** | **100.00** | **100.00** |
| 煤　品 | Coal | 72.71 | 75.49 | 74.94 | 74.76 |
| 油　品 | Crude Oil | 13.26 | 9.90 | 8.61 | 8.40 |
| 天然气 | Natural Gas | 9.48 | 10.54 | 10.68 | 10.58 |
| 水电、风电及其他能发电 | Hydro-power,Wind Power and Others | 4.55 | 4.07 | 5.77 | 6.26 |

# 7-2 主要能源平衡情况(2018年)
# Main Energy Balance Sheet(2018)

| 指　标 | Item | 综合能源(万吨标准煤) Comprehensive Energy (10 000 tons of SCE) | 原　煤(万吨) Coal (10 000 tons) | 天然气(亿立方米) Natural Gas (100 million cu.m) | 电　力(亿千瓦小时) Electricity (100 million kwh) |
|---|---|---|---|---|---|
| **一、可供本地区消费能源** | **Volume of total Energy Available for Consumption** | **12891.27** | **27372.67** | **121.36** | **104.51** |
| 年初库存 | Stock at the Beginning of the Year | 1657.91 | 1270.66 | | |
| 一次能源生产量 | Primary Energy Output | 56391.63 | 62958.08 | 442.89 | 255.75 |
| 外省(区、市)调入量 | Inflow from Other Provinces (Regions, Cities) | 2687.77 | 1598.08 | | 282.04 |
| 本省(区、市)调出量(-) | Outflow from this Provinces (Regions, Cities) | -46284.18 | -37275.15 | -321.53 | -433.28 |
| 出口量(-) | Exports | | | | |
| 年末库存(-) | Stock at Year-end | -1561.85 | -1179.00 | | |
| **二、加工转换投入(-)产出(+)量** | **Input (-) or Output (+) of Processing and Transformation** | **-997.42** | **-23916.91** | **-46.28** | **1639.73** |
| 火力发电 | Thermal Power | 0.00 | -5276.26 | -1.45 | 1639.73 |
| 供　热 | Heating | -142.80 | -766.51 | -3.06 | |
| 煤炭洗选 | Separation Coal | -373.83 | -12079.62 | | |
| 炼　焦 | Coke Making | -489.57 | -5482.13 | | |
| 炼油及煤制油 | Oil Refining and Coal to Make Oil | -171.67 | -300.81 | -8.96 | |
| 天然气液化 | | -44.49 | | -32.81 | |
| 煤制品加工 | Processing of Coal Products | -2.13 | -11.57 | | |
| 回收能 | Recovery of Energy | 307.25 | | | |
| **三、损失量** | **Loss Volume** | **209.42** | | | **68.42** |
| **四、终端消费** | **Final Consumption** | **11693.55** | **3448.28** | **75.08** | **1675.82** |
| 第一产业 | Primary Industry | 204.52 | 18.65 | | 38.48 |
| 农、林、牧、渔业 | Agriculture, Forestry, Animal Husbandry and Fishery | 204.52 | 18.65 | | 38.48 |
| 第二产业 | Secondary Industry | 7687.13 | 3006.65 | 44.04 | 1092.28 |
| 工　业 | Industry | 7473.58 | 2992.63 | 43.96 | 1060.49 |
| 建筑业 | Construction | 213.55 | 14.02 | 0.08 | 31.79 |
| 第三产业 | Tertiary Industry | 2155.00 | 153.46 | 11.05 | 285.75 |
| 交通运输、仓储和邮政业 | Transportation, Storage and Post Services | 1095.84 | 11.58 | 3.41 | 72.31 |
| 批发、零售业和住宿、餐饮业 | Wholesale and Retail Trades, Hotels and Catering Services | 497.50 | 51.60 | 6.94 | 82.47 |
| 其　他 | Others | 561.65 | 90.29 | 0.70 | 130.97 |
| 生活消费 | Household Consumption | 1646.90 | 269.51 | 20.00 | 259.31 |
| 城　镇 | Urban Areas | 1120.64 | 56.94 | 19.37 | 164.18 |
| 乡　村 | Rural Area | 526.27 | 212.57 | 0.63 | 95.12 |

7-2 续表 continued

| 指 标 | Item | 原 油 (万吨) Crude Oil (10 000 tons) | 汽 油 (万吨) Gasoline (10 000 tons) | 煤 油 (万吨) Kerosene (10 000 tons) | 柴 油 (万吨) Diesel Oil (10 000 tons) | 燃料油 (万吨) Fuel Oil (10 000 tons) |
|---|---|---|---|---|---|---|
| **一、可供本地区消费能源** | **Volume of total Energy Available for Consumption** | **1864.17** | **-355.22** | **-0.32** | **-296.99** | **-124.85** |
| 年初库存 | Stock at the Beginning of the Year | 89.61 | 39.10 | 1.46 | 33.98 | 15.20 |
| 一次能源生产量 | Primary Energy Output | 3522.00 | | | | |
| 外省(区、市)调入量 | Inflow from Other Provinces (Regions, Cities) | | 50.42 | 1.00 | 26.51 | 4.61 |
| 本省(区、市)调出量(-) | Outflow from this Provinces (Regions, Cities) | -1628.04 | -411.10 | -1.00 | -323.57 | -141.59 |
| 出口量(-) | Exports | | | | | |
| 年末库存(-) | Stock at Year-end | -119.40 | -33.64 | -1.78 | -33.91 | -3.07 |
| **二、加工转换投入(-)产出(+)量** | **Input ( - ) or Output (+) of Processing and Transformation** | **-1799.43** | **653.56** | **78.28** | **693.25** | **129.69** |
| 火力发电 | Thermal Power | | | | -0.63 | |
| 供 热 | Heating | | | | -0.01 | |
| 煤炭洗选 | Separation Coal | | | | | |
| 炼 焦 | Coke Making | | | | | |
| 炼油及煤制油 | Oil Refining and Coal to Make Oil | -1799.43 | 653.56 | 78.28 | 697.53 | 152.93 |
| 天然气液化 | | | | | | |
| 煤制品加工 | Processing of Coal Products | | | | | |
| 回收能 | Recovery of Energy | | | | | |
| **三、损失量** | **Loss Volume** | | | | | |
| **四、终端消费** | **Final Consumption** | **64.74** | **298.34** | **77.96** | **396.26** | **4.84** |
| 第一产业 | Primary Industry | | 8.98 | | 40.13 | |
| 农、林、牧、渔业 | Agriculture, Forestry, Animal Husbandry and Fishery | | 8.98 | | 40.13 | |
| 第二产业 | Secondary Industry | 64.74 | 30.47 | 0.28 | 68.15 | 2.23 |
| 工 业 | Industry | 64.74 | 20.28 | 0.23 | 43.12 | 1.07 |
| 建筑业 | Construction | | 10.19 | 0.05 | 25.03 | 1.15 |
| 第三产业 | Tertiary Industry | | 155.17 | 77.69 | 281.42 | 2.62 |
| 交通运输、仓储和邮政业 | Transportation, Storage and Post Services | | 118.42 | 77.33 | 243.70 | 1.33 |
| 批发、零售业和住宿、餐饮业 | Wholesale and Retail Trades, Hotels and Catering Services | | 26.34 | 0.31 | 25.98 | 0.48 |
| 其 他 | Others | | 10.41 | 0.04 | 11.74 | 0.81 |
| 生活消费 | Household Consumption | | 103.72 | | 6.56 | |
| 城 镇 | Urban Areas | | 76.39 | | 0.24 | |
| 乡 村 | Rural Area | | 27.33 | | 6.33 | |

注：综合能源消费电力按等价值折算。
a) Comprehensive energy consumption Electric power and heat are converted on the basis of equal value.

# 7−3 能源生产弹性系数
# Elasticity Ratio of Energy Production

| 指　　标 | Item | 2010 | 2015 | 2016 | 2017 | 2018 |
|---|---|---|---|---|---|---|
| 能源生产增长速度(%) | Growth Rate of Energy Production over Preceding Year (%) | 16.7 | 3.2 | -4.0 | 10.7 | 9.4 |
| 电力生产增长速度(%) | Growth Rate of Electricity Production over Preceding Year (%) | 23.4 | 0.1 | 3.8 | 7.7 | 4.5 |
| 生产总值增长速度(%) | Rate of Gross Domestic Product (GDP) over Preceding Year (%) | 14.6 | 7.9 | 7.6 | 8.0 | 8.3 |
| 能源生产弹性系数 | Elasticity Ratio of Energy Production | 1.15 | 0.41 | -0.53 | 1.34 | 1.13 |
| 电力生产弹性系数 | Elasticity Ratio of Electricity Production | 1.62 | 0.02 | 0.50 | 0.96 | 0.54 |

注：生产总值增长速度按不变价计算，能源生产用等价值折算。
a) The growth rates of GDP are calculated at constant prices. Energy production are converted on the basis of equal value.

# 7−4 平均每万人能源生产量
# Energy Production Per 10 000 Population

| 品　　种 | Item | 2010 | 2015 | 2016 | 2017 | 2018 |
|---|---|---|---|---|---|---|
| **生产总量(吨标准煤)** | **Total Production (ton of SCE)** | **85257.56** | **127848.41** | **122081.38** | **134383.68** | **145925.96** |
| 原　煤(吨) | Coal(ton) | 96819.15 | 138618.65 | 135251.22 | 148881.17 | 162918.12 |
| 原　油(吨) | Crude Oil(ton) | 8077.92 | 9851.98 | 9186.41 | 9098.88 | 9113.96 |
| 天然气(万立方米) | Natural Gas(10 000 cu. m) | 598.28 | 1096.58 | 1080.39 | 1093.50 | 1146.08 |
| 电　力(万千瓦小时) | Electricity(10 000 kwh) | 3017.17 | 4279.34 | 4419.05 | 4729.66 | 4904.98 |

注：能源生产总量用等价值折算。
a) Total energy production are converted on the basis of equal value.

# 7−5 能源加工转换效率
# Efficiency of Energy Conversion

| 指　　标 | Item | 2010 | 2015 | 2016 | 2017 | 2018 |
|---|---|---|---|---|---|---|
| **总效率(%)** | **Total Efficiency (%)** | **71.77** | **81.09** | **81.92** | **82.18** | **81.06** |
| 火力发电 | Thermal Power | 38.41 | 39.41 | 39.81 | 39.97 | 40.16 |
| 供　热 | Heating | 78.12 | 78.09 | 75.71 | 77.52 | 77.60 |
| 洗　煤 | Separation Coal | 90.64 | 95.92 | 95.94 | 95.34 | 95.60 |
| 炼　焦 | Coke Making | 82.98 | 89.83 | 90.54 | 90.60 | 90.23 |
| 炼　油 | Oil Refining | 93.81 | 95.27 | 91.12 | 89.09 | 92.03 |

# 7-6　能源消费弹性系数
# Elasticity Ratio of Energy Consumption

| 指　标 | Item | 2010 | 2015 | 2016 | 2017 | 2018 |
|---|---|---|---|---|---|---|
| 能源消费增长速度(%) | Growth Rate of Energy Consumption over Preceding Year (%) | 10.4 | 4.4 | 3.5 | 3.4 | 3.0 |
| 电力消费增长速度(%) | Growth Rate of Electricity Consumption over Preceding Year (%) | 16.1 | -0.4 | 9.6 | 9.5 | 6.7 |
| 生产总值增长速度(%) | Growth Rate of Gross Domestic Product (GDP) over Preceding Year (%) | 14.6 | 7.9 | 7.6 | 8.0 | 8.3 |
| 能源消费弹性系数 | Elasticity Ratio of Energy Consumption | 0.72 | 0.56 | 0.46 | 0.43 | 0.36 |
| 电力消费弹性系数 | Elasticity Ratio of Electricity Consumption | 1.11 | -0.04 | 1.26 | 1.19 | 0.80 |

注：生产总值增长速度按不变价计算，能源消费用等价值折算。
a) The growth rates of GDP are calculated at constant prices. Energy consumption are converted on the basis of equal value.

# 7-7　平均每天各种能源消费量
# Average Daily Energy Consumption by Variety

| 品　种 | Item | 2010 | 2015 | 2016 | 2017 | 2018 |
|---|---|---|---|---|---|---|
| **消费总量(万吨标煤)** | **Total Consumption (10 000 tons of SCE)** | **22.71** | **32.07** | **33.09** | **34.32** | **35.34** |
| 原　煤　(万吨) | Coal (10 000 tons) | 32.37 | 66.60 | 77.30 | 83.81 | 74.97 |
| 焦　炭　(吨) | Coke (ton) | 20034 | 26314 | 22688 | 22729 | 21072 |
| 原　油　(吨) | Crude Oil (ton) | 57661 | 57564 | 49832 | 50783 | 51073 |
| 汽　油　(吨) | Gasoline (ton) | 5126 | 6836 | 7030 | 7601 | 8174 |
| 煤　油　(吨) | Kerosene (ton) | 613 | 945 | 821 | 1370 | 2136 |
| 柴　油　(吨) | Diesel Oil (ton) | 12558 | 12759 | 11192 | 10241 | 10974 |
| 天然气　(万立方米) | Natural Gas (10 000 cu.m) | 1575 | 2218 | 2239 | 2298 | 2526 |
| 电　力(万千瓦小时) | Electricity (10 000 kwh) | 23540 | 33472 | 39801 | 43352 | 47787 |

注：能源消费总量用等价值折算。
a)Energy consumption are converted on the basis of equal value.

# 7-8 各市(区)单位GDP能耗下降率
## Energy Consumption Per Unit of GDP by City (District)

单位：% (%)

| | | 2010 | 2011 | 2012 | 2013 | 2014 | 2015 | 2016 | 2017 | 2018 |
|---|---|---|---|---|---|---|---|---|---|---|
| **全　省** | **Shaanxi** | **3.64** | **3.56** | **3.54** | **3.55** | **3.58** | **3.21** | **3.83** | **4.19** | **4.88** |
| 西安市 | Xi'an | 2.02 | 3.56 | 3.51 | 3.57 | 5.89 | 3.20 | 3.83 | 4.61 | 5.99 |
| 铜川市 | Tongchuan | 4.31 | 3.62 | 3.62 | 5.31 | 6.62 | 6.60 | 3.92 | 4.79 | 6.00 |
| 宝鸡市 | Baoji | 2.01 | 3.53 | 3.64 | 3.53 | 4.10 | 3.59 | 4.41 | 5.60 | 4.63 |
| 咸阳市 | Xianyang | 3.59 | 3.61 | 3.50 | 3.50 | 3.35 | 3.39 | 3.40 | 4.98 | 3.04 |
| 渭南市 | Weinan | 4.72 | 3.60 | 3.61 | 3.81 | 4.33 | 3.21 | 3.73 | 5.65 | 4.74 |
| 延安市 | Yan'an | 5.38 | 3.50 | 3.50 | 3.50 | 3.40 | 3.80 | 3.50 | 4.04 | 2.92 |
| 汉中市 | Hanzhong | 3.63 | 3.61 | 3.56 | 3.51 | 4.05 | 4.96 | 4.66 | 3.87 | 5.08 |
| 榆林市 | Yulin | 3.46 | 3.60 | 3.60 | 3.80 | 3.80 | 3.50 | 3.30 | 3.30 | 3.22 |
| 安康市 | Ankang | 3.89 | 3.50 | 3.63 | 3.33 | 4.50 | 4.00 | 4.51 | 3.11 | 3.45 |
| 商洛市 | Shangluo | 3.20 | 3.51 | 3.38 | 3.32 | 3.08 | 2.97 | 3.64 | 3.80 | 6.08 |
| 杨凌示范区 | Yangling | 2.48 | 3.20 | 2.62 | 2.60 | 3.68 | 2.10 | 2.04 | 2.01 | 3.01 |

注：能源消耗按等价值计算，GDP按不变价格计算。
a) Energy consumption are converted on the basis of equal value. GDP are calculated at constant prices.

# 7—9 全省用电总量(2018年)
# Total Electricity Consumption in the Whole Province (2018)

单位：亿千瓦时 (100 million kwh)

| 指　标 | Item | 2018 |
|---|---|---|
| **全省用电量总计** | **Total Electricity Consumption in the Whole Province** | **1744.24** |
| 农、林、牧、渔业用电 | Electricity Consumption for Agriculture,Forestry,Animal Husbandry, and Fishery | 38.48 |
| # 排灌用电 | Electricity Consumption for drainage and irrigation | 17.76 |
| 工业用电 | Electricity Consumption for Industry | 1128.91 |
| 轻工业 | Light Industry | 55.78 |
| 重工业 | Heavy Industry | 1073.14 |
| # 电力、热力生产和供应业 | Production and Supply of Electric Power and Heat Power | 304.22 |
| 建筑业用电 | Construction electricity | 31.79 |
| 交通运输、仓储和邮政业用电 | Electricity Consumption for Transport, Storage and Post Transport | 72.31 |
| 信息传输、软件和信息技术服务业用电 | Electricity Consumption for Information Transmission, Software and Information Technology | 18.40 |
| 批发和零售业用电 | Electricity Consumption for Wholesale and Retail Trades | 61.25 |
| 住宿和餐饮业用电 | Electricity Consumption for Hotels and Catering Services | 21.22 |
| 金融业用电 | Electricity Consumption for Financial Intermediation | 3.50 |
| 房地产业用电 | Electricity Consumption for Real Estate | 23.89 |
| 租赁和商务服务业用电 | Electricity Consumption for Leasing and Business Services | 5.61 |
| 公共事业及其管理组织用电 | Electricity Consumption for the Non-profit Organization and the Management Organization | 79.57 |
| 城乡居民生活用电 | Electricity Consumption for Cities and Rural Areas Residential | 259.31 |
| 乡村用电 | Electricity Consumption for Rural Areas | 164.18 |
| 城市用电 | Electricity Consumption for Cities | 95.12 |

# 7-10 主要能源按行业分组消费量(2018年)
# Consumption of Main Energy by Sector (2018)

| 行业 | Sector | 原煤 (万吨) Coal (10 000 tons) | 焦炭 (万吨) Coke (10 000 tons) | 汽油 (万吨) Gasoline (10 000 tons) | 柴油 (万吨) Diesel Oil (10 000 tons) | 电力 (亿千瓦时) Electricity (100 million kwh) |
|---|---|---|---|---|---|---|
| **消费总量** | **Total Consumption** | **27365.19** | **769.12** | **298.34** | **400.54** | **1744.24** |
| 农、林、牧、渔业 | Agriculture,Forestry,Animal Husbandry and Fishery | 18.65 | | 8.98 | 40.13 | 38.48 |
| 工业 | Industry | 26909.54 | 764.03 | 20.28 | 47.41 | 1128.91 |
| 采矿业 | Mining | 12192.48 | 0.01 | 7.16 | 26.84 | 163.35 |
| 煤炭开采和洗选业 | Mining and Washing of Coal | 12106.39 | | 0.69 | 9.47 | 69.43 |
| 石油和天然气开采业 | Extraction of Petroleum and Natural Gas | 61.89 | | 5.08 | 9.23 | 67.97 |
| 黑色金属矿采选业 | Mining and Processing of Ferrous Metal Ores | 5.51 | | 0.03 | 0.71 | 6.31 |
| 有色金属矿采选业 | Mining and Processing of Non-Ferrous Metal Ores | 2.55 | 0.01 | 0.35 | 1.43 | 13.45 |
| 非金属矿采选业 | Mining and Processing of Non-metal Ores | 12.99 | | 0.03 | 1.01 | 3.12 |
| 开采专业及辅助性活动 | Professional and Support Activities for Mining | 3.16 | | 0.98 | 5.00 | 3.09 |
| 其他采矿业 | Mining of Other Ores | | | | | |
| 制造业 | Manufacturing | 9643.68 | 724.56 | 11.63 | 19.60 | 642.84 |
| 农副食品加工业 | Processing of Food from Agricultural Products | 37.48 | 0.05 | 0.44 | 0.29 | 12.30 |
| 食品制造业 | Manufacture of Foods | 22.18 | | 0.40 | 0.21 | 5.93 |
| 酒、饮料和精制茶制造业 | Manufacture of Beverages | 4.31 | | 0.33 | 0.15 | 5.91 |
| 烟草制品业 | Manufacture of Tobacco | 0.51 | | 0.12 | 0.13 | 0.72 |
| 纺织业 | Manufacture of Textile | 1.74 | | 0.04 | 0.00 | 12.57 |
| 纺织服装、服饰业 | Manufacture of Textile Wearing Apparel and Accessories | 0.02 | | 0.04 | 0.00 | 0.46 |
| 皮革、毛皮、羽毛及其制品和制鞋业 | Manufacture of Leather, Fur, Feather and Related Products and Footwear | 0.43 | | 0.61 | | 0.21 |
| 木材加工及木、竹、藤、棕、草制品业 | Processing of Timber,Manufacture of Wood,Bamboo, Rattan,Palm and Straw Products | 0.01 | 0.00 | 0.02 | 0.01 | 0.98 |
| 家具制造业 | Manufacture of Furniture | 0.03 | | 0.09 | 0.03 | 0.60 |
| 造纸及纸制品业 | Manufacture of Paper and Paper Products | 10.68 | | 0.04 | 0.02 | 3.21 |
| 印刷业和记录媒介的复制 | Printing, Reproduction of Recording Media | 0.02 | | 0.20 | 0.04 | 2.04 |
| 文教、工美、体育和娱乐用品制造业 | Manufacture of Articles for Culture, Education, Arts and Crafts, Sport and Entertainment Activities | 0.01 | | 0.06 | 0.10 | 0.24 |
| 石油、煤炭及其他燃料加工业 | Processing of Petroleum, Coal and Other Fuel | 5203.68 | 17.80 | 0.11 | 4.93 | 81.42 |
| 化学原料及化学制品制造业 | Manufacture of Raw Chemical Materials and Chemical Products | 2890.10 | 118.43 | 2.58 | 1.05 | 199.53 |
| 医药制造业 | Manufacture of Medicines | 8.93 | | 0.68 | 0.03 | 4.36 |

7-10 续表 continued

| 行 业 | Sector | 原煤（万吨）Coal (10 000 tons) | 焦炭（万吨）Coke (10 000 tons) | 汽油（万吨）Gasoline (10 000 tons) | 柴油（万吨）Diesel Oil (10 000 tons) | 电力（亿千瓦时）Electricity (100 million kwh) |
|---|---|---|---|---|---|---|
| 化学纤维制造业 | Manufacture of Chemical Fibres | | | 0.00 | 0.00 | 0.67 |
| 橡胶和塑料制品业 | Manufacture of Rubber and Plastics | 9.68 | | 0.20 | 0.42 | 7.16 |
| 非金属矿物制品业 | Manufacture of Non-metallic Mineral Products | 660.09 | 0.28 | 1.04 | 9.78 | 72.13 |
| 黑色金属冶炼及压延加工业 | Smelting and Pressing of Ferrous Metals | 142.94 | 572.15 | 0.08 | 0.72 | 63.31 |
| 有色金属冶炼及压延加工业 | Smelting and Pressing of Non-ferrous Metals | 649.43 | 15.71 | 0.37 | 0.32 | 81.86 |
| 金属制品业 | Manufacture of Metal Products | 0.26 | 0.13 | 0.34 | 0.07 | 7.34 |
| 通用设备制造业 | Manufacture of General Purpose Machinery | 0.11 | 0.01 | 0.50 | 0.07 | 6.50 |
| 专用设备制造业 | Manufacture of Special Purpose Machinery | 0.86 | | 0.98 | 0.23 | 5.52 |
| 汽车制造业 | Manufacture of Automobiles | 0.03 | | 0.78 | 0.70 | 16.20 |
| 铁路、船舶、航空航天和其他运输设备制造业 | Manufacture of Railway, Ship, Aerospace and Other TransportEquipments | 0.01 | 0.00 | 0.44 | 0.08 | 2.35 |
| 电气机械及器材制造业 | Manufacture of Electrical Machinery and Apparatus | 0.00 | | 0.54 | 0.07 | 11.04 |
| 计算机、通信和其他电子设备制造业 | Manufacture of Computers, Communication and Other Electronic Equipment | | | 0.17 | 0.02 | 30.42 |
| 仪器仪表制造业 | Manufacture of Measuring Instruments and Machinery | | | 0.37 | 0.00 | 0.32 |
| 其他制造业 | Manufacture of  Other Manufacturing | | | 0.06 | 0.08 | 6.56 |
| 废弃资源综合利用业 | Recycling and Disposal of Waste | 0.13 | 0.01 | 0.00 | 0.04 | 0.88 |
| 金属制品、机械和设备修理业 | Repair Service of Metal Products, Machinery and Equipment | | | 0.00 | 0.00 | 0.10 |
| 电力、燃气及水的生产和供应业 | Production and Supply of Electricity, Heat,  Gas and Water | 5073.38 | 39.46 | 1.49 | 0.96 | 322.72 |
| 电力、热力生产和供应业 | Production and Supply of Electric Power and Heat Power | 5073.37 | 39.46 | 1.09 | 0.95 | 304.22 |
| 燃气生产和供应业 | Production and Supply of Gas | | | 0.25 | 0.01 | 15.20 |
| 水的生产和供应业 | Production and Supply of  Water | 0.01 | | 0.15 | 0.01 | 3.30 |
| 建筑业 | Construction | 14.02 | 4.87 | 10.19 | 25.03 | 31.79 |
| 交通运输、仓储和邮政业 | Transport, Storage and Post | 11.58 | | 118.42 | 243.70 | 72.31 |
| 批发、零售业和住宿、餐饮业 | Wholesale,Retail Trades and Hotels,Catering Services | 51.60 | 0.02 | 26.34 | 25.98 | 82.47 |
| 其他行业 | Others | 90.29 | 0.21 | 10.41 | 11.74 | 130.97 |
| 城乡居民生活 | Cities and Rural Areas Residential | 269.51 | | 103.72 | 6.56 | 259.31 |

注：消费量包括中间消费和损失量。
a) Consumption includes middle expense and stock losses.

# 7-11 平均每万元工业总产值能源消费量(2018年)
# Energy Consumption Per 10 000 Yuan of Gross Industrial Output Value(2018)

| 行业 | Sector | 能源消费量(万吨标准煤) Total Energy Consumption (10 000 tons of SCE) | 产值能耗(吨标准煤／万元) Output Energy Consumption (ton of SCE/10 000 yuan) |
|---|---|---|---|
| **工业** | **Industry** | **9128.32** | **0.36** |
| **采矿业** | **Mining** | **1222.28** | **0.21** |
| 煤炭开采和洗选业 | Mining and Washing of Coal | 548.02 | 0.17 |
| 石油和天然气开采业 | Extraction of Petroleum and Natural Gas | 609.41 | 0.38 |
| 黑色金属矿采选业 | Mining and Processing of Ferrous Metal Ores | 15.10 | 0.07 |
| 有色金属矿采选业 | Mining and Processing of Non-Ferrous Metal Ores | 19.42 | 0.05 |
| 非金属矿采选业 | Mining and Processing of Non-metal Ores | 13.93 | 0.06 |
| 开采专业及辅助性活动 | Professional and Support Activities for Mining | 16.41 | 0.12 |
| **制造业** | **Manufacturing** | **4981.07** | **0.28** |
| 农副食品加工业 | Processing of Food from Agricultural Products | 43.61 | 0.03 |
| 食品制造业 | Manufacture of Foods | 34.09 | 0.06 |
| 酒、饮料和精制茶制造业 | Manufacture of Liquor, Beverages and Refined Tea | 21.89 | 0.03 |
| 烟草制品业 | Manufacture of Tobacco | 2.63 | 0.01 |
| 纺织业 | Manufacture of Textile | 19.25 | 0.06 |
| 纺织服装、服饰业 | Manufacture of Textile, Wearing Apparel and Accessories | 0.73 | 0.01 |
| 皮革、毛皮、羽毛及其制品和制鞋业 | Manufacture of Leather, Fur, Feather and Related Products and Footwear | 0.97 | 0.04 |
| 木材加工及木、竹、藤、棕、草制品业 | Processing of Timber, Manufacture of Wood, Bamboo, Rattan,Palm and Straw Products | 1.63 | 0.03 |
| 家具制造业 | Manufacture of Furniture | 0.86 | 0.01 |
| 造纸及纸制品业 | Manufacture of Paper and Paper Products | 17.55 | 0.11 |
| 印刷业和记录媒介的复制 | Printing and Reproduction of Recording Media | 3.94 | 0.02 |
| 文教、工美、体育和娱乐用品制造业 | Manufacture of Articles for Culture, Education, Arts and Crafts, Sport and Entertainment Activities | 0.44 | 0.01 |
| 石油、煤炭及其他燃料加工业 | Processing of Petroleum, Coal and Other Fuel | 1011.41 | 0.61 |
| 化学原料及化学制品制造业 | Manufacture of Raw Chemical Materials and Chemical Products | 2198.17 | 1.38 |

7-11 续表 continued

| 行 业 | Sector | 能源消费量（万吨标准煤） Total Energy Consumption (10 000 tons of SCE) | 产值能耗（吨标准煤／万元） Output Energy Consumption (ton of SCE/10 000 yuan) |
|---|---|---|---|
| 医药制造业 | Manufacture of Medicines | 18.93 | 0.02 |
| 化学纤维制造业 | Manufacture of Chemical Fibres | 4.98 | 0.15 |
| 橡胶和塑料制品业 | Manufacture of Rubber and Plastics Products | 15.44 | 0.04 |
| 非金属矿物制品业 | Manufacture of Non-metallic Mineral Products | 545.01 | 0.39 |
| 黑色金属冶炼及压延加工业 | Smelting and Pressing of Ferrous Metals | 633.17 | 0.77 |
| 有色金属冶炼及压延加工业 | Smelting and Pressing of Non-ferrous Metals | 260.13 | 0.22 |
| 金属制品业 | Manufacture of Metal Products | 10.99 | 0.02 |
| 通用设备制造业 | Manufacture of General Purpose Machinery | 9.40 | 0.02 |
| 专用设备制造业 | Manufacture of Special Purpose Machinery | 11.29 | 0.02 |
| 汽车制造业 | Manufacture of Automobiles | 30.48 | 0.02 |
| 铁路、船舶、航空航天和其他运输设备制造业 | Manufacture of Railway, Ship, Aerospace and Other TransportEquipments | 4.11 | 0.01 |
| 电气机械及器材制造业 | Manufacture of Electrical Machinery and Apparatus | 24.36 | 0.02 |
| 计算机、通信和其他电子设备制造业 | Manufacture of Computers, Communication and Other Electronic Equipment | 44.40 | 0.05 |
| 仪器仪表制造业 | Manufacture of Measuring Instruments and Machinery | 0.55 | 0.00 |
| 其他制造业 | Other Manufacture | 8.17 | 0.23 |
| 废弃资源综合利用业 | Utilization of Waste Resources | 2.33 | 0.04 |
| 金属制品、机械和设备修理业 | Repair Service of Metal Products, Machinery and Equipment | 0.13 | 0.00 |
| **电力、热力、燃气及水生产和供应业** | **Production and Supply of Electricity, Heat, Gas and Water** | **2924.97** | **1.74** |
| 电力、热力的生产和供应业 | Production and Supply of Electric Power and Heat Power | 2851.82 | 2.16 |
| 燃气生产和供应业 | Production and Supply of Gas | 68.93 | 0.22 |
| 水的生产和供应业 | Production and Supply of Water | 4.22 | 0.10 |

注：本表能源消费量为当量值，工业总产值为现价；统计范围是年主营业务收入2000万元及以上的法人工业企业。
a) Energy consumption in this table is the equivalent weight, the gross industrial output value is at current prices.Statistical scope in this table is industrial enterprises with annual principal business sales over 20 million yuan.

# 7-12 规模以上工业企业主要能源按行业分组消费量(2018年)

| 行业 | Sector | 煤炭(万吨) Coal (10 000 tons) | 焦炭(万吨) Coke (10 000 tons) |
|---|---|---|---|
| **工业** | **Industry** | **28539.01** | **737.29** |
| **采矿业** | **Mining** | **11951.51** | **0.01** |
| 煤炭开采和洗选业 | Mining and Washing of Coal | 11866.15 | |
| 石油和天然气开采业 | Extraction of Petroleum and Natural Gas | 61.30 | |
| 黑色金属矿采选业 | Mining and Processing of Ferrous Metal Ores | 5.46 | |
| 有色金属矿采选业 | Mining and Processing of Non-Ferrous Metal Ores | 2.52 | 0.01 |
| 非金属矿采选业 | Mining and Processing of Non-metal Ores | 12.92 | |
| 开采专业及辅助性活动 | Professional and Support Activities for Mining | 3.16 | |
| **制造业** | **Manufacturing** | **10629.06** | **699.20** |
| 农副食品加工业 | Processing of Food from Agricultural Products | 37.32 | 0.05 |
| 食品制造业 | Manufacture of Foods | 22.16 | |
| 酒、饮料和精制茶制造业 | Manufacture of Liquor, Beverages and Refined Tea | 4.27 | |
| 烟草制品业 | Manufacture of Tobacco | 0.51 | |
| 纺织业 | Manufacture of Textile | 1.73 | |
| 纺织服装、服饰业 | Manufacture of Textile, Wearing Apparel and Accessories | 0.02 | |
| 皮革、毛皮、羽毛及其制品和制鞋业 | Manufacture of Leather, Fur, Feather and Related Products and Footwear | 0.42 | |
| 木材加工和木、竹、藤、棕、草制品业 | Processing of Timber, Manufacture of Wood, Bamboo, Rattan,Palm and Straw Products | 0.01 | 0.00 |
| 家具制造业 | Manufacture of Furniture | 0.03 | |
| 造纸及纸制品业 | Manufacture of Paper and Paper Products | 10.58 | |
| 印刷和记录媒介复制业 | Printing and Reproduction of Recording Media | 0.06 | |
| 文教、工美、体育和娱乐用品制造业 | Manufacture of Articles for Culture, Education, Arts and Crafts, Sport and Entertainment Activities | 0.01 | |
| 石油、煤炭及其他燃料加工业 | Processing of Petroleum, Coal and Other Fuel | 6136.25 | 17.18 |
| 化学原料及化学制品制造业 | Manufacture of Raw Chemical Materials and Chemical Products | 2850.65 | 114.28 |
| 医药制造业 | Manufacture of Medicines | 8.85 | |
| 化学纤维制造业 | Manufacture of Chemical Fibres | | |
| 橡胶和塑料制品业 | Manufacture of Rubber and Plastics Products | 14.56 | |
| 非金属矿物制品业 | Manufacture of Non-metallic Mineral Products | 662.62 | 0.27 |
| 黑色金属冶炼及压延加工业 | Smelting and Pressing of Ferrous Metals | 142.19 | 552.13 |
| 有色金属冶炼及压延加工业 | Smelting and Pressing of Non-ferrous Metals | 735.42 | 15.16 |
| 金属制品业 | Manufacture of Metal Products | 0.26 | 0.13 |
| 通用设备制造业 | Manufacture of General Purpose Machinery | 0.11 | 0.01 |
| 专用设备制造业 | Manufacture of Special Purpose Machinery | 0.85 | |
| 汽车制造业 | Manufacture of Automobiles | 0.03 | |
| 铁路、船舶、航空航天和其他运输设备制造业 | Manufacture of Railway, Ship, Aerospace and Other TransportEquipments | 0.01 | 0.00 |
| 电气机械及器材制造业 | Manufacture of Electrical Machinery and Apparatus | 0.00 | |
| 计算机、通信和其他电子设备制造业 | Manufacture of Computers, Communication and Other Electronic Equipment | | |
| 仪器仪表制造业 | Manufacture of Measuring Instruments and Machinery | | |
| 其他制造业 | Other Manufacture | | |
| 废弃资源综合利用业 | Utilization of Waste Resources | 0.13 | 0.01 |
| 金属制品、机械和设备修理业 | Repair Service of Metal Products, Machinery and Equipment | | |
| **电力、热力、燃气及水生产和供应业** | **Production and Supply of Electricity, Heat, Gas and Water** | **5958.44** | **38.08** |
| 电力、热力的生产和供应业 | Production and Supply of Electric Power and Heat Power | 5958.44 | 38.08 |
| 燃气生产和供应业 | Production and Supply of Gas | | |
| 水的生产和供应业 | Production and Supply of Water | 0.01 | |

注：消费量包括中间消费和损失量；统计范围是年主营业务收入2000万元及以上的法人工业企业；煤炭包括：原煤、洗精煤、其它洗煤、煤制品。热力包括余热余压的回收利用。

# Industrial Enterprises above Designated Size Consumption of Main Energy by Sector (2018)

| 天然气(气态)<br>(亿立方米)<br>Natural Gas<br>(100 million cu.m) | 原 油<br>(万吨)<br>Crude Oil<br>(10 000 tons) | 汽 油<br>(万吨)<br>Gasoline<br>(10 000 tons) | 煤 油<br>(万吨)<br>Kerosene<br>(10 000 tons) | 柴 油<br>(万吨)<br>Diesel Oil<br>(10 000 tons) | 热 力<br>(万百万千焦)<br>Heat<br>(10 billion kilo-joule) | 电 力<br>(亿千瓦时)<br>Electricity<br>(100 million kwh) |
|---|---|---|---|---|---|---|
| **88.70** | **1856.97** | **17.14** | **0.23** | **45.32** | **8321.44** | **1042.99** |
| **30.05** | **56.88** | **2.26** | **0.19** | **25.54** | **116.29** | **160.75** |
| 0.03 | | 0.22 | 0.03 | 9.01 | 85.64 | 68.28 |
| 29.64 | 56.88 | 1.60 | | 8.77 | 7.38 | 66.85 |
| | | 0.01 | | 0.67 | | 6.21 |
| 0.07 | | 0.11 | 0.16 | 1.36 | | 13.22 |
| | | 0.01 | 0.00 | 0.99 | | 3.16 |
| 0.31 | | 0.31 | | 4.75 | 23.27 | 3.04 |
| **21.68** | **1800.09** | **14.41** | **0.04** | **18.84** | **8087.96** | **632.14** |
| 0.34 | | 0.14 | 0.00 | 0.28 | 171.70 | 12.02 |
| 0.75 | | 0.13 | | 0.20 | 46.22 | 5.87 |
| 0.64 | | 0.11 | | 0.14 | 74.26 | 5.86 |
| 0.10 | | 0.04 | | 0.13 | 9.34 | 0.70 |
| 0.14 | | 0.01 | 0.00 | 0.00 | 42.31 | 12.36 |
| 0.01 | | 0.01 | | 0.00 | | 0.45 |
| | | 0.19 | | | 1.11 | 0.21 |
| 0.00 | | 0.01 | | 0.01 | 0.25 | 0.96 |
| 0.00 | | 0.03 | | 0.02 | | 0.59 |
| 0.08 | | 0.01 | | 0.02 | 140.87 | 3.16 |
| 0.08 | | 0.06 | | 0.03 | 6.28 | 2.00 |
| | | 0.02 | | 0.10 | | 0.26 |
| 2.66 | 1800.09 | 10.76 | 0.01 | 4.93 | 1113.86 | 80.07 |
| 11.25 | | 0.83 | 0.00 | 1.01 | 4610.55 | 196.14 |
| 0.38 | | 0.21 | | 0.03 | 47.85 | 4.29 |
| | | 0.00 | | 0.00 | 122.41 | 0.66 |
| 0.76 | | 0.06 | 0.00 | 0.40 | 5.84 | 7.04 |
| 1.42 | | 0.33 | 0.01 | 9.27 | 699.59 | 70.89 |
| 0.24 | | 0.03 | | 0.68 | 762.57 | 63.39 |
| 0.53 | | 0.12 | 0.00 | 0.30 | 31.12 | 79.38 |
| 0.14 | | 0.14 | 0.00 | 0.06 | 0.86 | 7.07 |
| 0.13 | 0.00 | 0.12 | 0.00 | 0.07 | 0.05 | 6.44 |
| 0.20 | | 0.31 | 0.00 | 0.22 | 43.03 | 5.43 |
| 0.59 | | 0.24 | 0.00 | 0.66 | 34.56 | 16.17 |
| 0.08 | | 0.14 | 0.00 | 0.08 | 5.82 | 2.31 |
| 0.65 | | 0.17 | 0.00 | 0.07 | 76.13 | 10.75 |
| 0.49 | | 0.06 | | 0.02 | 40.90 | 29.94 |
| 0.00 | | 0.12 | | 0.00 | 0.47 | 0.32 |
| 0.01 | | 0.02 | | 0.08 | | 6.46 |
| 0.01 | | 0.00 | | 0.03 | | 0.86 |
| 0.00 | | 0.00 | | 0.00 | | 0.10 |
| **36.97** | | **0.47** | **0.00** | **0.94** | **117.19** | **250.10** |
| 3.28 | | 0.34 | 0.00 | 0.92 | 117.19 | 231.90 |
| 33.65 | | 0.08 | 0.00 | 0.01 | | 14.95 |
| 0.03 | | 0.05 | | 0.01 | | 3.25 |

a) Consumption covers intermediate consumption and loss. The scope of statistics include corporate industrial enterprises with revenue from principal business over 20 million yuan. The coals include raw coal, cleaned coal, other coal washing and coal products.

# 7-13　各市(区)规模以上工业企业能源消费量(2018年)

单位：万吨标煤

| 行　业 | Sector | 西安市 Xi'an | 铜川市 Tongchuan | 宝鸡市 Baoji |
|---|---|---|---|---|
| **工　业** | **Industry** | **689.37** | **287.26** | **561.72** |
| **采矿业** | **Mining** | **3.07** | **13.64** | **4.25** |
| 煤炭开采和洗选业 | Mining and Washing of Coal | | 13.46 | 1.38 |
| 石油和天然气开采业 | Extraction of Petroleum and Natural Gas | | 0.05 | |
| 黑色金属矿采选业 | Mining and Processing of Ferrous Metal Ores | | | |
| 有色金属矿采选业 | Mining and Processing of Non-Ferrous Metal Ores | | | 2.75 |
| 非金属矿采选业 | Mining and Processing of Non-metal Ores | | 0.12 | 0.12 |
| 开采专业及辅助性活动 | Professional and Support Activities for Mining | 3.07 | | |
| **制造业** | **Manufacturing** | **306.16** | **162.18** | **298.60** |
| 农副食品加工业 | Processing of Food from Agricultural Products | 17.42 | 0.22 | 1.89 |
| 食品制造业 | Manufacture of Foods | 9.60 | 0.37 | 13.72 |
| 酒、饮料和精制茶制造业 | Manufacture of Liquor, Beverages and Refined Tea | 7.46 | 0.02 | 3.56 |
| 烟草制品业 | Manufacture of Tobacco | 0.39 | | 1.04 |
| 纺织业 | Manufacture of Textile | 3.30 | 0.21 | 6.50 |
| 纺织服装、服饰业 | Manufacture of Textile, Wearing Apparel and Accessories | 0.09 | 0.00 | 0.06 |
| 皮革、毛皮、羽毛及其制品和制鞋业 | Manufacture of Leather, Fur, Feather and Related Products and Footwear | 0.08 | | 0.74 |
| 木材加工及木、竹、藤、棕、草制品业 | Processing of Timber, Manufacture of Wood, Bamboo, Rattan,Palm and Straw Products | 0.50 | 0.14 | 0.04 |
| 家具制造业 | Manufacture of Furniture | 0.42 | 0.01 | 0.04 |
| 造纸及纸制品业 | Manufacture of Paper and Paper Products | 1.78 | 0.03 | 11.39 |
| 印刷和记录媒介复制业 | Printing and Reproduction of Recording Media | 2.45 | | 0.74 |
| 文教、工美、体育和娱乐用品制造业 | Manufacture of Articles for Culture, Education, Arts and Crafts, Sport and Entertainment Activities | 0.29 | | 0.00 |
| 石油、煤炭及其他燃料加工业 | Processing of Petroleum, Coal and Other Fuel | 1.10 | 0.10 | |
| 化学原料及化学制品制造业 | Manufacture of Raw Chemical Materials and Chemical Products | 123.94 | 1.71 | 101.32 |
| 医药制造业 | Manufacture of Medicines | 5.57 | 0.12 | 0.86 |
| 化学纤维制造业 | Manufacture of Chemical Fibres | 4.89 | | |
| 橡胶和塑料制品业 | Manufacture of Rubber and Plastics Products | 8.76 | 0.14 | 0.33 |
| 非金属矿物制品业 | Manufacture of Non-metallic Mineral Products | 36.59 | 108.34 | 89.45 |
| 黑色金属冶炼及压延加工业 | Smelting and Pressing of Ferrous Metals | 0.89 | | 3.96 |
| 有色金属冶炼及压延加工业 | Smelting and Pressing of Non-ferrous Metals | 4.90 | 49.95 | 41.57 |
| 金属制品业 | Manufacture of Metal Products | 3.04 | 0.16 | 1.23 |
| 通用设备制造业 | Manufacture of General Purpose Machinery | 1.83 | 0.00 | 4.14 |
| 专用设备制造业 | Manufacture of Special Purpose Machinery | 2.87 | 0.27 | 3.13 |
| 汽车制造业 | Manufacture of Automobiles | 20.22 | 0.24 | 8.71 |
| 铁路、船舶、航空航天和其他运输设备制造业 | Manufacture of Railway, Ship, Aerospace and Other TransportEquipments | 1.89 | 0.00 | 1.24 |
| 电气机械及器材制造业 | Manufacture of Electrical Machinery and Apparatus | 13.95 | 0.10 | 0.60 |
| 计算机、通信和其他电子设备制造业 | Manufacture of Computers, Communication and Other Electronic Equipment | 31.31 | | 2.27 |
| 仪器仪表制造业 | Manufacture of Measuring Instruments and Machinery | 0.45 | 0.00 | 0.01 |
| 其他制造业 | Other Manufacture | 0.13 | 0.01 | |
| 废弃资源综合利用业 | Utilization of Waste Resources | 0.04 | 0.00 | 0.02 |
| 金属制品、机械和设备修理业 | Repair Service of Metal Products, Machinery and Equipment | 0.03 | 0.03 | |
| **电力、热力、燃气及水生产和供应业** | **Production and Supply of Electricity, Heat, Gas and Water** | **380.14** | **111.44** | **258.87** |
| 电力、热力的生产和供应业 | Production and Supply of Electric Power and Heat Power | 374.88 | 111.26 | 258.51 |
| 燃气生产和供应业 | Production and Supply of Gas | 3.40 | 0.02 | 0.24 |
| 水的生产和供应业 | Production and Supply of Water | 1.86 | 0.16 | 0.12 |

注：本表能源消费量为当量值，统计范围是年主营业务收入2000万元及以上的法人工业企业。

# Industrial Enterprises above Designated Size Consumption of Energy by City(District) (2018)

(10 000 tons of SCE)

| 咸阳市 Xianyang | 渭南市 Weinan | 延安市 Yan'an | 汉中市 Hanzhong | 榆林市 Yulin | 安康市 Ankang | 商洛市 Shangluo | 杨凌示范区 Yangling |
|---|---|---|---|---|---|---|---|
| **543.97** | **1709.47** | **515.98** | **435.03** | **3857.67** | **85.27** | **82.70** | **78.55** |
| **19.06** | **59.89** | **177.89** | **7.26** | **638.76** | **5.51** | **11.61** | |
| 19.01 | 42.04 | 60.65 | 0.18 | 410.94 | 0.36 | | |
| | | 114.65 | | 217.24 | | | |
| | 0.13 | | 6.29 | | 0.79 | 7.89 | |
| | 12.27 | | 0.31 | | 1.21 | 2.88 | |
| 0.05 | 1.72 | | 0.48 | 7.45 | 3.14 | 0.84 | |
| | 3.74 | 2.60 | | 3.13 | | | |
| **386.90** | **1107.26** | **170.27** | **345.73** | **2057.45** | **74.28** | **67.03** | **5.21** |
| 8.92 | 3.11 | 0.15 | 2.43 | 1.05 | 4.37 | 2.63 | 1.43 |
| 3.81 | 1.52 | 0.00 | 0.64 | 3.05 | 0.80 | 0.26 | 0.32 |
| 2.80 | 1.20 | 0.70 | 1.42 | 1.00 | 2.94 | 0.40 | 0.38 |
| | 0.06 | 0.39 | 0.60 | | 0.15 | | |
| 6.76 | 0.26 | | 0.35 | 0.06 | 1.79 | 0.02 | |
| 0.20 | 0.01 | 0.04 | 0.06 | 0.09 | 0.14 | 0.04 | |
| 0.12 | | | 0.00 | 0.00 | 0.01 | 0.02 | |
| 0.08 | 0.12 | | 0.01 | 0.05 | 0.20 | 0.06 | 0.43 |
| 0.12 | 0.02 | | 0.05 | 0.00 | 0.15 | 0.00 | 0.04 |
| 3.34 | 0.40 | 0.26 | 0.00 | 0.05 | 0.27 | 0.01 | |
| 0.48 | 0.01 | | 0.07 | 0.00 | 0.16 | | 0.01 |
| 0.00 | 0.00 | | 0.01 | 0.04 | 0.05 | 0.04 | 0.01 |
| 36.64 | 81.75 | 165.55 | | 726.12 | | | 0.14 |
| 209.33 | 607.06 | 1.17 | 19.07 | 1122.23 | 5.97 | 6.26 | 0.11 |
| 1.88 | 1.10 | 0.16 | 2.74 | 0.46 | 1.72 | 3.29 | 1.02 |
| 0.03 | 0.06 | | | | | | |
| 3.16 | 1.47 | 0.11 | 0.26 | 0.06 | 0.78 | 0.26 | 0.10 |
| 91.15 | 57.90 | 1.25 | 43.83 | 38.64 | 48.19 | 29.67 | 0.01 |
| 0.98 | 330.15 | | 245.87 | 48.91 | 1.41 | 1.00 | |
| 0.31 | 3.98 | | 24.66 | 115.14 | 1.06 | 18.54 | |
| 2.55 | 0.38 | 0.01 | 0.70 | 0.07 | 1.99 | 0.04 | 0.81 |
| 1.37 | 0.71 | 0.00 | 0.66 | 0.02 | 0.51 | 0.00 | 0.15 |
| 1.24 | 2.82 | 0.33 | 0.13 | 0.15 | 0.23 | 0.00 | 0.12 |
| 0.72 | 0.01 | | 0.00 | 0.02 | 0.50 | 0.05 | 0.01 |
| 0.15 | 0.00 | | 0.31 | | 0.51 | | |
| 0.64 | 4.64 | 0.01 | 0.24 | | 0.16 | 3.89 | 0.12 |
| 9.60 | 0.61 | | 0.13 | | 0.10 | 0.38 | |
| 0.00 | 0.01 | | 0.07 | | 0.01 | | |
| 0.13 | 7.84 | | 0.04 | | 0.02 | | |
| 0.36 | 0.05 | 0.13 | 1.37 | 0.14 | 0.07 | 0.15 | 0.00 |
| 0.00 | | | | 0.07 | | | |
| **138.00** | **542.31** | **167.82** | **82.04** | **1161.46** | **5.48** | **4.06** | **73.34** |
| 137.52 | 539.87 | 141.82 | 81.82 | 1133.76 | 5.31 | 3.97 | 63.08 |
| 0.12 | 2.18 | 25.81 | 0.00 | 26.85 | 0.07 | | 10.24 |
| 0.36 | 0.26 | 0.19 | 0.21 | 0.85 | 0.10 | 0.09 | 0.02 |

a) Energy consumption in this table is the equivalent weight, Statistical scope in this tableis industrial enterprises with annual principal business sales over 20 million yuan.

# 主要统计指标解释

**能源生产总量** 指一定时期内，一次能源生产量的总和。该指标是观察能源生产水平、规模、构成和发展速度的总量指标。一次能源生产量包括原煤、原油、天然气、水电、核能及其他动力能(如风能、地热能等)发电量，不包括低热值燃料生产量、生物质能、太阳能等的利用和由一次能源加工转换而成的二次能源产量。

**能源消费总量** 是指一定地域内，国民经济各行业和居民家庭在一定时间消费的各种能源的总和。包括：原煤、原油、天然气、水能、核能、风能、太阳能、地热能、生物质能等一次能源；一次能源通过加工转换产生的洗煤、焦炭、煤气、电力、热力、成品油等二次能源和同时产生的其他产品；其他化石能源、可再生能源和新能源。其中水能、风能、太阳能、地热能、生物质能等可再生能源，是指人们通过一定技术手段获得的，并作为商品能源使用的部分。在核算过程中，一次能源、二次能源消费不能重复计算。能源消费总量分为终端能源消费量、能源加工转换损失量和能源损失量三部分。

(1)终端能源消费量：指一定时期内，全国生产和生活消费的各种能源在扣除了用于加工转换二次能源消费量和损失量以后的数量。

(2)能源加工转换损失量：指一定时期内，全国投入加工转换的各种能源数量之和与产出各种能源产品之和的差额。该指标是观察能源在加工转换过程中损失量变化的指标。

(3)能源损失量：指一定时期内，能源在输送、分配、储存过程中发生的损失和由客观原因造成的各种损失量，不包括各种气体能源放空、放散量。

**能源生产弹性系数** 是研究能源生产增长速度与国民经济增长速度之间关系的指标。计算公式：

$$能源生产弹性系数=\frac{能源生产总量年平均增长速度}{国民经济年平均增长速度}$$

国民经济年平均增长速度，可根据不同的目的或需要，用国民生产总值、国内生产总值等指标来计算，本年鉴是采用国内生产总值指标计算的。

**电力生产弹性系数** 是研究电力生产增长速度与国民经济增长速度之间关系的指标。一般来说，电力的发展应当快于国民经济的发展，也就是说电力应超前发展。计算公式为：

$$电力生产弹性系数=\frac{电力生产量年平均增长速度}{国民经济年平均增长速度}$$

**能源消费弹性系数** 反映能源消费增长速度与国民经济增长速度之间比例关系的指标。计算公式为：

$$能源消费弹性系数=\frac{能源消费量年平均增长速度}{国民经济年平均增长速度}$$

**电力消费弹性系数** 反映电力消费增长速度与国民经济增长速度之间比例关系的指标。计算公式为：

$$电力消费弹性系数=\frac{电力消费量年平均增长速度}{国民经济年平均增长速度}$$

**能源加工转换效率** 指一定时期内，能源经过加工、转换后，产出的各种能源产品的数量与同期内投入加工转换的各种能源数量的比率。该指标是观察能源加工转换装置和生产工艺先进与落后、管理水平高低等的重要指标。计算公式为：

$$能源加工转换效率=\frac{能源加工转换产出量}{能源加工转换投入量}\times100\%$$

**单位生产总值能耗** 指一定时期内，一个国家或地区每生产一个单位的生产总值所消耗的能源。计算公式为：

$$单位生产总值能耗=\frac{能源消费总量}{生产总值}$$

## Explanatory Notes on Main Statistical Indicators

**Total Energy Production** refers to the total production of primary energy by all energy producing enterprises in the country in a given period of time. It is a comprehensive indicator to show the level, scale, composition and pace of development of energy production of the country. The production of primary energy includes that of coal, crude oil, natural gas, hydro-power and electricity generated by nuclear energy and other means such as wind power and geothermal power. However, it does not include the production of fuels of low calorific value, bio-energy, solar energy and secondary energy converted from primary energy.

**Total Energy Consumption** refers to the total consumption of energy of various kinds by the production sectors of the economy and the households in a given period of time. It includes the primary kinds of energy such as coal, crude oil, natural gas, hydro-power, nuclear power, wind power, solar power, geothermal power and bio-energy; the secondary kinds of energy and their products which are transformed from the primary energy such as washed coal, coke, coal gas, electricity, heating, and petroleum products; and other kinds of fossil energy, renewable energy and new energy. The renewable energy, including hydro-power, wind power, solar power, geothermal power and bio-energy, refers to the part attained with some given technical means and used for commercial purposes. Total energy consumption can be divided into three parts: end-use energy consumption; loss during the process of energy conversion; and energy loss.

(1) End-use Energy Consumption: It refers to the total energy consumption by the production sectors and the households in the country (region) in a given period of time. It does not include the consumption during the conversion of primary energy into secondary energy and the loss in the process of energy conversion.

(2) Loss During the Process of Energy Conversion: It refers to the total input of various kinds of energy for conversion, minus the total output of various kinds of energy in the country in a given period of time. It is an indicator to show the loss that occurs during the process of energy conversion.

(3) Energy Loss: It refers to the total of the loss of energy during the course of energy transport, distribution and storage and the loss caused by any objective reason in a given period of time. The loss of various kinds of gas due to gas discharges and stocktaking is not included.

**Elasticity Ratio of Energy Production** is an indicator to show the relationship between the growth rate of energy production and the growth rate of the national economy. The formula is:

$$\text{Elasticity Ratio of Energy Production} = \frac{\text{Average Annual Growth Rate of Energy Production}}{\text{Average Annual Growth Rate of National Economy}}$$

The average annual growth rate of the national economy can be measured by indicators such as the Gross National Product and the Gross Domestic Product, depending on the purposes or needs. The Gross Domestic Product has been used in the calculation of the ratio in this Yearbook.

**Elasticity Ratio of Electricity Production** is an indicator to show the relationship between the growth rate of electricity production and the growth rate of the national economy. Generally speaking, the growth rate of electricity production should be higher than that of the national economy.

Its formula is:

$$\text{Elasticity Ratio of Electricity Production} = \frac{\text{Average Annual Growth Rate of Electricity Production}}{\text{Average Annual Growth Rate of National Economy}}$$

**Elasticity Ratio of Energy Consumption** is an indicator to show the relationship between the growth rate of energy consumption and the growth rate of the national economy. The formula is:

$$\text{Elasticity Ratio of Energy Consumption} = \frac{\text{Average Annual Growth Rate of Energy Consumption}}{\text{Average Annual Growth Rate of National Economy}}$$

**Elasticity Ratio of Electricity Consumption** is an indicator to show the relationship between the growth rate of electricity consumption and the growth rate of the national economy. The formula is:

$$\text{Elasticity Ratio of Electricity Consumption} = \frac{\text{Average Annual Growth Rate of Electricity Consumption}}{\text{Average Annual Growth Rate of National Economy}}$$

**Efficiency of Energy Processing and Conversion** refers to the ratio of the total output of energy products of various kinds after processing and conversion to the total input of energy of various kinds for processing and conversion in the same reference period. It is an important indicator to show the current conditions of energy processing and conversion equipment, production technique and management. The formula is:

$$\text{Efficiency of Energy Processing \& Conversion} = \frac{\text{Output of Energy After Processing \& Conversion}}{\text{Input of Energy for Processing \& Conversion}} \times 100\%$$

**Energy Consumption per Unit of GDP** refers to the energy consumption per unit of Gross Domestic Product in a country or the Gross Regional Product in a region in the same reference period. The formula is:

$$\text{Energy Consumption per Unit of GDP} = \frac{\text{Total Energy Consumption}}{\text{Gross Domestic Product}}$$

# 八、财政、金融和保险

## Government Finance, Banking and Insurance

资料整理：张应剑　乔　波

# 简 要 说 明

一、本篇资料反映陕西财政收支情况及金融、证券、保险业务发展情况，内容包括地方一般预算分项目收入，地方财政分项目支出；金融机构存贷款余额，上市公司、证券公司情况，期货交易情况，保险业保费收入。

二、本篇资料财政收支由省财政厅提供，金融、证券、保险资料分别由中国人民银行西安分行、中国证券监督管理委员会陕西监管局、中国保险监督管理委员会陕西监管局提供。

## Brief Introduction

Ⅰ. This chapter reflects the basic situation of budgetary revenue and expenditure and the development of banking, bond and insurance of Shaanxi Province, mainly including local general bugetary revenue by item, local bugetary expenditure by item, balance of deposit and loan of financial institutions,general situation of listed companies and securities companies, general situation of futures trading and premium of insurance transactions.

Ⅱ. The data on financial revenue and expenditure are provided by Finance Department of Shaanxi Provincial.The data on banking,bond and insurance are provided by Xi’an Branch of the People’s Bank of China, Shaanxi Bureau of China Securities Regulatory Commission and Shaanxi Bureau of China Insurance Regulatory Commission.

# 8. 财政、金融和保险

| | | |
|---|---|---|
| 2018年全省 | | |
| 地方一般预算收入 | 2243.14 | 亿元 |
| 财政支出 | 5302.44 | 亿元 |
| 金融机构人民币存款年底余额 | 40567.42 | 亿元 |
| 金融机构人民币贷款年底余额 | 30513.81 | 亿元 |

## 金融机构人民币存贷款年底余额

（亿元）

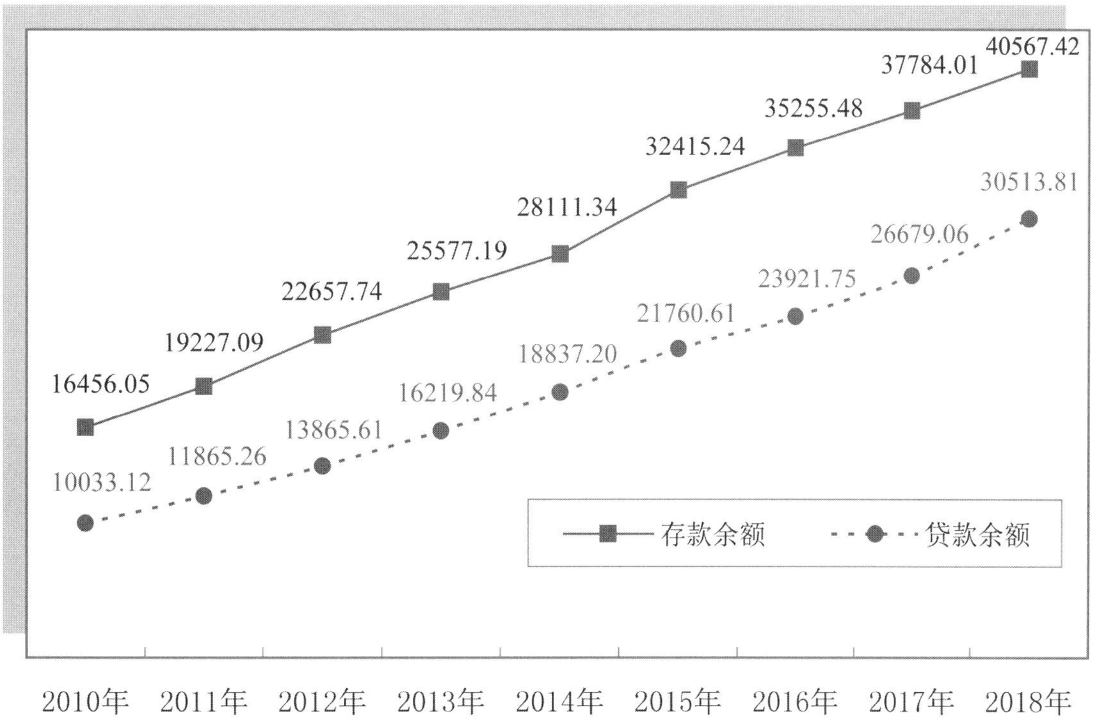

# 8-1 地方财政分项目收入
# Government Revenue and Expenditure by Item

单位：亿元 (100 million yuan)

| 项　　目 | Item | 2015 | 2016 | 2017 | 2018 |
|---|---|---|---|---|---|
| **地方一般预算收入** | **Local General Bugetary Revenue** | **2059.95** | **1833.99** | **2006.69** | **2243.14** |
| 税收收入 | Total Tax Revenue | 1290.33 | 1204.39 | 1485.58 | 1774.29 |
| 增值税 | Value Added Tax | 233.92 | 394.13 | 690.85 | 776.91 |
| 营业税 | Business Tax | 398.44 | 202.92 | | |
| 企业所得税 | Corporate Income Tax | 147.42 | 130.74 | 176.54 | 228.28 |
| 企业所得税退税 | Corporate Income Tax Drawback | | | | |
| 个人所得税 | Individual Income Tax | 53.34 | 58.85 | 79.05 | 102.58 |
| 资源税 | Resource Tax | 90.70 | 82.67 | 144.66 | 181.31 |
| 城市维护建设税 | City Maintenance and Construction Tax | 77.61 | 85.71 | 100.36 | 118.07 |
| 房产税 | House Property Tax | 41.59 | 42.84 | 44.72 | 59.57 |
| 印花税 | Stamp Tax | 19.53 | 18.42 | 23.91 | 27.55 |
| 城镇土地使用税 | Urban Land Use Tax | 28.34 | 27.69 | 36.71 | 40.79 |
| 土地增值税 | Land Appreciation Tax | 40.86 | 34.89 | 44.82 | 87.82 |
| 车船税 | Tax on Vehicles and Boat Operation | 15.98 | 17.72 | 19.01 | 21.52 |
| 耕地占用税 | Farm Land Occupation Tax | 71.55 | 54.75 | 51.15 | 34.19 |
| 契　税 | Deed Tax | 68.53 | 50.81 | 72.56 | 90.67 |
| 烟叶税 | Tobacco Leaf Tax | 2.50 | 2.24 | 1.24 | 1.76 |
| 其他税收收入 | Other Tax Revenue | | | | 3.29 |
| 非税收入 | Total Non-tax Revenue | 769.63 | 629.60 | 521.11 | 468.85 |
| 专项收入 | Special Program Receipts | 228.68 | 156.66 | 159.59 | 175.94 |
| 行政事业性收费收入 | Charge of Administrative and Institutional Units | 133.81 | 117.98 | 103.17 | 78.11 |
| 罚没收入 | Penalty Receipts | 50.21 | 39.48 | 41.60 | 43.07 |
| 国有资本经营收入 | Operation Income of State-owned Assets | 74.40 | 95.64 | 32.57 | 0.99 |
| 国有资源(资产)有偿使用收入 | Income from Use of State-owned Resources (Assets) | 177.32 | 159.14 | 136.18 | 133.86 |
| 其他收入 | Other Non-tax Receipts | 105.20 | 60.70 | 48.00 | 36.88 |

# 8-2 财政分项目支出

## Government Revenue and Expenditure by Item

单位：亿元 (100 million yuan)

| 项　　目 | Item | 2015 | 2016 | 2017 | 2018 |
|---|---|---|---|---|---|
| **一般预算支出** | **General Bugetary Expenditure** | **4376.06** | **4389.37** | **4833.19** | **5302.44** |
| 一般公共服务支出 | Expenditure for General Public Services | 359.36 | 364.86 | 417.34 | 490.33 |
| 外交支出 | Expenditure for Foreign Affairs | | | | |
| 国防支出 | Expenditure for National Defense | 3.25 | 3.66 | 4.45 | 3.85 |
| 公共安全支出 | Expenditure for Public Security | 187.07 | 215.79 | 241.82 | 269.46 |
| 教育支出 | Expenditure for Education | 758.07 | 777.53 | 828.25 | 871.44 |
| 科学技术支出 | Expenditure for Science and Technology | 57.28 | 62.01 | 79.34 | 87.22 |
| 文化体育与传媒支出 | Expenditure for Culture, Sport and Media | 103.09 | 125.85 | 121.95 | 126.11 |
| 社会保障和就业 | Expenditure for Social Safety Net and Employment Effort | 631.99 | 655.47 | 718.22 | 793.86 |
| 医疗卫生与计划生育支出 | Expenditure for Medical and Health Care,and Family Planning | 369.38 | 381.66 | 418.27 | 455.31 |
| 节能环保支出 | Expenditure for Environment Protection | 150.77 | 126.80 | 162.52 | 176.02 |
| 城乡社区支出 | Expenditure for Urban and Rural Community Affairs | 406.01 | 433.15 | 477.73 | 537.90 |
| 农林水支出 | Expenditure for Agriculture, Forestry and Water Conservancy | 520.58 | 543.30 | 545.40 | 626.79 |
| 交通运输支出 | Expenditure for Transportation | 350.89 | 256.15 | 304.03 | 276.28 |
| 资源勘探信息等支出 | Expenditures for Affairs of Resource Exploration and Information | 107.30 | 107.44 | 93.46 | 90.33 |
| 商业服务业等支出 | Expenditure for Affairs of Commerce and Services | 44.56 | 49.03 | 42.78 | 50.20 |
| 金融支出 | Expenditure for Financial Affairs | 12.86 | 4.68 | 17.67 | 40.32 |
| 国土海洋气象等支出 | Expenditure for Affairs of Land, Ocean and Weather | 41.54 | 35.80 | 53.15 | 59.59 |
| 住房保障支出 | Expenditure for Affairs of Housing Security | 249.10 | 215.98 | 199.36 | 194.00 |
| 粮油物资储备支出 | Expenditure for Affairs of Management of Grain & Oil Reserves | 19.78 | 18.88 | 18.30 | 17.62 |
| 其他支出 | Other Expenditure | 3.16 | 11.33 | 14.63 | 135.83 |

# 8-3 各市、县(市、区)财政收支(2018年)
## Government Revenue and Expenditure by City and County (City and District) (2017)

单位：万元 (10 000 yuan)

| 地 区 | Region | 地方一般预算收入 Local General Bugetary Revenue | 一般预算支出 General Bugetary Expenditure |
|---|---|---|---|
| **全 省** | **Shaanxi** | **22431391** | **53024430** |
| 省本级 | Provincial Level | 6216849 | 8883188 |
| **西安市** | **Xi'an** | **6847035** | **11518741** |
| 市本级 | City Level | 3893372 | 6718969 |
| 新城区 | Xincheng | 218916 | 220282 |
| 碑林区 | Beilin | 438308 | 320013 |
| 莲湖区 | Lianhu | 488104 | 401303 |
| 灞桥区 | Baqiao | 196462 | 330784 |
| 未央区 | Weiyang | 354078 | 340916 |
| 雁塔区 | Yanta | 484137 | 347208 |
| 阎良区 | Yanliang | 96672 | 217355 |
| 临潼区 | Lintong | 134213 | 436318 |
| 长安区 | Chang'an | 243684 | 569454 |
| 高陵区 | Gaoling | 124008 | 340275 |
| 鄠邑区 | Huxian | 117810 | 430238 |
| 蓝田县 | Lantian | 30470 | 387317 |
| 周至县 | Zhouzhi | 26801 | 458309 |
| **铜川市** | **Tongchuan** | **230991** | **1279670** |
| 市本级 | City Level | 106648 | 450847 |
| 王益区 | Wangyi | 21127 | 151219 |
| 印台区 | Yintai | 17159 | 169218 |
| 耀州区 | Yaozhou | 65044 | 355292 |
| 宜君县 | Yijun | 21013 | 153094 |
| **宝鸡市** | **Baoji** | **877603** | **3302829** |
| 市本级 | City Level | 454709 | 1047365 |
| 渭滨区 | Weibin | 64998 | 188321 |
| 金台区 | Jintai | 52473 | 188139 |
| 陈仓区 | Chencang | 38925 | 236736 |
| 凤翔县 | Fengxiang | 53144 | 210928 |
| 岐山县 | Qishan | 42875 | 261159 |
| 扶风县 | Fufeng | 31169 | 236639 |
| 眉 县 | Meixian | 36067 | 209778 |
| 陇 县 | Longxian | 17802 | 215121 |
| 千阳县 | Qianyang | 8381 | 129604 |
| 麟游县 | Linyou | 38312 | 133816 |
| 凤 县 | Fengxian | 27923 | 131660 |
| 太白县 | Taibai | 10825 | 113563 |
| **咸阳市** | **Xianyang** | **890938** | **3797783** |
| 市本级 | City Level | 360254 | 767813 |
| 秦都区 | Qindu | 84090 | 218498 |
| 渭城区 | Weicheng | 53385 | 134849 |
| 三原县 | Sanyuan | 35978 | 256120 |
| 泾阳县 | Jingyang | 14829 | 220964 |
| 乾 县 | Qianxian | 19496 | 290402 |
| 礼泉县 | Liquan | 28721 | 283259 |
| 永寿县 | Yongshou | 9641 | 188681 |
| 长武县 | Changwu | 62966 | 196148 |
| 旬邑县 | Xunyi | 28659 | 238014 |
| 淳化县 | Chunhua | 7370 | 203973 |
| 武功县 | Wugong | 18620 | 247989 |
| 兴平市 | Xingping | 46280 | 286177 |
| 彬州市 | Binzhou | 120649 | 264896 |
| **渭南市** | **Weinan** | **909130** | **4459756** |
| 市本级 | City Level | 180544 | 583302 |
| 临渭区 | Linwei | 58654 | 500162 |
| 华州区 | Huazhou | 24067 | 224559 |
| 潼关县 | Tongguan | 15636 | 140068 |
| 大荔县 | Dali | 19067 | 407096 |
| 合阳县 | Heyang | 24369 | 327600 |
| 澄城县 | Chengcheng | 29620 | 309306 |
| 蒲城县 | Pucheng | 61836 | 474398 |
| 白水县 | Baishui | 13298 | 252091 |
| 富平县 | Fuping | 54052 | 484139 |
| 韩城市 | Hancheng | 403758 | 552655 |

# 8-3 续表 continued

单位：万元 (10 000 yuan)

| 地 区 | Region | 地方一般预算收入 Local General Bugetary Revenue | 一般预算支出 General Bugetary Expenditure |
|---|---|---|---|
| 华阴市 | Huayin | 24229 | 204380 |
| **延安市** | **Yan'an** | **1483398** | **3976883** |
| 市本级 | City Level | 459380 | 1262297 |
| 宝塔区 | Baota | 139005 | 344659 |
| 安塞区 | Ansai | 91987 | 200021 |
| 延长县 | Yanchang | 26323 | 211222 |
| 延川县 | Yanchuan | 61128 | 266055 |
| 子长县 | Zichang | 64980 | 236101 |
| 志丹县 | Zhidan | 175421 | 190686 |
| 吴起县 | Wuqi | 189768 | 220005 |
| 甘泉县 | Ganquan | 10560 | 131908 |
| 富 县 | Fuxian | 28707 | 170980 |
| 洛川县 | Luochuan | 20461 | 198031 |
| 宜川县 | Yichuan | 19823 | 172589 |
| 黄龙县 | Huanglong | 8596 | 119594 |
| 黄陵县 | Huangling | 187259 | 252735 |
| **汉中市** | **Hanzhong** | **499635** | **3420165** |
| 市本级 | City Level | 127029 | 476822 |
| 汉台区 | Hantai | 129277 | 365757 |
| 南郑区 | Nanzheng | 75381 | 382132 |
| 城固县 | Chenggu | 31823 | 372798 |
| 洋 县 | Yangxian | 26688 | 315140 |
| 西乡县 | Xixiang | 22734 | 261977 |
| 勉 县 | Mianxian | 39779 | 300720 |
| 宁强县 | Ningqiang | 12035 | 263861 |
| 略阳县 | Lueyang | 14708 | 222919 |
| 镇巴县 | Zhenba | 12078 | 284877 |
| 留坝县 | Liuba | 4160 | 93144 |
| 佛坪县 | Foping | 3943 | 80018 |
| **榆林市** | **Yulin** | **3897558** | **6487542** |
| 市本级 | City Level | 1812492 | 1537720 |
| 榆阳区 | Yuyang | 427562 | 639406 |
| 横山区 | Hengshan | 65116 | 324262 |
| 府谷县 | Fugu | 323990 | 468114 |
| 靖边县 | Jingbian | 184293 | 383453 |
| 定边县 | Dingbian | 134145 | 413553 |
| 绥德县 | Suide | 13396 | 419500 |
| 米脂县 | Mizhi | 13855 | 270495 |
| 佳 县 | Jiaxian | 11352 | 264676 |
| 吴堡县 | Wubu | 4606 | 170072 |
| 清涧县 | Qingjian | 18327 | 244227 |
| 子洲县 | Zizhou | 12941 | 294350 |
| 神木市 | Shenmu | 875483 | 1057714 |
| **安康市** | **Ankang** | **275055** | **3196579** |
| 市本级 | City Level | 107122 | 502991 |
| 汉滨区 | Hanbin | 50571 | 643953 |
| 汉阴县 | Hanyin | 15192 | 258700 |
| 石泉县 | Shiquan | 12059 | 215990 |
| 宁陕县 | Ningshan | 7325 | 120909 |
| 紫阳县 | Ziyang | 10804 | 299280 |
| 岚皋县 | Langao | 9587 | 208179 |
| 平利县 | Pingli | 8746 | 241096 |
| 镇坪县 | Zhenping | 4280 | 101101 |
| 旬阳县 | Xunyang | 41137 | 375480 |
| 白河县 | Baihe | 8232 | 228900 |
| **商洛市** | **Shangluo** | **218313** | **2429454** |
| 市本级 | City Level | 45767 | 342759 |
| 商州区 | Shangzhou | 34085 | 373916 |
| 洛南县 | Luonan | 29575 | 315306 |
| 丹凤县 | Danfeng | 16732 | 270065 |
| 商南县 | Shangnan | 18391 | 249558 |
| 山阳县 | Shanyang | 38196 | 383229 |
| 镇安县 | Zhen'an | 18708 | 300157 |
| 柞水县 | Zhashui | 16859 | 194464 |
| **杨凌示范区** | **Yangling** | **84886** | **271840** |
| 区本级 | District Level | 51982 | 147522 |
| 杨陵区 | Yangling | 32904 | 124318 |

# 8-4 金融机构人民币信贷收支(年底余额)

# Summary of Sources & Uses of Funds of Financial Institutions in RMB at Year-end

单位：亿元 (100 million yuan)

| 项　　目 | Item | 2017 | 2018 |
|---|---|---|---|
| **资金来源总计** | **Total Funds Sources** | **38112.97** | **40548.91** |
| 一、各项存款合计 | Total Deposits | 37784.01 | 40567.42 |
| (一)境内存款 | Domestic Deposits | 37772.88 | 40553.32 |
| 1、住户存款 | Household Deposits | 18683.64 | 20759.76 |
| 2、非金融企业存款 | Non Financial Enterprise Deposits | 11805.95 | 12111.82 |
| 3、广义政府存款 | Broad Government Deposits | 6514.31 | 6759.69 |
| 4、非银行金融机构存款 | Non-bank Financial Institution Deposits | 768.97 | 922.05 |
| (二)境外存款 | Overseas Deposits | 11.14 | 14.10 |
| 二、金融债券 | Financial Bond | 40.45 | 29.78 |
| 三、卖出回购资产 | Sell Buy Back Assets | 0.49 | |
| 四、借款及非银行业金融机构拆入 | Loan and Non-bank Financial Institution Borrowing | 0.62 | 9.38 |
| 五、联行往来(净) | Interbank Transactions(net) | | |
| 六、应付及暂收款 | Accounts Payable and Suspense Credits | 709.70 | 803.94 |
| 七、各项准备 | All Provisions | 876.06 | 918.38 |
| 八、所有者权益 | Owner's Equity | 1456.99 | 1681.97 |
| 九、其他 | Others | -2755.35 | -3461.97 |
| **资金运用总计** | **Total Use of Funds** | **38112.97** | **40548.91** |
| 一、各项贷款合计 | Total Loans | 26679.06 | 30513.81 |
| (一)境内贷款 | Domestic Loans | 26678.12 | 30512.50 |
| 1、住户贷款 | Household Loans | 7045.87 | 8441.91 |
| 2、非金融企业及机关团体贷款 | Non Financial Enterprise and Organizations and Communities Loans | 19632.06 | 22070.41 |
| 3、非银行业金融机构贷款 | Non-bank Financial Institution Loans | 0.20 | 0.19 |
| (二)境外贷款 | Overseas Loans | 0.93 | 1.30 |
| 二、债券投资 | Investment in Bonds | 1790.53 | 1719.04 |
| 三、股权及其他资产 | Equity and Other Assets | 1342.29 | 1119.40 |
| 四、买入返售资产 | Buying Back the Sale of Assets | 39.35 | 66.00 |
| 五、存放非银行业金融机构款项 | Deposit of Non-bank Financial Institution | 0.67 | 2.71 |
| 六、联行往来(净) | Interbank Transactions(net) | 7758.10 | 6528.27 |
| 七、金银占款 | Position for Bullion and Silver Purchase | | |
| 八、外汇买卖 | Foreign Exchange Trading | | |
| 九、应收及预付款 | Accounts receivable and Advance Payment | 193.83 | 286.18 |
| 十、投资性房地产 | Investment Real Estates | 0.92 | 0.85 |
| 十一、固定资产 | Fixed Assets | 308.21 | 312.66 |

# 8-5 证券业主要情况
# General Statistics on Securities Markets

| 指标 | | Item | | 2017 | 2018 |
|---|---|---|---|---|---|
| **上市公司情况** | | **Listed Companies** | | | |
| 上市公司 | (户) | Number of Listed Companies | (accounts) | 47 | 49 |
| # A股 | (只) | A Shares | (number) | 47 | 49 |
| 上市公司总股本 | (亿股) | Total Issued Capital of Listed Companies | (100 million shares) | 634.07 | 689.52 |
| # 流通股本 | | Negotiable Shares | | 506.38 | 572.78 |
| 上市公司股票市价总值 | (亿元) | Total Market Capitalization of Listed Companies | (100 million yuan) | 6298.59 | 4869.17 |
| # 股票流通市值 | | Negotiable Market Capitalization | | 5241.01 | 4140.31 |
| **证券公司及交易情况** | | **Securities Companies and Trading** | | | |
| 证券公司 | (个) | Number of Securities Companies | (number) | 3 | 3 |
| 证券营业部 | (个) | Security Exchange | (number) | 258 | 256 |
| (含外地公司在陕营业部) | | (include Nonlocal Exchange in Shaanxi) | | | |
| 证券交易开户数 | (万户) | Total Stock Investors | (10 000 accounts) | 460.99 | 509.25 |
| 证券交易额 | (亿元) | Trading Volume | (100 million yuan) | 46812.95 | 41572.93 |
| # 股票、基金 | | Stocks and Funds | | 27951 | 22225 |
| **期货交易情况** | | **Futures Trading** | | | |
| 期货代理交易额 | (亿元) | Agent's Turnover of Futures | (100 million yuan) | 69251.68 | 90628.29 |

# 8-6 保险业保费收入(2018年)
# Premium of Insurance Transactions (2018)

单位：万元 (10 000 yuan)

| 地区 | Region | 保费收入 Premium | | 赔款与给付 Payment | |
|---|---|---|---|---|---|
| | | 人身险 Life Insurance | 财产险 Property Insurance | 人身险 Life Insurance | 财产险 Property Insurance |
| **全省** | **Shaanxi** | **7397156** | **2296784** | **1626340** | **1182870** |
| 省本级 | The Same Level | 1618 | 8387 | 1555 | 10257 |
| 西安市 | Xi'an | 3660001 | 1125616 | 754600 | 553641 |
| 铜川市 | Tongchuan | 112453 | 41096 | 25833 | 20855 |
| 宝鸡市 | Baoji | 633099 | 152374 | 152989 | 85488 |
| 咸阳市 | Xianyang | 698557 | 213265 | 182045 | 107637 |
| 渭南市 | Weinan | 652262 | 181046 | 147043 | 94838 |
| 延安市 | Yan'an | 274859 | 114968 | 56961 | 62123 |
| 汉中市 | Hanzhong | 493455 | 114474 | 118871 | 59087 |
| 榆林市 | Yulin | 375918 | 220735 | 60110 | 129289 |
| 安康市 | Ankang | 289891 | 83551 | 66890 | 35917 |
| 商洛市 | Shangluo | 205043 | 41272 | 59441 | 23739 |

# 主要统计指标解释

**财政收入** 指国家财政参与社会产品分配所取得的收入，是实现国家职能的财力保证。主要包括：

（1）各项税收：包括国内增值税、国内消费税、进口货物增值税和消费税、出口货物退增值税和消费税、营业税、企业所得税、个人所得税、资源税、城市维护建设税、房产税、印花税、城镇土地使用税、土地增值税、车船税、船舶吨税、车辆购置税、关税、耕地占用税、契税、烟叶税等。

（2）非税收入：包括专项收入、行政事业性收费、罚没收入和其他收入。

**财政支出** 指国家财政将筹集起来的资金进行分配使用，以满足经济建设和各项事业的需要。主要包括：

（1）一般公共服务：指政府提供基本公共管理与服务的支出，包括人大事务、政协事务、政府办公厅（室）及相关机构事务、发展与改革事务、统计信息事务、财政事务、税收事务、审计事务、海关事务、人力资源事务、纪检监察事务、人口与计划生育事务、商贸事务、知识产权事务、工商行政管理事务、国土资源事务、海洋管理事务、测绘事务、地震事务、气象事务、民族事务、宗教事务、港澳台侨事务、档案事务、共产党事务、民主党派事务及工商联事务、群众团体事务、彩票事务等。

（2）外交：指政府外交事务支出，包括外交行政管理、驻外机构、对外援助、国际组织、对外合作与交流、边界勘界联检等方面的支出。

（3）国防：指政府用于国防方面的支出，包括用于现役部队、预备役部队、民兵、国防科研事业、专项工程、国防动员等方面的支出。

（4）公共安全：指政府维护社会公共安全方面的支出，包括武装警察、公安、国家安全、检察、法院、司法行政、监狱、劳教、国家保密、缉私警察等。

（5）教育：指政府教育事务支出，包括教育行政管理、学前教育、小学教育、初中教育、普通高中教育、普通高等教育、初等职业教育、中专教育、技校教育、职业高中教育、高等职业教育、广播电视教育、留学生教育、特殊教育、干部继续教育、教育机关服务等。

（6）科学技术：指用于科学技术方面的支出，包括科学技术管理事务、基础研究、应用研究、技术研究与开发、科技条件与服务、社会科学、科学技术普及、科技交流与合作等。

（7）文化教育与传媒：指政府在文化、文物、体育、广播影视、新闻出版等方面的支出。

（8）社会保障和就业：指政府在社会保障与就业方面的支出，包括社会保障和就业管理事务、民政管理事务、财政对社会保险基金的补助、补充全国社会保障基金、行政事业单位离退休、企业改革补助、就业补助、抚恤、退役安置、社会福利、残疾人事业、城市居民最低生活保障、其他城镇社会救济、农村社会救济、自然灾害生活救助、红十字事务等。

（9）医疗卫生：指政府医疗卫生方面的支出，包括医疗卫生管理事务支出、医疗服务支出、医疗保障支出、疾病预防控制支出、卫生监督支出、妇幼保健支出、农村卫生支出等。

（10）环境保护：指政府环境保护支出，包括环境保护管理事务支出、环境监测与监察支出、污染治理支出、自然生态保护支出、天然林保护工程支出、退耕还林支出、风沙荒漠治理支出、退牧还草支出、已垦草原退耕还草、能源节约利用、污染减排、可再生能源和资源综合利用等支出。

（11）城乡社区事务：指政府城乡社区事务支出，包括城乡社区管理事务支出、城乡社区规划与管理支出、城乡社区公共设施支出、城乡社区住宅支出、城乡社区环境卫生支出、建设市场管理与监督支出等。

（12）农林水事务：指政府农林水事务支出，包括农业支出、林业支出、水利支出、扶贫支出、农业综合开发支出等。

（13）交通运输：指政府交通运输和邮政业方面的支出，包括公路运输支出、水路运输支出、铁路运输支出、民用航空运输支出、邮政业支出等。

（14）工业商业金融等事务：指政府对工业、商业及金融等方面的支出，包括采掘业支出、制造业支出、建筑业支出、工业和信息产业监管支出、国有资产监管支出、商业流通事务支出、金融业监管支出、旅游业管理与服务支出等。

**中央财政收入和地方财政收入** 指按现行分税制财政体制划分的中央本级收入和地方本级收入。属于中央财政的收入包括关税，进口货物增值税和消费税，出口货物退增值税和消费税，消费税，铁道部门、各银行总行、各保险公司总公司等集中交纳的营业税和城市维护建设税，增值税75%部分，纳入共享范围的企业所得税60%部分，未纳入共享范围的中央企业所得税、中央企业上交的利润，个人所得税60%部分，车辆购置税，船舶吨税，证券交易印花税97%部分，海洋石油资源税，中央非税收入等。属于地方财政的收入包括营业税（不含铁道部门、各银行总行、各保险公司总公司集中交纳的营业税），地方企业上交利润，城市维护建设税（不含铁道部门、各银行总行、各保险公司总公司集中交纳的部分），房产税，城镇土地使用税，土地增值税，车船税，耕地占用税，契税，烟叶税，印花税，增值税25%部分，纳入共享范围的企业所得税40%部分，个人所得税40%部分，证券交易印花税 3%部分，海洋石油资源税以外的其他资源税，地方非税收入等。

**信贷资金** 指金融机构以信用方式积聚和分配的货币资金。金融机构信贷资金的来源有各项存款、金融债券、对国际金融机构负债、流通中现金、其他项目等；信贷资金的运用有各项贷款、有价证券及投资、金银占款、外汇占款、财政借款及在国际金融机构中的资产等。

**存款** 指企业、机关、团体或居民根据资金必须收回的原则，把货币资金存入银行或其他信贷机构保管并取得一定利息的一种信用活动形式。根据存款对象或性质的不同可划分为单位存款、个人存款、财政性存款、临时性存款、委托存款、其他存款等科目。它是银行信贷资金的主要来源。

**贷款** 指银行或其他信贷机构根据资金必须归还的原则，按一定利率，为企业、个人等提供资金的一种信用活动形式。银行贷款分为境内贷款和境外贷款，境内贷款有短期贷款、中长期贷款、融资租赁、票据融资等。

**保险公司** 在中国境内的、经过保险监督管理部门批准设立，并依法登记注册的各类商业保险公司。

**保险金额** 指保险人承担赔偿或者给付保险金责任的最高限额。

**保费** 指投保人为取得保险人在约定范围内所承担赔偿责任而支付给保险人的费用。

**赔款** 指保险人根据保险合同的规定，向被保险人支付的赔偿保险责任损失的金额。

**给付** 包括死伤医疗给付和满期给付。死伤医疗给付是指保险人根据人寿保险及长期健康保险合同的规定，因被保险人在保险期内发生保险责任范围内的保险事故支付给被保险人(或受益人)的金额。满期给付是指被保险人生存期满，保险人按人寿保险合同规定支付给被保险人的满期保险金额。

# Explanatory Notes on Main Statistical Indicators

**Government Revenue** refers to income for the government finance through participating in the distribution of social products. It is the financial guarantee to ensure government functioning. The contents of government revenue include the following main items:

(1) Various tax revenues, including domestic value added tax (VAT), domestic consumption tax, VAT and consumption tax from imports, VAT and consumption tax rebate for exports, business tax, corporate income tax, individual income tax, resource tax, city maintenance and construct tax, house property tax, stamp tax, urban land use tax, land appreciation tax, tax on vehicles and boat operation, ship tonnage tax, vehicle purchase tax, tariffs, farm land occupation tax, deed tax, and tobacco leaf tax, etc.

(2) Non-tax revenue, including special program receipts, charge of administrative and institutional units, penalty receipts and others non-tax receipts.

**Government Expenditure** refers to the distribution and use of the funds which the government finance has raised, so as to meet the needs of economic construction and various causes. It includes the following main items:

(1) Expenditure for general public services: It refers to the spending on the basic public management and services which provided by governments, including the expense on affairs of People's Congress, affairs of People's Political Consultative Conference, affairs of government general office and relative institutions, affairs of development and reform, affairs of statistics, affairs of finance, affairs of taxation, affairs of audit, affairs of customs, affairs of human resources and social security, affairs of discipline inspection and supervision, affairs of population and family planning, affairs of commerce and trade, affairs of intellectual property, affairs of administration for industry and commerce, affairs of land and resources, affairs of oceanic administration, affairs of surveying and mapping, affairs of earthquake, ethnic affairs, religious affairs, affairs of Hong Kong, Macao, Taiwan, and Overseas Chinese, affairs of archives administration, affairs of Chinese Communist Party, affairs of democratic parties and federation of industry and commerce, affairs of mass organization, and affairs of lottery, etc.

(2) Expenditure for foreign affairs: It refers to the spending of government on foreign affairs, including the expense on administration of foreign affairs, missions overseas, external assistance, international organizations, foreign cooperation and communication, surveying and joint inspection on borderline, etc.

(3) Expenditure for national defence: It refers to the spending of government on national defence, including the expense on active force, reserve force, militia, scientific research on national defence, special projects, mobilization of national defence, etc.

(4) Expenditure for public security: It refers to the spending of government on maintaining social and public security, including the expense on armed police force, public security, state security, prosecution, courts, justice, prison, labour education and rehabilitation, protection of state secrecy, anti-smuggling police, etc.

(5) Expenditure for education: It refers to the spending of government on education, including the expense on the administration of education, pre-primary education, primary education, secondary education, high school education, regular higher education, primary vocational education, secondary vocational education, technical school education, vocational high school education and higher vocational education, radio and television education, student abroad education, special education, on the job training of cadres, education authorities services, etc.

(6) Expenditure for science and technology: It refers to the spending of government on science and technology (S&T), including the expense on the administration of S&T, basic research, applied research, research and development, conditions and services of S&T, popularization of social science, science and technology, exchanges and cooperation of S&T, etc.

(7) Expenditure for culture, sport and media: It refers to the spending of government on culture, cultural heritage, sports, radio, film, television, press and publication, etc.

(8) Expenditure for social safety net and employment effort: It refers to the spending of government on social safety net and employment, including the expense on administration of social safety net and employment, civil affairs, budgetary subsidy on the social insurance funds, subsidy on National Social Security Fund, retirees of administrative units and institutions, subsidy on enterprise reform, subsidy on employment effort, pension, placement of ex-serviceman, social welfare, the handicapped undertakings, the system of cost of living allowances for urban residents, other urban social relief, rural social relief, living relief of natural disasters, affairs of Red Cross Society, etc.

(9) Expenditure for medical and health care: It refers to the spending of government on medical and health care, including the expense on administration of medical and health care, medical services, health care, disease prevention and control, health inspection and supervision, women and children's health, rural health care, etc.

(10) Expenditure for environment protection: It refers to the spending of government on environment protection, including the expense on administration of environment protection, environment monitoring and supervision, pollution control, natural ecology protection, project of virgin forests protection, reforesting farmland, controlling the sources of dust storms, returning pastureland to grassland, returning pastureland to grassland, returning cultivated land to grassland, energy conservation, emissions reduction, comprehensive utilization of

renewable energy and resources, etc.

(11) Expenditure for urban and rural community affairs: It refers to the spending of government on urban and rural community affairs, including the expense on administration of urban and rural community, planning and management of urban and rural community, public facilities of urban and rural community, housing of urban and rural community, sanitation of urban and rural community, management and supervision on the construction market, etc.

(12) Expenditure for agriculture, forestry and water conservancy: It refers to the spending of government on agriculture, forestry and water conservancy, including the expense on agriculture, forestry, water conservancy, poverty alleviation, comprehensive agricultural development, etc.

(13) Expenditure for transportation: It refers to the spending of government on transportation and postal services, including the expense on road transportation, waterway transportation, railway transportation, civil aviation transportation, and postal services.

(14) Expenditure for industry, commerce and banking: It refers to the spending of government on industry, commerce and banking, including the expense on mining, manufacturing, construction, industry and information technology supervision and administration, State-owned assets supervision and administration, commerce and circulation affairs, financial intermediation supervision and administration, tourism administration and service, etc.

**Revenue of the Central Government and Revenue of the Local Governments** refers to the revenue collected by the Central Government and that by the local governments as defined by the decentralized taxation system. In accordance with this system, the revenue of the Central Government includes tariff, VAT and consumption tax from imports, VAT and consumption tax rebate for exports, consumption tax, business tax and city maintenance and construct tax from the Ministry of Railways, head offices of banks, head offices of insurance company, which are handed over to the government in a centralized way, 75% of the value added tax, 60% the share part of the corporate income tax, unshared part of corporate income tax of the central enterprises, profit handed in by the central enterprises, 60% of individual income tax, vehicle purchase tax, ship tonnage tax, 97% of stamp tax on securities transactions, resource tax on the offshore petroleum resources. The revenue of the local governments includes business tax (excluding the part of the Ministry of Railways, head offices of banks, head offices of insurance company, which are handed over to the government in a centralized way), profit handed in by the local enterprises, city maintenance and construct tax (excluding the part of the Ministry of Railways, head offices of banks, head offices of insurance company, which are handed over to the government in a centralized way), house property tax, urban land use tax, land appreciation tax, tax on vehicles and boat operation, farm land occupation tax, deed tax, and tobacco leaf tax, stamp tax, 25% of the value added tax, 40% the share part of the corporate income tax, 40% of individual income tax, 3% of stamp tax on securities transactions, resource tax other than the tax on offshore petroleum resources, local non-tax revenue, etc.

**Credit Funds** refer to the monetary funds accumulated and distributed in the means of credit by the financial institutions. The sources of credit funds include various deposits, financial bonds, liabilities to international financial institutions, currency in circulation, other items. The uses of credit funds include loans, securities and investment, position for bullion and silver purchase, position for foreign exchange purchase, advances to treasury, and assets with international financial institutions.

**Deposit** is a form of credit by which enterprises, institutions, organizations or households can put money into banks and other credit institutions for safekeeping and interest earning under the principle of free withdrawal. According to different depositors, deposits are divided into corporate deposits, personal deposits, fiscal deposits, temporary deposits, entrusted deposits, other deposits and etc. Deposits are major sources of the credit funds of banks.

**Loan** is a form of credit by which banks and other credit institutions provide funds at certain interest rate to enterprises and individuals in the light of the principle of unconditional repayment. Loans from Chinese banks include short-term loan, medium- term and long-term loans, entrusted loans, and other loans.The bank loans are divided into domestic loans and overseas loans. The domestic loans include short-term loans, medium & long-term loans, financial lease, bill financing and etc.

**Insurance Companies** refer to commercial insurance companies of various forms registered by law and established in China with the approval of insurance regulatory agencies.

**Amount Insured** refers to the maximum that the insurant will get for the claim of the case insured.

**Premium** is the fee paid by the insurant to the insurer to obtain the obligation of compensation from the insurance within the agreed terms.

**Settled Claim** is the compensation paid by the insurer to the insurant in accordance with the insurance contract.

**Payment** includes payment for death, injury or medical treatment and payment at maturity. Payment for death, injury or medical treatment refers to the money paid to the insurant (or the beneficiary) in accordance with the life or health insurance contract when the insurant encounters accidents within the insured period covered in the contract. Payment at maturity refers to the payment to the insurant in accordance with the life insurance contract at the end of the insured period.

# 九、价格指数

Price Indices

资料整理：黄　洁　张晓萍　陈小云　杨晨光　董春梅
姚小清　王国强　康　敏　王凌霜

# 简 要 说 明

一、本篇资料反映生产、流通、消费与投资等环节的价格变动情况。主要包括居民消费价格指数、商品零售价格指数、农业生产资料价格指数、工业生产者价格指数、农产品生产价格指数、固定资产投资价格指数和房地产价格指数。

二、本篇资料由国家统计局陕西调查总队提供。

三、居民消费价格指数、商品零售价格指数采用抽样调查和重点调查相结合的方法编制，即选择不同经济区域的市、县以及有代表性的商品和服务项目作为样本，对其市场价格进行定期调查，以样本推断总体。

四、工业生产者价格指数采用重点调查与典型调查相结合的方法统计。重点调查对象为规模以上工业企业，典型调查对象为规模以下工业企业。

五、固定资产投资价格指数采用重点调查与典型调查相结合的方法统计。

六、农产品生产价格指数采用抽样调查和重点调查相结合的调查方法进行统计。

# Brief Introduction

Ⅰ. This chapter reflects price changes in production, circulation, consumption and investment, mainly including consumer price indices, retail price indices, price indices of means of agricultural production, industrial producers' price indices, producers' price indices for farm products, price indices for investment in fixed assets and real estate price indices.

Ⅱ. The data are provided by NBS Survey Office in Shaanxi.

Ⅲ. The data for the calculation of consumer price indices and retail price indices in the province are collected through stratified random sampling. Cities and counties distributed in different economic regions of the province are selected as sample areas, and representative commodities and services are selected as sample commodities and services. Regular surveys are conducted to collect data on market prices. The data on the population are estimated on the basis of the sample.

Ⅳ. The industrial producers price indices are collected through key-point survey combined with typical survey. The key investigation objects are the industrial enterprises above designated size. The typical investigation objects are the industrial enterprises below designated size.

Ⅴ. The data for the calculation of price indices of investment in fixed assets are collected through key-point survey combined with typical survey.

Ⅵ. The data for the calculation of producers' price indices of farm products are collected through sampling survey combined with key-point survey.

# 9.价格指数

| | |
|---|---|
| 2018年全省 | |
| 居民消费价格指数(上年=100) | 102.1 |
| #城 市 | 102.0 |
| 工业生产者出厂价格指数(上年=100) | 105.4 |
| 工业生产者购进价格指数(上年=100) | 104.2 |

## 居民消费价格指数
(上年=100)

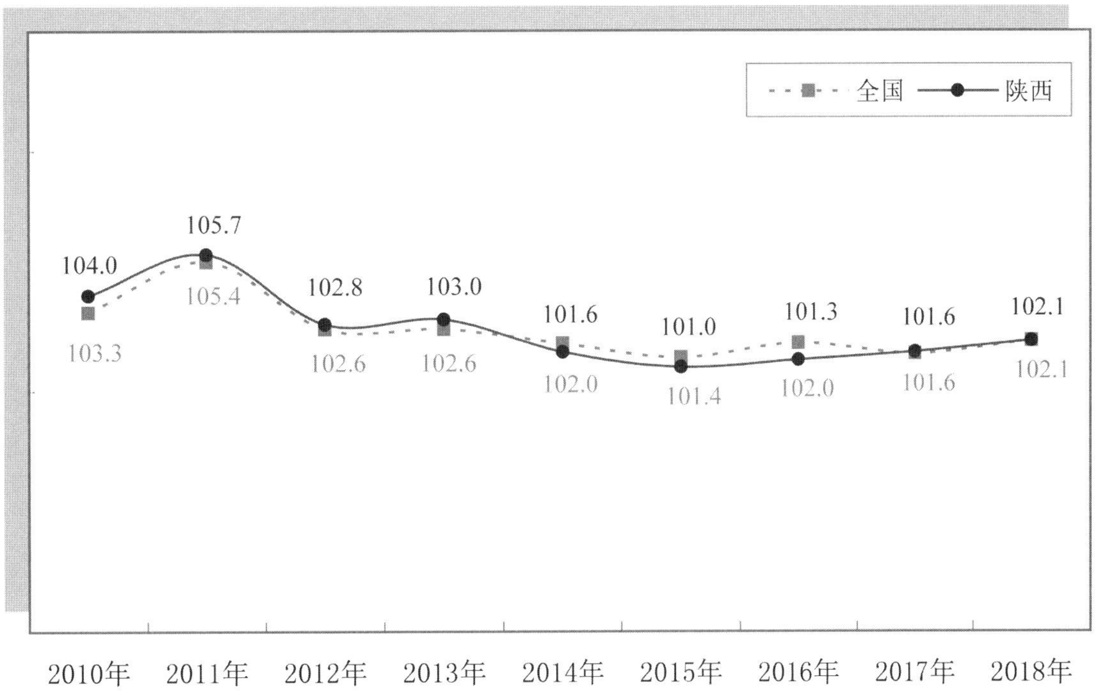

# 9-1 商品零售价格和居民消费价格指数
## Retail Price Indices and Consumer Price Indices

| 年 份<br>Year | 上年价格=100 preceding year=100 | | | 1978年价格=100 1978=100 | | |
|---|---|---|---|---|---|---|
| | 商品零售价格指数<br>Retail Price Index | 居民消费价格指数<br>Consumer Price Index | # 城市居民<br>Urban Household | 商品零售价格指数<br>Retail Price Index | 居民消费价格指数<br>Consumer Price Index | # 城市居民<br>Urban Household |
| 1979 | 101.6 | 101.7 | 101.4 | 101.6 | 101.7 | 101.4 |
| 1980 | 104.7 | 105.3 | 105.4 | 106.4 | 107.1 | 106.9 |
| 1981 | 103.0 | 103.6 | 103.6 | 109.6 | 111.0 | 110.7 |
| 1982 | 101.0 | 101.4 | 100.4 | 110.7 | 112.6 | 111.7 |
| 1983 | 101.5 | 101.5 | 102.2 | 112.4 | 114.3 | 113.5 |
| 1984 | 103.9 | 103.0 | 103.4 | 116.8 | 117.7 | 117.4 |
| 1985 | 106.5 | 107.0 | 107.6 | 124.4 | 125.9 | 126.3 |
| 1986 | 105.2 | 106.0 | 106.6 | 130.9 | 133.5 | 134.6 |
| 1987 | 108.6 | 108.6 | 109.2 | 142.2 | 145.0 | 147.0 |
| 1988 | 119.0 | 119.1 | 120.1 | 169.2 | 172.7 | 176.5 |
| 1989 | 118.8 | 118.3 | 117.6 | 201.0 | 204.3 | 207.6 |
| 1990 | 101.6 | 101.3 | 102.6 | 204.2 | 207.0 | 213.0 |
| 1991 | 105.8 | 106.0 | 107.3 | 216.0 | 219.4 | 228.5 |
| 1992 | 109.5 | 109.7 | 111.2 | 236.5 | 240.7 | 254.1 |
| 1993 | 111.8 | 111.8 | 114.0 | 264.4 | 269.1 | 289.7 |
| 1994 | 125.9 | 126.7 | 128.2 | 332.9 | 340.9 | 371.4 |
| 1995 | 117.0 | 119.0 | 118.0 | 389.5 | 405.7 | 438.3 |
| 1996 | 108.1 | 109.7 | 110.3 | 421.0 | 445.1 | 483.4 |
| 1997 | 101.6 | 104.8 | 105.2 | 427.7 | 466.5 | 508.6 |
| 1998 | 96.2 | 98.4 | 97.7 | 411.4 | 459.0 | 496.9 |
| 1999 | 97.5 | 97.8 | 97.2 | 401.1 | 448.9 | 483.0 |
| 2000 | 98.3 | 99.5 | 100.3 | 394.3 | 446.7 | 484.4 |
| 2001 | 99.1 | 101.0 | 100.1 | 390.8 | 451.2 | 484.9 |
| 2002 | 98.6 | 98.9 | 98.2 | 385.3 | 446.2 | 476.2 |
| 2003 | 100.5 | 101.7 | 100.8 | 387.2 | 453.8 | 480.0 |
| 2004 | 102.5 | 103.1 | 103.0 | 396.9 | 467.9 | 494.4 |
| 2005 | 100.1 | 101.2 | 100.9 | 397.3 | 473.5 | 498.8 |
| 2006 | 101.8 | 101.5 | 102.1 | 404.5 | 480.6 | 509.3 |
| 2007 | 105.0 | 105.1 | 105.2 | 424.7 | 505.1 | 535.8 |
| 2008 | 106.9 | 106.4 | 106.2 | 454.0 | 537.4 | 569.0 |
| 2009 | 99.9 | 100.5 | 100.0 | 453.5 | 540.1 | 569.0 |
| 2010 | 103.6 | 104.0 | 103.7 | 469.8 | 561.7 | 590.1 |
| 2011 | 104.8 | 105.7 | 105.7 | 492.4 | 593.7 | 623.7 |
| 2012 | 102.3 | 102.8 | 102.6 | 503.7 | 610.3 | 639.9 |
| 2013 | 101.8 | 103.0 | 102.8 | 512.8 | 628.6 | 657.8 |
| 2014 | 100.7 | 101.6 | 101.6 | 516.4 | 638.7 | 668.3 |
| 2015 | 99.8 | 101.0 | 100.9 | 515.4 | 645.1 | 674.3 |
| 2016 | 100.3 | 101.3 | 101.3 | 516.9 | 653.5 | 683.1 |
| 2017 | 101.3 | 101.6 | 101.8 | 523.6 | 664.0 | 695.4 |
| 2018 | 102.1 | 102.1 | 102.0 | 534.6 | 677.9 | 709.3 |

# 9-2 商品零售价格分类指数(2018年)
# Retail Price Indices by Category (2018)

(上年价格=100) (preceding year=100)

| 项目 | Item | 全省 Provincial Indices | 城市 Urban Indices | 农村 Rural Indices |
|---|---|---|---|---|
| **商品零售价格指数** | **Retail Price Index** | **102.1** | **102.1** | **102.3** |
| **一、食品** | **Food** | **102.1** | **102.1** | **101.4** |
| 1.粮食 | Grain | 101.3 | 101.5 | 100.1 |
| 2.薯类 | Potato | 105.5 | 104.6 | 111.3 |
| 3.豆类 | Beans | 99.9 | 99.9 | 99.9 |
| 4.食用油 | Edible Oil | 100.5 | 101.0 | 98.5 |
| 5.菜 | Vegetables | 104.5 | 104.3 | 106.1 |
| 6.畜肉类 | Livestock Meat | 95.5 | 95.7 | 94.1 |
| 7.禽肉类 | Poultry | 103.4 | 103.4 | 103.2 |
| 8.水产品 | Aquatic Products | 99.6 | 99.6 | 100.5 |
| 9.蛋类 | Eggs | 115.2 | 115.5 | 112.6 |
| 10.奶类 | Milk | 102.8 | 102.9 | 102.2 |
| 11.干鲜瓜果类 | Dried and Fresh Melons and Fruits | 104.4 | 104.3 | 105.1 |
| 12.糖果糕点类 | Candy and Cake | 103.7 | 104.0 | 101.6 |
| 13.调味品 | Flavoring | 99.9 | 99.8 | 100.7 |
| 14.其他食品类 | Other Foods | 101.2 | 101.3 | 100.8 |
| 15.在外餐饮 | Dining Out | 103.1 | 103.1 | 103.3 |
| **二、饮料、烟酒** | **Beverages, Tobacco and Liquor** | **100.7** | **100.6** | **101.3** |
| 1.茶及饮料 | Tea and Beverages | 100.7 | 100.5 | 102.2 |
| 茶叶 | Tea | 99.9 | 99.3 | 104.1 |
| 2.烟草 | Tobacco | 99.9 | 99.9 | 100.0 |
| 3.酒类 | Liquor | 101.5 | 101.4 | 101.9 |
| **三、服装、鞋帽** | **Garments, Shoes and Hats** | **100.8** | **100.8** | **100.6** |
| 1.服装 | Garments | 100.8 | 100.8 | 100.4 |
| (1)男士服装 | Man's Garments | 102.3 | 102.5 | 100.8 |
| (2)女士服装 | Woman's Garments | 100.3 | 100.2 | 101.1 |
| (3)儿童服装 | Children's Garments | 98.7 | 98.8 | 98.1 |
| 2.鞋帽袜 | Footgear and Hats | 100.9 | 100.9 | 101.2 |
| (1)鞋 | Shoes | 101.4 | 101.4 | 101.2 |
| (2)袜子 | Socks and Stockings | 98.1 | 97.6 | 101.4 |
| (3)帽子 | Hats | 100.3 | 100.3 | 99.8 |
| 3.其他衣着配件 | Other Clothing Accessories | 99.8 | 99.6 | 101.5 |
| **四、纺织品** | **Textiles** | **101.4** | **101.3** | **102.1** |
| 1.服装材料 | Clothing Material | 99.0 | 98.5 | 102.3 |
| 2.床上用品 | Bedding | 102.0 | 102.0 | 102.0 |

## 9-2 续表 continued

(上年价格=100) (preceding year=100)

| 项目 | Item | 全省 Provincial Indices | 城市 Urban Indices | 农村 Rural Indices |
|---|---|---|---|---|
| **五、家用电器及音像器材** | **Household Appliances, Music and Video Equipment** | **99.4** | **99.2** | **100.7** |
| 1.家庭设备 | Household Facilities | 99.9 | 99.5 | 102.5 |
| 2.文娱用耐用消费品 | Durable Consumer Goods for Recreation | 98.5 | 98.6 | 98.2 |
| 3.专业音像器材 | Professional Audiovisual Equipment | 100.2 | 100.1 | 102.5 |
| **六、文化办公用品** | **Cultural and Office Appliances** | **101.9** | **102.1** | **100.6** |
| **七、日用品** | **Articles for Daily Use** | **102.4** | **102.3** | **102.8** |
| 1.日用百货 | General Merchandise for Daily Use | 100.6 | 100.4 | 102.2 |
| 2.厨具餐具茶具 | Kitchenware, Tableware and Tea set | 102.5 | 102.1 | 105.5 |
| 3.清洗用品 | Washing Products | 105.7 | 106.2 | 101.4 |
| 4.其他日用品 | Others | 100.7 | 100.7 | 100.9 |
| **八、体育娱乐用品** | **Sports and Recreation Articles** | **101.3** | **101.1** | **103.2** |
| 1.体育户外用品 | Outdoor Sporting Goods | 100.4 | 100.4 | 100.7 |
| 2.娱乐用品 | Recreational Articles | 101.7 | 101.5 | 103.9 |
| **九、交通、通信用品** | **Transportation and Communication Appliances** | **99.1** | **99.3** | **97.3** |
| 1.交通运输机械 | Means of Transportation | 99.3 | 99.2 | 100.1 |
| 2.通信器材 | Communication Appliances | 98.5 | 99.5 | 91.7 |
| **十、家具** | **Furniture** | **103.6** | **103.7** | **102.3** |
| **十一、化妆品** | **Cosmetics** | **101.1** | **101.2** | **100.4** |
| **十二、金银饰品** | **Gold and Silver Jewellery** | **96.5** | **96.3** | **98.3** |
| **十三、中西药品及医疗保健用品** | **Traditional Chinese and Western Medicines and Health Care Articles Care Articles** | **104.4** | **104.3** | **105.2** |
| 1.医疗卫生器具 | Medical Instruments | 100.0 | 99.7 | 102.7 |
| 2.中药 | Traditional Chinese Medicine | 109.3 | 109.6 | 107.4 |
| 3.西药 | Western Medicines | 102.7 | 102.4 | 104.5 |
| 4.保健器具及用品 | Health Care Appliances and Articles | 100.7 | 100.5 | 102.0 |
| **十四、书报杂志及电子出版物** | **Books, Newspapers, Magazines and Electronic Publications** | **105.4** | **105.6** | **104.1** |
| 1.教材及参考书 | Teaching Materials and Reference Books | 103.0 | 103.0 | 103.0 |
| 2.书报杂志 | Newspapers and Magazines | 111.1 | 111.3 | 107.8 |
| 3.计算机办公软件 | Computer Office Software | 100.4 | 100.5 | 99.4 |
| **十五、燃料** | **Fuels** | **109.2** | **109.3** | **108.7** |
| 1.煤炭及制品 | Coal and Coal Products | 112.6 | 113.2 | 110.1 |
| 2.石油及制品 | Petroleum and its Products | 108.0 | 108.0 | 107.7 |
| **十六、建筑材料及五金电料** | **Building Materials and Hardware** | **102.5** | **101.6** | **108.6** |
| 1.建筑装璜材料 | Building Decoration Materials | 102.7 | 101.7 | 109.8 |
| 2.五金水暖 | Hardware and Plumbing | 101.9 | 101.2 | 105.7 |

# 9–3 居民消费价格分类指数(2018年)
# Consumer Price Indices by Category (2018)

(上年价格=100) (preceding year=100)

| 项　目 | Item | 全　省 Provincial Indices | 城　市 Urban Indices | 农　村 Rural Indices |
|---|---|---|---|---|
| **居民消费价格总指数** | **Consumer Price Index** | **102.1** | **102.0** | **102.3** |
| 非食品烟酒价格指数 | Non Food Alcohol and Tobacco Price Index | 102.1 | 102.0 | 102.5 |
| 非食品(原口径)指数 | Non-food Price Index (Original Caliber) | 102.1 | 101.9 | 102.4 |
| 服务价格指数 | Services Price Index | 102.5 | 102.4 | 102.6 |
| 消费品价格指数 | Consumer Price Index | 101.9 | 101.8 | 102.1 |
| **一、食品烟酒** | **Food,Alcohol and Tobacco** | **102.0** | **102.1** | **101.8** |
| 1.食品 | Food | 101.9 | 102.0 | 101.7 |
| (1)粮食 | Grain | 100.9 | 101.1 | 100.4 |
| (2)薯类 | Potato | 105.9 | 104.4 | 109.9 |
| (3)豆类 | Beans | 99.9 | 99.9 | 99.9 |
| (4)食用油 | Edible Oil | 100.5 | 101.0 | 99.4 |
| (5)菜 | Vegetables | 105.0 | 104.4 | 106.2 |
| (6)畜肉类 | Livestock Meat | 96.6 | 96.9 | 95.8 |
| (7)禽肉类 | Poultry | 103.7 | 103.6 | 104.1 |
| (8)水产品 | Aquatic Products | 99.5 | 99.3 | 100.1 |
| (9)蛋类 | Eggs | 115.1 | 116.1 | 113.2 |
| (10)奶类 | Milk | 102.4 | 102.5 | 102.1 |
| (11)干鲜瓜果类 | Dried and Fresh Melons and Fruits | 104.5 | 104.6 | 104.2 |
| (12)糖果糕点类 | Candy and Cake | 103.5 | 104.2 | 101.7 |
| (13)调味品 | Flavoring | 100.1 | 99.7 | 100.8 |
| (14)其他食品类 | Other Foods | 100.6 | 100.6 | 100.7 |
| 2.茶及饮料 | Tea and Beverages | 101.1 | 100.8 | 102.3 |
| 茶叶 | Tea | 100.9 | 100.1 | 103.3 |
| 3.烟酒 | Tobacco and Liquor | 100.4 | 100.3 | 100.4 |
| (1)烟草 | Tobacco | 99.9 | 99.9 | 100.1 |
| (2)酒类 | Liquor | 101.0 | 101.1 | 100.9 |
| 4.在外餐饮 | Dining Out | 103.1 | 103.1 | 103.2 |
| **二、衣着** | **Clothing** | **100.9** | **100.9** | **100.9** |
| 1.服装 | Garments | 100.6 | 100.8 | 100.2 |
| (1)男式服装 | Man's Garments | 102.0 | 102.5 | 100.4 |
| (2)女式服装 | Woman's Garments | 100.3 | 100.2 | 100.6 |
| (3)儿童服装 | Children's Garments | 98.3 | 98.2 | 98.4 |
| 2.服装材料 | Clothing Material | 101.3 | 100.0 | 103.1 |

## 9-3 续表 1 continued

(上年价格=100) (preceding year=100)

| 项 目 | Item | 全 省 Provincial Indices | 城 市 Urban Indices | 农 村 Rural Indices |
|---|---|---|---|---|
| 3.其他衣着及配件 | Other Clothing Accessories | 99.8 | 99.3 | 101.1 |
| (1) 袜子 | Socks and Stockings | 99.2 | 97.9 | 101.9 |
| (2) 帽子 | Hats | 100.7 | 101.3 | 99.5 |
| 4.衣着加工服务费 | Clothing Manufacturing Services | 105.4 | 105.7 | 104.9 |
| 5.鞋类 | Footwear | 101.5 | 101.3 | 102.0 |
| (1)鞋 | Shoes | 101.6 | 101.4 | 102.1 |
| (2)鞋类加工服务 | Footwear Processing Services | 100.4 | 99.9 | 101.3 |
| **三、居住** | **Residence** | **102.7** | **102.3** | **103.7** |
| 1.租赁房房租 | Rent | 102.5 | 102.5 | 102.7 |
| 2.住房保养维修及管理 | Housing Maintenance and Management | 104.6 | 103.9 | 106.5 |
| 3.水电燃料 | Water, Electricity and Fuels | 101.5 | 101.2 | 102.1 |
| 4.自有住房 | Private Housing | 103.1 | 102.5 | 104.3 |
| **四、生活用品及服务** | **Articles and Services for Daily Use** | **102.3** | **102.3** | **102.2** |
| 1.家具及室内装饰品 | Furniture and Interior Decorations | 102.6 | 102.6 | 102.4 |
| (1)家具 | Furniture | 103.2 | 103.5 | 102.6 |
| (2)室内装饰品 | Interior Decorations | 99.6 | 99.1 | 101.2 |
| 2.家用器具 | Household Appliances | 100.5 | 99.7 | 102.6 |
| 3.家用纺织品 | Home Textiles | 101.7 | 101.4 | 102.3 |
| (1)床上用品 | Bed Articles | 101.9 | 102.0 | 101.7 |
| (2)窗帘门帘 | The curtains and curtain | 102.2 | 101.2 | 104.3 |
| 4.家庭日用杂品 | Daily Use Household Articles | 102.4 | 102.2 | 102.9 |
| 5.个人护理用品 | Personal Care Products | 100.7 | 100.8 | 100.4 |
| 化妆品 | Cosmetics | 100.5 | 100.4 | 100.5 |
| 6.家庭服务 | Household Services | 108.6 | 109.4 | 102.3 |
| **五、交通和通信** | **Transportation and Communication** | **101.0** | **101.0** | **101.2** |
| 1.交通 | Transportation | 101.8 | 101.4 | 102.9 |
| (1)交通工具 | Transportation Facility | 98.8 | 98.5 | 99.7 |
| (2)交通工具用燃料 | fuels for vehicles | 112.6 | 112.5 | 112.7 |
| (3)交通工具使用和维修 | Vehicles Use and Maintenance | 101.1 | 100.4 | 103.0 |
| (4)交通费 | Traffic Fare | 100.9 | 101.1 | 100.2 |
| 市内公共交通 | Incity Traffic Fare | 102.4 | 102.8 | 100.2 |
| 2.通信 | Communication | 99.3 | 100.0 | 97.4 |
| (1)通信工具 | Communication Facility | 97.3 | 99.4 | 90.9 |
| (2)通信服务 | Communication Service | 100.1 | 100.2 | 99.8 |
| (3)邮递服务 | Mail Service | 100.0 | 100.0 | 100.2 |

9-3 续表 2 continued

(上年价格=100) (preceding year=100)

| 项 目 | Item | 全 省 Provincial Indices | 城 市 Urban Indices | 农 村 Rural Indices |
|---|---|---|---|---|
| **六、教育文化和娱乐** | **Education , Culture and Recreation** | **101.7** | **101.6** | **101.8** |
| 1.教育 | Education | 101.8 | 101.7 | 101.8 |
| (1)教育用品 | Educationsupplies | 103.1 | 103.1 | 102.9 |
| (2)教育服务 | Education Services | 101.5 | 101.5 | 101.6 |
| 2.文化娱乐 | Cultural and Recreational Articles | 101.5 | 101.4 | 101.7 |
| (1)文娱耐用消费品 | Durable Consumer Goods for Cultural and Recreational Use | 99.3 | 99.9 | 98.2 |
| (2)其他文娱用品 | Other Cultural and Recreational Articles | 104.3 | 104.4 | 103.9 |
| 书报杂志 | Newspapers and Magazines | 109.9 | 111.0 | 106.5 |
| (3)文化娱乐服务 | Cultural and Recreational services | 99.8 | 99.7 | 100.0 |
| (4)旅游 | Touring and Outing | 103.3 | 102.3 | 107.1 |
| **七、医疗保健** | **Health Care** | **104.0** | **104.3** | **103.2** |
| 1.药品及医疗器具 | Medicines and Medical Instruments | 104.4 | 103.9 | 105.3 |
| (1)中药 | Traditional Chinese Medicine | 108.8 | 109.2 | 107.9 |
| (2)西药 | Western Medicine | 103.5 | 102.6 | 105.0 |
| (3)滋补保健品 | Dietary Supplements | 101.1 | 100.5 | 102.8 |
| (4)医疗卫生器具 | Medical Instruments | 100.8 | 99.7 | 103.7 |
| (5)保健器具 | Health Care Appliances | 100.6 | 100.5 | 100.8 |
| 2.医疗服务 | Medical Services | 103.7 | 104.5 | 101.2 |
| (1)综合医疗类 | ComprehensiveMedical | 108.1 | 109.8 | 101.9 |
| (2)诊断类 | Diagnosis | 100.3 | 100.1 | 100.8 |
| (3)治疗类 | Treatments | 103.2 | 103.9 | 101.1 |
| (4)康复类 | Rehabilitations | 103.6 | 104.3 | 100.9 |
| (5)中医医疗服务类 | ChineseMedicalservices | 103.1 | 103.9 | 101.3 |
| (6)其他医疗服务 | Other medical services | 101.3 | 102.2 | 99.6 |
| **八、其他用品和服务** | **Other Articles and Services** | **101.3** | **100.5** | **103.5** |
| 1.其他用品类 | Other Articles | 98.8 | 98.6 | 99.3 |
| (1)首饰手表 | Jewelry andWatches | 97.7 | 97.5 | 98.1 |
| (2)其他杂项用品 | Other Miscellaneous Articles | 100.3 | 99.9 | 101.5 |
| 箱 包 | Bags | 100.1 | 99.9 | 100.9 |
| 母婴用品 | Mother and Baby Products | 100.6 | 100.5 | 100.8 |
| 2.其他服务类 | Other Services | 103.4 | 102.0 | 108.5 |
| (1)旅馆住宿 | Hotel Accommodations | 101.9 | 101.9 | 101.7 |
| (2)美容美发洗浴 | Beauty Salons and Baths | 104.9 | 105.1 | 104.4 |
| (3)养老服务 | Pension Services | 100.4 | 100.3 | 101.0 |
| (4)金融保险 | Financial Services | 104.2 | 100.9 | 115.2 |
| (5)其他服务类 | Other Services | 102.4 | 102.5 | 101.9 |
| 中介服务 | Intermediary services | 103.5 | 103.6 | 103.1 |

# 9-4 十九个市、县商品零售价格分类指数(2018年)
# Retail Price Indices by Category of 19 Cities and Counties(2018)

(上年价格=100) (preceding year=100)

| 地区 | Region | 总指数 General Index | 一、食品 Food | 二、饮料烟酒 Beverages, Tobacco and Liquor | 三、服装鞋帽 Garments, Shoes and Hats | 四、纺织品 Textiles | 五、家用电器及音像器材 Household Appliances, Music and Video Equipment | 六、文化办公用品 Cultural and Office Appliances | 七、日用品 Articles for Daily Use | 八、体育娱乐用品 Sports and Recreation Articles |
|---|---|---|---|---|---|---|---|---|---|---|
| **全　省** | **Shaanxi** | **102.1** | **102.1** | **100.7** | **100.8** | **101.4** | **99.4** | **101.9** | **102.4** | **101.3** |
| **国家调查点** | **National Survey Points** | | | | | | | | | |
| 西安市 | Xi'an | 102.2 | 102.2 | 100.5 | 100.8 | 102.5 | 98.8 | 102.3 | 103.2 | 100.8 |
| 宝鸡市 | Baoji | 101.6 | 103.2 | 100.0 | 100.4 | 99.6 | 100.2 | 102.6 | 100.2 | 100.2 |
| 汉台区 | Hantai | 102.1 | 103.2 | 100.2 | 101.8 | 100.0 | 101.6 | 101.2 | 101.1 | 103.9 |
| 咸阳市 | Xianyan | 101.7 | 101.1 | 102.3 | 101.3 | 97.2 | 98.2 | 102.7 | 102.3 | 101.0 |
| 榆阳区 | Yuyang | 100.5 | 101.5 | 100.0 | 102.1 | 100.5 | 97.1 | 99.2 | 100.3 | 101.8 |
| 汉滨区 | Hanbin | 100.6 | 101.6 | 100.6 | 97.5 | 99.9 | 99.3 | 101.8 | 99.7 | 100.1 |
| 三原县 | Sanyuan | 101.8 | 102.0 | 100.5 | 101.7 | 102.4 | 98.8 | 98.8 | 102.5 | 106.6 |
| 商州区 | Shangzhou | 101.3 | 100.5 | 100.3 | 99.2 | 99.6 | 101.4 | 105.0 | 99.1 | 101.1 |
| **省级调查点** | **Provincial Survey Points** | | | | | | | | | |
| 铜川市 | Tongchuan | 102.5 | 103.9 | 100.6 | 101.9 | 103.3 | 100.7 | 100.4 | 100.9 | 100.6 |
| 宝塔区 | Baota | 102.6 | 103.1 | 101.6 | 100.3 | 100.6 | 100.0 | 103.4 | 101.9 | 101.9 |
| 临渭区 | Linwei | 101.6 | 102.1 | 100.9 | 101.2 | 99.3 | 101.3 | 100.5 | 99.7 | 101.7 |
| 西乡县 | Xixiang | 103.2 | 102.0 | 101.9 | 102.1 | 100.0 | 102.5 | 101.9 | 101.7 | 106.2 |
| 陇　县 | Longxian | 104.2 | 103.7 | 101.2 | 105.3 | 106.4 | 103.5 | 100.0 | 102.6 | 103.6 |
| 洛南县 | Luonan | 101.9 | 102.6 | 101.9 | 100.1 | 102.0 | 99.2 | 98.9 | 101.5 | 99.1 |
| 蒲城县 | Pucheng | 103.7 | 100.8 | 100.2 | 102.0 | 101.8 | 101.6 | 102.2 | 107.5 | 101.8 |
| 鄠邑区 | Huyi | 102.3 | 101.4 | 103.2 | 99.8 | 102.9 | 102.5 | 102.8 | 101.0 | 104.9 |
| 绥德县 | Suide | 100.1 | 101.3 | 99.4 | 93.7 | 99.5 | 98.4 | 99.5 | 101.0 | 100.0 |
| 华阴市 | Huayin | 100.7 | 100.6 | 101.4 | 98.1 | 98.8 | 100.8 | 98.2 | 100.6 | 100.6 |
| 略阳县 | Lueyang | 101.5 | 100.8 | 100.4 | 102.5 | 101.7 | 98.5 | 98.0 | 101.2 | 102.7 |

## 9-4 续表 continued

(上年价格=100) (preceding year=100)

| 地区 | Region | 九、交通通信用品 Transportation and Communication Appliances | 十、家具 Furniture | 十一、化妆品 Cosmetics | 十二、金银饰品 Gold and Silver Jewellery | 十三、中西药品及医疗保健用品 Traditional Chinese and Western Medicines and Health | 十四、书报杂志及电子出版物 Books, Newspapers, Magazines and Electronic Publications | 十五、燃料 Fuels | 十六、建筑材料及五金电料 Building Materials and Hardware |
|---|---|---|---|---|---|---|---|---|---|
| **全　省** | **Shaanxi** | **99.1** | **103.6** | **101.1** | **96.5** | **104.4** | **105.4** | **109.2** | **102.5** |
| **国家调查点** | **National Survey Points** | | | | | | | | |
| 西安市 | Xi'an | 99.6 | 104.6 | 101.6 | 95.8 | 104.3 | 105.9 | 109.5 | 101.8 |
| 宝鸡市 | Baoji | 96.8 | 99.6 | 100.0 | 95.1 | 105.2 | 104.8 | 108.9 | 100.4 |
| 汉台区 | Hantai | 99.6 | 99.7 | 100.8 | 101.6 | 102.9 | 103.0 | 105.9 | 102.8 |
| 咸阳市 | Xianyan | 98.8 | 109.1 | 102.3 | 99.8 | 103.7 | 100.1 | 109.1 | 100.4 |
| 榆阳区 | Yuyang | 97.5 | 100.6 | 100.5 | 99.1 | 103.0 | 100.1 | 102.6 | 101.0 |
| 汉滨区 | Hanbin | 98.9 | 102.1 | 98.3 | 98.7 | 101.3 | 101.1 | 104.7 | 101.4 |
| 三原县 | Sanyuan | 93.9 | 101.4 | 99.0 | 97.0 | 104.0 | 104.2 | 109.5 | 107.8 |
| 商州区 | Shangzhou | 99.2 | 97.4 | 103.3 | 100.1 | 104.9 | 106.2 | 105.0 | 103.0 |
| **省级调查点** | **Provincial Survey Points** | | | | | | | | |
| 铜川市 | Tongchuan | 98.5 | 100.8 | 96.9 | 98.5 | 105.6 | 105.9 | 109.0 | 101.1 |
| 宝塔区 | Baota | 97.6 | 103.4 | 103.4 | 95.1 | 102.4 | 105.0 | 114.3 | 104.3 |
| 临渭区 | Linwei | 100.1 | 99.1 | 100.4 | 98.4 | 101.3 | 102.0 | 105.3 | 103.0 |
| 西乡县 | Xixiang | 96.2 | 108.7 | 101.1 | 94.9 | 110.6 | 105.5 | 106.5 | 111.7 |
| 陇　县 | Longxian | 99.9 | 103.0 | 99.8 | 99.2 | 110.9 | 105.2 | 105.7 | 111.7 |
| 洛南县 | Luonan | 97.2 | 100.0 | 100.6 | 98.5 | 104.4 | 102.0 | 106.7 | 104.2 |
| 蒲城县 | Pucheng | 99.3 | 99.4 | 100.0 | 99.0 | 108.4 | 106.8 | 112.9 | 112.5 |
| 鄠邑区 | Huyi | 98.4 | 101.6 | 100.3 | 99.4 | 100.8 | 103.4 | 108.9 | 110.8 |
| 绥德县 | Suide | 96.6 | 101.9 | 100.0 | 96.1 | 104.4 | 100.8 | 103.8 | 100.0 |
| 华阴市 | Huayin | 95.4 | 106.7 | 100.9 | 97.4 | 102.7 | 102.8 | 106.5 | 105.3 |
| 略阳县 | Lueyang | 94.1 | 106.6 | 106.3 | 98.4 | 107.9 | 102.2 | 105.5 | 105.9 |

# 9-5 十九个市、县居民消费价格分类指数(2018年)
# Consumer Price Indices by Category and Region of 19 Cities and Counties(2018)

(上年价格=100) (preceding year=100)

| 地区 | Region | 总指数 General Index | 一、食品烟酒 Food, Alcohol and Tobacco | 二、衣着 Clothing | 三、居住 Residence | 四、生活用品及服务 Articles and Services for Daily Use | 五、交通和通信 Transportation and Communication | 六、教育文化和娱乐 Education, Culture and Recreation | 七、医疗保健 Health Care | 八、其他用品和服务 Other Articles and Services |
|---|---|---|---|---|---|---|---|---|---|---|
| **全省** | **Shaanxi** | **102.1** | **102.0** | **100.9** | **102.7** | **102.3** | **101.0** | **101.7** | **104.0** | **101.3** |
| **国家调查点** | **National Survey Points** | | | | | | | | | |
| 西安市 | Xi'an | 101.9 | 102.2 | 100.9 | 101.7 | 102.8 | 100.7 | 101.6 | 104.3 | 100.1 |
| 宝鸡市 | Baoji | 102.3 | 102.4 | 100.6 | 104.0 | 101.3 | 100.5 | 103.4 | 102.2 | 99.2 |
| 汉台区 | Hantai | 102.2 | 102.2 | 102.2 | 102.7 | 101.1 | 99.8 | 103.2 | 103.8 | 102.7 |
| 咸阳市 | Xianyan | 101.7 | 101.1 | 101.4 | 101.7 | 102.6 | 100.8 | 101.8 | 105.2 | 100.2 |
| 榆阳区 | Yuyang | 102.2 | 101.2 | 101.7 | 105.1 | 100.3 | 101.1 | 101.0 | 103.6 | 102.2 |
| 汉滨区 | Hanbin | 101.4 | 101.3 | 97.4 | 103.5 | 100.5 | 100.9 | 100.7 | 103.2 | 99.6 |
| 三原县 | Sanyuan | 102.2 | 101.9 | 102.3 | 103.7 | 101.3 | 99.6 | 101.7 | 99.7 | 117.0 |
| 商州区 | Shangzhou | 102.0 | 100.5 | 99.4 | 104.3 | 100.0 | 101.3 | 102.6 | 105.8 | 100.5 |
| **省级调查点** | **Provincial Survey Points** | | | | | | | | | |
| 铜川市 | Tongchuan | 102.4 | 103.6 | 102.1 | 101.3 | 100.9 | 100.7 | 102.6 | 104.6 | 100.6 |
| 宝塔区 | Baota | 102.4 | 102.8 | 100.4 | 104.3 | 102.3 | 101.5 | 102.1 | 101.3 | 99.9 |
| 临渭区 | Linwei | 101.7 | 102.0 | 101.4 | 101.0 | 100.3 | 101.4 | 101.0 | 105.2 | 99.3 |
| 西乡县 | Xixiang | 102.6 | 102.1 | 102.4 | 102.2 | 104.2 | 100.5 | 104.1 | 104.7 | 103.5 |
| 陇县 | Longxian | 103.4 | 103.4 | 106.1 | 102.4 | 104.3 | 102.6 | 101.7 | 105.1 | 102.6 |
| 洛南县 | Luonan | 102.5 | 102.7 | 99.9 | 105.5 | 100.8 | 100.7 | 101.4 | 102.3 | 99.2 |
| 蒲城县 | Pucheng | 102.6 | 101.6 | 102.8 | 102.9 | 103.8 | 102.1 | 103.2 | 103.8 | 101.6 |
| 鄠邑区 | Huyi | 102.0 | 101.7 | 100.0 | 102.3 | 102.3 | 102.2 | 100.7 | 104.4 | 100.8 |
| 绥德县 | Suide | 101.6 | 100.7 | 93.4 | 106.8 | 99.4 | 101.9 | 99.2 | 103.8 | 98.8 |
| 华阴市 | Huayin | 101.8 | 101.2 | 98.3 | 105.0 | 101.3 | 101.1 | 100.3 | 102.4 | 100.6 |
| 略阳县 | Lueyang | 102.2 | 100.9 | 102.4 | 103.7 | 102.6 | 99.6 | 102.2 | 104.0 | 105.2 |

# 9–6 农业生产资料价格指数
# Price Indices for Means of Agricultural Production

(上年价格=100) (preceding year=100)

| 类 别 | Item | 2017 | 2018 |
|---|---|---|---|
| **总指数** | **General Index** | **102.1** | **103.8** |
| 一、农用手工工具 | Farm Handtools | 101.7 | 103.7 |
| 二、饲 料 | Forage | 102.6 | 101.4 |
| 混合饲料 | Mixed Forage | 101.7 | 100.8 |
| 其 他 | Others | 104.7 | 102.8 |
| 三、仔畜幼禽及产品畜 | Poults and Livestock Products | 90.9 | 88.0 |
| 四、半机械化农具 | Semi-mechanized Farm Tools | 101.7 | 104.6 |
| 五、机械化农具 | Mechanized Farm Machinery | 100.1 | 106.3 |
| 六、化学肥料 | Chemical Fertilizer | 104.1 | 108.0 |
| 氮 肥 | Nitrogenous Fertilizer | 104.2 | 111.8 |
| 磷 肥 | Phosphate Fertilizer | 107.3 | 105.3 |
| 钾 肥 | Potash Fertilizer | 98.7 | 101.8 |
| 复合肥料 | Compound Fertilizer | 103.4 | 105.2 |
| 七、农药及农药器械 | Pesticide and Its Appliances | 103.3 | 105.7 |
| 化学农药 | Chemical Pesticide | 103.6 | 106.4 |
| 杀虫剂 | Insecticide | 102.6 | 107.2 |
| 杀菌剂 | Bactericide | 102.7 | 103.8 |
| 除草剂 | Herbicide | 105.7 | 106.1 |
| 农药器械 | Appliances for Pesticide | 101.7 | 102.2 |
| 八、农用机油 | Oil for Farm Machinery | 107.3 | 111.8 |
| 九、其他农业生产资料 | Other Means of Agricultural Production | 101.6 | 103.0 |
| 农用种子 | Seeds for Farming | 101.6 | 101.4 |
| 农用薄膜 | Pellicle for Farming | 100.7 | 104.6 |
| 未列明的其他农用生产资料 | Others | 103.0 | 106.3 |
| 十、农业生产服务 | Service for Agricultural Production | 103.5 | 102.7 |
| 排灌费 | Expenditure of Irrigation and Drainage | 101.4 | 100.4 |
| 机械作业费 | Expenditure of Mechanical Operations | 100.7 | 100.6 |
| 农业用电 | Agricultural Electricity | 100.1 | 100.0 |
| 农业用工 | Agricultural Labor | 108.2 | 106.5 |

# 9-7 工业生产者出厂价格指数
# Producer Price Index for Industrial Products

(上年价格=100) (preceding year=100)

| 类 别 | Item | 2017 | 2018 |
|---|---|---|---|
| **总指数** | **General Index** | **110.8** | **105.4** |
| 按轻重工业分 | Grouped by Light & Heavy Industries | | |
| 轻工业 | Light Industry | 100.6 | 101.4 |
| 以农产品为原料 | Agricultural Products as Raw Materials | 101.0 | 101.7 |
| 以非农产品为原料 | Non-agricultural Products as Raw Materials | 98.9 | 100.2 |
| 重工业 | Heavy Industry | 112.8 | 106.2 |
| 采掘工业 | Mining & Quarrying Industry | 126.0 | 104.1 |
| 原料工业 | Raw Materials Industry | 113.7 | 108.2 |
| 加工工业 | Processing Industry | 104.7 | 106.1 |
| 按用途分 | Grouped by Use | | |
| 生产资料 | Means of Production | 113.1 | 106.4 |
| 采掘工业 | Mining & Quarrying Industry | 126.0 | 104.1 |
| 原料工业 | Raw Materials Industry | 114.0 | 108.5 |
| 加工工业 | Processing Industry | 105.2 | 106.5 |
| 生活资料 | Consumer Goods | 99.8 | 100.6 |
| 食 品 | Food | 99.8 | 101.1 |
| 衣 着 | Clothing | 102.9 | 101.6 |
| 一般工业品 | Articles for Daily Use | 100.0 | 98.6 |
| 耐用消费品 | Durable Consumer Goods | 98.5 | 101.2 |
| 按工业部门分 | By Department of Industry | | |
| 1.冶金工业 | Metallurgical Industry | 121.0 | 110.8 |
| 2.电力工业 | Power Industry | 99.1 | 101.5 |
| 3.煤炭及炼焦工业 | Coal and Coking Industry | 136.6 | 102.4 |
| 4.石油工业 | Petroleum Industry | 109.8 | 112.3 |
| 5.化学工业 | Chemical Industry | 104.8 | 103.3 |
| 6.机械工业 | Machine Industry | 99.6 | 100.5 |
| 7.建筑材料工业 | Building Materials Industry | 105.0 | 113.6 |
| 8.森林工业 | Forestry Industry | 102.2 | 101.1 |
| 9.食品工业 | Food Industry | 99.7 | 101.1 |
| 10.纺织工业 | Textile Industry | 111.8 | 105.1 |
| 11.缝纫工业 | Tailoring Industry | 102.3 | 101.1 |
| 12.皮革工业 | Leather Industry | 99.6 | 100.0 |
| 13.造纸工业 | Paper Making Industry | 104.5 | 104.1 |
| 14.文教艺术用品工业 | Cultural, Education & Handicrafts Article | 99.2 | 98.9 |
| 15.其它工业 | Other Industry | 98.4 | 99.5 |

# 9–8 工业生产者购进价格指数
# Purchasing Price Index for Industrial Products

(上年价格=100) (preceding year=100)

| 类 别 | Item | 2017 | 2018 |
|---|---|---|---|
| **总指数** | **General Index** | **106.4** | **104.2** |
| 一、燃料、动力类 | Fuels | 110.8 | 105.7 |
| 二、黑色金属材料类 | Ferrous Metal Materials | 107.3 | 105.1 |
| 钢 材 | Steel | 109.0 | 105.5 |
| 其 它 | Others | 104.9 | 104.6 |
| 三、有色金属材料类和电线类 | Non-ferrous Metals | 112.6 | 104.1 |
| 四、化工原材料类 | Chemical Raw Materials | 104.4 | 103.6 |
| 五、木材及纸浆类 | Timber and Paper Pulp | 105.3 | 104.4 |
| 六、建筑材料类及非金属矿类 | Building Materials and Non-metal Mineral | 110.1 | 113.0 |
| 七、其它工业原材料及半成品 | Other Industrial Raw Materials and Half-products | 100.4 | 100.9 |
| 八、农副产品类 | Farm Products | 102.1 | 103.4 |
| 九、纺织原材料类 | Textile Raw Materials | 101.2 | 101.3 |

# 9–9 固定资产投资价格指数
# Price Index of Investment in Fixed Assets

(上年价格=100) (preceding year=100)

| 类 别 | Item | 2017 | 2018 |
|---|---|---|---|
| **总指数** | **General Index** | **105.3** | **105.4** |
| 一、建筑安装工程 | Construction and Installation | 107.4 | 107.1 |
| 1.材料费 | Material | 112.0 | 110.8 |
| 钢 材 | Steel | 118.4 | 110.4 |
| 木 材 | Timber | 103.8 | 102.1 |
| 水 泥 | Cement | 107.2 | 110.1 |
| 地方建筑材料 | Local Construction Material | 106.1 | 115.3 |
| 化工材料 | Chemical Material | 101.4 | 104.3 |
| 电 料 | Electric Material | 104.3 | 101.0 |
| 其它材料 | Others | 103.1 | 102.1 |
| 2.人工费 | Labour | 103.7 | 104.8 |
| 3.机械使用费 | Machinery | 102.4 | 102.4 |
| 二、设备工器具购置 | Purchase of Equipment,Tools and Instruments | 100.0 | 100.6 |
| 三、其它费用 | Others | 102.2 | 103.1 |

# 9-10 农产品生产价格指数
# Producers' Price Indices for Farm Products

(上年价格=100) (preceding year=100)

| 类 别 | Item | 2017 | 2018 |
|---|---|---|---|
| **总指数** | **General Index** | **98.4** | **100.9** |
| 一、农业产品 | Planting Products | 100.4 | 103.7 |
| # 小 麦 | Wheat | 106.4 | 106.9 |
| 玉 米 | Corn | 101.3 | 105.6 |
| 油 料 | Oil-bearing Crops | 98.5 | 106.7 |
| 水 果 | Fruit | 104.7 | 101.1 |
| 二、林业产品 | Forestry Products | 107.9 | 95.3 |
| 三、饲养动物及其产品 | Animal Feeding and Products | 93.8 | 96.1 |
| # 活 猪 | Live pigs | 86.6 | 87.5 |
| 鸡 蛋 | Eggs | 89.8 | 108.9 |
| 四、渔业产品 | Fishery Products | 101.8 | 103.1 |

# 9-11 西安市住宅销售价格指数
# Sales Price Index of Residential Buildings in Xi'an

(上年价格=100) (preceding year=100)

| 类 别 | Item | 2017 | 2018 |
|---|---|---|---|
| **新建商品住宅销售价格指数** | **New Commercialized Residential Buildings** | **112.5** | **114.6** |
| 1.90平方米以下 | Less Than 90 Sq.m | 112.7 | 114.1 |
| 2.90－144平方米 | 90-144 Sq.m | 112.9 | 114.8 |
| 3.144平方米以上 | 144 Sq.m and more | 111.6 | 114.8 |
| **二手住宅销售价格指数** | **Sales Price Index of Second-hand House** | **104.8** | **111.3** |
| 1.90平方米以下 | Less Than 90 Sq.m | 105.3 | 113.3 |
| 2.90－144平方米 | 90-144 Sq.m | 105.6 | 110.3 |
| 3.144平方米以上 | 144 Sq.m and more | 102.1 | 110.4 |

# 主要统计指标解释

**居民消费价格指数** 是反映一定时期内城乡居民所购买的生活消费品价格和服务项目价格变动趋势和程度的相对数，是对城市居民消费价格指数和农村居民消费价格指数进行综合汇总计算的结果。该指数可以观察和分析消费品的零售价格和服务项目价格变动对城乡居民实际生活费支出的影响程度。

**城市居民消费价格指数** 是反映一定时期内城市居民家庭所购买的生活消费品价格和服务项目价格变动趋势和程度的相对数。该指数可以观察和分析消费品的零售价格和服务项目价格变动对城镇职工货币工资的影响，作为研究职工生活和确定工资政策的依据。

**农村居民消费价格指数** 是反映一定时期内农村居民家庭所购买的生活消费品价格和服务项目价格变动趋势和程度的相对数。该指数可以观察农村消费品的零售价格和服务项目价格变动对农村居民生活消费支出的影响，直接反映农村居民生活水平的实际变化情况，为分析和研究农村居民生活问题提供依据。

**商品零售价格指数** 是反映一定时期内城乡商品零售价格变动趋势和程度的相对数。商品零售价格的变动直接影响到城乡居民的生活支出和国家的财政收入，影响居民购买力和市场供需的平衡，影响到消费与积累的比例关系。因此，该指数可以从一个侧面对上述经济活动进行观察和分析。

**农业生产资料价格指数** 指反映一定时期内农业生产资料价格变动趋势和程度的相对数。其编制目的是了解农业生产中物质资料投入价格的变动状况，服务于国民经济核算。1994年以前，农业生产资料价格指数仅仅是商品零售价格指数的一个类别，此后，从商品零售价格指数中分离出来，单独编制。

**农产品生产价格指数** 是反映一定时期内，农产品生产者出售农产品价格水平变动趋势及幅度的相对数。该指数可以客观反映全国农产品生产价格水平和结构变动情况，满足农业与国民经济核算需要。其中某代表品生产价格指数是通过对全部有出售该产品行为的调查单位的个体指数进行几何平均求得的，类价格指数是通过对其所属的类（或代表品）的价格指数进行加权平均求得的。季度累计价格指数的计算方法与分季指数的计算方法相同。

**工业生产者价格** 包括工业企业产品第一次出售时的出厂价格和企业作为中间投入的原材料、燃料、动力购进价格（简称工业生产者购进价格）。

**工业生产者出厂价格指数** 是反映一定时期内全部工业产品出厂价格总水平的变动趋势和程度的相对数，包括工业企业销售给本企业以外所有单位的各种产品和直接售给居民用于生活消费的产品。该指数可以观察出厂价格变动对工业总产值及增加值的影响。

**工业生产者购进价格指数** 是反映工业企业作为生产投入，而从物资交易市场和能源、原材料生产企业购买原材料、燃料和动力产品时，所支付的价格水平变动趋势和程度的统计指标，是扣除工业企业物质消耗成本中的价格变动影响的重要依据。

**固定资产投资价格指数** 是反映一定时期内固定资产投资品及取费项目的价格变动趋势和程度的相对数。固定资产投资额是由建筑安装工程投资完成额、设备工器具购置投资完成额和其他费用投资完成额三部分组成的。编制固定资产投资价格指数应首先分别编制上述三部分投资的价格指数，然后采用加权算术平均法求出固定资产投资价格总指数。

该指数可以准确地反映固定资产投资中涉及的各类投资品和取费项目价格变动趋势和变动幅度，消除按现价计算的固定资产投资指标中的价格变动因素，真实地反映固定资产投资的规模、速度、结构和效益，为国家科学地制定、检查固定资产投资计划并提高宏观调控水平，为完善国民经济核算体系提供科学的、可靠的依据。

# Explanatory Notes on Main Statistical Indicators

**Consumer Price Indices** reflect the trend and degree of changes in prices of consumer goods and services purchased by urban and rural households during a given period. They are obtained by combining Consumer Price Indices of Urban Household and Consumer Price Indices of Rural Household. The Indices enable the observation and analysis of the degree of impact of the changes in the prices of retailed goods and services on the actual living expenses of urban and rural residents.

**Consumer Price Indices of Urban Household** reflect the trend and degree of changes in prices of consumer goods and services purchased by urban households during a given period. It can be used to observe and analyze the impact of price changes in consumer goods and services on wages (in monetary terms) of urban staff and workers, and provide a basis for research on the livelihood of staff and workers and policy-making concerning wages.

**Consumer Price Indices of Rural Household** reflect the trend and degree of changes in prices of consumer goods and services purchased by rural households during a given period. It can be used to observe the impact of change in retail prices of consumer goods and service prices in rural areas on living expenditure of rural households, and to show the changes in the living standard of rural households. It provides a basis for analysis and research on the condition of life in rural areas.

**Retail Price Indices** reflect the trend and degree of change in retail prices of commodities during a given period. The change in retail prices of commodities directly affect the living expenses of urban and rural residents, government revenue, purchasing power of residents and the equilibrium of market supply and demand, and the ratio of consumption to accumulation. Therefore, the retail price indices are useful from an oblique perspective for observing and analyzing the changes of the above economic activities.

**Price Indices for Means of Agricultural Production** reflect the trend and degree of changes in the prices of the means of agricultural production during a given period. Compilation of these indices helps to understand the changes in prices of input into agricultural production and facilitate the compilation of national accounts statistics. Before 1994, price indices for means of agricultural production were a sub-category in the retail price indices for commodities, and it has been compiled separately since 1994.

**Producer Prices Indices for Farm Products** reflect the trend and degree of changes in producers' prices received by farmers when they sell farm products during a given period. These indices depict the change in the level and structure of producer prices for farm products of the country and meet the needs of agricultural statistics and national accounts statistics. The producer price index for a given product is calculated as the geometrical mean of individual indices for all surveyed units which sell such product, and the indices for a product category is obtained as the weighted mean of price indices for all products in the category. Method for calculating accumulative quarterly indices is the same as for calculating the individual quarterly indices.

**Industrial Producer Price** includes the ex-factory price when the products were first sold and the purchasing price of raw materials, fuel and power as intermediate input by enterprises (short for Industrial Producer Price).

**Ex-factory Price Indices of Industrial Producer** are to reflect ex-factory general price level of all industrial products in a given period the number of fluctuant trend and degree, including products sold to other units by industrial enterprises and products sold to residents for living. The index shows that ex-factory price changes influence on gross industrial output value and value-added.

**Purchase Price Indices of Industrial Producer** are the statistical Indices to reflect the fluctuant trend and degree of the price as production inputs by industrial enterprises, which are paid for raw materials, fuel and power products, purchasing from material trading market and energy and raw materials production enterprises. It's the important basis of subtracting effects from price changes of industrial enterprises material cost.

# 十、人民生活

People's Livelihood

资料整理：于秋白　武德朋

# 简 要 说 明

一、本篇资料反映陕西城乡居民生活状况，主要包括全省居民家庭常住人口、可支配收入、生活消费支出、主要商品购买数量、耐用消费品拥有情况、居住情况等。

二、本篇资料来源：

全省居民、城镇居民和农村居民收支和生活状况、来源于国家统计局陕西调查总队城乡一体化住户收支与生活状况抽样调查。

三、从2012年四季度起，国家统计局对分别进行的城乡住户调查实施了一体化改革，统一了城乡居民收入指标名称、分类和统计标准，建立了城乡统一的一体化住户调查《住户收支与生活状况调查》。由于2013年调查样本为全新抽取样本，且与往年城镇居民、农村居民抽选总体、方法不同，调查范围更广，统计口径发生变化，与老口径数据存在差异。本年鉴2013年起为新口径数据，2013年以前为按新口径回溯计算数据。

# Brief Introduction

Ⅰ. This chapter reflects the people's living conditions in Shaanxi, consisting of the resident population，disposable income，living expenditure，the main commodity purchase quantity, consumer durables situation, the inhabit situation and etc.

Ⅱ. Sources of Data:

The data on the income, expenditure and livelihood of province residents, urban residents and rural residents are obtained from sample surveys on income, expenditure and living conditions by urban and rural household integration under Shaanxi Survey Office of the National Bureau of Statistics.

Ⅲ. In the fourth quarter of 2012, the NBS launched its reform on the household survey programme in order to produce aggregates with the same concepts and definitions for the urban and rural population. This new survey programme is an integrated one whereas there had existed two separate household surveys for the urban and rural households. The reform took a number of measures, including the integration of concepts, classifications and standards, which provided a basis for producing data covering all households. Because of investigation samples in 2013 are brand new samples, the selected population and methods are different from urban and rural residents chosen in previous years. The field of investigation are broader, statistics range have been changed, they are different from the old range data. Since 2013, the data of this yearbook are new range data, and the data of new calibre retrospective calculation before 2013.

# 10.人民生活

| | | | |
|---|---|---|---|
| 2018 年全省 | | | |
| 居民人均可支配收入 | 22528 | 元 | 比上年增长 9.2% |
| 农村居民人均可支配收入 | 11213 | 元 | 比上年增长 9.2% |
| 城镇居民人均可支配收入 | 33319 | 元 | 比上年增长 8.1% |

## 居民人均可支配收入（元）

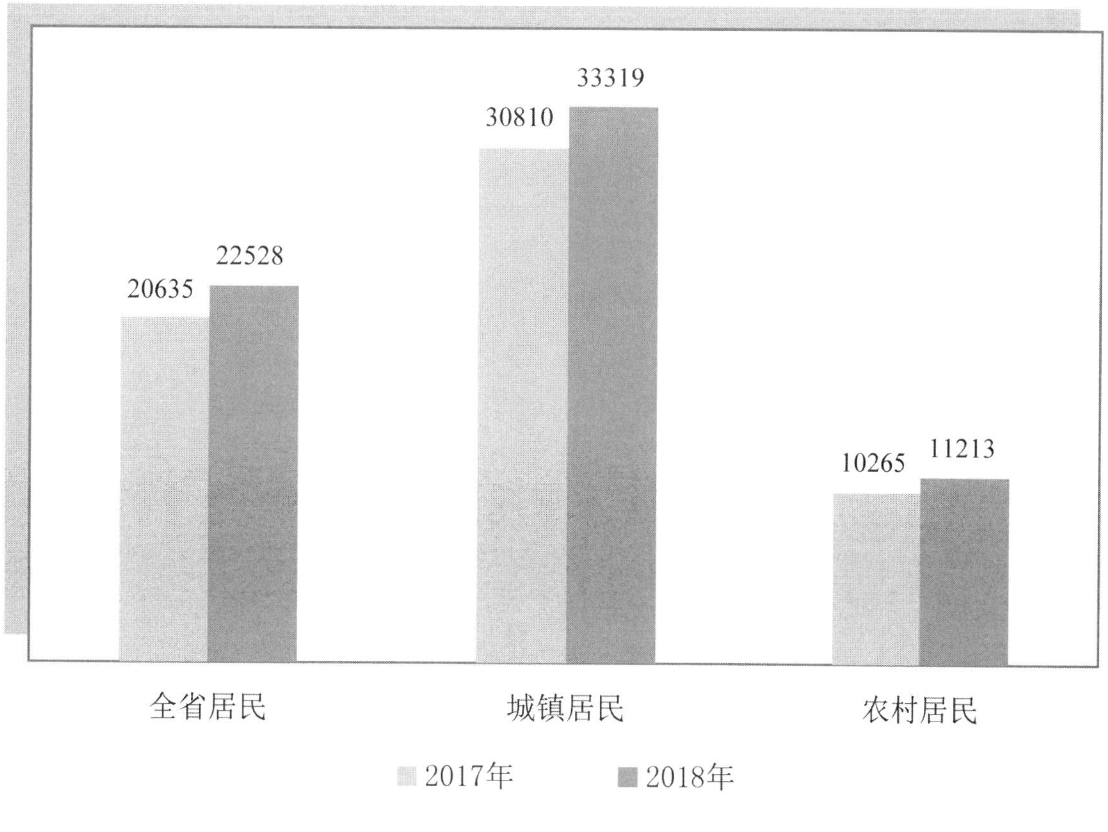

# 10–1 城乡居民人均可支配收入
# Per Capita Disposable Income of Urban and Rural Households

| 年 份 Year | 城镇居民人均可支配收入 Per Capita Disposable Income of Urban Households | | | 农村居民人均可支配收入 Per Capita Disposable Income of Rural Households | | |
|---|---|---|---|---|---|---|
| | 绝对数 (元) Value (yuan) | 指 数 Index (上年=100) (preceding year=100) | 指 数 Index (1978年=100) (year of 1978=100) | 绝对数 (元) Value (yuan) | 指 数 Index (上年=100) (preceding year=100) | 指 数 Index (1978年=100) (year of 1978=100) |
| 1978 | 310 | | 100.0 | 134 | | 100.0 |
| 1979 | | | | 150 | 111.0 | 111.0 |
| 1980 | 407 | | 122.8 | 142 | 92.6 | 102.8 |
| 1981 | 427 | 101.3 | 124.4 | 177 | 122.8 | 126.1 |
| 1982 | 452 | 104.9 | 130.5 | 218 | 121.6 | 153.4 |
| 1983 | 488 | 106.3 | 138.7 | 236 | 107.4 | 164.8 |
| 1984 | 552 | 109.4 | 151.7 | 263 | 108.9 | 179.5 |
| 1985 | 650 | 109.5 | 166.0 | 295 | 106.7 | 191.4 |
| 1986 | 814 | 117.5 | 195.1 | 299 | 96.8 | 185.3 |
| 1987 | 905 | 101.8 | 198.6 | 329 | 103.8 | 192.5 |
| 1988 | 1040 | 95.7 | 190.1 | 404 | 106.6 | 205.3 |
| 1989 | 1239 | 101.3 | 192.5 | 434 | 89.7 | 184.1 |
| 1990 | 1369 | 107.7 | 207.3 | 530 | 104.2 | 191.9 |
| 1991 | 1498 | 102.0 | 211.5 | 534 | 96.3 | 184.7 |
| 1992 | 1705 | 102.4 | 216.5 | 559 | 98.2 | 181.4 |
| 1993 | 2102 | 108.1 | 234.1 | 653 | 106.2 | 192.6 |
| 1994 | 2684 | 99.6 | 233.1 | 805 | 97.3 | 187.4 |
| 1995 | 3310 | 104.5 | 243.6 | 963 | 99.4 | 186.2 |
| 1996 | 3810 | 104.4 | 254.2 | 1165 | 110.0 | 204.8 |
| 1997 | 4001 | 99.8 | 253.8 | 1273 | 102.4 | 209.6 |
| 1998 | 4213 | 108.0 | 274.0 | 1415 | 113.1 | 237.1 |
| 1999 | 4638 | 113.5 | 310.8 | 1475 | 106.6 | 252.7 |
| 2000 | 5098 | 109.8 | 341.2 | 1472 | 103.3 | 261.0 |
| 2001 | 5447 | 106.9 | 364.8 | 1529 | 101.3 | 264.3 |
| 2002 | 6277 | 117.6 | 428.9 | 1648 | 104.6 | 276.5 |
| 2003 | 6737 | 106.6 | 457.4 | 1741 | 102.2 | 282.6 |
| 2004 | 7403 | 106.9 | 488.9 | 1953 | 106.3 | 300.4 |
| 2005 | 8159 | 109.4 | 534.9 | 2162 | 106.9 | 321.1 |
| 2006 | 9125 | 109.7 | 586.9 | 2396 | 107.9 | 346.5 |
| 2007 | 10578 | 110.5 | 648.5 | 2824 | 110.0 | 381.1 |
| 2008 | 12613 | 112.5 | 729.6 | 3373 | 110.6 | 421.5 |
| 2009 | 13836 | 109.9 | 801.8 | 3722 | 109.2 | 460.3 |
| 2010 | 15343 | 107.1 | 858.7 | 4477 | 112.0 | 515.5 |
| 2011 | 17836 | 110.0 | 944.6 | 5484 | 114.3 | 589.3 |
| 2012 | 20269 | 110.8 | 1046.6 | 6285 | 111.2 | 655.3 |
| 2013 | 22346 | 107.2 | 1122.0 | 7092 | 109.4 | 716.8 |
| 2014 | 24366 | 107.3 | 1203.9 | 7932 | 109.9 | 787.8 |
| 2015 | 26420 | 107.5 | 1294.2 | 8689 | 108.3 | 853.2 |
| 2016 | 28440 | 106.3 | 1375.7 | 9396 | 106.9 | 912.1 |
| 2017 | 30810 | 106.4 | 1463.7 | 10265 | 108.1 | 986.0 |
| 2018 | 33319 | 106.0 | 1551.6 | 11213 | 106.8 | 1053.0 |

注：1.本表绝对数按当年价格计算，指数按可比价格计算。
2.本表为城乡住户调查一体化数据，2013年及以后为新口径调查数据，2013年以前为按新口径回溯计算数据。

a) Level data in this table are calculated at current prices while indices at constant prices.

b) This table is the integrated data of urban and rural household survey,the data of new caliber survey in 2013 and later,and the data of new caliber retrospective calculation before 2013.

# 10-2 各市(区)城乡居民人均可支配收入
# Per Capita Disposable Income of Urban and Rural Households by City (District)

单位：元 (yuan)

| 地 区 | Region | 城镇居民人均可支配收入 Per Capita Disposable Income of Urban Households | | | 农村居民人均可支配收入 Per Capita Disposable Income of Rural Households | | |
|---|---|---|---|---|---|---|---|
| | | 2017 | 2018 | 2018年比2017年增长% Increase of 2018 over 2017 (%) | 2017 | 2018 | 2018年比2017年增长% Increase of 2018 over 2017(%) |
| 西安市 | Xi'an | 35837 | 38729 | 8.1 | 12190 | 13286 | 9.0 |
| 铜川市 | Tongchuan | 27707 | 29996 | 8.3 | 8507 | 9289 | 9.2 |
| 宝鸡市 | Baoji | 29402 | 31802 | 8.2 | 10921 | 11936 | 9.3 |
| 咸阳市 | Xianyang | 30874 | 33364 | 8.1 | 9985 | 10893 | 9.1 |
| 渭南市 | Weinan | 28757 | 31133 | 8.3 | 10655 | 11655 | 9.4 |
| 延安市 | Yan'an | 29849 | 32226 | 8.0 | 9878 | 10786 | 9.2 |
| 汉中市 | Hanzhong | 28010 | 30380 | 8.5 | 9231 | 10088 | 9.3 |
| 榆林市 | Yulin | 28954 | 31317 | 8.2 | 11031 | 12034 | 9.1 |
| 安康市 | Ankang | 23073 | 24977 | 8.3 | 8688 | 9504 | 9.4 |
| 商洛市 | Shangluo | 21678 | 23491 | 8.4 | 8322 | 9112 | 9.5 |
| 杨凌示范区 | Yangling | 32596 | 35193 | 8.0 | 11320 | 12392 | 9.5 |

注：本表西安市数据含西咸新区。
a)Data of Xi'an include Xixian new district in this table.

# 10-3 全省居民家庭基本情况
# Basic Conditions of All Households

| 指　标 | Item | 2015 | 2016 | 2017 | 2018 |
|---|---|---|---|---|---|
| 调查户数　(户) | Number of Households Surveyed (household) | 4309 | 4339 | 4304 | 4800 |
| 调查户人口　(人) | Number of Residents in the Household Surveyed(person) | | | | |
| 1.常住人口 | Permanent Residents | 13762 | 13697 | 13370 | 14752 |
| 2.平均每户常住人口 | Average Household Size | 3.2 | 3.2 | 3.1 | 3.1 |
| 3.平均每户劳动力人数 | Labours Per Households | 2.2 | 2.2 | 2.2 | 2.1 |
| 平均每户整劳动力人数 | Ablebodied Labours Per Households | 1.1 | 1.1 | 1.0 | 1.0 |
| 平均每户半劳动力人数 | Semiablebodied Labours Per Households | 1.1 | 1.2 | 1.2 | 1.2 |
| 4.平均每劳动力负担人口 | Average Number of Persons Supported by a Laborer | 1.5 | 1.5 | 1.4 | 1.4 |
| 平均每人可支配收入　(元) | Annual Per Capita Disposable Income (yuan) | 17395 | 18874 | 20635 | 22528 |
| 工资性收入 | Wages Income | 9536 | 10366 | 11254 | 12161 |
| 经营净收入 | Net Income from Business | 2531 | 2538 | 2630 | 3034 |
| 财产净收入 | Property Income | 1194 | 1104 | 1180 | 1351 |
| 转移净收入 | Transfer Income | 4134 | 4866 | 5571 | 5982 |
| 平均每人生活消费支出　(元) | Annual Per Capita Consumption Expenditure (yuan) | 13087 | 13943 | 14900 | 16160 |
| 食品、烟酒 | Food,Tobacco and Alcohol | 3646 | 3857 | 4124 | 4293 |
| 衣　着 | Clothing | 990 | 1024 | 1084 | 1141 |
| 居　住 | Residence | 2786 | 2851 | 2979 | 3388 |
| 生活用品及服务 | Living Articles and Services | 887 | 953 | 1036 | 1201 |
| 交通通信 | Transportation and Communications | 1537 | 1664 | 1761 | 2006 |
| 教育文化娱乐 | Recreation, Education and Culture Services | 1608 | 1785 | 1858 | 2009 |
| 医疗保健 | Medicine and Medical Services | 1364 | 1528 | 1705 | 1749 |
| 其他用品和服务 | Others | 269 | 281 | 354 | 373 |
| 平均每人年末现住房建筑面积(平方米) | Floor Area per Capita at Year-end (sq.m) | 37.0 | 38.7 | 39.3 | 39.8 |

# 10-4 全省居民人均可支配收入
# Per Capita Disposable Income of All Households

单位：元 (yuan)

| 指　　标 | Item | 2017 | 2018 |
|---|---|---|---|
| **可支配收入** | **Disposable Income** | **20635.2** | **22528.3** |
| **一、工资性收入** | **Wages Income** | **11254.5** | **12161.4** |
| (一)工资 | Wage | 10594.0 | 11481.3 |
| 1.按月发放的工资 | The wages by monthly | 9086.6 | 8573.3 |
| 2.补发工资 | Retroactive pay | 123.1 | 269.2 |
| 3.不按月发放的奖金、津贴、过节费等 | The Bonus, allowance, holiday fee etc.by no-monthly | 1384.3 | 2638.8 |
| (二)实物福利 | Benefits in kind | 32.8 | 47.5 |
| 1.从单位或雇主得到的实物产品折价 | The Discount of Real Products from the Company or Employer | 13.3 | 31.8 |
| 2.从单位或雇主得到的服务折价 | The Discount of Services from the Company or Employer | 19.5 | 15.7 |
| 3.单位或雇主实物福利报销所得 | The Reimbursement Income in kind from the Company or Employer | | |
| (三)其他 | Others | 627.7 | 632.6 |
| 1.住房公积金 | Housing Funds | 447.9 | 413.8 |
| 2.辞退金 | Dismissal Payments | 18.6 | 1.3 |
| 3.自由职业劳动所得(如稿费、翻译费) | Income by liberal work (Such as Remuneration, Translation Fee) | 14.5 | 25.5 |
| 4.安家费 | Settling-in Allowance | | 1.0 |
| 5.股票期权 | Stock Options | | |
| 6.其他劳动所得 | Others | 146.8 | 191.0 |
| **二、经营净收入** | **Net Income from Business** | **2629.5** | **3034.0** |
| (一)第一产业经营净收入 | Net Income from Primary Industry Business | 1197.6 | 1454.7 |
| 1.农业 | Agricultural | 1033.9 | 1254.7 |
| 2.林业 | Forestry | 41.9 | 51.5 |
| 3.牧业 | Animal Husbandry | 118.9 | 149.2 |
| 4.渔业 | Fishery | 3.0 | -0.7 |
| (二)第二产业经营净收入 | Net Income from Secondary Industry Business | 80.9 | 158.1 |
| (三)第三产业经营净收入 | Net Income from Tertiary Industry Business | 1351.1 | 1421.2 |
| 1.批发和零售业 | Wholesale and Retail Trades | 771.2 | 716.9 |
| 2.交通运输、仓储和邮政业 | Transport, Storage and Post | 192.8 | 257.6 |
| 3.住宿和餐饮业 | Hotels and Catering Services | 91.4 | 190.0 |
| 4.房地产业 | Real Estate | 9.1 | -4.3 |
| 5.租赁和商务服务业 | Leasing and Business Services | 17.0 | 9.3 |
| 6.居民服务、修理和其他服务业 | Services to Households and Other Services | 223.7 | 195.8 |
| 7.农林牧渔服务业 | Services to Agriculture, Forestry, Animal Husbandry and Fishery | 28.2 | 17.3 |
| 8.其他 | Others | 17.7 | 38.6 |

## 10−4 续表 continued

单位：元 (yuan)

| 指 标 | Item | 2017 | 2018 |
|---|---|---|---|
| **三、财产净收入** | **Net Income from Properties** | **1179.8** | **1350.5** |
| # 利息净收入 | Net Interests | 48.4 | 66.0 |
| 红利收入 | Bonus | 108.5 | 239.3 |
| 储蓄性保险净收益 | Net Benefits of Savings Insurance | 1.6 | 4.4 |
| 转让承包土地经营权租金净收入 | The Rent Income by Transfer of Land Rights | 36.4 | 42.8 |
| 出租房屋财产性收入 | The Property Income by Renting House | 469.4 | 371.4 |
| 出租机械、专利、版权等资产的收入 | The Income by Renting Assets like Mechanical, Patents, Copyright ect. | 4.9 | 20.9 |
| **四、转移净收入** | **Net Income from Transfer** | **5571.4** | **5982.4** |
| (一)转移性收入 | Income from Transfer | 6350.6 | 6907.0 |
| 1.养老金或离退休金 | Pension or Retired Pension | 4612.4 | 4426.4 |
| 2.社会救济和补助 | Social Relief and Aid | 110.9 | 121.5 |
| 3.政策性生活补贴 | Policy Allowance | 56.8 | 77.7 |
| 4.报销医疗费 | Reimbursement of Medical treatment | 370.4 | 317.1 |
| 5.家庭外出从业人员寄回带回收入 | Income from Family Outings Employees | 749.0 | 1286.5 |
| 6.赡养收入 | Alimony Income | 278.4 | 447.5 |
| 7.其他经常转移收入 | Others Recurring Income from Transfer | 71.4 | 74.7 |
| 8.从政府和组织得到的实物产品和服务折价 | The Discount of Real Products and Services from the Governments and Organizations | 36.0 | 40.2 |
| 9.现金政策性惠农补贴 | The Cash Policy Subsidies for Agricultural | 65.3 | 115.4 |
| (二)转移性支出 | Transfer Expenditure | 779.3 | 924.6 |
| 1.个人所得税 | Personal Income Tax | 36.7 | 50.7 |
| 2.社会保障支出 | Expenditure for Social Security | 592.7 | 735.6 |
| 3.外来从业人员寄给家人的支出 | Expenditure for Family from Migrant Workers | 6.4 | 0.9 |
| 4.赡养支出 | Expenditure for Alimony | 97.9 | 97.8 |
| 5.其他 | Others | 45.5 | 39.6 |

# 10-5 全省居民人均生活消费支出
## Per Capita Consumption Expenditure of All Households

单位：元 (yuan)

| 指　　标 | Item | 2017 | 2018 |
|---|---|---|---|
| **生活消费支出** | **Total Consumption Expenditure** | **14899.7** | **16159.7** |
| **一、食品、烟酒** | **Food,Tobacco and Alcohol** | **4124.0** | **4292.5** |
| 1.食　品 | Food | 2672.6 | 2711.2 |
| # 谷　物 | Grain | 483.4 | 445.9 |
| 薯　类 | Potato | 64.5 | 71.2 |
| 豆　类 | Beans | 53.8 | 51.1 |
| 食用油 | Edible Oil | 146.6 | 145.5 |
| 蔬菜和食用菌 | Vegetables and Edible Mushrooms | 386.7 | 379.6 |
| 肉　类 | Meat | 471.8 | 475.5 |
| 禽　类 | Poultry | 59.5 | 62.1 |
| 水产品 | Aquatic Products | 64.4 | 74.4 |
| 蛋　类 | Eggs | 65.3 | 75.0 |
| 奶　类 | Milk | 242.1 | 287.1 |
| 干鲜瓜果类 | Fresh and Dried Fruits | 321.4 | 326.7 |
| 糖果糕点类 | Candy and Pastry | 109.0 | 118.0 |
| 2.烟　酒 | Tobacco and Alcohol | 470.9 | 490.2 |
| # 烟　草 | Tobacco | 322.0 | 319.6 |
| 酒　类 | Alcohol | 148.9 | 170.7 |
| 3.饮　料 | Beverages | 91.1 | 99.7 |
| 4.饮食服务 | Catering Services | 889.4 | 991.4 |
| **二、衣　着** | **Clothing** | **1084.0** | **1141.1** |
| # 衣　类 | Garments | 843.3 | 915.7 |
| 鞋　类 | Footwear | 240.7 | 225.4 |
| **三、居　住** | **Residence** | **2978.6** | **3388.2** |
| # 租赁房房租 | Rental Housing Rent | 151.0 | 157.1 |
| 住房维修及管理 | Housing Repair and Management | 528.6 | 615.1 |
| 水电燃料及其他 | Water,Electric Power Fuel and Others | 767.7 | 839.8 |
| **四、生活用品及服务** | **Living Articles and Services** | **1036.2** | **1200.8** |
| # 家具及室内装饰品 | Furniture and External Decorations | 194.2 | 223.9 |
| 家用器具 | Household Appliances | 271.0 | 343.3 |
| 家用纺织品 | Household textile | 87.7 | 102.4 |
| 家庭日用杂品 | Household Articles of Daily Use | 261.4 | 266.5 |
| 个人用品 | Personal Items | 178.6 | 210.1 |
| 家庭服务 | Household Services | 43.4 | 54.6 |
| **五、交通通信** | **Transportation and Communications** | **1760.7** | **2005.8** |
| # 交　通 | Transportation | 1167.2 | 1422.8 |
| 通　信 | Communications | 593.5 | 583.0 |
| **六、教育文化娱乐** | **Recreation, Education and Culture Services** | **1857.6** | **2008.8** |
| # 教　育 | Education | 1187.8 | 1304.3 |
| 文化娱乐 | Recreation | 669.8 | 704.5 |
| **七、医疗保健** | **Medicine and Medical Services** | **1704.8** | **1749.4** |
| 医疗器具及药品 | Medical Instruments and Medicines | 606.4 | 600.2 |
| 医疗服务 | Medical Services | 1098.4 | 1149.2 |
| **八、其他用品和服务** | **Others** | **353.7** | **373.2** |

# 10-6 全省居民家庭人均购买主要商品数量
# Per Capita Purchases of Major Commodities of All Households

| 品　名 | | Item | | 2017 | 2018 |
|---|---|---|---|---|---|
| 小　麦 | (公斤) | Wheat | (kg) | 0.9 | 0.6 |
| 面　粉 | (公斤) | Flour | (kg) | 28.6 | 30.5 |
| 大　米 | (公斤) | Rice | (kg) | 17.8 | 16.8 |
| 薯　类 | (公斤) | Potato | (kg) | 13.6 | 12.6 |
| 豆　类 | (公斤) | Beans | (kg) | 8.9 | 8.6 |
| 食用植物油 | (公斤) | Edible Vegetable Oil | (kg) | 10.3 | 9.8 |
| 鲜　菜 | (公斤) | Fresh Vegetables | (kg) | 74.4 | 70.1 |
| 猪　肉 | (公斤) | Pork | (kg) | 9.6 | 10.9 |
| 牛　肉 | (公斤) | Beef | (kg) | 0.7 | 1.0 |
| 羊　肉 | (公斤) | Mutton | (kg) | 1.1 | 1.0 |
| 鸡 | (公斤) | Chicken | (kg) | 1.9 | 2.0 |
| 鸭 | (公斤) | Duck | (kg) | 0.1 | 0.1 |
| 鱼　类 | (公斤) | Fish | (kg) | 1.8 | 1.9 |
| 虾　类 | (公斤) | Shrimp | (kg) | 0.2 | 0.3 |
| 鲜　蛋 | (公斤) | Fresh Eggs | (kg) | 7.4 | 7.3 |
| 鲜　奶 | (公斤) | Fresh Milk | (kg) | 9.2 | 7.9 |
| 酸　奶 | (公斤) | Yogurt | (kg) | 2.7 | 3.3 |
| 奶　粉 | (公斤) | Milk Powder | (kg) | 0.7 | 0.9 |
| 鲜瓜果 | (公斤) | Fresh Fruits | (kg) | 46.4 | 41.8 |
| 糕　点 | (公斤) | Cake | (kg) | 3.4 | 3.6 |
| 茶　叶 | (公斤) | Tea | (kg) | 0.3 | 0.3 |
| 卷　烟 | (盒) | Cigarette | (box) | 32.4 | 32.7 |
| 啤　酒 | (公斤) | Beer | (kg) | 2.8 | 3.0 |
| 白　酒 | (公斤) | Liquor | (kg) | 1.2 | 1.6 |
| 果　酒 | (公斤) | Wine | (kg) | 0.3 | 0.2 |
| 鞋 | (双) | Footwear | (pair) | 2.4 | 2.3 |
| 水 | (吨) | Water | (ton) | 18.5 | 21.8 |
| 电 | (度) | Electricity | (kwh) | 576.4 | 586.4 |
| 煤　炭 | (公斤) | Coal | (kg) | 110.4 | 115.2 |
| 管道天燃气 | (立方米) | Pipeline Natural Gas | (cu.m) | 47.3 | 61.9 |
| 罐装液化石油气 | (公斤) | Canned Liquified Petroleum Gas | (kg) | 3.7 | 3.3 |

# 10-7 全省居民家庭平均每百户年末耐用消费品拥有量
## Main Durable Goods Owned Per 100 All Households

| 指　　标 | | Item | | 2017 | 2018 |
|---|---|---|---|---|---|
| 家用汽车 | (辆) | Automobile | (unit) | 20.9 | 27.7 |
| 摩托车 | (辆) | Motorcycle | (unit) | 35.5 | 37.8 |
| 助力车 | (台) | Strength-aid Cycle | (unit) | 35.7 | 36.7 |
| 洗衣机 | (台) | Washing Machine | (unit) | 95.7 | 94.3 |
| 电冰箱(柜) | (台) | Refrigerator | (unit) | 87.8 | 89.9 |
| 微波炉 | (台) | Microwave Oven | (unit) | 22.9 | 25.8 |
| 彩色电视机 | (台) | Color TV Set | (unit) | 109.5 | 104.3 |
| # 接入有线电视 | | Cable TV Set | | 59.2 | 42.4 |
| 空　调 | (台) | Air Conditioner | (unit) | 68.3 | 80.6 |
| 热水器 | (台) | Water Heater | (unit) | 66.4 | 69.8 |
| # 太阳能热水器 | | Solar Water Heater | | 36.3 | 32.4 |
| 消毒碗柜 | (台) | Sterilizing Cupboard | (unit) | | |
| 洗碗机 | (台) | Dish Washer | (unit) | 0.4 | 0.9 |
| 排油烟机 | (台) | Exhauster | (unit) | 41.6 | 43.9 |
| 固定电话 | (线) | Ordinary Telephone | (unit) | 22.5 | 13.6 |
| 移动电话 | (部) | Mobile Telephone | (unit) | 244.9 | 247.0 |
| # 接入互联网 | | Access to the Internet | | 121.2 | 161.4 |
| 计算机 | (台) | Computer | (unit) | 49.8 | 36.8 |
| # 接入互联网 | | Access to the Internet | | 37.8 | 26.7 |
| 摄像机 | (台) | Pickup Camera | (unit) | | |
| 照相机 | (台) | Camera | (unit) | 15.9 | 10.6 |
| 中高档乐器 | (架) | High-end Instruments | (unit) | 1.9 | 2.8 |
| 健身器材 | (台) | Setting-up Apparatus | (unit) | 1.6 | 3.1 |
| 组合音响 | (套) | Music Center | (set) | | |
| 空气净化器(含新风系统) | (台) | Air Cleaner(Including Fresh Air System) | (unit) | 1.1 | 3.7 |
| 吸尘器 | (台) | Vacuum Cleaners | (unit) | 1.0 | 3.9 |

# 10-8 全省居民家庭年末居住情况
# Housing Conditions of All Households

| 指　　标 | Item | 2017 | 2018 |
|---|---|---|---|
| 调查户数 (户) | Number of Households Surveyed (household) | 4304 | 4800 |
| 平均每户居住人口 (人) | Average Number of Resident Population (person) | 3.1 | 3.1 |
| 平均每人建筑面积 (平方米) | The Average Floor Area Per Person (sq.m) | 39.3 | 39.8 |
| 一、按住户居住空间样式分 (%) | By Style of Living Space (%) | 100.0 | 100.0 |
| 单栋楼房 | Dependent Building | 18.1 | 17.0 |
| 单栋平房 | Single-storey House | 30.2 | 34.0 |
| 四居室及以上单元房 | Four Bedrooms | 0.6 | 0.9 |
| 三居室单元房 | Three Bedrooms | 14.7 | 16.8 |
| 二居室单元房 | Two Bedrooms | 21.6 | 18.1 |
| 一居室单元房 | One Bedroom | 1.4 | 1.7 |
| 筒子楼或连片平房 | Tube-shaped Apartment or Lace Single-storey Houses | 11.5 | 6.7 |
| 其他 | Others | 2.0 | 4.8 |
| 二、按主要建筑材料分 (%) | By Main Building Materials (%) | 100.0 | 100.0 |
| 钢筋混凝土 | Reinforced Concrete | 16.0 | 36.7 |
| 砖混材料 | Brick-and-concrete Buildings | 66.6 | 50.3 |
| 砖瓦砖木 | Brick and Brick-wood Structure | 15.0 | 8.3 |
| 竹草土坯 | Bamboo Grass and Sun-dried Mud Brick | 1.0 | 1.3 |
| 其他 | Others | 1.4 | 3.4 |
| 三、按现住房房屋来源分 (%) | By Source of Housing (%) | 100.0 | 100.0 |
| 租赁公房 | Public-rent Housing | 1.4 | 1.2 |
| 租赁私房 | Private-rent Housing | 7.3 | 4.5 |
| 自建住房 | Self-establish Housing | 53.2 | 58.1 |
| 购买商品房 | Commercial Residential Housing | 20.6 | 20.8 |
| 购买房改住房 | Private Housing through Housing Reform | 9.6 | 7.9 |
| 购买保障性住房 | Indemnificatory Housing | 2.4 | 2.2 |
| 拆迁安置房 | Resettlement Housing | 2.0 | 2.5 |
| 继承或获赠住房 | Inheriting and Donation Housing | 1.4 | 1.5 |
| 免费借用房 | Free Housing | 1.3 | 0.7 |
| 雇主提供免费住房 | Free Housing from Employer | 0.7 | 0.1 |
| 其他 | Others | 0.2 | 0.5 |
| 四、按住宅外道路路面情况分 (%) | By Pavement Condition Outside (%) | 100.0 | 100.0 |
| 水泥或柏油路面 | Cement or Asphalt Pavement | 83.2 | 87.0 |
| 沙石或石板等硬质路面 | Hard Sand or Stone Pavement | 11.5 | 8.2 |
| 其他 | Others | 5.2 | 4.8 |
| 五、按住宅有管道供水情况分 (%) | By Piped Water Supply Condition (%) | 100.0 | 100.0 |
| 管道供水入户 | Pipe water into People's Homes | 91.6 | 91.6 |
| 管道供水至公共取水点 | Pipe water to Public Watering Points | 1.5 | 1.3 |
| 没有管道设施 | No Pipeline Facilities | 6.9 | 7.1 |
| 六、按住户主要饮用水来源情况分 (%) | By Source of main Drinking Water (%) | 100.0 | 100.0 |
| 经过净化处理的自来水 | Purified Tap Water | 76.0 | 73.5 |
| 受保护的井水和泉水 | Protected Wells and Springs | 16.7 | 18.7 |
| 不受保护的井水和泉水 | Unprotected Wells and Springs | 4.4 | 4.4 |
| 江河湖泊水 | Rivers and Lakes Water | 0.3 | 0.6 |
| 收集雨水 | Collected Rainwater | 1.4 | 1.6 |
| 桶装水 | Barrels Water | 0.1 | 0.6 |
| 其他 | Others | 1.1 | 0.6 |
| 七、按住户厕所类型分 (%) | By Household Lavatory Type (%) | 100.0 | 100.0 |
| 水冲式卫生厕所 | Sanitary Water Closet | 53.6 | 51.9 |
| 水冲式非卫生厕所 | Insanitary Water Closet | 2.8 | 1.6 |
| 卫生旱厕 | Sanitary Latrine | 9.3 | 10.8 |
| 普通旱厕 | Latrine | 33.2 | 34.9 |
| 无厕所 | No Lavatory | 1.1 | 0.8 |
| 八、按住户主要取暖设备状况分 (%) | By Heating Facilities Condition (%) | 100.0 | 100.0 |
| 由市政或小区集中供暖 | Central Heating | 21.5 | 23.9 |
| 自行供暖 | Self Heating | 68.8 | 59.1 |
| 无取暖设备 | Without Heating Equipment | 9.8 | 17.0 |
| 九、按主要炊用能源状况分 (%) | By Cooking Fuel Condition (%) | 100.0 | 100.0 |
| 柴草 | Firewood | 21.7 | 29.3 |
| 煤炭 | Coal | 11.7 | 8.6 |
| 罐装液化石油气 | Canned Liquified Petroleum Gas | 7.4 | 4.8 |
| 管道液化石油气 | Pipeline Liquified Petroleum Gas | 0.3 | 0.8 |
| 管道煤气 | Pipeline Gas | 0.2 | 0.2 |
| 管道天然气 | Pipeline Natural Gas | 31.4 | 32.3 |
| 电 | Electricity | 25.7 | 23.4 |
| 沼气 | Methane | 0.8 | 0.0 |
| 其他 | Others | 0.7 | 0.6 |

# 10-9 城镇居民家庭基本情况
# Basic Conditions of Urban Households

| 指 标 | Item | 2015 | 2016 | 2017 | 2018 |
|---|---|---|---|---|---|
| 调查户数 （户） | Number of Households Surveyed (household) | 1729 | 1748 | 1715 | 2830 |
| 调查户人口 （人） | Number of Residents in the Household Surveyed(person) | | | | |
| 1.常住人口 | Permanent Residents | 5085 | 5066 | 4939 | 8638 |
| 2.平均每户常住人口 | Average Household Size | 2.9 | 2.9 | 2.9 | 3.1 |
| 3.平均每户劳动力人数 | Labours Per Households | 2.1 | 2.1 | 2.1 | 2.1 |
| 平均每户整劳动力人数 | Ablebodied Labours Per Households | 1.1 | 1.1 | 1.0 | 1.1 |
| 平均每户半劳动力人数 | Semiablebodied Labours Per Households | 1.0 | 1.0 | 1.0 | 1.0 |
| 4.平均每劳动力负担人口 | Average Number of Persons Supported by a Laborer | 1.4 | 1.4 | 1.4 | 1.4 |
| 平均每人可支配收入 （元） | Annual Per Capita Disposable Income (yuan) | 26420 | 28440 | 30810 | 33319 |
| 工资性收入 | Wages Income | 15742 | 16877 | 18106 | 19352 |
| 经营净收入 | Net Income from Business | 2140 | 2014 | 2029 | 2582 |
| 财产净收入 | Property Income | 2274 | 2056 | 2156 | 2451 |
| 转移净收入 | Transfer Income | 6264 | 7493 | 8520 | 8934 |
| 平均每人生活消费支出 （元） | Annual Per Capita Consumption Expenditure (yuan) | 18464 | 19369 | 20388 | 21966 |
| 食品、烟酒 | Food,Tobacco and Alcohol | 5146 | 5422 | 5799 | 5929 |
| 衣 着 | Clothing | 1500 | 1542 | 1627 | 1728 |
| 居 住 | Residence | 3823 | 3681 | 3797 | 4301 |
| 生活用品及服务 | Living Articles and Services | 1298 | 1368 | 1487 | 1740 |
| 交通通信 | Transportation and Communications | 2308 | 2456 | 2395 | 2753 |
| 教育文化娱乐 | Recreation, Education and Culture Services | 2202 | 2474 | 2618 | 2730 |
| 医疗保健 | Medicine and Medical Services | 1784 | 2017 | 2141 | 2233 |
| 其他用品和服务 | Others | 403 | 409 | 526 | 552 |
| 平均每人年末现住房建筑面积 （平方米） | Floor Area per Capita at Year-end (sq.m) | 31.3 | 32.6 | 32.7 | 38.2 |

# 10-10 城镇居民人均可支配收入
# Per Capita Disposable Income of Urban Households

单位：元 (yuan)

| 指　　标 | Item | 2017 | 2018 |
|---|---|---|---|
| **可支配收入** | **Disposable Income** | **30810.3** | **33319.3** |
| **一、工资性收入** | **Wages Income** | **18105.7** | **19352.5** |
| (一)工资 | Wage | 17025.3 | 18207.3 |
| 1.按月发放的工资 | The wages by monthly | 15838.7 | 15231.3 |
| 2.补发工资 | Retroactive pay | 200.4 | 366.5 |
| 3.不按月发放的奖金、津贴、过节费等 | The Bonus,allowance,holiday fee etc.by no-monthly | 986.2 | 2609.5 |
| (二)实物福利 | Benefits in kind | 58.1 | 71.1 |
| 1.从单位或雇主得到的实物产品折价 | The Discount of Real Products from the Company or Employer | 23.1 | 46.5 |
| 2.从单位或雇主得到的服务折价 | The Discount of Services from the Company or Employer | 35.1 | 24.6 |
| (三)其他 | Others | 1022.3 | 1074.2 |
| 1.住房公积金 | Housing Funds | 871.4 | 808.4 |
| 2.辞退金 | Dismissal Payments | 36.1 | 2.5 |
| 3.自由职业劳动所得(如稿费、翻译费) | Income by liberal work (Such as Remuneration, Translation Fee) | 16.3 | 29.3 |
| 4.安家费 | Settling-in Allowance | | 2.0 |
| 5.股票期权 | Stock Options | | |
| 6.其他劳动所得 | Others | 98.4 | 232.0 |
| **二、经营净收入** | **Net Income from Business** | **2029.1** | **2581.9** |
| (一)第一产业经营净收入 | Net Income from Primary Industry Business | 77.5 | 380.3 |
| (二)第二产业经营净收入 | Net Income from Secondary Industry Business | 118.8 | 265.8 |
| (三)第三产业经营净收入 | Net Income from Tertiary Industry Business | 1832.8 | 1935.7 |
| 1.批发和零售业 | Wholesale and Retail Trades | 1200.3 | 1055.8 |
| 2.交通运输、仓储和邮政业 | Transport, Storage and Post | 148.4 | 271.9 |
| 3.住宿和餐饮业 | Hotels and Catering Services | 113.8 | 292.7 |
| 4.房地产业 | Real Estate | 18.0 | -2.2 |
| 5.租赁和商务服务业 | Leasing and Business Services | 20.5 | 2.3 |
| 6.居民服务、修理和其他服务业 | Services to Households and Other Services | 297.5 | 260.0 |
| 7.农林牧渔服务业 | Services to Agriculture, Forestry, Animal Husbandry and Fishery | 2.5 | 4.4 |
| 8.其他 | Others | 31.7 | 50.8 |

## 10-10 续表 continued

单位：元 (yuan)

| 指 标 | Item | 2017 | 2018 |
|---|---|---|---|
| **三、财产净收入** | **Net Income from Properties** | **2155.7** | **2450.9** |
| # 利息净收入 | Net Interests | 89.1 | 135.0 |
| 红利收入 | Bonus | 188.3 | 392.9 |
| 储蓄性保险净收益 | Net Benefits of Savings Insurance | 2.3 | 7.8 |
| 出租房屋财产性收入 | The Property Income by Renting House | 881.9 | 685.2 |
| 出租机械、专利、版权等资产的收入 | The Income by Renting Assets like Mechanical,Patents,Copyright ect. | 2.4 | 35.9 |
| **四、转移净收入** | **Net Income from Transfer** | **8519.8** | **8933.9** |
| (一)转移性收入 | Income from Transfer | 9807.3 | 10397.8 |
| 1.养老金或离退休金 | Pension or Retired Pension | 8378.9 | 7893.3 |
| # 离退休金 | Retired Pension | 8202.1 | 7654.6 |
| 城镇居民社会养老保险 | Urban Employee Social Pension Insurance | 93.5 | 63.8 |
| 2.社会救济和补助 | Social Relief and Aid | 92.9 | 70.7 |
| 3.政策性生活补贴 | Policy Allowance | 61.2 | 86.4 |
| 4.报销医疗费 | Reimbursement of Medical treatment | 563.5 | 419.7 |
| 5.家庭外出从业人员寄回带回收入 | Income from Family Outings Employees | 269.5 | 1171.2 |
| 6.赡养收入 | Alimony Income | 305.5 | 578.3 |
| 7.其他经常转移收入 | Others Recurring Income from Transfer | 97.0 | 97.2 |
| 8.从政府和组织得到的实物产品和服务折价 | The Discount of Real Products and Services from the Governments and Organizations | 33.2 | 49.6 |
| 9.现金政策性惠农补贴 | The Cash Policy Subsidies for Agricultural | | 31.3 |
| 10.其他 | Others | 5.8 | |
| (二)转移性支出 | Transfer Expenditure | 1287.6 | 1463.8 |
| 1.个人所得税 | Personal Income Tax | 71.8 | 97.1 |
| 2.社会保障支出 | Expenditure for Social Security | 953.5 | 1145.1 |
| (1)个人缴纳的养老保险 | Pension Insurance Personal Rendered | 669.0 | 788.1 |
| (2)个人缴纳的医疗保险 | Medical Care Insurance Personal Rendered | 229.8 | 307.6 |
| (3)个人缴纳的失业保险 | Unemployment Insurance Personal Rendered | 37.2 | 29.0 |
| (4)其他社会保障支出 | Others | 17.4 | 20.3 |
| 3.外来从业人员寄给家人的支出 | Expenditure for Family from Migrant Workers | 11.7 | 1.0 |
| 4.赡养支出 | Expenditure for Alimony | 171.2 | 159.9 |
| 5.其他 | Others | 79.3 | 60.7 |

# 10-11 城镇居民人均生活消费支出
# Per Capita Consumption Expenditure of Urban Households

单位：元 (yuan)

| 指　标 | Item | 2017 | 2018 |
|---|---|---|---|
| **生活消费支出** | **Total Consumption Expenditure** | **20388.2** | **21966.4** |
| **一、食品、烟酒** | **Food,Tobacco and Alcohol** | **5798.6** | **5928.7** |
| 1.食　品 | Food | 3569.9 | 3529.8 |
| # 谷　物 | Grain | 580.5 | 476.0 |
| 薯　类 | Potato | 70.2 | 69.2 |
| 豆　类 | Beans | 71.2 | 64.4 |
| 食用油 | Edible Oil | 159.1 | 155.0 |
| 蔬菜和食用菌 | Vegetables and Edible Mushrooms | 546.1 | 503.5 |
| 肉　类 | Meat | 619.4 | 614.2 |
| 禽　类 | Poultry | 87.7 | 92.6 |
| 水产品 | Aquatic Products | 110.2 | 130.7 |
| 蛋　类 | Eggs | 87.0 | 98.7 |
| 奶　类 | Milk | 321.1 | 396.2 |
| 干鲜瓜果类 | Fresh and Dried Fruits | 490.5 | 503.1 |
| 糖果糕点类 | Candy and Pastry | 164.5 | 174.0 |
| 2.烟　酒 | Tobacco and Alcohol | 572.7 | 578.3 |
| # 烟　草 | Tobacco | 370.6 | 367.6 |
| 酒　类 | Alcohol | 202.1 | 210.6 |
| 3.饮　料 | Beverages | 125.3 | 137.5 |
| 4.饮食服务 | Catering Services | 1530.6 | 1683.0 |
| **二、衣　着** | **Clothing** | **1627.0** | **1728.2** |
| # 衣　类 | Garments | 1275.2 | 1396.2 |
| 鞋　类 | Footwear | 351.7 | 332.0 |
| **三、居　住** | **Residence** | **3796.5** | **4300.9** |
| # 租赁房房租 | Rental Housing Rent | 263.9 | 236.3 |
| 住房维修及管理 | Housing Repair and Management | 628.8 | 705.9 |
| 水电燃料及其他 | Water,Electric Power Fuel and Others | 1026.8 | 1101.7 |
| **四、生活用品及服务** | **Living Articles and Services** | **1486.6** | **1740.5** |
| # 家具及室内装饰品 | Furniture and External Decorations | 270.0 | 354.8 |
| 家用器具 | Household Appliances | 371.7 | 466.5 |
| 家用纺织品 | Household textile | 123.2 | 144.3 |
| 家庭日用杂品 | Household Articles of Daily Use | 352.1 | 342.2 |
| 个人用品 | Personal Items | 295.6 | 343.0 |
| 家庭服务 | Household Services | 74.1 | 89.8 |
| **五、交通通信** | **Transportation and Communications** | **2394.7** | **2752.7** |
| # 交　通 | Transportation | 1591.4 | 1990.5 |
| 通　信 | Communications | 803.3 | 762.2 |
| **六、教育文化娱乐** | **Recreation, Education and Culture Services** | **2617.9** | **2729.7** |
| # 教　育 | Education | 1484.1 | 1559.9 |
| 文化娱乐 | Recreation | 1133.8 | 1169.7 |
| **七、医疗保健** | **Medicine and Medical Services** | **2140.8** | **2233.4** |
| 医疗器具及药品 | Medical Instruments and Medicines | 891.1 | 813.0 |
| 医疗服务 | Medical Services | 1249.7 | 1420.4 |
| **八、其他用品和服务** | **Others** | **526.1** | **552.4** |

# 10-12 城镇居民家庭人均购买主要商品数量
# Per Capita Purchases of Major Commodities of Urban Households

| 指　　标 | | Item | | 2017 | 2018 |
|---|---|---|---|---|---|
| 小　麦 | (公斤) | Wheat | (kg) | 0.1 | 0.4 |
| 面　粉 | (公斤) | Flour | (kg) | 26.4 | 22.9 |
| 大　米 | (公斤) | Rice | (kg) | 20.2 | 17.7 |
| 薯　类 | (公斤) | Potato | (kg) | 18.6 | 16.1 |
| 豆　类 | (公斤) | Beans | (kg) | 11.5 | 10.5 |
| 食用植物油 | (公斤) | Edible Vegetable Oil | (kg) | 10.7 | 10.0 |
| 鲜　菜 | (公斤) | Fresh Vegetables | (kg) | 103.5 | 91.4 |
| 猪　肉 | (公斤) | Pork | (kg) | 11.8 | 13.0 |
| 牛　肉 | (公斤) | Beef | (kg) | 1.1 | 1.6 |
| 羊　肉 | (公斤) | Mutton | (kg) | 1.5 | 1.3 |
| 鸡 | (公斤) | Chicken | (kg) | 2.9 | 2.9 |
| 鸭 | (公斤) | Duck | (kg) | 0.1 | 0.2 |
| 鱼　类 | (公斤) | Fish | (kg) | 2.9 | 3.2 |
| 虾　类 | (公斤) | Shrimp | (kg) | 0.4 | 0.6 |
| 鲜　蛋 | (公斤) | Fresh Eggs | (kg) | 9.9 | 9.7 |
| 鲜　奶 | (公斤) | Fresh Dairy Products | (kg) | 14.4 | 12.0 |
| 酸　奶 | (公斤) | Yogurt | (kg) | 4.3 | 5.4 |
| 奶　粉 | (公斤) | Milk Powder | (kg) | 0.7 | 1.0 |
| 鲜瓜果 | (公斤) | Fresh Fruit | (kg) | 64.1 | 59.1 |
| 糕　点 | (公斤) | Cake | (kg) | 5.1 | 5.0 |
| 茶　叶 | (公斤) | Tea | (kg) | 0.3 | 0.4 |
| 卷　烟 | (盒) | Cigarette | (box) | 27.8 | 28.8 |
| 啤　酒 | (公斤) | Beer | (kg) | 2.4 | 2.8 |
| 白　酒 | (公斤) | Liquor | (kg) | 1.3 | 1.6 |
| 果　酒 | (公斤) | Wine | (kg) | 0.2 | 0.2 |
| 鞋 | (双) | Footwear | (pair) | 2.7 | 2.7 |
| 水 | (吨) | Water | ton) | 28.2 | 32.1 |
| 电 | (度) | Electricity | (kwh) | 714.9 | 705.6 |
| 煤　炭 | (公斤) | Coal | (kg) | 50.5 | 56.9 |
| 管道天燃气 | (立方米) | Gas pipeline | (cu.m) | 89.0 | 112.0 |
| 罐装液化石油气 | (公斤) | Bottled LPG | (kg) | 3.4 | 2.8 |

# 10-13 城镇居民家庭平均每百户年末耐用消费品拥有量
# Main Durable Goods Owned Per 100 Urban Households

| 指　　标 | | Item | | 2017 | 2018 |
|---|---|---|---|---|---|
| 家用汽车 | （辆） | Automobile | (unit) | 26.9 | 36.6 |
| 摩托车 | （辆） | Motorcycle | (unit) | 13.1 | 20.1 |
| 助力车 | （台） | Strength-aid Cycle | (unit) | 28.6 | 30.9 |
| 洗衣机 | （台） | Washing Machine | (unit) | 98.0 | 98.3 |
| 电冰箱(柜) | （台） | Refrigerator | (unit) | 94.4 | 97.0 |
| 微波炉 | （台） | Microwave Oven | (unit) | 38.3 | 42.1 |
| 彩色电视机 | （台） | Color TV Set | (unit) | 105.1 | 104.0 |
| # 接入有线电视 | | Cable TV Set | | 75.6 | 55.0 |
| 空　调 | （台） | Air Conditioner | (unit) | 98.1 | 115.1 |
| 热水器 | （台） | Water Heater | (unit) | 80.3 | 86.1 |
| # 太阳能热水器 | | Solar Water Heater | | 32.2 | 28.4 |
| 洗碗机 | （台） | Dish Washer | (unit) | 0.6 | 1.4 |
| 排油烟机 | （台） | Exhauster | (unit) | 68.6 | 72.0 |
| 固定电话 | （线） | Ordinary Telephone | (unit) | 28.5 | 19.7 |
| 移动电话 | （部） | Mobile Telephone | (unit) | 223.3 | 236.6 |
| # 接入互联网 | | Access to the Internet | | 128.4 | 165.3 |
| 计算机 | （台） | Computer | (unit) | 71.0 | 55.9 |
| # 接入互联网 | | Access to the Internet | | 55.6 | 41.3 |
| 照相机 | （台） | Camera | (unit) | 26.7 | 19.0 |
| 中高档乐器 | （架） | High-end Instruments | (unit) | 3.3 | 4.8 |
| 健身器材 | （台） | Setting-up Apparatus | (unit) | 2.4 | 5.5 |
| 空气净化器（含新风系统） | （台） | Air Cleaner (Including Fresh Air Systen | (unit) | 1.9 | 6.8 |
| 吸尘器 | （台） | Vacuum Cleaners | (unit) | 1.8 | 6.9 |

# 10-14 城镇居民家庭年末居住情况
# Housing Conditions of Urban Households

| 指标 | Item | 2017 | 2018 |
|---|---|---|---|
| 调查户数 (户) | Number of Households Surveyed (household) | 1715 | 2830 |
| 平均每户居住人口 (人) | Average Number of Resident Population (person) | 2.9 | 3.1 |
| 平均每人建筑面积 平方米) | The Average Floor Area Per Person (sq.m) | 32.7 | 38.2 |
| 一、按住户居住空间样式分 (%) | By Style of Living Space (%) | 100.0 | 100.0 |
| 单栋楼房 | Dependent Building | 9.9 | 13.0 |
| 单栋平房 | Single-storey House | 8.1 | 13.0 |
| 四居室及以上单元房 | Four Bedrooms | 1.0 | 1.5 |
| 三居室单元房 | Three Bedrooms | 27.2 | 30.1 |
| 二居室单元房 | Two Beedrooms | 39.7 | 33.6 |
| 一居室单元房 | One Beedroom | 2.5 | 3.1 |
| 筒子楼或连片平房 | Tube-shaped Apartment or Lace Single-storey Houses | 11.2 | 4.6 |
| 其他 | Others | 0.3 | 1.1 |
| 二、按主要建筑材料分 (%) | By Main Building Materials (%) | 100.0 | 100.0 |
| 钢筋混凝土 | Reinforced Concrete | 25.1 | 56.2 |
| 砖混材料 | Brick-and-concrete Buildings | 68.7 | 39.6 |
| 砖瓦砖木 | Brick and Brick-wood Structure | 5.7 | 2.8 |
| 竹草土坯 | Bamboo Grass and Sun-dried Mud Brick | 0.08 | 0.2 |
| 其他 | Others | 0.5 | 1.2 |
| 三、按现住房房屋来源分 (%) | By Source of Housing (%) | 100.0 | 100.0 |
| 租赁公房 | Public-rent Housing | 2.4 | 2.2 |
| 租赁私房 | Private-rent Housing | 12.4 | 6.5 |
| 自建住房 | Self-establish Housing | 16.9 | 26.6 |
| 购买商品房 | Commercial Residential Housing | 37.5 | 38.2 |
| 购买房改住房 | Private Housing through Housing Reform | 17.6 | 14.8 |
| 购买保障性住房 | Indemnificatory Housing | 4.6 | 4.0 |
| 拆迁安置房 | Resettlement Housing | 3.4 | 3.4 |
| 继承或获赠住房 | Inheriting and Donation Housing | 1.5 | 2.4 |
| 免费借用房 | Free Housing | 2.3 | 0.9 |
| 雇主提供免费住房 | Free Housing from Employer | 1.2 | 0.2 |
| 其他 | Others | 0.2 | 0.8 |
| 四、按住宅外道路路面情况分 (%) | By Pavement Condition Outside (%) | 100.0 | 100.0 |
| 水泥或柏油路面 | ement or Asphalt Pavement | 91.4 | 95.1 |
| 沙石或石板等硬质路面 | Hard Sand or Stone Pavement | 7.5 | 3.9 |
| 其他 | Others | 1.1 | 1.0 |
| 五、按住宅有管道供水情况分 (%) | By Piped Water Supply Condition (%) | 100.0 | 100.0 |
| 管道供水入户 | Pipe water into People's Homes | 97.0 | 97.3 |
| 管道供水至公共取水点 | Pipe water to Public Watering Points | 1.4 | 0.9 |
| 没有管道设施 | No Pipeline Facilities | 1.6 | 1.8 |
| 六、按住户主要饮用水来源情况分 (%) | By Source of main Drinking Water (%) | 100.0 | 100.0 |
| 经过净化处理的自来水 | Purified Tap Water | 92.8 | 90.0 |
| 受保护的井水和泉水 | Protected Wells and Springs | 6.3 | 6.4 |
| 不受保护的井水和泉水 | Unprotected Wells and Springs | 0.5 | 1.4 |
| 江河湖泊水 | Rivers and Lakes Water | 0.0 | 0.6 |
| 收集雨水 | Collected Rainwater | | 0.2 |
| 桶装水 | Barrels Water | 0.2 | 1.1 |
| 其他 | Others | 0.1 | 0.3 |
| 七、按住户厕所类型分 (%) | By Household Lavatory Type (%) | 100.0 | 100.0 |
| 水冲式卫生厕所 | Sanitary Water Closet | 88.5 | 82.6 |
| 水冲式非卫生厕所 | Insanitary Water Closet | 2.2 | 1.4 |
| 卫生旱厕 | Sanitary Latrine | 1.7 | 3.7 |
| 普通旱厕 | Latrine | 6.9 | 11.5 |
| 无厕所 | No Lavatory | 0.7 | 0.8 |
| 八、按住户主要取暖设备状况分 (%) | By Heating Facilities Condition (%) | 100.0 | 100.0 |
| 由市政或小区集中供暖 | Central Heating | 39.5 | 44.4 |
| 自行供暖 | Self Heating | 53.5 | 46.3 |
| 无取暖设备 | Without Heating Equipment | 7.1 | 9.3 |
| 九、按主要炊用能源状况分 (%) | By Cooking Fuel Condition (%) | 100.0 | 100.0 |
| 柴草 | Firewood | 0.8 | 7.1 |
| 煤炭 | Coal | 4.6 | 4.3 |
| 罐装液化石油气 | Canned Liquified Petroleum Gas | 8.7 | 4.8 |
| 管道液化石油气 | Pipeline Liquified Petroleum Gas | 0.5 | 1.2 |
| 管道煤气 | Pipeline Gas | 0.4 | 0.4 |
| 管道天然气 | Pipeline Natural Gas | 57.3 | 57.7 |
| 电 | Electricity | 26.6 | 23.6 |
| 沼气 | Methane | | |
| 其他 | Others | 1.1 | 0.9 |

# 10−15　农村居民家庭基本情况
# Basic Conditions of Rural Households

| 指　　标 | Item | 2015 | 2016 | 2017 | 2018 |
|---|---|---|---|---|---|
| 调查户数　（户） | Number of Households Surveyed　(household) | 2580 | 2591 | 2589 | 1970 |
| 调查户人口　（人） | Number of Residents in the Household Surveyed(person) | | | | |
| 1.常住人口 | Permanent Residents | 8677 | 8631 | 8432 | 6114 |
| 2.平均每户常住人口 | Average Household Size | 3.4 | 3.3 | 3.3 | 3.1 |
| 3.平均每户劳动力人数 | Labours Per Households | 2.3 | 2.3 | 2.3 | 2.1 |
| 平均每户整劳动力人数 | Ablebodied Labours Per Households | 1.1 | 1.0 | 0.9 | 0.8 |
| 平均每户半劳动力人数 | Semiablebodied Labours Per Households | 1.2 | 1.3 | 1.3 | 1.3 |
| 4.平均每劳动力负担人口 | Average Number of Persons Supported by a Laborer | 1.5 | 1.5 | 1.4 | 1.5 |
| 平均每人可支配收入　（元） | Annual Per Capita Disposable Income　(yuan) | 8689 | 9396 | 10265 | 11213 |
| 工资性收入 | Wages Income | 3548 | 3916 | 4272 | 4621 |
| 经营净收入 | Net Income from Business | 2909 | 3058 | 3242 | 3508 |
| 财产净收入 | Property Income | 152 | 159 | 185 | 197 |
| 转移净收入 | Transfer Income | 2080 | 2263 | 2566 | 2887 |
| 平均每人生活消费支出　（元） | Annual Per Capita Consumption Expenditure　(yuan) | 7901 | 8568 | 9306 | 10071 |
| 食品、烟酒 | Food,Tobacco and Alcohol | 2199 | 2307 | 2417 | 2577 |
| 衣　着 | Clothing | 496 | 511 | 531 | 526 |
| 居　住 | Residence | 1786 | 2026 | 2145 | 2431 |
| 生活用品及服务 | Living Articles and Services | 491 | 543 | 577 | 635 |
| 交通通信 | Transportation and Communications | 793 | 880 | 1114 | 1223 |
| 教育文化娱乐 | Recreation, Education and Culture Services | 1037 | 1103 | 1083 | 1253 |
| 医疗保健 | Medicine and Medical Services | 959 | 1044 | 1260 | 1241 |
| 其他用品和服务 | Others | 140 | 154 | 178 | 185 |
| 平均每人年末现住房建筑面积（平方米） | Floor Area per Capita at Year-end　(sq.m) | 42.6 | 44.7 | 46.0 | 41.5 |

# 10-16 农村居民人均可支配收入
# Per Capita Disposable Income of Rural Households

单位：元 (yuan)

| 指　标 | Item | 2017 | 2018 |
|---|---|---|---|
| **可支配收入** | **Disposable Income** | **10264.5** | **11212.8** |
| **一、工资性收入** | **Wages Income** | **4271.5** | **4620.8** |
| (一)工资 | Wage | 4039.1 | 4428.4 |
| 1.按月发放的工资 | The wages by monthly | 2204.7 | 1591.6 |
| 2.补发工资 | Retroactive pay | 44.3 | 167.3 |
| 3.不按月发放的奖金、津贴、过节费等 | The Bonus, allowance, holiday fee etc.by no-monthly | 1790.2 | 2669.5 |
| (二)实物福利 | Benefits in kind | 6.9 | 22.8 |
| 1.从单位或雇主得到的实物产品折价 | The Discount of Real Products from the Company or Employer | 3.3 | 16.4 |
| 2.从单位或雇主得到的服务折价 | The Discount of Services from the Company or Employer | 3.6 | 6.5 |
| (三)其他 | Others | 225.6 | 169.5 |
| 1.住房公积金 | Housing Funds | 16.2 | 0.2 |
| 2.辞退金 | Dismissal Payments | 0.7 | |
| 3.自由职业劳动所得(如稿费、翻译费) | Income by liberal work (Such as Remuneration,Translation Fee) | 12.6 | 21.4 |
| 4.安家费 | Settling-in Allowance | | |
| 5.股票期权 | Stock Options | | |
| 6.其他劳动所得 | Others | 196.1 | 148.0 |
| **二、经营净收入** | **Net Income from Business** | **3241.5** | **3508.0** |
| (一)第一产业经营净收入 | Net Income from Primary Industry Business | 2339.3 | 2581.3 |
| 1.农业 | Agricultural | 2044.4 | 2254.2 |
| 2.林业 | Forestry | 75.3 | 89.8 |
| 3.牧业 | Animal Husbandry | 213.5 | 237.7 |
| 4.渔业 | Fishery | 6.0 | -0.3 |
| (二)第二产业经营净收入 | Net Income from Secondary Industry Business | 42.2 | 45.1 |
| (三)第三产业经营净收入 | Net Income from Tertiary Industry Business | 860.1 | 881.6 |
| 1.批发和零售业 | Wholesale and Retail Trades | 333.9 | 361.5 |
| 2.交通运输、仓储和邮政业 | Transport, Storage and Post | 238.0 | 242.5 |
| 3.住宿和餐饮业 | Hotels and Catering Services | 68.5 | 82.3 |
| 4.房地产业 | Real Estate | | -6.5 |
| 5.租赁和商务服务业 | Leasing and Business Services | 13.3 | 16.7 |
| 6.居民服务、修理和其他服务业 | Services to Households and Other Services | 148.5 | 128.4 |
| 7.农林牧渔服务业 | Services to Agriculture, Forestry, Animal Husbandry and Fisher | 54.3 | 30.8 |
| 8.其他 | Others | 3.5 | 25.8 |

## 10-16 续表 continued

单位：元 (yuan)

| 指　　标 | Item | 2017 | 2018 |
|---|---|---|---|
| **三、财产净收入** | **Net Income from Properties** | **185.1** | **196.6** |
| # 利息净收入 | Net Interests | 6.9 | -6.4 |
| 红利收入 | Bonus | 27.1 | 78.1 |
| 储蓄性保险净收益 | Net Benefits of Savings Insurance | 0.9 | 0.9 |
| 转让承包土地经营权租金净收入 | The Rent Income by Transfer of Land Rights | 64.0 | 63.9 |
| 出租房屋财产性收入 | The Property Income by Renting House | 49.0 | 42.4 |
| 出租机械、专利、版权等资产的收入 | The Income by Renting Assets like Mechanical,Patents,Copyright ect. | 7.5 | 5.2 |
| **四、转移净收入** | **Net Income from Transfer** | **2566.3** | **2887.5** |
| (一)转移性收入 | Income from Transfer | 2827.5 | 3246.7 |
| 1.养老金或离退休金 | Pension or Retired Pension | 773.4 | 791.1 |
| # 离退休金 | Retired Pension | 517.1 | 384.4 |
| 新型农村养老保险 | Urban Employee Social Pension Insurance | 29.0 | 329.5 |
| 2.社会救济和补助 | Social Relief and Aid | 129.2 | 174.8 |
| 3.政策性生活补贴 | Policy Allowance | 52.4 | 68.6 |
| 4.报销医疗费 | Reimbursement of Medical treatment | 173.7 | 209.4 |
| 5.家庭外出从业人员寄回带回收入 | Income from Family Outings Employees | 1237.8 | 1407.5 |
| 6.赡养收入 | Alimony Income | 250.9 | 310.3 |
| 7.其他经常转移收入 | Others Recurring Income from Transfer | 45.3 | 51.0 |
| 8.从政府和组织得到的实物产品和服务折价 | The Discount of Real Products and Services from the Governments and Organizations | 38.8 | 30.2 |
| 9.现金政策性惠农补贴 | The Cash Policy Subsidies for Agricultural | 126.1 | 203.7 |
| (二)转移性支出 | Transfer Expenditure | 261.2 | 359.2 |
| 1.个人所得税 | Personal Income Tax | 1.0 | 2.1 |
| 2.社会保障支出 | Expenditure for Social Security | 225.1 | 306.2 |
| (1)个人缴纳的养老保险 | Pension Insurance Personal Rendered | 76.4 | 80.8 |
| (2)个人缴纳的医疗保险 | Medical Care Insurance Personal Rendered | 144.8 | 223.2 |
| (3)个人缴纳的失业保险 | Unemployment Insurance Personal Rendered | 0.8 | 0.3 |
| (4)其他社会保障支出 | Others | 3.1 | 1.8 |
| 3.外来从业人员寄给家人的支出 | Expenditure for Family from Migrant Workers | 1.0 | 0.8 |
| 4.赡养支出 | Expenditure for Alimony | 23.2 | 32.7 |
| 5.其他 | Others | 10.9 | 17.4 |

# 10-17 农村居民人均生活消费支出

## Per Capita Consumption Expenditure of Rual Households

单位：元 (yuan)

| 指　标 | Item | 2017 | 2018 |
| --- | --- | --- | --- |
| **生活消费支出** | **Total Consumption Expenditure** | **9305.6** | **10070.8** |
| **一、食品、烟酒** | **Food,Tobacco and Alcohol** | **2417.3** | **2576.9** |
| 1.食　品 | Food | 1758.0 | 1852.8 |
| # 谷　物 | Grain | 384.4 | 414.3 |
| 薯　类 | Potato | 58.8 | 73.3 |
| 豆　类 | Beans | 36.2 | 37.1 |
| 食用油 | Edible Oil | 133.8 | 135.5 |
| 蔬菜和食用菌 | Vegetables and Edible Mushrooms | 224.2 | 249.6 |
| 肉　类 | Meat | 321.2 | 330.1 |
| 禽　类 | Poultry | 30.7 | 30.1 |
| 水产品 | Aquatic Products | 17.6 | 15.4 |
| 蛋　类 | Eggs | 43.2 | 50.1 |
| 奶　类 | Milk | 161.6 | 172.7 |
| 干鲜瓜果类 | Fresh and Dried Fruits | 149.0 | 141.8 |
| 糖果糕点类 | Candy and Pastry | 52.4 | 59.2 |
| 2.烟　酒 | Tobacco and Alcohol | 367.2 | 397.9 |
| # 烟　草 | Tobacco | 272.5 | 269.1 |
| 酒　类 | Alcohol | 94.7 | 128.8 |
| 3.饮　料 | Beverages | 56.2 | 60.1 |
| 4.饮食服务 | Catering Services | 235.8 | 266.1 |
| **二、衣　着** | **Clothing** | **530.6** | **525.5** |
| # 衣　类 | Garments | 403.0 | 411.8 |
| 鞋　类 | Footwear | 127.6 | 113.7 |
| **三、居　住** | **Residence** | **2144.9** | **2431.2** |
| # 租赁房房租 | Rental Housing Rent | 35.9 | 74.0 |
| 住房维修及管理 | Housing Repair and Management | 426.5 | 519.8 |
| 水电燃料及其他 | Water,Electric Power Fuel and Others | 503.7 | 565.1 |
| **四、生活用品及服务** | **Living Articles and Services** | **577.1** | **634.7** |
| # 家具及室内装饰品 | Furniture and External Decorations | 116.9 | 86.6 |
| 家用器具 | Household Appliances | 168.3 | 214.1 |
| 家用纺织品 | Household textile | 51.5 | 58.6 |
| 家庭日用杂品 | Household Articles of Daily Use | 169.0 | 187.1 |
| 个人用品 | Personal Items | 59.4 | 70.8 |
| 家庭服务 | Household Services | 12.0 | 17.6 |
| **五、交通通信** | **Transportation and Communications** | **1114.4** | **1222.5** |
| # 交　通 | Transportation | 734.8 | 827.5 |
| 通　信 | Communications | 379.6 | 395.0 |
| **六、教育文化娱乐** | **Recreation, Education and Culture Services** | **1082.8** | **1252.9** |
| # 教　育 | Education | 885.8 | 1036.2 |
| 文化娱乐 | Recreation | 197.0 | 216.6 |
| **七、医疗保健** | **Medicine and Medical Services** | **1260.4** | **1241.8** |
| 医疗器具及药品 | Medical Instruments and Medicines | 316.2 | 377.0 |
| 医疗服务 | Medical Services | 944.3 | 864.8 |
| **八、其他用品和服务** | **Others** | **178.0** | **185.3** |

# 10–18 农村居民家庭人均购买主要商品数量
# Per Capita Purchases of Major Commodities of Rural Households

| 指标 | | Item | | 2017 | 2018 |
|---|---|---|---|---|---|
| 小麦 | (公斤) | Wheat | (kg) | 1.6 | 0.8 |
| 面粉 | (公斤) | Flour | (kg) | 30.8 | 38.5 |
| 大米 | (公斤) | Rice | (kg) | 15.4 | 15.9 |
| 薯类 | (公斤) | Potato | (kg) | 8.6 | 8.9 |
| 豆类 | (公斤) | Beans | (kg) | 6.2 | 6.7 |
| 食用植物油 | (公斤) | Edible Vegetable Oil | (kg) | 9.9 | 9.6 |
| 鲜菜 | (公斤) | Fresh Vegetables | (kg) | 44.7 | 47.7 |
| 猪肉 | (公斤) | Pork | (kg) | 7.5 | 8.8 |
| 牛肉 | (公斤) | Beef | (kg) | 0.2 | 0.3 |
| 羊肉 | (公斤) | Mutton | (kg) | 0.7 | 0.7 |
| 鸡 | (公斤) | Chicken | (kg) | 1.0 | 1.1 |
| 鸭 | (公斤) | Duck | (kg) | 0.0 | 0.0 |
| 鱼类 | (公斤) | Fish | (kg) | 0.8 | 0.6 |
| 虾类 | (公斤) | Shrimp | (kg) | 0.0 | 0.0 |
| 鲜蛋 | (公斤) | Fresh Eggs | (kg) | 4.9 | 4.7 |
| 鲜奶 | (公斤) | Fresh Dairy Products | (kg) | 3.9 | 3.7 |
| 酸奶 | (公斤) | Yogurt | (kg) | 1.1 | 1.1 |
| 奶粉 | (公斤) | Milk Powder | (kg) | 0.8 | 0.8 |
| 鲜瓜果 | (公斤) | Fresh Fruit | (kg) | 28.4 | 23.6 |
| 糕点 | (公斤) | Cake | (kg) | 1.7 | 2.1 |
| 茶叶 | (公斤) | Tea | (kg) | 0.2 | 0.3 |
| 卷烟 | (盒) | Cigarette | (box) | 37.0 | 36.9 |
| 啤酒 | (公斤) | Beer | (kg) | 3.3 | 3.1 |
| 白酒 | (公斤) | Liquor | (kg) | 1.2 | 1.6 |
| 果酒 | (公斤) | Wine | (kg) | 0.3 | 0.2 |
| 鞋 | (双) | Footwear | (pair) | 2.1 | 2.0 |
| 水 | (吨) | Water | ton) | 8.5 | 11.0 |
| 电 | (度) | Electricity | (kwh) | 435.3 | 461.5 |
| 煤炭 | (公斤) | Coal | (kg) | 171.5 | 176.4 |
| 管道天燃气 | (立方米) | Gas pipeline | (cu.m) | 4.9 | 9.5 |
| 罐装液化石油气 | (公斤) | Bottled LPG | (kg) | 4.1 | 3.9 |

# 10-19 农村居民家庭平均每百户年末耐用消费品拥有量
# Main Durable Goods Owned Per 100 Rural Households

| 指　　标 | | Item | | 2017 | 2018 |
|---|---|---|---|---|---|
| 家用汽车 | (辆) | Automobile | (unit) | 13.9 | 17.4 |
| 摩托车 | (辆) | Motorcycle | (unit) | 61.6 | 58.2 |
| 助力车 | (台) | Strength-aid Cycle | (unit) | 44.0 | 43.4 |
| 洗衣机 | (台) | Washing Machine | (unit) | 93.0 | 89.7 |
| 电冰箱(柜) | (台) | Refrigerator | (unit) | 80.2 | 81.7 |
| 微波炉 | (台) | Microwave Oven | (unit) | 5.1 | 7.1 |
| 彩色电视机 | (台) | Color TV Set | (unit) | 114.6 | 104.7 |
| # 接入有线电视 | | Cable TV Set | | 40.2 | 28.0 |
| 空　调 | (台) | Air Conditioner | (unit) | 33.7 | 41.0 |
| 热水器 | (台) | Water Heater | (unit) | 50.2 | 51.0 |
| # 太阳能热水器 | | Solar Water Heater | | 41.2 | 36.9 |
| 洗碗机 | (台) | Dish Washer | (unit) | 0.3 | 0.4 |
| 排油烟机 | (台) | Exhauster | (unit) | 10.3 | 11.7 |
| 固定电话 | (线) | Ordinary Telephone | (unit) | 15.6 | 6.7 |
| 移动电话 | (部) | Mobile Telephone | (unit) | 270.1 | 258.9 |
| # 接入互联网 | | Access to the Internet | | 112.9 | 157.0 |
| 计算机 | (台) | Computer | (unit) | 25.2 | 14.9 |
| # 接入互联网 | | Access to the Internet | | 17.2 | 10.0 |
| 照相机 | (台) | Camera | (unit) | 3.3 | 1.0 |
| 中高档乐器 | (架) | High-end Instruments | (unit) | 0.4 | 0.6 |
| 健身器材 | (台) | Setting-up Apparatus | (unit) | 0.6 | 0.4 |
| 空气净化器(含新风系统) | (台) | Air Cleaner(Including Fresh Air Syster | (unit) | 0.2 | 0.2 |
| 吸尘器 | (台) | Vacuum Cleaners | (unit) | 0.1 | 0.4 |

# 10-20 农村居民家庭年末居住情况
# Housing Conditions of Rural Households

| 指标 | Item | 2017 | 2018 |
|---|---|---|---|
| 调查户数 (户) | Number of Households Surveyed (household) | 2589 | 1970 |
| 平均每户居住人口 (人) | Average Number of Resident Population (person) | 3.3 | 3.1 |
| 平均每人建筑面积 (平方米) | The Average Floor Area Per Person (sq.m) | 46.0 | 41.5 |
| 一、按住户居住空间样式分 (%) | By Style of Living Space (%) | 100.0 | 100.0 |
| 单栋楼房 | Dependent Building | 27.6 | 21.6 |
| 单栋平房 | Single-storey House | 55.8 | 58.1 |
| 四居室及以上单元房 | Four Bedrooms | 0.1 | 0.2 |
| 三居室单元房 | Three Bedrooms | 0.3 | 1.6 |
| 二居室单元房 | Two Beedrooms | 0.5 | 0.3 |
| 一居室单元房 | One Beedroom | 0.1 | 0.1 |
| 筒子楼或连片平房 | Tube-shaped Apartment or Lace Single-storey Houses | 11.8 | 9.0 |
| 其他 | Others | 3.9 | 9.1 |
| 二、按主要建筑材料分 (%) | By Main Building Materials (%) | 100.0 | 100.0 |
| 钢筋混凝土 | Reinforced Concrete | 5.5 | 14.3 |
| 砖混材料 | Brick-and-concrete Buildings | 64.2 | 62.4 |
| 砖瓦砖木 | Brick and Brick-wood Structure | 25.7 | 14.7 |
| 竹草土坯 | Bamboo Grass and Sun-dried Mud Brick | 2.1 | 2.6 |
| 其他 | Others | 2.5 | 6.0 |
| 三、按现住房房屋来源分 (%) | By Source of Housing (%) | 100.0 | 100.0 |
| 租赁公房 | Public-rent Housing | 0.2 | 0.1 |
| 租赁私房 | Private-rent Housing | 1.4 | 2.3 |
| 自建住房 | Self-establish Housing | 95.3 | 94.2 |
| 购买商品房 | Commercial Residential Housing | 0.9 | 0.8 |
| 购买房改住房 | Private Housing through Housing Reform | 0.3 | 0.1 |
| 购买保障性住房 | Indemnificatory Housing |  | 0.2 |
| 拆迁安置房 | Resettlement Housing | 0.3 | 1.4 |
| 继承或获赠住房 | Inheriting and Donation Housing | 1.2 | 0.4 |
| 免费借用房 | Free Housing | 0.1 | 0.4 |
| 雇主提供免费住房 | Free Housing from Employer |  |  |
| 其他 | Others | 0.2 | 0.1 |
| 四、按住宅外道路路面情况分 (%) | By Pavement Condition Outside (%) | 100.0 | 100.0 |
| 水泥或柏油路面 | Cement or Asphalt Pavement | 73.7 | 77.6 |
| 沙石或石板等硬质路面 | Hard Sand or Stone Pavement | 16.2 | 13.1 |
| 其他 | Others | 10.1 | 9.3 |
| 五、按住宅有管道供水情况分 (%) | By Piped Water Supply Condition (%) | 100.0 | 100.0 |
| 管道供水入户 | Pipe water into People's Homes | 85.2 | 84.9 |
| 管道供水至公共取水点 | Pipe water to Public Watering Points | 1.6 | 1.8 |
| 没有管道设施 | No Pipeline Facilities | 13.1 | 13.3 |
| 六、按住户主要饮用水来源情况分 (%) | By Source of main Drinking Water (%) | 100.0 | 100.0 |
| 经过净化处理的自来水 | Purified Tap Water | 56.6 | 54.7 |
| 受保护的井水和泉水 | Protected Wells and Springs | 28.7 | 32.8 |
| 不受保护的井水和泉水 | Unprotected Wells and Springs | 8.9 | 7.9 |
| 江河湖泊水 | Rivers and Lakes Water | 0.5 | 0.5 |
| 收集雨水 | Collected Rainwater | 3.0 | 3.1 |
| 桶装水 | Barrels Water |  | 0.1 |
| 其他 | Others | 2.3 | 0.9 |
| 七、按住户厕所类型分 (%) | By Household Lavatory Type (%) | 100.0 | 100.0 |
| 水冲式卫生厕所 | Sanitary Water Closet | 13.1 | 16.7 |
| 水冲式非卫生厕所 | Insanitary Water Closet | 3.4 | 2.0 |
| 卫生旱厕 | Sanitary Latrine | 18.2 | 18.8 |
| 普通旱厕 | Latrine | 63.7 | 61.7 |
| 无厕所 | No Lavatory | 1.6 | 0.8 |
| 八、按住户主要取暖设备状况分 (%) | By Heating Facilities Condition (%) | 100.0 | 100.0 |
| 由市政或小区集中供暖 | Central Heating | 0.5 | 0.4 |
| 自行供暖 | Self Heating | 86.6 | 73.8 |
| 无取暖设备 | Without Heating Equipment | 12.9 | 25.8 |
| 九、按主要炊用能源状况分 (%) | By Cooking Fuel Condition (%) | 100.0 | 100.0 |
| 柴草 | Firewood | 46.0 | 54.7 |
| 煤炭 | Coal | 20.1 | 13.5 |
| 罐装液化石油气 | Canned Liquified Petroleum Gas | 5.8 | 4.8 |
| 管道液化石油气 | Pipeline Liquified Petroleum Gas | 0.2 | 0.3 |
| 管道煤气 | Pipeline Gas | 0.0 |  |
| 管道天然气 | Pipeline Natural Gas | 1.4 | 3.3 |
| 电 | Electricity | 24.7 | 23.2 |
| 沼气 | Methane | 1.6 | 0.0 |
| 其他 | Others | 0.2 | 0.2 |

# 主要统计指标解释

**住户** 指居住在一个住宅内，共同分享生活开支或收入的一群人。居住在同一房间内、不共同分享生活开支的人群，每个人都视为一个住户。住家保姆、住家家庭帮工视为单独的住户。

**常住居民** 指住户成员中，经常在家居住、或者调查期内居住时间超过一半的人员，以及本住户供养的学生。常住居民是住户收支的调查对象。

**整、半劳动力** 整劳动力是指男子18周岁到50周岁，女子18周岁到45周岁；半劳动力是指男子16周岁到17周岁，51周岁到60周岁；女子16周岁到17周岁，46周岁到55周岁，同时具有劳动能力的人。虽然在劳动年龄之内，但已丧失劳动能力的人，不应算为劳动力；超过劳动年龄，但能经常参加劳动，计入半劳动力数内。常住人口中的职工，若这些职工为劳动力，就包括在本户的整半劳动力中。

**居民人均可支配收入** 指调查期内居民家庭成员人均获得的、可用于最终消费支出和储蓄的总和，即居民可以用来自由支配的收入，既包括现金收入，也包括实物收入。全体居民可支配收入可以体现各地区城乡一体的居民收入及生活水平变化情况。按照收入的来源，可支配收入包含四项，分别为：工资性收入、经营净收入、财产净收入、转移净收入。

**工资性收入** 指就业人员通过各种途径得到的全部劳动报酬和各种福利，包括受雇于单位或个人、从事各种自由职业、兼职和零星劳动得到的全部劳动报酬和福利。

**经营净收入** 指住户或住户成员从事生产经营活动所获得的净收入，是全部经营收入中扣除经营费用、生产性固定资产折旧和生产税净额（生产税减去生产补贴）之后得到的净收入。计算公式为：

经营净收入 = 经营收入 - 经营费用 - 生产性固定资产折旧 - 生产税净额（生产税-生产补贴）

**财产净收入** 指住户或住户成员将其所拥有的金融资产和自然资源交由其他机构单位、住户或个人支配而获得的回报并扣除相关的费用之后得到的净收入。计算公式为：财产净收入 = 财产性收入 - 财产性支出

**转移净收入** 指国家、单位、社会团体对住户的各种经常性转移支付和住户之间的经常性收入转移。包括政府、非行政事业单位、社会团体对居民转移的养老金或退休金、社会救济和补助、政策性生活补贴、救灾款、经常性捐赠和赔偿以及报销医疗费等；住户之间的赡养收入、经常性捐赠和赔偿以及农村地区（村委会）在外（含国外）工作的本住户非常住成员寄回带回的收入等。计算公式为：转移净收入=转移性收入-转移性支出

**居民收入五等份分组** 指将所有调查户按人均收入水平从低到高顺序排列，平均分为五个等份，处于最高20%的收入群体为高收入组，依此类推依次为中高收入组、中等收入组、中低收入组、低收入组。

**居民人均生活消费支出** 指住户用于满足家庭日常生活消费需要的全部支出，包括用于消费品的支出和用于服务性消费的支出。根据用途不同，消费支出可划分为食品烟酒、衣着、居住、生活用品及服务、交通通信、教育文化娱乐、医疗保健、其他用品及服务八大类。

**城镇居民人均可支配收入（老口径）** 指城镇家庭总收入扣除交纳的个人所得税和个人交纳的各项社会保障支出之后，按照城镇居民家庭人口平均的收入水平。其中家庭总收入是指该家庭中生活在一起的所有家庭人员从各种渠道得到的所有收入之和。计算公式为：

可支配收入= 家庭总收入- 交纳个人所得税-个人交纳的社会保障支出-记账补贴

**农村居民人均纯收入（老口径）** 指农村住户当年从各个来源得到的家庭总收入扣除有关费用性支出后，最终归农村居民所有的收入总和，按照农村住户人口平均的纯收入水平。计算公式为：

纯收入＝总收入-家庭经营费用支出-税费支出-生产性固定资产折旧-赠送农村内部亲友

# Explanatory Notes on Main Statistical Indicators

**Households** refer to persons living and sharing economically together in one house. When people don't share living expenses, every single person are deemed to be one household. Live-in Nanny and family helpers are deemed to be one household.

**Usual Resident Population** refers to persons staying at home regularly or for over half of time in survey period and students provided by the household. Usual resident population is the respondent of household living expenses.

**Full/Semi Labour Force** Full labour force refers to persons capable of work, aged 18-50 for males and 18-45 for females. Semi labour force refers to persons capable of work, aged 16-17 and 51-60 for males and 16-17 and 46-55 for females. Persons at their working ages but not capable of work are not to be included as labour force. Persons not at working ages but participating regularly in work are included in semi labour force. For staff and workers who are usual residents, are included as full or semi labour force of the household if they are in the labour force.

**Disposable Income of Residents** refers to the actual income at the disposal of members of the households which can be used for final consumption and savings in survey period, residents can use that at their disposal. It includes cash income and physical income. This income demonstrates the situation about incomes of both rural and urban residents and living standard in various regions. According to the source of income, disposable income include wage income, net business income, net property income and net transferability income.

**Wages Income** refers to the work reward and all benefits received in various ways by the members of rural households,include the work reward and all benefits received from employed by other units or individuals,liberal professions, part-time job and sporadic labor.

**Net Business Income** refers to the net income received by households engaged in manufacturing & managing activities.This equals to total business income minus operating costs, depreciation for productive plant assets and net product tax(production taxes minus production subsidies).The following formula is used:

Net business income=business income-operating costs-depreciation for productive plant assets- net product tax(production taxes-production subsidies)

**Net Property Income** refers to the income received as returns by owners of financial assets or nature sources by providing nature sources to other institutional units,households and individuals. The following formula is used:

Net property income = property income - property expenditure

**Net Transferability Income** refers to various current transfers of nation, units and social organizations pay to households and recurring revenue transfer between households. This income includes pension transferred from government, the non administrative institutions and social organizations to households, social assistance, policy living allowance, disaster relief funds, regular donation and compensation, recoverable medical cost; alimony income, regular donation and compensation, income from the ones who are not resident in rural areas between the households.The following formula is used:

Net transferability income = transfer income - transfer expenditure

**Five Equal Groups of Resident Income** According to income per head, all investigative households are arranged from low to high. Divided five groups equally, the maximum 20% of the income groups is high-income groups, and so on, there are middle and upper-income groups, middle-income groups, medium-low-income groups and low-income groups.

**Consumption Expenditure of Households** refers to total expenditure of households for consumption in daily life, including expenditure on the eight categories of food; clothing; housing; household appliances and services; health care and medical services; transport and communications; recreation, education and cultural services; and miscellaneous goods and services.

**The Per Capita Disposable Income(the old range)**This equals to total income minus income tax, personal contribution to social security and subsidy for keeping diaries in being a sample household. The following formula is used:

Disposable income = total household income - income tax - personal contribution to social security - subsidy for keeping diaries for a sampled household

**The Average Per Capita Net Income of Rural Residents(the old range)** refers to the total income of rural households from all sources minus all corresponding expenses. The formula for calculation is as follows:

Net income = total income - household operation expenses - taxes and fees paid - taxes and fees depreciation of fixed assets for production - gifts to non-rural relatives

# 十一、环境和城市

Environment and Cities

资料整理：冉妮平　宋天航　梁珠荣

# 简 要 说 明

一、本篇资料主要反映陕西环境保护事业发展情况和城市公用事业基本情况。

环境保护事业发展情况主要包括供水、用水情况以及工业废水和生活污水的排放及治理情况；城市空气质量，废气排放及处理情况；工业固体废物的产生、处理及利用情况；城市生活垃圾清运及处理情况；城市道路交通和区域环境噪声监测情况；造林及自然保护基本情况；地质、地震、海洋、森林灾害及突发环境事件情况；环境污染治理投资等情况。

城市公用事业基本情况主要包括城市建设、供水、供气、供热、市政设施、城市绿化、环境卫生等情况。

二、本篇资料由省自然资源厅、省生态环境厅、省住房和城乡建设厅、省水利厅、省林业局等提供。

# Brief Introduction

I. This chapter reflects the development of environment protection and public utilities in Shaanxi Province.

The development of environment protection mainly include water supply and utilization, discharge and treatment of industrial and other waste water; urban air quality, emission and treatment of waste gas; production, treatment and utilization of industrial solid wastes, collection and disposal of consumption wastes in cities; national monitoring of road traffic noise and urban environmental noise in key cities; forestation, grassland construction and natural protection; incidences of geological, seismic, marine and forest disasters, environmental emergency investment in environment pollution treatment, etc.

The public utilities mainly include urban construction, water supply, gas supply, heat supply, public facilities, urban greening and environmental hygiene, etc.

Ⅱ. The data resources are provided by Shaanxi Provincial Department of Natural Resources, Shaanxi Provincial Department of Ecology and Environment, Shaanxi Provincial Department of Housing and Urban-Rural Construction, Shaanxi Provincial Department of Water Resources and Shaanxi Provincial Bureau of Forestry.

# 11.环境和城市

| | | |
|---|---|---|
| 2018年全省城市 | | |
| 人均公园绿地面积 | 11.73 | 平方米 |
| 人均城市道路面积 | 16.47 | 平方米 |
| 人均日生活用水量 | 164.28 | 升 |
| 供水普及率 | 95.45 | % |
| 燃气普及率 | 96.74 | % |

## 人均公园绿地面积（平方米）
（2018年）

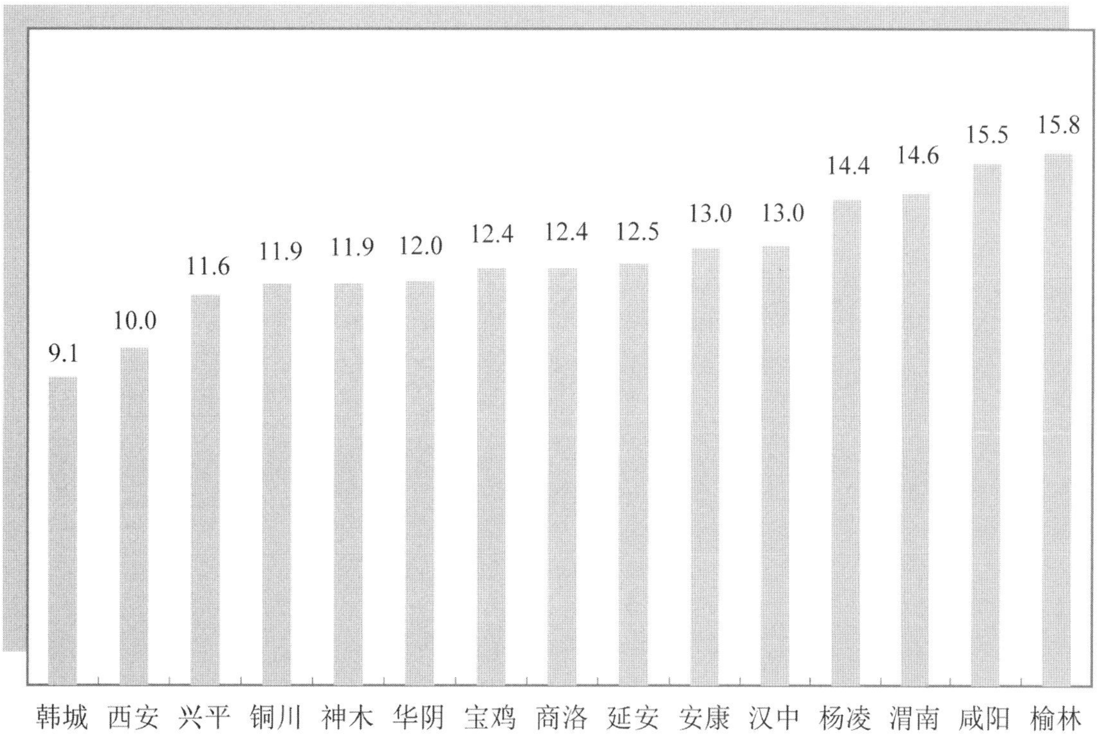

# 11－1　环境保护基本情况
# Basic Statistics on Environmental Protection

| 指　　标 | | Item | | 2017 | 2018 |
|---|---|---|---|---|---|
| **水环境** | | **Water Environment Conditions** | | | |
| 水资源总量 | (亿立方米) | Total Amount of Water Resources | (100 million cu. m) | 449.13 | 371.43 |
| 地表水资源量 | | Surface Water | | 422.56 | 347.55 |
| 地下水资源量 | | Ground-Water | | 141.57 | 125.03 |
| 地表水与地下水资源重复量 | | Duplicated Measurement between Surface and Underground | | 115.00 | 101.15 |
| 人均水资源量 | (立方米／人) | Per Capita Water Resources | (cu.m/person) | 1174.49 | 964.77 |
| 用水总量 | (亿立方米) | Water Consumption | (100 million cu. m) | 92.99 | 93.72 |
| # 农业用水 | | Water Consumption of Agriculture | | 58.17 | 57.07 |
| 工业用水 | | Water Consumption of Industry | | 14.34 | 14.49 |
| 生活用水 | | Water Consumption of Consumption | | 16.97 | 17.40 |
| 生态环境补水 | | Water Consumption of Ecological Protection | | 3.51 | 4.76 |
| 废水排放总量 | (万吨) | Total Volume of Waste Water Discharged | (10 000 tons) | 175954.54 | |
| # 工业废水排放量 | | Volume of Industrial Waste Water Discharged | | 30875.52 | |
| 城镇生活污水排放量 | | Volume of Consumption Waste Water Discharged | | 144973.63 | |
| 集中式治理设施污水排放量 | | Volume of Sewage Discharged from Centralized Treatment Facilities | | 105.39 | |
| 化学需氧量(COD)排放量 | (吨) | COD Discharge | (ton) | 196390 | |
| # 工业废水中COD排放量 | | COD Discharge by Industrial Waste Water | | 13870 | |
| 农业COD排放量 | | COD Discharge by Agriculture | | 4376 | |
| 城镇生活污水中COD排放量 | | COD Discharge by Consumption Waste Water | | 177118 | |
| 集中式治理设施COD排放量 | | Volume of COD Discharged by Centralized Treatment Facilities | | 1027 | |
| 氨氮排放量 | (吨) | Ammonia Nitrogen Discharge | (ton) | 26470 | |
| # 工业废水中氨氮排放量 | | Ammonia Nitrogen Discharge by Industrial Waste Water | | 821 | |
| 农业氨氮排放量 | | Ammonia Nitrogen Discharge by Agriculture | | 67 | |
| 生活污水中氨氮排放量 | | Ammonia Nitrogen Discharge by Consumption Waste Water | | 25452 | |
| 集中式治理设施氨氮排放量 | | Volume of Ammonia Nitrogen Discharged by Centralized Treatment Facilities | | 129 | |
| **大气环境** | | **Atmospheric Environment Conditions** | | | |
| 二氧化硫(SO2)排放量 | (吨) | Sulphur Dioxide (SO2 ) Emission | (ton) | 279359 | |
| # 工业SO2排放量 | | Volume of Sulphur Dioxide Emission by Industry | | 158154 | |
| 城镇生活SO2排放量 | | Volume of Sulphur Dioxide Emission by Consumption | | 121193 | |
| 集中式治理设施SO2排放量 | | Volume of SO2 Discharged by Centralized Treatment Facilities | | 12 | |
| 氮氧化物排放量 | (吨) | Volume of Nitrogen oxides | (ton) | 339803 | |
| # 工业氮氧化物排放量 | | Volume of Nitrogen oxides by Industry | | 167482 | |
| 城镇生活氮氧化物排放量 | | Volume of Nitrogen oxides by Consumption | | 20444 | |
| 机动车氮氧化物排放量 | | Volume of Nitrogen oxides by Motor Vehicles | | 151841 | |
| 集中式治理设施氮氧化物排放量 | | Volume of Nitrogen oxides by Centralized Treatment Facilities | | 35 | |
| 烟(粉)尘排放量 | (吨) | Volume of Soot Emission | (ton) | 236687 | |
| # 工业烟(粉)尘排放量 | | Volume of Industrial Soot Emission | | 139168 | |
| 城镇生活烟尘排放量 | | Volume of Consumption Soot Emission | | 83880 | |
| 机动车烟尘排放量 | | Volume of Soot Emission by Motor Vehicles | | 13633 | |
| 集中式治理设施烟尘排放量 | | Volume of Soot Emission by Centralized Treatment Facilities | | 6 | |

## 11-1 续表 1 continued

| 指 标 | Item | 2017 | 2018 |
|---|---|---|---|
| **固体废物** | **Solid Wastes** | | |
| 一般工业固体废物产生量 (万吨) | Volume of Industrial Solid Wastes Produced (10 000 tons) | 10080.70 | |
| 一般工业固体废物综合利用量 (万吨) | Volume of Industrial Solid Wastes Utilized (10 000 tons) | 3424.57 | |
| # 综合利用往年贮存量 | The Comprehensive Utilization Stored Quantity in Early Years | 176.82 | |
| 一般工业固体废物综合利用率 (%) | Ratio of Industrial Solid Wastes Utilized (%) | 33.97 | |
| 一般工业固体废物处置量 (万吨) | Volume of Industrial Solid Wastes Treated (10 000 tons) | 5555.41 | |
| # 处置往年贮存量 | Stored Quantity Treated in Early Years | 683.25 | |
| 一般工业固体废物处置率 (%) | Ratio of Industrial Solid Wastes Treated (%) | 55.11 | |
| 一般工业固体废物贮存量 (万吨) | Industrial Solid Wastes Stored Quantity (10 000 tons) | 1960.70 | |
| 危险废物产生量 (吨) | Volume of Hazardous Wastes (ton) | 1115597 | |
| 危险废物综合利用量 (吨) | Volume of Hazardous Wastes Utilized (ton) | 346519 | |
| # 综合利用往年贮存量 | The Comprehensive Utilization Stored Quantity in Early Years | 17134 | |
| 危险废物综合利用率 (%) | Ratio of Hazardous Wastes Utilized (%) | 31.06 | |
| 危险废物处置量 (吨) | Volume of Hazardous Wastes Treated (ton) | 744250 | |
| 危险废物处置率 (%) | Ratio of Hazardous Wastes Treated (%) | 66.71 | |
| 危险废物贮存量 (吨) | Hazardous Wastes Stored Quantity (ton) | 89188 | |
| **生态环境** | **Ecological Environment Conditions** | | |
| 森林面积 (万公顷) | Area of Forest (1 0000 hectares) | 886.67 | 886.67 |
| 森林覆盖率 (%) | Forest Coverage Rate (%) | 43.06 | 43.06 |
| 累计水土流失治理面积 (千公顷) | Accumulative Area of Water and Soil Conservation (1 000 hectares) | 7765.02 | 7917.95 |
| 当年造林面积 (公顷) | Total Area of Afforestation (hectare) | 334786 | 348094 |
| 人工造林 | Manual Planting | 163099 | 160912 |
| 飞播造林 | Airplane Planting | 34002 | 27004 |
| 当年新封山(沙)育林面积 | New Cloring Hillsides for Afforestation | 58403 | 75220 |
| 退化林修复 | Restoration of Degraded Forest | 75057 | 84958 |
| 人工更新 | Artificial Regeneration | 4225 | |
| 自然保护区数 (个) | Number of Nature Reserves (unit) | 61 | |
| # 国家级 | Nation Level | 25 | |
| 自然保护区面积 (万公顷) | Area of Nature Reserves (10 000 hectares) | 115.74 | |
| **自然灾害** | **Natural Disasters** | | |
| 地质灾害次数 (次) | Number of Geologic Hazards (time) | 152 | 258 |
| 地质灾害伤亡人数 (人) | Number of Geologic Hazard Casualties (person) | 50 | 6 |
| 地质灾害直接经济损失 (万元) | Direct Economic Losses of Geologic Hazard (10 000 yuan) | 6242 | 9874 |
| 森林火灾次数 (次) | Number of Forest Fires (time) | 181 | 125 |
| 森林火灾受害森林面积 (公顷) | Danaged Forest Area (hectare) | 148 | 281 |
| **环境污染与治理** | **Investment in the Treatment of Environmental Pollution** | | |
| 突发环境事件次数 (次) | Environmental Disasters (time) | 33 | |

## 11-1 续表 2 continued

| 指 标 | | Item | 2017 | 2018 |
|---|---|---|---|---|
| 环境污染治理投资总额 | (万元) | Total Investment in the Treatment of Environmental Pollution (10 000 yuan) | 3112585 | |
| 城镇环境基础设施投资 | | Investment in Urban Environmental Infrastructure | 2099805 | 1398902 |
| 燃 气 | | Gas | 360041 | 143291 |
| 集中供热 | | Centralized Heating | 225119 | 200104 |
| 排 水 | | Drainage Works | 355904 | 364405 |
| 园林绿化 | | Gardening and Greening | 1033994 | 590970 |
| 市容环境卫生 | | Environmental Sanitation | 124747 | 100132 |
| 工业污染防治投资 | | Investment in the Treatment of Industrial Pollution | 172274 | |
| 治理废水 | | Treatment of Waste Water | 21936 | |
| 治理废气 | | Treatment of Waste Gas | 110400 | |
| 治理固体废物 | | Treatment of Solid Waste | 1322 | |
| 治理噪声 | | Treatment of Noise Pollution | 263 | |
| 治理其他 | | Treatment of Other Pollution | 38353 | |
| 完成环保验收项目环保投资 | (万元) | Investment in Completion Acceptance of Environmental Protection (10 000 yuan) | 840506 | |
| 环境污染治理投资占GDP比重 | (%) | Total Investment in the Treatment of Environmental Pollution as Percent of GDP (%) | 1.42 | |
| 工业废气治理设施运行费用 | (万元) | Operating Costs of Industrial Waste Gas Treatment Facilities (10 000 yuan) | 458286 | |
| 工业废水治理设施运行费用 | (万元) | Operating Costs of Industrial Waste Water Treatment Facilities (10 000 yuan) | 167114 | |
| 本年林业投资完成额 | (万元) | Investment Completed This Year for Afforestation (10 000 yuan) | 1293529 | 1372268 |
| 生态建设与保护 | | Ecological Construction and Protection | 824993 | 889436 |
| 林业支撑与保障 | | Forestry Support and Protection | 147830 | 161058 |
| 林业产业发展 | | Development of Forestry | 294976 | 292660 |
| 林业民生工程 | | Forestry of the people's livelihood projects | 14869 | 11481 |
| 其 他 | | Others | 10861 | 17633 |
| **城市环境** | | **Urban Environmental** | | |
| 城区面积 | (平方公里) | Total Urban Area (sq.km) | 2620.92 | 2666.88 |
| # 建成区面积 | | Developed Areas | 1287.05 | 1345.98 |
| 城市建设用地面积 | (平方公里) | City Areas and Floor Space of Buildings (sq.km) | 1229.90 | 1275.94 |
| 城市供水总量 | (万立方米) | Total Water Supply (10 000 cu.m) | 137916.76 | 141581.74 |
| 城市供水普及率 | (%) | Coverage Rate of Urban Population with Access to Tap Water (%) | 93.81 | 95.45 |
| 城市污水排放量 | (万立方米) | Volume of City Sewage (10 000 cu.m) | 97919 | 118968 |
| 城市污水处理量 | (万立方米) | Disposal of City Sewage (10 000 cu.m) | 90518 | 110906 |
| 城市污水处理厂集中处理率 | (%) | Treatment Rate of City Sewage (%) | 92.44 | 93.22 |
| 城市生活垃圾清运量 | (万吨) | Urban Consumption Wastes Collected and Transported (10 000 tons) | 379.23 | 644.80 |
| 城市生活垃圾无害化处理量 | (万吨) | Volume of City Consumption Wastes (10 000 tons) | 375.30 | 638.78 |
| 城市生活垃圾无害化处理率 | (%) | Treatment Rate of City Consumption Wastes (%) | 98.96 | 99.07 |
| 城市燃气普及率 | (%) | Coverage Rate of Urban Population with Access to Gas (%) | 93.61 | 96.74 |
| 城市集中供热面积 | (万平方米) | Area of Centralized Heating in Urban (10 000 sq.m) | 39579 | 35041 |
| 城市人均公园绿地面积 | (平方米) | Per Capita Public Green Area (sq.m) | 12.64 | 11.73 |
| 建成区绿化覆盖率 | (%) | Green Covered Area as % of Completed Area (%) | 39.88 | 38.79 |

注：城市环境部分，统计范围为全省设区市和杨凌示范区及兴平、华阴、韩城、神木4个县级市。
a)Data of urban enviromental include those of cities at prefecture level,Yangling,Xingping,Huayin,Hancheng and Shenmu.

# 11-2 各市(区)工业固体废物排放及处理情况(2017年)
# Production and Treatment of Industrial Solid Wastes by City(District)(2017)

单位：万吨 (10 000 tons)

| 地　区 | Region | 一般工业固体废物产生量 Volume of Industrial Solid Wastes Produced | 危险废物产生量 Volume of Hazardous Wastes Produced | 一般工业固体废物贮存量 Volume of Industrial Solid Wastes in Stocks | 危险废物贮存量 Volume of Hazardous Wastes in Stocks | 一般工业固体废物处置量 Volume of Industrial Solid Wastes Disposed | #处置往年贮存量 Storage Capacity Disposed in Former Years | 危险废物处置量 Volume of Hazardous Wastes Disposed | 一般工业固体废物综合利用量 Volume of Industrial Solid Wastes Utilized |
|---|---|---|---|---|---|---|---|---|---|
| **全　省** | **Shaanxi** | **10080.70** | **111.56** | **1960.70** | **8.92** | **5555.41** | **683.25** | **74.42** | **3424.57** |
| 西安市 | Xi'an | 185.03 | 5.25 | 2.49 | 0.03 | 27.63 | 2.45 | 2.88 | 158.60 |
| 铜川市 | Tongchuan | 400.98 | 0.01 | 78.26 | 0.00 | 20.89 | 0.02 | 0.01 | 307.84 |
| 宝鸡市 | Baoji | 597.33 | 3.40 | 101.63 | 0.43 | 389.65 | 116.09 | 0.79 | 340.07 |
| 咸阳市 | Xianyang | 664.17 | 0.96 | 44.20 | 0.05 | 136.10 | 0.11 | 0.79 | 484.35 |
| 渭南市 | Weinan | 3776.13 | 18.11 | 358.37 | 3.55 | 2769.00 | 0.21 | 2.10 | 651.65 |
| #韩城市 | Hancheng | 807.42 | 2.04 | 158.76 | 0.00 | 433.16 | 0.00 | 0.02 | 217.10 |
| 延安市 | Yan'an | 264.34 | 19.79 | 19.92 | 0.71 | 170.90 | 59.00 | 19.77 | 132.53 |
| 汉中市 | Hanzhong | 549.91 | 23.00 | 247.01 | 1.61 | 345.03 | 155.14 | 16.67 | 113.62 |
| 榆林市 | Yulin | 2785.57 | 22.46 | 760.86 | 1.87 | 1466.59 | 308.97 | 13.99 | 910.85 |
| 安康市 | Ankang | 60.86 | 0.38 | 17.23 | 0.05 | 0.35 | 0.02 | 0.07 | 44.19 |
| 商洛市 | Shangluo | 538.37 | 18.11 | 330.72 | 0.61 | 226.89 | 41.24 | 17.28 | 25.24 |
| 杨凌示范区 | Yangling | 55.99 | 0.00 | 0.00 | 0.00 | 0.89 | 0.00 | 0.00 | 55.10 |
| 西咸新区 | Xixian | 202.03 | 0.08 | 0.02 | 0.01 | 1.48 | 0.00 | 0.07 | 200.52 |

# 11-3 各市(区)工业废水排放及处理量(2017年)
# Discharge and Treatment of Industrial Waste Water by City(District)(2017)

| 地　区 | Region | 工业用水总量(万吨) Total Water Use in Industry (10 000 tons) | 工业废水排放总量(万吨) Total Volume of Industrial Waste Water Discharged (10 000 tons) | 化学需氧量排放量(吨) COD Discharge (ton) | 氨氮排放量(吨) Ammonia Nitrogen Discharge (ton) | 工业废水处理量(万吨) Volume of Treated Industrial Waste Water (10 000 tons) | 废水治理设施数(套) Number of Facilities for Treatment of Waste Water (set) | 废水治理设施处理能力(万吨/日) Treatment Capacity of Facilities for Treatment of Waste Water (10 000 tons/day) | 废水治理设施运行费用(万元) Operate Expenditure for Facilities for Treatment of Waste Water (10 000 yuan) |
|---|---|---|---|---|---|---|---|---|---|
| **全　省** | **Shaanxi** | **76865.47** | **30875.52** | **13869.51** | **821.10** | **49429.45** | **1750** | **330.47** | **167114** |
| 西安市 | Xi'an | 9197.07 | 4247.57 | 1246.92 | 77.04 | 4448.08 | 275 | 29.62 | 27057 |
| 铜川市 | Tongchuan | 953.26 | 312.40 | 315.28 | 2.66 | 302.47 | 27 | 4.07 | 1140 |
| 宝鸡市 | Baoji | 6822.65 | 2528.02 | 2074.24 | 153.47 | 3635.46 | 149 | 29.45 | 8606 |
| 咸阳市 | Xianyang | 5992.76 | 2685.64 | 1657.80 | 114.26 | 4578.19 | 151 | 41.55 | 16733 |
| 渭南市 | Weinan | 13833.56 | 3503.57 | 2503.01 | 149.60 | 8867.88 | 169 | 56.92 | 29037 |
| #韩城市 | Hancheng | 3807.18 | 935.26 | 1054.96 | 28.88 | 3545.68 | 45 | 14.24 | 14530 |
| 延安市 | Yan'an | 7443.50 | 1961.59 | 2001.28 | 68.28 | 4008.14 | 122 | 22.79 | 19113 |
| 汉中市 | Hanzhong | 2855.56 | 529.93 | 409.84 | 53.17 | 5688.86 | 110 | 34.24 | 5199 |
| 榆林市 | Yulin | 23733.47 | 13691.14 | 2490.37 | 130.10 | 15728.25 | 569 | 90.18 | 49022 |
| 安康市 | Ankang | 340.38 | 169.11 | 410.93 | 26.12 | 193.43 | 76 | 2.72 | 922 |
| 商洛市 | Shangluo | 832.10 | 583.47 | 452.62 | 34.41 | 1077.96 | 43 | 12.83 | 6407 |
| 杨凌示范区 | Yangling | 399.55 | 88.71 | 167.15 | 7.49 | 137.31 | 26 | 1.21 | 759 |
| 西咸新区 | Xixian | 4461.61 | 574.38 | 140.06 | 4.53 | 763.43 | 33 | 4.89 | 3120 |

# 11-4 各市(区)工业废气排放及处理情况(2017年)
## Emission and Treatment of Industrial Waste Gas by City(District)(2017)

| 地　区 | Region | 工业废气排放总量(亿立方米) Total Volume of Industrial Waste Gas Emission (100 million cu.m) | 二氧化硫排放量(吨) Volume of Industrial Sulphur Dioxide Emission (ton) | 氮氧化物排放量(吨) Volume of Nitrogen Oxides Emission (ton) | 烟(粉)尘排放量(吨) Volume of Soot Emission (ton) | 废气治理设施数(套) Number of Facilities for Treatment of Waste Gas (set) | 废气治理设施处理能力(万立方米/时) Treatment Capacity of Facilities for Treatment of Waste Gas (10 000 cu.m/hour) | 废气治理设施运行费用(万元) Operate Expenditure for Facilities for Treatment of Waste Gas (10 000 yuan) | 空气日报优良率(%) Air Quality Fine Rate (%) |
|---|---|---|---|---|---|---|---|---|---|
| **全　省** | **Shaanxi** | **19455.77** | **158153.89** | **167482.38** | **139168.27** | **6677** | **51671.13** | **458286** | **65.3** |
| 西安市 | Xi'an | 1444.73 | 3904.17 | 7402.60 | 2757.54 | 1048 | 5580.79 | 58786 | 49.3 |
| 铜川市 | Tongchuan | 723.15 | 8481.91 | 16512.06 | 12691.71 | 511 | 3296.05 | 10252 | 66.3 |
| 宝鸡市 | Baoji | 1394.85 | 7772.80 | 16018.55 | 7605.54 | 976 | 3448.27 | 46178 | 67.7 |
| 咸阳市 | Xianyang | 1468.92 | 3712.45 | 12003.18 | 2775.36 | 785 | 2209.67 | 35411 | 42.2 |
| 渭南市 | Weinan | 5699.03 | 34880.59 | 40466.00 | 48844.48 | 863 | 9361.48 | 109363 | 98.6 |
| # 韩城市 | Hancheng | 4149.67 | 22297.22 | 27024.67 | 40107.77 | 135 | 5727.35 | 68924 | 53.4 |
| 延安市 | Yan'an | 509.56 | 9363.20 | 8406.55 | 3299.42 | 307 | 1094.14 | 23908 | 85.8 |
| 汉中市 | Hanzhong | 1599.22 | 20100.61 | 9699.87 | 18305.09 | 586 | 4205.07 | 32117 | 73.7 |
| 榆林市 | Yulin | 5734.95 | 60124.50 | 50305.58 | 36623.06 | 835 | 19971.24 | 99557 | 78.1 |
| 安康市 | Ankang | 160.36 | 2531.30 | 1677.45 | 3108.14 | 344 | 723.33 | 5512 | 86.6 |
| 商洛市 | Shangluo | 121.54 | 5097.35 | 1753.96 | 2458.28 | 233 | 481.02 | 5538 | 90.7 |
| 杨凌示范区 | Yangling | 109.98 | 289.89 | 554.01 | 28.44 | 6 | 141.22 | 3720 | 62.2 |
| 西咸新区 | Xixian | 489.47 | 1895.13 | 2682.57 | 671.22 | 183 | 1158.85 | 27946 | 48.2 |

# 11-5 城市设施水平(2018年)
## Level of Public Facilities in Cities(2018)

| 城　市 | City | 人均公园绿地面积(平方米) Per Capita Public Green Area (sq.m) | 人均城市道路面积(平方米) Per Capita Area of Paved Roads (sq.m) | 人均日生活用水量(升) Per Capita Daily Consumption of Tap Water for Residential Use (liter) | 供水普及率(%) Coverage Rate of Population with Access to Tap Water (%) | 燃气普及率(%) Coverage Rate of Population with Access to Gas (%) |
|---|---|---|---|---|---|---|
| **全　省** | **Shaanxi** | **11.73** | **16.47** | **164.28** | **95.45** | **96.74** |
| 西安市 | Xi'an | 9.98 | 18.07 | 191.02 | 97.93 | 99.97 |
| 铜川市 | Tongchuan | 11.89 | 13.23 | 73.49 | 96.78 | 96.78 |
| 宝鸡市 | Baoji | 12.37 | 15.22 | 160.59 | 98.88 | 98.60 |
| 咸阳市 | Xianyang | 15.46 | 10.41 | 180.28 | 95.03 | 98.03 |
| 兴平市 | Xingping | 11.56 | 13.44 | 105.33 | 88.57 | 99.91 |
| 渭南市 | Weinan | 14.57 | 11.03 | 170.94 | 99.93 | 87.44 |
| 韩城市 | Hancheng | 9.12 | 15.90 | 104.41 | 99.54 | 99.19 |
| 华阴市 | Huayin | 11.96 | 13.91 | 83.02 | 100.00 | 83.98 |
| 延安市 | Yan'an | 12.49 | 14.37 | 94.19 | 89.99 | 99.38 |
| 汉中市 | Hanzhong | 13.03 | 13.01 | 172.94 | 82.12 | 89.83 |
| 榆林市 | Yulin | 15.77 | 26.47 | 95.78 | 83.62 | 79.54 |
| 神木市 | Shenmu | 11.90 | 24.18 | 111.68 | 96.83 | 95.46 |
| 安康市 | Ankang | 12.95 | 16.35 | 117.76 | 100.00 | 95.12 |
| 商洛市 | Shangluo | 12.37 | 8.34 | 109.62 | 77.90 | 98.67 |
| 杨凌示范区 | Yangling | 14.40 | 18.85 | 131.65 | 96.19 | 81.41 |

# 11-6 城市市政设施(2018年)
# Municipal Infrastructure in Cities(2018)

| 城　市 | City | 道路长度 (公里) Length of Paved Roads (km) | 道路面积 (万平方米) Area of Paved Roads (10 000 sq.m) | 城市桥梁 (座) City Bridges (set) | # 立交桥 Flyover | 城市道路照明灯盏数 (盏) Number of Street Lights (unit) | 城市排水管道长度 (公里) Length of City Sewage Pipes (km) |
|---|---|---|---|---|---|---|---|
| **全　省** | **Shaanxi** | **8569.13** | **19541.40** | **838** | **177** | **744448** | **10332.82** |
| 西 安 市 | Xi'an | 4590.31 | 10600.54 | 486 | 126 | 375731 | 5972.90 |
| 铜 川 市 | Tongchuan | 243.15 | 546.64 | 30 | 5 | 23991 | 490.56 |
| 宝 鸡 市 | Baoji | 538.20 | 1359.83 | 56 | 4 | 61923 | 611.85 |
| 咸 阳 市 | Xianyang | 319.04 | 1064.80 | 17 | 14 | 43813 | 313.00 |
| 兴 平 市 | Xingping | 205.45 | 303.52 | 12 | 3 | 12300 | 96.17 |
| 渭 南 市 | Weinan | 385.64 | 608.45 | 11 | 4 | 34197 | 492.14 |
| 韩 城 市 | Hancheng | 137.60 | 275.31 | 2 | | 4110 | 162.74 |
| 华 阴 市 | Huayin | 82.63 | 160.64 | 21 | | 6232 | 123.14 |
| 延 安 市 | Yan'an | 287.09 | 598.85 | 59 | 2 | 20802 | 163.70 |
| 汉 中 市 | Hanzhong | 356.33 | 740.70 | 9 | 1 | 28166 | 400.44 |
| 榆 林 市 | Yulin | 639.13 | 1670.79 | 43 | 7 | 82205 | 844.40 |
| 神 木 市 | Shenmu | 263.68 | 527.04 | 16 | 1 | 13022 | 113.96 |
| 安 康 市 | Ankang | 243.38 | 573.29 | 24 | | 25556 | 242.47 |
| 商 洛 市 | Shangluo | 155.00 | 219.00 | 27 | 1 | 7400 | 110.81 |
| 杨凌示范区 | Yangling | 122.50 | 292.00 | 25 | 9 | 5000 | 194.54 |

# 11-7 城市供水情况(2018年)
# Basic Statistics on Tap Water Supply in Cities (2018)

| 城　市 | City | 综合生产能力 (万立方米/日) Production Capacity (10 000 cu.m/day) | # 地下水 Groundwater | 全年供水总量 (万立方米) Annual Volume of Tap Water Supply (10 000 cu.m) | # 生产运营用水 Water Consumption of Production and Operations | # 公共服务用水 Water Consumption of Public Services | # 居民家庭用水 Water Consumption of Household |
|---|---|---|---|---|---|---|---|
| **全　省** | **Shaanxi** | **482.09** | **199.39** | **141581.74** | **56734.99** | **7127.95** | **60650.97** |
| 西 安 市 | Xi'an | 210.06 | 86.30 | 89259.52 | 39174.03 | 1617.97 | 38435.84 |
| 铜 川 市 | Tongchuan | 16.40 | 4.00 | 2606.00 | 1274.66 | 49.40 | 1023.60 |
| 宝 鸡 市 | Baoji | 37.00 | 12.00 | 7899.99 | 1590.00 | 1649.00 | 3505.00 |
| 咸 阳 市 | Xianyang | 78.20 | 18.20 | 13804.61 | 6823.54 | 562.26 | 5835.86 |
| 兴 平 市 | Xingping | 11.50 | 11.50 | 3200.78 | 2108.79 | 163.11 | 605.80 |
| 渭 南 市 | Weinan | 32.80 | 27.60 | 6712.50 | 1831.20 | 977.89 | 2373.21 |
| 韩 城 市 | Hancheng | 10.00 | 5.00 | 1090.60 | 255.70 | 118.00 | 539.00 |
| 华 阴 市 | Huayin | 8.45 | 8.45 | 705.00 | 238.00 | 62.00 | 288.00 |
| 延 安 市 | Yan'an | 9.50 | | 2899.13 | 1049.90 | 64.33 | 1224.86 |
| 汉 中 市 | Hanzhong | 13.29 | 13.29 | 4071.05 | 292.01 | 836.57 | 2100.34 |
| 榆 林 市 | Yulin | 17.75 | 5.80 | 3072.00 | 432.90 | 239.20 | 1605.60 |
| 神 木 市 | Shenmu | 4.21 | 0.15 | 1340.86 | 339.56 | 329.82 | 530.66 |
| 安 康 市 | Ankang | 14.74 | | 2391.00 | 696.20 | 202.40 | 1305.00 |
| 商 洛 市 | Shangluo | 6.10 | 6.10 | 1258.70 | 350.50 | 135.00 | 683.20 |
| 杨凌示范区 | Yangling | 12.09 | 1.00 | 1270.00 | 278.00 | 121.00 | 595.00 |

# 11-8 城市园林绿化情况(2018年)
## Basic Statistics on Parks, Gardens and Green Areas in Cities(2018)

| 城 市 | City | 园林绿化覆盖面积(公顷) Covered area of Gardening and Greening (hectare) | #建成区 Developed Areas | 园林绿地面积(公顷) Areas of Green Land (hectare) | #建成区 Developed Areas | 公园绿地面积(公顷) Capita Public Green Area (hectare) | 公园个数(个) Number of Parks (unit) | 公园面积(公顷) Area of Parks (hectare) |
|---|---|---|---|---|---|---|---|---|
| **全 省** | **Shaanxi** | **82279** | **52208** | **70950** | **47314** | **13912** | **282** | **8442** |
| 西安市 | Xi'an | 35171 | 27192 | 31088 | 24947 | 5855 | 101 | 3191 |
| 铜川市 | Tongchuan | 2214 | 1928 | 1922 | 1737 | 492 | 14 | 107 |
| 宝鸡市 | Baoji | 5003 | 3905 | 4289 | 3632 | 1105 | 28 | 879 |
| 咸阳市 | Xianyang | 20294 | 2860 | 17771 | 2470 | 1582 | 6 | 731 |
| 兴平市 | Xingping | 883 | 803 | 711 | 709 | 261 | 3 | 145 |
| 渭南市 | Weinan | 3187 | 2686 | 2482 | 2354 | 804 | 11 | 772 |
| 韩城市 | Hancheng | 930 | 707 | 687 | 615 | 158 | 7 | 36 |
| 华阴市 | Huayin | 744 | 630 | 550 | 549 | 138 | 5 | 49 |
| 延安市 | Yan'an | 1713 | 1671 | 1575 | 1545 | 520 | 34 | 487 |
| 汉中市 | Hanzhong | 2811 | 2166 | 2212 | 1858 | 742 | 13 | 227 |
| 榆林市 | Yulin | 3416 | 2840 | 2748 | 2618 | 995 | 13 | 1028 |
| 神木市 | Shenmu | 1424 | 1170 | 1273 | 1051 | 259 | 6 | 142 |
| 安康市 | Ankang | 2205 | 1799 | 1669 | 1642 | 454 | 27 | 384 |
| 商洛市 | Shangluo | 1150 | 884 | 1025 | 740 | 325 | 9 | 242 |
| 杨凌示范区 | Yangling | 1135 | 967 | 952 | 848 | 223 | 5 | 22 |

# 11-9 城市环境卫生情况(2018年)
## Basic Statistics on Urban Sanitation in Cities(2018)

| 城 市 | City | 道路清扫保洁面积(万平方米) Area of Paved Roads under Cleaning Program (10 000 sq.m) | #机械清扫 Machinery Cleaning | 生活垃圾清运量(万吨) Consumption Wastes Collected and Transported (10 000 tons) | 公厕数量(座) Number of Public Lavatories (set) | #三类以上 Third Grade and Above | 市容环卫专用车辆设备总数(辆) Number of Special Vehicles for Environmental Sanitation (coach) |
|---|---|---|---|---|---|---|---|
| **全 省** | **Shaanxi** | **15349.48** | **11936.15** | **644.80** | **6265** | **6046** | **5235** |
| 西安市 | Xi'an | 7556.35 | 6763.06 | 424.00 | 3735 | 3735 | 3230 |
| 铜川市 | Tongchuan | 487.78 | 394.00 | 16.30 | 88 | 81 | 141 |
| 宝鸡市 | Baoji | 1533.00 | 703.00 | 28.66 | 520 | 520 | 208 |
| 咸阳市 | Xianyang | 513.90 | 462.03 | 32.88 | 337 | 210 | 173 |
| 兴平市 | Xingping | 249.00 | 171.00 | 7.74 | 46 | 46 | 43 |
| 渭南市 | Weinan | 602.00 | 562.00 | 18.13 | 179 | 179 | 296 |
| 韩城市 | Hancheng | 261.45 | 232.69 | 7.47 | 62 | 62 | 72 |
| 华阴市 | Huayin | 130.00 | 72.72 | 4.99 | 53 | 42 | 64 |
| 延安市 | Yan'an | 356.00 | 319.00 | 20.82 | 246 | 246 | 175 |
| 汉中市 | Hanzhong | 537.00 | 390.30 | 18.92 | 205 | 183 | 119 |
| 榆林市 | Yulin | 1910.00 | 797.35 | 26.60 | 465 | 436 | 302 |
| 神木市 | Shenmu | 525.00 | 520.00 | 9.28 | 94 | 94 | 163 |
| 安康市 | Ankang | 252.00 | 147.00 | 15.10 | 130 | 107 | 138 |
| 商洛市 | Shangluo | 150.00 | 120.00 | 7.76 | 54 | 54 | 78 |
| 杨凌示范区 | Yangling | 286.00 | 282.00 | 6.15 | 51 | 51 | 33 |

# 11—10 城市燃气情况(2018年)
# Basic Statistics on Supply of Gas in Cities(2018)

| 城市 | City | 天然气 Natural Gas 供气总量(万立方米) Volume of Gas Supply (10 000 cu.m) | 销售气量(万立方米) Volume of Gas Sold (10 000 cu.m) | #居民家庭 Consumption for Residential Use | 用气人口(万人) Population with Access to Gas (10 000 persons) | 液化石油气 Liquefied Petroleum Gas 供气总量(吨) Volume of Gas Supply (ton) | 销售气量(吨) Volume of Gas Sold (ton) | #居民家庭 Consumption for Residential Use | 用气人口(万人) Population with Access to Gas (10 000 persons) |
|---|---|---|---|---|---|---|---|---|---|
| **全 省** | **Shaanxi** | **473094** | **465274** | **175061** | **1081.77** | **51929** | **51077** | **26301** | **65.92** |
| 西 安 市 | Xi'an | 280611 | 274458 | 99006 | 574.75 | 28726 | 28132 | 6697 | 11.46 |
| 铜 川 市 | Tongchuan | 16077 | 16074 | 5689 | 40.00 | 729 | 721 | | |
| 宝 鸡 市 | Baoji | 26587 | 26486 | 7992 | 88.04 | 103 | 98 | 6 | 0.03 |
| 咸 阳 市 | Xianyang | 27536 | 27529 | 12663 | 99.80 | 276 | 263 | 263 | 0.49 |
| 兴 平 市 | Xingping | 3686 | 3522 | 3058 | 16.35 | 2100 | 2100 | 2100 | 6.21 |
| 渭 南 市 | Weinan | 18684 | 18329 | 6570 | 41.20 | 3339 | 3312 | 3312 | 7.03 |
| 韩 城 市 | Hancheng | 7320 | 7200 | 2375 | 14.00 | 1100 | 1096 | 1085 | 3.18 |
| 华 阴 市 | Huayin | 857 | 849 | 460 | 5.70 | 517 | 512 | 512 | 4.00 |
| 延 安 市 | Yan'an | 26882 | 26097 | 12846 | 41.08 | 6270 | 6270 | 4217 | 0.33 |
| 汉 中 市 | Hanzhong | 8604 | 8597 | 5289 | 37.23 | 3688 | 3585 | 3576 | 13.93 |
| 榆 林 市 | Yulin | 38991 | 38931 | 12700 | 50.20 | | | | |
| 神 木 市 | Shenmu | 7198 | 7196 | 3902 | 19.50 | 680 | 660 | 465 | 1.31 |
| 安 康 市 | Ankang | 1317 | 1276 | 681 | 25.81 | 2413 | 2350 | 2260 | 7.55 |
| 商 洛 市 | Shangluo | 5434 | 5421 | 1100 | 15.50 | 1988 | 1978 | 1809 | 10.40 |
| 杨凌示范区 | Yangling | 3310 | 3308 | 730 | 12.61 | | | | |

# 主要统计指标解释

**水资源总量** 指评价区内降水形成的地表和地下产水总量，即地表产流量与降水入渗补给地下水量之和，不包括过境水量。

**地表水资源量** 指评价区内河流、湖泊、冰川等地表水体中可以逐年更新的动态水量，即当地天然河川径流量。

**地下水资源量** 指评价区内降水和地表水对饱水岩土层的补给量，包括降水入渗补给量和河道、湖库、渠系、渠灌田间等地表水体的入渗补给量。

**地表水与地下水资源重复量** 指地表水和地下水相互转化的部分，即天然河川径流量中的地下水排泄量和地下水补给量中来源于地表水的入渗补给量。

**用水总量** 指分配给各类用户的包括输水损失在内的毛用水量之和，不包括海水直接利用量。

**农业用水** 指农田灌溉用水、林果地灌溉用水、草地灌溉用水和鱼塘补水。

**工业用水** 指工矿企业在生产过程中用于制造、加工、冷却、空调、净化、洗涤等方面的用水，按新水取用量计，不包括企业内部的重复利用水量。

**生活用水** 包括城镇生活用水和农村生活用水。城镇生活用水由居民用水和公共用水（含第三产业及建筑业等用水）组成；农村生活用水除居民生活用水外，还包括牲畜用水在内。

**生态补水** 仅包括人为措施供给的城镇环境用水和部分河湖、湿地补水，而不包括降水、径流自然满足的水量。

**工业废水排放量** 指经过企业厂区所有排放口排到企业外部的工业废水量。包括生产废水、外排的直接冷却水、超标排放的矿井地下水和与工业废水混排的厂区生活污水，不包括外排的间接冷却水(清污不分流的间接冷却水应计算在内)。

**工业废水排放达标量** 指报告期内废水中各项污染物指标都达到国家或地方排放标准的外排工业废水量，包括未经处理外排达标的，经废水处理设施处理后达标排放的，以及经污水处理厂处理后达标排放的。

**生活污水排放量** 指城镇居民每年排放的生活污水。用人均系数法测算。测算公式为：

$$\frac{\text{生活污水}}{\text{排放量}}=\frac{\text{城镇生活污水}}{\text{排放系数}}\times\frac{\text{市镇非}}{\text{农业人口}}\times 365$$

**化学需氧量(COD)** 指用化学氧化剂氧化水中有机污染物时所需的氧量。COD 值越高，表示水中有机污染物污染越重。

**工业废气排放量** 指报告期内企业厂区内燃料燃烧和生产工艺过程中产生的各种排入大气的含有污染物的气体的总量，以标准状态(273K，101325Pa)计算。测算公式为：

$$\frac{\text{工业废气}}{\text{排放量}}=\frac{\text{燃料燃烧过程}}{\text{中废气排放量}}+\frac{\text{生产工艺过程}}{\text{中废气排放量}}$$

**生活及其他 $SO_2$ 排放量** 以生活及其他煤炭消费量和其含硫量为基础，根据以下公式计算：

$$\frac{\text{生活及其他}}{SO_2\text{排放量}}=\frac{\text{生活及其他}}{\text{煤炭消费量}}\times\text{含硫量}\times 0.8\times 2$$

**工业 $SO_2$ 排放量** 指报告期内企业在燃料燃烧和生产工艺过程中排入大气的 $SO_2$ 总量，计算公式为：

$$\frac{\text{工业}SO_2}{\text{排放量}}=\frac{\text{燃料燃烧过程}}{\text{中}SO_2\text{排放量}}+\frac{\text{生产工艺过程}}{\text{中}SO_2\text{排放量}}$$

**工业烟尘排放量** 指企业厂区内燃料燃烧过程中产生的烟气中夹带的颗粒物排放量。

**生活及其他烟尘排放量** 指除工业生产活动以外的所有社会、经济活动及公共设施的经营活动中燃烧所排放的烟尘纯重量。以生活及其他煤炭消费量为基础进行测算。

**工业粉尘排放量** 指企业在生产工艺过程中排放的能在空气中悬浮一定时间的固体颗粒物排放量。如钢铁企业的耐火材料粉尘、焦化企业的筛焦系统粉尘、烧结机的粉尘、石灰窑的粉尘、建材企业的水泥粉尘等。不包括电厂排入大气的烟尘。

**工业固体废物产生量** 指报告期内企业在生产过程中产生的固体状、半固体状和高浓度液体状废弃物的总量，包括危险废物、冶炼废渣、粉煤灰、炉渣、煤矸石、尾矿、放射性废物和其他废物等；不包括矿山开采的剥离废石和掘进废石(煤矸石和呈酸性或碱性的废石除外)。酸性或碱性废石指采掘的废石其流经水、雨淋水的 pH 值小于 4 或 pH 值大于 10.5 者。

**危险废物** 指列入国家危险废物名录或根据国家规定的危险废物鉴别标准和鉴别方法认定的，具有爆炸性、易燃性、易氧化性、毒性、腐蚀性、易传染疾病等危险特性之一的废物。

**工业固体废物综合利用量** 指报告期内企业通过回收、加工、循环、交换等方式，从固体废物中提取或者使其转化为可以利用的资源、能源和其他原材料的固体废物量(包括当年利用往年的工业固体废物贮存量)，如用作农业肥料、生产建筑材料、筑路等。综合利用量由原产生固体废物的单位统计。

**工业固体废物综合利用率** 指工业固体废物综合利用量占工业固体废物产生量(包括综合利用往年贮存量)的百分率。计算公式为：

$$\frac{\text{工业固体废物}}{\text{综合利用率}}=\frac{\text{工业固体废物综合利用量}}{\text{工业固体废物产生量}+\text{综合利用往年贮存量}}\times 100\%$$

**工业固体废物贮存量** 指报告期内企业以综合利用或

处置为目的，将固体废物暂时贮存或堆存在专设的贮存设施或专设的集中堆存场所内的数量。专设的固体废物贮存场所或贮存设施必须有防扩散、防流失、防渗漏、防止污染大气、水体的措施。

**工业固体废物处置量** 指报告期内企业将固体废物焚烧或者最终置于符合环境保护规定要求的场所，并不再回取的工业固体废物量(包括当年处置往年的工业固体废物贮存量)。处置方式有填埋(其中危险废物应安全填埋)、焚烧、专业贮存场(库)封场处理、深层灌注、回填矿井及海洋处置(经海洋管理部门同意投海处置)等。

**工业固体废物排放量** 指报告期内企业将所产生的固体废物排到固体废物污染防治设施、场所以外的数量，不包括矿山开采的剥离废石和掘进废石(煤矸石和呈酸性或碱性的废石除外)。

**“三废”综合利用产品产值** 指报告期内利用“三废”作为主要原料生产的产品价值(现行价)；已经销售或准备销售的应计算产品价值，留作生产自用的不应计算产品价值。

**自然保护区** 指为了保护自然环境和自然资源，促进国民经济的持续发展，将一定面积的陆地和水体划分出来，并经各级人民政府批准而进行特殊保护和管理的区域个数。根据保护对象，自然保护区分为自然生态系统类、野生生物类、自然遗迹类。风景名胜区、文物保护区不计在内。

**湿地** 指天然或人工、长久或暂时性的沼泽地、泥炭地或水域地带，包括静止或流动、淡水、半咸水、咸水体，低潮时水深不超过6米的水域以及海岸地带地区的珊瑚滩和海草床、滩涂、红树林、河口、河流、淡水沼泽、沼泽森林、湖泊、盐沼及盐湖。

**环境突发事件** 指由于违反环境保护法规的经济、社会活动与行为，以及意外因素的影响或不可抗拒的自然灾害等原因，致使环境受到污染，国家重点保护的野生动植物、自然保护区受到破坏，人体健康受到危害，社会经济和人民财产受到损失，造成不良社会影响的突发性事件。

**环境污染治理投资** 指在污染源治理和城市环境基础设施建设的资金投入中，用于形成固定资产的资金，其中污染源治理投资包括工业污染源治理投资和“三同时”项目环保投资两部分。环境污染治理投资为城市环境基础设施投资、工业污染源治理投资与“三同时”项目环保投资之和。

**城市桥梁** 指为跨越天然或人工障碍物而修建的构筑物。包括跨河桥、立交桥、人行天桥以及人行地下通道等。按使用年限分为永久性桥和半永久性桥。

**城市园林绿地面积** 指报告期末用作园林和绿化的各种绿地面积。包括公园绿地、生产绿地、防护绿地、附属绿地和其他绿地的面积。

# Explanatory Notes on Main Statistical Indicators

**Total Water Resources** refers to total volume of water resources measured as run-off for surface water from rainfall and recharge for groundwater in a given area, excluding transit water.

**Surface Water Resources** refers to total renewable resources which exist in rivers, lakes, glaciers and other collectors from rainfall and are measured as run-off of rivers.

**Groundwater Resources** refers to replenishment of aquifers with rainfall and surface water.

**Duplicated Measurement between Surface Water and Groundwater** refers to mutual exchange between surface water and groundwater, i.e. run-off of rivers includes some depletion into groundwater while groundwater includes some replenishment from surface water.

**Water Use** refers to gross water use distributed to users, including loss during transportation, broken down into use by agriculture, industry, living consumption and ecological protection.

**Water Use by Agriculture** includes uses of water by irrigation of farming fields and by forestry, animal husbandry and fishing. Water use by forestry, animal husbandry and fishery includes irrigation of forestry and orchards, irrigation of grassland and replenishment of fishing farms.

**Water Use by Industry** refers to new withdrawals of water, excluding reuse of water within enterprises.

**Water Use by Living Consumption** includes use of water for living consumption in both urban and rural areas. Urban water use by living consumption is composed of household use and public use (including services, commerce, restaurants, cargo transportation, posts, telecommunications and construction). Rural water use by living consumption includes both households and animals.

**Water Use by Ecological Protection** includes replenishment of rivers and lakes and use for urban environment.

**Waste Water Discharged by Industry** refers to the volume of waste water discharged by industrial enterprises through all their outlets, including waste water from production process, directly cooled water, groundwater from mining wells which does not meet discharge standards and sewage from households mixed with waste water produced by industrial activities, but excluding indirectly cooled water discharged (It should be included if the discharge is not separated from waste water).

**Industrial Waste Water Meeting Discharge Standards** refers to volume of industrial waste water discharge which, with or without treatment, reaches national or local standards with regard to all pollutants.

**Urban Non-industrial Waste Water Discharge** refers to annual discharge of non-industrial waste water by urban households. It is estimated by per capita coefficient using the formula:

$$\text{Urban non-industrial waste water discharge} = \text{urban non-industrial waste water discharge coefficient} \times \text{urban non-agricultural population} \times 365$$

**Chemical Oxygen Demand (COD)** refers to the amount of oxygen required when chemical oxidants are used to oxidize organic pollutants in water. A higher value of COD corresponds to more serious pollution by organic pollutants.

**Industrial Waste Air Emission** refers to the discharge into atmosphere of waste air containing pollutants generated from fuel burning and production processes in enterprises within a given period of time. It is calculated at standard status (273K, 101325Pa) as:

$$\text{Industrial waste air emission} = \text{emission through fuel burning} + \text{emission through production process}$$

**$SO_2$ Emission through Non-industrial and Other Activities** is calculated on the basis of consumption of coal by households and other activities and the sulphur content of coal with the following formula:

$$SO_2 \text{ emission through non-industrial and other activities} = \text{of coal by households and other activities} \times \text{sulphur content} \times 0.8 \times 2$$

**$SO_2$ Emission through Industrial Activities** refers to volume of sulphur dioxide emission from fuel burning and production process by enterprises during a given period of time. It is calculated as:

$$SO_2 \text{ emission through industrial activities} = SO_2 \text{ emission from fuel burning} + SO_2 \text{ emission from production process}$$

**Industrial Soot Emission** refers to the volume of soot in smoke emitted in the process of fuel burning in the premises of enterprises.

**Soot Emission by Consumption and Others** refers to the net volume of soot emitted by fuel burning from all social and economic activities and operations of public facilities other than industrial activities. It is calculated on the basis of coal consumption by households and others.

**Industrial Dust Emission** refers to volume of dust emitted by production process of enterprises and suspended in the air for a given period of time, including dust from refractory material of iron and steel works, dust from coke-screening systems and sintering machines of coke plants, dust from lime kilns and dust from cement production in building material enterprises, but excluding soot and dust emitted from power plants.

**Industrial Solid Wastes Produced** refers to total volume of solid, semi-solid and high concentration liquid residues produced by industrial enterprises from production process in a given period of time, including hazardous wastes, slag, coal ash, gangue, tailings, radioactive residues and other wastes, but excluding stones stripped or dug out in mining - gangue and acid or alkaline stones not included (a stone is acid or alkaline according to the pH value of the water being below 4 or above 10.5 when the stone is in, or soaked by water).

**Hazardous Wastes** refers to those included in the national hazardous wastes catalogue or specified as any one of the following properties in the national hazardous wastes identification standards: explosive, ignitable, oxidizable, toxic, corrosive or liable to cause infectious diseases or lead to other dangers.

**Industrial Solid Wastes Utilized** refers to volume of solid wastes from which useful materials can be extracted or which can be converted into usable resources, energy or other materials by means of reclamation, processing, recycling and exchange (including utilizing in the year the stocks of industrial solid wastes of the previous year). Examples of such utilizations include fertilizers, building materials and road materials. The information shall be collected by the producing units of the wastes.

**Rate of Utilization of Industrial Solid Wastes** refers to the percentage of industrial solid wastes utilized over industrial solid wastes produced (including stocks of the previous years). It is calculated as:

$$\text{Rate of utilization of industrial solid wastes} = \frac{\text{volume of industrial solid wastes utilized}}{\text{industrial solid wastes produced + stock of previous years}} \times 100\%$$

**Stock of Industrial Solid Wastes** refers to the volume of solid wastes placed in special facilities or special sites for purposes of utilization or disposal. The sites or facilities should take measures against dispersion, loss, seepage, and air and water contamination.

**Industrial Solid Wastes Disposed** refers to the quantity of industrial solid wastes which are burnt or placed ultimately in the sites meeting the requirements for environmental protection and not salvaged or recycled (including disposition in the year of those wastes of previous years). The disposition includes landfill (Safe landfills should be conducted for hazardous wastes), incineration, containment spaces, deep underground disposal, backfill in mining pits and disposal at sea.

**Natural Reserves** refer to certain areas of land, waters or sea demarked and approved by relevant governments at all levels to put under special protection and management in order to protect the natural environment and natural resources and to promote the sustainable development of the national economy. According to the objects be protected, the natural reserves are classified into classes of natural ecosystem, wild life and natural heritage. Scenic spots and cultural preservation zones are not included.

**Wetlands** refer to marshland and peat bog, whether natural or man-made, permanent or temporary; water covered areas, whether stagnant or flowing, with fresh or semi-fresh or salty water that is less than 6 meters deep at low tide; as well as coral beach, weed beach, mud beach, mangrove, river outlet, rivers, fresh-water marshland, marshland forests, lakes, salty bog and salt lakes along the coastal areas.

**Sudden Accidents Effecting Environment** refer to sudden accidents, due to economic or social activities that are contrary to environment protection laws or due to unforeseen factors or natural disasters, that lead to environment pollution, destruction of protected wild animals, plants or nature reserves, damage to human health, economic and property losses, and other negative impacts on the society.

**Investment in Environment Pollution Harnessing Projects** refers to the proportion of investment in fixed assets in the total investment in harnessing pollution and in the construction of urban environment infrastructure facilities. The investment in harnessing pollution It includes investment in harnessing sources of industrial pollution and investment in environment protection facilities designed concurrently with construction projects. Investment in environment pollution harnessing is the total of investment in harnessing pollution and investment in urban environment infrastructure facilities.

**Urban Bridges** refer to bridges built to cross over natural or man-made barriers, including bridges over rivers, overpasses for traffic and for pedestrians, underpasses for pedestrians, etc. Both permanent and semi-permanent bridges are included.

**Area of Parks and Green Land** refers to the total area occupied for green projects at the end of the reference period, including park green land, production green land, protection green land, green land attached to institutions, and other green areas.

# 十二、农　业

Agriculture

资料整理：闫宇婕　赵胜利　孔庆惠
郑月霞　姜亦武　陈　伟

# 简 要 说 明

一、本篇资料反映陕西农业生产和农村经济的基本情况，内容主要包括耕地、农林牧渔业产值、主要农产品产量、造林、畜牧业和渔业生产情况、农业机械拥有量、农业基地县等方面的统计资料。

二、农村经济统计范围包括除县城关镇以外所有乡镇的社会经济活动。

三、粮食播种面积及产量、主要畜禽产品产量全省为抽样调查数。

四、本篇资料中，渔业及农业现代化情况由省农业农村厅提供，造林情况及2010年以后林产品产量由省林业局提供，灾情由省民政厅提供。

五、根据第三次农业普查结果，对2007—2017年部分数据进行了修订。

# Brief Introduction

I. This chapter reflects the basic conditions of agricultural production and rural economy of Shaanxi Province, mainly including cultivated land, output of agriculture, forestry, animal husbandry and fishery, output of major products, forestation, animal husbandry and fishery production, quantity of agricultural machinery and agricultural base county.

II. Rural social and economic statistics cover social and economic activities in all townships except county towns.

III. The sown area and output of grain and output of main animal products of Shaanxi Province are collected with sample survey.

IV. The fishery and agricultural modernization situation are provided by Shaanxi Provincial Department of Agriculture and Rural Affairs. The forestation situation and output of forest product after 2010 are provided by Shaanxi Province Forestry Department. The data on disasters are provided by Shaanxi Provincial Department of Civil Affairs.

V. Part of the data for 2007 – 2017 are revised according to the third agriculture census.

# 12.农　业

| | | | | |
|---|---|---|---|---|
| 2018年全省 | | | | |
| 年末耕地面积 | 3014.66 | 千公顷 | 占全省土地面积 | 14.7% |
| 农林牧渔业总产值 | 3239.99 | 亿　元 | 比上年增长 | 3.3% |
| 农作物播种面积 | 4092.10 | 千公顷 | 比上年增长 | 0.7% |
| 粮食产量 | 1226.31 | 万　吨 | 比上年增长 | 2.7% |
| 园林水果产量 | 1566.01 | 万　吨 | 比上年下降 | 5.7% |

## 果园面积和水果产量

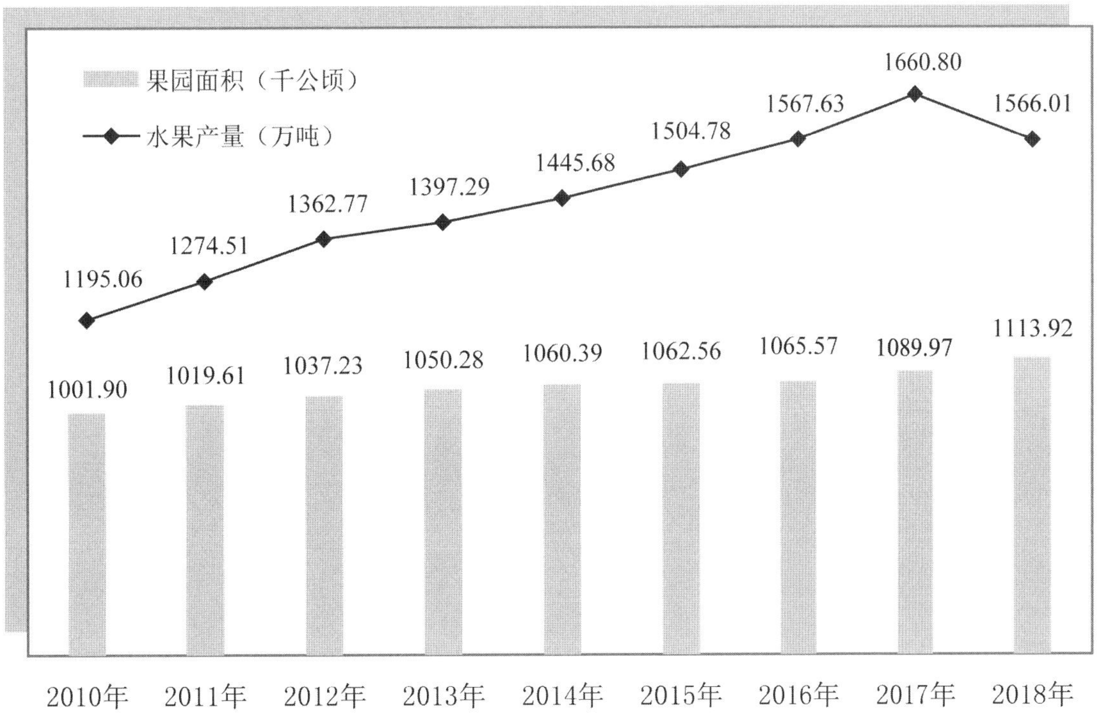

# 12-1 常用耕地面积
# Area of Cultivated Land

| 年份 Year | 年末常用耕地面积（千公顷） Area of Cultivated Land (1 000 hectares) | # 水田 Paddy Field | # 水浇地 Irrigated Field | 每一乡村人口占有耕地（公顷） The Average Area of Cultivated Land per Rural Person (hectare) | # 水田、水浇地 Paddy Field and Irrigated Field |
|---|---|---|---|---|---|
| 1978 | 3853.60 | 170.07 | 1047.93 | 0.16 | 0.05 |
| 1980 | 3815.67 | 169.93 | 1095.80 | 0.16 | 0.05 |
| 1985 | 3627.07 | 166.13 | 1003.33 | 0.15 | 0.05 |
| 1990 | 3533.00 | 171.47 | 998.20 | 0.13 | 0.04 |
| 1995 | 3393.44 | 176.04 | 995.59 | 0.12 | 0.04 |
| 2000 | 3113.96 | 172.53 | 997.22 | 0.11 | 0.04 |
| 2001 | 2965.83 | 163.95 | 968.66 | 0.11 | 0.04 |
| 2002 | 2854.81 | 159.27 | 974.22 | 0.10 | 0.04 |
| 2003 | 2795.82 | 154.22 | 916.21 | 0.10 | 0.04 |
| 2004 | 2795.52 | 156.68 | 897.56 | 0.10 | 0.04 |
| 2005 | 2788.45 | 155.04 | 926.44 | 0.10 | 0.04 |
| 2006 | 2783.30 | 153.45 | 921.44 | 0.10 | 0.04 |
| 2007 | 2840.73 | 152.64 | 900.97 | 0.10 | 0.04 |
| 2008 | 2848.37 | 151.69 | 899.50 | 0.10 | 0.04 |
| 2009 | 2860.04 | 148.22 | 906.41 | 0.10 | 0.04 |
| 2010 | 2860.53 | 146.65 | 900.43 | 0.10 | 0.04 |
| 2011 | 2860.98 | 144.65 | 934.44 | 0.10 | 0.04 |
| 2012 | 2864.29 | 143.76 | 965.95 | 0.11 | 0.04 |
| 2013 | 2870.98 | 141.97 | 958.44 | 0.11 | 0.04 |
| 2014 | 2865.99 | 142.70 | 979.39 | 0.11 | 0.04 |
| 2015 | 2904.11 | 140.13 | 964.53 | 0.11 | 0.04 |
| 2016 | 2915.08 | 136.11 | 987.36 | 0.11 | 0.04 |
| 2017 | 3014.38 | 139.68 | 995.69 | 0.11 | 0.04 |
| 2018 | 3014.66 | 138.77 | 996.68 | 0.11 | 0.04 |

# 12-2 各市(区)常用耕地面积(2018年)
# Area of Cultivated Land by City(District)(2018)

| 地区 | Region | 年末常用耕地面积（千公顷） Cultivated Land (1 000 hectares) | # 水田 Paddy Field | # 水浇地 Irrigated Field | 每一乡村人口占有耕地（公顷） The Average Area of Cultivated Land per Rural Person (hectare) | # 水田、水浇地 Paddy Field and Irrigated Field |
|---|---|---|---|---|---|---|
| **全省** | **Shaanxi** | **3014.66** | **138.77** | **996.68** | **0.11** | **0.04** |
| 西安市 | Xi'an | 245.07 | 0.35 | 157.35 | 0.06 | 0.04 |
| 铜川市 | Tongchuan | 69.41 | 0.01 | 5.64 | 0.15 | 0.01 |
| 宝鸡市 | Baoji | 293.76 | 0.43 | 120.14 | 0.11 | 0.04 |
| 咸阳市 | Xianyang | 318.78 | 0.30 | 159.79 | 0.10 | 0.05 |
| 渭南市 | Weinan | 485.93 | 0.82 | 326.81 | 0.12 | 0.08 |
| # 韩城市 | Hancheng | 24.41 | 0.36 | 14.12 | 0.11 | 0.07 |
| 延安市 | Yan'an | 261.39 | 0.88 | 7.64 | 0.17 | 0.01 |
| 汉中市 | Hanzhong | 211.40 | 98.73 | 4.60 | 0.07 | 0.03 |
| 榆林市 | Yulin | 788.67 | 3.38 | 184.51 | 0.30 | 0.07 |
| 安康市 | Ankang | 193.35 | 32.17 | 0.66 | 0.08 | 0.01 |
| 商洛市 | Shangluo | 133.99 | 1.70 | 16.64 | 0.06 | 0.01 |
| 杨凌示范区 | Yangling | 5.12 | 0.00 | 5.11 | 0.05 | 0.05 |

# 12－3　农林牧渔业总产值

## Gross Output Value of Agriculture, Forestry, Animal Husbandry and Fishery

单位：万元　　(10 000 yuan)

| 年　份 Year | 农林牧渔业总产值 Total | 农　业 Farming | 林　业 Forestry | 牧　业 Animal Husbandry | 渔　业 Fishery | 农林牧渔服务业 Service in Support of Agriculture |
|---|---|---|---|---|---|---|
| 1978 | 362748 | 309084 | 11717 | 41802 | 145 | |
| 1980 | 418773 | 349984 | 16625 | 51996 | 168 | |
| 1985 | 795777 | 611883 | 50751 | 131815 | 1328 | |
| 1990 | 1699568 | 1243236 | 90170 | 357676 | 8486 | |
| 1995 | 3816465 | 2578674 | 168848 | 1046501 | 22442 | |
| 2000 | 4648889 | 3277761 | 272175 | 1063900 | 35053 | |
| 2001 | 4788356 | 3374163 | 235930 | 1140722 | 37541 | |
| 2002 | 5090762 | 3532131 | 266225 | 1251170 | 41236 | |
| 2003 | 5112543 | 3343544 | 268260 | 1455952 | 44787 | |
| 2004 | 6512051 | 4137371 | 263525 | 1794364 | 51236 | 265555 |
| 2005 | 7307239 | 4729047 | 250070 | 1989982 | 54879 | 283261 |
| 2006 | 8215406 | 5234189 | 289488 | 2141302 | 34427 | 516000 |
| 2007 | 10028501 | 6382630 | 248518 | 2740463 | 42427 | 614463 |
| 2008 | 12778611 | 7884362 | 288871 | 3852637 | 60582 | 692159 |
| 2009 | 13398772 | 8349262 | 305934 | 3942676 | 65000 | 735900 |
| 2010 | 16690774 | 11007085 | 351824 | 4445412 | 82909 | 803544 |
| 2011 | 20638446 | 13506811 | 423402 | 5686233 | 106000 | 916000 |
| 2012 | 23095464 | 15128048 | 584353 | 6185338 | 146109 | 1051615 |
| 2013 | 25697795 | 16971378 | 676185 | 6685979 | 177625 | 1186628 |
| 2014 | 27485936 | 18487935 | 735734 | 6770387 | 198949 | 1292931 |
| 2015 | 28215621 | 18854577 | 757926 | 6988090 | 236132 | 1378896 |
| 2016 | 29948304 | 19978146 | 855406 | 7347476 | 262453 | 1504824 |
| 2017 | 30776241 | 20952939 | 968798 | 6952206 | 274518 | 1627780 |
| 2018 | 32399874 | 22449583 | 1046155 | 6828276 | 298331 | 1777530 |

注：1.2002年及以前农林牧渔业总产值含农民家庭兼营工业产值，按当年市场价格计算。
　　2.2003年及以后不含农民家庭兼营工业产值，按生产者价格计算，2004年及以后含农林牧渔服务业产值.

a) Before 2002 Gross Output Value of Agriculture, Forestry, Animal Husbandry and Fishery included commodity industry run by Rural Household, Data in this table are calculated at current prices.

b) Since 2003 it exclude commodity industry run by Rural Household,Data in this table are calculated at producer's price. Since 2004 it include services for Agriculture, Forestry,Animal Husbandry and Fishery.

# 12－4　各市(区)农林牧渔业总产值(2018年)

## Gross Output Value of Agriculture, Forestry, Animal Husbandry and Fishery by City(District)(2018)

单位：万元　　(10 000 yuan)

| 地　区 | Region | 农林牧渔业总产值 Total | 农　业 Farming | 林　业 Forestry | 牧　业 Animal Husbandry | 渔　业 Fishery | 农林牧渔服务业 Service in Support of Agriculture |
|---|---|---|---|---|---|---|---|
| **全　省** | **Shaanxi** | **32399874** | **22449583** | **1046155** | **6828276** | **298331** | **1777530** |
| 西安市 | Xi'an | 4612088 | 3230380 | 169157 | 679813 | 26268 | 506470 |
| 铜川市 | Tongchuan | 448156 | 345726 | 7576 | 70510 | 2504 | 21840 |
| 宝鸡市 | Baoji | 2892531 | 1862825 | 130266 | 739915 | 13528 | 145997 |
| 咸阳市 | Xianyang | 4962229 | 3866864 | 73082 | 692118 | 16307 | 313858 |
| 渭南市 | Weinan | 5266146 | 3927022 | 76841 | 964673 | 71134 | 226476 |
| # 韩城市 | Hancheng | 420899 | 338206 | 9832 | 38019 | 1532 | 33310 |
| 延安市 | Yan'an | 2411175 | 2013866 | 68039 | 263113 | 6891 | 59266 |
| 汉中市 | Hanzhong | 3632318 | 2312968 | 164458 | 956961 | 66386 | 131545 |
| 榆林市 | Yulin | 4061202 | 2463901 | 96472 | 1305614 | 25905 | 169310 |
| 安康市 | Ankang | 2220935 | 1325394 | 116484 | 615460 | 59316 | 104281 |
| 商洛市 | Shangluo | 1753522 | 1021215 | 133839 | 498707 | 8625 | 91136 |
| 杨凌示范区 | Yangling | 135164 | 83386 | 12320 | 28241 | | 11217 |

注：本表按当年价格计算。

a) Data in this table are calculated at current prices.

# 12-5 农林牧渔业总产值指数(1978年=100)

# Indices of Gross Output Value of Agriculture, Forestry, Animal Husbandry and Fishery (year of 1978=100)

| 年 份<br>Year | 农林牧渔业<br>总 产 值<br>Total | 农 业<br>Farming | 林 业<br>Forestry | 牧 业<br>Animal Husbandry | 渔 业<br>Fishery | 农林牧渔服务业<br>Service in Support of Agriculture |
|---|---|---|---|---|---|---|
| 1978 | 100.0 | 100.0 | 100.0 | 100.0 | 100.0 | |
| 1980 | 97.0 | 92.0 | 123.3 | 107.7 | 113.7 | |
| 1985 | 148.2 | 152.7 | 189.0 | 159.6 | 303.5 | |
| 1990 | 191.7 | 204.0 | 176.7 | 231.9 | 992.9 | |
| 1995 | 250.8 | 250.8 | 251.7 | 364.6 | 1834.7 | |
| 2000 | 320.0 | 336.8 | 322.1 | 403.7 | 2795.2 | |
| 2001 | 328.0 | 341.5 | 328.6 | 426.3 | 2937.7 | |
| 2002 | 348.4 | 361.7 | 363.4 | 452.3 | 3193.3 | |
| 2003 | 366.1 | 371.8 | 389.2 | 503.4 | 3404.1 | |
| 2004 | 399.8 | 416.8 | 383.6 | 526.1 | 3482.4 | |
| 2005 | 432.2 | 448.9 | 359.7 | 587.1 | 3844.6 | |
| 2006 | 463.8 | 484.4 | 367.9 | 627.1 | 4063.7 | |
| 2007 | 487.0 | 508.1 | 409.9 | 652.1 | 4336.0 | |
| 2008 | 525.4 | 547.7 | 446.8 | 707.6 | 4713.2 | |
| 2009 | 551.2 | 568.5 | 499.0 | 755.0 | 5080.8 | |
| 2010 | 583.1 | 605.7 | 512.4 | 789.1 | 5540.0 | |
| 2011 | 615.8 | 645.7 | 562.1 | 788.3 | 6925.0 | |
| 2012 | 652.7 | 683.8 | 617.2 | 831.7 | 8213.1 | |
| 2013 | 684.0 | 709.8 | 719.0 | 875.8 | 9592.9 | |
| 2014 | 718.9 | 748.1 | 764.3 | 905.6 | 10772.8 | |
| 2015 | 754.8 | 793.7 | 864.4 | 911.0 | 12076.3 | |
| 2016 | 785.7 | 832.6 | 990.6 | 908.3 | 13126.9 | |
| 2017 | 821.8 | 877.6 | 1129.3 | 914.7 | 13573.2 | |
| 2018 | 848.9 | 905.7 | 1324.7 | 923.8 | 14346.9 | |

注：本表按可比价格计算。
a) Data in this table are calculated at constant prices.

# 12-6 农林牧渔业总产值指数(上年=100)

# Indices of Gross Output Value of Agriculture, Forestry, Animal Husbandry and Fishery (preceding year=100)

| 年 份<br>Year | 农林牧渔业<br>总 产 值<br>Total | 农 业<br>Farming | 林 业<br>Forestry | 牧 业<br>Animal Husbandry | 渔 业<br>Fishery | 农林牧渔服务业<br>Service in Support of Agriculture |
|---|---|---|---|---|---|---|
| 1978 | 102.7 | 101.6 | 94.4 | 100.5 | 94.3 | |
| 1980 | 85.9 | 81.2 | 109.2 | 95.7 | 100.6 | |
| 1985 | 102.8 | 100.8 | 113.7 | 115.6 | 148.9 | |
| 1990 | 106.1 | 107.6 | 93.8 | 108.6 | 115.3 | |
| 1995 | 104.0 | 104.8 | 100.0 | 102.8 | 113.1 | |
| 2000 | 104.6 | 103.8 | 105.5 | 106.8 | 99.7 | |
| 2001 | 102.5 | 101.4 | 102.0 | 105.6 | 105.1 | |
| 2002 | 106.2 | 105.9 | 110.6 | 106.1 | 108.7 | |
| 2003 | 105.1 | 102.8 | 107.1 | 111.3 | 106.6 | |
| 2004 | 109.2 | 112.1 | 98.6 | 104.5 | 102.3 | |
| 2005 | 108.1 | 107.7 | 93.8 | 111.6 | 110.4 | 104.2 |
| 2006 | 107.3 | 107.9 | 102.3 | 106.8 | 105.7 | 105.8 |
| 2007 | 105.0 | 104.9 | 111.4 | 104.0 | 106.7 | 106.1 |
| 2008 | 107.9 | 107.8 | 109.0 | 108.5 | 108.7 | 106.2 |
| 2009 | 104.9 | 103.8 | 111.7 | 106.7 | 107.8 | 105.5 |
| 2010 | 105.8 | 106.5 | 102.7 | 104.5 | 109.0 | 105.2 |
| 2011 | 105.6 | 106.6 | 109.7 | 99.9 | 125.0 | 107.0 |
| 2012 | 106.0 | 105.9 | 109.8 | 105.5 | 118.6 | 107.6 |
| 2013 | 104.8 | 103.8 | 116.5 | 105.3 | 116.8 | 107.8 |
| 2014 | 105.1 | 105.4 | 106.3 | 103.4 | 112.3 | 108.2 |
| 2015 | 105.0 | 106.1 | 113.1 | 100.6 | 112.1 | 105.3 |
| 2016 | 104.1 | 104.9 | 114.6 | 99.7 | 108.7 | 106.8 |
| 2017 | 104.6 | 105.4 | 114.0 | 100.7 | 103.4 | 106.2 |
| 2018 | 103.3 | 103.2 | 117.3 | 101.0 | 105.7 | 105.8 |

注：本表按可比价格计算。
a) Data in this table are calculated at constant prices.

# 12–7 农林牧渔业分项产值

# Gross Output Value of Agriculture, Forestry, Animal Husbandry and Fishery by Item

单位：万元 (10 000 yuan)

| 指 标 | Item | 2016 | 2017 | 2018 |
|---|---|---|---|---|
| **农林牧渔业总产值** | **Gross Output Value of Agriculture, Forestry, Animal Husbandry and Fishery** | **29948304** | **30776241** | **32399874** |
| 一、农业总产值 | Output Value of Farming | 19978146 | 20952939 | 22449583 |
| (一) 谷物及其他作物 | Cereals and Other Crops | 4489418 | 4505367 | 4582300 |
| 1.谷 物 | Cereal | 2660465 | 2591315 | 2615880 |
| 2.薯 类 | Tubers | 738021 | 789806 | 808911 |
| 3.豆 类 | Beans | 159020 | 156264 | 172147 |
| 4.油 料 | Oil-bearing | 399011 | 437866 | 443333 |
| 5.棉 花 | Cotton | 45994 | 38346 | 28255 |
| 6.麻 类 | Fiber Crops | 694 | 556 | 664 |
| 7.糖 料 | Sugar Crops | | | 623 |
| 8.烟 草 | Tobacco | 101640 | 74923 | 92797 |
| 9.其他农作物 | Others | 384573 | 416292 | 419690 |
| (二)蔬菜、园艺作物 | Vegetables Gardening Crops | 5905978 | 6162035 | 6576874 |
| # 1.蔬 菜 | Vegetables | 5741918 | 5964561 | 6255099 |
| 2.花 卉 | Flowers | 88266 | 116546 | 219581 |
| (三)水果、坚果、茶叶和香料作物 | Fruits,Nuts Tea and Spices Crops | 8884765 | 9555366 | 10375002 |
| # 1.水 果 | Fruits | 7677214 | 8185363 | 8801874 |
| # 园林水果 | Garden Fruit | 6897407 | 7283687 | 7899418 |
| # 苹 果 | Apples | 3822649 | 4096708 | 4977725 |
| 2.坚 果 | Nuts | 520298 | 626080 | 566481 |
| 3.茶 叶 | Tea | 373008 | 421778 | 530788 |
| 4.香料作物 | Spices Crops | 314245 | 322144 | 475859 |
| (四)中药材 | Chinese Herbal Medicines | 697984 | 730172 | 915407 |
| 二、林业产值 | Output Value of Forestry | 855406 | 968798 | 1046155 |
| (一)林木的培育和种植 | Cultivation and Planting of Trees | 613567 | 721734 | 794954 |
| (二)竹木采运 | Logging andTransport of Bamboo | 37079 | 43000 | 47758 |
| (三)林产品 | Forestry Products | 204760 | 204064 | 203443 |
| 三、牧业产值 | Output Value of Animal Husbandry | 7347476 | 6952206 | 6828276 |
| (一)牲畜的饲养 | Stock Breeding | 2834957 | 2764283 | 2744065 |
| 1.牛的饲养 | Cattle | 606418 | 712843 | 707678 |
| 2.羊的饲养 | Sheep | 1289744 | 1002529 | 988614 |
| 3.其他牲畜饲养 | Others | 81336 | 89074 | 67621 |
| 4.奶产品 | Milk Products | 780352 | 900514 | 918622 |
| 5.毛绒产品 | Feather and Cashmere Products | 77107 | 59323 | 61530 |
| (二)猪的饲养 | Pigs Breeding | 3024619 | 2922398 | 2780859 |
| (三)家 禽 | Poultry Breeding | 1192333 | 990013 | 1057306 |
| # 禽 蛋 | Egg | 730014 | 576960 | 630122 |
| (四)狩猎和捕捉动物 | Animal Hunting and Trapping | 3218 | 3070 | 5215 |
| (五)其它畜牧业 | Other Animal Husbandry | 292349 | 272442 | 240831 |
| 四、渔业产值 | Output Value of Fishery | 262453 | 274518 | 298331 |
| 五、农林牧渔服务业 | Service in Support of Agriculture | 1504824 | 1627780 | 1777530 |

注：1.本表按当年生产者价格计算。
a) Data in this table are calculated at producer's price.

# 12—8 农林牧渔业增加值

# Value Added of Agriculture, Forestry, Animal Husbandry and Fishery

单位：万元 (10 000 yuan)

| 指　标 | Item | 2016 | 2017 | 2018 |
|---|---|---|---|---|
| **农林牧渔业增加值** | **Total** | **17788719** | **18306150** | **19273148** |
| 农　业 | Farming | 12332059 | 12928562 | 13807718 |
| 林　业 | Forestry | 519105 | 583763 | 625374 |
| 牧　业 | Animal Husbandry | 3965572 | 3747972 | 3701845 |
| 渔　业 | Fishery | 147563 | 154117 | 166942 |
| 农林牧渔服务业 | Service in Support of Agriculture | 824420 | 891736 | 971269 |

# 12—9 各市(区)农林牧渔业增加值(2018年)

# Value Added of Farming, Forestry, Animal Husbandry Fishery by City(District)(2018)

单位：万元 (10 000 yuan)

| 地　区 | Region | 农林牧渔业 Total | 农　业 Farming | 林　业 Forestry | 牧　业 Animal Husbandry | 渔　业 Fishery | 农林牧渔服务业 Service in Support of Agriculture | 农林牧渔业增加值比上年增长% Growth Rate as Last Year (%) |
|---|---|---|---|---|---|---|---|---|
| **全　省** | **Shaanxi** | **19273148** | **13807718** | **625374** | **3701845** | **166942** | **971269** | **3.3** |
| 西 安 市 | Xi'an | 2861844 | 2097265 | 98148 | 379191 | 13586 | 273654 | 3.5 |
| 铜 川 市 | Tongchuan | 258265 | 201690 | 4098 | 40175 | 1439 | 10863 | 3.2 |
| 宝 鸡 市 | Baoji | 1715335 | 1140602 | 78790 | 407414 | 7087 | 81442 | 3.1 |
| 咸 阳 市 | Xianyang | 3028377 | 2429431 | 41910 | 368839 | 9485 | 178712 | 3.2 |
| 渭 南 市 | Weinan | 3096328 | 2345185 | 42169 | 539992 | 40611 | 128371 | 3.4 |
| # 韩城市 | Hancheng | 242581 | 196020 | 5110 | 22922 | 869 | 17660 | 3.5 |
| 延 安 市 | Yan'an | 1413751 | 1194798 | 40537 | 141547 | 3941 | 32928 | 3.0 |
| 汉 中 市 | Hanzhong | 2128050 | 1397202 | 100252 | 519041 | 38244 | 73311 | 3.8 |
| 榆 林 市 | Yulin | 2407550 | 1524171 | 57246 | 713646 | 14948 | 97539 | 3.3 |
| 安 康 市 | Ankang | 1282375 | 808169 | 68365 | 319812 | 36106 | 49923 | 3.9 |
| 商 洛 市 | Shangluo | 998090 | 615920 | 80606 | 244314 | 4797 | 52453 | 3.6 |
| 杨凌示范区 | Yangling | 83214 | 59201 | 3942 | 15248 | | 4823 | 3.7 |

注：本表按当年价格计算，增长速度按可比价计算。

a) Data in this table are calculated at current prices. Growth rate are calculated at constant prices.

# 12-10 主要农作物播种面积
# Total Sown Areas of Major Farm Crops

单位：千公顷 (1 000 hectares)

| 年 份<br>Year | 总播种面积<br>Total Sown Area | 粮食作物播种面积<br>Sown Area of Grain Crops | 夏粮<br>Summer Grain | #小麦<br>Wheat | 秋粮<br>Autumn Grain | #稻谷<br>Rice | #玉米<br>Corn | #大豆<br>Soja |
|---|---|---|---|---|---|---|---|---|
| 1978 | 5254.67 | 4488.00 | 1949.33 | 1604.67 | 2493.33 | 160.00 | 1090.67 | 206.00 |
| 1980 | 5072.67 | 4310.37 | 1906.67 | 1590.67 | 2404.00 | 162.67 | 1076.67 | 211.33 |
| 1985 | 4663.33 | 3965.33 | 1928.00 | 1693.33 | 2037.33 | 156.67 | 950.67 | 202.00 |
| 1990 | 4860.00 | 4134.67 | 1925.33 | 1690.67 | 2209.33 | 159.33 | 1024.67 | 288.67 |
| 1995 | 4496.85 | 3807.73 | 1805.33 | 1600.23 | 2002.40 | 139.35 | 902.63 | 240.51 |
| 2000 | 4555.49 | 3821.59 | 1716.62 | 1537.26 | 2104.97 | 144.81 | 1056.96 | 246.96 |
| 2001 | 4264.84 | 3517.63 | 1590.29 | 1424.24 | 1927.34 | 140.78 | 1005.06 | 229.06 |
| 2002 | 4198.37 | 3397.29 | 1512.25 | 1356.75 | 1885.04 | 130.52 | 999.93 | 224.25 |
| 2003 | 4090.26 | 3157.28 | 1402.71 | 1255.11 | 1754.57 | 123.35 | 940.53 | 198.19 |
| 2004 | 4303.04 | 3362.01 | 1324.90 | 1152.70 | 2037.11 | 135.25 | 1132.56 | 237.58 |
| 2005 | 4391.24 | 3453.33 | 1389.53 | 1211.53 | 2063.77 | 133.79 | 1148.37 | 232.51 |
| 2006 | 3983.48 | 3081.27 | 1338.76 | 1181.61 | 1742.51 | 106.50 | 1041.63 | 180.77 |
| 2007 | 4164.13 | 3107.78 | 1318.03 | 1133.35 | 1789.75 | 113.77 | 1171.91 | 164.49 |
| 2008 | 4214.72 | 3151.71 | 1294.61 | 1117.70 | 1857.10 | 121.35 | 1193.82 | 206.76 |
| 2009 | 4202.00 | 3173.26 | 1291.66 | 1119.18 | 1881.60 | 121.76 | 1219.05 | 205.26 |
| 2010 | 4216.16 | 3199.35 | 1282.18 | 1119.73 | 1917.18 | 115.29 | 1257.54 | 201.74 |
| 2011 | 4171.53 | 3145.51 | 1236.54 | 1089.23 | 1908.97 | 113.14 | 1252.65 | 201.09 |
| 2012 | 4182.84 | 3147.38 | 1227.06 | 1078.72 | 1920.32 | 113.86 | 1241.59 | 198.24 |
| 2013 | 4108.22 | 3086.09 | 1163.62 | 1021.66 | 1922.47 | 114.30 | 1225.98 | 189.52 |
| 2014 | 4053.87 | 3029.64 | 1139.42 | 1000.60 | 1890.22 | 108.68 | 1212.84 | 143.47 |
| 2015 | 4050.00 | 3018.91 | 1140.18 | 1002.60 | 1878.72 | 107.45 | 1203.89 | 142.87 |
| 2016 | 4158.60 | 3143.96 | 1118.77 | 980.78 | 2025.19 | 107.42 | 1341.75 | 151.18 |
| 2017 | 4062.96 | 3019.40 | 1105.50 | 963.15 | 1913.90 | 105.64 | 1196.88 | 151.90 |
| 2018 | 4092.10 | 3005.98 | 1108.29 | 967.31 | 1897.69 | 105.39 | 1179.47 | 151.61 |

## 12-10 续表 continued

单位：千公顷 (1 000 hectares)

| 年 份<br>Year | 棉花<br>Cotton | 油料<br>Oil-bearing | #油菜籽<br>Rapeseeds | #花生<br>Peanuts | 麻类<br>Fiber Crops | 糖料<br>Sugar Crops | 烤烟<br>Flue-cured Tobacco | 蔬菜<br>Vegetables | 瓜类<br>Melon |
|---|---|---|---|---|---|---|---|---|---|
| 1978 | 252.67 | 130.00 | 73.33 | 4.7 | 7.13 | 2.60 | 7.60 | 78.67 | 14.67 |
| 1980 | 242.00 | 160.00 | 89.33 | 8.7 | 3.73 | 3.30 | 3.33 | 79.33 | 20.27 |
| 1985 | 94.67 | 240.00 | 114.00 | 47.67 | 2.20 | 4.33 | 34.67 | 121.33 | 30.60 |
| 1990 | 112.67 | 269.33 | 132.00 | 39.56 | 2.88 | 3.53 | 72.13 | 145.33 | 22.87 |
| 1995 | 72.75 | 302.18 | 169.77 | 32.87 | 1.50 | 2.28 | 48.33 | 174.23 | 27.63 |
| 2000 | 30.09 | 303.63 | 163.75 | 33.45 | 0.91 | 1.43 | 47.08 | 228.71 | 33.49 |
| 2001 | 50.38 | 291.14 | 167.70 | 30.86 | 0.75 | 1.52 | 40.60 | 219.43 | 37.07 |
| 2002 | 42.81 | 280.63 | 166.05 | 29.63 | 0.68 | 1.27 | 31.26 | 263.70 | 37.56 |
| 2003 | 65.06 | 285.58 | 165.82 | 29.51 | 0.51 | 0.33 | 30.95 | 276.80 | 43.52 |
| 2004 | 80.09 | 283.32 | 173.21 | 28.04 | 0.76 | 0.24 | 30.40 | 301.30 | 44.87 |
| 2005 | 70.23 | 276.86 | 178.71 | 29.55 | 1.06 | 0.10 | 32.58 | 331.70 | 51.04 |
| 2006 | 85.30 | 249.21 | 160.60 | 28.87 | 1.05 | 0.09 | 32.93 | 356.38 | 59.92 |
| 2007 | 83.14 | 249.47 | 161.35 | 28.05 | 0.65 | 0.09 | 29.95 | 364.38 | 59.98 |
| 2008 | 74.08 | 271.11 | 173.89 | 33.69 | 0.47 | 0.19 | 30.88 | 376.19 | 56.75 |
| 2009 | 50.19 | 285.86 | 187.44 | 32.77 | 0.33 | 0.06 | 32.69 | 418.97 | 61.77 |
| 2010 | 38.51 | 288.23 | 191.90 | 33.03 | 0.41 | 0.07 | 26.51 | 439.77 | 65.99 |
| 2011 | 35.50 | 284.69 | 192.29 | 34.90 | 0.39 | 0.05 | 29.32 | 452.97 | 72.37 |
| 2012 | 31.81 | 285.60 | 187.43 | 36.45 | 0.37 | 0.06 | 31.55 | 443.04 | 68.76 |
| 2013 | 22.55 | 276.61 | 188.80 | 36.17 | 0.35 | 0.05 | 27.75 | 449.40 | 70.07 |
| 2014 | 17.79 | 277.41 | 184.19 | 38.86 | 0.33 | 0.07 | 23.83 | 455.35 | 73.52 |
| 2015 | 14.66 | 273.83 | 184.48 | 37.95 | 0.33 | 0.09 | 21.61 | 463.93 | 75.73 |
| 2016 | 12.03 | 272.77 | 179.81 | 39.02 | 0.33 | 0.11 | 20.52 | 465.83 | 71.85 |
| 2017 | 8.47 | 278.96 | 180.12 | 39.45 | 0.33 | 0.09 | 17.09 | 480.65 | 71.47 |
| 2018 | 6.92 | 284.64 | 176.70 | 39.86 | 0.90 | 0.09 | 14.66 | 495.06 | 75.36 |

注：2009年及以后粮食播种面积为抽样调查数。
a) Since 2009 sown area of grain crops are sample survey data.

# 12−11 各市(区)主要农作物播种面积(2018年)
# Total Sown Areas of Major Farm Crops by City(District)(2018)

单位：千公顷 (1 000 hectares)

| 地 区 | Region | 总播种面积 Total Sown Area | 粮食作物播种面积 Sown Area of Grain Crops | 夏粮 Summer Grain | # 小麦 Wheat | 秋粮 Autumn Grain | # 稻谷 Rice | # 玉米 Corn | # 大豆 Soja |
|---|---|---|---|---|---|---|---|---|---|
| **全 省** | **Shaanxi** | **4092.10** | **3005.98** | **1108.29** | **967.31** | **1897.69** | **105.39** | **1179.47** | **151.61** |
| 西安市 | Xi'an | 364.98 | 279.71 | 152.92 | 151.89 | 126.78 | 0.13 | 118.38 | 2.77 |
| 铜川市 | Tongchuan | 74.20 | 66.48 | 21.54 | 21.54 | 44.94 | | 43.18 | 1.15 |
| 宝鸡市 | Baoji | 371.30 | 302.30 | 187.95 | 187.25 | 114.35 | 0.05 | 99.18 | 7.74 |
| 咸阳市 | Xianyang | 424.41 | 332.25 | 190.46 | 189.11 | 141.79 | | 131.21 | 5.01 |
| 渭南市 | Weinan | 681.30 | 518.53 | 286.00 | 285.47 | 232.53 | 0.66 | 219.24 | 4.48 |
| # 韩城市 | Hancheng | 18.91 | 14.29 | 7.44 | 7.44 | 6.85 | 0.16 | 5.97 | 0.01 |
| 延安市 | Yan'an | 176.60 | 141.83 | 2.85 | 0.35 | 138.97 | 1.02 | 78.05 | 15.40 |
| 汉中市 | Hanzhong | 478.40 | 253.98 | 77.07 | 39.13 | 176.92 | 80.50 | 70.42 | 16.87 |
| 榆林市 | Yulin | 882.78 | 725.92 | 0.00 | 0.32 | 725.92 | 2.47 | 272.15 | 71.77 |
| 安康市 | Ankang | 405.36 | 224.13 | 80.64 | 30.03 | 143.48 | 20.18 | 85.57 | 14.24 |
| 商洛市 | Shangluo | 228.90 | 159.44 | 65.98 | 36.51 | 93.47 | 0.18 | 72.38 | 18.60 |
| 杨凌示范区 | Yangling | 4.70 | 2.23 | 1.29 | 1.29 | 0.94 | | 0.90 | |

## 12−11 续表 continued

单位：千公顷 (1 000 hectares)

| 地 区 | Region | 棉花 Cotton | 油料 Oil-bearing | # 油菜籽 Rapeseeds | # 花生 Peanuts | 麻类 Fiber Crops | 糖料 Sugar Crops | 烤烟 Flue-cured Tobacco | 蔬菜 Vegetables |
|---|---|---|---|---|---|---|---|---|---|
| **全 省** | **Shaanxi** | **6.92** | **284.64** | **176.70** | **39.86** | **0.90** | **0.09** | **14.66** | **495.06** |
| 西安市 | Xi'an | 0.06 | 3.07 | 2.80 | 0.05 | | | | 71.83 |
| 铜川市 | Tongchuan | | 1.42 | 1.35 | | | | | 2.33 |
| 宝鸡市 | Baoji | 0.01 | 9.45 | 7.74 | 0.02 | 0.19 | | 2.05 | 44.41 |
| 咸阳市 | Xianyang | | 13.79 | 13.65 | 0.08 | | | 0.66 | 70.76 |
| 渭南市 | Weinan | 6.32 | 27.68 | 12.93 | 7.53 | | | | 88.43 |
| 其中：韩城 | Hancheng | 0.04 | 0.71 | 0.61 | 0.01 | | | | 3.82 |
| 延安市 | Yan'an | 0.05 | 4.48 | 2.34 | 0.73 | | | 0.65 | 21.33 |
| 汉中市 | Hanzhong | 0.04 | 77.67 | 72.16 | 4.71 | 0.01 | 0.01 | 0.59 | 62.30 |
| 榆林市 | Yulin | 0.35 | 68.24 | 2.05 | 15.80 | 0.53 | 0.05 | | 37.61 |
| 安康市 | Ankang | 0.08 | 67.52 | 55.32 | 7.65 | 0.12 | 0.02 | 5.56 | 74.60 |
| 商洛市 | Shangluo | 0.02 | 10.92 | 5.95 | 3.30 | 0.04 | | 5.15 | 19.76 |
| 杨凌示范区 | Yangling | | 0.41 | 0.40 | | | | | |

注：本表全省粮食面积为抽样调查数。
a) The sown area of grain crops of Shaanxi in this table are sample survey data.

# 12-12 主要农作物产品产量
# Output of Major Farm Products

单位：万吨 (10 000 tons)

| 年份 Year | 粮食 Grain | 夏粮 Summer Grain | # 小麦 Wheat | 秋粮 Autumn Grain | # 稻谷 Rice | # 玉米 Corn | # 大豆 Soja |
|---|---|---|---|---|---|---|---|
| 1978 | 800.00 | 293.50 | 251.00 | 542.00 | 81.50 | 292.00 | 19.95 |
| 1980 | 757.00 | 264.00 | 229.90 | 493.00 | 75.70 | 274.70 | 17.86 |
| 1985 | 951.90 | 459.20 | 423.30 | 492.70 | 88.30 | 291.60 | 18.35 |
| 1990 | 1070.70 | 501.70 | 463.70 | 569.00 | 100.40 | 333.80 | 30.75 |
| 1995 | 913.40 | 457.80 | 410.40 | 455.60 | 64.20 | 282.30 | 20.46 |
| 2000 | 1089.10 | 445.50 | 418.60 | 643.60 | 94.70 | 413.70 | 22.20 |
| 2001 | 976.61 | 432.74 | 406.63 | 543.87 | 92.05 | 352.81 | 19.60 |
| 2002 | 1005.60 | 440.10 | 405.30 | 565.50 | 80.30 | 374.50 | 21.20 |
| 2003 | 968.40 | 440.60 | 395.50 | 527.80 | 75.50 | 373.20 | 15.90 |
| 2004 | 1160.36 | 449.00 | 407.90 | 711.40 | 80.83 | 475.36 | 30.18 |
| 2005 | 1139.50 | 436.80 | 401.20 | 702.70 | 79.30 | 470.10 | 31.79 |
| 2006 | 1041.90 | 429.39 | 392.63 | 612.51 | 66.36 | 448.57 | 22.12 |
| 2007 | 1071.98 | 389.82 | 355.57 | 682.16 | 72.03 | 501.57 | 40.09 |
| 2008 | 1120.25 | 431.03 | 383.84 | 689.22 | 80.92 | 498.73 | 50.19 |
| 2009 | 1149.06 | 417.23 | 374.14 | 731.83 | 80.15 | 550.98 | 46.41 |
| 2010 | 1185.98 | 436.76 | 393.55 | 749.21 | 76.81 | 566.02 | 44.85 |
| 2011 | 1207.39 | 429.77 | 393.75 | 777.62 | 79.06 | 585.70 | 43.49 |
| 2012 | 1255.92 | 453.79 | 416.62 | 802.13 | 80.64 | 602.93 | 42.80 |
| 2013 | 1210.55 | 397.55 | 363.76 | 813.01 | 84.02 | 616.79 | 30.88 |
| 2014 | 1183.53 | 419.54 | 385.54 | 763.99 | 80.02 | 567.21 | 23.11 |
| 2015 | 1204.67 | 456.60 | 423.07 | 748.07 | 80.37 | 567.70 | 15.79 |
| 2016 | 1263.96 | 437.29 | 403.18 | 826.67 | 80.47 | 636.21 | 24.31 |
| 2017 | 1194.20 | 442.13 | 406.41 | 752.07 | 80.57 | 551.15 | 23.91 |
| 2018 | 1226.31 | 438.30 | 401.34 | 788.01 | 80.69 | 584.46 | 23.93 |

## 12-12 续表 continued

单位：万吨 (10 000 tons)

| 年份 Year | 棉花 Cotton | 油料 Oil-bearing | # 油菜籽 Rapeseeds | # 花生 Peanuts | 麻类 Fiber Crops | 糖料 Sugar Crops | 烤烟 Flue-cured Tobacco | 蔬菜 Vegetables |
|---|---|---|---|---|---|---|---|---|
| 1978 | 10.54 | 5.65 | 4.01 | 0.51 | 0.50 | 1.89 | 1.38 | |
| 1980 | 8.08 | 10.97 | 7.72 | 1.15 | 0.27 | 3.11 | 0.57 | |
| 1985 | 4.30 | 29.86 | 16.40 | 10.05 | 0.24 | 7.85 | 6.26 | 297.16 |
| 1990 | 7.78 | 33.39 | 19.25 | 7.03 | 0.18 | 5.92 | 12.32 | 367.30 |
| 1995 | 3.99 | 38.15 | 25.45 | 6.02 | 0.11 | 1.03 | 6.34 | 362.86 |
| 2000 | 2.74 | 38.76 | 22.40 | 7.33 | 0.09 | 1.79 | 7.36 | 556.53 |
| 2001 | 4.98 | 37.54 | 23.13 | 7.09 | 0.07 | 1.94 | 6.29 | 525.46 |
| 2002 | 4.30 | 41.08 | 24.58 | 7.01 | 0.11 | 3.10 | 5.10 | 660.48 |
| 2003 | 5.27 | 41.33 | 27.05 | 6.90 | 0.07 | 0.80 | 4.88 | 708.94 |
| 2004 | 8.23 | 46.06 | 29.45 | 7.18 | 0.11 | 0.67 | 5.32 | 785.34 |
| 2005 | 7.78 | 45.35 | 30.33 | 7.58 | 0.09 | 0.30 | 5.88 | 869.93 |
| 2006 | 8.83 | 41.36 | 27.29 | 7.55 | 0.14 | 0.24 | 5.99 | 848.48 |
| 2007 | 8.36 | 38.92 | 26.62 | 7.07 | 0.08 | 0.31 | 5.35 | 926.91 |
| 2008 | 8.78 | 48.39 | 32.61 | 8.49 | 0.05 | 0.30 | 6.58 | 1040.55 |
| 2009 | 7.00 | 52.74 | 34.30 | 10.22 | 0.04 | 0.17 | 6.47 | 1201.80 |
| 2010 | 5.26 | 53.61 | 35.41 | 9.51 | 0.05 | 0.20 | 5.77 | 1294.49 |
| 2011 | 4.74 | 55.94 | 36.34 | 10.10 | 0.05 | 0.16 | 6.29 | 1342.71 |
| 2012 | 4.44 | 56.98 | 37.11 | 10.82 | 0.05 | 0.17 | 7.19 | 1412.45 |
| 2013 | 3.55 | 55.18 | 36.53 | 10.63 | 0.05 | 0.16 | 6.45 | 1485.60 |
| 2014 | 2.43 | 56.22 | 37.57 | 11.60 | 0.05 | 0.15 | 5.25 | 1556.16 |
| 2015 | 2.07 | 56.91 | 39.02 | 11.33 | 0.04 | 0.15 | 5.06 | 1613.45 |
| 2016 | 1.69 | 57.28 | 37.49 | 12.29 | 0.05 | 0.16 | 4.52 | 1666.93 |
| 2017 | 1.20 | 59.82 | 38.33 | 12.46 | 0.05 | 0.17 | 3.82 | 1733.99 |
| 2018 | 0.99 | 61.03 | 37.01 | 12.60 | 0.07 | 0.13 | 3.36 | 1808.44 |

注：2009年及以后粮食产量为抽样调查数。
a) Since 2009 grain products are sample survey data.

# 12−13 各市(区)主要农产品产量(2018年)
# Output of Major Farm Products by City(District)(2018)

| 地区 | Region | 粮食(万吨) Grain (10 000 tons) | 夏粮 Summer Grain | #小麦 Wheat | 秋粮 Autumn Grain | #稻谷 Rice | #玉米 Corn | #大豆 Soja |
|---|---|---|---|---|---|---|---|---|
| **全省** | **Shaanxi** | **1226.31** | **438.30** | **401.34** | **788.01** | **80.69** | **584.46** | **23.93** |
| 西安市 | Xi'an | 142.14 | 74.27 | 73.86 | 67.86 | 0.06 | 64.36 | 0.54 |
| 铜川市 | Tongchuan | 28.78 | 6.41 | 6.41 | 22.38 | | 21.90 | 0.21 |
| 宝鸡市 | Baoji | 132.54 | 80.49 | 80.32 | 52.05 | 0.03 | 48.61 | 1.29 |
| 咸阳市 | Xianyang | 160.16 | 82.90 | 82.37 | 77.26 | | 73.95 | 1.11 |
| 渭南市 | Weinan | 225.96 | 113.40 | 113.18 | 112.56 | 0.57 | 107.41 | 0.87 |
| #韩城市 | Hancheng | 4.85 | 2.31 | 2.31 | 2.54 | 0.09 | 2.07 | |
| 延安市 | Yan'an | 69.56 | 1.03 | 0.14 | 68.53 | 0.42 | 51.17 | 3.41 |
| 汉中市 | Hanzhong | 105.62 | 24.94 | 13.23 | 80.68 | 53.56 | 22.12 | 2.32 |
| 榆林市 | Yulin | 266.19 | | 0.05 | 266.19 | 1.44 | 150.44 | 14.01 |
| 安康市 | Ankang | 75.06 | 23.31 | 8.33 | 51.74 | 14.12 | 28.31 | 2.69 |
| 商洛市 | Shangluo | 50.06 | 18.95 | 9.89 | 31.10 | 0.11 | 27.13 | 3.07 |
| 杨凌示范区 | Yangling | 1.49 | 0.86 | 0.86 | 0.63 | | 0.60 | |

## 12−13 续表 continued

| 地区 | Region | 棉花(吨) Cotton (ton) | 油料(吨) Oil-bearing (ton) | #油菜籽 Rapeseeds | #花生 Peanuts | 麻类(吨) Fiber Crops (ton) | 糖料(吨) Sugar Crops (ton) | 烤烟(吨) Flue-cured Tobacco (ton) | 蔬菜(万吨) Vegetables (10 000 tons) |
|---|---|---|---|---|---|---|---|---|---|
| **全省** | **Shaanxi** | **9904** | **610295** | **370061** | **125973** | **700** | **1281** | **33559** | **1808.44** |
| 西安市 | Xi'an | 88 | 6730 | 5737 | 201 | | | | 373.69 |
| 铜川市 | Tongchuan | | 1936 | 1827 | | | | | 6.58 |
| 宝鸡市 | Baoji | 13 | 18518 | 14440 | 84 | 203 | | 4019 | 140.17 |
| 咸阳市 | Xianyang | | 29008 | 28498 | 229 | | | 1558 | 310.06 |
| 渭南市 | Weinan | 9199 | 71074 | 26933 | 28022 | | | | 291.79 |
| #韩城市 | Hancheng | 87 | 1426 | 1323 | 11 | | | | 14.05 |
| 延安市 | Yan'an | 47 | 9771 | 5373 | 1578 | | | 1493 | 108.17 |
| 汉中市 | Hanzhong | 207 | 179734 | 163609 | 14143 | 7 | 291 | 2635 | 247.24 |
| 榆林市 | Yulin | 199 | 132769 | 5001 | 50949 | 247 | 271 | | 109.26 |
| 安康市 | Ankang | 128 | 138605 | 109057 | 21533 | 197 | 719 | 12683 | 155.98 |
| 商洛市 | Shangluo | 23 | 19721 | 8383 | 9234 | 46 | | 11171 | 53.71 |
| 杨凌示范区 | Yangling | | 2429 | 1203 | | | | | 11.79 |

注：全省粮食产量为抽样调查数。
a) The sown area of grain crops of Shaanxi in this table are sample survey data.

# 12-14 主要农产品单位面积产量
# Output of Major Farm Products Per Hectare

单位：公斤/公顷 (kg/hectare)

| 年 份<br>Year | 粮 食<br>Grain | 夏 粮<br>Summer Grain | # 小 麦<br>Wheat | 秋 粮<br>Autumn Grain | # 稻 谷<br>Rice | # 玉 米<br>Corn | # 大 豆<br>Soja |
|---|---|---|---|---|---|---|---|
| 1978 | 1785 | 1395 | 1470 | 2175 | 5130 | 2520 | 970 |
| 1980 | 1755 | 1380 | 1440 | 2055 | 4650 | 2550 | 844 |
| 1985 | 2400 | 2385 | 2550 | 2415 | 5640 | 3060 | 908 |
| 1990 | 2595 | 2610 | 2745 | 2580 | 6300 | 3255 | 1066 |
| 1995 | 2399 | 2536 | 2565 | 2275 | 4609 | 3128 | 851 |
| 2000 | 2850 | 2595 | 2723 | 3057 | 6540 | 3914 | 899 |
| 2001 | 2776 | 2721 | 2855 | 2822 | 6539 | 3510 | 856 |
| 2002 | 2960 | 2910 | 2987 | 3000 | 6153 | 3745 | 945 |
| 2003 | 3067 | 3141 | 3151 | 3008 | 6121 | 3968 | 802 |
| 2004 | 3452 | 3389 | 3539 | 3492 | 5977 | 4197 | 1270 |
| 2005 | 3300 | 3144 | 3312 | 3405 | 5927 | 4094 | 1367 |
| 2006 | 3381 | 3207 | 3323 | 3515 | 6231 | 4307 | 1224 |
| 2007 | 3449 | 2958 | 3137 | 3811 | 6331 | 4280 | 2437 |
| 2008 | 3554 | 3329 | 3434 | 3711 | 6668 | 4178 | 2427 |
| 2009 | 3621 | 3230 | 3343 | 3889 | 6582 | 4520 | 2261 |
| 2010 | 3707 | 3406 | 3515 | 3908 | 6662 | 4501 | 2223 |
| 2011 | 3838 | 3476 | 3615 | 4074 | 6988 | 4676 | 2163 |
| 2012 | 3990 | 3698 | 3862 | 4177 | 7082 | 4856 | 2159 |
| 2013 | 3923 | 3416 | 3560 | 4229 | 7351 | 5031 | 1629 |
| 2014 | 3907 | 3682 | 3853 | 4042 | 7363 | 4677 | 1611 |
| 2015 | 3990 | 4005 | 4220 | 3982 | 7480 | 4716 | 1105 |
| 2016 | 4020 | 3909 | 4111 | 4082 | 7491 | 4742 | 1608 |
| 2017 | 3955 | 3999 | 4220 | 3930 | 7627 | 4605 | 1574 |
| 2018 | 4080 | 3955 | 4149 | 4152 | 7656 | 4955 | 1578 |

12-14 续表 continued

单位：公斤/公顷 (kg/hectare)

| 年 份<br>Year | 棉 花<br>Cotton | 油 料<br>Oil-bearing | # 油菜籽<br>Rapeseeds | # 花 生<br>Peanuts | 麻 类<br>Fiber Crops | 糖 料<br>Sugar Crops | 烤 烟<br>Flue-cured Tobacco | 蔬 菜<br>Vegetables |
|---|---|---|---|---|---|---|---|---|
| 1978 | 420 | 435 | 555 | 1080 | 1065 | 7260 | 1815 | |
| 1980 | 330 | 690 | 855 | 1320 | 735 | 9600 | 1712 | |
| 1985 | 450 | 1245 | 1440 | 2155 | 1095 | 18210 | 1815 | 24492 |
| 1990 | 690 | 1245 | 1455 | 1770 | 615 | 16755 | 1710 | 25274 |
| 1995 | 548 | 1263 | 1499 | 1830 | 726 | 4531 | 1312 | 20827 |
| 2000 | 911 | 1277 | 1368 | 2192 | 985 | 12578 | 1564 | 24334 |
| 2001 | 989 | 1290 | 1379 | 2297 | 960 | 12724 | 1550 | 23946 |
| 2002 | 1004 | 1464 | 1480 | 2367 | 1573 | 24389 | 1628 | 25047 |
| 2003 | 811 | 1447 | 1631 | 2340 | 1283 | 24147 | 1576 | 25612 |
| 2004 | 1027 | 1626 | 1700 | 2563 | 1451 | 27630 | 1749 | 26066 |
| 2005 | 1107 | 1638 | 1697 | 2563 | 883 | 29208 | 1805 | 26227 |
| 2006 | 1035 | 1660 | 1699 | 2615 | 1453 | 28565 | 1820 | 23808 |
| 2007 | 1006 | 1560 | 1650 | 2520 | 1231 | 34444 | 1787 | 25438 |
| 2008 | 1185 | 1785 | 1875 | 2520 | 1064 | 15789 | 2131 | 27660 |
| 2009 | 1395 | 1845 | 1830 | 3119 | 1212 | 28333 | 1979 | 28685 |
| 2010 | 1366 | 1860 | 1845 | 2879 | 1220 | 28571 | 2177 | 29436 |
| 2011 | 1335 | 1965 | 1890 | 2894 | 1282 | 32000 | 2145 | 29642 |
| 2012 | 1396 | 1995 | 1980 | 2968 | 1351 | 28333 | 2279 | 31881 |
| 2013 | 1574 | 1995 | 1935 | 2939 | 1429 | 32000 | 2325 | 33057 |
| 2014 | 1366 | 2027 | 2040 | 2985 | 1515 | 21429 | 2203 | 34175 |
| 2015 | 1412 | 2078 | 2115 | 2986 | 1212 | 16667 | 2342 | 34778 |
| 2016 | 1405 | 2100 | 2085 | 3150 | 1515 | 14545 | 2203 | 35784 |
| 2017 | 1417 | 2144 | 2128 | 3158 | 1515 | 18889 | 2235 | 36076 |
| 2018 | 1431 | 2144 | 2094 | 3160 | 778 | 14202 | 2289 | 36530 |

注：2009年及以后粮食单产为抽样调查数。
a) Since 2009 grain products per hectare are sample survey data.

# 12-15 各市(区)主要农作物单位面积产量(2018年)
# Output of Major Farm Products Per Hectare by City(District)(2018)

单位：公斤／公顷 (kg/hectare)

| 地 区 | Region | 粮 食 Grain | 夏 粮 Summer Grain | # 小 麦 Wheat | 秋 粮 Autumn Grain | # 稻 谷 Rice | # 玉 米 Corn | # 大 豆 Soja |
|---|---|---|---|---|---|---|---|---|
| **全 省** | **Shaanxi** | **4080** | **3955** | **4149** | **4152** | **7656** | **4955** | **1578** |
| 西 安 市 | Xi'an | 5082 | 4857 | 4862 | 5353 | 4773 | 5437 | 1938 |
| 铜 川 市 | Tongchuan | 4329 | 2973 | 2973 | 4979 | | 5071 | 1788 |
| 宝 鸡 市 | Baoji | 4384 | 4282 | 4289 | 4552 | 6372 | 4901 | 1666 |
| 咸 阳 市 | Xianyang | 4820 | 4353 | 4356 | 5449 | | 5636 | 2224 |
| 渭 南 市 | Weinan | 4358 | 3965 | 3965 | 4840 | 8701 | 4899 | 1946 |
| # 韩城市 | Hancheng | 3397 | 3105 | 3105 | 3714 | 5438 | 3459 | 2945 |
| 延 安 市 | Yan'an | 4904 | 3601 | 3839 | 4931 | 4069 | 6557 | 2214 |
| 汉 中 市 | Hanzhong | 4158 | 3236 | 3381 | 4560 | 6653 | 3141 | 1378 |
| 榆 林 市 | Yulin | 3667 | | 1492 | 3667 | 5847 | 5528 | 1952 |
| 安 康 市 | Ankang | 3349 | 2891 | 2774 | 3606 | 6998 | 3308 | 1889 |
| 商 洛 市 | Shangluo | 3139 | 2872 | 2709 | 3328 | 5950 | 3748 | 1648 |
| 杨凌示范区 | Yangling | 6684 | 6682 | 6682 | 6686 | | 6679 | |

## 12-15 续表 continued

单位：公斤／公顷 (kg/hectare)

| 地 区 | Region | 棉 花 Cotton | 油 料 Oil-bearing | # 油菜籽 Rapeseeds | # 花 生 Peanuts | 麻 类 Fiber Crops | 糖 料 Sugar Crops | 烤 烟 Flue-cured Tobacco | 蔬 菜 Vegetables |
|---|---|---|---|---|---|---|---|---|---|
| **全 省** | **Shaanxi** | **1431** | **2144** | **2094** | **3160** | **778** | **14202** | **2289** | **36530** |
| 西 安 市 | Xi'an | 1451 | 2192 | 2049 | 3946 | | | | 52027 |
| 铜 川 市 | Tongchuan | | 1360 | 1351 | | | | | 28260 |
| 宝 鸡 市 | Baoji | 1598 | 1960 | 1865 | 5207 | 1048 | | 1956 | 31565 |
| 咸 阳 市 | Xianyang | | 2104 | 2088 | 2979 | | | 2363 | 43816 |
| 渭 南 市 | Weinan | 1456 | 2568 | 2082 | 3722 | | | | 32995 |
| # 韩城市 | Hancheng | 2014 | 2008 | 2158 | 1897 | | | | 36749 |
| 延 安 市 | Yan'an | 919 | 2182 | 2297 | 2176 | | | 2300 | 50709 |
| 汉 中 市 | Hanzhong | 5041 | 2314 | 2267 | 3003 | 587 | 22974 | 4484 | 39687 |
| 榆 林 市 | Yulin | 571 | 1946 | 2435 | 3224 | 464 | 4951 | | 29047 |
| 安 康 市 | Ankang | 1674 | 2053 | 1971 | 2816 | 1620 | 31535 | 2280 | 20909 |
| 商 洛 市 | Shangluo | 1507 | 1806 | 1410 | 2796 | 1152 | | 2171 | 27179 |
| 杨凌示范区 | Yangling | | 5951 | 2979 | | | | | 69506 |

注：全省粮食单产为抽样调查数。
a) The grain products per hectare of Shaanxi in this table are sample survey data.

# 12-16 茶、桑、果面积及产量
## Areas and Output of Tea Plantation, Cocoon, Orchards

| 年 份 Year | 茶园面积 (千公顷) Area of Tea Plantations (1 000 hectares) | 茶叶产量 (吨) Output of Tea (ton) | 桑园面积 (千公顷) Area of Mulberry Field (1 000 hectares) | 果园面积 (千公顷) Area of Orchards (1 000 hectares) | 水果产量 (万吨) Output of Fruits (10 000 tons) | # 苹 果 Apples | # 柑 桔 Citrus |
|---|---|---|---|---|---|---|---|
| 1978 | 31.07 | 1408 | 12.00 | 98.60 | 33.41 | 9.92 | 0.12 |
| 1980 | 24.00 | 1428 | 17.40 | 104.27 | 28.00 | 8.93 | 0.30 |
| 1985 | 26.16 | 2822 | 46.75 | 109.93 | 33.53 | 14.09 | 0.52 |
| 1990 | 29.19 | 4548 | 37.31 | 304.78 | 62.03 | 34.93 | 0.89 |
| 1995 | 30.64 | 5252 | 76.83 | 685.35 | 283.96 | 233.76 | 1.12 |
| 2000 | 35.28 | 6126 | 58.76 | 664.76 | 493.79 | 388.57 | 3.52 |
| 2001 | 38.23 | 6273 | 65.59 | 680.11 | 534.19 | 408.57 | 5.85 |
| 2002 | 43.28 | 7003 | 71.43 | 703.75 | 577.35 | 440.59 | 6.40 |
| 2003 | 50.86 | 7952 | 75.23 | 750.51 | 621.14 | 461.79 | 9.86 |
| 2004 | 56.34 | 10239 | 78.30 | 788.47 | 735.61 | 555.21 | 11.75 |
| 2005 | 59.47 | 11382 | 79.83 | 817.45 | 765.74 | 560.12 | 16.76 |
| 2006 | 62.94 | 12827 | 97.50 | 860.49 | 881.95 | 649.98 | 16.32 |
| 2007 | 66.38 | 14377 | 31.61 | 869.94 | 931.88 | 697.13 | 22.08 |
| 2008 | 67.11 | 15973 | 27.82 | 908.80 | 1048.78 | 736.11 | 22.99 |
| 2009 | 74.84 | 20054 | 59.84 | 950.94 | 1120.05 | 790.00 | 29.37 |
| 2010 | 80.64 | 24890 | 48.37 | 1001.90 | 1195.06 | 834.57 | 26.91 |
| 2011 | 84.53 | 28199 | 41.25 | 1019.61 | 1274.51 | 874.75 | 31.66 |
| 2012 | 89.16 | 34852 | 33.91 | 1037.23 | 1362.77 | 929.06 | 33.45 |
| 2013 | 99.31 | 40195 | 28.52 | 1050.28 | 1397.29 | 901.89 | 42.67 |
| 2014 | 108.29 | 48491 | 20.71 | 1060.39 | 1445.68 | 939.14 | 44.35 |
| 2015 | 112.16 | 54055 | 17.81 | 1062.56 | 1504.78 | 979.76 | 46.05 |
| 2016 | 118.03 | 61131 | 14.91 | 1065.57 | 1567.63 | 1033.16 | 43.56 |
| 2017 | 126.57 | 66672 | 13.90 | 1089.97 | 1660.80 | 1092.46 | 45.75 |
| 2018 | 135.89 | 71038 | 18.91 | 1113.92 | 1566.01 | 1008.69 | 46.91 |

# 12-17 水果生产情况
## Production of Fruit

| 品 种 | Item | 2016 | | 2017 | | 2018 | |
|---|---|---|---|---|---|---|---|
| | | 面 积 (公顷) Area of Orchards (hectare) | 产 量 (吨) Output (ton) | 面 积 (公顷) Area of Orchards (hectare) | 产 量 (吨) Output (ton) | 面 积 (公顷) Area of Orchards (hectare) | 产 量 (吨) Output (ton) |
| **水果合计** | **Total** | **1065572** | **15676260** | **1089969** | **16607972** | **1113917** | **15660147** |
| 1.苹 果 | Apples | 576365 | 10331643 | 586171 | 10924555 | 597570 | 10086877 |
| 2.柑 桔 | Citrus | 25867 | 435618 | 23234 | 457490 | 23497 | 469069 |
| 3.梨 | Pears | 45776 | 1001325 | 46207 | 1052073 | 46568 | 997191 |
| 4.葡 萄 | Grapes | 41965 | 692059 | 44742 | 785571 | 46878 | 728393 |
| 5.桃 | Peach | 35921 | 694683 | 36790 | 713896 | 33906 | 717220 |
| 6.红 枣 | Jujube | 188716 | 822110 | 202398 | 924650 | 214795 | 979261 |
| 7.杏 | Apricot | 34135 | 116419 | 33334 | 125079 | 34076 | 124984 |
| 8.柿 子 | Persimmon | 12054 | 233871 | 14820 | 234320 | 19578 | 260666 |
| 9.猕猴桃 | Kiwi | 47102 | 978723 | 50248 | 1008651 | 53162 | 947888 |
| 10.石 榴 | Pomegranate | 3349 | 37256 | 3694 | 45726 | 4082 | 53916 |
| 11.其他水果 | Others | 54321 | 332553 | 48330 | 335961 | 39806 | 294682 |

注：本表为果业监测结果。
a) Data in this table are the results of fruits monitoring.

# 12−18 各市(区)茶、桑、果面积及产量(2018年)
# Areas and Output of Tea Plantation, Cocoon, Orchards by City(District)(2018)

| 地区 | Region | 茶园面积(公顷) Area of Tea Plantations (Hectares) | 茶叶产量(吨) Output of Tea (ton) | 桑园面积(公顷) Area of Orchards (Hectares) | 果园面积(公顷) Area of Orchards (Hectares) | 水果产量(吨) Output of Fruits (ton) | 苹果 Apples | 柑桔 Citrus |
|---|---|---|---|---|---|---|---|---|
| **全省** | **Shaanxi** | **135893** | **71038** | **18914** | **1113917** | **15660147** | **10086877** | **469069** |
| 西安市 | Xi'an | | | 159 | 49517 | 891522 | 69078 | |
| 铜川市 | Tongchuan | | | | 38636 | 541625 | 518185 | |
| 宝鸡市 | Baoji | | | 200 | 60170 | 1203648 | 640971 | |
| 咸阳市 | Xianyang | | | | 204526 | 4183609 | 3418465 | |
| 渭南市 | Weinan | | | | 200816 | 3146142 | 1652500 | |
| # 韩城市 | Hancheng | | | | 4476 | 72658 | 59240 | |
| 延安市 | Yan'an | | | 34 | 236509 | 2990999 | 2891988 | |
| 汉中市 | Hanzhong | 71305 | 41760 | 1692 | 34165 | 556995 | 16936 | 383017 |
| 榆林市 | Yulin | | | 1623 | 262728 | 1870427 | 865252 | |
| 安康市 | Ankang | 51234 | 24758 | 13217 | 22778 | 204733 | 5047 | 84709 |
| 商洛市 | Shangluo | 13354 | 4520 | 1990 | 2808 | 32856 | 5377 | 1343 |
| 杨凌示范区 | Yangling | | | | 1264 | 37591 | 3078 | |

12−18 续表 continued

| 地区 | Region | 梨 Pears | 葡萄 Grapes | 桃 Peach | 红枣 Jujube | 杏 Apricot | 柿子 Persimmon | 猕猴桃 Kiwi | 石榴 Pomegranate | 其它水果 Others |
|---|---|---|---|---|---|---|---|---|---|---|
| **全省** | **Shaanxi** | **997191** | **728393** | **717220** | **979261** | **124984** | **260666** | **947888** | **53916** | **294682** |
| 西安市 | Xi'an | 22673 | 166175 | 105115 | 8506 | 24491 | 3956 | 358262 | 33180 | 100086 |
| 铜川市 | Tongchuan | 746 | 7929 | 6480 | 58 | 134 | 934 | | 8 | 7151 |
| 宝鸡市 | Baoji | 5830 | 41579 | 36509 | | 1886 | 7229 | 462645 | | 6999 |
| 咸阳市 | Xianyang | 219500 | 82369 | 283062 | 9930 | 11821 | 87199 | 32872 | 11315 | 27076 |
| 渭南市 | Weinan | 482787 | 377168 | 222119 | 210408 | 11999 | 116820 | 32290 | 9288 | 30763 |
| # 韩城市 | Hancheng | 485 | 2320 | 8150 | 150 | 310 | 1730 | | 119 | 154 |
| 延安市 | Yan'an | 25427 | 3064 | 3728 | 43349 | 22995 | 4 | | | 444 |
| 汉中市 | Hanzhong | 56970 | 10445 | 21632 | 501 | 2471 | 13420 | 24989 | 10 | 26604 |
| 榆林市 | Yulin | 176406 | 29139 | 13653 | 705393 | 47265 | | | | 33319 |
| 安康市 | Ankang | 5381 | 6614 | 21334 | 1038 | 1642 | 16333 | 3448 | 115 | 59072 |
| 商洛市 | Shangluo | 1352 | 2825 | 3169 | 78 | 269 | 14771 | 588 | | 3084 |
| 杨凌示范区 | Yangling | 119 | 1086 | 419 | | 11 | | 32794 | | 84 |

注：本表全省水果产量为果业监测数据。
a) Data in this table are the results of fruits monitoring.

# 12–19 主要林产品产量
# Output of Major Forest Products

单位：吨 (ton)

| 年份 Year | 生漆 Lacquer | 油桐籽 Tung-oil Seeds | 五倍籽 Chinese Gall | 棕片 Palm Sheet | 核桃 Walnuts | 板栗 Chestnut | 花椒 Pepper |
|---|---|---|---|---|---|---|---|
| 1978 | 668 | 14800 | 50 | | 28275 | 3460 | 577 |
| 1980 | 930 | 17685 | 83 | | 25700 | 2715 | 539 |
| 1985 | 635 | 17718 | 337 | 1448 | 12826 | 1777 | 694 |
| 1990 | 685 | 18672 | 1589 | 2265 | 16833 | 4770 | 2501 |
| 1995 | 773 | 15460 | 2922 | 3015 | 30599 | 8019 | 7135 |
| 2000 | 1176 | 12968 | 863 | 2962 | 34866 | 20098 | 16298 |
| 2001 | 893 | 13003 | 968 | 3060 | 10474 | 11211 | 16471 |
| 2002 | 821 | 9278 | 934 | 3183 | 34779 | 21352 | 25112 |
| 2003 | 975 | 9634 | 1034 | 3177 | 44091 | 24022 | 22781 |
| 2004 | 995 | 12068 | 1513 | 3059 | 54243 | 26290 | 28441 |
| 2005 | 1060 | 12562 | 1963 | 3044 | 55206 | 27855 | 28178 |
| 2006 | 1613 | 11631 | 2241 | 3333 | 43492 | 29232 | 31507 |
| 2007 | 1851 | 11496 | 2383 | 3511 | 46764 | 35720 | 34904 |
| 2008 | 1697 | 14534 | 2785 | 4164 | 74218 | 40303 | 44000 |
| 2009 | 2552 | 17871 | 3386 | 3989 | 89040 | 46088 | 48571 |
| 2010 | 1915 | 17096 | 3152 | 3202 | 60696 | 51698 | 44789 |
| 2011 | 2434 | 19664 | 3441 | 3147 | 142073 | 68569 | 52974 |
| 2012 | 3494 | 22622 | 3969 | 2987 | 163965 | 71282 | 61698 |
| 2013 | 4516 | 28421 | 4265 | 2536 | 162638 | 73643 | 52537 |
| 2014 | 2864 | 29114 | 4590 | 3473 | 186578 | 79872 | 61072 |
| 2015 | 3445 | 27764 | 4483 | 2962 | 216372 | 80892 | 66245 |
| 2016 | 3239 | 27549 | 4388 | 3575 | 305658 | 89342 | 64146 |
| 2017 | 885 | 21436 | 2472 | 3311 | 375587 | 98420 | 82842 |
| 2018 | 3361 | 26905 | 1982 | 3965 | 301173 | 81011 | 77584 |

注：2010年以后为林业部门统计数据。
a) Data in this table are from forestry authorities.

# 12–20 各市(区)主要林产品产量(2018年)
# Output of Major Forest Products by City(District)(2018)

单位：吨 (ton)

| 地区 | Region | 生漆 Lacquer | 油桐籽 Tung-oil Seeds | 五倍籽 Chinese Gall | 棕片 Palm Sheet | 核桃 Walnut | 板栗 Chestnut | 花椒 Pepper |
|---|---|---|---|---|---|---|---|---|
| **全 省** | **Shaanxi** | **3361** | **26905** | **1982** | **3965** | **238329** | **76998** | **77584** |
| 西 安 市 | Xi'an | | | | | 5209 | 732 | 923 |
| 铜 川 市 | Tongchuan | | | | | 16525 | | 5732 |
| 宝 鸡 市 | Baoji | | | | | 36525 | 2928 | 7966 |
| 咸 阳 市 | Xianyang | | | | | 21704 | | 1992 |
| 渭 南 市 | Weinan | | | | | 35442 | 120 | 55910 |
| # 韩城市 | | | | | | 1910 | | 27000 |
| 延 安 市 | Yan'an | | | | | 5973 | 70 | 1255 |
| 汉 中 市 | Hanzhong | 893 | 978 | 1454 | 2765 | 28920 | 20423 | 861 |
| 榆 林 市 | Yulin | | | | | 100 | | 122 |
| 安 康 市 | Ankang | 2301 | 21086 | 378 | 1200 | 30383 | 30334 | 1507 |
| 商 洛 市 | Shangluo | 167 | 4841 | 150 | | 57548 | 22391 | 1316 |
| 杨凌示范区 | Yangling | | | | | | | |

注：本表为林业部门统计数据。
a) Data in this table are from forestry authorities.

# 12-21 各市(区)造林情况(2018年)
# Area of Afforestation by City(District)(2018)

| 地 区 | Region | 荒山荒(沙)地造林面积(公顷) Afforestation of Barren Hills and Wasteland Area (hectare) | 按造林方式分 By Approach | | 按林种用途分 By Function of Forest | | 按经济成份分 By Economic Composition | |
|---|---|---|---|---|---|---|---|---|
| | | | # 人工造林 Manual Planting | # 飞播造林 Airplane Planting | # 经济林 By-product Forests | # 防护林 Protection Forests | 公有经济造 林 Afforestation of State-owned | 非公有经济造 林 Afforestation of Non-State-owned |
| **全 省** | **Shaanxi** | **348094** | **160912** | **27004** | **67444** | **115613** | **149605** | **36977** |
| 西 安 市 | Xi'an | 2375 | 2375 | | 497 | 1878 | 2164 | 211 |
| 铜 川 市 | Tongchuan | 7526 | 2992 | 667 | 1253 | 2406 | 2452 | 1207 |
| 宝 鸡 市 | Baoji | 26687 | 8155 | 3334 | 3460 | 8029 | 9356 | 2133 |
| 咸 阳 市 | Xianyang | 21213 | 8879 | 2333 | 2401 | 8811 | 10812 | 400 |
| 渭 南 市 | Weinan | 34242 | 18567 | 1667 | 9488 | 10746 | 16975 | 3259 |
| 延 安 市 | Yan'an | 68972 | 36438 | 4002 | 1346 | 38427 | 30307 | 9466 |
| 汉 中 市 | Hanzhong | 23912 | 8406 | 3000 | 5930 | 3263 | 3000 | 7739 |
| 榆 林 市 | Yulin | 49816 | 29327 | | 6346 | 22981 | 24527 | 4800 |
| 安 康 市 | Ankang | 59151 | 31639 | 6001 | 29400 | 7840 | 35106 | 2534 |
| 商 洛 市 | Shangluo | 29667 | 12600 | 6000 | 7283 | 9338 | 13499 | 5101 |
| 杨凌示范区 | Yangling | 67 | 67 | | | 67 | 47 | 20 |

## 12-21 续表 continued

| 地 区 | Region | 四旁(零星)植 树(万株) Four-side Tree Planting (10 000 trees) | 幼林抚育作业面积(公顷) Area of Tending Growing Forest (hectares) | 育苗面积(公顷) Area of Tending Seedlings (hectares) | 当年苗木产 量(万株) Output of Nursery Stock (10 000 trees) | 年末核桃面 积(公顷) Walnut Acreage (hectares) | 年末板栗面 积(公顷) Chestnut Acreage (hectares) | 年末花椒面 积(公顷) Pepper Acreage (hectares) |
|---|---|---|---|---|---|---|---|---|
| **全 省** | **Shaanxi** | **7486** | **166933** | **98047** | **428308** | **781122** | **318841** | **57593** |
| 西 安 市 | Xi'an | 656 | | 40753 | 54399 | 11296 | 1091 | 605 |
| 铜 川 市 | Tongchuan | 218 | 3934 | 1123 | 2141 | 59472 | | 3599 |
| 宝 鸡 市 | Baoji | 445 | 16800 | 7758 | 44070 | 99647 | 3781 | 7112 |
| 咸 阳 市 | Xianyang | 923 | 12000 | 21013 | 27043 | 50394 | | 1605 |
| 渭 南 市 | Weinan | 1223 | 11400 | 7443 | 79753 | 68148 | 133 | 40710 |
| 延 安 市 | Yan'an | 1011 | 42124 | 2652 | 11946 | 38864 | 1333 | 2591 |
| 汉 中 市 | Hanzhong | 933 | 20000 | 6747 | 50275 | 75744 | 52751 | 587 |
| 榆 林 市 | Yulin | 599 | 14402 | 5858 | 65026 | 28444 | | 22 |
| 安 康 市 | Ankang | 646 | 11798 | 2186 | 53637 | 124036 | 80478 | 721 |
| 商 洛 市 | Shangluo | 827 | 11475 | 1125 | 39959 | 224486 | 179274 | 43 |
| 杨凌示范区 | Yangling | 5 | | 1367 | 2 | | | |

注：本表除花椒面积之外均为林业部门统计数据。
a)Data except epper area in this table are from forestry authorities.

# 12—22　畜牧业和渔业生产情况
# Production of Animal Husbandry and Fishery

| 指　　标 | Item | 2016 | 2017 | 2018 |
|---|---|---|---|---|
| 一、牲畜年末头数 | Number of Large Animals (year-end) | | | |
| (一)大牲畜 (万头) | Large Animals (10 000 heads) | 161.09 | 154.51 | 153.12 |
| 1.牛 | Cattle and Buffaloes | 157.71 | 151.23 | 149.87 |
| # 奶　牛 | Muich Cows | 25.85 | 28.42 | 27.89 |
| 2.马 | Horses | 0.22 | 0.22 | 0.23 |
| 3.驴 | Donkeys | 2.78 | 2.70 | 2.65 |
| 4.骡 | Mules | 0.38 | 0.35 | 0.36 |
| (二)猪存栏数 (万头) | Hogs (10 000 heads) | 923.75 | 854.42 | 839.04 |
| # 母　猪 | Sow | 88.15 | 82.25 | 84.74 |
| (三)羊存栏数 (万只) | Sheep and Goats (10 000 heads) | 1160.45 | 868.52 | 866.76 |
| 1.山　羊 | Goats | 949.78 | 712.04 | 715.73 |
| # 奶山羊 | Muich Goats | 80.07 | 81.25 | 83.92 |
| 2.绵　羊 | Sheep | 210.67 | 156.48 | 151.03 |
| (四)家禽存栏数 (万只) | Poultry (10 000 heads) | 7995.11 | 7315.58 | 7255.05 |
| (五)养蜂箱数 (万箱) | Bee (10 000 heads) | 64.40 | 78.76 | 78.83 |
| (六)家兔存栏数 (万只) | Rabbit (10 000 heads) | 100.73 | 90.00 | 116.13 |
| 二、畜产品产量 | Output of Livestock Products | | | |
| 肉类总产量 (万吨) | Output of Meat (10 000 tons) | 128.71 | 113.41 | 114.46 |
| # 猪　肉 | Pork | 95.84 | 85.83 | 86.57 |
| 牛　肉 | Beef | 8.03 | 8.33 | 8.24 |
| 羊　肉 | Mutton | 13.67 | 9.80 | 9.57 |
| 奶类产量 (万吨) | Milk (10 000 tons) | 160.49 | 156.93 | 159.73 |
| # 牛　奶 | Cow Milk | 111.56 | 107.28 | 109.75 |
| 山羊毛产量 (吨) | Goat Wool (ton) | 4119.00 | 3236.29 | 3225.57 |
| # 羊　绒 (吨) | Cashmere (ton) | 1887.00 | 1492.53 | 1478.26 |
| 绵羊毛产量 (吨) | Sheep Wool (ton) | 5016.00 | 3108.00 | 3059.31 |
| 禽蛋产量 (万吨) | Poultry Eggs (10 000 tons) | 71.57 | 60.08 | 61.58 |
| 蜂蜜产量 (吨) | Honey (ton) | 4653.62 | 5647.21 | 5677.49 |
| 蚕茧产量 (吨) | Silkworm Cocoon (ton) | 6414 | 7218 | 7452 |
| 三、渔　业 | Fisheries | | | |
| 1.水产品产量 (吨) | Output of Aquatic Products (ton) | 184217 | 184947 | 184843 |
| 2.水产养殖面积 (公顷) | Cultivatable area of Aquatic Products (hectare) | 53694 | 53183 | 52844 |

注：本表主要畜禽存栏和畜禽产品产量为抽样调查数，水产品产量及养殖面积为渔业部门数据。
a) The number of main livestock and the output of livestock products are sample survey data.
The number of the output of aquatic products and cultivatable area are obtained from the fisheries department.

# 12-23 各市(区)牲畜存栏情况（2018年）
# Livestock by City(District)(2018)

| 地 区 | Region | 大牲畜年末头数(头) Large Animals (year-end) (head) | 牛 Cattle and Buffaloes | #奶牛 Dairy cow | 马 Horses | 驴 Donkeys | 骡 Mules | 家禽(万只) Poultry (10 000 heads) |
|---|---|---|---|---|---|---|---|---|
| **全 省** | **Shaanxi** | **1531171** | **1498709** | **278889** | **2319** | **26527** | **3616** | **7255** |
| 西安市 | Xi'an | 50705 | 50556 | 28681 | 149 | | | 626 |
| 铜川市 | Tongchuan | 14067 | 13433 | 5893 | | 634 | | 260 |
| 宝鸡市 | Baoji | 353395 | 343566 | 134611 | 1622 | 8153 | 54 | 597 |
| 咸阳市 | Xianyang | 134902 | 132156 | 88791 | 45 | 1891 | 810 | 777 |
| 渭南市 | Weinan | 199354 | 199189 | 91035 | 15 | 138 | 12 | 1548 |
| #韩城市 | Hancheng | 5880 | 5850 | 908 | 5 | 25 | | 35 |
| 延安市 | Yan'an | 64542 | 59732 | 2115 | 52 | 4652 | 106 | 279 |
| 汉中市 | Hanzhong | 251758 | 251461 | 3173 | 288 | | 9 | 788 |
| 榆林市 | Yulin | 191846 | 178907 | 36683 | 117 | 10233 | 2589 | 765 |
| 安康市 | Ankang | 192028 | 191975 | 61 | 19 | | 34 | 694 |
| 商洛市 | Shangluo | 69602 | 68762 | 368 | 12 | 826 | 2 | 914 |
| 杨凌示范区 | Yangling | 8980 | 8980 | 3388 | | | | 8 |

## 12-23 续表 continued

| 地 区 | Region | 猪年末头数(头) Hogs (year-end) (head) | #母猪 Sow | 羊(只) Sheep and Goats (head) | #山羊 Goats | #奶山羊 Dairy Goat | 蜂(箱) Bee (box) | 兔(万只) Rabbit (10 000 heads) |
|---|---|---|---|---|---|---|---|---|
| **全 省** | **Shaanxi** | **8390404** | **847431** | **8667589** | **7157262** | **839219** | **788262** | **116** |
| 西安市 | Xi'an | 312882 | 44304 | 74200 | 72942 | 60619 | 19129 | 2 |
| 铜川市 | Tongchuan | 58743 | 6733 | 33932 | 33874 | 18792 | 660 | 44 |
| 宝鸡市 | Baoji | 679384 | 60460 | 338024 | 331735 | 202776 | 84751 | 6 |
| 咸阳市 | Xianyang | 1134077 | 113852 | 400906 | 340070 | 188029 | 7891 | 15 |
| 渭南市 | Weinan | 1316037 | 130663 | 547689 | 377694 | 336068 | 65252 | 12 |
| #韩城市 | Hancheng | 52150 | 7610 | 36160 | 13150 | 770 | 3000 | 0.1 |
| 延安市 | Yan'an | 368375 | 41426 | 565514 | 534240 | 11898 | 122692 | 3 |
| 汉中市 | Hanzhong | 1665262 | 160361 | 279246 | 278126 | 3144 | 227442 | 6 |
| 榆林市 | Yulin | 1018878 | 74850 | 5614758 | 4714313 | 16933 | 36289 | 9 |
| 安康市 | Ankang | 1233146 | 129523 | 576612 | 576361 | | 114945 | 6 |
| 商洛市 | Shangluo | 563266 | 79781 | 235296 | 229161 | 960 | 109211 | 15 |
| 杨凌示范区 | Yangling | 59036 | 5463 | 1448 | 1110 | | | 0.1 |

注：本表全省主要畜禽存栏为抽样调查数。
a) The number of main livestock of Shaanxi in this table are sample survey data.

# 12-24 各市(区)主要畜产品和水产品产量(2018年)
# Output of Livestock and Aquatic Products by City(District)(2018)

| 地 区 | Region | 肉类总产量(吨) Output of Meat (ton) | # 猪 肉 Pork | # 牛 肉 Beef | # 羊 肉 Mutton | # 禽 肉 Poultry | 奶类产量(吨) Milk (ton) | 牛 奶 Cow Milk | 羊 奶 Sheep Milk |
|---|---|---|---|---|---|---|---|---|---|
| **全 省** | **Shaanxi** | **1144617** | **865669** | **82367** | **95674** | **93080** | **1597274** | **1097474** | **499800** |
| 西 安 市 | Xi'an | 54496 | 35932 | 3439 | 989 | 12473 | 113344 | 80446 | 32898 |
| 铜 川 市 | Tongchuan | 10232 | 5493 | 1585 | 618 | 1513 | 39378 | 30048 | 9330 |
| 宝 鸡 市 | Baoji | 103947 | 69080 | 18634 | 5548 | 10336 | 436833 | 366033 | 70800 |
| 咸 阳 市 | Xianyang | 126290 | 97051 | 9264 | 7963 | 10307 | 365205 | 263240 | 101965 |
| 渭 南 市 | Weinan | 155774 | 127130 | 10219 | 7802 | 10291 | 480470 | 280677 | 199793 |
| # 韩城市 | Hancheng | 5866 | 4330 | 420 | 500 | 615 | 2334 | 2334 | |
| 延 安 市 | Yan'an | 46006 | 34259 | 3625 | 4328 | 3629 | 4463 | 2223 | 2240 |
| 汉 中 市 | Hanzhong | 212512 | 181697 | 12550 | 3265 | 14883 | 9568 | 7714 | 1854 |
| 榆 林 市 | Yulin | 169732 | 104843 | 8106 | 50505 | 5190 | 67673 | 57514 | 10159 |
| 安 康 市 | Ankang | 174123 | 140189 | 9961 | 10300 | 13579 | 213 | 213 | |
| 商 洛 市 | Shangluo | 82648 | 65121 | 4353 | 3458 | 9356 | 2814 | 2338 | 476 |
| 杨凌示范区 | Yangling | 5762 | 4928 | 634 | 29 | 97 | 6418 | 6418 | |

12-24 续表 continued

| 地 区 | Region | 山羊毛(吨) Goat Wool (ton) | 山羊绒(吨) Cashmere (ton) | 绵羊毛(吨) Sheep Wool (ton) | 禽 蛋(吨) Poultry Eggs (ton) | 蜂 蜜(公斤) Honey (kg) | 蚕 茧(吨) Silkworm Cocoon (ton) | 水产品(吨) Aquatic Products (ton) | 水产养殖面积(公顷) Water Area for Breeding Aquatics(hactare) |
|---|---|---|---|---|---|---|---|---|---|
| **全 省** | **Shaanxi** | **3226** | **1478** | **3059** | **615845** | **5677486** | **7452** | **184843** | **52844** |
| 西 安 市 | Xi'an | | | | 52610 | 308015 | | 13528 | 1485 |
| 铜 川 市 | Tongchuan | | | | 21880 | 3120 | | 2003 | 574 |
| 宝 鸡 市 | Baoji | 4 | | 3 | 48348 | 528955 | 38 | 7643 | 3119 |
| 咸 阳 市 | Xianyang | 11 | 4 | 39 | 66392 | 112228 | | 8590 | 1861 |
| 渭 南 市 | Weinan | 14 | 5 | 79 | 132588 | 472112 | | 50838 | 5932 |
| # 韩城市 | Hancheng | 11 | 4 | 16 | 2505 | 20540 | | | |
| 延 安 市 | Yan'an | 197 | 66 | 36 | 24359 | 703138 | 135 | 3145 | 2613 |
| 汉 中 市 | Hanzhong | | | | 65131 | 1822698 | 242 | 44086 | 7248 |
| 榆 林 市 | Yulin | 2997 | 1403 | 2898 | 68552 | 334034 | 93 | 8903 | 14837 |
| 安 康 市 | Ankang | | | | 53469 | 718601 | 6537 | 41421 | 14444 |
| 商 洛 市 | Shangluo | 3 | | 4 | 67438 | 674585 | 407 | 4866 | 731 |
| 杨凌示范区 | Yangling | | | | 625 | | | | |

注：本表全省主要畜禽产品产量为抽样调查数。水产品产量及面积为渔业部门数据。

a) The output of livestock products of Shaanxi in this table are sample survey data.Aquatic production and area data from the fisheries sector.

# 12–25 粮食生产大县情况
# Large County of Food Production

| 县 区 | Region | 2016 播种面积(千公顷) Sown Area (1 001 hectares) | 2016 产 量(万吨) Output (10 001 tons) | 2017 播种面积(千公顷) Sown Area (1 001 hectares) | 2017 产 量(万吨) Output (10 001 tons) | 2018 播种面积(千公顷) Sown Area (1 001 hectares) | 2018 产 量(万吨) Output (10 001 tons) |
|---|---|---|---|---|---|---|---|
| **全 省** | **Shaanxi** | **3143.96** | **1263.96** | **3019.40** | **1194.20** | **3005.98** | **1226.31** |
| 生产大县合计 | Total of Large Counties | 1394.62 | 653.38 | 1332.69 | 617.82 | 1303.23 | 618.00 |
| 生产大县占全省% | As Percentage of Shaanxi | 44.36 | 51.69 | 44.14 | 51.73 | 43.35 | 50.40 |
| 阎良区 | Yanliang | 21.38 | 13.30 | 16.35 | 9.72 | 18.51 | 12.03 |
| 临潼区 | Lintong | 72.63 | 35.18 | 68.89 | 32.82 | 66.87 | 32.91 |
| 长安区 | Changan | 39.21 | 19.74 | 36.02 | 17.98 | 30.93 | 15.62 |
| 高陵区 | Gaoling | 18.52 | 13.06 | 17.70 | 12.36 | 17.65 | 12.36 |
| 鄠邑区 | Huyi | 41.20 | 21.17 | 39.45 | 20.17 | 36.48 | 19.13 |
| 蓝田县 | Lantian | 41.24 | 17.25 | 40.33 | 16.78 | 40.30 | 17.04 |
| 周至县 | Zhouzhi | 28.08 | 12.86 | 25.69 | 11.71 | 25.55 | 11.91 |
| 陈仓区 | Chencang | 52.64 | 20.53 | 50.88 | 19.47 | 50.89 | 19.73 |
| 凤翔县 | Fengxiang | 56.72 | 26.67 | 55.25 | 25.61 | 55.36 | 25.68 |
| 岐山县 | Qishan | 41.74 | 23.56 | 40.60 | 22.63 | 40.68 | 22.62 |
| 扶风县 | Fufeng | 47.25 | 27.00 | 45.32 | 25.48 | 45.26 | 25.74 |
| 眉 县 | Meixian | 13.97 | 7.66 | 13.14 | 7.16 | 13.11 | 7.25 |
| 千阳县 | Qianyang | 19.89 | 5.99 | 19.01 | 5.62 | 18.27 | 5.75 |
| 三原县 | Sanyuan | 39.99 | 19.63 | 38.06 | 18.61 | 38.01 | 18.89 |
| 泾阳县 | Jingyang | 51.20 | 24.65 | 48.25 | 23.05 | 33.44 | 16.10 |
| 乾 县 | Qianxian | 56.89 | 26.80 | 54.47 | 25.29 | 54.40 | 25.45 |
| 武功县 | Wugong | 40.44 | 20.55 | 38.58 | 19.16 | 38.48 | 19.48 |
| 兴平市 | Xingping | 42.43 | 21.90 | 40.01 | 20.21 | 36.45 | 18.67 |
| 临渭区 | Linwei | 87.78 | 37.17 | 83.96 | 35.44 | 83.89 | 36.40 |
| 华州区 | Huaxian | 34.40 | 14.41 | 32.95 | 13.50 | 32.10 | 13.67 |
| 大荔县 | Dali | 66.54 | 30.31 | 63.64 | 28.68 | 63.52 | 29.68 |
| 合阳县 | Heyang | 53.45 | 22.45 | 50.79 | 20.95 | 50.60 | 21.97 |
| 澄城县 | Chengcheng | 43.44 | 18.76 | 41.25 | 17.38 | 41.12 | 18.13 |
| 蒲城县 | Pucheng | 91.25 | 38.42 | 87.93 | 37.08 | 87.94 | 37.78 |
| 富平县 | Fuping | 86.30 | 38.76 | 82.57 | 37.02 | 82.48 | 37.79 |
| 韩城市 | Hancheng | 14.62 | 5.02 | 13.77 | 4.65 | 14.29 | 4.85 |
| 汉台区 | Hantai | 17.58 | 10.98 | 16.98 | 11.07 | 16.52 | 11.33 |
| 南郑区 | Nanzheng | 32.77 | 15.63 | 32.05 | 15.34 | 31.92 | 15.65 |
| 城固县 | Chenggu | 29.02 | 15.50 | 28.43 | 15.31 | 28.35 | 15.53 |
| 洋 县 | Yangxian | 33.46 | 16.12 | 33.46 | 16.19 | 33.35 | 16.53 |
| 勉 县 | Mianxian | 31.06 | 13.68 | 30.02 | 13.31 | 29.87 | 13.66 |
| 汉滨区 | Hanbin | 47.53 | 18.70 | 46.89 | 18.05 | 46.64 | 18.67 |

注：全省为抽样调查数。
a) The data of Shaanxi are sample survey data.

# 12-26 商品棉基地县情况
## Base County of Marketable Cotton

| 县 区 | Region | 2016 | | 2017 | | 2018 | |
|---|---|---|---|---|---|---|---|
| | | 播种面积（公顷）Sown Area (hectare) | 产 量（吨）Output (ton) | 播种面积（公顷）Sown Area (hectare) | 产 量（吨）Output (ton) | 播种面积（公顷）Sown Area (hectare) | 产 量（吨）Output (ton) |
| **全 省** | **Shaanxi** | **12033** | **16900** | **8467** | **12000** | **6921** | **9904** |
| 基地县合计 | Total of Base Counties | 9126.0 | 12715.0 | 6211.0 | 9104.0 | 4879.0 | 7227.0 |
| 基地县占全省% | As Percentage of Shaanxi | 75.8 | 75.2 | 73.4 | 75.9 | 70.5 | 73.0 |
| 阎良区 | Yanliang | 1 | 1 | | | | |
| 临潼区 | Lintong | | | | | | |
| 临渭区 | Linwei | 7067 | 9485 | 4810 | 6945 | 3505 | 5029 |
| 华州区 | Huazhou | 123 | 210 | 84 | 140 | 82 | 143 |
| 大荔县 | Dali | 289 | 473 | 197 | 313 | 157 | 280 |
| 蒲城县 | Pucheng | 1403 | 2066 | 955 | 1330 | 970 | 1399 |
| 富平县 | Fuping | 243 | 480 | 165 | 376 | 165 | 376 |

# 12-27 烤烟主产县情况
## Base County of Flue-cured Tobacco

| 县 区 | Region | 2016 | | 2017 | | 2018 | |
|---|---|---|---|---|---|---|---|
| | | 播种面积（公顷）Sown Area (hectare) | 产 量（吨）Output (ton) | 播种面积（公顷）Sown Area (hectare) | 产 量（吨）Output (ton) | 播种面积（公顷）Sown Area (hectare) | 产 量（吨）Output (ton) |
| **全 省** | **Shaanxi** | **20520** | **45200** | **17093** | **38200** | **14658** | **33559** |
| 基地县合计 | Total of Base Counties | 13515 | 32043 | 11869 | 25571 | 11578 | 25440 |
| 基地县占全省% | As Percentage of Shaanxi | 65.9 | 70.9 | 69.4 | 66.9 | 79.0 | 75.8 |
| 宜君县 | Yijun | | | | | | |
| 陇 县 | Longxian | 1526 | 2757 | 1480 | 2647 | 1439 | 2618 |
| 乾 县 | Qianxian | | | | | | |
| 永寿县 | Yongshou | | | | | | |
| 长武县 | Changwu | | | | | | |
| 旬邑县 | Xunyi | 478 | 952 | 470 | 942 | 463 | 932 |
| 彬州市 | Binzhou | 203 | 629 | 200 | 629 | 197 | 626 |
| 合阳县 | Heyang | | | | | | |
| 澄城县 | Chengcheng | | | | | | |
| 宝塔区 | Baota | 154 | 360 | 143 | 351 | 143 | 358 |
| 富 县 | Fuxian | 462 | 1013 | 380 | 831 | 399 | 844 |
| 洛川县 | Luochuan | | | | | | |
| 宜川县 | Yichuan | 24 | 50 | 15 | 28 | 9 | 17 |
| 黄龙县 | Huanglong | 109 | 295 | 93 | 259 | 97 | 274 |
| 洋 县 | Yangxian | 221 | 2907 | 204 | 1158 | 206 | 1282 |
| 西乡县 | Xixiang | 218 | 1888 | 231 | 912 | 202 | 872 |
| 平利县 | Pingli | 206 | 342 | 161 | 302 | 170 | 310 |
| 旬阳县 | Xunyang | 4737 | 9302 | 3695 | 7218 | 3803 | 7512 |
| 洛南县 | Luonan | 5177 | 11548 | 4797 | 10294 | 4450 | 9795 |

# 12-28 苹果基地县情况
# Base County of Apple

| 县 区 | Region | 2016 | | 2017 | | 2018 | |
|---|---|---|---|---|---|---|---|
| | | 苹果园面积 (公顷) Area of Apple Orchards (hectare) | 产 量 (吨) Output (ton) | 苹果园面积 (公顷) Area of Apple Orchards (hectare) | 产 量 (吨) Output (ton) | 苹果园面积 (公顷) Area of Apple Orchards (hectare) | 产 量 (吨) Output (ton) |
| **全 省** | **Shaanxi** | **576365** | **10331643** | **586171** | **10924555** | **597570** | **10086877** |
| 基地县合计 | Total of Base Counties | 452297 | 8883779 | 456538 | 9238065 | 464653 | 8441371 |
| 基地县占全省% | As Percentage of Shaanxi | 78.5 | 86.0 | 77.9 | 84.6 | 77.8 | 83.7 |
| 印台区 | Yintai | 7950 | 112338 | 7934 | 108365 | 8331 | 109142 |
| 耀州区 | Yaozhou | 16851 | 248548 | 16954 | 262462 | 19761 | 282045 |
| 宜君县 | Yijun | 7643 | 114669 | 7142 | 109140 | 7473 | 110397 |
| 陈仓区 | Chencang | 2119 | 40371 | 2124 | 42313 | 3924 | 34033 |
| 凤翔县 | Fengxiang | 6892 | 131316 | 7790 | 155187 | 9024 | 124274 |
| 岐山县 | Qishan | 2258 | 43019 | 2083 | 41490 | 3424 | 93980 |
| 扶风县 | Fufeng | 9136 | 174060 | 9425 | 187760 | 7370 | 302556 |
| 陇 县 | Longxian | 4128 | 78644 | 4086 | 81395 | 3104 | 27786 |
| 千阳县 | Qianyang | 4976 | 94800 | 5082 | 101235 | 4215 | 32930 |
| 乾 县 | Qianxian | 21742 | 411765 | 21382 | 410353 | 22275 | 397732 |
| 礼泉县 | Liquan | 28263 | 995193 | 28025 | 1031207 | 28730 | 815146 |
| 永寿县 | Yongshou | 19955 | 345179 | 19656 | 346029 | 19652 | 342896 |
| 长武县 | Changwu | 13797 | 245680 | 13576 | 246472 | 16056 | 243012 |
| 旬邑县 | Xunyi | 24902 | 447470 | 24236 | 439987 | 24301 | 436214 |
| 淳化县 | Chunhua | 26929 | 715126 | 26803 | 722559 | 25333 | 560000 |
| 彬州市 | Binzhou | 18029 | 355023 | 17992 | 354488 | 18461 | 326851 |
| 合阳县 | Heyang | 14511 | 258715 | 15037 | 274051 | 15050 | 283358 |
| 澄城县 | Chengcheng | 19075 | 340082 | 19766 | 360241 | 16843 | 322454 |
| 蒲城县 | Pucheng | 11574 | 206355 | 11994 | 218587 | 11994 | 233503 |
| 白水县 | Baishui | 25465 | 454017 | 26388 | 480930 | 26471 | 479030 |
| 富平县 | Fuping | 6873 | 122536 | 7122 | 129799 | 7575 | 124016 |
| 韩城市 | Hancheng | 3014 | 53730 | 3123 | 56915 | 3523 | 59240 |
| 宝塔区 | Baota | 20565 | 296000 | 20870 | 330010 | 21070 | 350000 |
| 延长县 | Yanchang | 20483 | 232000 | 20688 | 260002 | 20773 | 280000 |
| 延川县 | Yanchuan | 12270 | 78500 | 12515 | 86358 | 13439 | 104716 |
| 安塞县 | Ansai | 11362 | 90000 | 11581 | 125988 | 12423 | 151660 |
| 富 县 | Fuxian | 24481 | 563743 | 24641 | 576258 | 24748 | 496400 |
| 洛川县 | Luochuan | 34275 | 864700 | 35089 | 888479 | 35593 | 553000 |
| 宜川县 | Yichuan | 19659 | 453200 | 20053 | 474999 | 20133 | 475000 |
| 黄陵县 | Huangling | 13121 | 317000 | 13383 | 335006 | 13583 | 290000 |

注：本表基地县产量为监测推算结果。
a) The outputs of Base Counties are calculateed results by monitoring.

# 12-29 梨基地县情况
## Base County of Pear

| 县 区 | Region | 2016 梨园面积(公顷) Area of Pears Orchards (hectare) | 2016 产量(吨) Output (ton) | 2017 梨园面积(公顷) Area of Pears Orchards (hectare) | 2017 产量(吨) Output (ton) | 2018 梨园面积(公顷) Area of Pears Orchards (hectare) | 2018 产量(吨) Output (ton) |
|---|---|---|---|---|---|---|---|
| **全 省** | **Shaanxi** | **45776** | **1001325** | **46207** | **1052073** | **46568** | **997191** |
| 基地县合计 | Total of Base Counties | 24486 | 595346 | 24563 | 578122 | 25309 | 561286 |
| 基地县占全省% | As Percentage of Shaanxi | 53.5 | 59.5 | 53.2 | 55.0 | 54.3 | 56.3 |
| 秦都区 | Qindu | 538 | 19290 | 261 | 8122 | 261 | 6880 |
| 乾 县 | Qianxian | 1115 | 25996 | 1094 | 23480 | 1294 | 29107 |
| 礼泉县 | Liquan | 2864 | 143869 | 2881 | 139160 | 3271 | 139107 |
| 彬州市 | Binzhou | 1109 | 11511 | 1221 | 12397 | 1235 | 10837 |
| 临渭区 | Linwei | 1972 | 40782 | 2006 | 42368 | 2210 | 43079 |
| 蒲城县 | Pucheng | 14836 | 306876 | 15098 | 318805 | 15071 | 287133 |
| 富平县 | Fuping | 374 | 7732 | 380 | 8032 | 366 | 7608 |
| 子长县 | Zichang | 211 | 4096 | 192 | 3712 | 192 | 3120 |
| 宜川县 | Yichuan | 140 | 2500 | 140 | 1251 | 141 | 1520 |
| 洋 县 | Yangxian | 1327 | 32694 | 1290 | 20795 | 1268 | 32895 |

注：本表基地县产量为监测推算结果。
a) The outputs of Base Counties are calculateed results by monitoring.

# 12-30 猕猴桃基地县情况
## Base County of Kiwi

| 县 区 | Region | 2016 猕猴桃园面积(公顷) Area of Kiwi Orchards (hectare) | 2016 产量(吨) Output (ton) | 2017 猕猴桃园面积(公顷) Area of Kiwi Orchards (hectare) | 2017 产量(吨) Output (ton) | 2018 猕猴桃园面积(公顷) Area of Kiwi Orchards (hectare) | 2018 产量(吨) Output (ton) |
|---|---|---|---|---|---|---|---|
| **全 省** | **Shaanxi** | **47102** | **978723** | **50248** | **1008651** | **53162** | **947888** |
| 基地县合计 | Total of Base Counties | 35384 | 735640 | 36347 | 760896 | 36895 | 770432 |
| 基地县占全省% | As Percentage of Shaanxi | 75.1 | 75.2 | 72.3 | 75.4 | 69.4 | 81.3 |
| 灞桥区 | Baqiao | 433 | 9393 | 301 | 6907 | 576 | 16846 |
| 长安区 | Chang'an | 152 | 3289 | 65 | 1272 | 75 | 1306 |
| 鄠邑区 | Huyi | 884 | 13883 | 608 | 11926 | 428 | 8470 |
| 周至县 | Zhouzhi | 16795 | 319991 | 17470 | 340773 | 17909 | 320560 |
| 眉 县 | Meixian | 15598 | 375409 | 15526 | 382897 | 15397 | 405145 |
| 城固县 | Chenggu | 1522 | 13675 | 2377 | 17121 | 2510 | 18105 |

注：本表基地县产量为监测推算结果。
a) The outputs of Base Counties are calculateed results by monitoring.

# 12—31 各市(区)灾情(2018年)
# Conditions in Natural Disaster by City(District)(2018)

| 地　区 | Region | 受灾人口(万人次) Disaster Population Covered (10 000 persons-times) | 死亡失踪人口(人) Population of Death and Absconcence (persons) | 农作物受灾面积(千公顷) Disaster Areas of Farm Crops (1 000 hectares) | 农作物绝收面积(千公顷) Disaster Areas of Farm Crops of No Harvest (1 000 hectares) | 倒塌民房(万间) Broken Civil Buildings (10 000 units) | 直接经济损失(亿元) Direct Economic Losses (100 million yuan) |
|---|---|---|---|---|---|---|---|
| **全　省** | **Shaanxi** | **330.80** | **15** | **382.40** | **70.10** | **0.70** | **64.20** |
| 西安市 | Xi'an | 11.10 | | 11.60 | 5.60 | | 4.4 |
| 铜川市 | Tongchuan | 2.10 | | 3.40 | 0.30 | | 1.4 |
| 宝鸡市 | Baoji | 39.80 | 3 | 35.20 | 10.50 | 0.10 | 7.7 |
| 咸阳市 | Xianyang | 27.30 | | 24.60 | | | 1.7 |
| 渭南市 | Weinan | 70.30 | 1 | 67.10 | 6.40 | | 6.9 |
| 延安市 | Yan'an | 55.40 | 1 | 68.40 | 8.20 | | 14.8 |
| 汉中市 | Hanzhong | 22.50 | | 20.70 | 2.20 | 0.40 | 11.0 |
| 榆林市 | Yulin | 24.10 | 2 | 63.00 | 10.20 | 0.10 | 5.8 |
| 安康市 | Ankang | 12.50 | 6 | 8.60 | 2.00 | 0.10 | 2.8 |
| 商洛市 | Shangluo | 65.60 | 1 | 79.80 | 25.20 | | 7.7 |
| 杨凌示范区 | Yangling | 0.10 | | 0.02 | | | |

# 12—32 农业现代化情况
# Agriculture Modernization

| 指　标 | | Item | | 2016 | 2017 | 2018 |
|---|---|---|---|---|---|---|
| **农业机械总动力合计** | (万千瓦) | **Total Agricultural Machinery Power** | **(10 000 kw)** | **2171.91** | **2242.51** | **2311.80** |
| 大中型拖拉机 | (万台) | Number of Large and Medium Tractors | (10 000 units) | 11.82 | 12.38 | 9.84 |
| 小型拖拉机 | (万台) | Number of Small Tractors | (10 000 units) | 21.72 | 21.36 | 21.99 |
| 大中型拖拉机配套农具 | (万部) | Large and Medium Tractors Towing | (10 000 units) | 21.24 | 22.41 | 11.48 |
| 小型拖拉机配套农具 | (万部) | Small Tractors Towing Farm Machinery | (10 000 units) | 30.57 | 31.18 | 42.18 |
| 联合收割机 | (万台) | Number of Combine Harvesters | (10 000 units) | 4.27 | 4.33 | 4.43 |
| 机动脱粒机 | (万台) | Number of Mobile Thresher | (10 000 units) | 48.89 | 48.85 | 49.30 |
| 节水灌溉类机械 | (万套) | Watersaving Irrigation Machinery | (10 000 units) | 4.45 | 4.39 | 6.14 |
| 农用水泵 | (万台) | Number of Agricultural Pumps | (10 000 units) | 33.81 | 33.64 | 34.05 |
| 当年机耕地面积 | (千公顷) | Area Cultivated by Mechanical | (1 000 hectares) | 2774.30 | 2780.94 | 2848.09 |
| 当年机械播种面积 | (千公顷) | Area Sown by Mechanical | (1 000 hectares) | 2075.82 | 2075.82 | 2064.51 |
| 当年机械收获面积 | (千公顷) | Mechanical harvest Area | (1 000 hectares) | 1832.78 | 1876.21 | 1936.19 |
| 农用化肥施用量(折纯量) | (万吨) | Consumption of Chemical Fertilizers | (10 000 tons) | 233.05 | 232.15 | 229.64 |
| 氮　肥 | | Nitrogenous Fertilizer | | 92.20 | 90.02 | 88.85 |
| 磷　肥 | | Phosphate Fertilizer | | 19.08 | 18.64 | 17.94 |
| 钾　肥 | | Potash Fertilizer | | 24.69 | 24.26 | 24.13 |
| 复合肥 | | Compound Fertilizer | | 97.09 | 99.24 | 98.72 |
| 农用塑料薄膜使用量 | (吨) | Plastic Film Consumption | (ton) | 43717 | 43954 | 44147 |
| # 地膜使用量 | | Film Consumption | | 22313 | 22322 | 20932 |
| 地膜覆盖面积 | (千公顷) | Film Coverage Area | (1 000 hectares) | 437.53 | 436.92 | 427.70 |
| 农用柴油使用量 | (万吨) | Diesel Consumption | (10 000 tons) | 92.77 | 93.43 | 92.58 |
| 农药使用量 | (吨) | Pesticides Consumption | (ton) | 13190 | 13335 | 12550 |

注：本表为农机部门数据。

a) Data in this table come from Agricultural Machinery Bureau.

# 12–33　各市(区)农业现代化情况（2018）
# Agriculture Modernization by City(District) (2018)

| 地　区 | Region | 农用机械总动力合计(万千瓦) Total Agricultural Machinery Power (10 000 kw) | 大中型拖拉机(台) Large and Medium Tractors (unit) | 小　型拖拉机(台) Small Tractors (unit) | 大中型机配农具(部) Large and Medium Tractors Towing Machinery (unit) | 小　型机配农具(部) Small Tractors Towing Farm Machinery (unit) | 联　合收割机(台) Combine Harvesters (unit) | 机　动脱粒机(台) Mobile Thresher (unit) |
|---|---|---|---|---|---|---|---|---|
| **全　省** | **Shaanxi** | **2311.79** | **98424** | **219948** | **114822** | **421831** | **44256** | **492954** |
| 西 安 市 | Xi'an | 242.91 | 8550 | 8226 | 18163 | 29419 | 7400 | 14074 |
| 铜 川 市 | Tongchuan | 33.46 | 3713 | 4548 | 935 | 17943 | 492 | 2375 |
| 宝 鸡 市 | Baoji | 247.88 | 15780 | 24850 | 14782 | 72044 | 7608 | 47907 |
| 咸 阳 市 | Xianyang | 271.51 | 15843 | 15392 | 15928 | 44008 | 8302 | 17783 |
| 渭 南 市 | Weinan | 588.16 | 24642 | 66547 | 54095 | 104111 | 15436 | 24017 |
| 延 安 市 | Yan'an | 163.09 | 4827 | 50530 | 4242 | 69091 | 399 | 7148 |
| 汉 中 市 | Hanzhong | 186.49 | 5031 | 5102 | 133 | 8084 | 1045 | 92028 |
| 榆 林 市 | Yulin | 294.87 | 17797 | 30155 | 6093 | 54835 | 3218 | 44709 |
| 安 康 市 | Ankang | 205.38 | 1435 | 10883 | 5 | 13621 | 213 | 173675 |
| 商 洛 市 | Shangluo | 69.65 | 243 | 3651 | 324 | 6656 | 44 | 69165 |
| 杨凌示范区 | Yangling | 8.38 | 563 | 64 | 122 | 2019 | 99 | 73 |

12–33　续表　continued

| 地　区 | Region | 节水灌溉类机械(套) Watersaving Irrigation Machinery (unit) | 农　用水　泵(台) Pumps (unit) | 秸秆粉碎还田机械(台) Straw Crushing Return-to-field Machine (unit) | 饲养机械(台/套) Feeding Machine (unit) | 畜产品采集加工机械设备(台/套) Livestock Products Collecting and Processing Machine (unit) | 化肥施用折纯量(吨) Consumption of Chemical Fertilizers (ton) | 农用塑料薄膜使用量(吨) Plastic Film Consumption (ton) |
|---|---|---|---|---|---|---|---|---|
| **全　省** | **Shaanxi** | **61429** | **340512** | **24967** | **14778** | **6338** | **2296427** | **44147** |
| 西 安 市 | Xi'an | 2135 | 70533 | 6590 | 2153 | 1012 | 252662 | 3380 |
| 铜 川 市 | Tongchuan | 1838 | 1216 | 440 | 212 | 22 | 54749 | 582 |
| 宝 鸡 市 | Baoji | 323 | 20448 | 918 | 992 | 921 | 252858 | 1634 |
| 咸 阳 市 | Xianyang | 10165 | 31997 | 3596 | 2510 | 1911 | 429367 | 6165 |
| 渭 南 市 | Weinan | 13440 | 46725 | 11455 | 1035 | 531 | 699927 | 15218 |
| 延 安 市 | Yan'an | 6491 | 21083 | 1118 | 718 | 153 | 145984 | 4487 |
| 汉 中 市 | Hanzhong | 3363 | 36352 | 199 | 904 | 233 | 136115 | 2818 |
| 榆 林 市 | Yulin | 1013 | 58159 | 328 | 2393 | 1499 | 154101 | 4506 |
| 安 康 市 | Ankang | 2853 | 30067 | 80 | 2066 | 8 | 110438 | 3096 |
| 商 洛 市 | Shangluo | 3128 | 23430 | 47 | 1789 | 12 | 55775 | 1595 |
| 杨凌示范区 | Yangling | 16680 | 502 | 196 | 6 | 36 | 4451 | 665 |

注：本表为农机部门数据。全省数据包含农垦。
a) Data in this table come from Agricultural Machinery Bureau.The province's data include farms and land reclamation.

# 12-34 各市、县(市、区)农村经济主要指标(2018年)

# Main Indicators of Rural Economy by City and County (City and District) (2018)

| 地 区 | Region | 农林牧渔业总产值(万元) Gross Output Value of Farming, Forestry, Animal Husbandry and Fishery (10 000 yuan) | 农林牧渔业增加值(万元) Value Added of Farming, Forestry, Animal Husbandry and Fishery (10 000 yuan) | 年末常用耕地面积(公顷) Area of Cultivated Land ( hectares) | 农用机械总动力(千瓦) Total Agricultural Machinery Power (kw) | 农用化肥施用折纯量(吨) Consumption of Chemical Fertilizers (ton) | 农用塑料薄膜使用量(吨) Plastic Film Consumption (ton) |
|---|---|---|---|---|---|---|---|
| **全 省** | **Shaanxi** | **32399874** | **19273148** | **3014664** | **23117851** | **2296427** | **44147** |
| **西安市** | **Xi'an** | **4612088** | **2861844** | **245074** | **2429137** | **252662** | **3380** |
| 新城区 | Xincheng | | | | | | |
| 碑林区 | Beilin | | | | | | |
| 莲湖区 | Lianhu | | | | | | |
| 灞桥区 | Baqiao | 311278 | 203538 | 4438 | 125500 | 7121 | 12 |
| 未央区 | Weiyang | 8814 | 4974 | 121 | 41850 | 204 | 20 |
| 雁塔区 | Yanta | | | | 55320 | | |
| 阎良区 | Yanliang | 446310 | 289355 | 15136 | 125777 | 28240 | 1480 |
| 临潼区 | Lintong | 601608 | 366504 | 45795 | 404008 | 40674 | 234 |
| 长安区 | Chang'an | 455700 | 298893 | 31229 | 354063 | 16026 | 161 |
| 高陵区 | Gaoling | 482906 | 297192 | 14807 | 220900 | 13297 | 34 |
| 鄠邑区 | Huyi | 447692 | 277530 | 33685 | 500694 | 31751 | 573 |
| 蓝田县 | Lantian | 494077 | 296378 | 39125 | 247042 | 46737 | 406 |
| 周至县 | Zhouzhi | 589596 | 359716 | 32723 | 353983 | 52774 | 99 |
| 西咸新区 | Xixian | 774107 | 467764 | 28015 | | 15838 | 362 |
| **铜川市** | **Tongchuan** | **448156** | **258265** | **69412** | **334649** | **54749** | **582** |
| 王益区 | Wangyi | 22949 | 13013 | 5300 | 31294 | 1497 | 15 |
| 印台区 | Yintai | 70674 | 40866 | 9435 | 67493 | 7779 | 96 |
| 耀州区 | Yaozhou | 245015 | 140993 | 31690 | 129537 | 32752 | 257 |
| 宜君县 | Yijun | 109518 | 63393 | 22987 | 106325 | 12721 | 215 |
| **宝鸡市** | **Baoji** | **2892531** | **1715335** | **293761** | **2478761** | **252858** | **1634** |
| 渭滨区 | Weibin | 79619 | 47882 | 5104 | 57079 | 4676 | 17 |
| 金台区 | Jintai | 43330 | 25291 | 10065 | 132800 | 4489 | 4 |
| 陈仓区 | Chencang | 400193 | 234280 | 44321 | 405262 | 32585 | 135 |
| 凤翔县 | Fengxiang | 402375 | 238814 | 45903 | 372505 | 43089 | 100 |
| 岐山县 | Qishan | 390555 | 232543 | 35284 | 343668 | 24214 | 133 |
| 扶风县 | Fufeng | 361095 | 215353 | 30611 | 442120 | 48616 | 38 |
| 眉 县 | Meixian | 382767 | 230036 | 23171 | 248471 | 44556 | 130 |
| 陇 县 | Longxian | 316174 | 185330 | 35341 | 182661 | 14520 | 428 |
| 千阳县 | Qianyang | 164953 | 96535 | 18584 | 121186 | 11804 | 135 |
| 麟游县 | Linyou | 109008 | 63790 | 29464 | 48120 | 14800 | 176 |
| 凤 县 | Fengxian | 127889 | 76223 | 9439 | 62324 | 5283 | 148 |
| 太白县 | Taibai | 114573 | 69258 | 6475 | 62565 | 4226 | 188 |
| **咸阳市** | **Xianyang** | **4962229** | **3028377** | **318776** | **2715114** | **429367** | **6165** |
| 秦都区 | Qindu | 130344 | 74794 | 3611 | 114600 | 7483 | 142 |
| 渭城区 | Weicheng | | | | | | |
| 三原县 | Sanyuan | 473577 | 294961 | 32751 | 248531 | 28542 | 439 |
| 泾阳县 | Jingyang | 476980 | 294475 | 30807 | 369102 | 22190 | 1658 |
| 乾 县 | Qianxian | 504717 | 299698 | 46917 | 286563 | 111760 | 149 |
| 礼泉县 | Liquan | 762998 | 493045 | 28841 | 207400 | 82455 | 726 |

注：全省粮食和猪牛羊禽相关数据为抽样调查数据。
a) The Shaanxi data of grain, pig, cattle, sheep are sample survey data.

12–34 续表 1 continued

| 地 区 | Region | 农林牧渔业总产值(万元) Gross Output Value of Farming, Forestry, Animal Husbandry and Fishery (10 000 yuan) | 农林牧渔业增加值(万元) Value Added of Farming, Forestry, Animal Husbandry and Fishery (10 000 yuan) | 年末常用耕地面积(公顷) Area of Cultivated Land ( hectares) | 农用机械总动力(千瓦) Total Agricultural Machinery Power (kw) | 农用化肥施用折纯量(吨) Consumption of Chemical Fertilizers (ton) | 农用塑料薄膜使用量(吨) Plastic Film Consumption (ton) |
|---|---|---|---|---|---|---|---|
| 永寿县 | Yongshou | 355747 | 189599 | 20546 | 213506 | 30293 | 144 |
| 长武县 | Changwu | 308384 | 169385 | 11909 | 124000 | 34064 | 738 |
| 旬邑县 | Xunyi | 480119 | 287195 | 27786 | 104167 | 30012 | 845 |
| 淳化县 | Chunhua | 454796 | 271034 | 28670 | 162460 | 22511 | 218 |
| 武功县 | Wugong | 361151 | 230657 | 26978 | 283600 | 26615 | 155 |
| 兴平市 | Xingping | 326852 | 232475 | 28031 | 201184 | 14156 | 111 |
| 彬州市 | Binzhou | 326564 | 191059 | 31930 | 156900 | 19286 | 840 |
| **渭南市** | **Weinan** | **5266146** | **3096328** | **485928** | **5881589** | **699927** | **15218** |
| 临渭区 | Linwei | 846456 | 491837 | 59444 | 1142281 | 68075 | 1775 |
| 华州区 | Huazhou | 227018 | 137379 | 23590 | 305978 | 26968 | 384 |
| 潼关县 | Tongguan | 87342 | 50886 | 10720 | 133183 | 9632 | 50 |
| 大荔县 | Dali | 772302 | 441215 | 66876 | 1204358 | 83273 | 2626 |
| 合阳县 | Heyang | 456674 | 264475 | 58580 | 329639 | 24663 | 699 |
| 澄城县 | Chengcheng | 508307 | 286397 | 48127 | 384615 | 24863 | 356 |
| 蒲城县 | Pucheng | 590033.0 | 363815.0 | 88906 | 1024795 | 65484.0 | 6139.0 |
| 白水县 | Baishui | 538547 | 331806 | 26112 | 330954 | 68699 | 732 |
| 富平县 | Fuping | 668497 | 396893 | 66597 | 655750 | 302084 | 2096 |
| 韩城市 | Hancheng | 420899 | 242581 | 24408 | 254000 | 18488 | 117 |
| 华阴市 | Huayin | 150071 | 89044 | 12569 | 90805 | 7698 | 245 |
| **延安市** | **Yan'an** | **2411175** | **1413751** | **261394** | **1630861** | **145984** | **4487** |
| 宝塔区 | Baota | 277751 | 167928 | 31435 | 85000 | 7140 | 274 |
| 安塞区 | Ansai | 220660 | 119994 | 39642 | 102427 | 5193 | 302 |
| 延长县 | Yanchang | 179965 | 109113 | 14648 | 131000 | 6025 | 152 |
| 延川县 | Yanchuan | 163918 | 98935 | 23524 | 110881 | 3820 | 1062 |
| 子长县 | Zichang | 124316 | 75049 | 32518 | 92003 | 3781 | 680 |
| 志丹县 | Zhidan | 139237 | 78619 | 31381 | 90000 | 3159 | 260 |
| 吴起县 | Wuqi | 107332 | 66278 | 26340 | 140000 | 2807 | 821 |
| 甘泉县 | Ganquan | 87686 | 51587 | 6012 | 72000 | 3756 | 224 |
| 富 县 | Fuxian | 283096 | 164536 | 10054 | 116355 | 10899 | 389 |
| 洛川县 | Luochuan | 330942 | 188048 | 10195 | 257000 | 58353 | 65 |
| 宜川县 | Yichuan | 251732 | 152116 | 14923 | 182195 | 18244 | 74 |
| 黄龙县 | Huanglong | 78888 | 47409 | 11460 | 75000 | 10943 | 73 |
| 黄陵县 | Huangling | 165652 | 94139 | 9262 | 177000 | 11864 | 110 |
| **汉中市** | **Hanzhong** | **3632318** | **2128050** | **211399** | **1864924** | **136115** | **2818** |
| 汉台区 | Hantai | 261343 | 153576 | 13740 | 182623 | 11775 | 675 |
| 南郑区 | Nanzheng | 533661 | 312189 | 34783 | 232000 | 15199 | 442 |
| 城固县 | Chenggu | 760152 | 448034 | 23797 | 249842 | 34778 | 191 |
| 洋 县 | Yangxian | 507236 | 295773 | 27968 | 201501 | 18822 | 495 |
| 西乡县 | Xixiang | 372926 | 218338 | 22345 | 243306 | 13037 | 154 |
| 勉 县 | Mianxian | 377477 | 221418 | 28557 | 190410 | 21792 | 184 |
| 宁强县 | Ningqiang | 287797 | 168011 | 21164 | 206000 | 10243 | 195 |

12-34 续表 2 continued

| 地　区 | Region | 农林牧渔业总产值(万元) Gross Output Value of Farming, Forestry, Animal Husbandry and Fishery (10 000 yuan) | 农林牧渔业增加值(万元) Value Added of Farming, Forestry, Animal Husbandry and Fishery (10 000 yuan) | 年末常用耕地面积(公顷) Area of Cultivated Land ( hectares) | 农用机械总动力(千瓦) Total Agricultural Machinery Power (kw) | 农用化肥施用折纯量(吨) Consumption of Chemical Fertilizers (ton) | 农用塑料薄膜使用量(吨) Plastic Film Consumption (ton) |
|---|---|---|---|---|---|---|---|
| 略阳县 | Lueyang | 149368 | 87285 | 10046 | 222000 | 3394 | 136 |
| 镇巴县 | Zhenba | 299125 | 174851 | 24026 | 72000 | 5997 | 269 |
| 留坝县 | Liuba | 52872 | 30747 | 3118 | 37681 | 474 | 61 |
| 佛坪县 | Foping | 30361 | 17828 | 1855 | 27561 | 604 | 16 |
| **榆林市** | **Yulin** | **4061202** | **2407550** | **788667** | **2948715** | **154101** | **4506** |
| 榆阳区 | Yuyang | 648923 | 375788 | 82747 | 417689 | 38100 | 270 |
| 横山区 | Hengshan | 422450 | 247041 | 81315 | 269533 | 12430 | 206 |
| 府谷县 | Fugu | 155654 | 91411 | 43263 | 235728 | 5861 | 50 |
| 靖边县 | Jingbian | 529672 | 310740 | 85800 | 205138 | 12100 | 1280 |
| 定边县 | Dingbian | 472420 | 280586 | 213526 | 504825 | 34226 | 876 |
| 绥德县 | Suide | 334733 | 202870 | 52394 | 578676 | 14870 | 161 |
| 米脂县 | Mizhi | 167591 | 100601 | 27870 | 165177 | 5237 | 193 |
| 佳　县 | Jiaxian | 289748 | 175451 | 53404 | 150498 | 3206 | 168 |
| 吴堡县 | Wubu | 91282 | 55560 | 8077 | 134259 | 907 | 19 |
| 清涧县 | Qingjian | 305699 | 186076 | 27364 | 49134 | 5066 | 605 |
| 子洲县 | Zizhou | 281097 | 169289 | 30628 | 138333 | 14482 | 415 |
| 神木市 | Shenmu | 361933 | 212137 | 82279 | 99725 | 7616 | 263 |
| **安康市** | **Ankang** | **2220935** | **1282375** | **193350** | **2053801** | **110438** | **3096** |
| 汉滨区 | Hanbin | 543078 | 326716 | 40706 | 618550 | 51051 | 847 |
| 汉阴县 | Hanyin | 254803 | 150812 | 22811 | 246000 | 10730 | 211 |
| 石泉县 | Shiquan | 147740 | 85918 | 13094 | 148000 | 4771 | 193 |
| 宁陕县 | Ningshan | 94280 | 51394 | 3404 | 64132 | 340 | 51 |
| 紫阳县 | Ziyang | 253083 | 146257 | 22691 | 185000 | 5100 | 159 |
| 岚皋县 | Langao | 145256 | 85441 | 16806 | 105000 | 4365 | 430 |
| 平利县 | Pingli | 201731 | 111289 | 18216 | 164119 | 4377 | 506 |
| 镇坪县 | Zhenping | 76017 | 41359 | 4926 | 49000 | 1328 | 52 |
| 旬阳县 | Xunyang | 333308 | 181992 | 36600 | 323000 | 22732 | 454 |
| 白河县 | Baihe | 171639 | 101197 | 14097 | 151000 | 5644 | 193 |
| **商洛市** | **Shangluo** | **1753522** | **998090** | **133987** | **696490** | **55775** | **1595** |
| 商州区 | Shangzhou | 257676 | 148775 | 21344 | 104657 | 7731 | 296 |
| 洛南县 | Luonan | 376736 | 218297 | 32140 | 153519 | 16790 | 409 |
| 丹凤县 | Danfeng | 212013 | 115222 | 12059 | 51017 | 5166 | 106 |
| 商南县 | Shangnan | 239508 | 129216 | 14123 | 84877 | 4855 | 180 |
| 山阳县 | Shanyang | 317819 | 194107 | 23964 | 122553 | 8538 | 107 |
| 镇安县 | Zhen'an | 218244 | 123923 | 21667 | 127500 | 8185 | 311 |
| 柞水县 | Zhashui | 131526 | 68550 | 8691 | 52367 | 4510 | 186 |
| **杨凌示范区** | **Yangling** | **135164** | **83214** | **5121** | **83810** | **4451** | **665** |

12-34 续表 3 continued

| 地 区 | Region | 粮食播种面积(公顷) Sown Area of Grain (hectares) | 粮食产量(吨) Output of Grain (ton) | 油料产量(吨) Output of Oil-bearing (ton) | 棉花产量(吨) Output of Cotton (ton) | 蔬菜产量(吨) Output of Vegetables (ton) | 水果产量(吨) Output of Fruits (ton) | # 苹果 Output of Apples |
|---|---|---|---|---|---|---|---|---|
| **全 省** | **Shaanxi** | **3005980** | **12263100** | **610295** | **9904** | **18084410** | **15660147** | **10086877** |
| **西安市** | **Xi'an** | **279705** | **1421367** | **6730** | **88** | **3736947** | **891522** | **69078** |
| 新城区 | Xincheng | | | | | | | |
| 碑林区 | Beilin | | | | | | | |
| 莲湖区 | Lianhu | | | | | | | |
| 灞桥区 | Baqiao | 5426 | 27673 | 291 | 26 | 179253 | 94456 | 50 |
| 未央区 | Weiyang | 12 | 61 | | | 1095 | 46 | |
| 雁塔区 | Yanta | | | | | | | |
| 阎良区 | Yanliang | 18512 | 120276 | 104 | | 692134 | 31312 | 2212 |
| 临潼区 | Lintong | 66867 | 329083 | 597 | | 504384 | 74242 | 2175 |
| 长安区 | Chang'an | 30930 | 156242 | 1046 | | 190945 | 36533 | 252 |
| 高陵区 | Gaoling | 17646 | 123558 | | | 586221 | 26957 | 2698 |
| 鄠邑区 | Huyi | 36481 | 191315 | 290 | | 285058 | 69763 | 261 |
| 蓝田县 | Lantian | 40298 | 170353 | 3438 | 62 | 103968 | 65075 | 4251 |
| 周至县 | Zhouzhi | 25546 | 119095 | 709 | | 221298 | 345066 | 2385 |
| 西咸新区 | Xixian | 37986 | 183711 | 255 | | 972591 | 111415 | 54794 |
| **铜川市** | **Tongchuan** | **66480** | **287795** | **1936** | | **65845** | **541625** | **518185** |
| 王益区 | Wangyi | 3450 | 9477 | 21 | | 5113 | 22344 | 16601 |
| 印台区 | Yintai | 11192 | 39804 | 365 | | 10541 | 109513 | 109142 |
| 耀州区 | Yaozhou | 25643 | 79246 | 1431 | | 39827 | 299121 | 282045 |
| 宜君县 | Yijun | 26195 | 159268 | 119 | | 10364 | 110647 | 110397 |
| **宝鸡市** | **Baoji** | **302303** | **1325444** | **18518** | **13** | **1401718** | **1203648** | **640971** |
| 渭滨区 | Weibin | 3924 | 11788 | 808 | | 8152 | 16590 | 65 |
| 金台区 | Jintai | 11353 | 38269 | 777 | | 4514 | 3564 | 391 |
| 陈仓区 | Chencang | 50892 | 197274 | 2091 | | 182209 | 52903 | 34033 |
| 凤翔县 | Fengxiang | 55357 | 256816 | 1942 | | 154423 | 133159 | 124274 |
| 岐山县 | Qishan | 40684 | 226246 | 1238 | 4 | 154088 | 127845 | 93980 |
| 扶风县 | Fufeng | 45264 | 257351 | 650 | 9 | 39047 | 336405 | 302556 |
| 眉 县 | Meixian | 13112 | 72501 | 488 | | 15300 | 435723 | 2070 |
| 陇 县 | Longxian | 33246 | 103672 | 2969 | | 114031 | 32776 | 27786 |
| 千阳县 | Qianyang | 18271 | 57455 | 1843 | | 131401 | 37316 | 32930 |
| 麟游县 | Linyou | 22065 | 73523 | 4245 | | 46330 | 2231 | 1577 |
| 凤 县 | Fengxian | 6162 | 23828 | 1074 | | 157852 | 22844 | 21000 |
| 太白县 | Taibai | 1973 | 6721 | 393 | | 394371 | 2292 | 309 |
| **咸阳市** | **Xianyang** | **332250** | **1601597** | **29008** | | **3100581** | **4183609** | **3418465** |
| 秦都区 | Qindu | 4981 | 24834 | 13 | | 28696 | 36788 | 24079 |
| 渭城区 | Weicheng | | | | | | | |
| 三原县 | Sanyuan | 38007 | 188916 | 1599 | | 1158130 | 162951 | 97926 |
| 泾阳县 | Jingyang | 33443 | 161015 | 390 | | 1114581 | 81375 | 14642 |
| 乾 县 | Qianxian | 54404 | 254480 | 5407 | | 36752 | 471158 | 397732 |
| 礼泉县 | Liquan | 25510 | 115859 | 1589 | | 61880 | 1167941 | 815146 |

12-34 续表 4 continued

| 地 区 | Region | 粮 食 播种面积 (公顷) Sown Area of Grain (hectares) | 粮 食 产 量 (吨) Output of Grain (ton) | 油 料 产 量 (吨) Output of Oil-bearing (ton) | 棉 花 产 量 (吨) Output of Cotton (ton) | 蔬 菜 产 量 (吨) Output of Vegetables (ton) | 水 果 产 量 (吨) Output of Fruits (ton) | # 苹 果 Output of Apples |
|---|---|---|---|---|---|---|---|---|
| 永寿县 | Yongshou | 19136 | 84687 | 2620 | | 21391 | 365141 | 342896 |
| 长武县 | Changwu | 12081 | 55669 | 493 | | 18865 | 253354 | 243012 |
| 旬邑县 | Xunyi | 19673 | 105319 | 1988 | | 60290 | 447674 | 436214 |
| 淳化县 | Chunhua | 23468 | 112614 | 2571 | | 43659 | 617575 | 560000 |
| 武功县 | Wugong | 38482 | 194795 | 467 | | 177367 | 76598 | 44118 |
| 兴平市 | Xingping | 36448 | 186668 | 407 | | 343234 | 136996 | 115849 |
| 彬州市 | Binzhou | 26618 | 116741 | 11464 | | 35736 | 366058 | 326851 |
| **渭南市** | **Weinan** | **518534** | **2259607** | **71074** | **9199** | **2917874** | **3146142** | **1652500** |
| 临渭区 | Linwei | 83892 | 363987 | 7732 | 5029 | 721265 | 330892 | 51604 |
| 华 县 | Huaxian | 32103 | 136700 | 1518 | 143 | 595381 | 26544 | 1050 |
| 潼关县 | Tongguan | 13174 | 44324 | 4220 | 213 | 43363 | 12217 | 1146 |
| 大荔县 | Dali | 63520 | 296788 | 26397 | 280 | 300599 | 520215 | 95864 |
| 合阳县 | Heyang | 50604 | 219724 | 4155 | 1024 | 365373 | 482534 | 283358 |
| 澄城县 | Chengcheng | 41121 | 181348 | 8806 | 510 | 65265 | 389428 | 322454 |
| 蒲城县 | Pucheng | 87944 | 377849 | 6012 | 1399 | 178998 | 568021 | 233503 |
| 白水县 | Baishui | 24728 | 102598 | 8357 | 90 | 83139 | 479836 | 479030 |
| 富平县 | Fuping | 82480 | 377887 | 1022 | 376 | 365373 | 245499 | 124016 |
| 韩城市 | Hancheng | 14290 | 48539 | 1426 | 87 | 140471 | 72658 | 59240 |
| 华阴市 | Huayin | 24678 | 109863 | 1429 | 48 | 58647 | 18298 | 1235 |
| **延安市** | **Yan'an** | **141827** | **695581** | **9771** | **47** | **1081703** | **2990999** | **2891988** |
| 宝塔区 | Baota | 17816 | 72326 | 1387 | | 144434 | 354638 | 350000 |
| 延长县 | Yanchang | 15398 | 53285 | 233 | | 230917 | 292087 | 280000 |
| 延川县 | Yanchuan | 5574 | 21603 | 980 | 25 | 74119 | 151996 | 104716 |
| 子长县 | Zichang | 10881 | 28916 | 1328 | 22 | 50971 | 44313 | 39572 |
| 安塞县 | Ansai | 11222 | 42475 | 380 | | 113002 | 153110 | 151660 |
| 志丹县 | Zhidan | 18553 | 70612 | 355 | | 87078 | 92826 | 71200 |
| 吴起县 | Wuqi | 16619 | 68931 | 2219 | | 83214 | 15077 | 13040 |
| 甘泉县 | Ganquan | 7445 | 44627 | 16 | | 81234 | 5668 | 5500 |
| 富 县 | Fuxian | 5647 | 32950 | 221 | | 96885 | 497285 | 496400 |
| 洛川县 | Luochuan | 11838 | 106124 | 76 | | 20604 | 553000 | 553000 |
| 宜川县 | Yichuan | 4185 | 27251 | 350 | | 41520 | 478695 | 475000 |
| 黄龙县 | Huanglong | 8829 | 73192 | 2038 | | 12503 | 61900 | 61900 |
| 黄陵县 | Huangling | 7819 | 53289 | 188 | | 45222 | 290404 | 290000 |
| **汉中市** | **Hanzhong** | **253982** | **1056177** | **179734** | **207** | **2472447** | **556995** | **16936** |
| 汉台区 | Hantai | 16519 | 113270 | 13789 | | 235567 | 42678 | |
| 南郑县 | Nanzheng | 31922 | 156499 | 31364 | | 221528 | 18858 | 62 |
| 城固县 | Chenggu | 28351 | 155291 | 21366 | | 767606 | 313710 | 528 |
| 洋 县 | Yangxian | 33350 | 165333 | 28692 | 203 | 701619 | 115051 | 3583 |
| 西乡县 | Xixiang | 26552 | 96384 | 22306 | 4 | 107914 | 7124 | |
| 勉 县 | Mianxian | 29867 | 136618 | 30105 | | 150088 | 10539 | 65 |
| 宁强县 | Ningqiang | 27102 | 76834 | 13930 | | 57929 | 18715 | 4704 |

## 12-34 续表 5 continued

| 地 区 | Region | 粮食播种面积(公顷) Sown Area of Grain (hectares) | 粮食产量(吨) Output of Grain (ton) | 油料产量(吨) Output of Oil-bearing (ton) | 棉花产量(吨) Output of Cotton (ton) | 蔬菜产量(吨) Output of Vegetables (ton) | 水果产量(吨) Output of Fruits (ton) | #苹果 Output of Apples |
|---|---|---|---|---|---|---|---|---|
| 略阳县 | Lueyang | 17271 | 43783 | 5654 | | 55909 | 12990 | 2329 |
| 镇巴县 | Zhenba | 37731 | 93384 | 11139 | | 125722 | 15049 | 4952 |
| 留坝县 | Liuba | 2679 | 9726 | 965 | | 28849 | 1390 | 601 |
| 佛坪县 | Foping | 2636 | 9055 | 424 | | 19716 | 891 | 112 |
| **榆林市** | **Yulin** | **725917** | **2661852** | **132769** | **199** | **1092564** | **1870427** | **865252** |
| 榆阳区 | Yuyang | 78220 | 449443 | 6900 | | 206124 | 42131 | 4930 |
| 神木县 | Shenmu | 71645 | 266817 | 2232 | | 73988 | 31471 | 15136 |
| 府谷县 | Fugu | 30194 | 69446 | 2255 | 47 | 38752 | 52798 | 5268 |
| 横山县 | Hengshan | 69374 | 328656 | 16500 | | 278544 | 67584 | 32223 |
| 靖边县 | Jingbian | 165680 | 375044 | 27080 | | 189718 | 54212 | 30959 |
| 定边县 | Dingbian | 53061 | 243294 | 32936 | 28 | 70001 | 6482 | 2280 |
| 绥德县 | Suide | 34501 | 133897 | 11346 | | 20715 | 307151 | 192752 |
| 米脂县 | Mizhi | 57266 | 197980 | 4675 | 17 | 19752 | 149602 | 118836 |
| 佳 县 | Jiaxian | 12169 | 55558 | 1220 | 5 | 18464 | 291506 | 26406 |
| 吴堡县 | Wubu | 34689 | 109012 | 12934 | 102 | 94062 | 108503 | 27202 |
| 清涧县 | Qingjian | 54749 | 183804 | 4821 | | 48039 | 404669 | 101241 |
| 子洲县 | Zizhou | 64369 | 248901 | 9870 | | 34405 | 354318 | 308019 |
| **安康市** | **Ankang** | **224125** | **750547** | **138605** | **128** | **1559792** | **204733** | **5047** |
| 汉滨区 | Hanbin | 46643 | 186700 | 48506 | 123 | 460793 | 53914 | 734 |
| 汉阴县 | Hanyin | 23297 | 96263 | 24672 | 4 | 186029 | 30478 | 375 |
| 石泉县 | Shiquan | 15774 | 61196 | 12654 | | 75760 | 6568 | 155 |
| 宁陕县 | Ningshan | 2972 | 12127 | 349 | | 41387 | 345 | 117 |
| 紫阳县 | Ziyang | 38746 | 102996 | 10112 | | 241470 | 6929 | 64 |
| 岚皋县 | Langao | 14592 | 41497 | 2984 | | 156353 | 4891 | |
| 平利县 | Pingli | 17276 | 56507 | 8625 | 1 | 105368 | 4050 | 660 |
| 镇坪县 | Zhenping | 7056 | 21076 | 1495 | | 37956 | 118 | 55 |
| 旬阳县 | Xunyang | 40371 | 115459 | 21368 | | 154426 | 59533 | 2486 |
| 白河县 | Baihe | 17397 | 56726 | 7840 | | 100250 | 37907 | 401 |
| **商洛市** | **Shangluo** | **159443** | **500559** | **19721** | **23** | **537089** | **32856** | **5377** |
| 商州区 | Shangzhou | 24458 | 90416 | 358 | | 52071 | 5498 | 258 |
| 洛南县 | Luonan | 34847 | 123812 | 5613 | | 180193 | 8450 | 138 |
| 丹凤县 | Danfeng | 19095 | 54374 | 1021 | | 22326 | 5056 | 1335 |
| 商南县 | Shangnan | 10342 | 29095 | 8698 | | 84270 | 1323 | 35 |
| 山阳县 | Shanyang | 27461 | 85740 | 2580 | | 64942 | 11051 | 3343 |
| 镇安县 | Zhen'an | 29154 | 73279 | 1230 | 23 | 79739 | 1131 | 130 |
| 柞水县 | Zhashui | 14085 | 43843 | 221 | | 53548 | 347 | 138 |
| **杨凌示范区** | **Yangling** | **2226** | **14879** | **2429** | | **117850** | **37591** | **3078** |

12-34 续表 6 continued

| 地 区 | Region | 肉类产量(吨) Output of Meat (ton) | 禽蛋产量(吨) Output of Poultry Eggs (ton) | 奶类产量(吨) Output of Milk (ton) | 牛存栏(万头) Stocked Cattle (10 000 heads) | # 奶牛 Dairy cow | 猪存栏(万头) Stocked Hogs (10 000 heads) | 羊存栏(万只) Stocked (10 000 heads) | 家禽存栏(万只) Stocked (10 000 heads) |
|---|---|---|---|---|---|---|---|---|---|
| **全 省** | **Shaanxi** | **1144617** | **615845** | **1597274** | **149.87** | **27.89** | **839.04** | **866.76** | **7255** |
| **西安市** | **Xi'an** | **54496** | **52610** | **113344** | **5.06** | **2.87** | **31.29** | **7.42** | **626** |
| 新城区 | Xincheng | | | | | | | | |
| 碑林区 | Beilin | | | | | | | | |
| 莲湖区 | Lianhu | | | | | | | | |
| 灞桥区 | Baqiao | 1394 | 1579 | 5030 | 0.13 | 0.13 | 1.47 | 0.11 | 19 |
| 未央区 | Weiyang | 105 | | 38 | 0.00 | 0.00 | | | |
| 雁塔区 | Yanta | | | | | | | | |
| 阎良区 | Yanliang | 2263 | 3100 | 20768 | 0.63 | 0.60 | 1.47 | 0.92 | 38 |
| 临潼区 | Lintong | 16537 | 11758 | 42823 | 1.41 | 1.21 | 8.14 | 2.19 | 145 |
| 长安区 | Chang'an | 3754 | 5816 | 4224 | 0.14 | 0.07 | 0.98 | 0.25 | 42 |
| 高陵区 | Gaoling | 3365 | 7705 | 14846 | 0.62 | 0.45 | 2.02 | 0.52 | 92 |
| 鄠邑区 | Huyi | 5008 | 5318 | 7352 | 0.37 | 0.09 | 4.93 | 0.60 | 65 |
| 蓝田县 | Lantian | 9371 | 7015 | 11184 | 1.04 | 0.13 | 3.53 | 2.35 | 90 |
| 周至县 | Zhouzhi | 7294 | 4420 | 3210 | 0.60 | 0.10 | 6.01 | 0.19 | 51 |
| 西咸新区 | Xixian | 2309 | 625 | 1997 | 0.05 | 0.05 | 1.31 | 0.13 | 18 |
| **铜川市** | **Tongchuan** | **10232** | **21880** | **39378** | **1.34** | **0.59** | **5.87** | **3.39** | **260** |
| 王益区 | Wangyi | 1032 | 3218 | 779 | 0.01 | 0.01 | 0.56 | 0.10 | 37 |
| 印台区 | Yintai | 3361 | 4372 | 2656 | 0.18 | 0.10 | 1.24 | 0.58 | 52 |
| 耀州区 | Yaozhou | 4784 | 13077 | 35943 | 0.94 | 0.48 | 3.74 | 1.81 | 156 |
| 宜君县 | Yijun | 1055 | 1213 | | 0.22 | | 0.33 | 0.91 | 15 |
| **宝鸡市** | **Baoji** | **103947** | **48348** | **436833** | **34.36** | **13.46** | **66.08** | **33.80** | **597** |
| 渭滨区 | Weibin | 849 | 525 | 935 | 0.08 | 0.04 | 0.82 | 0.20 | 16 |
| 金台区 | Jintai | 3018 | 739 | 9345 | 0.58 | 0.22 | 1.48 | 0.69 | 16 |
| 陈仓区 | Chencang | 33232 | 7405 | 12747 | 1.79 | 0.40 | 19.78 | 1.20 | 93 |
| 凤翔县 | Fengxiang | 11206 | 9153 | 63836 | 8.24 | 2.73 | 7.59 | 4.70 | 116 |
| 岐山县 | Qishan | 14022 | 7580 | 25680 | 2.04 | 0.61 | 9.06 | 1.46 | 92 |
| 扶风县 | Fufeng | 15507 | 10629 | 12286 | 0.84 | 0.45 | 13.76 | 1.61 | 116 |
| 眉 县 | Meixian | 5726 | 4020 | 109785 | 2.64 | 2.15 | 3.09 | 0.48 | 49 |
| 陇 县 | Longxian | 5239 | 1978 | 73475 | 6.15 | 3.68 | 2.61 | 10.59 | 23 |
| 千阳县 | Qianyang | 4702 | 1347 | 87620 | 4.63 | 3.07 | 1.47 | 3.08 | 16 |
| 麟游县 | Linyou | 4477 | 2544 | 41012 | 5.97 | 0.10 | 1.89 | 7.21 | 32 |
| 凤 县 | Fengxian | 4303 | 1708 | | 1.21 | | 3.62 | 2.02 | 19 |
| 太白县 | Taibai | 1694 | 720 | 112 | 0.18 | 0.01 | 0.91 | 0.55 | 9 |
| **咸阳市** | **Xianyang** | **126290** | **66392** | **365205** | **13.22** | **8.88** | **113.41** | **40.09** | **777** |
| 秦都区 | Qindu | 2124 | 234 | 3800 | | | | | |
| 渭城区 | Weicheng | | | | | | | | |
| 三原县 | Sanyuan | 4448 | 11013 | 30456 | 0.79 | 0.40 | 2.28 | 1.82 | 131 |
| 泾阳县 | Jingyang | 11618 | 9309 | 121479 | 2.86 | 2.86 | 8.83 | 3.92 | 113 |
| 乾 县 | Qianxian | 11270 | 4854 | 111200 | 3.73 | 3.51 | 8.94 | 4.06 | 55 |
| 礼泉县 | Liquan | 5676 | 1800 | 3362 | 0.32 | 0.13 | 5.94 | 1.12 | 22 |

12-34 续表 7 continued

| 地 区 | Region | 肉类产量（吨）Output of Meat (ton) | 禽蛋产量（吨）Output of Poultry Eggs (ton) | 奶类产量（吨）Output of Milk (ton) | 牛存栏（万头）Stocked Cattle (10 000 heads) | # 奶牛 Dairy Cow | 猪存栏（万头）Stocked Hogs (10 000 heads) | 羊存栏（万只）Stocked (10 000 heads) | 家禽存栏（万只）Stocked (10 000 heads) |
|---|---|---|---|---|---|---|---|---|---|
| 永寿县 | Yongshou | 17777 | 3565 | 10689 | 1.51 | | 16.90 | 12.11 | 45 |
| 长武县 | Changwu | 1511 | 1753 | 234 | 0.07 | 0.01 | 1.22 | 0.84 | 22 |
| 旬邑县 | Xunyi | 29656 | 3410 | 1384 | 0.15 | 0.03 | 29.34 | 5.76 | 41 |
| 淳化县 | Chunhua | 14002 | 5785 | 3784 | 1.36 | 0.27 | 13.50 | 5.83 | 70 |
| 武功县 | Wugong | 12052 | 9663 | 37656 | 1.39 | 1.27 | 12.20 | 1.21 | 108 |
| 兴平市 | Xingping | 12683 | 12742 | 35259 | 0.52 | 0.32 | 11.52 | 0.76 | 145 |
| 彬州市 | Binzhou | 3473 | 2264 | 5902 | 0.52 | 0.08 | 2.76 | 2.66 | 25 |
| **渭南市** | **Weinan** | **155774** | **132588** | **480470** | **19.92** | **9.10** | **131.60** | **54.77** | **1548** |
| 临渭区 | Linwei | 21609 | 18323 | 68161 | 6.42 | 1.55 | 19.86 | 8.94 | 204 |
| 华州区 | Huazhou | 6690 | 8034 | 1735 | 0.54 | 0.12 | 5.58 | 1.51 | 94 |
| 潼关县 | Tongguan | 7050 | 2005 | 345 | 0.17 | 0.02 | 5.39 | 0.44 | 22 |
| 大荔县 | Dali | 25387 | 12992 | 55421 | 3.54 | 1.21 | 15.33 | 8.11 | 154 |
| 合阳县 | Heyang | 10516 | 6910 | 111212 | 3.97 | 3.74 | 9.05 | 2.81 | 80 |
| 澄城县 | Chengcheng | 40982 | 12290 | 355 | 0.22 | 0.01 | 34.06 | 2.27 | 135 |
| 蒲城县 | Pucheng | 14634 | 26575 | 44886 | 1.68 | 0.80 | 12.03 | 5.01 | 330 |
| 白水县 | Baishui | 9758 | 5410 | 15673 | 0.61 | 0.03 | 12.90 | 2.90 | 64 |
| 富平县 | Fuping | 11379 | 34584 | 149593 | 1.43 | 0.91 | 10.93 | 17.77 | 397 |
| 韩城市 | Hancheng | 5866 | 2505 | 2334 | 0.59 | 0.09 | 5.22 | 3.62 | 35 |
| 华阴市 | Huayin | 1903 | 2960 | 30755 | 0.75 | 0.63 | 1.26 | 1.41 | 31 |
| **延安市** | **Yan'an** | **46006** | **24359** | **4463** | **5.97** | **0.21** | **36.84** | **56.55** | **279** |
| 宝塔区 | Baota | 3666 | 3395 | 956 | 0.72 | 0.07 | 2.26 | 2.02 | 41 |
| 安塞区 | Ansai | 4624 | 1456 | 61 | 0.98 | 0.01 | 1.76 | 7.30 | 19 |
| 延长县 | Yanchang | 2242 | 1528 | 215 | 0.33 | 0.01 | 1.09 | 6.17 | 19 |
| 延川县 | Yanchuan | 1680 | 1510 | 240 | 0.80 | 0.01 | 1.57 | 6.52 | 18 |
| 子长县 | Zichang | 2693 | 1395 | 510 | 0.92 | 0.08 | 3.68 | 4.06 | 15 |
| 志丹县 | Zhidan | 2193 | 1583 | 122 | 0.21 | 0.01 | 1.67 | 12.37 | 17 |
| 吴起县 | Wuqi | 3710 | 1381 | 36 | 0.17 | 0.00 | 2.02 | 8.98 | 15 |
| 甘泉县 | Ganquan | 2893 | 6201 | 208 | 0.33 | 0.00 | 1.16 | 5.36 | 71 |
| 富 县 | Fuxian | 2053 | 1508 | 62 | 0.73 | 0.00 | 1.17 | 0.43 | 16 |
| 洛川县 | Luochuan | 15443 | 1154 | 1627 | 0.19 | 0.01 | 16.71 | 1.09 | 12 |
| 宜川县 | Yichuan | 1386 | 951 | 50 | 0.16 | 0.00 | 1.24 | 0.87 | 11 |
| 黄龙县 | Huanglong | 1609 | 1061 | | 0.32 | | 0.92 | 0.79 | 12 |
| 黄陵县 | Huangling | 1814 | 1236 | 376 | 0.12 | 0.01 | 1.58 | 0.58 | 14 |
| **汉中市** | **Hanzhong** | **212512** | **65131** | **9568** | **25.15** | **0.32** | **166.53** | **27.92** | **788** |
| 汉台区 | Hantai | 11617 | 8243 | 4844 | 1.04 | 0.18 | 7.16 | 0.45 | 98 |
| 南郑区 | Nanzheng | 24326 | 8160 | 989 | 2.68 | 0.03 | 22.05 | 2.79 | 96 |
| 城固县 | Chenggu | 28837 | 7881 | 443 | 2.06 | 0.03 | 20.44 | 1.56 | 94 |
| 洋 县 | Yangxian | 29198 | 7275 | 449 | 5.33 | 0.02 | 23.82 | 3.45 | 83 |
| 西乡县 | Xixiang | 38088 | 5713 | 23 | 3.29 | 0.00 | 25.91 | 5.06 | 68 |
| 勉 县 | Mianxian | 26286 | 9609 | 2820 | 2.72 | 0.05 | 23.86 | 1.00 | 113 |
| 宁强县 | Ningqiang | 20984 | 5774 | | 3.11 | | 17.81 | 2.05 | 80 |

12–34 续表 8 continued

| 地　区 | Region | 肉类产量(吨) Output of Meat (ton) | 禽蛋产量(吨) Output of Poultry Eggs (ton) | 奶类产量(吨) Output of Milk (ton) | 牛存栏(万头) Stocked Cattle (10 000 heads) | # 奶牛 Dairy Cow | 猪存栏(万头) Stocked Hogs (10 000 heads) | 羊存栏(万只) Stocked (10 000 heads) | 家禽存栏(万只) Stocked (10 000 heads) |
|---|---|---|---|---|---|---|---|---|---|
| 略阳县 | Lueyang | 9460 | 6802 | | 1.24 | | 5.46 | 2.09 | 87 |
| 镇巴县 | Zhenba | 19845 | 4098 | | 3.18 | | 18.24 | 8.96 | 48 |
| 留坝县 | Liuba | 2393 | 970 | | 0.42 | | 1.03 | 0.23 | 12 |
| 佛坪县 | Foping | 1478 | 606 | | 0.07 | | 0.76 | 0.28 | 10 |
| **榆林市** | **Yulin** | **169732** | **68552** | **67673** | **17.89** | **3.67** | **101.89** | **561.48** | **765** |
| 榆阳区 | Yuyang | 47401 | 14643 | 16344 | 4.66 | 0.86 | 31.60 | 108.95 | 165 |
| 横山区 | Hengshan | 12298 | 5525 | 316 | 0.84 | 0.02 | 5.20 | 100.28 | 61 |
| 府谷县 | Fugu | 6817 | 4011 | 578 | 0.76 | 0.02 | 3.63 | 19.56 | 44 |
| 靖边县 | Jingbian | 23855 | 7502 | 8016 | 1.19 | 0.41 | 14.31 | 95.31 | 85 |
| 定边县 | Dingbian | 14438 | 8542 | 12714 | 0.99 | 0.69 | 8.17 | 75.13 | 94 |
| 绥德县 | Suide | 13252 | 5899 | 6455 | 0.80 | 0.19 | 10.15 | 18.12 | 65 |
| 米脂县 | Mizhi | 5891 | 6203 | 1016 | 0.87 | 0.20 | 3.81 | 15.45 | 69 |
| 佳　县 | Jiaxian | 12316 | 3142 | 707 | 1.10 | 0.07 | 7.60 | 19.52 | 36 |
| 吴堡县 | Wubu | 1754 | 1233 | 1303 | 0.11 | 0.03 | 1.06 | 4.90 | 14 |
| 清涧县 | Qingjian | 6646 | 2355 | 2961 | 1.16 | 0.31 | 4.68 | 11.19 | 27 |
| 子洲县 | Zizhou | 6232 | 3076 | 6770 | 0.89 | 0.32 | 3.59 | 20.40 | 34 |
| 神木市 | Shenmu | 18832 | 6421 | 10492 | 4.51 | 0.56 | 8.10 | 72.66 | 72 |
| **安康市** | **Ankang** | **174123** | **53469** | **213** | **19.20** | **0.01** | **123.31** | **57.66** | **694** |
| 汉滨区 | Hanbin | 41638 | 14795 | 182 | 4.76 | 0.00 | 30.27 | 10.94 | 185 |
| 汉阴县 | Hanyin | 21524 | 7400 | | 2.42 | | 15.28 | 3.67 | 85 |
| 石泉县 | Shiquan | 13701 | 5578 | | 2.44 | | 8.90 | 4.02 | 63 |
| 宁陕县 | Ningshan | 2248 | 657 | | 0.22 | | 1.00 | 1.31 | 12 |
| 紫阳县 | Ziyang | 21158 | 4585 | | 0.59 | | 15.95 | 7.04 | 55 |
| 岚皋县 | Langao | 10459 | 5256 | | 0.28 | | 6.17 | 3.91 | 63 |
| 平利县 | Pingli | 13882 | 4965 | | 0.56 | | 9.98 | 5.68 | 60 |
| 镇坪县 | Zhenping | 8977 | 1553 | | 0.25 | | 6.98 | 1.22 | 18 |
| 旬阳县 | Xunyang | 30038 | 4489 | | 6.71 | | 21.43 | 13.76 | 101 |
| 白河县 | Baihe | 10498 | 4191 | 31 | 0.98 | 0.00 | 7.36 | 6.11 | 51 |
| **商洛市** | **Shangluo** | **82648** | **67438** | **2814** | **6.88** | **0.04** | **56.33** | **23.53** | **914** |
| 商州区 | Shangzhou | 10274 | 9206 | 1980 | 0.46 | 0.03 | 6.10 | 1.63 | 112 |
| 洛南县 | Luonan | 18488 | 13096 | 30 | 2.52 | 0.00 | 13.25 | 3.98 | 138 |
| 丹凤县 | Danfeng | 13472 | 6909 | 514 | 1.21 | 0.00 | 8.21 | 2.31 | 248 |
| 商南县 | Shangnan | 8574 | 13298 | 30 | 0.41 | | 5.60 | 2.20 | 162 |
| 山阳县 | Shanyang | 20094 | 16886 | 160 | 0.97 | | 15.94 | 7.06 | 155 |
| 镇安县 | Zhen'an | 7701 | 4615 | 100 | 1.11 | | 4.88 | 5.64 | 56 |
| 柞水县 | Zhashui | 4045 | 3428 | | 0.21 | | 2.36 | 0.70 | 43 |
| **杨凌示范区** | **Yangling** | **5762** | **625** | **6418** | **0.90** | **0.34** | **5.90** | **0.14** | **8** |

# 主要统计指标解释

**农林牧渔业总产值** 指以货币表现的农、林、牧、渔业全部产品和对农林牧渔业生产活动进行的各种支持性服务活动的价值总量，它反映一定时期内农林牧渔业生产总规模和总成果。1957年以前的农林牧渔业总产值中包括了厩肥和农民自给性手工业(如农民自制衣服、鞋、袜，自己从事粮食初步加工等)。1958年及以后，林业中增加了村及村以下竹木采伐产值；牧业中取消了厩肥产值；副业中取消了农民自给性手工业产值，增加了村及村以下办的工业产值； 渔业中增加了海洋捕捞水产品产值。1980年及以后，在副业中增加了农民家庭兼营工业商品部分的产值。从1984年起村及村以下工业产值划归工业。从1993年起取消副业，将野生动物的捕猎划入牧业，野生植物采集和农民家庭兼营商品性工业划归农业。从2003年起，执行新的国民经济行业分类标准，农林牧渔业总产值中包括了农林牧渔服务业产值。林业中增加了森林采运业产值。农业中取消了家庭兼营商品性工业产值，将野生林产品的采集划归林业。第一次农业普查以后，由于畜牧业产品年报数据与普查数据之间存在一定的差距，根据农业普查结果对畜牧业年报数据进行了修正，对畜牧业产值进行了相应修正。

农林牧渔业总产值的计算方法通常是按农、林、牧、渔业产品及其副产品的产量分别乘以各自单位产品价格求得；少数生产周期较长，当年没有产品或产品产量不易统计的，则采用间接方法匡算其产值；然后将四业产品产值及农林牧渔服务业产值相加即为农林牧渔业总产值。

**粮食产量** 指全社会的产量。包括国有经济经营的、集体统一经营的和农民家庭经营的粮食产量，还包括工矿企业办的农场和其他生产单位的产量。粮食除包括稻谷、小麦、玉米、高粱、谷子及其他杂粮外，还包括薯类和豆类。其产量计算方法，豆类按去豆荚后的干豆计算；薯类(包括甘薯和马铃薯，不包括芋头和木薯)1963年以前按每4公斤鲜薯折1公斤粮食计算，从1964年开始改为按5公斤鲜薯折1公斤粮食计算。城市郊区作为蔬菜的薯类(如马铃薯等)按鲜品计算，并且不作粮食统计。其他粮食一律按脱粒后的原粮计算。1989年以前全国粮食产量数据主要靠全面报表取得，1989年开始使用抽样调查数据。

**棉花产量** 指全社会的产量。包括春播棉和夏播棉。产量按皮棉计算。不包括木棉。

**油料产量** 指全部油料作物的生产量。包括花生、油菜籽、芝麻、向日葵籽、胡麻籽（亚麻籽）和其他油料。不包括大豆、木本油料和野生油料。花生以带壳干花生计算。

**水产品产量** 指人工养殖的水产品和天然生长的水产品的捕捞量。包括海水的鱼类、虾蟹类、贝类和藻类以及内陆水域的鱼类、虾蟹类和贝类，不包括淡水生植物。水产品产量是通过各级水产和统计部门逐级上报取得数据。1995年及以前，贝类中牡蛎按鲜肉计算；蚶、蛤、蛏按5斤鲜品折1斤计算。1996年以后则统一按鲜品计算。

**猪、牛、羊肉产量** 指当年出栏并已屠宰、除去头蹄下水后带骨肉(即胴体重)的重量。包括全社会范围内的产量。1996年前为各级逐级上报数据。1996年第一次农业普查以后，由于畜牧业产品年报数据与普查数据之间存在一定的差距，根据普查结果对畜牧业年报数据进行了修正。1999年以后，国家统计局在部分地区开展了猪、牛、羊、禽等主要畜禽品种的抽样调查，并用抽样数据作为国家定案数据使用。未开展抽样调查的地区和品种，仍使用各级统计部门逐级上报数据。2007年，根据第二次农业普查结果，对2000—2006年畜牧业年报数据进行了修正。2008年，建立了主要畜禽监测调查制度，猪、牛、羊、禽等主要畜牧业数据均以抽样调查数为法定数据。

**期初(末)畜禽存栏头(只)数** 指报告期初(末)农村各种合作经济组织和国营农场、农民个人、机关、团体、学校、工矿企业、部队等单位以及城镇居民饲养的大牲畜、猪、羊、家禽等畜禽的存栏数。数据上报方式及数据调整情况同猪、牛、羊肉产量。

**农作物播种面积** 指实际播种或移植有农作物的面积。凡是实际种植有农作物的面积，不论种植在耕地上还是种植在非耕地上，均包括在农作物播种面积中。在播种季节基本结束后，因遭灾而重新改种和补种的农作物面积，也包括在内。它是反映我国耕地面积利用情况的一个重要指标。目前，农作物播种面积主要包括粮食、棉花、油料、糖料、麻类、烟叶、蔬菜和瓜类、药材和其他农作物九大类。

**农用化肥施用量** 指本年内实际用于农业生产的化肥数量，包括氮肥、磷肥、钾肥和复合肥。化肥施用量要求按折纯量计算数量。折纯量是指把氮肥、磷肥、钾肥分别按含氮、含五氧化二磷、含氧化钾的百分之百成份进行折算后的数量。复合肥按其所含主要成分折算。公式为：

折纯量=实物量×某种化肥有效成份含量的百分比

**农业机械总动力** 指主要用于农、林、牧、渔业的各种动力机械的动力总和。包括耕作机械、排灌机械、收获机械、农用运输机械、植物保护机械、牧业机械、林业机械、渔业机械和其他农业机械〔内燃机按引擎马力折成瓦(特)计算、电动机按功率折成瓦(特)计算〕。不包括专门用于乡、镇、村、组办工业、基本建设、非农业运输、科学试验和教学等非农业生产方面用的动力机械与作业机械。这个指标的统计数据主要来源于农机部门。

# Explanatory Notes on Main Statistical Indicators

**Gross Output Value of Agriculture, Forestry, Animal Husbandry and Fishery** refers to the total value of products of agriculture, forestry, animal husbandry and fishery, and total value of services in support of agriculture, forestry, animal husbandry and fishery activities. It reflects the total scale and results of agricultural production during a given period. Prior to 1957, China's gross agricultural output value included barnyard manure and handicraft products for self-consumption (clothes, shoes, stockings, and initial grain processing undertaken by peasants). Since 1958, cutting and felling of bamboo and trees by villages and other cooperative organizations under villages have been included in forestry; value of barnyard manure has been excluded from animal husbandry; self consumed handicrafts have not been included from sideline occupations, while the output value of industries run by villages and cooperative organizations under village has been included in sideline occupations; and the output value of fish catches by motor fishing boats has been added to fishery. Since 1980, the value of handicraft products made for sale by individuals in households has been added to sideline occupations. Since 1984, industries run by villages and under villages have been included in the sector of industry. Since 1993, the subdivision of sideline occupations has been cancelled, and the hunting of wild animals has been classified into animal husbandry, and the gathering of wild plants and commodity industry run by rural household have been included in farming. A new industrial classification of economic activities was introduced in 2003. Under the new classification, value of services to agriculture, forestry, animal husbandry and fishery is included in the gross output value of agriculture, value of wood felling and transport is included in forestry, value of industrial output by rural households is not included in agriculture, and the collection of wild forest products is taken from agriculture and included in forestry. The First Agriculture Census of China revealed some discrepancy between the production of animal products from the annual reports and that from the census. According to the result of the First Agriculture census, efforts were made to adjust the output value of animal husbandry to make the figures from the annual reports consistent with the census data.

Gross output value of agriculture is obtained by multiplying the output of each product or by-product by its price, resulting in the output value of each single item. For a small number of products, annual output of which is not available or difficult to get due to the long production (growing) process involved, the output value is estimated through an indirect approach. The sum of output values of all products of agriculture, forestry, animal husbandry and fishery and services in support to those industries is then equal to the gross output value of agriculture.

**Grain Output** refers to the total output in the whole country including grains produced by State farms, collective units, rural households, as well as by farms affiliated to industrial and mining enterprises and other production units. Grain includes rice, wheat, corn, sorghum, millet and other miscellaneous grains as well as tubers and beans. Output of beans refers to dry beans without pods. The output of tubers (sweet potatoes and potatoes, not including taros and cassava) are converted into that of grain at the ratio 4:1, i.e. 4 kilograms of fresh tubers were equivalent to 1 kilogram of grain up to 1963. Since 1964 the ratio for conversion has been 5:1. Tubers supplied as vegetables (such as potatoes) in cities and suburbs are calculated as fresh vegetables and their output is not included in the output of grain. Output of all other grains refers to husked grain. Data on grain production before 1989 were obtained through the Comprehensive Statistical Reporting System. Since 1989, data from sample surveys are used.

**Cotton Output** refers to cotton production in the whole country including cotton planted in spring and in autumn. Output is measured as the weight of ginned cotton. Ceiba is not included.

**Output of Oil-bearing Crops** refers to the total production of oil-bearing crops of various kinds, including peanuts (dry, in shell), rapeseeds, sesame, sunflower seeds, flax seeds, and other oil-bearing crops. Soybeans, oil-bearing woody plants, and wild oil-bearing crops are not included.

**Output of Aquatic Products** refers to catches of both artificially cultured and naturally grown aquatic products, including fish, shrimps, crabs and shellfish in sea and inland water as well as seaweed. Freshwater plants are not included. Data on output of aquatic products are reported by aquatic product and statistical agencies level by level. Before 1995, among the shellfish, oyster was counted as fresh meat; 5 kilograms of ark shell, clams and frogs are equivalent to 1 kilogram of fresh aquatic products; they have all been counted as fresh aquatic products since 1996.

**Output of Pork, Beef, and Mutton** refers to the meat of slaughtered hogs, cattle, sheep and goats with head, feet, and offal taken away. Data refers to the production of the whole country. The First Agricultural Census of China in 1996 revealed some discrepancy between the production of animal products from the annual reports and that from the census. Efforts were made to adjust the output value of animal husbandry to make the figures from the annual reports consistent with the census data. Since 1999, the NBS conducted sample surveys for the major animal husbandry products, such as hogs, cattle, sheep and goats and fowls, and the data from sample surveys are used as national finalized data. Those products, which are not covered by the sample survey, are still reported by statistical agencies level by level. In 2007, the data on animal husbandry from 2000 to 2006 were revised according to the results of the Second Agriculture Census of China. In 2008, A Monitoring and Survey Program was set up on main livestock, the data on the main livestock such as hog, cattle, sheep and poultry became the official data based on the sampling survey.

**Number of Livestock or Poultry in Stock at Beginning (or End) of Period** refers to the total number of large animals, pigs, sheep, fowls, etc. raised by rural cooperative organizations, State farms, rural individuals, government agencies, schools, industrial and mining enterprises, army, and urban residents at the beginning (or end) of the reference period. Data reporting system and data adjustment are the same as that in the output of pork, beef and mutton.

**Sown Area of Crops** refers to area of land sown or transplanted with crops regardless of being in cultivated area or non-cultivated area. Area of land re-sown due to natural disasters is also included. This is an important indicator that can reflect the utilization condition of the cultivated land in China. At present, the sown area of crops mainly include the following 9 categories of crops: grain, cotton, oil-bearing crops, sugar crops, flax crops, tobacco, vegetables and melons, medicinal materials and other farm crops.

**Consumption of Chemical Fertilizers in Agriculture** refers to the quantity of chemical fertilizers applied in agriculture in the year, including nitrogenous fertilizer, phosphate fertilizer, potash fertilizer, and compound fertilizer. The consumption of chemical fertilizers is calculated in terms of volume of effective components by means of converting the gross weight of the respective fertilizers into weight containing effective component (e.g. nitrogen content in nitrogenous fertilizer, phosphorous pentoxide contents in phosphate fertilizer, and potassium oxide contents in potash fertilizer). Compound fertilizer is converted in regard to its major components. The formula is:

Volume of effective component= physical quantity × effective component of certain chemical fertilizer (%)

**Total Power of Agricultural Machinery** refers to total mechanical power of machinery used in agriculture, forestry, animal husbandry and fishery, including machinery for ploughing, irrigation and drainage, harvesting, transport, plant protection, animal husbandry, forestry and fishery and other agricultural machineries. (For the power of internal combustion engines, it is converted from its horsepower into watts while for electric motors the output power is converted into watts.) Machinery employed for non-agricultural purposes, such as the machines used in township-run and village-run industry, construction, non-agricultural transport, scientific experiments and teaching, are not included. Data are mainly from agricultural machinery agencies.

# 十三、工　业

Industry

资料整理：姚志鹏　袁星伟

# 简 要 说 明

一、本篇资料反映陕西工业经济方面的基本情况，内容包括全部工业总产值，规模以上工业企业按企业登记注册类型、轻重工业、企业规模、工业行业大类分组的主要经济指标和经济效益指标，主要工业产品产量。

二、规模以上工业企业统计范围

1998年至2006年为全部国有及年主营业务收入在500万元以上非国有工业企业。

2007至2010年为年主营业务收入在500万元以上工业企业。

2011年起提高到年主营业务收入在2000万元以上工业企业。

三、按照2011年《统计上大中小微型企业划分办法》，工业企业大中小微型划分标准是：

大型：从业人员1000人及以上、营业收入40000万元及以上。

中型：从业人员300—1000人、营业收入2000—40000万元。

小型：从业人员20—300人、营业收入300—2000万元。

微型：从业人员20人以下、营业收入300万元以下。

# Brief Introduction

I. This chapter reflects the basic conditions of the industrial sector, mainly including economic indicators of industrial enterprises above designated size; as well as their economic indicators, efficiency indicators, output and production capacity of key industrial products classified by type of registration, by light and heavy industries, by size of enterprise, by branch of industry.

II. The Scopes of Industrial Statistics

The scopes of industrial statistics are all State-owned industrial enterprises and non-State-owned industrial enterprises with revenue from principal business over 5 million yuan from 1998 to 2006.

The scopes of industrial statistics are all industrial enterprises with revenue from principal business over 5 million yuan form 2007 to 2010.

The scopes of industrial statistics are raised to all industrial enterprises with revenue from principal business over 20 million yuan from 2011.

III. According to "*the Division Standard of Large/Medium/Small/Mini Sized Enterprises*" in 2011, the division standard of large/medium/small/mini sized enterprises is:

Large sized enterprises:

Number of employed persons:1000 person and above.

Amount of operating revenue:400 million yuan and above.

Medium sized enterprises:

Number of employed persons: 300-1000 person.

Amount of operating revenue: 20-400 million yuan.

Small sized enterprises:

Number of employed persons: 20-300 person.

Amount of operating revenue: 3-20 million yuan.

Mini sized enterprises:

Number of employed persons: 20 person and below.

Amount of operating revenue: 3 million yuan and below.

# 13.工 业

| | | |
|---|---|---|
| 2018年全省 | | |
| 规模以上工业企业单位数 | 6426 | 个 |
| #大中型工业企业 | 872 | 个 |
| 规模以上工业总产值 | 25192.36 | 亿元 |

规模以上工业利润总额（亿元）

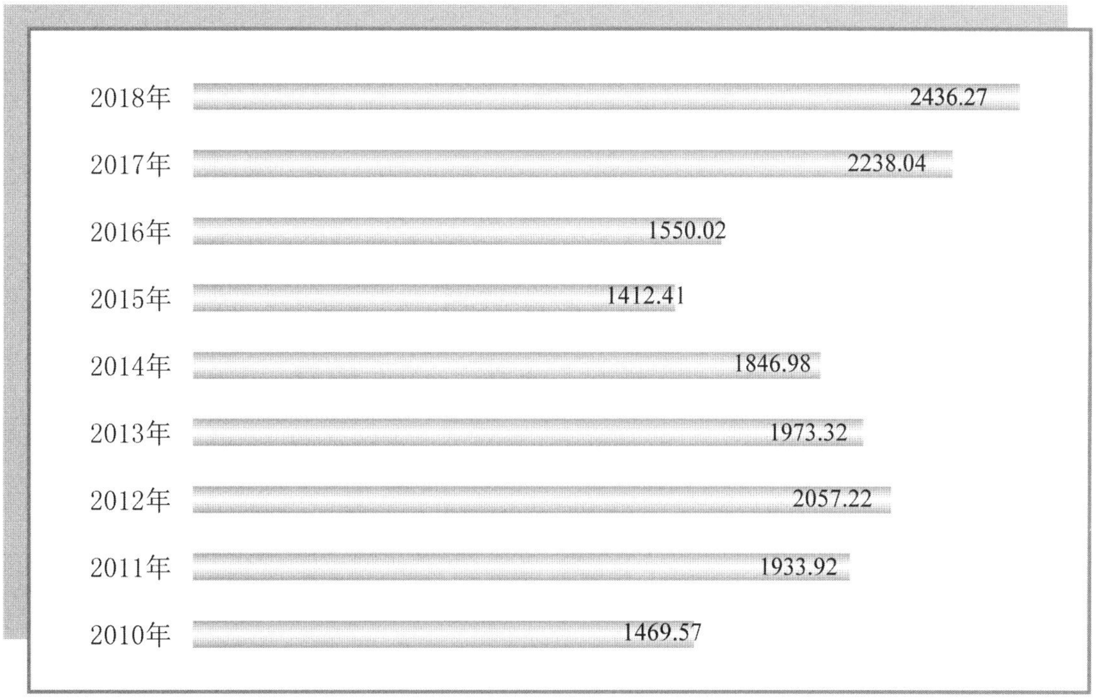

# 13-1 规模以上工业企业主要经济指标(1998-2018年)
# Main Indicators of Industrial Enterprises above Designated Size (1998-2018)

单位：亿元 (100 million yuan)

| 年 份<br>Year | 企业单位数(个)<br>Number of Enterprises (unit) | 工业总产值<br>Gross Industrial Output Value | 资产总计<br>Total Assets | 主营业务收入<br>Revenue from Principal Business | 利润总额<br>Total Profits |
|---|---|---|---|---|---|
| 1998 | 2685 | 960.81 | 2158.36 | 867.48 | -11.40 |
| 1999 | 2589 | 1097.45 | 2514.49 | 950.36 | 6.92 |
| 2000 | 2553 | 1268.43 | 2683.07 | 1133.82 | 63.80 |
| 2001 | 2440 | 1457.62 | 3071.06 | 1292.71 | 62.96 |
| 2002 | 2461 | 1667.10 | 3227.24 | 1503.30 | 93.18 |
| 2003 | 2493 | 2118.17 | 3672.72 | 1843.33 | 158.62 |
| 2004 | 3012 | 2735.22 | 4432.45 | 2632.18 | 253.90 |
| 2005 | 2997 | 3397.71 | 5085.90 | 3302.50 | 400.70 |
| 2006 | 3375 | 4442.81 | 6130.02 | 4380.18 | 523.95 |
| 2007 | 3372 | 5692.33 | 7494.03 | 5512.63 | 691.83 |
| 2008 | 3526 | 7322.92 | 9163.02 | 6944.88 | 872.63 |
| 2009 | 4480 | 8470.40 | 12119.26 | 8188.52 | 854.11 |
| 2010 | 4564 | 11199.84 | 14688.70 | 10888.80 | 1469.57 |
| 2011 | 3684 | 14283.48 | 17234.61 | 13790.12 | 1933.92 |
| 2012 | 4284 | 16926.49 | 20591.16 | 16328.25 | 2057.22 |
| 2013 | 4489 | 18982.47 | 22443.11 | 17763.00 | 1973.32 |
| 2014 | 5017 | 20015.88 | 24371.44 | 18622.14 | 1846.98 |
| 2015 | 5350 | 20333.98 | 26393.17 | 18823.01 | 1412.41 |
| 2016 | 5799 | 21837.61 | 28939.56 | 20110.64 | 1550.02 |
| 2017 | 6208 | 23825.18 | 30642.94 | 22090.99 | 2238.04 |
| 2018 | 6426 | 25192.36 | 32432.48 | 23060.35 | 2436.27 |

# 13-2 规模以上工业企业主要经济效益指标(1998-2018年)
# Main Indicators on Economic Benefit of Industrial Enterprises above Designated Size(1998-2018)

| 年 份<br>Year | 总资产贡献率<br>(%)<br>Ratio of Profits, Taxes and Interests to Average Assets<br>(%) | 资产负债率<br>(%)<br>Ratio of Debts to Assets<br>(%) | 流动资产周转次数<br>(次/年)<br>Turnover of Current Assets<br>(times/year) | 成本费用利润率<br>(%)<br>Ratio of Profits to Total Industrial Costs<br>(%) | 产品销售率<br>(%)<br>Sales Ratio of Products<br>(%) |
|---|---|---|---|---|---|
| 1998 | 4.96 | 71.53 | 0.99 | -1.31 | 95.79 |
| 1999 | 6.06 | 68.86 | 1.03 | 0.74 | 96.00 |
| 2000 | 7.83 | 68.17 | 1.12 | 6.06 | 96.70 |
| 2001 | 7.58 | 66.01 | 1.15 | 5.19 | 97.17 |
| 2002 | 8.40 | 65.75 | 1.29 | 6.74 | 97.69 |
| 2003 | 10.40 | 63.94 | 1.34 | 9.71 | 97.59 |
| 2004 | 14.10 | 65.40 | 1.60 | 10.90 | 97.40 |
| 2005 | 15.38 | 62.15 | 1.72 | 14.46 | 97.74 |
| 2006 | 16.60 | 59.80 | 1.90 | 14.00 | 98.20 |
| 2007 | 17.27 | 57.35 | 1.97 | 14.54 | 97.49 |
| 2008 | 17.30 | 55.80 | 1.90 | 14.80 | 96.60 |
| 2009 | 13.60 | 56.00 | 1.60 | 12.30 | 95.90 |
| 2010 | 17.11 | 56.84 | 1.67 | 16.14 | 96.91 |
| 2011 | 18.84 | 56.61 | 1.82 | 16.97 | 96.52 |
| 2012 | 18.03 | 56.91 | 1.87 | 14.95 | 96.34 |
| 2013 | 16.00 | 56.06 | 2.02 | 12.86 | 95.20 |
| 2014 | 15.67 | 56.79 | 2.19 | 11.50 | 95.52 |
| 2015 | 12.20 | 56.04 | 2.08 | 8.44 | 95.20 |
| 2016 | 11.11 | 56.08 | 1.98 | 8.62 | 95.65 |
| 2017 | 13.48 | 54.13 | 1.99 | 11.48 | 96.42 |
| 2018 | 14.13 | 53.92 | 1.92 | 12.17 | 95.98 |

# 13-3 规模以上工业企业主要经济指标(2018年)

单位：万元

| 分组 | Item | 企业单位数(个) Number of Enterprises (unit) | #亏损企业 Unprofitable Enterprises |
|---|---|---|---|
| **总计** | **Total** | **6426** | **810** |
| **按登记注册类型分** | **By Status of Registration** | | |
| 内资企业 | Domestic Funded | 6210 | 768 |
| 国有企业 | State-owned Enterprises | 99 | 24 |
| 中央企业 | Central | 21 | 3 |
| 地方企业 | Local | 78 | 21 |
| 集体企业 | Collective-owned Enterprises | 49 | 10 |
| 股份合作企业 | Cooperative Enterprises | 18 | 2 |
| 联营企业 | Joint Ownership Enterprises | 2 | 1 |
| 国有联营企业 | State Joint Ownership Enterprises | 1 | 1 |
| 国有与集体联营企业 | Joint State-collective Enterprises | 1 | |
| 有限责任公司 | Limited Liability Corporations | 3035 | 454 |
| 国有独资公司 | State Sole Funded Corporations | 126 | 42 |
| 其他有限责任公司 | Other Limited Liability Corporations | 2909 | 412 |
| 股份有限公司 | Share-holding Corporations Limited | 313 | 44 |
| 私营企业 | Private Enterprises | 2665 | 231 |
| 私营独资企业 | Private-funded Enterprises | 108 | 7 |
| 私营合伙企业 | Private Partnership Enterprises | 48 | 9 |
| 私营有限责任公司 | Private Limited Liability Corporations | 2350 | 197 |
| 私营股份有限公司 | Private Share-holding Corporations Ltd. | 159 | 18 |
| 其他企业 | Other Enterprises | 29 | 2 |
| 港、澳、台商投资企业 | Enterprises with Funds from Hong Kong, Macao and Taiwan | 63 | 12 |
| 合资经营企业(港或澳、台资) | Joint-venture Enterprises | 24 | 4 |
| 合作经营企业(港或澳、台资) | Cooperative Enterprises | 1 | |
| 港澳台商独资经营企业 | Enterprises with Sole Investment | 27 | 6 |
| 港澳台商投资股份有限公司 | Share-holding Corporations Ltd. | 4 | |
| 其他港澳台商投资企业 | Other Enterprises with Funds from Hong Kong,Macao and Taiwan | 7 | 2 |
| 外商投资企业 | Foreign Funded Enterprises | 153 | 30 |
| 中外合资经营企业 | Joint-venture Enterprises | 76 | 15 |
| 中外合作经营企业 | Cooperation Enterprises | 3 | |
| 外资企业 | Enterprises with Sole Funds | 64 | 13 |
| 外商投资股份有限公司 | Share-holding Corporations Ltd. | 5 | 2 |
| 其他外商投资企业 | Other Foreign Funded Enterprises | 5 | |

# Main Indicators of Industrial Enterprises above Designated Size(2018)

(10 000 yuan)

| 工业总产值 Gross Industrial Output Value | 工业销售产值 Sales Output Value | 资产总计 Total Assets | 流动资产合计 Total Current Assets | #应收账款 Accounts Receivable | #存货 Inventories | #产成品 Finished products | 负债合计 Total Liabilities |
|---|---|---|---|---|---|---|---|
| **251923609** | **241789186** | **324324819** | **122545507** | **24028352** | **22876390** | **9469744** | **174867256** |
| 233954601 | 225560436 | 303575058 | 112412914 | 22241926 | 20209516 | 8484793 | 165717044 |
| 12554038 | 12329861 | 19722599 | 7421605 | 2309007 | 1119247 | 481446 | 10954491 |
| 9520231 | 9359551 | 14136409 | 4431869 | 1470786 | 789725 | 394237 | 8131481 |
| 3033807 | 2970310 | 5586190 | 2989736 | 838221 | 329522 | 87209 | 2823011 |
| 988330 | 936776 | 765256 | 398403 | 47478 | 27150 | 12296 | 318160 |
| 202928 | 202203 | 259955 | 111251 | 30764 | 4698 | 2108 | 122574 |
| 77959 | 70769 | 27613 | 5635 | 2327 | 1401 | 285 | 18113 |
| 9226 | 9226 | 23227 | 4599 | 1943 | 749 | | 17113 |
| 68733 | 61544 | 4386 | 1036 | 384 | 652 | 285 | 1000 |
| 130437991 | 125124730 | 175679546 | 73111570 | 13021146 | 13494342 | 5370258 | 100417224 |
| 25561131 | 24672441 | 63755935 | 24900352 | 3092786 | 4126478 | 1475178 | 35074107 |
| 104876861 | 100452289 | 111923611 | 48211218 | 9928360 | 9367865 | 3895080 | 65343117 |
| 38277343 | 37443532 | 75257580 | 16294366 | 2613658 | 2352625 | 908597 | 38379498 |
| 50990396 | 49041307 | 31519452 | 14839782 | 4104605 | 3196620 | 1699748 | 15269575 |
| 1261859 | 1236131 | 1240608 | 544813 | 169851 | 66015 | 30747 | 559873 |
| 1165448 | 1155007 | 1174594 | 476660 | 62845 | 21717 | 13439 | 639523 |
| 44853297 | 43114450 | 26314587 | 12621662 | 3618905 | 2836814 | 1518991 | 12894330 |
| 3709792 | 3535718 | 2789663 | 1196647 | 253004 | 272074 | 136572 | 1175849 |
| 425617 | 411257 | 343056 | 230302 | 112942 | 13434 | 10056 | 237410 |
| 5623425 | 5320630 | 4932213 | 2768136 | 432646 | 509203 | 231924 | 2800156 |
| 3969242 | 3867496 | 3476522 | 2052850 | 187400 | 406595 | 205393 | 2170617 |
| 2360 | 2189 | 2606 | 2381 | 700 | 409 | 56 | 150 |
| 1297536 | 1132477 | 824606 | 403042 | 169210 | 64923 | 19841 | 316691 |
| 113630 | 97875 | 322611 | 148351 | 18146 | 20574 | 1899 | 213854 |
| 240657 | 220592 | 305868 | 161513 | 57190 | 16702 | 4736 | 98845 |
| 12345584 | 10908121 | 15817548 | 7364458 | 1353781 | 2157671 | 753027 | 6350056 |
| 4543481 | 4209743 | 4641033 | 2739851 | 690574 | 714538 | 379855 | 2585289 |
| 142180 | 137949 | 23825 | 14142 | 2345 | 4332 | 1007 | 9183 |
| 6384090 | 5494000 | 9526486 | 3869120 | 550109 | 1095187 | 71189 | 2719886 |
| 1063445 | 891044 | 1302770 | 607554 | 90405 | 318556 | 298493 | 862585 |
| 212387 | 175384 | 323435 | 133792 | 20348 | 25059 | 2483 | 173113 |

13-3 续表 1

单位：万元

| 分组 | Item | 企业单位数（个）Number of Enterprises (unit) | #亏损企业 Unprofitable Enterprises |
|---|---|---|---|
| **按经济组织类型分** | **By Economic Type of Orgnization** | | |
| 独资企业 | Appropratorship | 347 | 60 |
| 国有企业 | State-owned Enterprises | 99 | 24 |
| 集体企业 | Collective-owned Enterprises | 49 | 10 |
| 私营独资企业 | Private-funded Enterprises | 108 | 7 |
| 港澳台商独资经营企业 | Enterprises with Sole Investment | 27 | 6 |
| 外资企业 | Enterprises with Sole Funds | 64 | 13 |
| 合作、合伙企业 | Partnership | 113 | 16 |
| 股份合作企业 | Cooperative Enterprises | 18 | 2 |
| 国有联营企业 | State Joint Ownership Enterprises | 1 | 1 |
| 国有与集体联营企业 | Joint State-collective Enterprises | 1 | |
| 私营合伙企业 | Private Partnership Enterprises | 48 | 9 |
| 合作经营企业(港或澳、台资) | Cooperative Enterprises | 1 | |
| 中外合作经营企业 | Cooperation Enterprises | 3 | |
| 其他企业(内资) | Other Enterprises | 29 | 2 |
| 其他港澳台商投资企业 | Other Enterprises with Funds from Hong Kong,Macao and Taiwan | 7 | 2 |
| 其他外商投资企业 | Other Foreign Funded Enterprises | 5 | |
| 股份有限公司 | Share-holding Corporations Limited | 481 | 64 |
| 股份有限公司(内资) | Share-holding Corporations Ltd. | 313 | 44 |
| 私营股份有限公司 | Private Share-holding Corporations Ltd. | 159 | 18 |
| 港澳台商投资股份有限公司 | Share-holding Corporations Ltd.with Funds from Hong Kong, Macao and Taiwan | 4 | |
| 外商投资股份有限公司 | Share-holding Corporations Ltd.with Foreign Investment | 5 | 2 |
| 有限责任公司 | Limited Liability Corporations | 5485 | 670 |
| 国有独资公司 | State Sole Funded Corporations | 126 | 42 |
| 私营有限责任公司 | Private Limited Liability Corporations | 2350 | 197 |
| 合资经营企业(港或澳、台资) | Joint-venture Enterprises | 24 | 4 |
| 中外合资经营企业 | Joint-venture Enterprises | 76 | 15 |
| 其他有限责任公司 | Other Corporations | 2909 | 412 |
| **按轻重工业分** | **Grouped by Light & Heavy Industries** | | |
| 轻工业 | Light Industry | 2273 | 198 |
| 重工业 | Heavy Industry | 4153 | 612 |
| **按企业规模分** | **Grouped by Size of Enterprises** | | |
| 大型企业 | Large Enterprises | 172 | 19 |
| 中型企业 | Medium-sized Enterprises | 700 | 113 |
| 小型企业 | Small Enterprises | 5230 | 619 |
| 微型企业 | Mini Enterprises | 324 | 59 |

continued

(10 000 yuan)

| 工业总产值 Gross Industrial Output Value | 工业销售产值 Sales Output Value | 资产总计 Total Assets | 流动资产合计 Total Current Assets | #应收账款 Accounts Receivable | #存货 Inventories | #产成品 Finished products | 负债合计 Total Liabilities |
|---|---|---|---|---|---|---|---|
| 22485852 | 21129246 | 32079555 | 12636983 | 3245654 | 2372521 | 615518 | 14869101 |
| 12554038 | 12329861 | 19722599 | 7421605 | 2309007 | 1119247 | 481446 | 10954491 |
| 988330 | 936776 | 765256 | 398403 | 47478 | 27150 | 12296 | 318160 |
| 1261859 | 1236131 | 1240608 | 544813 | 169851 | 66015 | 30747 | 559873 |
| 1297536 | 1132477 | 824606 | 403042 | 169210 | 64923 | 19841 | 316691 |
| 6384090 | 5494000 | 9526486 | 3869120 | 550109 | 1095187 | 71189 | 2719886 |
| 2469537 | 2375351 | 2460951 | 1135675 | 289461 | 87751 | 34169 | 1298910 |
| 202928 | 202203 | 259955 | 111251 | 30764 | 4698 | 2108 | 122574 |
| 9226 | 9226 | 23227 | 4599 | 1943 | 749 | | 17113 |
| 68733 | 61544 | 4386 | 1036 | 384 | 652 | 285 | 1000 |
| 1165448 | 1155007 | 1174594 | 476660 | 62845 | 21717 | 13439 | 639523 |
| 2360 | 2189 | 2606 | 2381 | 700 | 409 | 56 | 150 |
| 142180 | 137949 | 23825 | 14142 | 2345 | 4332 | 1007 | 9183 |
| 425617 | 411257 | 343056 | 230302 | 112942 | 13434 | 10056 | 237410 |
| 240657 | 220592 | 305868 | 161513 | 57190 | 16702 | 4736 | 98845 |
| 212387 | 175384 | 323435 | 133792 | 20348 | 25059 | 2483 | 173113 |
| 43164209 | 41968169 | 79672624 | 18246918 | 2975213 | 2963828 | 1345561 | 40631785 |
| 38277343 | 37443532 | 75257580 | 16294366 | 2613658 | 2352625 | 908597 | 38379498 |
| 3709792 | 3535718 | 2789663 | 1196647 | 253004 | 272074 | 136572 | 1175849 |
| 113630 | 97875 | 322611 | 148351 | 18146 | 20574 | 1899 | 213854 |
| 1063445 | 891044 | 1302770 | 607554 | 90405 | 318556 | 298493 | 862585 |
| 183804011 | 176316419 | 210111689 | 90525932 | 17518025 | 17452290 | 7474497 | 118067460 |
| 25561131 | 24672441 | 63755935 | 24900352 | 3092786 | 4126478 | 1475178 | 35074107 |
| 44853297 | 43114450 | 26314587 | 12621662 | 3618905 | 2836814 | 1518991 | 12894330 |
| 3969242 | 3867496 | 3476522 | 2052850 | 187400 | 406595 | 205393 | 2170617 |
| 4543481 | 4209743 | 4641033 | 2739851 | 690574 | 714538 | 379855 | 2585289 |
| 104876861 | 100452289 | 111923611 | 48211218 | 9928360 | 9367865 | 3895080 | 65343117 |
| | | 33423853 | 17244425 | 3542163 | 5629664 | 2402070 | 15674781 |
| | | 290900965 | 105301083 | 20486189 | 17246727 | 7067674 | 159192475 |
| 112541114 | 108848402 | 187627151 | 64283226 | 9806286 | 11575356 | 4275451 | 101180157 |
| 46436956 | 43774921 | 58131993 | 23766138 | 5077972 | 4634743 | 2068769 | 30817453 |
| 90613622 | 86873734 | 74581454 | 33241590 | 8706858 | 6538072 | 3052920 | 40077154 |
| 2331917 | 2292128 | 3984220 | 1254554 | 437236 | 128219 | 72605 | 2792491 |

## 13-3 续表 2

单位：万元

| 分　组 | Item | 所有者权益合　计 Owners' Equity | 主营业务收　入 Revenue from Principal Business |
|---|---|---|---|
| **总　计** | **Total** | **149457563** | **230603527** |
| 按登记注册类型分 | By Status of Registration | | |
| 内资企业 | Domestic Funded | 137858014 | 215542118 |
| 国有企业 | State-owned Enterprises | 8768108 | 12130573 |
| 中央企业 | Central | 6004929 | 9451565 |
| 地方企业 | Local | 2763180 | 2679009 |
| 集体企业 | Collective-owned Enterprises | 447096 | 904531 |
| 股份合作企业 | Cooperative Enterprises | 137381 | 163699 |
| 联营企业 | Joint Ownership Enterprises | 9500 | 67701 |
| 国有联营企业 | State Joint Ownership Enterprises | 6114 | 3154 |
| 国有与集体联营企业 | Joint State-collective Enterprises | 3386 | 64547 |
| 有限责任公司 | Limited Liability Corporations | 75262322 | 121394845 |
| 国有独资公司 | State Sole Funded Corporations | 28681828 | 26231781 |
| 其他有限责任公司 | Other Limited Liability Corporations | 46580494 | 95163063 |
| 股份有限公司 | Share-holding Corporations Limited | 36878082 | 35505961 |
| 私营企业 | Private Enterprises | 16249877 | 45059462 |
| 私营独资企业 | Private-funded Enterprises | 680735 | 1150563 |
| 私营合伙企业 | Private Partnership Enterprises | 535072 | 1029512 |
| 私营有限责任公司 | Private Limited Liability Corporations | 13420257 | 39518837 |
| 私营股份有限公司 | Private Share-holding Corporations Ltd. | 1613814 | 3360550 |
| 其他企业 | Other Enterprises | 105646 | 315347 |
| 港、澳、台商投资企业 | Enterprises with Funds from Hong Kong, Macao and Taiwan | 2132056 | 4683514 |
| 合资经营企业(港或澳、台资) | Joint-venture Enterprises | 1305906 | 3427354 |
| 合作经营企业(港或澳、台资) | Cooperative Enterprises | 2455 | 2179 |
| 港澳台商独资经营企业 | Enterprises with Sole Investment | 507915 | 1030774 |
| 港澳台商投资股份有限公司 | Share-holding Corporations Ltd. | 108757 | 96066 |
| 其他港澳台商投资企业 | Other Enterprises with Funds from Hong Kong, Macao and Taiwan | 207023 | 127141 |
| 外商投资企业 | Foreign Funded Enterprises | 9467493 | 10377896 |
| 中外合资经营企业 | Joint-venture Enterprises | 2055745 | 3750048 |
| 中外合作经营企业 | Cooperation Enterprises | 14642 | 107399 |
| 外资企业 | Enterprises with Sole Funds | 6806600 | 5386493 |
| 外商投资股份有限公司 | Share-holding Corporations Ltd. | 440185 | 967650 |
| 其他外商投资企业 | Other Foreign Funded Enterprises | 150321 | 166305 |

continued

(10 000 yuan)

| 主营业务成 本 Cost of Principal Business | 销售费用 Operating Expenses | 管理费用 Manage-ment Expenses | 财务费用 Financial Expenses | 利润总额 Total Profits | 亏损企业亏损额 Losses of Unprofitable Enterprises | 平均用工人数(人) Average number of employed worker ( person) |
|---|---|---|---|---|---|---|
| **181366312** | **5907293** | **9573824** | **3423477** | **24362682** | **1902391** | **1467767** |
| | | | | | | |
| 168565519 | 5250234 | 8708405 | 3349767 | 22520009 | 1822483 | 1366359 |
| 10374651 | 245289 | 520062 | 134296 | 857497 | 78804 | 99576 |
| 8658602 | 170301 | 297693 | 84014 | 296878 | 16693 | 66317 |
| 1716049 | 74987 | 222369 | 50283 | 560619 | 62111 | 33259 |
| 667232 | 37522 | 65375 | 1633 | 106288 | 2001 | 5477 |
| 101955 | 3144 | 13925 | 384 | 28840 | 21 | 1549 |
| 53721 | 2905 | 6701 | 1258 | 2221 | 3491 | 321 |
| 5311 | | 892 | 354 | -3491 | 3491 | 201 |
| 48410 | 2905 | 5809 | 904 | 5712 | | 120 |
| 96399594 | 3051066 | 4928422 | 2300575 | 11174857 | 1258964 | 731125 |
| 19542865 | 573223 | 1312526 | 840278 | 1425963 | 641022 | 160046 |
| 76856730 | 2477843 | 3615896 | 1460297 | 9748894 | 617942 | 571079 |
| 23566181 | 495125 | 1496076 | 553156 | 6235026 | 398561 | 219949 |
| 37172015 | 1410138 | 1661734 | 352153 | 4075504 | 78070 | 304859 |
| 882960 | 43602 | 67418 | 7878 | 138870 | 927 | 8523 |
| 660340 | 39774 | 94485 | 15582 | 153012 | 6556 | 8197 |
| 32886038 | 1202710 | 1369900 | 290105 | 3484594 | 64265 | 267902 |
| 2742677 | 124051 | 129931 | 38588 | 299027 | 6322 | 20237 |
| 230170 | 5046 | 16110 | 6312 | 39776 | 2570 | 3503 |
| 4405248 | 157968 | 240404 | 28504 | 337351 | 8684 | 45700 |
| | | | | | | |
| 3585334 | 72095 | 135092 | 19114 | 252706 | 3120 | 34148 |
| 1832 | 130 | 215 | -17 | 8 | | 68 |
| 658549 | 69194 | 91351 | 3713 | 60601 | 3332 | 8411 |
| 77057 | 4896 | 5153 | 3017 | 5308 | | 1423 |
| 82477 | 11654 | 8593 | 2676 | 18729 | 2233 | 1650 |
| | | | | | | |
| 8395545 | 499091 | 625015 | 45207 | 1505322 | 71224 | 55708 |
| 3089971 | 200233 | 164181 | 36522 | 312703 | 53286 | 24460 |
| 100753 | 2252 | 2395 | -112 | 1962 | | 331 |
| 4423273 | 135860 | 346364 | -14287 | 1125232 | 16776 | 24414 |
| 645046 | 157625 | 104545 | 22175 | 44752 | 1162 | 4755 |
| 136501 | 3121 | 7531 | 909 | 20673 | | 1748 |

13-3 续表 3

单位：万元

| 分　组 | Item | 所有者权益合　计 Owners' Equity | 主营业务收　入 Revenue from Principal Business |
|---|---|---|---|
| **按经济组织类型分** | **By Economic Type of Orgnization** | | |
| 独资企业 | Appropratorship | 17210455 | 20602934 |
| 国有企业 | State-owned Enterprises | 8768108 | 12130573 |
| 集体企业 | Collective-owned Enterprises | 447096 | 904531 |
| 私营独资企业 | Private-funded Enterprises | 680735 | 1150563 |
| 港澳台商独资经营企业 | Enterprises with Sole Investment | 507915 | 1030774 |
| 外资企业 | Enterprises with Sole Funds | 6806600 | 5386493 |
| 合作、合伙企业 | Partnership | 1162041 | 1979283 |
| 股份合作企业 | Cooperative Enterprises | 137381 | 163699 |
| 国有联营企业 | State Joint Ownership Enterprises | 6114 | 3154 |
| 国有与集体联营企业 | Joint State-collective Enterprises | 3386 | 64547 |
| 私营合伙企业 | Private Partnership Enterprises | 535072 | 1029512 |
| 合作经营企业(港或澳、台资) | Cooperative Enterprises | 2455 | 2179 |
| 中外合作经营企业 | Cooperation Enterprises | 14642 | 107399 |
| 其他企业(内资) | Other Enterprises | 105646 | 315347 |
| 其他港澳台商投资企业 | Other Enterprises with Funds from Hong Kong, Macao and Taiwan | 207023 | 127141 |
| 其他外商投资企业 | Other Foreign Funded Enterprises | 150321 | 166305 |
| 股份有限公司 | Share-holding Corporations Limited | 39040839 | 39930228 |
| 股份有限公司(内资) | Share-holding Corporations Ltd. | 36878082 | 35505961 |
| 私营股份有限公司 | Private Share-holding Corporations Ltd. | 1613814 | 3360550 |
| 港澳台商投资股份有限公司 | Share-holding Corporations Ltd.with Funds from Hong Kong, Macao and Taiwan | 108757 | 96066 |
| 外商投资股份有限公司 | Share-holding Corporations Ltd.with Foreign Investment | 440185 | 967650 |
| 有限责任公司 | Limited Liability Corporations | 92044229 | 168091083 |
| 国有独资公司 | State Sole Funded Corporations | 28681828 | 26231781 |
| 私营有限责任公司 | Private Limited Liability Corporations | 13420257 | 39518837 |
| 合资经营企业(港或澳、台资) | Joint-venture Enterprises | 1305906 | 3427354 |
| 中外合资经营企业 | Joint-venture Enterprises | 2055745 | 3750048 |
| 其他有限责任公司 | Other Corporations | 46580494 | 95163063 |
| **按轻重工业分** | **Grouped by Light & Heavy Industries** | | |
| 轻工业 | Light Industry | 17749073 | 46706014 |
| 重工业 | Heavy Industry | 131708491 | 183897514 |
| **按企业规模分** | **Grouped by Size of Enterprises** | | |
| 大型企业 | Large Enterprises | 86446994 | 108342329 |
| 中型企业 | Medium-sized Enterprises | 27314540 | 41082089 |
| 小型企业 | Small Enterprises | 34504300 | 79327049 |
| 微型企业 | Mini Enterprises | 1191729 | 1852061 |

continued

(10 000 yuan)

| 主营业务成　本 Cost of Principal Business | 销售费用 Operating Expenses | 管理费用 Manage-ment Expenses | 财务费用 Financial Expenses | 利润总额 Total Profits | 亏损企业亏损额 Losses of Unprofitable Enterprises | 平均用工人数（人） Average number of employed worker ( person) |
|---|---|---|---|---|---|---|
| 17006665 | 531467 | 1090570 | 133234 | 2288488 | 101840 | 146401 |
| 10374651 | 245289 | 520062 | 134296 | 857497 | 78804 | 99576 |
| 667232 | 37522 | 65375 | 1633 | 106288 | 2001 | 5477 |
| 882960 | 43602 | 67418 | 7878 | 138870 | 927 | 8523 |
| 658549 | 69194 | 91351 | 3713 | 60601 | 3332 | 8411 |
| 4423273 | 135860 | 346364 | -14287 | 1125232 | 16776 | 24414 |
| 1367749 | 68025 | 149955 | 26992 | 265220 | 14871 | 17367 |
| 101955 | 3144 | 13925 | 384 | 28840 | 21 | 1549 |
| 5311 | | 892 | 354 | -3491 | 3491 | 201 |
| 48410 | 2905 | 5809 | 904 | 5712 | | 120 |
| 660340 | 39774 | 94485 | 15582 | 153012 | 6556 | 8197 |
| 1832 | 130 | 215 | -17 | 8 | | 68 |
| 100753 | 2252 | 2395 | -112 | 1962 | | 331 |
| 230170 | 5046 | 16110 | 6312 | 39776 | 2570 | 3503 |
| 82477 | 11654 | 8593 | 2676 | 18729 | 2233 | 1650 |
| 136501 | 3121 | 7531 | 909 | 20673 | | 1748 |
| 27030961 | 781697 | 1735704 | 616936 | 6584113 | 406045 | 246364 |
| 23566181 | 495125 | 1496076 | 553156 | 6235026 | 398561 | 219949 |
| 2742677 | 124051 | 129931 | 38588 | 299027 | 6322 | 20237 |
| 77057 | 4896 | 5153 | 3017 | 5308 | | 1423 |
| 645046 | 157625 | 104545 | 22175 | 44752 | 1162 | 4755 |
| 135960937 | 4526104 | 6597595 | 2646316 | 15224861 | 1379635 | 1057635 |
| 19542865 | 573223 | 1312526 | 840278 | 1425963 | 641022 | 160046 |
| 32886038 | 1202710 | 1369900 | 290105 | 3484594 | 64265 | 267902 |
| 3585334 | 72095 | 135092 | 19114 | 252706 | 3120 | 34148 |
| 3089971 | 200233 | 164181 | 36522 | 312703 | 53286 | 24460 |
| 76856730 | 2477843 | 3615896 | 1460297 | 9748894 | 617942 | 571079 |
| 36887548 | 2645733 | 1914297 | 317158 | 3507457 | 165996 | 345104 |
| 144478764 | 3261559 | 7659527 | 3106320 | 20855225 | 1736396 | 1122663 |
| 82680825 | 2045103 | 4207021 | 1838015 | 12821552 | 767192 | 622085 |
| 31207013 | 1460811 | 1956490 | 638000 | 5297090 | 638562 | 333455 |
| 65982850 | 2356956 | 3339548 | 869522 | 6114264 | 471715 | 503234 |
| 1495624 | 44423 | 70765 | 77941 | 129776 | 24923 | 8993 |

# 13-4 规模以上工业企业分行业主要经济指标(2018年)

单位：万元

| 分组 | Item | 企业单位数（个） Number of Enterprises (unit) | #亏损企业 Unprofitable Enterprises |
|---|---|---|---|
| **总计** | **Total** | **6426** | **810** |
| 煤炭开采和洗选业 | Mining and Washing of Coal | 515 | 97 |
| 石油和天然气开采业 | Extraction of Petroleum and Natural Gas | 6 | 1 |
| 黑色金属矿采选业 | Mining and Processing of Ferrous Metal Ores | 53 | 9 |
| 有色金属矿采选业 | Mining and Processing of Non-Ferrous Metal Ores | 83 | 17 |
| 非金属矿采选业 | Mining and Processing of Non-metal Ores | 102 | 5 |
| 开采专业及辅助性活动 | Professional and Support Activities for Mining | 42 | 6 |
| 农副食品加工业 | Processing of Food from Agricultural Products | 635 | 46 |
| 食品制造业 | Manufacture of Foods | 288 | 20 |
| 酒、饮料和精制茶制造业 | Manufacture of Liquor, Beverages and Refined Tea | 339 | 21 |
| 烟草制品业 | Manufacture of Tobacco | 3 | |
| 纺织业 | Manufacture of Textile | 123 | 14 |
| 纺织服装、服饰业 | Manufacture of Textile, Wearing Apparel and Accessories | 67 | 3 |
| 皮革、毛皮、羽毛及其制品和制鞋业 | Manufacture of Leather, Fur, Feather and Related Products and Footwear | 20 | |
| 木材加工和木、竹、藤、棕、草制品业 | Processing of Timber, Manufacture of Wood, Bamboo, Rattan, Palm and Straw Products | 46 | 2 |
| 家具制造业 | Manufacture of Furniture | 58 | 1 |
| 造纸及纸制品业 | Manufacture of Paper and Paper Products | 90 | 11 |
| 印刷和记录媒介复制业 | Printing and Reproduction of Recording Media | 90 | 9 |
| 文教、工美、体育和娱乐用品制造业 | Manufacture of Articles for Culture, Education, Arts and Crafts, Sport and Entertainment Activities | 39 | 5 |
| 石油、煤炭及其他燃料加工业 | Processing of Petroleum, Coal and Other Fuel | 110 | 37 |
| 化学原料及化学制品制造业 | Manufacture of Raw Chemical Materials and Chemical Products | 374 | 47 |
| 医药制造业 | Manufacture of Medicines | 208 | 33 |
| 化学纤维制造业 | Manufacture of Chemical Fibres | 5 | |
| 橡胶和塑料制品业 | Manufacture of Rubber and Plastics Products | 178 | 15 |
| 非金属矿物制品业 | Manufacture of Non-metallic Mineral Products | 778 | 83 |
| 黑色金属冶炼和压延加工业 | Smelting and Pressing of Ferrous Metals | 61 | 12 |
| 有色金属冶炼和压延加工业 | Smelting and Pressing of Non-ferrous Metals | 205 | 28 |
| 金属制品业 | Manufacture of Metal Products | 244 | 28 |
| 通用设备制造业 | Manufacture of General Purpose Machinery | 245 | 36 |
| 专用设备制造业 | Manufacture of Special Purpose Machinery | 313 | 42 |
| 汽车制造业 | Manufacture of Automobiles | 142 | 17 |
| 铁路、船舶、航空航天和其他运输设备制造业 | Manufacture of Railway, Ship, Aerospace and Other Transport Equipments | 109 | 7 |
| 电气机械和器材制造业 | Manufacture of Electrical Machinery and Apparatus | 278 | 48 |
| 计算机、通信和其他电子设备制造业 | Manufacture of Computers, Communication and Other Electronic Equipment | 148 | 14 |
| 仪器仪表制造业 | Manufacture of Measuring Instruments and Machinery | 67 | 11 |
| 其他制造业 | Other Manufacture | 20 | 2 |
| 废弃资源综合利用业 | Utilization of Waste Resources | 31 | 4 |
| 金属制品、机械和设备修理业 | Repair Service of Metal Products, Machinery and Equipment | 8 | 2 |
| 电力、热力生产和供应业 | Production and Supply of Electric Power and Heat Power | 207 | 57 |
| 燃气生产和供应业 | Production and Supply of Gas | 60 | 8 |
| 水的生产和供应业 | Production and Supply of Water | 36 | 12 |

# Main Indicators of Industrial Enterprises above Designated Size by Industrial Sector (2018)

(10 000 yuan)

| 工业总产值 Gross Industrial Output Value | 工业销售产值 Sales Output Value | 资产总计 Total Assets | 流动资产合计 Total Current Assets | #应收账款 Accounts Receivable | #存货 Inventories | #产成品 Finished products | 负债合计 Total Liabilities |
|---|---|---|---|---|---|---|---|
| **251923609** | **241789186** | **324324819** | **122545507** | **24028352** | **22876390** | **9469744** | **174867256** |
| 31515534 | 31111703 | 50077787 | 21372547 | 2355918 | 907846 | 325158 | 23661908 |
| 15316302 | 15249421 | 44485692 | 2386830 | 294830 | 241426 | 95732 | 24673114 |
| 2337972 | 2198785 | 1649066 | 724607 | 127982 | 82296 | 60535 | 885134 |
| 3685215 | 3541952 | 4685478 | 1665793 | 136129 | 311778 | 159672 | 1478321 |
| 1985623 | 1923080 | 685285 | 325763 | 71133 | 83226 | 59411 | 305391 |
| 1268236 | 1268221 | 2182840 | 1566610 | 582945 | 130266 | 24204 | 1036097 |
| 14429643 | 13873377 | 5848944 | 2923207 | 550775 | 1038243 | 479192 | 2735487 |
| 6169134 | 5743196 | 2909069 | 1196540 | 272784 | 309309 | 150168 | 1203041 |
| 6656416 | 6509182 | 4649067 | 2261778 | 465967 | 735613 | 398369 | 2138800 |
| 1999309 | 2000193 | 2081452 | 1598753 | 90113 | 1013079 | 70504 | 650456 |
| 3001197 | 2888644 | 1864057 | 750386 | 74351 | 242358 | 115123 | 885612 |
| 778052 | 767103 | 443499 | 246294 | 58230 | 85512 | 33344 | 157568 |
| 298331 | 305825 | 169063 | 85992 | 31401 | 20161 | 10388 | 64953 |
| 591468 | 549210 | 433204 | 191675 | 27301 | 46594 | 24104 | 169966 |
| 586941 | 562901 | 324642 | 154953 | 29557 | 53376 | 24988 | 100074 |
| 1321957 | 1250739 | 701769 | 282966 | 98963 | 76045 | 42143 | 276314 |
| 1911182 | 1837835 | 1362219 | 699653 | 160105 | 153813 | 60098 | 574603 |
| 686857 | 641722 | 154473 | 91508 | 31084 | 31767 | 14039 | 45351 |
| 18151936 | 17599539 | 39173123 | 14234155 | 1335552 | 1535518 | 708856 | 22858528 |
| 15458201 | 14883567 | 25020559 | 7546228 | 1451058 | 1327895 | 619025 | 13860126 |
| 7696009 | 6934021 | 6529879 | 3879610 | 860513 | 922399 | 557225 | 3036063 |
| 210373 | 219545 | 178593 | 95978 | 4140 | 39230 | 5986 | 89628 |
| 4045712 | 3730309 | 3668222 | 1704397 | 446018 | 520031 | 241788 | 1842913 |
| 14527597 | 14084091 | 11234360 | 4346386 | 1507561 | 828226 | 393182 | 6184523 |
| 7716683 | 7273878 | 4619203 | 1911340 | 458404 | 676335 | 328140 | 3953651 |
| 12441394 | 11878429 | 10847372 | 5565965 | 674595 | 2212153 | 496427 | 6166882 |
| 3945045 | 3726117 | 2642287 | 1473698 | 550233 | 451004 | 187823 | 1432405 |
| 4861069 | 4618275 | 5901008 | 3953774 | 969425 | 1037731 | 411159 | 3352595 |
| 6852361 | 6379011 | 8766798 | 5494041 | 1639655 | 1529515 | 778146 | 5073145 |
| 17623354 | 17285317 | 12101478 | 8507148 | 1288502 | 1714641 | 1194535 | 7603666 |
| 3900366 | 3674287 | 3925396 | 2664662 | 1062011 | 705953 | 217072 | 1886229 |
| 10776199 | 10299940 | 11929244 | 7850165 | 2982610 | 1550998 | 830273 | 6370177 |
| 8871529 | 7439627 | 13914375 | 5655348 | 1080176 | 1368722 | 184246 | 4890206 |
| 1249724 | 1194563 | 1321166 | 973249 | 397776 | 218481 | 105556 | 698831 |
| 211458 | 208163 | 314127 | 207086 | 84757 | 20675 | 7475 | 68343 |
| 584992 | 554561 | 296185 | 153465 | 52832 | 26941 | 16731 | 188573 |
| 266001 | 255274 | 490404 | 234994 | 81568 | 35825 | 2148 | 299034 |
| 14162610 | 13565756 | 30999615 | 5897479 | 1431391 | 481882 | 20528 | 20637662 |
| 3397670 | 3331311 | 3947566 | 1111275 | 173965 | 99849 | 15626 | 2295245 |
| 387713 | 384267 | 1796252 | 559209 | 36045 | 9681 | 624 | 1036644 |

## 13-4 续表

单位：万元

| 分 组 | Item | 所有者权益合 计 Owners' Equity | 主营业务收 入 Revenue from Principal Business |
|---|---|---|---|
| **总 计** | **Total** | **149457563** | **230603527** |
| 煤炭开采和洗选业 | Mining and Washing of Coal | 26415878 | 28363528 |
| 石油和天然气开采业 | Extraction of Petroleum and Natural Gas | 19812578 | 14369064 |
| 黑色金属矿采选业 | Mining and Processing of Ferrous Metal Ores | 763932 | 1278260 |
| 有色金属矿采选业 | Mining and Processing of Non-Ferrous Metal Ores | 3207157 | 3425989 |
| 非金属矿采选业 | Mining and Processing of Non-metal Ores | 379894 | 1798636 |
| 开采专业及辅助性活动 | Professional and Support Activities for Mining | 1146743 | 1303625 |
| 农副食品加工业 | Processing of Food from Agricultural Products | 3113456 | 12454710 |
| 食品制造业 | Manufacture of Foods | 1706028 | 5278116 |
| 酒、饮料和精制茶制造业 | Manufacture of Liquor, Beverages and Refined Tea | 2510267 | 5749568 |
| 烟草制品业 | Manufacture of Tobacco | 1430996 | 1991884 |
| 纺织业 | Manufacture of Textile | 978446 | 2782607 |
| 纺织服装、服饰业 | Manufacture of Textile, Wearing Apparel and Accessories | 285932 | 721960 |
| 皮革、毛皮、羽毛及其制品和 制鞋业 | Manufacture of Leather, Fur, Feather and Related Products and Footwear | 104110 | 293055 |
| 木材加工和木、竹、藤、棕、草制品业 | Processing of Timber, Manufacture of Wood, Bamboo, Rattan, Palm and Straw Products | 263239 | 513947 |
| 家具制造业 | Manufacture of Furniture | 224568 | 534137 |
| 造纸及纸制品业 | Manufacture of Paper and Paper Products | 425456 | 1076495 |
| 印刷和记录媒介复制业 | Printing and Reproduction of Recording Media | 787616 | 1778345 |
| 文教、工美、体育和娱乐用品制造业 | Manufacture of Articles for Culture, Education, Arts and Crafts, Sport and Entertainment Activities | 109122 | 638084 |
| 石油、煤炭及其他燃料加工业 | Processing of Petroleum, Coal and Other Fuel | 16314595 | 19386049 |
| 化学原料及化学制品制造业 | Manufacture of Raw Chemical Materials and Chemical Products | 11160434 | 13922415 |
| 医药制造业 | Manufacture of Medicines | 3493817 | 6287373 |
| 化学纤维制造业 | Manufacture of Chemical Fibres | 88966 | 213687 |
| 橡胶和塑料制品业 | Manufacture of Rubber and Plastics Products | 1825309 | 3147987 |
| 非金属矿物制品业 | Manufacture of Non-metallic Mineral Products | 5049837 | 13412304 |
| 黑色金属冶炼和压延加工业 | Smelting and Pressing of Ferrous Metals | 665553 | 7662040 |
| 有色金属冶炼和压延加工业 | Smelting and Pressing of Non-ferrous Metals | 4680490 | 13014604 |
| 金属制品业 | Manufacture of Metal Products | 1209882 | 3412473 |
| 通用设备制造业 | Manufacture of General Purpose Machinery | 2548413 | 4233484 |
| 专用设备制造业 | Manufacture of Special Purpose Machinery | 3693653 | 5520121 |
| 汽车制造业 | Manufacture of Automobiles | 4497813 | 16208747 |
| 铁路、船舶、航空航天和其他运输设备制造业 | Manufacture of Railway, Ship, Aerospace and Other Transport Equipments | 2039167 | 3432820 |
| 电气机械和器材制造业 | Manufacture of Electrical Machinery and Apparatus | 5559068 | 9147226 |
| 计算机、通信和其他电子设备制造业 | Manufacture of Computers, Communication and Other Electronic Equipment | 9024170 | 7301772 |
| 仪器仪表制造业 | Manufacture of Measuring Instruments and Machinery | 622334 | 1110002 |
| 其他制造业 | Other Manufacture | 245784 | 207716 |
| 废弃资源综合利用业 | Utilization of Waste Resources | 107612 | 714574 |
| 金属制品、机械和设备修理业 | Repair Service of Metal Products, Machinery and Equipment | 191370 | 227293 |
| 电力、热力生产和供应业 | Production and Supply of Electric Power and Heat Power | 10361954 | 14187819 |
| 燃气生产和供应业 | Production and Supply of Gas | 1652321 | 3142350 |
| 水的生产和供应业 | Production and Supply of Water | 759608 | 358664 |

continued

(10 000 yuan)

| 主营业务成本<br>Cost of Principal Business | 销售费用<br>Operating Expenses | 管理费用<br>Manage-ment Expenses | 财务费用<br>Financial Expenses | 利润总额<br>Total Profits | 亏损企业亏损额<br>Losses of Unprofitable Enterprises | 平均用工人数（人）<br>Average number of employed worker (person) |
|---|---|---|---|---|---|---|
| **181366312** | **5907293** | **9573824** | **3423477** | **24362682** | **1902391** | **1467767** |
| 15544118 | 439297 | 1816199 | 515864 | 8529033 | 202716 | 170097 |
| 8428218 | 7355 | 579186 | 354658 | 2818733 | 331263 | 111591 |
| 1071444 | 19002 | 57394 | 14224 | 99947 | 11298 | 10602 |
| 2703747 | 35207 | 179155 | 30901 | 359401 | 17386 | 22484 |
| 1508901 | 99035 | 77102 | 8139 | 83492 | 715 | 11005 |
| 1179271 | 10299 | 87609 | 6390 | 11379 | 45234 | 23154 |
| 11080807 | 303093 | 283195 | 74495 | 676004 | 14421 | 62195 |
| 4070663 | 312234 | 262180 | 18998 | 434391 | 16511 | 48128 |
| 4239757 | 445226 | 303924 | 35677 | 627997 | 13437 | 43765 |
| 727329 | 51841 | 114891 | -753 | 54516 | | 8150 |
| 2433831 | 27590 | 43209 | 30158 | 236899 | 34047 | 36131 |
| 583865 | 32590 | 33317 | 7882 | 60599 | 65 | 10031 |
| 240833 | 9502 | 11776 | 2338 | 27725 | | 3839 |
| 432665 | 9473 | 13797 | 5526 | 52195 | 284 | 4526 |
| 436739 | 20245 | 20355 | 2513 | 50741 | 2 | 5993 |
| 934383 | 34850 | 34744 | 7979 | 59665 | 2271 | 10737 |
| 1472002 | 61660 | 107230 | 12569 | 118652 | 2570 | 14252 |
| 588020 | 7904 | 11881 | 1549 | 26562 | 387 | 3753 |
| 14854045 | 367359 | 514252 | 708501 | 1065976 | 78432 | 56997 |
| 11272534 | 369379 | 628581 | 393043 | 1085314 | 268669 | 68619 |
| 4060902 | 1057398 | 378447 | 44367 | 717931 | 14250 | 45286 |
| 183155 | 1301 | 6088 | 2296 | 18433 | | 883 |
| 2653581 | 116797 | 139276 | 33559 | 193879 | 8511 | 28716 |
| 11251289 | 370341 | 498100 | 125219 | 1124493 | 34135 | 91068 |
| 6875852 | 69989 | 118726 | 103254 | 433554 | 6370 | 27571 |
| 11952148 | 89821 | 298569 | 177745 | 530836 | 62616 | 56918 |
| 2887646 | 75051 | 134194 | 24306 | 264045 | 25075 | 28377 |
| 3609604 | 127719 | 250013 | 32694 | 178402 | 56928 | 45049 |
| 4605099 | 228846 | 377461 | 68776 | 149841 | 202075 | 56488 |
| 15113517 | 347672 | 452389 | 1414 | 981754 | 14934 | 87647 |
| 2870290 | 70207 | 211213 | 11634 | 329189 | 1433 | 31175 |
| 7850340 | 396794 | 522396 | 50108 | 361350 | 80142 | 62458 |
| 6266354 | 100068 | 484298 | -16142 | 1201657 | 18130 | 52907 |
| 858928 | 46002 | 71478 | 3335 | 131761 | 4240 | 9549 |
| 162012 | 6358 | 11777 | 585 | 21500 | 438 | 1823 |
| 682014 | 8558 | 12833 | 3488 | 17798 | 1582 | 3115 |
| 192135 | 1096 | 18835 | 5815 | 7595 | 405 | 1826 |
| 12510850 | 34109 | 263040 | 445607 | 966965 | 294914 | 87499 |
| 2698670 | 79530 | 103078 | 51553 | 249221 | 17571 | 14313 |
| 278754 | 16494 | 41637 | 23218 | 3259 | 18939 | 9050 |

# 13-5 国有及国有控股工业企业主要经济指标(2018年)

单位：万元

| 分　　组 | Item | 企业单位数（个）Number of Enterprises (unit) | #亏损企业 Unprofitable Enterprises |
|---|---|---|---|
| **总　　计** | **Total** | **746** | **174** |
| 煤炭开采和洗选业 | Mining and Washing of Coal | 78 | 12 |
| 石油和天然气开采业 | Extraction of Petroleum and Natural Gas | 5 | 1 |
| 黑色金属矿采选业 | Mining and Processing of Ferrous Metal Ores | 6 | 1 |
| 有色金属矿采选业 | Mining and Processing of Non-Ferrous Metal Ores | 17 | 5 |
| 非金属矿采选业 | Mining and Processing of Non-metal Ores | 4 | |
| 开采专业及辅助性活动 | Professional and Support Activities for Mining | 6 | 1 |
| 农副食品加工业 | Processing of Food from Agricultural Products | 17 | 7 |
| 食品制造业 | Manufacture of Foods | 14 | 4 |
| 酒、饮料和精制茶制造业 | Manufacture of Liquor, Beverages and Refined Tea | 11 | 2 |
| 烟草制品业 | Manufacture of Tobacco | 3 | |
| 纺织业 | Manufacture of Textile | 9 | 6 |
| 纺织服装、服饰业 | Manufacture of Textile, Wearing Apparel and Accessories | 1 | 1 |
| 皮革、毛皮、羽毛及其制品和制鞋业 | Manufacture of Leather, Fur, Feather and Related Products and Footwear | 1 | |
| 木材加工和木、竹、藤、棕、草制品业 | Processing of Timber, Manufacture of Wood, Bamboo, Rattan, Palm and Straw Products | 2 | 1 |
| 造纸及纸制品业 | Manufacture of Paper and Paper Products | 1 | |
| 印刷和记录媒介复制业 | Printing and Reproduction of Recording Media | 7 | 1 |
| 文教、工美、体育和娱乐用品制造业 | Manufacture of Articles for Culture, Education, Arts and Crafts, Sport and Entertainment Activities | 1 | |
| 石油、煤炭及其他燃料加工业 | Processing of Petroleum, Coal and Other Fuel | 15 | 8 |
| 化学原料及化学制品制造业 | Manufacture of Raw Chemical Materials and Chemical Products | 61 | 11 |
| 医药制造业 | Manufacture of Medicines | 14 | 2 |
| 化学纤维制造业 | Manufacture of Chemical Fibres | 2 | |
| 橡胶和塑料制品业 | Manufacture of Rubber and Plastics Products | 12 | 3 |
| 非金属矿物制品业 | Manufacture of Non-metallic Mineral Products | 46 | 6 |
| 黑色金属冶炼和压延加工业 | Smelting and Pressing of Ferrous Metals | 10 | |
| 有色金属冶炼和压延加工业 | Smelting and Pressing of Non-ferrous Metals | 39 | 7 |
| 金属制品业 | Manufacture of Metal Products | 21 | 5 |
| 通用设备制造业 | Manufacture of General Purpose Machinery | 33 | 8 |
| 专用设备制造业 | Manufacture of Special Purpose Machinery | 45 | 15 |
| 汽车制造业 | Manufacture of Automobiles | 25 | 5 |
| 铁路、船舶、航空航天和其他运输设备制造业 | Manufacture of Railway, Ship, Aerospace and Other Transport Equipments | 26 | |
| 电气机械和器材制造业 | Manufacture of Electrical Machinery and Apparatus | 34 | 10 |
| 计算机、通信和其他电子设备制造业 | Manufacture of Computers, Communication and Other Electronic Equipment | 21 | 2 |
| 仪器仪表制造业 | Manufacture of Measuring Instruments and Machinery | 8 | 1 |
| 其他制造业 | Other Manufacture | 1 | |
| 废弃资源综合利用业 | Utilization of Waste Resources | 5 | |
| 金属制品、机械和设备修理业 | Repair Service of Metal Products, Machinery and Equipment | 5 | 1 |
| 电力、热力生产和供应业 | Production and Supply of Electric Power and Heat Power | 96 | 34 |
| 燃气生产和供应业 | Production and Supply of Gas | 14 | 3 |
| 水的生产和供应业 | Production and Supply of Water | 30 | 11 |

# Main Indicators of State-owned and State-holding Industrial Enterprises (2018)

(10 000 yuan)

| 工业总产值 Gross Industrial Output Value | 工业销售产值 Sales Output Value | 资产总计 Total Assets | 流动资产合计 Total Current Assets | #应收账款 Accounts Receivable | #存货 Inventories | #产成品 Finished products | 负债合计 Total Liabilities |
|---|---|---|---|---|---|---|---|
| **114450590** | **111119786** | **213762764** | **68541751** | **11672527** | **11713168** | **4369330** | **120439526** |
| 17136732 | 16874671 | 31451673 | 12732481 | 1427219 | 419764 | 48189 | 13965441 |
| 15306995 | 15242372 | 44469312 | 2381853 | 294830 | 241223 | 95732 | 24671270 |
| 813816 | 773409 | 453871 | 119854 | 27042 | 18495 | 16837 | 286733 |
| 1595609 | 1534095 | 3448599 | 1302876 | 102412 | 239559 | 113625 | 1146488 |
| 90557 | 89573 | 83859 | 35554 | 6374 | 9180 | 4457 | 25711 |
| 1060762 | 1061199 | 1857586 | 1344932 | 477621 | 119619 | 23340 | 922290 |
| 750344 | 681559 | 356597 | 186530 | 19378 | 62935 | 21663 | 278928 |
| 358445 | 354262 | 255941 | 98522 | 46168 | 17873 | 7550 | 176912 |
| 935004 | 1012453 | 972768 | 643863 | 13796 | 193843 | 56386 | 440177 |
| 1999309 | 2000193 | 2081452 | 1598753 | 90113 | 1013079 | 70504 | 650456 |
| 273988 | 249190 | 869432 | 453850 | 17910 | 121318 | 59131 | 537080 |
| 2000 | 2000 | 446 | 359 | 26 | 283 | 0 | 1342 |
| 32652 | 45422 | 55680 | 34617 | 19554 | 6935 | 4217 | 22498 |
| 3214 | 3214 | 18138 | 2791 | 482 | 156 | 63 | 10043 |
| 2345 | 2345 | 748 | 560 | 340 | 220 | 220 | 22 |
| 303917 | 303493 | 421745 | 287281 | 19346 | 61240 | 21466 | 78947 |
| 2697 | 2697 | 2802 | 2569 | 436 | 931 | | 1778 |
| 12790822 | 12337004 | 34180504 | 11994767 | 981354 | 927785 | 459234 | 19910891 |
| 7654148 | 7426138 | 17356684 | 4039885 | 511076 | 571692 | 203103 | 10020924 |
| 449659 | 394071 | 354243 | 223925 | 63311 | 80649 | 40330 | 141012 |
| 123226 | 129192 | 75146 | 53168 | 2795 | 18262 | 5392 | 10139 |
| 970621 | 949844 | 2351547 | 1142213 | 271780 | 344167 | 143772 | 1386440 |
| 1634045 | 1580033 | 3065885 | 788575 | 177671 | 176061 | 70802 | 1943478 |
| 5861984 | 5461237 | 3458138 | 1304274 | 333045 | 498864 | 264940 | 3018709 |
| 6873157 | 6644776 | 7689811 | 3655323 | 416905 | 1620597 | 249900 | 4625202 |
| 477445 | 447222 | 656467 | 442646 | 145128 | 185660 | 76361 | 487229 |
| 1906987 | 1798681 | 3967103 | 2852462 | 622992 | 694270 | 287504 | 2469226 |
| 2317892 | 2051672 | 4373132 | 2868880 | 1053985 | 888092 | 480184 | 2787259 |
| 10631753 | 10530279 | 6740652 | 5342347 | 973327 | 1225651 | 981473 | 4398724 |
| 2101907 | 1964450 | 2748580 | 1943877 | 739913 | 553379 | 146734 | 1488361 |
| 3157019 | 3098825 | 5536737 | 3876453 | 1442751 | 649829 | 302171 | 2474040 |
| 825517 | 664094 | 4141930 | 1174235 | 268535 | 190182 | 80443 | 2391146 |
| 182345 | 165587 | 197033 | 131670 | 40901 | 19741 | 9264 | 159935 |
| 1196 | 1196 | 7917 | 6854 | 1814 | 3894 | 2317 | 513 |
| 407761 | 402360 | 110031 | 39298 | 12746 | 4521 | 767 | 93090 |
| 252296 | 241723 | 470079 | 224605 | 75990 | 34273 | 2094 | 286545 |
| 12830189 | 12280749 | 25024389 | 3935166 | 816499 | 421360 | 3027 | 16370475 |
| 1959118 | 1946090 | 2731664 | 743087 | 122974 | 68521 | 15809 | 1755232 |
| 326866 | 326167 | 1724445 | 530799 | 33990 | 9068 | 327 | 1004846 |

13-5 续表

单位：万元

| 分　组 | Item | 所有者权益合　计 Owners' Equity | 主营业务收　入 Revenue from Principal Business |
|---|---|---|---|
| **总　　计** | **Total** | **93323238** | **111308707** |
| 煤炭开采和洗选业 | Mining and Washing of Coal | 17486232 | 15441806 |
| 石油和天然气开采业 | Extraction of Petroleum and Natural Gas | 19798042 | 14362037 |
| 黑色金属矿采选业 | Mining and Processing of Ferrous Metal Ores | 167138 | 410305 |
| 有色金属矿采选业 | Mining and Processing of Non-Ferrous Metal Ores | 2302111 | 1570077 |
| 非金属矿采选业 | Mining and Processing of Non-metal Ores | 58149 | 90169 |
| 开采专业及辅助性活动 | Professional and Support Activities for Mining | 935296 | 1092479 |
| 农副食品加工业 | Processing of Food from Agricultural Products | 77669 | 723769 |
| 食品制造业 | Manufacture of Foods | 79028 | 345209 |
| 酒、饮料和精制茶制造业 | Manufacture of Liquor, Beverages and Refined Tea | 532590 | 949519 |
| 烟草制品业 | Manufacture of Tobacco | 1430996 | 1991884 |
| 纺织业 | Manufacture of Textile | 332351 | 238932 |
| 纺织服装、服饰业 | Manufacture of Textile, Wearing Apparel and Accessories | -896 | 95 |
| 皮革、毛皮、羽毛及其制品和制鞋业 | Manufacture of Leather, Fur, Feather and Related Products and Footwear | 33182 | 43412 |
| 木材加工和木、竹、藤、棕、草制品业 | Processing of Timber, Manufacture of Wood, Bamboo, Rattan, Palm and Straw Products | 8096 | 7742 |
| 造纸及纸制品业 | Manufacture of Paper and Paper Products | 726 | 2052 |
| 印刷和记录媒介复制业 | Printing and Reproduction of Recording Media | 342798 | 313144 |
| 文教、工美、体育和娱乐用品制造业 | Manufacture of Articles for Culture, Education, Arts and Crafts, Sport and Entertainment Activities | 1024 | 2646 |
| 石油、煤炭及其他燃料加工业 | Processing of Petroleum, Coal and Other Fuel | 14269613 | 14199656 |
| 化学原料及化学制品制造业 | Manufacture of Raw Chemical Materials and Chemical Products | 7335761 | 7525646 |
| 医药制造业 | Manufacture of Medicines | 213231 | 363658 |
| 化学纤维制造业 | Manufacture of Chemical Fibres | 65007 | 124729 |
| 橡胶和塑料制品业 | Manufacture of Rubber and Plastics Products | 965108 | 923529 |
| 非金属矿物制品业 | Manufacture of Non-metallic Mineral Products | 1122407 | 1662530 |
| 黑色金属冶炼和压延加工业 | Smelting and Pressing of Ferrous Metals | 439429 | 5833069 |
| 有色金属冶炼和压延加工业 | Smelting and Pressing of Non-ferrous Metals | 3064609 | 8044972 |
| 金属制品业 | Manufacture of Metal Products | 169238 | 413041 |
| 通用设备制造业 | Manufacture of General Purpose Machinery | 1497877 | 1740199 |
| 专用设备制造业 | Manufacture of Special Purpose Machinery | 1585874 | 1645983 |
| 汽车制造业 | Manufacture of Automobiles | 2341928 | 10012438 |
| 铁路、船舶、航空航天和其他运输设备制造业 | Manufacture of Railway, Ship, Aerospace and Other Transport Equipments | 1260219 | 1901611 |
| 电气机械和器材制造业 | Manufacture of Electrical Machinery and Apparatus | 3062697 | 2779146 |
| 计算机、通信和其他电子设备制造业 | Manufacture of Computers, Communication and Other Electronic Equipment | 1750785 | 635339 |
| 仪器仪表制造业 | Manufacture of Measuring Instruments and Machinery | 37098 | 147927 |
| 其他制造业 | Other Manufacture | 7403 | 4253 |
| 废弃资源综合利用业 | Utilization of Waste Resources | 16942 | 526589 |
| 金属制品、机械和设备修理业 | Repair Service of Metal Products, Machinery and Equipment | 183534 | 213743 |
| 电力、热力生产和供应业 | Production and Supply of Electric Power and Heat Power | 8653915 | 12946991 |
| 燃气生产和供应业 | Production and Supply of Gas | 976432 | 1777791 |
| 水的生产和供应业 | Production and Supply of Water | 719599 | 300592 |

continued

(10 000 yuan)

| 主营业务成本 Cost of Principal Business | 销售费用 Operating Expenses | 管理费用 Manage-ment Expenses | 财务费用 Financial Expenses | 利润总额 Total Profits | 亏损企业亏损额 Losses of Unprofitable Enterprises | 平均用工人数(人) Average number of employed worker (person) |
|---|---|---|---|---|---|---|
| **83197457** | **1717780** | **4768531** | **2364699** | **12987832** | **1509256** | **671407** |
| 6963099 | 167469 | 1104994 | 274451 | 5962722 | 138908 | 98852 |
| 8423096 | 7338 | 577978 | 354633 | 2818096 | 331263 | 111481 |
| 323877 | 4631 | 17015 | 8908 | 47811 | 8363 | 2812 |
| 1155082 | 9765 | 114229 | 23241 | 173890 | 16192 | 13947 |
| 41348 | 26563 | 12263 | 107 | 7277 | | 1318 |
| 1015912 | 4122 | 69650 | 3709 | -3331 | 42613 | 18619 |
| 679703 | 21598 | 15732 | 5045 | 7591 | 6686 | 2927 |
| 294354 | 21903 | 13665 | 2862 | 11216 | 9154 | 3378 |
| 590168 | 91490 | 51227 | -1267 | 171010 | 1322 | 7717 |
| 727329 | 51841 | 114891 | -753 | 54516 | | 8150 |
| 243783 | 3633 | 15549 | 11263 | -30495 | 32844 | 13999 |
| 90 | | 53 | 0 | -53 | 53 | 56 |
| 40295 | 1442 | 1905 | 148 | 4004 | | 608 |
| 5968 | 20 | 496 | -4 | 32 | 24 | 242 |
| 1845 | 58 | 54 | 1 | 40 | | 36 |
| 228574 | 6151 | 39483 | -2117 | 40372 | 493 | 3267 |
| 2223 | 107 | 72 | | 242 | | 60 |
| 10212011 | 237348 | 411096 | 639034 | 833581 | 57111 | 29509 |
| 5849310 | 171927 | 345842 | 327688 | 570114 | 253183 | 35306 |
| 233010 | 42878 | 15276 | 1755 | 87644 | 472 | 3204 |
| 105393 | 575 | 3821 | -82 | 14163 | | 522 |
| 811831 | 37061 | 45546 | 19235 | 22981 | 5589 | 9314 |
| 1263424 | 33105 | 106375 | 34242 | 231991 | 11910 | 12668 |
| 5170428 | 56701 | 83421 | 91561 | 370403 | | 16534 |
| 7607388 | 42259 | 186505 | 133041 | 114633 | 53522 | 29975 |
| 360584 | 15201 | 31194 | 7598 | -10132 | 17005 | 6508 |
| 1496353 | 52815 | 142489 | 14119 | 25929 | 42479 | 22470 |
| 1421429 | 61198 | 171380 | 31990 | -130651 | 178536 | 24742 |
| 9174630 | 247251 | 256788 | -31062 | 384381 | 8744 | 36789 |
| 1567557 | 40409 | 137041 | 1985 | 206070 | | 20221 |
| 2277769 | 151862 | 274016 | 12076 | 113984 | 7861 | 28695 |
| 546745 | 28217 | 95379 | 16175 | 43573 | 772 | 10339 |
| 130522 | 2965 | 9478 | 1077 | 5228 | 1381 | 1255 |
| 3921 | 56 | 171 | 11 | 84 | | 188 |
| 521415 | 2282 | 4595 | 2657 | 4097 | | 861 |
| 182566 | 778 | 17206 | 5644 | 5997 | 331 | 1623 |
| 11684582 | 18974 | 195834 | 323987 | 743999 | 252644 | 76316 |
| 1603860 | 43015 | 48494 | 29447 | 88665 | 10948 | 8378 |
| 235986 | 12770 | 37328 | 22298 | -3841 | 18852 | 8521 |

# 13-6 外商及港澳台商投资工业企业主要经济指标(2018年)

单位：万元

| 分组 | Item | 企业单位数(个) Number of Enterprises (unit) | #亏损企业 Unprofitable Enterprises |
|---|---|---|---|
| **总计** | **Total** | **161** | **33** |
| 煤炭开采和洗选业 | Mining and Washing of Coal | 1 | |
| 黑色金属矿采选业 | Mining and Processing of Ferrous Metal Ores | 1 | |
| 农副食品加工业 | Processing of Food from Agricultural Products | 10 | 3 |
| 食品制造业 | Manufacture of Foods | 12 | 3 |
| 酒、饮料和精制茶制造业 | Manufacture of Liquor, Beverages and Refined Tea | 20 | 7 |
| 纺织服装、服饰业 | Manufacture of Textile, Wearing Apparel and Accessories | 1 | |
| 皮革、毛皮、羽毛及其制品和制鞋业 | Manufacture of Leather, Fur, Feather and Related Products and Footwear | 1 | |
| 造纸及纸制品业 | Manufacture of Paper and Paper Products | 2 | |
| 印刷和记录媒介复制业 | Printing and Reproduction of Recording Media | 4 | |
| 文教、工美、体育和娱乐用品制造业 | Manufacture of Articles for Culture, Education, Arts and Crafts, Sport and Entertainment Activities | 2 | 1 |
| 石油、煤炭及其他燃料加工业 | Processing of Petroleum, Coal and Other Fuel | 1 | |
| 化学原料及化学制品制造业 | Manufacture of Raw Chemical Materials and Chemical Products | 12 | 1 |
| 医药制造业 | Manufacture of Medicines | 6 | 1 |
| 化学纤维制造业 | Manufacture of Chemical Fibres | 1 | |
| 非金属矿物制品业 | Manufacture of Non-metallic Mineral Products | 10 | 2 |
| 黑色金属冶炼和压延加工业 | Smelting and Pressing of Ferrous Metals | 1 | |
| 有色金属冶炼和压延加工业 | Smelting and Pressing of Non-ferrous Metals | 5 | 2 |
| 金属制品业 | Manufacture of Metal Products | 2 | 1 |
| 通用设备制造业 | Manufacture of General Purpose Machinery | 8 | 2 |
| 专用设备制造业 | Manufacture of Special Purpose Machinery | 10 | 1 |
| 汽车制造业 | Manufacture of Automobiles | 6 | 1 |
| 铁路、船舶、航空航天和其他运输设备制造业 | Manufacture of Railway, Ship, Aerospace and Other Transport Equipments | 4 | |
| 电气机械和器材制造业 | Manufacture of Electrical Machinery and Apparatus | 14 | 4 |
| 计算机、通信和其他电子设备制造业 | Manufacture of Computers, Communication and Other Electronic Equipment | 15 | 2 |
| 仪器仪表制造业 | Manufacture of Measuring Instruments and Machinery | 3 | 1 |
| 其他制造业 | Other Manufacture | 3 | 1 |
| 电力、热力生产和供应业 | Production and Supply of Electric Power and Heat Power | 3 | |
| 燃气生产和供应业 | Production and Supply of Gas | 2 | |
| 水的生产和供应业 | Production and Supply of Water | 1 | |

# Main Indicators of Industrial Enterprises with Hong Kong, Macao, Taiwan and Foreign Funds (2018)

(10 000 yuan)

| 工业总产值 Gross Industrial Output Value | 工业销售产值 Sales Output Value | 资产总计 Total Assets | 流动资产合计 Total Current Assets | #应收账款 Accounts Receivable | #存货 Inventories | #产成品 Finished products | 负债合计 Total Liabilities |
|---:|---:|---:|---:|---:|---:|---:|---:|
| **12550653** | **11117287** | **15357815** | **7112768** | **1314793** | **2107454** | **691679** | **6041214** |
| 24854 | 26780 | 112833 | 92829 | 5678 | 2227 | | 1306 |
| 12623 | 11849 | 3824 | 1810 | | 633 | | 3349 |
| 770921 | 787784 | 451051 | 307964 | 35150 | 135250 | 79332 | 296219 |
| 1110233 | 942354 | 603496 | 273990 | 77282 | 41684 | 10818 | 265860 |
| 831639 | 855153 | 1214384 | 490302 | 179633 | 129915 | 107642 | 802865 |
| 48127 | 46579 | 16049 | 881 | 318 | 301 | 251 | 405 |
| 4393 | 4393 | 9880 | 5150 | | 898 | 533 | 1045 |
| 95196 | 95185 | 45150 | 33838 | 27399 | 3146 | 1364 | 31242 |
| 183272 | 175318 | 182451 | 88095 | 27841 | 12090 | 4015 | 94783 |
| 142472 | 142472 | 4447 | 2106 | | 21 | | 2209 |
| 7258 | 7258 | 45796 | 15897 | 7956 | 3111 | 2451 | 27385 |
| 311831 | 309317 | 701040 | 210445 | 50835 | 15286 | 3325 | 272074 |
| 1350485 | 1163796 | 1183105 | 720024 | 139257 | 332116 | 226915 | 761331 |
| 72088 | 75295 | 94468 | 38410 | 44 | 19815 | 158 | 76578 |
| 525345 | 496901 | 450028 | 139984 | 24279 | 28590 | 12977 | 193221 |
| 3269 | 3269 | 4123 | 4088 | 1197 | 2191 | | 2213 |
| 478271 | 442620 | 211091 | 199004 | 10096 | 85614 | 74354 | 36434 |
| 39956 | 39584 | 46942 | 16204 | 4662 | 7544 | 4120 | 39137 |
| 128861 | 125520 | 186124 | 129000 | 39831 | 35816 | 13776 | 55030 |
| 273418 | 373747 | 571786 | 292597 | 51027 | 74347 | 14524 | 260970 |
| 270980 | 264298 | 293467 | 201666 | 56745 | 31277 | 12875 | 159969 |
| 66729 | 60565 | 72348 | 65099 | 30758 | 13267 | 3807 | 28471 |
| 1076714 | 966040 | 1146299 | 569281 | 131952 | 211388 | 111454 | 876140 |
| 4402106 | 3420174 | 7199738 | 2949579 | 348234 | 892337 | 4596 | 1567870 |
| 93289 | 92706 | 113171 | 106722 | 23606 | 5522 | 1078 | 23140 |
| 30186 | 26835 | 58630 | 37015 | 32759 | 544 | 103 | 1311 |
| 32093 | 32093 | 127110 | 14758 | 72 | | | 74881 |
| 156755 | 122115 | 180070 | 98881 | 7612 | 22497 | 1213 | 70042 |
| 7289 | 7289 | 28916 | 7152 | 572 | 28 | | 15735 |

## 13-6 续表

单位：万元

| 分　组 | Item | 所有者权益合　计 Owners' Equity | 主营业务收　入 Revenue from Principal Business |
|---|---|---|---|
| **总　计** | **Total** | **9316601** | **10660027** |
| 煤炭开采和洗选业 | Mining and Washing of Coal | 111527 | 26780 |
| 黑色金属矿采选业 | Mining and Processing of Ferrous Metal Ores | 475 | 11849 |
| 农副食品加工业 | Processing of Food from Agricultural Products | 154832 | 729340 |
| 食品制造业 | Manufacture of Foods | 337637 | 810062 |
| 酒、饮料和精制茶制造业 | Manufacture of Liquor, Beverages and Refined Tea | 411519 | 758769 |
| 纺织服装、服饰业 | Manufacture of Textile, Wearing Apparel and Accessories | 15644 | 44043 |
| 皮革、毛皮、羽毛及其制品和制鞋业 | Manufacture of Leather, Fur, Feather and Related Products and Footwear | 8835 | 4393 |
| 造纸及纸制品业 | Manufacture of Paper and Paper Products | 13908 | 50050 |
| 印刷和记录媒介复制业 | Printing and Reproduction of Recording Media | 87668 | 174332 |
| 文教、工美、体育和娱乐用品制造业 | Manufacture of Articles for Culture, Education, Arts and Crafts, Sport and Entertainment Activities | 2237 | 140449 |
| 石油、煤炭及其他燃料加工业 | Processing of Petroleum, Coal and Other Fuel | 18412 | 4287 |
| 化学原料及化学制品制造业 | Manufacture of Raw Chemical Materials and Chemical Products | 428966 | 323217 |
| 医药制造业 | Manufacture of Medicines | 421774 | 1214940 |
| 化学纤维制造业 | Manufacture of Chemical Fibres | 17890 | 74050 |
| 非金属矿物制品业 | Manufacture of Non-metallic Mineral Products | 256807 | 484729 |
| 黑色金属冶炼和压延加工业 | Smelting and Pressing of Ferrous Metals | 1909 | 3269 |
| 有色金属冶炼和压延加工业 | Smelting and Pressing of Non-ferrous Metals | 174657 | 443587 |
| 金属制品业 | Manufacture of Metal Products | 7805 | 52613 |
| 通用设备制造业 | Manufacture of General Purpose Machinery | 131094 | 142481 |
| 专用设备制造业 | Manufacture of Special Purpose Machinery | 310816 | 269867 |
| 汽车制造业 | Manufacture of Automobiles | 133497 | 257418 |
| 铁路、船舶、航空航天和其他运输设备制造业 | Manufacture of Railway, Ship, Aerospace and Other Transport Equipments | 43877 | 61156 |
| 电气机械和器材制造业 | Manufacture of Electrical Machinery and Apparatus | 270159 | 914858 |
| 计算机、通信和其他电子设备制造业 | Manufacture of Computers, Communication and Other Electronic Equipment | 5631868 | 3414348 |
| 仪器仪表制造业 | Manufacture of Measuring Instruments and Machinery | 90032 | 92584 |
| 其他制造业 | Other Manufacture | 57319 | 26829 |
| 电力、热力生产和供应业 | Production and Supply of Electric Power and Heat Power | 52228 | 14875 |
| 燃气生产和供应业 | Production and Supply of Gas | 110029 | 107562 |
| 水的生产和供应业 | Production and Supply of Water | 13181 | 7289 |

continued

(10 000 yuan)

| 主营业务成本 Cost of Principal Business | 销售费用 Operating Expenses | 管理费用 Management Expenses | 财务费用 Financial Expenses | 利润总额 Total Profits | 亏损企业亏损额 Losses of Unprofitable Enterprises | 平均用工人数（人） Average number of employed worker (person) |
|---|---|---|---|---|---|---|
| **8290439** | **679661** | **668240** | **41734** | **1482276** | **65885** | **58232** |
| 5180 | 259 | 3290 | -97 | 15610 | | 220 |
| 11737 | 26 | 17 | | 47 | | 38 |
| 679259 | 21110 | 10977 | 2728 | 15892 | 2488 | 2234 |
| 435056 | 88893 | 90404 | -1571 | 47054 | 2271 | 7089 |
| 570578 | 112756 | 41656 | 13956 | 30680 | 9515 | 5796 |
| 25303 | 5411 | 4202 | 4535 | 4200 | | 490 |
| 3549 | 495 | 39 | 0 | 288 | | 386 |
| 38910 | 1349 | 1445 | 94 | 5383 | | 392 |
| 156955 | 4665 | 6410 | 1825 | 7448 | | 1519 |
| 139701 | 1 | 422 | -7 | 390 | 2 | 146 |
| 3452 | 70 | 76 | 31 | 425 | | 2310 |
| 241552 | 9947 | 14230 | 8980 | 43945 | 586 | 813 |
| 625160 | 310809 | 114239 | 10239 | 136179 | 980 | 7359 |
| 63791 | 648 | 2206 | 2316 | 3618 | | 204 |
| 373285 | 7552 | 10644 | 3915 | 92928 | 2858 | 2741 |
| 2996 | 71 | 107 | 66 | 27 | | 10 |
| 427743 | 1852 | 5021 | 2009 | 5952 | 1949 | 694 |
| 49694 | 309 | 3100 | 1006 | -2010 | 2364 | 325 |
| 123182 | 7523 | 9264 | 816 | 1385 | 4050 | 1740 |
| 204821 | 11616 | 19066 | 1565 | 34505 | 641 | 2523 |
| 190941 | 22301 | 20511 | 1918 | 25138 | 1121 | 2470 |
| 38115 | 2661 | 6381 | 206 | 13680 | | 567 |
| 821059 | 52617 | 41473 | 23547 | -1618 | 36326 | 3895 |
| 2885722 | 8100 | 252096 | -36033 | 941131 | 399 | 12190 |
| 55681 | 6210 | 4152 | -2720 | 29063 | 3 | 665 |
| 21206 | 264 | 1060 | 103 | 2514 | 331 | 139 |
| 5065 | | 810 | 2334 | 5790 | | 114 |
| 87142 | 2148 | 4690 | -495 | 18600 | | 1115 |
| 3608 | | 255 | 469 | 4033 | | 48 |

# 13-7 大中型工业企业主要经济指标(2018年)

单位：万元

| 分 组 | Item | 企业单位数（个）Number of Enterprises (unit) | #亏损企业 Unprofitable Enterprises |
|---|---|---|---|
| **总 计** | **Total** | **872** | **132** |
| 煤炭开采和洗选业 | Mining and Washing of Coal | 115 | 13 |
| 石油和天然气开采业 | Extraction of Petroleum and Natural Gas | 3 | 1 |
| 黑色金属矿采选业 | Mining and Processing of Ferrous Metal Ores | 11 | 4 |
| 有色金属矿采选业 | Mining and Processing of Non-Ferrous Metal Ores | 18 | 5 |
| 非金属矿采选业 | Mining and Processing of Non-metal Ores | 7 | |
| 开采专业及辅助性活动 | Professional and Support Activities for Mining | 5 | 2 |
| 农副食品加工业 | Processing of Food from Agricultural Products | 43 | 2 |
| 食品制造业 | Manufacture of Foods | 40 | 3 |
| 酒、饮料和精制茶制造业 | Manufacture of Liquor, Beverages and Refined Tea | 22 | 3 |
| 烟草制品业 | Manufacture of Tobacco | 2 | |
| 纺织业 | Manufacture of Textile | 34 | 8 |
| 纺织服装、服饰业 | Manufacture of Textile, Wearing Apparel and Accessories | 10 | |
| 皮革、毛皮、羽毛及其制品和制鞋业 | Manufacture of Leather, Fur, Feather and Related Products and Footwear | 3 | |
| 木材加工和木、竹、藤、棕、草制品业 | Processing of Timber, Manufacture of Wood, Bamboo, Rattan, Palm and Straw Products | 5 | |
| 家具制造业 | Manufacture of Furniture | 3 | |
| 造纸及纸制品业 | Manufacture of Paper and Paper Products | 10 | 2 |
| 印刷和记录媒介复制业 | Printing and Reproduction of Recording Media | 12 | |
| 石油、煤炭及其他燃料加工业 | Processing of Petroleum, Coal and Other Fuel | 36 | 10 |
| 化学原料及化学制品制造业 | Manufacture of Raw Chemical Materials and Chemical Products | 49 | 8 |
| 医药制造业 | Manufacture of Medicines | 39 | |
| 橡胶和塑料制品业 | Manufacture of Rubber and Plastics Products | 19 | 1 |
| 非金属矿物制品业 | Manufacture of Non-metallic Mineral Products | 57 | 4 |
| 黑色金属冶炼和压延加工业 | Smelting and Pressing of Ferrous Metals | 10 | |
| 有色金属冶炼和压延加工业 | Smelting and Pressing of Non-ferrous Metals | 40 | 8 |
| 金属制品业 | Manufacture of Metal Products | 18 | 4 |
| 通用设备制造业 | Manufacture of General Purpose Machinery | 26 | 7 |
| 专用设备制造业 | Manufacture of Special Purpose Machinery | 42 | 7 |
| 汽车制造业 | Manufacture of Automobiles | 32 | 3 |
| 铁路、船舶、航空航天和其他运输设备制造业 | Manufacture of Railway, Ship, Aerospace and Other Transport Equipments | 18 | |
| 电气机械和器材制造业 | Manufacture of Electrical Machinery and Apparatus | 38 | 11 |
| 计算机、通信和其他电子设备制造业 | Manufacture of Computers, Communication and Other Electronic Equipment | 34 | 3 |
| 仪器仪表制造业 | Manufacture of Measuring Instruments and Machinery | 9 | |
| 金属制品、机械和设备修理业 | Repair Service of Metal Products, Machinery and Equipment | 2 | |
| 电力、热力生产和供应业 | Production and Supply of Electric Power and Heat Power | 44 | 21 |
| 燃气生产和供应业 | Production and Supply of Gas | 11 | 1 |
| 水的生产和供应业 | Production and Supply of Water | 5 | 1 |

# Main Indicators of Large and Medium-sized Industrial Enterprises(2018)

(10 000 yuan)

| | 工业总产值 Gross Industrial Output Value | 工业销售产值 Sales Output Value | 资产总计 Total Assets | 流动资产合计 Total Current Assets | #应收账款 Accounts Receivable | #存货 Inventories | #产成品 Finished products | 负债合计 Total Liabilities |
|---|---|---|---|---|---|---|---|---|
| | **158978070** | **152623323** | **245759144** | **88049364** | **14884258** | **16210099** | **6344220** | **131997610** |
| | 20731752 | 20429319 | 34613062 | 15808232 | 1662472 | 610107 | 150835 | 13729941 |
| | 15300812 | 15236189 | 44468305 | 2381818 | 294815 | 241223 | 95732 | 24664188 |
| | 1300028 | 1233396 | 793977 | 302815 | 50836 | 36648 | 29988 | 474585 |
| | 2165360 | 2080255 | 3976156 | 1408897 | 114833 | 242914 | 124894 | 1144786 |
| | 196839 | 194671 | 92833 | 43942 | 8007 | 7793 | 3507 | 28462 |
| | 965262 | 965867 | 1420035 | 991520 | 266997 | 119267 | 21610 | 646663 |
| | 3342929 | 3236167 | 1794031 | 1000984 | 150333 | 379849 | 194642 | 987232 |
| | 2647338 | 2398390 | 1286174 | 534793 | 150105 | 109349 | 46635 | 515517 |
| | 1941017 | 2000413 | 2300695 | 1191008 | 205043 | 400295 | 219206 | 1278485 |
| | 1995826 | 1995956 | 2065818 | 1587243 | 86350 | 1010636 | 68967 | 647725 |
| | 1559591 | 1495953 | 1254472 | 523392 | 32759 | 154964 | 71310 | 657254 |
| | 324819 | 326316 | 181024 | 107927 | 21797 | 52673 | 16857 | 85142 |
| | 109808 | 120955 | 69682 | 38970 | 20637 | 8194 | 4889 | 27756 |
| | | | | | | | | |
| | 196585 | 181856 | 253728 | 112405 | 9294 | 16031 | 6654 | 99248 |
| | | | | | | | | |
| | 120596 | 120436 | 64666 | 23896 | 2288 | 10221 | 2864 | 19019 |
| | 444155 | 414478 | 223795 | 86130 | 39028 | 23717 | 12782 | 102295 |
| | 635414 | 617502 | 659282 | 389038 | 45221 | 73821 | 24402 | 210391 |
| | 16053264 | 15501209 | 37283960 | 13417870 | 1201038 | 1333614 | 596370 | 21559435 |
| | 9514363 | 9252508 | 20976363 | 5518446 | 898571 | 889932 | 399017 | 12140355 |
| | 4680008 | 4173090 | 4397386 | 2791240 | 617338 | 638190 | 430744 | 2042973 |
| | 1995774 | 1796634 | 2501561 | 1275849 | 315171 | 383245 | 156985 | 1441301 |
| | 3824428 | 3649633 | 4910200 | 1404456 | 240753 | 272961 | 140309 | 2892062 |
| | 6743746 | 6332570 | 3875509 | 1479125 | 358908 | 544862 | 255514 | 3503060 |
| | 9057825 | 8724148 | 8631129 | 4290064 | 437023 | 1749856 | 259997 | 5063173 |
| | 840337 | 779835 | 764053 | 441048 | 130849 | 165629 | 68519 | 457849 |
| | 2059309 | 1962209 | 4115074 | 2769243 | 590234 | 722668 | 287053 | 2469455 |
| | 3470386 | 3111883 | 4871151 | 3179920 | 1136270 | 1061455 | 599415 | 3018663 |
| | 15617291 | 15405098 | 10547087 | 7623320 | 1038833 | 1521840 | 1089620 | 6645719 |
| | 1957764 | 1832865 | 2471416 | 1810029 | 716444 | 530085 | 155067 | 1403538 |
| | | | | | | | | |
| | 6557376 | 6256783 | 9502103 | 6304336 | 2348841 | 1190181 | 653203 | 5208540 |
| | 6971926 | 5783300 | 9485915 | 4255126 | 721166 | 1084047 | 75647 | 2645577 |
| | | | | | | | | |
| | 662102 | 634859 | 481432 | 380998 | 135863 | 99732 | 65779 | 255279 |
| | 232585 | 222012 | 442596 | 205449 | 70136 | 29303 | 1005 | 278550 |
| | 12403852 | 11835278 | 21629844 | 3356802 | 615118 | 412236 | 5072 | 13843876 |
| | 2196984 | 2162179 | 2782323 | 708405 | 126059 | 76451 | 9133 | 1439789 |
| | 160618 | 159110 | 572308 | 304631 | 24831 | 6112 | | 369730 |

## 13-7 续表

单位：万元

| 分组 | Item | 所有者权益合计 Owners' Equity | 主营业务收入 Revenue from Principal Business |
|---|---|---|---|
| **总计** | **Total** | **113761534** | **149424418** |
| 煤炭开采和洗选业 | Mining and Washing of Coal | 20883121 | 18734383 |
| 石油和天然气开采业 | Extraction of Petroleum and Natural Gas | 19804117 | 14355815 |
| 黑色金属矿采选业 | Mining and Processing of Ferrous Metal Ores | 319392 | 645460 |
| 有色金属矿采选业 | Mining and Processing of Non-Ferrous Metal Ores | 2831369 | 2125505 |
| 非金属矿采选业 | Mining and Processing of Non-metal Ores | 64371 | 191680 |
| 开采专业及辅助性活动 | Professional and Support Activities for Mining | 773372 | 1086307 |
| 农副食品加工业 | Processing of Food from Agricultural Products | 806799 | 2981028 |
| 食品制造业 | Manufacture of Foods | 770657 | 2158837 |
| 酒、饮料和精制茶制造业 | Manufacture of Liquor, Beverages and Refined Tea | 1022210 | 1826838 |
| 烟草制品业 | Manufacture of Tobacco | 1418093 | 1986474 |
| 纺织业 | Manufacture of Textile | 597219 | 1468921 |
| 纺织服装、服饰业 | Manufacture of Textile, Wearing Apparel and Accessories | 95882 | 305557 |
| 皮革、毛皮、羽毛及其制品和制鞋业 | Manufacture of Leather, Fur, Feather and Related Products and Footwear | 41926 | 117232 |
| 木材加工和木、竹、藤、棕、草制品业 | Processing of Timber, Manufacture of Wood, Bamboo, Rattan, Palm and Straw Products | 154480 | 184037 |
| 家具制造业 | Manufacture of Furniture | 45647 | 124345 |
| 造纸及纸制品业 | Manufacture of Paper and Paper Products | 121499 | 322622 |
| 印刷和记录媒介复制业 | Printing and Reproduction of Recording Media | 448892 | 627653 |
| 石油、煤炭及其他燃料加工业 | Processing of Petroleum, Coal and Other Fuel | 15724525 | 17299501 |
| 化学原料及化学制品制造业 | Manufacture of Raw Chemical Materials and Chemical Products | 8836009 | 8686755 |
| 医药制造业 | Manufacture of Medicines | 2354413 | 4076546 |
| 橡胶和塑料制品业 | Manufacture of Rubber and Plastics Products | 1060261 | 1384112 |
| 非金属矿物制品业 | Manufacture of Non-metallic Mineral Products | 2018137 | 3716473 |
| 黑色金属冶炼和压延加工业 | Smelting and Pressing of Ferrous Metals | 372449 | 6390267 |
| 有色金属冶炼和压延加工业 | Smelting and Pressing of Non-ferrous Metals | 3567956 | 10188687 |
| 金属制品业 | Manufacture of Metal Products | 306204 | 788310 |
| 通用设备制造业 | Manufacture of General Purpose Machinery | 1645619 | 1898830 |
| 专用设备制造业 | Manufacture of Special Purpose Machinery | 1852488 | 2688224 |
| 汽车制造业 | Manufacture of Automobiles | 3901368 | 14410897 |
| 铁路、船舶、航空航天和其他运输设备制造业 | Manufacture of Railway, Ship, Aerospace and Other Transport Equipments | 1067879 | 1806939 |
| 电气机械和器材制造业 | Manufacture of Electrical Machinery and Apparatus | 4293563 | 5665632 |
| 计算机、通信和其他电子设备制造业 | Manufacture of Computers, Communication and Other Electronic Equipment | 6840338 | 5711138 |
| 仪器仪表制造业 | Manufacture of Measuring Instruments and Machinery | 226153 | 608668 |
| 金属制品、机械和设备修理业 | Repair Service of Metal Products, Machinery and Equipment | 164046 | 195288 |
| 电力、热力生产和供应业 | Production and Supply of Electric Power and Heat Power | 7785968 | 12560073 |
| 燃气生产和供应业 | Production and Supply of Gas | 1342534 | 1953753 |
| 水的生产和供应业 | Production and Supply of Water | 202579 | 151632 |

continued

(10 000 yuan)

| 主营业务成　本 Cost of Principal Business | 销售费用 Operating Expenses | 管理费用 Manage-ment Expenses | 财务费用 Financial Expenses | 利润总额 Total Profits | 亏损企业亏损额 Losses of Unprofitable Enterprises | 平均用工人数(人) Average number of employed worker ( person) |
|---|---|---|---|---|---|---|
| **113887837** | **3505913** | **6163511** | **2476015** | **18118642** | **1405754** | **955540** |
| 8991137 | 239371 | 1271291 | 297257 | 6888918 | 120962 | 124259 |
| 8419360 | 7338 | 577935 | 354633 | 2817196 | 331263 | 111401 |
| 518469 | 5368 | 35232 | 10360 | 64217 | 10157 | 6219 |
| 1615200 | 13802 | 120865 | 24508 | 254684 | 15924 | 16766 |
| 125471 | 35370 | 16310 | 299 | 10557 | | 2653 |
| 1006148 | 5219 | 38699 | -5253 | 37313 | 536 | 16838 |
| 2613531 | 89380 | 65913 | 20760 | 182588 | 1738 | 19798 |
| 1465359 | 193299 | 139647 | 938 | 201760 | 3752 | 24746 |
| 1164454 | 235369 | 106472 | 10337 | 276659 | 2246 | 17419 |
| 722953 | 51777 | 114072 | -742 | 54373 | | 7995 |
| 1261808 | 12697 | 24384 | 21464 | 142231 | 33123 | 25587 |
| 234660 | 13660 | 10780 | 5727 | 39088 | | 4662 |
| 97327 | 2752 | 5169 | 712 | 13389 | | 1698 |
| 151936 | 2589 | 4285 | 3111 | 25817 | | 1832 |
| 97118 | 6512 | 5097 | 775 | 14165 | | 1584 |
| 278396 | 6277 | 6255 | 2031 | 28633 | 217 | 3529 |
| 483844 | 23308 | 58040 | 4379 | 56147 | | 6606 |
| 12950049 | 323223 | 463793 | 690888 | 1024702 | 45324 | 49736 |
| 6903141 | 184949 | 384714 | 364396 | 701105 | 257036 | 43255 |
| 2356889 | 853122 | 272466 | 24530 | 557035 | | 27665 |
| 1196118 | 38881 | 55294 | 20427 | 78870 | 988 | 14682 |
| 3031508 | 96157 | 148911 | 45420 | 393215 | 9154 | 31305 |
| 5658600 | 62304 | 101177 | 96828 | 413855 | | 22152 |
| 9456072 | 57750 | 209648 | 149516 | 353309 | 46996 | 42010 |
| 613385 | 22566 | 42906 | 5469 | 91873 | 14990 | 8067 |
| 1613750 | 59492 | 136091 | 13931 | 66998 | 45168 | 25094 |
| 2242819 | 114199 | 207948 | 40316 | -7354 | 148009 | 31768 |
| 13573726 | 288407 | 379819 | -12163 | 870838 | 4767 | 75247 |
| 1489702 | 36932 | 130882 | 2248 | 147221 | | 16746 |
| 4786969 | 291660 | 379709 | 24707 | 221292 | 62007 | 42494 |
| 4914886 | 43299 | 356598 | -29677 | 1091491 | 15324 | 38781 |
| 496685 | 17776 | 17811 | -2287 | 77274 | | 3242 |
| 167601 | 609 | 14194 | 5893 | 4659 | | 1275 |
| 11411320 | 17673 | 187740 | 257980 | 709513 | 234432 | 74268 |
| 1652831 | 46125 | 54575 | 23631 | 212015 | 396 | 9728 |
| 124615 | 6701 | 18788 | 2667 | 2997 | 1246 | 4433 |

# 13-8 规模以上工业企业主要经济效益指标(2018年)
# Main Indicators on Economic Benefit of Industrial Enterprises above Designated Size (2018)

| 分组 | Item | 总资产贡献率(%) Ratio of Profits, Taxes and Interests to Average Assets (%) | 资产负债率(%) Ratio of Debts to Assets (%) | 流动资产周转率(次/年) Turnover of Current Assets (times/year) | 成本费用利润率(%) Ratio of Profits to Total Industrial Cost (%) | 工业产品销售率(%) Sales Ratio of Products (%) |
|---|---|---|---|---|---|---|
| **总计** | **Total** | **14.13** | **53.92** | **1.92** | **12.17** | **95.98** |
| **按登记注册类型分** | **By Status of Registration** | | | | | |
| 内资企业 | Domestic Funded | 14.25 | 54.59 | 1.95 | 12.12 | 100.00 |
| 国有企业 | State-owned Enterprises | 8.76 | 55.54 | 1.69 | 7.61 | 98.21 |
| 中央企业 | Central | 5.71 | 57.52 | 2.20 | 3.22 | 98.31 |
| 地方企业 | Local | 16.44 | 50.54 | 0.94 | 27.17 | 97.91 |
| 集体企业 | Collective-owned Enterprises | 23.29 | 41.58 | 2.27 | 13.77 | 94.78 |
| 股份合作企业 | Cooperative Enterprises | 18.55 | 47.15 | 1.48 | 24.15 | 99.64 |
| 联营企业 | Joint Ownership Enterprises | 26.68 | 65.60 | 12.05 | 3.44 | 90.78 |
| 国有联营企业 | State Joint Ownership Enterprises | -12.48 | 73.68 | 0.72 | -53.24 | 100.00 |
| 国有与集体联营企业 | Joint State-collective Enterprises | 228.03 | 22.80 | 62.30 | 9.84 | 89.54 |
| 有限责任公司 | Limited Liability Corporations | 13.12 | 57.16 | 1.70 | 10.48 | 95.93 |
| 国有独资公司 | State Sole Funded Corporations | 11.05 | 55.01 | 1.10 | 6.40 | 96.52 |
| 其他有限责任公司 | Other Limited Liability Corporations | 14.30 | 58.38 | 2.01 | 11.55 | 95.78 |
| 股份有限公司 | Share-holding Corporations Limited | 15.95 | 51.00 | 2.21 | 23.88 | 97.82 |
| 私营企业 | Private Enterprises | 19.65 | 48.44 | 3.05 | 10.04 | 96.18 |
| 私营独资企业 | Private-funded Enterprises | 20.01 | 45.13 | 2.14 | 13.86 | 97.96 |
| 私营合伙企业 | Private Partnership Enterprises | 24.80 | 54.45 | 2.16 | 18.89 | 99.10 |
| 私营有限责任公司 | Private Limited Liability Corporations | 20.20 | 49.00 | 3.14 | 9.75 | 96.12 |
| 私营股份有限公司 | Private Share-holding Corporations Ltd. | 13.49 | 42.15 | 2.81 | 9.85 | 95.31 |
| 其他企业 | Other Enterprises | 23.38 | 69.20 | 1.37 | 15.44 | 96.63 |
| 港、澳、台商投资企业 | Enterprises with Funds from Hong Kong, Macao and Taiwan | 10.76 | 56.77 | 1.74 | 6.98 | 94.62 |
| 合资经营企业(港或澳、台资) | Joint-venture Enterprises | 11.53 | 62.44 | 1.73 | 6.63 | 97.44 |
| 合作经营企业(港或澳、台资) | Cooperative Enterprises | 6.36 | 5.77 | 0.92 | 0.35 | 92.75 |
| 港澳台商独资经营企业 | Enterprises with Sole Investment | 10.45 | 38.41 | 2.59 | 7.37 | 87.28 |
| 港澳台商投资股份有限公司 | Share-holding Corporations Ltd. | 3.77 | 66.29 | 0.67 | 5.89 | 86.13 |
| 其他港澳台商投资企业 | Other Enterprises with Funds from Hong Kong, Macao and Taiwan | 11.16 | 32.32 | 0.79 | 17.77 | 91.66 |
| 外商投资企业 | Foreign Funded Enterprises | 12.86 | 40.15 | 1.43 | 15.74 | 88.36 |
| 中外合资经营企业 | Joint-venture Enterprises | 10.43 | 55.71 | 1.41 | 8.96 | 92.65 |
| 中外合作经营企业 | Cooperation Enterprises | 4.21 | 38.54 | 7.59 | 1.86 | 97.02 |
| 外资企业 | Enterprises with Sole Funds | 14.11 | 28.55 | 1.40 | 23.01 | 86.06 |
| 外商投资股份有限公司 | Share-holding Corporations Ltd. | 14.40 | 66.21 | 1.60 | 4.82 | 83.79 |
| 其他外商投资企业 | Other Foreign Funded Enterprises | 7.89 | 53.52 | 1.35 | 13.96 | 82.58 |

13-8　续表　continued

| 分　组 | Item | 总资产贡献率 (%) Ratio of Profits, Taxes and Interests to Average Assets (%) | 资　产负债率 (%) Ratio of Debts to Assets (%) | 流动资产周转率 (次/年) Turnover of Current Assets (times/year) | 成本费用利润率 (%) Ratio of Profits to Total Industrial Cost (%) | 工业产品销售率 (%) Sales Ratio of Products (%) |
|---|---|---|---|---|---|---|
| **按经济组织类型分** | **By Economic Type of Orgnization** | | | | | |
| 独资企业 | Appropratorship | 11.08 | 46.35 | 1.67 | 12.20 | 93.97 |
| 国有企业 | State-owned Enterprises | 8.76 | 55.54 | 1.69 | 7.61 | 98.21 |
| 集体企业 | Collective-owned Enterprises | 23.29 | 41.58 | 2.27 | 13.77 | 94.78 |
| 私营独资企业 | Private-funded Enterprises | 20.01 | 45.13 | 2.14 | 13.86 | 97.96 |
| 港澳台商独资经营企业 | Enterprises with Sole Investment | 10.45 | 38.41 | 2.59 | 7.37 | 87.28 |
| 外资企业 | Enterprises with Sole Funds | 14.11 | 28.55 | 1.40 | 23.01 | 86.06 |
| 合作、合伙企业 | Partnership | 19.77 | 52.78 | 1.76 | 16.45 | 96.19 |
| 股份合作企业 | Cooperative Enterprises | 18.55 | 47.15 | 1.48 | 24.15 | 99.64 |
| 国有联营企业 | State Joint Ownership Enterprises | -12.48 | 73.68 | 0.72 | -53.24 | 100.00 |
| 国有与集体联营企业 | Joint State-collective Enterprises | 228.03 | 22.80 | 62.30 | 9.84 | 89.54 |
| 私营合伙企业 | Private Partnership Enterprises | 24.80 | 54.45 | 2.16 | 18.89 | 99.10 |
| 合作经营企业(港或澳、台资) | Cooperative Enterprises | 6.36 | 5.77 | 0.92 | 0.35 | 92.75 |
| 中外合作经营企业 | Cooperation Enterprises | 4.21 | 38.54 | 7.59 | 1.86 | 97.02 |
| 其他企业(内资) | Other Enterprises | 23.38 | 69.20 | 1.37 | 15.44 | 96.63 |
| 其他港澳台商投资企业 | Other Enterprises with Funds from Hong Kong, Macao and Taiwan | 11.16 | 32.32 | 0.79 | 17.77 | 91.66 |
| 其他外商投资企业 | Other Foreign Funded Enterprises | 7.89 | 53.52 | 1.35 | 13.96 | 82.58 |
| 股份有限公司 | Share-holding Corporations Limited | 15.78 | 51.00 | 2.21 | 21.83 | 97.23 |
| 股份有限公司(内资) | Share-holding Corporations Ltd. | 15.95 | 51.00 | 2.21 | 23.88 | 97.82 |
| 私营股份有限公司 | Private Share-holding Corporations Ltd. | 13.49 | 42.15 | 2.81 | 9.85 | 95.31 |
| 港澳台商投资股份有限公司 | Share-holding Corporations Ltd.with Funds from Hong Kong, Macao and Taiwan | 3.77 | 66.29 | 0.67 | 5.89 | 86.13 |
| 外商投资股份有限公司 | Share-holding Corporations Ltd.with Foreign Investment | 14.40 | 66.21 | 1.60 | 4.82 | 83.79 |
| 有限责任公司 | Limited Liability Corporations | 13.89 | 56.19 | 1.89 | 10.17 | 95.93 |
| 国有独资公司 | State Sole Funded Corporations | 11.05 | 55.01 | 1.10 | 6.40 | 96.52 |
| 私营有限责任公司 | Private Limited Liability Corporations | 20.20 | 49.00 | 3.14 | 9.75 | 96.12 |
| 合资经营企业(港或澳、台资) | Joint-venture Enterprises | 11.53 | 62.44 | 1.73 | 6.63 | 97.44 |
| 中外合资经营企业 | Joint-venture Enterprises | 10.43 | 55.71 | 1.41 | 8.96 | 92.65 |
| 其他有限责任公司 | Other Corporations | 14.30 | 58.38 | 2.01 | 11.55 | 95.78 |
| **按轻重工业分** | **Grouped by Light & Heavy Industries** | | | | | |
| 轻工业 | Light Industry | 19.78 | 46.90 | 2.72 | 8.40 | |
| 重工业 | Heavy Industry | 13.48 | 54.72 | 1.78 | 13.16 | |
| **按企业规模分** | **Grouped by Size of Enterprises** | | | | | |
| 大型企业 | Large Enterprises | 14.56 | 53.93 | 1.73 | 14.13 | |
| 中型企业 | Medium-sized Enterprises | 14.60 | 53.01 | 1.75 | 15.02 | |
| 小型企业 | Small Enterprises | 13.16 | 53.74 | 2.40 | 8.43 | 96.72 |
| 微型企业 | Mini Enterprises | 5.78 | 70.09 | 1.48 | 7.68 | 94.27 |

# 13–9 规模以上工业企业分行业主要经济效益指标(2018年)
# Main Indicators on Economic Benefit of Industrial Enterprises above Designated Size by Industrial Sector (2018)

| 分 组 | Item | 总资产贡献率(%) Ratio of Profits, Taxes and Interests to Average Assets(%) | 资 产负债率(%) Ratio of Debts to Assets (%) | 流动资产周转率(次/年) Turnover of Current Assets (times/year) | 成本费用利润率(%) Ratio of Profits to Total Industrial Cost (%) | 工业产品销售率(%) Sales Ratio of Products (%) |
|---|---|---|---|---|---|---|
| **总　计** | **Total** | **14.13** | **53.92** | **1.92** | **12.17** | **95.98** |
| 煤炭开采和洗选业 | Mining and Washing of Coal | 26.60 | 47.25 | 1.34 | 46.57 | 98.72 |
| 石油和天然气开采业 | Extraction of Petroleum and Natural Gas | 13.85 | 55.46 | 6.15 | 30.09 | 99.56 |
| 黑色金属矿采选业 | Mining and Processing of Ferrous Metal Ores | 9.92 | 53.67 | 1.77 | 8.61 | 94.05 |
| 有色金属矿采选业 | Mining and Processing of Non-Ferrous Metal Ores | 12.14 | 31.55 | 2.06 | 12.17 | 96.11 |
| 非金属矿采选业 | Mining and Processing of Non-metal Ores | 24.33 | 44.53 | 5.52 | 4.90 | 96.85 |
| 开采专业及辅助性活动 | Professional and Support Activities for Mining | 2.45 | 47.46 | 0.92 | 0.86 | 100.00 |
| 农副食品加工业 | Processing of Food from Agricultural Products | 16.01 | 46.76 | 4.28 | 5.76 | 96.14 |
| 食品制造业 | Manufacture of Foods | 20.56 | 41.35 | 4.44 | 9.31 | 93.10 |
| 酒、饮料和精制茶制造业 | Manufacture of Liquor, Beverages and Refined Tea | 21.21 | 46.01 | 2.56 | 12.50 | 97.79 |
| 烟草制品业 | Manufacture of Tobacco | 63.62 | 31.23 | 1.25 | 6.16 | 100.04 |
| 纺织业 | Manufacture of Textile | 17.24 | 47.53 | 3.72 | 9.35 | 96.25 |
| 纺织服装、服饰业 | Manufacture of Textile, Wearing Apparel and Accessories | 19.40 | 35.67 | 2.94 | 9.27 | 98.59 |
| 皮革、毛皮、羽毛及其制品和制鞋业 | Manufacture of Leather, Fur, Feather and Related Products and Footwear | 26.58 | 38.46 | 3.58 | 10.57 | 102.51 |
| 木材加工和木、竹、藤、棕、草制品业 | Processing of Timber, Manufacture of Wood, Bamboo, Rattan, Palm and Straw Products | 15.42 | 39.26 | 2.68 | 11.26 | 92.86 |
| 家具制造业 | Manufacture of Furniture | 21.30 | 30.77 | 3.46 | 10.63 | 95.90 |
| 造纸及纸制品业 | Manufacture of Paper and Paper Products | 13.32 | 39.32 | 3.82 | 5.93 | 94.61 |
| 印刷和记录媒介复制业 | Printing and Reproduction of Recording Media | 14.22 | 42.22 | 2.56 | 7.19 | 96.16 |
| 文教、工美、体育和娱乐用品制造业 | Manufacture of Articles for Culture, Education, Arts and Crafts, Sport and Entertainment Activities | 23.79 | 29.22 | 6.93 | 4.43 | 93.43 |
| 石油、煤炭及其他燃料加工业 | Processing of Petroleum, Coal and Other Fuel | 14.31 | 58.35 | 1.45 | 6.48 | 96.96 |
| 化学原料及化学制品制造业 | Manufacture of Raw Chemical Materials and Chemical Products | 8.61 | 55.39 | 1.88 | 8.57 | 96.28 |
| 医药制造业 | Manufacture of Medicines | 20.35 | 46.49 | 1.63 | 12.96 | 90.10 |
| 化学纤维制造业 | Manufacture of Chemical Fibres | 14.61 | 50.28 | 2.23 | 9.38 | 104.36 |
| 橡胶和塑料制品业 | Manufacture of Rubber and Plastics Products | 8.88 | 50.25 | 1.87 | 6.59 | 92.20 |
| 非金属矿物制品业 | Manufacture of Non-metallic Mineral Products | 16.04 | 55.06 | 3.12 | 9.18 | 96.95 |
| 黑色金属冶炼和压延加工业 | Smelting and Pressing of Ferrous Metals | 16.29 | 85.60 | 4.09 | 6.05 | 94.26 |
| 有色金属冶炼和压延加工业 | Smelting and Pressing of Non-ferrous Metals | 8.14 | 56.85 | 2.38 | 4.24 | 95.48 |
| 金属制品业 | Manufacture of Metal Products | 12.27 | 54.20 | 2.34 | 8.46 | 94.45 |
| 通用设备制造业 | Manufacture of General Purpose Machinery | 6.34 | 56.82 | 1.09 | 4.43 | 95.01 |
| 专用设备制造业 | Manufacture of Special Purpose Machinery | 4.37 | 57.86 | 1.03 | 2.84 | 93.09 |
| 汽车制造业 | Manufacture of Automobiles | 12.11 | 62.84 | 1.96 | 6.17 | 98.08 |
| 铁路、船舶、航空航天和其他运输设备制造业 | Manufacture of Railway, Ship, Aerospace and Other Transport Equipments | 11.76 | 48.05 | 1.29 | 10.40 | 94.20 |
| 电气机械和器材制造业 | Manufacture of Electrical Machinery and Apparatus | 4.88 | 53.40 | 1.19 | 4.09 | 95.58 |
| 计算机、通信和其他电子设备制造业 | Manufacture of Computers, Communication and Other Electronic Equipment | 10.40 | 35.14 | 1.31 | 17.59 | 83.86 |
| 仪器仪表制造业 | Manufacture of Measuring Instruments and Machinery | 14.77 | 52.91 | 1.15 | 13.48 | 95.59 |
| 其他制造业 | Other Manufacture | 12.22 | 21.66 | 1.01 | 12.15 | 98.44 |
| 废弃资源综合利用业 | Utilization of Waste Resources | 11.74 | 63.85 | 4.72 | 2.55 | 94.80 |
| 金属制品、机械和设备修理业 | Repair Service of Metal Products, Machinery and Equipment | 4.26 | 61.02 | 0.99 | 3.67 | 95.97 |
| 电力、热力生产和供应业 | Production and Supply of Electric Power and Heat Power | 6.50 | 66.57 | 2.44 | 7.30 | 95.79 |
| 燃气生产和供应业 | Production and Supply of Gas | 9.24 | 58.13 | 2.92 | 8.49 | 98.05 |
| 水的生产和供应业 | Production and Supply of Water | 2.67 | 57.74 | 0.68 | 0.83 | 99.11 |

# 13-10 国有及国有控股工业企业主要经济效益指标(2018年)

## Main Indicators on Economic Benefit of State-owned and State-holding Industrial Enterprises(2018)

| 分 组 | Item | 总资产贡献率 (%) Ratio of Profits, Taxes and Interests to Average Assets(%) | 资 产 负债率 (%) Ratio of Debts to Assets (%) | 流动资产周转率 (次/年) Turnover of Current Assets (times/year) | 成本费用利润率 (%) Ratio of Profits to Total Industrial Cost (%) | 工业产品销售率 (%) Sales Ratio of Products (%) |
|---|---|---|---|---|---|---|
| **总 计** | **Total** | **13.48** | **56.34** | **1.67** | **14.11** | **97.09** |
| 煤炭开采和洗选业 | Mining and Washing of Coal | 29.22 | 44.40 | 1.22 | 70.08 | 98.47 |
| 石油和天然气开采业 | Extraction of Petroleum and Natural Gas | 13.85 | 55.48 | 6.16 | 30.10 | 99.58 |
| 黑色金属矿采选业 | Mining and Processing of Ferrous Metal Ores | 15.78 | 63.22 | 3.44 | 13.52 | 95.03 |
| 有色金属矿采选业 | Mining and Processing of Non-Ferrous Metal Ores | 8.89 | 33.23 | 1.21 | 13.36 | 96.14 |
| 非金属矿采选业 | Mining and Processing of Non-metal Ores | 18.71 | 30.95 | 2.50 | 8.75 | 98.91 |
| 开采专业及辅助性活动 | Professional and Support Activities for Mining | 1.11 | 49.62 | 0.92 | -0.27 | 100.04 |
| 农副食品加工业 | Processing of Food from Agricultural Products | 5.06 | 78.15 | 3.88 | 1.11 | 90.83 |
| 食品制造业 | Manufacture of Foods | 7.18 | 69.14 | 3.62 | 3.30 | 98.83 |
| 酒、饮料和精制茶制造业 | Manufacture of Liquor, Beverages and Refined Tea | 33.37 | 45.22 | 1.48 | 23.39 | 108.28 |
| 烟草制品业 | Manufacture of Tobacco | 63.62 | 31.23 | 1.25 | 6.16 | 100.04 |
| 纺织业 | Manufacture of Textile | -1.86 | 61.80 | 0.54 | -10.91 | 90.95 |
| 纺织服装、服饰业 | Manufacture of Textile, Wearing Apparel and Accessories | | | | | 100.00 |
| 皮革、毛皮、羽毛及其制品 | Manufacture of Leather, Fur, Feather and Related Products and Footwear | 16.36 | 39.29 | 1.69 | 9.30 | 139.11 |
| 木材加工和木、竹、藤、棕、草制品业 | Processing of Timber, Manufacture of Wood, Bamboo, Rattan, Palm and Straw Products | 4.88 | 55.56 | 3.00 | | 100.00 |
| 造纸及纸制品业 | Manufacture of Paper and Paper Products | | | 2.00 | | 100.00 |
| 印刷和记录媒介复制业 | Printing and Reproduction of Recording Media | 15.35 | 18.72 | 1.11 | 14.71 | 99.86 |
| 文教、工美、体育和娱乐用品制造业 | Manufacture of Articles for Culture, Education, Arts and Crafts, Sport and Entertainment Activities | | 66.67 | 1.00 | | 100.00 |
| 石油、煤炭及其他燃料加工业 | Processing of Petroleum, Coal and Other Fuel | 15.25 | 58.25 | 1.28 | 7.25 | 96.45 |
| 化学原料及化学制品制造业 | Manufacture of Raw Chemical Materials and Chemical Products | 8.34 | 57.73 | 1.91 | 8.51 | 97.02 |
| 医药制造业 | Manufacture of Medicines | 31.96 | 39.83 | 1.73 | 30.03 | 87.64 |
| 化学纤维制造业 | Manufacture of Chemical Fibres | 27.94 | 13.33 | 2.36 | 12.73 | 104.84 |
| 橡胶和塑料制品业 | Manufacture of Rubber and Plastics Products | 3.20 | 58.93 | 0.83 | 2.52 | 97.86 |
| 非金属矿物制品业 | Manufacture of Non-metallic Mineral Products | 11.77 | 63.37 | 2.15 | 16.16 | 96.69 |
| 黑色金属冶炼和压延加工业 | Smelting and Pressing of Ferrous Metals | 18.91 | 87.30 | 4.57 | 6.85 | 93.16 |
| 有色金属冶炼和压延加工业 | Smelting and Pressing of Non-ferrous Metals | 4.40 | 60.14 | 2.24 | 1.44 | 96.68 |
| 金属制品业 | Manufacture of Metal Products | 1.82 | 74.24 | 0.95 | -2.41 | 93.67 |
| 通用设备制造业 | Manufacture of General Purpose Machinery | 2.72 | 62.24 | 0.63 | 1.52 | 94.32 |
| 专用设备制造业 | Manufacture of Special Purpose Machinery | -0.86 | 63.73 | 0.60 | -7.77 | 88.51 |
| 汽车制造业 | Manufacture of Automobiles | 8.93 | 65.26 | 1.93 | 3.98 | 99.05 |
| 铁路、船舶、航空航天和其他运输设备制造业 | Manufacture of Railway, Ship, Aerospace and Other Transport Equipments | 10.35 | 54.13 | 0.98 | 11.79 | 93.46 |
| 电气机械和器材制造业 | Manufacture of Electrical Machinery and Apparatus | 4.04 | 44.68 | 0.75 | 4.20 | 98.16 |
| 计算机、通信和其他电子设备制造业 | Manufacture of Computers, Communication and Other Electronic Equipment | 2.06 | 57.73 | 0.60 | 6.41 | 80.45 |
| 仪器仪表制造业 | Manufacture of Measuring Instruments and Machinery | 5.17 | 81.22 | 1.14 | 3.47 | 90.81 |
| 其他制造业 | Other Manufacture | | 12.50 | 0.57 | | 100.00 |
| 废弃资源综合利用业 | Utilization of Waste Resources | 10.00 | 84.55 | 13.67 | 0.75 | 98.68 |
| 金属制品、机械和设备修理业 | Repair Service of Metal Products, Machinery and Equipment | 3.81 | 61.06 | 0.98 | 2.90 | 95.81 |
| 电力、热力生产和供应业 | Production and Supply of Electric Power and Heat Power | 6.68 | 65.42 | 3.34 | 6.09 | 95.72 |
| 燃气生产和供应业 | Production and Supply of Gas | 6.08 | 64.24 | 2.48 | 5.16 | 99.33 |
| 水的生产和供应业 | Production and Supply of Water | 2.19 | 58.29 | 0.61 | -1.30 | 99.79 |

# 13-11 外商及港澳台商投资工业企业主要经济效益指标(2018年)

## Main Indicators on Economic Benefit of Industrial Enterprises with Hong Kong, Macao, Taiwan and Foreign Funds (2018)

| 分组 | Item | 总资产贡献率(%) Ratio of Profits, Taxes and Interests to Average Assets(%) | 资产负债率(%) Ratio of Debts to Assets (%) | 流动资产周转率(次/年) Turnover of Current Assets (times/year) | 成本费用利润率(%) Ratio of Profits to Total Industrial Cost (%) | 工业产品销售率(%) Sales Ratio of Products (%) |
|---|---|---|---|---|---|---|
| **总计** | **Total** | **13.13** | **39.34** | **1.51** | **15.31** | **88.58** |
| 煤炭开采和洗选业 | Mining and Washing of Coal | 19.92 | 1.16 | 0.29 | 180.85 | 107.75 |
| 黑色金属矿采选业 | Mining and Processing of Ferrous Metal Ores | 3.74 | 87.59 | 6.55 | 0.40 | 93.87 |
| 农副食品加工业 | Processing of Food from Agricultural Products | 4.72 | 65.67 | 2.38 | 2.23 | 102.19 |
| 食品制造业 | Manufacture of Foods | 10.62 | 44.05 | 2.98 | 7.68 | 84.88 |
| 酒、饮料和精制茶制造业 | Manufacture of Liquor, Beverages and Refined Tea | 5.00 | 66.11 | 1.59 | 4.15 | 102.83 |
| 纺织服装、服饰业 | Manufacture of Textile, Wearing Apparel and Accessories | 34.71 | 2.52 | 49.99 | 10.65 | 96.79 |
| 皮革、毛皮、羽毛及其制品和制鞋业 | Manufacture of Leather, Fur, Feather and Related Products and Footwear | 6.28 | 10.58 | 0.85 | 7.05 | 100.00 |
| 造纸及纸制品业 | Manufacture of Paper and Paper Products | 16.88 | 69.20 | 1.48 | 12.88 | 99.99 |
| 印刷和记录媒介复制业 | Printing and Reproduction of Recording Media | 9.11 | 51.95 | 1.99 | 4.38 | 95.66 |
| 文教、工美、体育和娱乐用品制造业 | Manufacture of Articles for Culture, Education, Arts and Crafts, Sport and Entertainment Activities | 6.37 | 49.69 | 66.69 | 0.28 | 100.00 |
| 石油、煤炭及其他燃料加工业 | Processing of Petroleum, Coal and Other Fuel | 1.61 | 59.80 | 0.29 | 11.71 | 100.00 |
| 化学原料及化学制品制造业 | Manufacture of Raw Chemical Materials and Chemical Products | 8.35 | 38.81 | 1.54 | 16.00 | 99.19 |
| 医药制造业 | Manufacture of Medicines | 29.47 | 64.35 | 1.69 | 12.84 | 86.18 |
| 化学纤维制造业 | Manufacture of Chemical Fibres | 7.12 | 81.06 | 1.93 | 5.25 | 104.45 |
| 非金属矿物制品业 | Manufacture of Non-metallic Mineral Products | 27.86 | 42.94 | 3.48 | 23.50 | 94.59 |
| 黑色金属冶炼和压延加工业 | Smelting and Pressing of Ferrous Metals | 1.17 | 53.69 | 0.80 | 0.85 | 100.00 |
| 有色金属冶炼和压延加工业 | Smelting and Pressing of Non-ferrous Metals | 5.64 | 17.26 | 2.23 | 1.36 | 92.55 |
| 金属制品业 | Manufacture of Metal Products | 0.49 | 83.37 | 3.27 | -3.71 | 99.07 |
| 通用设备制造业 | Manufacture of General Purpose Machinery | 2.49 | 29.57 | 1.11 | 0.98 | 97.41 |
| 专用设备制造业 | Manufacture of Special Purpose Machinery | 7.30 | 45.64 | 0.94 | 14.56 | 136.69 |
| 汽车制造业 | Manufacture of Automobiles | 13.27 | 54.51 | 1.35 | 10.67 | 97.53 |
| 铁路、船舶、航空航天和其他运输设备制造业 | Manufacture of Railway, Ship, Aerospace and Other Transport Equipments | 23.93 | 39.35 | 0.94 | 28.88 | 90.76 |
| 电气机械和器材制造业 | Manufacture of Electrical Machinery and Apparatus | 1.14 | 76.43 | 1.61 | -0.17 | 89.72 |
| 计算机、通信和其他电子设备制造业 | Manufacture of Computers, Communication and Other Electronic Equipment | 14.96 | 21.78 | 1.16 | 30.26 | 77.69 |
| 仪器仪表制造业 | Manufacture of Measuring Instruments and Machinery | 31.88 | 20.45 | 0.87 | 45.90 | 99.37 |
| 其他制造业 | Other Manufacture | 6.70 | 2.24 | 0.73 | 11.11 | 88.90 |
| 电力、热力生产和供应业 | Production and Supply of Electric Power and Heat Power | 5.91 | 58.91 | 1.01 | 70.53 | 100.00 |
| 燃气生产和供应业 | Production and Supply of Gas | 12.17 | 38.90 | 1.19 | 19.90 | 77.90 |
| 水的生产和供应业 | Production and Supply of Water | 19.51 | 54.42 | 1.02 | 93.09 | 100.00 |

# 13-12　大中型工业企业主要经济效益指标(2018年)
# Main Indicators on Economic Benefit of Large and Medium-sized Industrial Enterprises(2018)

| 分　组 | Item | 总资产贡献率(%) Ratio of Profits, Taxes and Interests to Average Assets(%) | 资产负债率(%) Ratio of Debts to Assets (%) | 流动资产周转率(次/年) Turnover of Current Assets (times/year) | 成本费用利润率(%) Ratio of Profits to Total Industrial Cost (%) | 工业产品销售率(%) Sales Ratio of Products (%) |
|---|---|---|---|---|---|---|
| **总　计** | **Total** | **14.57** | **53.71** | **1.74** | **14.38** | **96.00** |
| 煤炭开采和洗选业 | Mining and Washing of Coal | 30.25 | 39.67 | 1.19 | 63.79 | 98.54 |
| 石油和天然气开采业 | Extraction of Petroleum and Natural Gas | 13.87 | 55.46 | 6.16 | 30.10 | 99.58 |
| 黑色金属矿采选业 | Mining and Processing of Ferrous Metal Ores | 12.38 | 59.77 | 2.14 | 11.28 | 94.87 |
| 有色金属矿采选业 | Mining and Processing of Non-Ferrous Metal Ores | 10.53 | 28.79 | 1.51 | 14.35 | 96.07 |
| 非金属矿采选业 | Mining and Processing of Non-metal Ores | 24.15 | 30.66 | 4.37 | 5.95 | 98.90 |
| 开采专业及辅助性活动 | Professional and Support Activities for Mining | 4.14 | 45.54 | 1.11 | 3.57 | 100.06 |
| 农副食品加工业 | Processing of Food from Agricultural Products | 15.26 | 55.03 | 3.01 | 6.55 | 96.81 |
| 食品制造业 | Manufacture of Foods | 19.74 | 40.08 | 4.08 | 11.21 | 90.60 |
| 酒、饮料和精制茶制造业 | Manufacture of Liquor, Beverages and Refined Tea | 19.31 | 55.57 | 1.55 | 18.24 | 103.06 |
| 烟草制品业 | Manufacture of Tobacco | 64.26 | 31.35 | 1.25 | 6.12 | 100.01 |
| 纺织业 | Manufacture of Textile | 15.22 | 52.39 | 2.82 | 10.77 | 95.92 |
| 纺织服装、服饰业 | Manufacture of Textile, Wearing Apparel and Accessories | 28.66 | 47.03 | 2.84 | 14.76 | 100.46 |
| 皮革、毛皮、羽毛及其制品和制鞋业 | Manufacture of Leather, Fur, Feather and Related Products and Footwear | 30.65 | 39.83 | 3.40 | 12.64 | 110.15 |
| 木材加工和木、竹、藤、棕、草制品业 | Processing of Timber, Manufacture of Wood, Bamboo, Rattan, Palm and Straw Products | 12.66 | 39.12 | 1.64 | 15.94 | 92.51 |
| 家具制造业 | Manufacture of Furniture | 30.04 | 29.41 | 5.20 | 12.94 | 99.87 |
| 造纸及纸制品业 | Manufacture of Paper and Paper Products | 16.57 | 45.71 | 3.79 | 9.77 | 93.32 |
| 印刷和记录媒介复制业 | Printing and Reproduction of Recording Media | 14.68 | 31.91 | 1.63 | 9.86 | 97.18 |
| 石油、煤炭及其他燃料加工业 | Processing of Petroleum, Coal and Other Fuel | 14.79 | 57.82 | 1.38 | 7.10 | 96.56 |
| 化学原料及化学制品制造业 | Manufacture of Raw Chemical Materials and Chemical Products | 7.76 | 57.88 | 1.61 | 8.95 | 97.25 |
| 医药制造业 | Manufacture of Medicines | 23.80 | 46.46 | 1.47 | 15.88 | 89.17 |
| 橡胶和塑料制品业 | Manufacture of Rubber and Plastics Products | 5.87 | 57.62 | 1.11 | 6.02 | 90.02 |
| 非金属矿物制品业 | Manufacture of Non-metallic Mineral Products | 13.04 | 58.90 | 2.71 | 11.84 | 95.43 |
| 黑色金属冶炼和压延加工业 | Smelting and Pressing of Ferrous Metals | 18.34 | 90.39 | 4.42 | 6.99 | 93.90 |
| 有色金属冶炼和压延加工业 | Smelting and Pressing of Non-ferrous Metals | 7.11 | 58.66 | 2.42 | 3.58 | 96.32 |
| 金属制品业 | Manufacture of Metal Products | 17.00 | 59.92 | 1.85 | 13.43 | 92.80 |
| 通用设备制造业 | Manufacture of General Purpose Machinery | 3.69 | 60.01 | 0.71 | 3.67 | 95.28 |
| 专用设备制造业 | Manufacture of Special Purpose Machinery | 2.41 | 61.97 | 0.87 | -0.28 | 89.67 |
| 汽车制造业 | Manufacture of Automobiles | 11.86 | 63.01 | 1.95 | 6.12 | 98.64 |
| 铁路、船舶、航空航天和其他运输设备制造业 | Manufacture of Railway, Ship, Aerospace and Other Transport Equipments | 9.02 | 56.79 | 1.00 | 8.87 | 93.62 |
| 电气机械和器材制造业 | Manufacture of Electrical Machinery and Apparatus | 3.74 | 54.81 | 0.93 | 4.04 | 95.42 |
| 计算机、通信和其他电子设备制造业 | Manufacture of Computers, Communication and Other Electronic Equipment | 13.36 | 27.89 | 1.36 | 20.65 | 82.95 |
| 仪器仪表制造业 | Manufacture of Measuring Instruments and Machinery | 23.61 | 53.02 | 1.60 | 14.58 | 95.89 |
| 金属制品、机械和设备修理业 | Repair Service of Metal Products, Machinery and Equipment | 3.67 | 62.94 | 0.97 | 2.47 | 95.45 |
| 电力、热力生产和供应业 | Production and Supply of Electric Power and Heat Power | 7.41 | 64.00 | 3.80 | 5.97 | 95.42 |
| 燃气生产和供应业 | Production and Supply of Gas | 10.32 | 51.75 | 2.85 | 11.93 | 98.42 |
| 水的生产和供应业 | Production and Supply of Water | 3.32 | 64.60 | 0.56 | 1.96 | 99.06 |

# 13-13 主要工业产品产量
# Output of Major Industrial Products

| 产 品 名 称 | | Item | | 2017 | 2018 |
|---|---|---|---|---|---|
| 原 煤 | (万吨) | Coal | (10 000 tons) | 56959.93 | 62324.51 |
| 天然原油 | (万吨) | Crude Petroleum Oil | (10 000 tons) | 3489.82 | 3519.49 |
| 天然气 | (亿立方米) | Natural Gas | (100 million cu.m) | 419.40 | 444.48 |
| 铁矿石原矿 | (万吨) | Crude Quantity of Iron Ore | (10 000 tons) | 2395.22 | 2201.59 |
| 锌金属含量 | (万吨) | Zinc Metal Content | (10 000 tons) | 29.53 | 24.92 |
| 钼精矿折合量 | (万吨) | Reduced Quantity of Molybdenum Concentrate | (10 000 tons) | 5.07 | 5.20 |
| 发电量 | (亿千瓦小时) | Electricity | (100 million kwh) | 1781.39 | 1782.22 |
| 小麦粉 | (万吨) | Wheat Meal | (10 000 tons) | 631.42 | 584.92 |
| 精制食用植物油 | (万吨) | Refined Edible Vegetable Oil | (10 000 tons) | 190.69 | 190.51 |
| 饲 料 | (万吨) | Feed | (10 000 tons) | 452.82 | 385.73 |
| 乳制品 | (万吨) | Dairy Products | (10 000 tons) | 143.42 | 106.78 |
| 白 酒 | (万千升) | Spirits | (10 000 kiloliter) | 16.51 | 15.75 |
| 啤 酒 | (万千升) | Beer | (10 000 kiloliter) | 91.73 | 93.06 |
| 软饮料 | (万吨) | Soft Drinks | (10 000 tons) | 728.55 | 705.30 |
| 卷 烟 | (亿支) | Cigarettes | (100 million pieces) | 819.77 | 794.39 |
| 化学纤维 | (万吨) | Chemical Fiber | (10 000 ton) | 1.39 | 1.42 |
| 纱 | (万吨) | Yarn | (10 000 tons) | 42.60 | 39.41 |
| 布 | (万米) | Cloth | (10 000 m) | 92169.50 | 76716.00 |
| 印染布 | (万米) | Dyed Fabric | (10 000 m) | 3610.00 | 3480.00 |
| 服 装 | (万件) | Garments | (10 000 cases) | 3240.40 | 3745.40 |
| 机制纸及纸板 | (万吨) | Machine-made Paper and Paperboard | (10 000 tons) | 75.95 | 72.41 |
| 纸制品 | (万吨) | Paper Products | (10 000 tons) | 124.90 | 156.23 |
| 原油加工量 | (万吨) | Crude Runs | (10 000 tons) | 1770.63 | 1799.43 |
| #汽 油 | | Gasoline | | 612.73 | 653.56 |
| 柴 油 | | Diesel Oil | | 722.63 | 697.53 |
| 焦 炭 | (万吨) | Coke | (10 000 tons) | 4050.41 | 4024.91 |
| 硫酸(折100%) | (万吨) | Sulfuric Acid | (10 000 tons) | 139.51 | 113.82 |
| 氢氧化钠(烧碱) | (万吨) | Caustic Soda | (10 000 tons) | 99.89 | 100.16 |
| 碳化钙(电石) | (万吨) | Soda Ash | (10 000 tons) | 271.36 | 287.20 |
| 合成氨 | (万吨) | Synthetic Ammonia | (10 000 tons) | 153.56 | 134.79 |

## 13-13 续表 continued

| 产 品 名 称 | | Item | | 2017 | 2018 |
|---|---|---|---|---|---|
| 化肥总计 | (万吨) | Chemical Fertilizers | (10 000 tons) | 148.39 | 128.90 |
| 氮 肥 | | Nitrogen Fertilizers | | 124.13 | 107.40 |
| 磷 肥 | | Phosphate Fertilizers | | 22.70 | 20.01 |
| 合成洗涤剂 | (万吨) | Synthetic Detergents | (10 000 ton) | 7.49 | 7.07 |
| 化学药品原药 | (万吨) | Chemical Medicines | (10 000 ton) | 2.49 | 2.31 |
| 精甲醇 | (万吨) | Extract Methanol | (10 000 tons) | 542.63 | 505.06 |
| 中成药 | (万吨) | Traditional Chinese Medicine | (10 000 ton) | 7.95 | 10.15 |
| 塑料制品 | (万吨) | Plastic Articles | (10 000 tons) | 82.21 | 88.73 |
| 水 泥 | (万吨) | Cement | (10 000 tons) | 7476.09 | 6270.83 |
| 平板玻璃 | (万重量箱) | Plain Glass | (10 000 weight cases) | 2157.30 | 2104.47 |
| 生 铁 | (万吨) | Pig Iron | (10 000 tons) | 1137.06 | 1157.61 |
| 粗 钢 | (万吨) | Crude Steel | (10 000 tons) | 1184.26 | 1310.82 |
| 钢 材 | (万吨) | Rolled Steel | (10 000 tons) | 1377.61 | 1445.15 |
| 铝 材 | (万吨) | Rolled Aluminum | (10 000 tons) | 25.03 | 28.79 |
| 铁合金 | (万吨) | Ferroalloy | (10 000 tons) | 84.91 | 94.79 |
| 十种有色金属 | (万吨) | Ten Kinds of Nonferrous Metals | (10 000 tons) | 232.60 | 197.88 |
| 原铝(电解铝) | (万吨) | Electrolyzed Aluminum | (10 000 tons) | 77.32 | 69.99 |
| 锌 | (万吨) | Zinc Metal | (10 000 tons) | 101.00 | 76.07 |
| 金属切削机床 | (台) | Metal-cutting Machine Tools | (unit) | 22005 | 18724 |
| # 数控机床 | | Computer Numerical Control Machine Tools | | 10629 | 10268 |
| 金属成型机床(锻压设备) | (台) | Metal Forming Machines(Forging Equipment) | (unit) | 12583 | 16594 |
| 汽 车 | (万辆) | Motor Vehicles | (unit) | 61.63 | 62.13 |
| #基本型乘用车(轿车) | | Basic Type Passenger Vehicle(Car) | | 18.14 | 18.08 |
| 载货汽车 | | Trucks | | 19.06 | 18.32 |
| 交流电动机 | (万千瓦) | Alternating Current Motors | (10 000 kw) | 196.31 | 260.10 |
| 变压器 | (万千伏安) | Transformers | (10 000 KVA) | 14966.11 | 14150.19 |
| 光 缆 | (万芯千米) | Fiber Optic Cable | (10 000 Core.km) | 586.35 | 716.10 |
| 电子元件 | (亿只) | Electronic Components | (100 million units) | 29.85 | 39.16 |

# 主要统计指标解释

**工业** 指从事自然资源的开采，对采掘品和农产品进行加工和再加工的物质生产部门。具体包括：(1)对自然资源的开采，如采矿、晒盐等(但不包括禽兽捕猎和水产捕捞)；(2)对农副产品的加工、再加工，如粮油加工、食品加工、缫丝、纺织、制革等；(3)对采掘品的加工、再加工，如炼铁、炼钢、化工生产、石油加工、机器制造、木材加工等，以及电力、自来水、煤气的生产和供应等；(4)对工业品的修理、翻新，如机器设备的修理、交通运输工具(如汽车)的修理等。

**轻工业** 指主要提供生活消费品和制作手工工具的工业。按其所使用的原料不同，可分为两大类：(1)以农产品为原料的轻工业，是指直接或间接以农产品为基本原料的轻工业。主要包括食品制造、饮料制造、烟草加工、纺织、缝纫、皮革和毛皮制作、造纸以及印刷等工业；(2)以非农产品为原料的轻工业，是指以工业品为原料的轻工业。主要包括文教体育用品、化学药品制造、合成纤维制造、日用化学制品、日用玻璃制品、日用金属制品、手工工具制造、医疗器械制造、文化和办公用机械制造等工业。

**重工业** 指为国民经济各部门提供物质技术基础的主要生产资料的工业。按其生产性质和产品用途，可以分为下列三类：(1)采掘(伐)工业，是指对自然资源的开采，包括石油开采、煤炭开采、金属矿开采、非金属矿开采等工业；(2)原材料工业，指向国民经济各部门提供基本材料、动力和燃料的工业。包括金属冶炼及加工、炼焦及焦炭、化学、化工原料、水泥、人造板以及电力、石油和煤炭加工等工业；(3)加工工业，是指对工业原材料进行再加工制造的工业。包括装备国民经济各部门的机械设备制造工业、金属结构、水泥制品等工业，以及为农业提供的生产资料如化肥、农药等工业。

根据上述划分原则，修理业中以重工业产品为修理作业对象的划为重工业，反之划为轻工业。

**国有及国有控股企业** 指国有企业加上国有控股企业。国有企业(即原全民所有制工业或国营工业)指企业全部资产归国家所有，并按《中华人民共和国企业法人登记管理条例》规定登记注册的非公司制的经济组织。包括国有企业、国有独资公司和国有联营企业。1957 年以前的公私合营和私营工业，后均改造为国营工业，1992 年改为国有工业，这部分工业的资料不单独分列时，均包括在国有企业内。国有控股企业是对混合所有制经济的企业进行的“国有控股”分类。它是指这些企业的全部资产中国有资产(股份)相对其他所有者中的任何一个所有者占资(股)最多的企业。该分组反映了国有经济控股情况。

**工业总产值**

(1)定义：

工业总产值是以货币形式表现的，工业企业在一定时期内生产的工业最终产品或提供工业性劳务活动的总价值量。它反映一定时间内工业生产的总规模和总水平。

(2)计算原则：

工业生产的原则，即凡是企业在报告期生产的经检验合格的产品，不管是否在报告期销售，均包括在内。

最终产品的原则，即凡是计入工业总产值的产品，必须是本企业生产的经检验合格的，不需要再进行任何加工的最终产品。如果企业有中间产品(半成品)对外销售，则对外销售的中间产品应视为企业的最终产品。

工厂法原则，即工业总产值是以工业企业作为基本计算(核算)单位，即按企业的最终产品计算工业总产值。按这种方法计算的工业总产值，不允许同一产品价值在企业内部重复计算，不能把企业内部各个车间(分厂)生产的成果相加，但允许企业间的重复计算。

(3)内容及计算方法：

1995 年全国工业普查对工业总产值(原规定)的内容及计算原则和方法做了某些修订，修订后的工业总产值(新规定)包括三项内容：即本期生产成品价值、对外加工费收入、在制品半成品期末期初差额价值三部分。

**工业增加值** 指工业企业在报告期内以货币表现的工业生产活动的最终成果。

工业增加值有两种计算方法：一是生产法，即工业总产出减去工业中间投入加上应交增值税；二是收入法，即从收入的角度出发，根据生产要素在生产过程中应得到的收入份额计算，具体构成项目有固定资产折旧、劳动者报酬、生产税净额、营业盈余，这种方法也称要素分配法。本年鉴中的工业增加值是以生产法计算的。

生产法工业增加值的计算方法为：

工业增加值=工业总产出-工业中间投入+应交增值税

**资产总计** 指企业拥有或控制的能以货币计量的经济资源，包括各种财产、债权和其他权利。资产按流动性分为流动资产、长期投资、固定资产、无形资产、递延资产和其他资产。该指标根据企业会计“资产负债表”中“资产总计”项目的期末数增列。

**流动资产** 指企业可以在一年内或者超过一年的一个生产周期内变现或者耗用的资产，包括现金及各种存款、短期投资，应收及预付款项、存货等。

**流动资产平均余额** 指企业在报告期内全部流动资产的平均余额。

**固定资产原价** 指企业在建造、购置、安装、改建、扩建、技术改造某项固定资产时所支出的全部货币总额。它一般包括买价、包装费、运杂费和安装费等。

**固定资产净值年平均余额** 指固定资产净值在报告期内余额的平均数。计算公式为：

$$\text{固定资产净值年平均余额}=\frac{\text{1至12月各月月初、月末固定资产净值之和}}{24}$$

**固定资产净值** 指固定资产原价减去历年已提折旧额后的净额。计算公式为：

固定资产净值=固定资产原价-累计折旧

**负债合计** 指企业所承担的能以货币计量，将以资产或劳务偿付的债务，偿还形式包括货币、资产或提供劳务。负债一般按偿还期长短分为流动负债和长期负债。根据会计“资产负债表”中“负债合计”的年末数填列。

**所有者权益** 指企业投资人对企业净资产的所有权。企业净资产等于企业全部资产减去全部负债后的余额，包括企业投资人对企业的最初投入的实际到位的资产及资本公积金、盈余公积金和未分配利润。所有者权益合计数小于零，表示企业资不抵债。

**主营业务收入** 指会计“利润表”中对应指标的本年累计数。未执行 2001 年《企业会计制度》的企业，用“产品销售收入”的本期累计数代替。

**主营业务成本** 指会计“利润表”中对应指标的本年累计数。未执行 2001 年《企业会计制度》的企业，用“产品销售成本”的本期累计数代替。

**主营业务税金及附加** 指会计“利润表”中对应指标的本年累计数。未执行 2001 年《企业会计制度》的企业，用“产品销售税金及附加” 的本期累计数代替。

**利润总额** 指企业生产经营活动的最终成果，是企业在一定时期内实现的盈亏相抵后的利润总额(亏损以“-”号表示)，它等于营业利润加上补贴收入加上投资收益加上营业外净收入再加上以前年度损益调整。

**本年应交增值税** 指企业在报告期内应交纳的增值税额。它等于本年销项税额加上出口退税加上进项税额转出数减去本年进项税额。小规模纳税企业直接按全年计税销售额乘以征收率计算取得。

**从业人员平均人数** 是指报告期内每天拥有的从业人员人数。其计算公式为：

$$\text{月平均人数}=\frac{\text{报告月内每天实有人数之和}}{\text{报告月日历日数}}$$

$$\text{季平均人数}=\frac{\text{季内各月平均人数之和}}{3}$$

$$\text{年平均人数}=\frac{\text{年内各月平均人数之和}}{12}$$

**总资产贡献率** 反映企业全部资产的获利能力，是企业经营业绩和管理水平的集中体现，是评价和考核企业盈利能力的核心指标。计算公式为：

$$\text{总资产贡献率(\%)}=\frac{\text{利润总额}+\text{税金总额}+\text{利息支出}}{\text{平均资金总额}}\times 100\%$$

公式中：税金总额为产品销售税金及附加与应交增值税之和；平均资产总额为期初期末资产之和的算术平均值。

**资产负债率** 该指标既反映企业经营风险的大小，也反映企业利用债权人提供的资金从事经营活动的能力。计算公式为：

$$\text{资产负债率(\%)}=\frac{\text{负债总额}}{\text{资产总额}}\times 100\%$$

资产与负债均为报告期期末数。

**流动资产周转次数** 指一定时期内流动资产完成的周转次数，反映投入工业企业流动资金的周转速度。计算公式为：

$$\text{流动资产周转次数}=\frac{\text{产品销售收入}}{\text{全部流动资产平均余额}}$$

公式中：全部流动资产平均余额为期初和期末的流动资产之和的算术平均值。

**成本费用利润率** 反映企业投入的生产成本及费用的经济效益，同时也反映企业降低成本所取得的经济效益。计算公式为：

$$\text{成本费用利润率(\%)}=\frac{\text{利润总额}}{\text{成本费用总额}}\times 100\%$$

公式中：成本费用总额为产品销售成本、销售费用、管理费用、财务费用之和。

**产品销售率** 该指标反映工业产品已实现销售的程度，是分析工业产销衔接情况，研究工业产品满足社会需求的指标。计算公式为：

$$\text{产品销售率(\%)}=\frac{\text{工业销售产值}}{\text{工业总产值(现价)}}\times 100\%$$

# Explanatory Notes on Main Statistical Indicators

**Industry** refers to the material production sector which is engaged in the extraction of natural resources and processing and reprocessing of minerals and agricultural products, including (1) extraction of natural resources, such as mining, salt production (but not including hunting and fishing); (2) processing and reprocessing of farm and sideline produces, such as rice husking, flour milling, wine making, oil pressing, silk reeling, spinning and weaving, and leather making; (3) manufacture of industrial products, such as steel making, iron smelting, chemicals manufacturing, petroleum processing, machine building, timber processing; water and gas production and electricity generation and supply; (4)repairing of industrial products such as the repairing of machinery and means of transport (including cars).

**Light Industry** refers to the industry that produces consumer goods and hand tools. It consists of two categories, depending on the materials used:

(1) Industries using farm products as raw materials. These are the branches of light industry which directly or indirectly use farm products as basic raw materials, including the manufacture of food and beverages, tobacco processing, textile, clothing, fur and leather manufacturing, paper making, printing, etc.

(2) Industries using non-farm products as raw materials. These are the branches of light industry which use manufactured goods as raw materials, including the manufacture of cultural, educational articles and sports goods, chemicals, synthetic fibre, chemical products for daily use, glass products for daily use, metal products for daily use, hand tools, medical apparatus and instruments, and the manufacture of cultural and office machinery.

**Heavy Industry** refers to the industry which produces capital goods, and provides various sectors of the national economy with necessary material and technical basis for production. It consists of the following three branches according to the purpose of production or the use of products:

(1) Mining, quarrying and logging industry, which refers to the industry that extracts natural resources, including extraction of petroleum, coal, metal and non-metal ores.

(2) Raw materials industry refers to the industry that provides various sectors of the national economy with raw materials, fuels and power. It includes smelting and processing of metals, coking and coke chemistry, chemical materials and building materials such as cement, plywood, and power, petroleum refining and coal dressing.

(3) Manufacturing industry which refers to the industry that processes raw materials. It includes machine-building industries which equip sectors of the national economy; industries producing metal structure and cement products; and industries producing means of agricultural production, such as chemical fertilizers and pesticides.

In accordance with the above principles of classification, the repairing trades, which are engaged primarily in repairing products of heavy industry, are classified as heavy industry while those which are engaged in repairing products of light industry are classified as light industry.

**State-owned and State-holding Enterprises** refer to state-owned enterprises plus State-holding enterprises. State-owned enterprises (originally known as State-run enterprises with ownership by the whole society) are non-corporate economic entities registered in accordance with the *Regulation of the People's Republic of China on the Management of Registration of Legal Enterprises*, where all assets are owned by the State. Included in this category are State-owned enterprises, State-funded corporations and State-owned joint-operation enterprises. Joint State-private industries and private industries, which existed before 1957, were transformed into state-run industries since 1957, and into State-owned industries after 1992. Statistics on those enterprises are included in the State-owned industries instead of being grouped them separately. State-holding enterprises are a sub-classification of enterprises with mixed ownership, referring to enterprises where the percentage of State assets (or shares by the State) is larger than any other single share holder of the same enterprise. This sub-classification illustrates the control of the State over a particular industry.

**Gross Industrial Output Value**

(1) Definition: Gross industrial output value is the total volume of final industrial products produced and industrial services provided during a given period. It reflects the total achievements and overall scale of industrial production during a given period.

(2) Principles for calculation:

Statistics on industrial production follow the principle that all products produced by the enterprises and accepted through quality check during the reference period are to be included no matter whether they are sold or not during the reference period.

Determination of final products follows the principle that all products that are included in the calculation of gross industrial output value are the final products of the enterprise which have been accepted through quality check and require no further processing. If an enterprise has intermediate (semi-finished) products to sell, these intermediate products are considered as the final products of the enterprise.

Gross industrial output value is calculated following the principle of factory approach, i.e. industrial enterprise is used as the basic accounting unit in calculating the gross industrial output value. By this approach, value of the same product is not to be double-counted, and the output value of different workshops (branch factories) within the enterprise should not be added. However, this approach allows the possibility of double counting between enterprises.

(3) Content and method of calculation: The old definition of gross industrial output value was modified during the 1995 National Industrial Census. The revised (new) definition of gross industrial output value consists of 3 components: value of the finished products during the reference period, income from processing for external parties, and value of change in semi-finished products between the end and the beginning of the reference period.

**Value-added of Industry** refers to the final results of industrial production of industrial enterprises in money terms during the reference period.

Industrial value-added can be calculated by two approaches: the production approach, i.e. gross industrial output value minus intermediate input plus value-added tax, and the income approach, i.e. income for various factors used in the course of production, including depreciation of fixed assets, remuneration of labourers, net of production tax, and operating surplus. Value-added of industry in the Yearbook is calculated by the production approach as follows:

Value-added of industry = gross industrial output - industrial intermediate input + value-added tax

**Total Assets** refer to all economic resources, in monetary term, these are owned or controlled by enterprises, including properties, creditor's equity and other economic rights of all forms. Classified by the degree of liquidity, total assets include working capitals, long-term investment, fixed assets, intangible assets, deferred assets and other assets. Data on this indicator can be obtained by the year-end figures of total assets in the *Assets and Liability Table* of accounting records of enterprises.

**Working Capital** refers to capital that an enterprise can cash or use during one year or one production cycle that may exceed one year, including cash and savings deposits of various forms, short-term investment, money receivable and prepaid money, inventories, etc.

**Annual Average Value of Working Capital** refers to the average value of all working capital of the enterprise during the reference period.

**Original Value of Fixed Assets** refers to the total value, in monetary terms, that an enterprise spent on fixed assets, through construction, purchase, installation, transformation, expansion or technical upgrading. Generally, it covers cost of purchase, packing, transportation and installation, etc.

**Annual Average of Net Value of Fixed Assets** refers to the average of the net value of fixed assets during the reference period, calculated with the following formula:

$$\text{Annual Average of Net Value of Fixed Assets} = \frac{\text{sum of net value of fixed assets at the beginning and at the end of each month from January to December}}{24}$$

**Net value of fixed assets** refers to the original value of fixed assets minus depreciation over the years, i.e.:

Net value of fixed assets = original value of fixed assets - cumulative depreciation

**Total Liabilities** refer to payable liabilities of enterprises that have to be repaid in terms of money, assets or labour services. In terms of payment, it can be divided into liquid liabilities and long-term liabilities. Data on this item is obtained from the ending figures on total liabilities from the Assets and Liability Table from the enterprises.

**Owner's Equity** refers to the ownership of net assets of enterprise by its investors. Net assets equal total assets minus total liabilities of the enterprise, including the actual assets invested into the enterprise by investors, accumulation of capital and operating surplus and non-distributed profits. The enterprise's assets are less than its liabilities if the sum of owner's equity is smaller than zero.

**Revenue from Principal Business** refers to the annual accumulation of the corresponding item in the "profit table" of the accountant. For enterprises that do not follow the *2001 Enterprise Accounting Standards*, the year-end accumulation of revenue from the sales of products is used as a substitute.

**Cost of Principal Business** refers to the annual accumulation of the corresponding item in the "profit table" of the accountant. For enterprises that do not follow the *2001 Enterprise Accounting Standards*, the year-end accumulation of cost for the sales of products is used as a substitute.

**Tax and Extra Charges from Principal Business** refer to the annual accumulation of the corresponding item in the "profit table" of the accountant. For enterprises that do not follow the *2001 Enterprise Accounting Standards*, the year-end accumulation of tax and extra charges from the sales of products is used as a substitute.

**Total Profits** refer to the final achievement of production and operation activities of the enterprises, represented by total profits after deducting losses (loss is expressed by the negative figure). It is the sum of profits from operation, income from subsidies, investment earnings, net income from activities other than operation, and adjustment of profits and losses of previous years.

**Value-added Tax Payable in the Current Year** refers to the amount of the value-added tax which should be paid by the enterprises during the reference period. It is the sum of tax on sales, export rebate, and transferred tax on purchases of the current year, minus the tax on purchases of the current year. Value-added tax payable of small-size enterprises is determined by the taxable sales of the year multiplied by the tax rate.

**Average Annual Number of Employed Persons** Employed persons refer to all those who are employed in enterprises and receive remunerations there from, including currently working employees, retirees who are re-employed, teachers of local-run schools, as well as foreigners, staff from Hong Kong, Macao and Taiwan, part-time employees and persons with second job who are employed by the enterprise, and employees of other units temporarily working in the enterprises, but excluding former employees who left the enterprise with their employment records still being kept by the enterprises.

Average number of employed persons refers to the number of employee everyday during the reference period, calculated with the following formula:

$$\text{Monthly average number} = \frac{\text{sum of actual employees everyday in reference month}}{\text{number of calendar dates in reference month}}$$

$$\text{Quarterly average number} = \frac{\text{sum of monthly average number in reference quarter}}{3}$$

$$\text{Annual average number} = \frac{\text{sum of monthly average number in reference year}}{12}$$

**Ratio of Profits, Taxes and Interests to Average Assets** reflects the profit-making capability of all assets of the enterprise and is a key indicator manifesting the performance and management and evaluating the profit-making potential of the enterprise. It is calculated as follows:

$$\text{Ratio of Profits, Taxes and Interests to Average Assets (\%)} = \frac{\text{total profits + total taxes + interest payment}}{\text{average assets}} \times 100\%$$

In the above formula, total taxes is the sum of tax and extra charges on the sales of products and value-added tax payable; and average assets is the arithmetic mean of the sum of beginning assets and ending assets.

**Ratio of Debts to Assets** reflects both the operation risk and the capability of the enterprise in making use of the capital from the creditors. It is calculated as follows:

$$\text{Ratio of Debts to Assets (\%)} = \frac{\text{total debts}}{\text{total assets}} \times 100\%$$

Both assets and debts are figures at the end of the reference period.

**Turnover of Working Capital** refers to the number of times of turnover of working capital in a given period of time, which reflects the speed of the turnover of working capital of industrial enterprises, and is calculated as follows:

$$\text{Turnover of Working Capital} = \frac{\text{sales revenue of products}}{\text{average balance of total working capital}}$$

In the above formula, average balance of total working capital refers to the arithmetic mean of the sum of working capital at the beginning and at the end of the reference period.

**Ratio of Profits to Total Industrial Costs** refers to the ratio of profits realized in a given period to the total costs in the same period, which reflects the economic efficiency of input cost and is calculated as follows:

$$\text{Ratio of Profits to Total Industrial Cost (\%)} = \frac{\text{total profits}}{\text{total costs}} \times 100\%$$

Total costs in the above formula are the sum of cost of products sold, marketing cost, management cost and financial cost.

**Sales Ratio of Products** is an indicator reflecting the actual sale of industrial products, analyzing the production-selling and supply-demand relations. It is calculated as:

$$\text{Sales Ratio of Products (\%)} = \frac{\text{value of industrial sales}}{\text{gross industrial output value (current prices)}} \times 100\%$$

# 十四、建筑业

Construction

资料整理：郭　涛

# 简 要 说 明

一、本篇资料反映陕西建筑业概况和发展情况。内容包括：建筑业企业基本情况和生产经营情况。主要指标有企业个数、从业人员数、建筑业总产值、建筑业增加值、房屋建筑面积、利润税金、劳动生产率等。

二、本篇资料的统计范围：根据建筑业发展的实际情况，建筑业统计范围从 2002 年年报起由原具有建筑业资质等级四级及四级以上的独立核算的建筑业企业调整为具有建筑业资质的独立核算建筑业企业。

# Brief Introduction

I. This chapter reflects the general situation and the development of the construction industry of Shaanxi Province. They cover the situation of production and management of the construction enterprises, including the number of enterprises, number of employed persons, gross output value and value added of the construction industry, floor space of buildings under construction, profits and taxes and labour productivity etc.

II. Scope of Statistics

In view of the development of the construction industry, starting from 2002 the scope of construction statistics has been adjusted to include all the construction enterprises of various types of ownership with qualification certificates and independent accounting systems, replacing the previous criteria that required construction enterprises of various types of ownership to have qualification certificates at or above Class 4 with independent accounting systems.

# 14.建筑业

| | | |
|---|---|---|
| 2018年全省具有建筑业资质等级的建筑施工企业 | | |
| 企业个数 | 2849 | 个 |
| # 国有及国有控股企业 | 290 | 个 |
| 总产值 | 7024.39 | 亿 元 |
| # 国有及国有控股企业 | 4310.14 | 亿 元 |
| 房屋建筑竣工面积（不含劳务分包企业） | 7139.57 | 万平方米 |
| 房屋建筑面积竣工率（不含劳务分包企业） | 23.9 | % |

## 建筑业总产值（亿元）

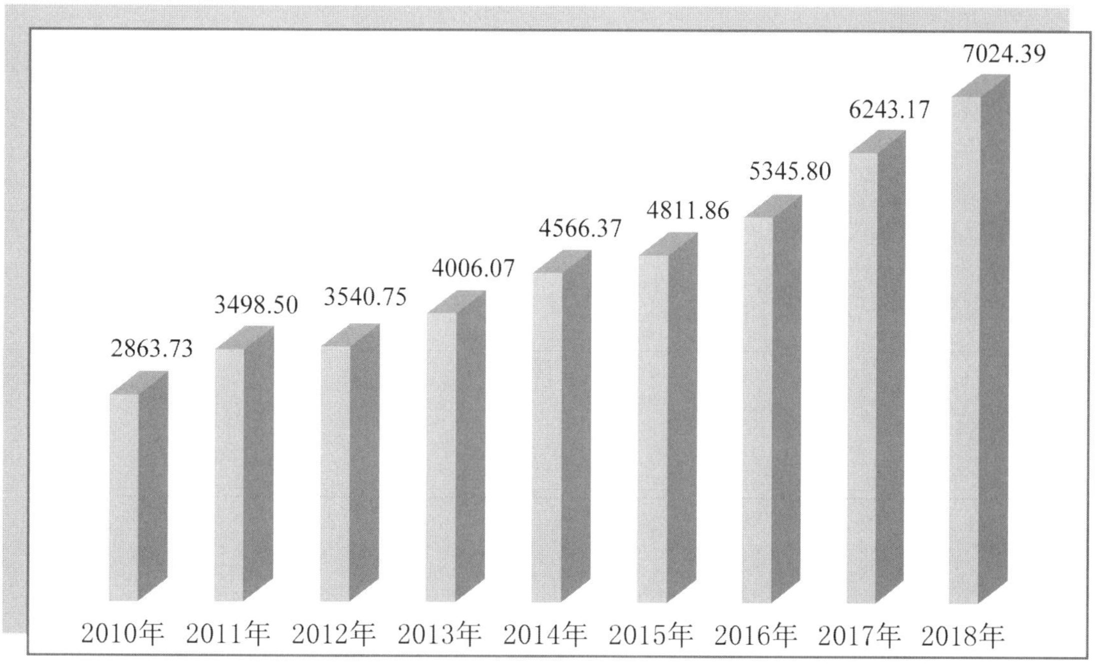

# 14-1 建筑业总产值
# Gross Output Value of Construction

单位：万元 (10 000 yuan)

| 年 份 Year | 建筑业总产值 Gross Output Value of Construction | # 地方属企业 Local-owned | 国有企业 State-owned | 集体企业 Collective-owned |
|---|---|---|---|---|
| 1978 | 86642 | 60131 | 75082 | 11560 |
| 1979 | 91932 | 66057 | 77854 | 14078 |
| 1980 | 97607 | 71142 | 80505 | 17102 |
| 1981 | 82528 | 65171 | 65789 | 16739 |
| 1982 | 98176 | 70799 | 79749 | 18427 |
| 1983 | 110401 | 75874 | 85828 | 24573 |
| 1984 | 139234 | 92633 | 111271 | 27963 |
| 1985 | 164405 | 100322 | 132119 | 32286 |
| 1986 | 183081 | 112965 | 150795 | 38357 |
| 1987 | 208180 | 125264 | 165971 | 42209 |
| 1988 | 242409 | 134927 | 197920 | 44489 |
| 1989 | 273554 | 144417 | 230069 | 43485 |
| 1990 | 325034 | 155840 | 278358 | 46676 |
| 1991 | 360774 | 173400 | 306098 | 54676 |
| 1992 | 479806 | 228929 | 410445 | 69361 |
| 1993 | 751613 | 331449 | 650865 | 100649 |
| 1994 | 980260 | 414949 | 856685 | 121941 |
| 1995 | 1065612 | 501076 | 914782 | 143870 |
| 1996 | 1294502 | 735145 | 940012 | 335948 |
| 1997 | 1642493 | 928341 | 1158205 | 461272 |
| 1998 | 1879804 | 983440 | 1399161 | 394712 |
| 1999 | 2183009 | 1188225 | 1640515 | 432628 |
| 2000 | 2423046 | 1205275 | 1843456 | 439089 |
| 2001 | 2797388 | 1424557 | 1970842 | 479810 |
| 2002 | 3473536 | 1735125 | 2474524 | 490351 |
| 2003 | 4409564 | 2076800 | 3138878 | 456851 |
| 2004 | 5231639 | 2688405 | 3878423 | 439996 |
| 2005 | 6586411 | 3011102 | 5068215 | 443869 |
| 2006 | 8306966 | 3918215 | 6108524 | 686188 |
| 2007 | 11734648 | 5906626 | 7794313 | 931517 |
| 2008 | 16556239 | 8501607 | 11138979 | 1036447 |
| 2009 | 23092674 | 11391659 | 16741395 | 1201810 |
| 2010 | 28637317 | 15426858 | 20021853 | 2220240 |
| 2011 | 34984999 | 20712510 | 24518351 | 3152250 |
| 2012 | 35407509 | 24154390 | 22000114 | 3849886 |
| 2013 | 40060698 | 15161904 | 24898794 | 2184911 |
| 2014 | 45663737 | 17620611 | 28043125 | 2177236 |
| 2015 | 48118597 | 18562290 | 29556307 | 1986698 |
| 2016 | 53458015 | 20002390 | 33455625 | 4714710 |
| 2017 | 62431659 | 24418939 | 38012720 | 5657725 |
| 2018 | 70243923 | 19928252 | 43101413 | 5393772 |

注：1.1996年以后建筑业年报统计范围由往年的县及县以上(含县级建制镇)各种经济类型的建筑企业，改为具有建筑业资质等级四级及以上的各种经济类型的建筑施工企业；2002年改为具有建筑业资质等级的各种经济类型的建筑施工企业。
2.1998年以后国有经济为国有及国有控股企业。
3.本表资料含劳务分包企业。

a) Since 1996, the statistical range of construction annual report have changed from construction enterprises of all economic types in counties and above counties level (contain county towns) to the construction enterprises of all economic types at fourth or higher quality grades, since 2002 which have changed to the all economic types construction enterprises which possess qualification grades.
b) Since 1998, the state-owned enterprises are the state-owned and the state holding enterprises.
c) Data in the table include the subcontractor of labour services.

# 14—2 具有资质等级的建筑业企业主要指标(2018年)

| 指　　标 | Item | 企业数 (个) Number of Enter-prises (unit) | 总产值 (万元) Total Output Value (10 000 yuan) | # 建筑工程 Construc-tion | # 安装工程 Install-ation |
|---|---|---|---|---|---|
| **总　　计** | **Total** | **2849** | **70243923** | **61448468** | **6043154** |
| # 国有及国有控股企业 | State-owned and State-holding Enterprises | 290 | 43101413 | 39066831 | 2674575 |
| **按登记注册类型分** | **By Status of Registration** | | | | |
| 内资企业 | Domestic Funded | 2843 | 70118753 | 61324126 | 6042327 |
| 国有企业 | State-owned Enterprises | 66 | 2527298 | 2118546 | 307815 |
| 集体企业 | Collective-owned Enterprises | 118 | 1892865 | 1693483 | 138150 |
| 股份合作企业 | Cooperative Enterprises | 3 | 87630 | 78606 | 9024 |
| 联营企业 | Joint Ownership Enterprises | 2 | 28913 | 28913 | |
| 有限责任公司 | Limited Liability Corporations | 991 | 48582939 | 43273987 | 3626693 |
| 股份有限公司 | Share-holding Corporations Limited | 69 | 4215259 | 3448924 | 718419 |
| 私营企业 | Private Enterprises | 1594 | 12783849 | 10681668 | 1242226 |
| 外商投资企业 | Foreign-invested Enterprise | 6 | 125169 | 124342 | 827 |
| 中外合资经营企业 | Joint-venture Enterprises | 1 | 700 | 500 | 200 |
| 外资企业 | Enterprises with Sole Funds | 5 | 124469 | 123842 | 627 |
| **按国民经济行业分** | **By Sector** | | | | |
| 房屋建筑业 | Building | 1562 | 36810760 | 32849853 | 2773701 |
| 住宅房屋建筑 | House Building | 1464 | 35720357 | 31829252 | 2719039 |
| 体育场馆建筑 | Stadium Building | 2 | 5608 | 5115 | 493 |
| 其他房屋建筑业 | Other Building | 96 | 1084795 | 1015486 | 54169 |
| 土木工程建筑业 | Building and Civil Engineering | 784 | 28600927 | 26222021 | 1308188 |
| 铁路、道路、隧道和桥梁工程建筑 | Railway Road Tunnel and Bridge Engineering Construction | 472 | 22709774 | 22041500 | 99187 |
| 水利和水运工程建筑 | Water Conservancy and Inland Port | 77 | 2083768 | 1956948 | 86743 |
| 工矿工程建筑 | Industrial and Mining Engineering | 59 | 688281 | 547298 | 86204 |
| 架线和管道工程建筑 | Wiring and Piping Engineering | 84 | 1231831 | 467974 | 685931 |
| 节能环保工程施工 | Energy Saving and Environmental Protection Engineering | 9 | 103562 | 22276 | 8947 |
| 电力工程施工 | Electrical Engineering | 22 | 845086 | 320262 | 332013 |
| 其他土木工程建筑 | Other Civil Engineering Construction | 61 | 938625 | 865764 | 9165 |
| 建筑安装业 | Construction Installation | 241 | 3280869 | 1368279 | 1725486 |
| 电气安装 | Electrical Installation | 107 | 911096 | 491998 | 396674 |
| 管道和设备安装 | Piping and Equipment Installation | 63 | 1499078 | 600913 | 826220 |
| 其他建筑安装业 | Other Construction and Installation Industry | 71 | 870696 | 275368 | 502592 |
| 建筑装饰、装修和其他建筑业 | Building Decoration and Other Construction | 262 | 1551366 | 1008316 | 235780 |
| 建筑装饰业和装修业 | Construction Decoration | 179 | 961232 | 726222 | 111518 |
| 建筑物拆除和场地准备活动 | Engineering Preparation | 25 | 176265 | 152020 | 548 |
| 提供施工设备服务 | Construction Equipment Services | 7 | 26604 | 14803 | 1288 |
| 其他未列明建筑 | Other Construction Activities Unlisted | 51 | 387265 | 115271 | 122426 |

# Main Production Indicators of Construction Enterprises Which Possess Qualification Grades(2018)

| 从事主营业务活动从业人员平均人数(人) The Average Number of Employed Persons (person) | 从事主营业务活动从业人员年末人数(人) Number of Employed Persons at Year-end (person) | 利润总额(万元) Total Profits (10 000 yuan) | 税金(万元) Tax (10 000 yuan) | 按总产值计算劳动生产率(元/人) Overall Labor Productivity by Gross Output Value (yuan/person) | 产值利润率(%) Ratio of Profit to Gross Output Value (%) | 产值利税率(%) Ratio of Pre-tax Profit to Gross Output Value (%) | 资产总计(万元) Total Assets (10 000 yuan) | 负债合计(万元) Total Liabilities (10 000 yuan) | 实收资本(万元) Paid-in Capitals (10 000 yuan) | 资产负债率(%) Assets-Liability Ratio (%) |
|---|---|---|---|---|---|---|---|---|---|---|
| **1622408** | **1457956** | **2227391** | **2256502** | **432961** | **3.2** | **3.2** | **72127164** | **52120901** | **13068644** | **72.3** |
| 812098 | 716311 | 1065061 | 859106 | 530742 | 2.5 | 2.0 | 47339075 | 38212345 | 5102104 | 80.7 |
| 1621582 | 1456986 | 2165605 | 2250464 | 432410 | 3.1 | 3.2 | 71925491 | 51978890 | 13063844 | 72.3 |
| 78240 | 76514 | 77148 | 94312 | 323019 | 3.1 | 3.7 | 1910629 | 1467202 | 262742 | 76.8 |
| 67734 | 66223 | 117548 | 172825 | 279456 | 6.2 | 9.1 | 1103078 | 553203 | 379597 | 50.2 |
| 3262 | 2424 | 675 | 4559 | 268639 | 0.8 | 5.2 | 63312 | 10521 | 52235 | 16.6 |
| 990 | 995 | 2147 | 1101 | 292049 | 7.4 | 3.8 | 32218 | 7688 | 13847 | 23.9 |
| 968262 | 833715 | 1342950 | 1282939 | 501754 | 2.8 | 2.6 | 52046453 | 40347537 | 6956783 | 77.5 |
| 114532 | 112591 | 114298 | 111173 | 368042 | 2.7 | 2.6 | 3044817 | 2340988 | 422918 | 76.9 |
| 388562 | 364524 | 510839 | 583555 | 329004 | 4.0 | 4.6 | 13724985 | 7251752 | 4975723 | 52.8 |
| 826 | 970 | 61786 | 6039 | 1515368 | 49.4 | 4.8 | 201673 | 142011 | 4800 | 70.4 |
| 42 | 40 | -5 | 3 | 166667 | -0.7 | 0.5 | 2341 | 841 | 1500 | 35.9 |
| 784 | 930 | 61791 | 6035 | 1587620 | 49.6 | 4.8 | 199332 | 141170 | 3300 | 70.8 |
| 953850 | 857273 | 1194025 | 1403356 | 385918 | 3.2 | 3.8 | 29724227 | 20037236 | 6240799 | 67.4 |
| 928597 | 833234 | 1098724 | 1329189 | 384670 | 3.1 | 3.7 | 28229460 | 19072761 | 5819858 | 67.6 |
| 341 | 325 | -40 | 229 | 164443 | -0.7 | 4.1 | 19072 | 6896 | 10260 | 36.2 |
| 24912 | 23714 | 95341 | 73938 | 435451 | 8.8 | 6.8 | 1475696 | 957579 | 410681 | 64.9 |
| 574806 | 518059 | 851311 | 688484 | 497575 | 3.0 | 2.4 | 37056635 | 28691219 | 5725836 | 77.4 |
| 447785 | 407094 | 661194 | 461124 | 507158 | 2.9 | 2.0 | 29277592 | 23410591 | 4050751 | 80.0 |
| 39430 | 38992 | 68737 | 84503 | 528473 | 3.3 | 4.1 | 2544451 | 1813876 | 496147 | 71.3 |
| 24520 | 23247 | 25201 | 24057 | 280702 | 3.7 | 3.5 | 1519332 | 812292 | 402847 | 53.5 |
| 28448 | 25810 | 30079 | 47287 | 433012 | 2.4 | 3.8 | 1397989 | 948513 | 312145 | 67.8 |
| 2471 | 2444 | 11799 | 4564 | 419108 | 11.4 | 4.4 | 244277 | 193038 | 19542 | 79.0 |
| 14412 | 11124 | 18682 | 23872 | 586376 | 2.2 | 2.8 | 1151766 | 872946 | 262338 | 75.8 |
| 17740 | 9348 | 35620 | 43078 | 529101 | 3.8 | 4.6 | 921228 | 639963 | 182065 | 69.5 |
| 52242 | 42559 | 128080 | 105206 | 628014 | 3.9 | 3.2 | 3957271 | 2525533 | 695787 | 63.8 |
| 16460 | 15627 | 29772 | 37368 | 553521 | 3.3 | 4.1 | 1737974 | 1024839 | 288463 | 59.0 |
| 24974 | 16075 | 48596 | 40392 | 600256 | 3.2 | 2.7 | 1492205 | 1032939 | 250982 | 69.2 |
| 10808 | 10857 | 49712 | 27446 | 805603 | 5.7 | 3.2 | 727092 | 467754 | 156343 | 64.3 |
| 41510 | 40065 | 53975 | 59456 | 373733 | 3.5 | 3.8 | 1389031 | 866913 | 406222 | 62.4 |
| 24947 | 24417 | 32373 | 33981 | 385310 | 3.4 | 3.5 | 999011 | 615017 | 303938 | 61.6 |
| 5774 | 5480 | 6405 | 8783 | 305273 | 3.6 | 5.0 | 199303 | 154304 | 34452 | 77.4 |
| 1067 | 1134 | 327 | 3310 | 249337 | 1.2 | 12.4 | 17839 | 4327 | 3915 | 24.3 |
| 9722 | 9034 | 14870 | 13382 | 398339 | 3.8 | 3.5 | 172878 | 93265 | 63918 | 53.9 |

14–2 续表

| 指　　标 | Item | 企业数（个）Number of Enterprises (unit) | 总产值（万元）Total Output Value (10 000 yuan) | # 建筑工程 Construction | # 安装工程 Installation |
|---|---|---|---|---|---|
| **按隶属关系分** | **By Jurisdiction of Management** | | | | |
| 中　央 | Central | 72 | 23838095 | 22553163 | 832491 |
| 地　方 | Local | 366 | 19918252 | 17203215 | 2022918 |
| 其　他 | Others | 2411 | 26487576 | 21692091 | 3187745 |
| **按企业资质等级分** | **By Qualification Grade** | | | | |
| 施工总承包 | The General Contractor | 2251 | 64850411 | 57753572 | 4938180 |
| 特　级 | Special Grade | 29 | 22201790 | 20713578 | 1111876 |
| 一　级 | First Grade | 255 | 21990885 | 19529234 | 1845463 |
| 二　级 | Second Grade | 1248 | 15103709 | 12816160 | 1577320 |
| 三级及以下 | Third Grade and Below | 719 | 5554028 | 4694600 | 403520 |
| 专业承包 | The Specialized Contractor | 565 | 5240527 | 3694897 | 1104974 |
| 一　级 | First Grade | 171 | 3167680 | 2398560 | 640770 |
| 二　级 | Second Grade | 230 | 1235540 | 910683 | 188537 |
| 三级及以下 | Third Grade and Below | 164 | 837307 | 385654 | 275668 |
| 劳务分包 | The Subcontractor of Labour Services | 33 | 152985 | | |
| 三级及以下 | Third Grade and Below | 33 | 152985 | | |
| **按营业状态分** | **By Business State** | | | | |
| 正常营业 | Operating | 2819 | 69989643 | 61324842 | 5959814 |
| 停业(歇业) | Suspension | 25 | 236028 | 105796 | 83200 |
| 当年关闭 | Closure in This Year | 3 | 7499 | 7435 | 53 |
| 当年破产 | Bankruptcy in This Year | 1 | | | |
| 其　他 | Others | 1 | 10754 | 10395 | 88 |
| **按控股情况分** | **By Holding Situation** | | | | |
| 国有控股 | State-holding | 290 | 43101413 | 39066831 | 2674575 |
| 集体控股 | Group Holdings | 183 | 5393772 | 4230486 | 1051454 |
| 私人控股 | Private Holdings | 2286 | 20219716 | 16748509 | 2207197 |
| 外商控股 | Foreign Holdings | 6 | 125169 | 124342 | 827 |
| 其　他 | Others | 84 | 1403853 | 1278301 | 109101 |

continued

| 从事主营业务活动从业人员平均人数(人) The Average Number of Employed Persons (person) | 从事主营业务活动从业人员年末人数(人) Number of Employed Persons at Year-end (person) | 利润总额(万元) Total Profits (10 000 yuan) | 税金(万元) Tax (10 000 yuan) | 按总产值计算劳动生产率(元/人) Overall Labor Productivity by Gross Output Value (yuan/person) | 产值利润率(%) Ratio of Profit to Gross Output Value (%) | 产值利税率(%) Ratio of Pre-tax Profit to Gross Output Value (%) | 资产总计(万元) Total Assets (10 000 yuan) | 负债合计(万元) Total Liabilities (10 000 yuan) | 实收资本(万元) Paid-in Capitals (10 000 yuan) | 资产负债率(%) Assets-Liability Ratio (%) |
|---|---|---|---|---|---|---|---|---|---|---|
| 465767 | 428094 | 669983 | 359002 | 511803 | 2.8 | 1.5 | 30142532 | 25124539 | 2871760 | 83.4 |
| 391721 | 328773 | 418868 | 556890 | 508481 | 2.1 | 2.8 | 15576897 | 11294494 | 2467024 | 72.5 |
| 764920 | 701089 | 1138541 | 1340611 | 346279 | 4.3 | 5.1 | 26407735 | 15701868 | 7729860 | 59.5 |
| 1503666 | 1351603 | 2041685 | 2029202 | 431282 | 3.1 | 3.1 | 66385891 | 48369831 | 11942960 | 72.9 |
| 371823 | 287697 | 632362 | 324542 | 597106 | 2.8 | 1.5 | 27449764 | 22365364 | 2686976 | 81.5 |
| 526361 | 503558 | 438175 | 528201 | 417791 | 2.0 | 2.4 | 20302233 | 15605424 | 3232389 | 76.9 |
| 454093 | 413097 | 642693 | 897165 | 332613 | 4.3 | 5.9 | 14363636 | 8232232 | 4642776 | 57.3 |
| 151389 | 147251 | 328455 | 279295 | 366871 | 5.9 | 5.0 | 4270258 | 2166810 | 1380819 | 50.7 |
| 107342 | 95398 | 175368 | 219913 | 488208 | 3.3 | 4.2 | 5652430 | 3687287 | 1116275 | 65.2 |
| 58431 | 47390 | 109149 | 112825 | 542123 | 3.4 | 3.6 | 3637958 | 2452726 | 555203 | 67.4 |
| 27758 | 28077 | 36915 | 70081 | 445111 | 3.0 | 5.7 | 1246992 | 780426 | 350597 | 62.6 |
| 21153 | 19931 | 29305 | 37008 | 395834 | 3.5 | 4.4 | 767479 | 454134 | 210474 | 59.2 |
| 11400 | 10955 | 10338 | 7387 | 134197 | 6.8 | 4.8 | 88844 | 63783 | 9410 | 71.8 |
| 11400 | 10955 | 10338 | 7387 | 134197 | 6.8 | 4.8 | 88844 | 63783 | 9410 | 71.8 |
| 1616805 | 1452377 | 2221747 | 2247797 | 432889 | 3.2 | 3.2 | 71981855 | 51995287 | 13029864 | 72.2 |
| 4760 | 4804 | 5115 | 8226 | 495856 | 2.2 | 3.5 | 134048 | 121366 | 32749 | 90.5 |
| 482 | 415 | 649 | 123 | 155575 | 8.7 | 1.6 | 5956 | 1558 | 3964 | 26.2 |
| 361 | 360 | -120 | 357 | 297881 | -1.1 | 3.3 | 5305 | 2691 | 2067 | 50.7 |
| 812098 | 716311 | 1065061 | 859106 | 530742 | 2.5 | 2.0 | 47339075 | 38212345 | 5102104 | 80.7 |
| 162412 | 156536 | 217946 | 303841 | 332104 | 4.0 | 5.6 | 3446393 | 2531398 | 663725 | 73.5 |
| 604337 | 545552 | 847437 | 1008760 | 334577 | 4.2 | 5.0 | 20285502 | 10661719 | 7090209 | 52.6 |
| 826 | 970 | 61786 | 6039 | 1515368 | 49.4 | 4.8 | 201673 | 142011 | 4800 | 70.4 |
| 42735 | 38587 | 35161 | 78757 | 328502 | 2.5 | 5.6 | 854522 | 573428 | 207806 | 67.1 |

# 14-3 施工总承包和专业承包建筑业企业主要指标(2018年)

| 指标 | Item | 企业数(个) Number of Enterprises (unit) | 从事主营业务活动从业人员平均人数(人) The Average Number of Employed Persons (person) | 从事主营业务活动从业人员年末人数(人) Number of Employed Persons at Year-end (person) | # 工程技术人员 Engineers | # 现场施工人员 On-site Construction Personnel |
|---|---|---|---|---|---|---|
| **总　计** | **Total** | **2816** | **1611008** | **1447001** | **210191** | **910137** |
| # 国有及国有控股企业 | State-owned and State-holding Enterprises | 290 | 812098 | 716311 | 101356 | 476163 |
| **按登记注册类型分** | **By Status of Registration** | | | | | |
| 内资企业 | Domestic Funded | 2810 | 1610182 | 1446031 | 209742 | 910025 |
| 国有企业 | State-owned Enterprises | 66 | 78240 | 76514 | 9395 | 57317 |
| 集体企业 | Collective-owned Enterprises | 118 | 67734 | 66223 | 11477 | 41517 |
| 股份合作企业 | Cooperative Enterprises | 3 | 3262 | 2424 | 260 | 1371 |
| 联营企业 | Joint Ownership Enterprises | 2 | 990 | 995 | 282 | 620 |
| 有限责任公司 | Limited Liability Corporations | 980 | 967007 | 832403 | 124238 | 515436 |
| 股份有限公司 | Share-holding Corporations Limited | 69 | 114532 | 112591 | 6493 | 87946 |
| 私营企业 | Private Enterprises | 1572 | 378417 | 354881 | 57597 | 205818 |
| 外商投资企业 | Foreign-invested Enterprise | 6 | 826 | 970 | 449 | 112 |
| 中外合资经营企业 | Joint-venture Enterprises | 1 | 42 | 40 | 20 | 20 |
| 外资企业 | Enterprises with Sole Funds | 5 | 784 | 930 | 429 | 92 |
| **按国民经济行业分** | **By Sector** | | | | | |
| 房屋建筑业 | Building | 1549 | 950975 | 854967 | 117580 | 512920 |
| 住宅房屋建筑 | House Building | 1451 | 925722 | 830928 | 114009 | 500795 |
| 体育场馆建筑 | Stadium Building | 2 | 341 | 325 | 53 | 62 |
| 其他房屋建筑业 | Other Building | 96 | 24912 | 23714 | 3518 | 12063 |
| 土木工程建筑业 | Building and Civil Engineering | 778 | 570512 | 513759 | 77054 | 356499 |
| 铁路、道路、隧道和桥梁工程建筑 | Railway Road Tunnel and Bridge Engineering Construction | 466 | 443491 | 402794 | 53424 | 285409 |
| 水利和水运工程建筑 | Water Conservancy and Inland Port | 77 | 39430 | 38992 | 9558 | 24033 |
| 工矿工程建筑 | Industrial and Mining Engineering | 59 | 24520 | 23247 | 2808 | 17860 |
| 架线和管道工程建筑 | Wiring and Piping Engineering | 84 | 28448 | 25810 | 5827 | 16923 |
| 节能环保工程施工 | Energy Saving and Environmental Protection Engineering | 9 | 2471 | 2444 | 674 | 1511 |
| 电力工程施工 | Electrical Engineering | 22 | 14412 | 11124 | 1956 | 6536 |
| 其他土木工程建筑 | Other Civil Engineering Construction | 61 | 17740 | 9348 | 2807 | 4227 |
| 建筑安装业 | Construction Installation | 234 | 51232 | 41436 | 9761 | 22463 |
| 电气安装 | Electrical Installation | 106 | 16412 | 15579 | 4914 | 8197 |
| 管道和设备安装 | Piping and Equipment Installation | 61 | 24683 | 15765 | 2808 | 7000 |
| 其他建筑安装业 | Other Construction and Installation Industry | 67 | 10137 | 10092 | 2039 | 7266 |
| 建筑装饰、装修和其他建筑业 | Building Decoration and Other Construction | 255 | 38289 | 36839 | 5796 | 18255 |
| 建筑装饰和装修业 | Construction Decoration | 174 | 21730 | 21196 | 3635 | 11459 |
| 建筑物拆除和场地准备活动 | Engineering Preparation | 25 | 5774 | 5480 | 1050 | 3846 |
| 提供施工设备服务 | Construction Equipment Services | 6 | 1067 | 1134 | 170 | 478 |
| 其他未列明建筑业 | Other Construction Activities Unlisted | 50 | 9718 | 9029 | 941 | 2472 |

# Main Indicators of General Contracting and Professional Contracting in Construction Enterprises (2018)

| 建筑业总产值(万元) Total Output Value (10 000 yuan) | 建筑工程 Construction | 安装工程 Installation | 其他 Others | 竣工产值(万元) Output Value ofCompleted Construction (10 000 yuan) | 房屋建筑施工面积(万平方米) Floor Space of Buildings under Construction (10 000 sq.m) | # 本年新开工面积 New Buildings | 房屋建筑竣工面积(万平方米) Floor Space of Buildings Completed (10 000 sq.m) | # 住宅 Residential Housing | 房屋建筑面积竣工率(%) Rate of Floor Space of Buildings Completed (%) |
|---|---|---|---|---|---|---|---|---|---|
| **70090938** | **61448468** | **6043154** | **2599315** | **24291705** | **29835.51** | **10933.04** | **7139.57** | **4898.25** | **23.9** |
| 43101413 | 39066831 | 2674575 | 1360007 | 14082812 | 18871.72 | 5698.69 | 3270.73 | 2142.23 | 17.3 |
| 69965768 | 61324126 | 6042327 | 2599315 | 24291205 | 29792.53 | 10933.04 | 7139.57 | 4898.25 | 24.0 |
| 2527298 | 2118546 | 307815 | 100936 | 848567 | 361.77 | 147.28 | 169.42 | 127.31 | 46.8 |
| 1892865 | 1693483 | 138150 | 61232 | 1122223 | 1178.55 | 744.00 | 617.43 | 415.65 | 52.4 |
| 87630 | 78606 | 9024 | | 60683 | 53.29 | 29.83 | 24.27 | 23.76 | 45.5 |
| 28913 | 28913 | | | 23461 | 25.08 | 22.10 | 1.48 | 1.48 | 5.9 |
| 48563465 | 43273987 | 3626693 | 1662785 | 16225312 | 21505.57 | 7283.54 | 4262.18 | 2908.01 | 19.8 |
| 4215259 | 3448924 | 718419 | 47917 | 1312480 | 2085.48 | 677.48 | 427.52 | 294.47 | 20.5 |
| 12650338 | 10681668 | 1242226 | 726445 | 4698479 | 4582.78 | 2028.81 | 1637.28 | 1127.58 | 35.7 |
| 125169 | 124342 | 827 | | 500 | 42.98 | | | | |
| 700 | 500 | 200 | | 500 | | | | | |
| 124469 | 123842 | 627 | | | 42.98 | | | | |
| 36774713 | 32849853 | 2773701 | 1151160 | 15260312 | 28122.39 | 10503.21 | 6894.22 | 4747.60 | 24.5 |
| 35684310 | 31829252 | 2719039 | 1136019 | 14839056 | 27591.74 | 10337.96 | 6713.20 | 4652.82 | 24.3 |
| 5608 | 5115 | 493 | | 5345 | 12.05 | 12.05 | | | |
| 1084795 | 1015486 | 54169 | 15141 | 415912 | 518.60 | 153.20 | 181.01 | 94.78 | 34.9 |
| 28567090 | 26222021 | 1308188 | 1036881 | 7741750 | 1285.06 | 313.79 | 182.12 | 118.94 | 14.2 |
| 22675936 | 22041500 | 99187 | 535250 | 5906243 | 638.49 | 140.75 | 147.45 | 92.56 | 23.1 |
| 2083768 | 1956948 | 86743 | 40077 | 468523 | 370.87 | 109.00 | 15.15 | 13.57 | 4.1 |
| 688281 | 547298 | 86204 | 54780 | 232624 | 204.94 | 50.62 | 9.14 | 6.04 | 4.5 |
| 1231831 | 467974 | 685931 | 77926 | 523624 | 1.18 | 0.51 | 0.71 | | 60.0 |
| 103562 | 22276 | 8947 | 72340 | 9144 | 0.19 | 0.14 | | | |
| 845086 | 320262 | 332013 | 192811 | 209871 | 12.54 | 4.76 | 1.94 | | 15.5 |
| 938625 | 865764 | 9165 | 63697 | 391722 | 56.84 | 8.00 | 7.73 | 6.76 | 13.6 |
| 3265808 | 1368279 | 1725486 | 172043 | 732335 | 352.62 | 86.47 | 43.65 | 27.22 | 12.4 |
| 910272 | 491998 | 396674 | 21599 | 318821 | 45.82 | 8.23 | 3.93 | 3.82 | 8.6 |
| 1491088 | 600913 | 826220 | 63955 | 307481 | 204.11 | 42.94 | 17.82 | 13.44 | 8.7 |
| 864448 | 275368 | 502592 | 86489 | 106033 | 102.69 | 35.30 | 21.91 | 9.96 | 21.3 |
| 1483327 | 1008316 | 235780 | 239232 | 557308 | 75.44 | 29.57 | 19.58 | 4.50 | 26.0 |
| 893313 | 726222 | 111518 | 55573 | 361771 | 20.15 | 3.96 | 1.85 | | 9.2 |
| 176265 | 152020 | 548 | 23697 | 91858 | 1.99 | 1.99 | | | |
| 26604 | 14803 | 1288 | 10514 | 4387 | 26.02 | 10.90 | 1.53 | | 5.9 |
| 387145 | 115271 | 122426 | 149448 | 99293 | 27.28 | 12.73 | 16.21 | 4.50 | 59.4 |

14-3 续表 1

| 指 标 | Item | 企业数 (个) Number of Enter-prises (unit) | 从事主营业务活动从业人员平均人数(人) The Average Number of Employed Persons (person) | 从事主营业务活动从业人员年末人数(人) Number of Employed Persons at Year-end (person) | # 工程技术人员 Engineer | # 现场施工人员 On-site Construction Personnel |
|---|---|---|---|---|---|---|
| **按隶属关系分** | **By Jurisdiction of Management** | | | | | |
| 中 央 | Central | 72 | 465767 | 428094 | 53696 | 286784 |
| 地 方 | Local | 365 | 391523 | 328543 | 54487 | 212623 |
| 其 他 | Others | 2379 | 753718 | 690364 | 102008 | 410730 |
| **按企业资质等级分** | **By Qualification Grade** | | | | | |
| 施工总承包 | The General Contractor | 2251 | 1503666 | 1351603 | 191488 | 858051 |
| 特 级 | Special Grade | 29 | 371823 | 287697 | 41403 | 168814 |
| 一 级 | First Grade | 255 | 526361 | 503558 | 58890 | 370914 |
| 二 级 | Second Grade | 1248 | 454093 | 413097 | 64335 | 229878 |
| 三级及以下 | Third Grade and Below | 719 | 151389 | 147251 | 26860 | 88445 |
| 专业承包 | The Specialized Contractor | 565 | 107342 | 95398 | 18703 | 52086 |
| 一 级 | First Grade | 171 | 58431 | 47390 | 10954 | 28928 |
| 二 级 | Second Grade | 230 | 27758 | 28077 | 4978 | 12702 |
| 三级及以下 | Third Grade and Below | 164 | 21153 | 19931 | 2771 | 10456 |
| **按营业状态分** | **By Business State** | | | | | |
| 正常运营 | Operating | 2787 | 1605696 | 1441723 | 209772 | 907374 |
| 停业(歇业) | Suspension | 24 | 4469 | 4503 | 307 | 2243 |
| 当年关闭 | Closure in This Year | 3 | 482 | 415 | 55 | 217 |
| 当年破产 | Bankruptcy in This Year | 1 | | | | |
| 其 他 | Others | 1 | 361 | 360 | 57 | 303 |
| **按控股情况分** | **By Holding Situation** | | | | | |
| 国有控股 | State-holding | 290 | 812098 | 716311 | 101356 | 476163 |
| 集体控股 | Group Holdings | 183 | 162412 | 156536 | 18159 | 105597 |
| 私人控股 | Private Holdings | 2255 | 593165 | 534825 | 84875 | 300639 |
| 外商控股 | Foreign Holdings | 6 | 826 | 970 | 449 | 112 |
| 其 他 | Others | 82 | 42507 | 38359 | 5352 | 27626 |

continued

| 建筑业总产值(万元) Total Output Value (10 000 yuan) | 建筑工程 Construction | 安装工程 Installation | 其 他 Others | 竣工产值(万元) Output Value of Completed Construction (10 000 yuan) | 房屋建筑施工面积(万平方米) Floor Space of Buildings under Construction (10 000 sq.m) | # 本年新开工面积 New Buildings | 房屋建筑竣工面积(万平方米) Floor Space of Buildings Completed (10 000 sq.m) | # 住宅 Residential Housing | 房屋建筑面积竣工率(%) Rate of Floor Space of Buildings Completed (%) |
|---|---|---|---|---|---|---|---|---|---|
| 23838095 | 22553163 | 832491 | 452440 | 6523865 | 5116.08 | 1271.59 | 629.39 | 421.61 | 12.3 |
| 19916052 | 17203215 | 2022918 | 689919 | 8042143 | 13521.24 | 4472.32 | 2967.67 | 1970.06 | 21.9 |
| 26336791 | 21692091 | 3187745 | 1456956 | 9725697 | 11198.19 | 5189.13 | 3542.50 | 2506.59 | 31.6 |
| | | | | | | | | | |
| 64850411 | 57753572 | 4938180 | 2158660 | 22280964 | 29316.07 | 10646.56 | 6913.70 | 4766.50 | 23.6 |
| 22201790 | 20713578 | 1111876 | 376335 | 6794350 | 12481.67 | 3610.29 | 1994.24 | 1269.91 | 16.0 |
| 21990885 | 19529234 | 1845463 | 616188 | 7061450 | 8221.10 | 2744.85 | 1895.48 | 1348.90 | 23.1 |
| 15103709 | 12816160 | 1577320 | 710229 | 6134592 | 7048.36 | 3409.03 | 2294.58 | 1651.24 | 32.6 |
| 5554028 | 4694600 | 403520 | 455908 | 2290572 | 1564.94 | 882.40 | 729.40 | 496.45 | 46.6 |
| 5240527 | 3694897 | 1104974 | 440656 | 2010742 | 519.44 | 286.48 | 225.87 | 131.75 | 43.5 |
| 3167680 | 2398560 | 640770 | 128351 | 1437437 | 191.34 | 88.24 | 101.95 | 31.24 | 53.3 |
| 1235540 | 910683 | 188537 | 136320 | 375271 | 232.62 | 122.64 | 91.83 | 87.82 | 39.5 |
| 837307 | 385654 | 275668 | 175985 | 198034 | 95.47 | 75.60 | 32.08 | 12.69 | 33.6 |
| | | | | | | | | | |
| 69844570 | 61324842 | 5959814 | 2559914 | 24109083 | 29781.90 | 10906.09 | 7124.07 | 4892.10 | 23.9 |
| 228116 | 105796 | 83200 | 39120 | 177912 | 46.27 | 20.26 | 13.79 | 5.43 | 29.8 |
| 7499 | 7435 | 53 | 11 | 4710 | 6.51 | 6.19 | 1.71 | 0.73 | 26.3 |
| | | | | | | | | | |
| 10754 | 10395 | 88 | 270 | | 0.83 | 0.50 | | | |
| | | | | | | | | | |
| 43101413 | 39066831 | 2674575 | 1360007 | 14082812 | 18871.72 | 5698.69 | 3270.73 | 2142.23 | 17.3 |
| 5393772 | 4230486 | 1051454 | 111832 | 2061467 | 2509.66 | 1477.11 | 1002.26 | 719.35 | 39.9 |
| 20072604 | 16748509 | 2207197 | 1116897 | 7655511 | 7823.74 | 3496.43 | 2706.54 | 1925.73 | 34.6 |
| 125169 | 124342 | 827 | | 500 | 42.98 | | | | |
| 1397980 | 1278301 | 109101 | 10579 | 491414 | 587.41 | 260.81 | 160.03 | 110.93 | 27.2 |

## 14-3 续表 2

单位：万元

| 指　　标 | Item | 资产总计 Total Assets | # 流动资产 Circulating Funds | # 固定资产 Fixed Assets | 固定资产原价 Original Value of Fixed Assets |
|---|---|---|---|---|---|
| **总　计** | **Total** | **72038321** | **57447295** | **4808660** | **8481988** |
| # 国有及国有控股企业 | State-owned and State-holding Enterprises | 47339075 | 37854236 | 2447965 | 4840112 |
| **按登记注册类型分** | **By Status of Registration** | | | | |
| 内资企业 | Domestic Funded | 71836648 | 57246454 | 4808050 | 8481225 |
| 国有企业 | State-owned Enterprises | 1910629 | 1457502 | 153884 | 290926 |
| 集体企业 | Collective-owned Enterprises | 1103078 | 849677 | 154429 | 244509 |
| 股份合作企业 | Cooperative Enterprises | 63312 | 53923 | 4242 | 5618 |
| 联营企业 | Joint Ownership Enterprises | 32218 | 29222 | 48 | 1422 |
| 有限责任公司 | Limited Liability Corporations | 52029296 | 41531856 | 3042208 | 5658704 |
| 股份有限公司 | Share-holding Corporations Limited | 3044817 | 2221354 | 528277 | 711702 |
| 私营企业 | Private Enterprises | 13653298 | 11102921 | 924962 | 1568344 |
| 外商投资企业 | Foreign-invested Enterprise | 201673 | 200841 | 610 | 762 |
| 中外合资经营企业 | Joint-venture Enterprises | 2341 | 2123 | 2 | 36 |
| 外资企业 | Enterprises with Sole Funds | 199332 | 198718 | 608 | 727 |
| **按国民经济行业分** | **By Sector** | | | | |
| 房屋建筑业 | Building | 29703509 | 24551787 | 2082741 | 3130955 |
| 住宅房屋建筑 | House Building | 28208741 | 23211012 | 2022997 | 3031439 |
| 体育场馆建筑 | Stadium Building | 19072 | 18357 | 456 | 622 |
| 其他房屋建筑业 | Other Building | 1475696 | 1322418 | 59288 | 98895 |
| 土木工程建筑业 | Building and Civil Engineering | 37046219 | 28663726 | 2117651 | 4448743 |
| 铁路、道路、隧道和桥梁工程建筑 | Railway Road Tunnel and Bridge Engineering Construction | 29267176 | 22731337 | 1581548 | 3406834 |
| 水利和水运工程建筑 | Water Conservancy and Inland Port | 2544451 | 1778040 | 208492 | 412704 |
| 工矿工程建筑 | Industrial and Mining Engineering | 1519332 | 1135471 | 85900 | 185326 |
| 架线和管道工程建筑 | Wiring and Piping Engineering | 1397989 | 1235552 | 63621 | 154555 |
| 节能环保工程施工 | Energy Saving and Environmental Protection Engineering | 244277 | 192382 | 3159 | 5338 |
| 电力工程施工 | Electrical Engineering | 1151766 | 797662 | 135344 | 208837 |
| 其他土木工程建筑 | Other Civil Engineering Construction | 921228 | 793282 | 39588 | 75149 |
| 建筑安装业 | Construction Installation | 3953314 | 3134945 | 518924 | 745534 |
| 电气安装 | Electrical Installation | 1737064 | 1198044 | 427394 | 563776 |
| 管道和设备安装 | Piping and Equipment Installation | 1491453 | 1262120 | 77026 | 153415 |
| 其他建筑安装业 | Other Construction and Installation Industry | 724798 | 674781 | 14504 | 28343 |
| 建筑装饰、装修和其他建筑业 | Building Decoration and Other Construction | 1335279 | 1096837 | 89344 | 156756 |
| 建筑装饰和装修业 | Construction Decoration | 945739 | 778245 | 53709 | 96818 |
| 建筑物拆除和场地准备活动 | Engineering Preparation | 199303 | 183976 | 7390 | 12156 |
| 提供施工设备服务 | Construction Equipment Services | 17839 | 7963 | 9480 | 13714 |
| 其他未列明建筑业 | Other Construction Activities Unlisted | 172398 | 126654 | 18764 | 34068 |

continued

(10 000 yuan)

| 负债合计 Total Liabilities | 所有者权益合计 Owners' Equity | # 实收资本 Paid-in Capitals | 营业收入 Operating Revenue | 营业成本 Cost of Operating Revenue | 营业税金及附加 Taxes and Other Charges on Operating Revenue | 应交增值税 Value-added Tax Payable | 管理费用 Manage-ment Expenses | 营业利润 Operating Profit | 利润总额 Total Profits | 应付职工薪酬 Accrued Employee Payroll |
|---|---|---|---|---|---|---|---|---|---|---|
| **52057118** | **19983881** | **13059234** | **70628889** | **65136089** | **675213** | **1573902** | **2094278** | **2260155** | **2217053** | **10703719** |
| 38212345 | 9126729 | 5102104 | 46322241 | 43533580 | 203043 | 656062 | 1226682 | 1112383 | 1065061 | 6582053 |
| | | | | | | | | | | |
| 51915107 | 19924219 | 13054434 | 70175880 | 64748568 | 673994 | 1569083 | 2091574 | 2198361 | 2155267 | 10667234 |
| 1467202 | 443427 | 262742 | 2307127 | 2110349 | 22320 | 71992 | 102655 | 73829 | 77148 | 457362 |
| 553203 | 549875 | 379597 | 2060598 | 1749899 | 75212 | 97613 | 95879 | 118223 | 117548 | 348047 |
| 10521 | 52791 | 52235 | 74792 | 69603 | 3764 | 795 | 767 | 637 | 675 | 9260 |
| 7688 | 24530 | 13847 | 19677 | 16227 | 278 | 824 | 1058 | 2143 | 2147 | 5907 |
| 40338224 | 11691405 | 6953025 | 50627212 | 47252515 | 338820 | 943135 | 1354524 | 1377139 | 1341088 | 7405949 |
| 2340988 | 703829 | 422918 | 3176111 | 2904864 | 42718 | 68454 | 78773 | 118652 | 114298 | 545909 |
| 7197282 | 6458362 | 4970071 | 11910364 | 10645111 | 190883 | 386270 | 457918 | 507737 | 502363 | 1894800 |
| 142011 | 59662 | 4800 | 453009 | 387521 | 1219 | 4820 | 2704 | 61794 | 61786 | 36485 |
| 841 | 1500 | 1500 | 1673 | 1638 | 3 | | 37 | -6 | -5 | 288 |
| 141170 | 58162 | 3300 | 451337 | 385883 | 1216 | 4820 | 2666 | 61799 | 61791 | 36197 |
| | | | | | | | | | | |
| 20025171 | 9679016 | 6236919 | 33191398 | 30388589 | 463471 | 938324 | 753812 | 1217492 | 1192066 | 6023972 |
| 19060696 | 9148723 | 5815978 | 31745225 | 29123085 | 430592 | 897036 | 714275 | 1122812 | 1096765 | 5867415 |
| 6896 | 12176 | 10260 | 14298 | 13212 | 43 | 186 | 996 | -471 | -40 | 826 |
| 957579 | 518117 | 410681 | 1431875 | 1252293 | 32836 | 41103 | 38541 | 95151 | 95341 | 155730 |
| 28688060 | 8360159 | 5725332 | 32619853 | 30403375 | 168721 | 517508 | 1137417 | 862021 | 845006 | 4015876 |
| 23407432 | 5859745 | 4050248 | 26408882 | 24763778 | 110728 | 348141 | 830262 | 677764 | 654888 | 3181918 |
| | | | | | | | | | | |
| 1813876 | 732575 | 496147 | 2427008 | 2235584 | 29003 | 55500 | 108099 | 66823 | 68737 | 280084 |
| 812292 | 707040 | 402847 | 699919 | 621696 | 7937 | 16120 | 37327 | 24461 | 25201 | 167304 |
| 948513 | 449476 | 312145 | 1233638 | 1082922 | 10965 | 36322 | 97975 | 27609 | 30079 | 185636 |
| 193038 | 51239 | 19542 | 122743 | 100376 | 658 | 3906 | 6005 | 11811 | 11799 | 8251 |
| 872946 | 278820 | 262338 | 812579 | 762381 | 3043 | 20829 | 31590 | 17237 | 18682 | 94620 |
| 639963 | 281265 | 182065 | 915084 | 836638 | 6386 | 36691 | 26159 | 36315 | 35620 | 98063 |
| 2525304 | 1428010 | 693462 | 3403556 | 3076749 | 29005 | 75737 | 140490 | 128501 | 127073 | 433589 |
| 1024783 | 712281 | 287663 | 1099645 | 992485 | 10005 | 27335 | 69047 | 30448 | 29782 | 163938 |
| 1032868 | 458584 | 250957 | 1556706 | 1441514 | 6214 | 34134 | 39924 | 47874 | 48087 | 203496 |
| 467653 | 257145 | 154843 | 747205 | 642749 | 12786 | 14269 | 31520 | 50179 | 49205 | 66154 |
| 818583 | 516696 | 403522 | 1414082 | 1267376 | 14017 | 42333 | 62558 | 52141 | 52909 | 230282 |
| 566686 | 379053 | 301717 | 944402 | 854813 | 7264 | 23618 | 43337 | 30445 | 31310 | 127854 |
| 154304 | 44999 | 34452 | 197435 | 182873 | 1276 | 7507 | 5580 | 6475 | 6405 | 30128 |
| 4327 | 13511 | 3915 | 27234 | 22681 | 1861 | 1449 | 1944 | 326 | 327 | 5754 |
| 93265 | 79133 | 63438 | 245011 | 207009 | 3615 | 9759 | 11697 | 14894 | 14867 | 66547 |

## 14-3 续表 3

单位：万元

| 指 标 | Item | 资产总计 Total Assets | # 流动资产 Circulating Funds | # 固定资产 Fixed Assets | 固定资产原价 Original Value of Fixed Assets |
|---|---|---|---|---|---|
| **按隶属关系分** | **By Jurisdiction of Management** | | | | |
| 中 央 | Central | 30142532 | 23058385 | 1901185 | 3919383 |
| 地 方 | Local | 15576565 | 13087358 | 680996 | 1127693 |
| 其 他 | Others | 26319224 | 21301552 | 2226480 | 3434912 |
| **按企业资质等级分** | **By Qualification Grade** | | | | |
| 施工总承包 | The General Contractor | 66385891 | 52888821 | 4188243 | 7541666 |
| 特 级 | Special Grade | 27449764 | 21418153 | 694327 | 1678418 |
| 一 级 | First Grade | 20302233 | 17160994 | 1320534 | 2568785 |
| 二 级 | Second Grade | 14363636 | 11242929 | 1707511 | 2532824 |
| 三级及以下 | Third Grade and Below | 4270258 | 3066745 | 465871 | 761639 |
| 专业承包 | The Specialized Contractor | 5652430 | 4558474 | 620417 | 940322 |
| 一 级 | First Grade | 3637958 | 3001697 | 492941 | 706024 |
| 二 级 | Second Grade | 1246992 | 972769 | 84558 | 146411 |
| 三级及以下 | Third Grade and Below | 767479 | 584008 | 42918 | 87887 |
| **按营业状态分** | **By Business State** | | | | |
| 正常运营 | Operating | 71893688 | 57336209 | 4800483 | 8465391 |
| 停业(歇业) | Suspension | 133372 | 104346 | 5107 | 13140 |
| 当年关闭 | Closure in This Year | 5956 | 4903 | 1053 | 1319 |
| 当年破产 | Bankruptcy in This Year | | | | |
| 其 他 | Others | 5305 | 1837 | 2017 | 2137 |
| **按控股情况分** | **By Holding Situation** | | | | |
| 国有控股 | State-holding | 47339075 | 37854236 | 2447965 | 4840112 |
| 集体控股 | Group Holdings | 3446393 | 2829032 | 284746 | 489587 |
| 私人控股 | Private Holdings | 20202455 | 15856508 | 1996591 | 3006971 |
| 外商控股 | Foreign Holdings | 201673 | 200841 | 610 | 762 |
| 其 他 | Others | 848725 | 706679 | 78749 | 144555 |

continued

(10 000 yuan)

| 负债合计 Total Liabilities | 所有者权益合计 Owners' Equity | # 实收资本 Paid-in Capitals | 营业收入 Operating Revenue | 营业成本 Cost of Operating Revenue | 营业税金及附加 Taxes and Other Charges on Operating Revenue | 应交增值税 Value-added Tax Payable | 管理费用 Manage-ment Expenses | 营业利润 Operating Profit | 利润总额 Total Profits | 应付职工薪酬 Accrued Employee Payroll |
|---|---|---|---|---|---|---|---|---|---|---|
| 25124539 | 5017993 | 2871760 | 27331773 | 25626039 | 82011 | 276991 | 880554 | 713355 | 669983 | 3509372 |
| 11294494 | 4282071 | 2467024 | 18247295 | 17152864 | 152050 | 404818 | 361819 | 405752 | 418511 | 3146161 |
| 15638084 | 10683817 | 7720451 | 25049821 | 22357186 | 441152 | 892093 | 851905 | 1141048 | 1128559 | 4048186 |
| 48369831 | 18018739 | 11942960 | 65457809 | 60476204 | 606201 | 1423001 | 1892886 | 2087834 | 2041685 | 10042538 |
| 22365364 | 5084401 | 2686976 | 26706316 | 25245922 | 75549 | 248993 | 628544 | 652634 | 632362 | 3501008 |
| 15605424 | 4696809 | 3232389 | 19400764 | 18121574 | 121588 | 406612 | 555327 | 456886 | 438175 | 3198283 |
| 8232232 | 6133962 | 4642776 | 14499470 | 12916541 | 293972 | 603192 | 500537 | 648145 | 642693 | 2486751 |
| 2166810 | 2103567 | 1380819 | 4851259 | 4192167 | 115091 | 164204 | 208478 | 330169 | 328455 | 856497 |
| 3687287 | 1965142 | 1116275 | 5171080 | 4659885 | 69013 | 150901 | 201392 | 172321 | 175368 | 661181 |
| 2452726 | 1185232 | 555203 | 3281354 | 3008904 | 22775 | 90050 | 107764 | 109939 | 109149 | 400495 |
| 780426 | 466566 | 350597 | 1182698 | 1038912 | 34513 | 35568 | 58668 | 36592 | 36915 | 146175 |
| 454134 | 313345 | 210474 | 707028 | 612069 | 11725 | 25283 | 34960 | 25790 | 29305 | 114511 |
| 51931575 | 19964338 | 13020479 | 70415058 | 64940779 | 672789 | 1567660 | 2072779 | 2254249 | 2211895 | 10680838 |
| 121295 | 12530 | 32724 | 191606 | 174661 | 2353 | 5834 | 20537 | 5376 | 4630 | 19994 |
| 1558 | 4398 | 3964 | 11415 | 10345 | 39 | 84 | 369 | 649 | 649 | 1640 |
| 2691 | 2615 | 2067 | 10810 | 10304 | 32 | 324 | 593 | -120 | -120 | 1247 |
| 38212345 | 9126729 | 5102104 | 46322241 | 43533580 | 203043 | 656062 | 1226682 | 1112383 | 1065061 | 6582053 |
| 2531398 | 914995 | 663725 | 4392269 | 3830505 | 119024 | 184817 | 207263 | 215444 | 217946 | 709750 |
| 10602539 | 9602594 | 7081938 | 18250178 | 16276492 | 327153 | 674409 | 628746 | 832895 | 837096 | 3139721 |
| 142011 | 59662 | 4800 | 453009 | 387521 | 1219 | 4820 | 2704 | 61794 | 61786 | 36485 |
| 568824 | 279901 | 206667 | 1211192 | 1107991 | 24774 | 53795 | 28884 | 37639 | 35164 | 235710 |

# 14-4 劳务分包建筑业企业主要指标(2018年)

单位：万元

| 指标 | Item | 企业数(个) Number of Enterprises (unit) | 建筑业总产值 Total Output Value | 直接从事生产经营活动平均人数(人) Number of Engaged Persons (person) | 年末从业人数(人) Number of Engaged Persons (person) | #工程技术人员 Engineer | #现场施工人员 Site Construction Personnel |
|---|---|---|---|---|---|---|---|
| **总计** | **Total** | **33** | **152985** | **11400** | **10955** | **1575** | **4863** |
| **按登记注册类型分** | **By Status of Registration** | | | | | | |
| 内资企业 | Domestic Funded | 33 | 152985 | 11400 | 10955 | 1575 | 4863 |
| 有限责任公司 | Limited Liability Corporations | 11 | 19474 | 1255 | 1312 | 101 | 999 |
| 私营企业 | Private Enterprises | 22 | 133511 | 10145 | 9643 | 1474 | 3864 |
| **按国民经济行业分** | **By Sector** | | | | | | |
| 房屋建筑业 | Building | 13 | 36047 | 2875 | 2306 | 592 | 1581 |
| 住宅房屋建筑 | House Building | 13 | 36047 | 2875 | 2306 | 592 | 1581 |
| 土木工程建筑业 | Building and Civil Engineering | 6 | 33837 | 4294 | 4300 | 9 | 70 |
| 铁路、道路、隧道和桥梁工程建筑 | Railway Road Tunnel and Bridge Engineering Construction | 6 | 33837 | 4294 | 4300 | 9 | 70 |
| 建筑安装业 | Construction Installation | 7 | 15062 | 1010 | 1123 | 108 | 933 |
| 电气安装 | Electrical Installation | 1 | 824 | 48 | 48 | 4 | 37 |
| 管道和设备安装 | Piping and Equipment Installation | 2 | 7991 | 291 | 310 | 62 | 293 |
| 其他建筑安装业 | Other Construction and Installation Industry | 4 | 6247 | 671 | 765 | 42 | 603 |
| 建筑装饰、装修和其他建筑业 | Building Decoration and Other Construction | 7 | 68039 | 3221 | 3226 | 866 | 2279 |
| 建筑装饰和装修业 | Construction Decoration | 5 | 67919 | 3217 | 3221 | 864 | 2276 |
| 提供施工设备服务 | Construction Equipment Services | 1 | | | | | |
| 其他未列明的建筑业 | Other Construction Activities Unlisted | 1 | 120 | 4 | 5 | 2 | 3 |
| **按隶属关系分** | **By Jurisdiction of Management** | | | | | | |
| 地方 | Local | 1 | 2200 | 198 | 230 | 13 | 196 |
| 其他 | Others | 32 | 150785 | 11202 | 10725 | 1562 | 4667 |
| **按企业资质等级分** | **By Qualification Grade** | | | | | | |
| 三级及以下 | Third Grade and Below | 33 | 152985 | 11400 | 10955 | 1575 | 4863 |
| **按营业状态分** | **By Business State** | | | | | | |
| 正常运营 | Operating | 32 | 145073 | 11109 | 10654 | 1515 | 4576 |
| 停业(歇业) | Suspension | 1 | 7912 | 291 | 301 | 60 | 287 |
| **按控股情况分** | **By Holding Situation** | | | | | | |
| 私人控股 | Private Holdings | 31 | 147112 | 11172 | 10727 | 1561 | 4676 |
| 其他 | Others | 2 | 5873 | 228 | 228 | 14 | 187 |

# Main Production Indicators of Labor Subcontracting in Construction Enterprises (2018)

(10 000 yuan)

| 固定资产原价 Original Value of Fixed Assets | 本年折旧 Depreciation of Fixed Assets | 资产总计 Total Assets | 负债合计 Total Liabilities | 实收资本 Paid-in Capitals | 主营业务收入 Revenue from Principal Business | 主营业务成本 Cost of Principal Business | 主营业务税金及附加 Taxes and Other Charges on Principal Business | 应交增值税 Value-added Tax Payable | 营业利润 Operating Profit | 利润总额 Total Profits |
|---|---|---|---|---|---|---|---|---|---|---|
| **6195** | **670** | **88844** | **63783** | **9410** | **152923** | **132817** | **2345** | **5041** | **10349** | **10338** |
| 6195 | 670 | 88844 | 63783 | 9410 | 152923 | 132817 | 2345 | 5041 | 10349 | 10338 |
| 3682 | 310 | 17157 | 9313 | 3758 | 19411 | 15905 | 545 | 439 | 1862 | 1861 |
| 2513 | 360 | 71686 | 54470 | 5652 | 133511 | 116912 | 1800 | 4603 | 8487 | 8476 |
| 3317 | 255 | 20718 | 12064 | 3880 | 36017 | 32264 | 493 | 1069 | 1957 | 1959 |
| 3317 | 255 | 20718 | 12064 | 3880 | 36017 | 32264 | 493 | 1069 | 1957 | 1959 |
| 1159 | 144 | 10416 | 3159 | 504 | 33837 | 25572 | 1046 | 1209 | 6306 | 6305 |
| 1159 | 144 | 10416 | 3159 | 504 | 33837 | 25572 | 1046 | 1209 | 6306 | 6305 |
| 1336 | 149 | 3957 | 230 | 2325 | 15029 | 13144 | 415 | 49 | 1020 | 1007 |
| 81 | 11 | 911 | 57 | 800 | 791 | 696 | 5 | 23 | -10 | -10 |
| 69 | 22 | 753 | 71 | 25 | 7991 | 7378 | 44 |  | 509 | 509 |
| 1186 | 117 | 2294 | 102 | 1500 | 6247 | 5070 | 366 | 26 | 521 | 508 |
| 384 | 122 | 53752 | 48330 | 2701 | 68039 | 61836 | 392 | 2714 | 1067 | 1067 |
| 377 | 119 | 53272 | 48330 | 2221 | 67919 | 61728 | 388 | 2710 | 1063 | 1063 |
| 7 | 3 | 480 |  | 480 | 120 | 108 | 4 | 4 | 4 | 4 |
| 378 | 46 | 332 |  |  | 2200 | 1800 | 22 |  | 356 | 356 |
| 5817 | 624 | 88511 | 63783 | 9410 | 150723 | 131017 | 2324 | 5041 | 9993 | 9981 |
| 6195 | 670 | 88844 | 63783 | 9410 | 152923 | 132817 | 2345 | 5041 | 10349 | 10338 |
| 6175 | 650 | 88167 | 63712 | 9385 | 145011 | 125488 | 2306 | 5041 | 9863 | 9852 |
| 21 | 20 | 677 | 71 | 25 | 7912 | 7329 | 39 |  | 486 | 486 |
| 6033 | 651 | 83047 | 59180 | 8271 | 147082 | 127163 | 2328 | 4871 | 10352 | 10341 |
| 163 | 18 | 5796 | 4604 | 1139 | 5840 | 5654 | 17 | 170 | -3 | -3 |

# 14-5 各市(区)建筑业企业个数(2018年)
# Number of Construction Enterprises by City(District) (2018)

单位：个 (unit)

| 地 区 | Region | 企业个数 Number of Enterprises | 中央企业 Central | 地方企业 Local | 施工总承包 General Contracting | 专业承包 Professional Contracting | 国有及国有控股企业 State-owned and State-holding | 集体企业 Collective Owned |
|---|---|---|---|---|---|---|---|---|
| **全 省** | **Shaanxi** | **2816** | **72** | **2744** | **2251** | **565** | **290** | **183** |
| 西 安 市 | Xi'an | 1198 | 56 | 1142 | 771 | 427 | 168 | 54 |
| 铜 川 市 | Tongchuan | 48 | 1 | 47 | 45 | 3 | 14 | 7 |
| 宝 鸡 市 | Baoji | 157 | 3 | 154 | 115 | 42 | 15 | 21 |
| 咸 阳 市 | Xianyang | 129 | 8 | 121 | 113 | 16 | 19 | 15 |
| 渭 南 市 | Weinan | 153 | 3 | 150 | 138 | 15 | 21 | 16 |
| 延 安 市 | Yan'an | 180 | | 180 | 175 | 5 | 16 | 13 |
| 汉 中 市 | Hanzhong | 182 | | 182 | 171 | 11 | 11 | 14 |
| 榆 林 市 | Yulin | 464 | | 464 | 437 | 27 | 7 | 13 |
| 安 康 市 | Ankang | 159 | 1 | 158 | 150 | 9 | 7 | 15 |
| 商 洛 市 | Shangluo | 105 | | 105 | 104 | 1 | 8 | 15 |
| 杨凌示范区 | Yangling | 41 | | 41 | 32 | 9 | 4 | |

注：本表资料不含劳务分包企业，下表同。
a) Data in the table do not include the subcontractor of labour services. The same applies to the table following.

# 14-6 各市(区)建筑业企业直接从事主营业务活动平均人数(2018年)
# The Average Number of Employed Persons Directly Engaged in the Main Business Activities at Year-end of Construction Enterprises by City(District)(2018)

单位：人 (person)

| 地 区 | Region | 直接从事建筑业活动平均人数 The Average Number of Employed Persons | 中央企业 Central | 地方企业 Local | 施工总承包 General Contracting | 专业承包 Professional Contracting | 国有及国有控股企业 State-owned and State-holding | 集体企业 Collective Owned |
|---|---|---|---|---|---|---|---|---|
| **全 省** | **Shaanxi** | **1611008** | **465767** | **1145241** | **1503666** | **107342** | **812098** | **162412** |
| 西 安 市 | Xi'an | 857651 | 411285 | 446366 | 779533 | 78118 | 623488 | 29822 |
| 铜 川 市 | Tongchuan | 11192 | 213 | 10979 | 10869 | 323 | 6120 | 2491 |
| 宝 鸡 市 | Baoji | 213089 | 29375 | 183714 | 201835 | 11254 | 63107 | 69692 |
| 咸 阳 市 | Xianyang | 103086 | 21389 | 81697 | 93626 | 9460 | 34138 | 21552 |
| 渭 南 市 | Weinan | 80545 | 3205 | 77340 | 78258 | 2287 | 32818 | 5675 |
| 延 安 市 | Yan'an | 45400 | | 45400 | 44967 | 433 | 10485 | 3511 |
| 汉 中 市 | Hanzhong | 76518 | | 76518 | 74174 | 2344 | 9006 | 5669 |
| 榆 林 市 | Yulin | 84380 | | 84380 | 83212 | 1168 | 9224 | 5569 |
| 安 康 市 | Ankang | 66794 | 300 | 66494 | 65752 | 1042 | 2623 | 11744 |
| 商 洛 市 | Shangluo | 51768 | | 51768 | 51763 | 5 | 15211 | 6687 |
| 杨凌示范区 | Yangling | 20585 | | 20585 | 19677 | 908 | 5878 | |

# 14-7 各市(区)建筑业企业年末从业人数(2018年)

## Annual Average Persons of Construction Enterprises by City(District)(2018)

单位：人 (person)

| 地区 | Region | 从事主营业务活动从业人员年末人数 Number of Employed Persons at Year-end | 中央企业 Central | 地方企业 Local | 施工总承包 General Contracting | 专业承包 Professional Contracting | 国有及国有控股企业 State-owned and State-holding | 集体企业 Collective Owned |
|---|---|---|---|---|---|---|---|---|
| **全省** | **Shaanxi** | **1447001** | **428094** | **1018907** | **1351603** | **95398** | **716311** | **156536** |
| 西安市 | Xi'an | 740351 | 371732 | 368619 | 675077 | 65274 | 532869 | 27355 |
| 铜川市 | Tongchuan | 10933 | 218 | 10715 | 10615 | 318 | 6350 | 2114 |
| 宝鸡市 | Baoji | 206293 | 28712 | 177581 | 194739 | 11554 | 60858 | 67708 |
| 咸阳市 | Xianyang | 105998 | 23769 | 82229 | 96087 | 9911 | 37062 | 23027 |
| 渭南市 | Weinan | 73931 | 3123 | 70808 | 71736 | 2195 | 31530 | 5122 |
| 延安市 | Yan'an | 34923 | | 34923 | 34408 | 515 | 7527 | 2491 |
| 汉中市 | Hanzhong | 76432 | | 76432 | 73691 | 2741 | 8957 | 5913 |
| 榆林市 | Yulin | 68740 | | 68740 | 67606 | 1134 | 9965 | 4959 |
| 安康市 | Ankang | 65161 | 540 | 64621 | 64269 | 892 | 2560 | 11408 |
| 商洛市 | Shangluo | 47072 | | 47072 | 47067 | 5 | 12540 | 6439 |
| 杨凌示范区 | Yangling | 17167 | | 17167 | 16308 | 859 | 6093 | |

注：本表资料不含劳务分包企业，下表同。
a) Data in the table do not include the subcontractor of labour services. The same applies to the table following.

# 14-8 各市(区)建筑业企业总产值(2018年)

## Gross Output Value of Construction Enterprises by City(District)(2018)

单位：万元 (10 000 yuan)

| 地区 | Region | 总产值 Gross Output Value | 中央企业 Central | 地方企业 Local | 施工总承包 General Contracting | 专业承包 Professional Contracting | 国有及国有控股企业 State-owned and State-holding | 集体企业 Collective Owned |
|---|---|---|---|---|---|---|---|---|
| **全省** | **Shaanxi** | **70090938** | **23838095** | **46252843** | **64850411** | **5240527** | **43101413** | **5393772** |
| 西安市 | Xi'an | 39257185 | 19081024 | 20176161 | 35608445 | 3648740 | 30834757 | 1461636 |
| 铜川市 | Tongchuan | 416901 | 7092 | 409809 | 410971 | 5930 | 254100 | 61532 |
| 宝鸡市 | Baoji | 8243043 | 1273263 | 6969780 | 7293020 | 950024 | 2462951 | 2005757 |
| 咸阳市 | Xianyang | 6927638 | 2825344 | 4102295 | 6560489 | 367150 | 4438478 | 782723 |
| 渭南市 | Weinan | 3211988 | 644830 | 2567158 | 3135901 | 76087 | 1775692 | 256158 |
| 延安市 | Yan'an | 1374349 | | 1374349 | 1366657 | 7691 | 479768 | 48117 |
| 汉中市 | Hanzhong | 2884191 | | 2884191 | 2835796 | 48395 | 879058 | 137370 |
| 榆林市 | Yulin | 3005811 | | 3005811 | 2947468 | 58343 | 679283 | 153854 |
| 安康市 | Ankang | 1814090 | 6542 | 1807549 | 1783465 | 30625 | 59559 | 298988 |
| 商洛市 | Shangluo | 1708550 | | 1708550 | 1708534 | 16 | 695750 | 187638 |
| 杨凌示范区 | Yangling | 1247192 | | 1247192 | 1199665 | 47527 | 542018 | |

# 14–9 各市(区)建筑业企业房屋建筑施工面积(2018年)
# Floor Space of Building under Construction in Construction Enterprises by City(District)(2018)

单位：万平方米 (10 000 sq.m)

| 地区 | Region | 房屋建筑施工面积 Floor Space of Building under Construction | 中央企业 Central | 地方企业 Local | 施工总承包 General Contracting | 专业承包 Professional Contracting | 国有及国有控股企业 State-owned and State-holding | 集体企业 Collective Owned |
|---|---|---|---|---|---|---|---|---|
| **全　省** | **Shaanxi** | **29835.51** | **5116.08** | **24719.43** | **29316.07** | **519.44** | **18871.72** | **2509.66** |
| 西安市 | Xi'an | 15855.39 | 4582.10 | 11273.29 | 15619.41 | 235.99 | 12755.06 | 332.53 |
| 铜川市 | Tongchuan | 381.71 | | 381.71 | 381.71 | | 276.07 | 66.98 |
| 宝鸡市 | Baoji | 2909.43 | | 2909.43 | 2833.87 | 75.56 | 1001.54 | 1092.13 |
| 咸阳市 | Xianyang | 3305.05 | 523.88 | 2781.18 | 3149.40 | 155.65 | 2214.86 | 385.82 |
| 渭南市 | Weinan | 1525.09 | 9.21 | 1515.89 | 1520.85 | 4.25 | 851.21 | 103.29 |
| 延安市 | Yan'an | 400.10 | | 400.10 | 396.84 | 3.26 | 170.40 | 10.87 |
| 汉中市 | Hanzhong | 1522.76 | | 1522.76 | 1500.87 | 21.89 | 436.70 | 64.95 |
| 榆林市 | Yulin | 1167.25 | | 1167.25 | 1150.43 | 16.81 | 537.60 | 69.28 |
| 安康市 | Ankang | 1435.91 | 0.89 | 1435.01 | 1429.98 | 5.93 | 14.04 | 266.11 |
| 商洛市 | Shangluo | 1095.03 | | 1095.03 | 1095.03 | | 571.47 | 117.70 |
| 杨凌示范区 | Yangling | 237.79 | | 237.79 | 237.69 | 0.10 | 42.75 | |

注：本表资料不含劳务分包企业，下表同。
a) Data in the table do not include the subcontractor of labour services. The same applies to the table following.

# 14–10 各市(区)建筑业企业房屋建筑竣工面积(2018年)
# Floor Space of Building Completed in Construction Enterprises by City(District)(2018)

单位：万平方米 (10 000 sq.m)

| 地区 | Region | 房屋建筑竣工面积 Floor Space of Building Completed | 中央企业 Central | 地方企业 Local | 施工总承包 General Contracting | 专业承包 Professional Contracting | 国有及国有控股企业 State-owned and State-holding | 集体企业 Collective Owned |
|---|---|---|---|---|---|---|---|---|
| **全　省** | **Shaanxi** | **7139.57** | **629.39** | **6510.17** | **6913.70** | **225.87** | **3270.73** | **1002.26** |
| 西安市 | Xi'an | 2755.17 | 556.26 | 2198.91 | 2648.64 | 106.53 | 1955.65 | 211.98 |
| 铜川市 | Tongchuan | 71.12 | | 71.12 | 71.12 | | 34.47 | 19.82 |
| 宝鸡市 | Baoji | 769.79 | | 769.79 | 728.81 | 40.98 | 169.99 | 222.27 |
| 咸阳市 | Xianyang | 1105.96 | 70.71 | 1035.25 | 1059.19 | 46.77 | 511.30 | 279.54 |
| 渭南市 | Weinan | 442.37 | 1.79 | 440.58 | 440.22 | 2.16 | 193.11 | 44.47 |
| 延安市 | Yan'an | 132.58 | | 132.58 | 131.69 | 0.89 | 42.14 | 7.62 |
| 汉中市 | Hanzhong | 660.86 | | 660.86 | 649.10 | 11.75 | 180.44 | 43.71 |
| 榆林市 | Yulin | 297.51 | | 297.51 | 283.64 | 13.87 | 69.34 | 30.14 |
| 安康市 | Ankang | 468.99 | 0.63 | 468.36 | 466.21 | 2.78 | 9.15 | 86.18 |
| 商洛市 | Shangluo | 359.31 | | 359.31 | 359.31 | | 100.71 | 56.52 |
| 杨凌示范区 | Yangling | 75.92 | | 75.92 | 75.78 | 0.14 | 4.44 | |

# 14-11 各市(区)建筑业企业竣工房屋价值(2018年)
## Valuation of Building Completed in Construction Enterprises by City(District)(2018)

单位：万元 (10 000 yuan)

| 地区 | Region | 竣工房屋价值 Valuation of Building Completed | 中央企业 Central | 地方企业 Local | 施工总承包 General Contracting | 专业承包 Professional Contracting | 国有及国有控股企业 State-owned and State-holding | 集体企业 Collective Owned |
|---|---|---|---|---|---|---|---|---|
| **全省** | **Shaanxi** | **12940541** | **1411623** | **11528918** | **12641697** | **298844** | **7021340** | **1403879** |
| 西安市 | Xi'an | 5575155 | 1290492 | 4284663 | 5496108 | 79046 | 4431792 | 277328 |
| 铜川市 | Tongchuan | 120829 | | 120829 | 120829 | | 65638 | 27234 |
| 宝鸡市 | Baoji | 1355483 | | 1355483 | 1278462 | 77021 | 357188 | 309287 |
| 咸阳市 | Xianyang | 1934671 | 115989 | 1818682 | 1833128 | 101544 | 991622 | 398580 |
| 渭南市 | Weinan | 743853 | 3457 | 740395 | 739948 | 3905 | 356190 | 81084 |
| 延安市 | Yan'an | 296930 | | 296930 | 295330 | 1600 | 68974 | 16383 |
| 汉中市 | Hanzhong | 983156 | | 983156 | 963785 | 19372 | 321326 | 60094 |
| 榆林市 | Yulin | 590803 | | 590803 | 578297 | 12507 | 240034 | 38267 |
| 安康市 | Ankang | 688875 | 1684 | 687191 | 685139 | 3736 | 8196 | 127789 |
| 商洛市 | Shangluo | 536536 | | 536536 | 536536 | | 174761 | 67834 |
| 杨凌示范区 | Yangling | 114251 | | 114251 | 114137 | 113 | 5620 | |

注：本表资料不含劳务分包企业，下表同。
a) Data in the table do not include the subcontractor of labour services. The same applies to the table following.

# 14-12 各市(区)建筑业企业资产总计(2018年)
## Total Assets of Construction Enterprises by City(District)(2018)

单位：万元 (10 000 yuan)

| 地区 | Region | 资产合计 Total Assets | 中央企业 Central | 地方企业 Local | 施工总承包 General Contracting | 专业承包 Professional Contracting | 国有及国有控股企业 State-owned and State-holding | 集体企业 Collective Owned |
|---|---|---|---|---|---|---|---|---|
| **全省** | **Shaanxi** | **72038321** | **30142532** | **41895789** | **66385891** | **5652430** | **47339075** | **3446393** |
| 西安市 | Xi'an | 50238094 | 25229004 | 25009090 | 45802895 | 4435199 | 38077786 | 1762869 |
| 铜川市 | Tongchuan | 395899 | 9104 | 386796 | 383205 | 12694 | 198107 | 69964 |
| 宝鸡市 | Baoji | 4529241 | 1642279 | 2886962 | 3669426 | 859815 | 2210759 | 701693 |
| 咸阳市 | Xianyang | 4822298 | 2923531 | 1898767 | 4716125 | 106172 | 3815485 | 218343 |
| 渭南市 | Weinan | 1774898 | 327699 | 1447199 | 1739662 | 35236 | 862079 | 145092 |
| 延安市 | Yan'an | 1781237 | | 1781237 | 1758461 | 22776 | 292153 | 35867 |
| 汉中市 | Hanzhong | 1390351 | | 1390351 | 1365518 | 24833 | 268258 | 48234 |
| 榆林市 | Yulin | 3713011 | | 3713011 | 3630138 | 82873 | 426591 | 117242 |
| 安康市 | Ankang | 1320995 | 10916 | 1310080 | 1276235 | 44760 | 72168 | 185088 |
| 商洛市 | Shangluo | 1065412 | | 1065412 | 1063412 | 2000 | 449892 | 162001 |
| 杨凌示范区 | Yangling | 1006884 | | 1006884 | 980813 | 26071 | 665798 | |

# 14－13 各市(区)建筑业企业固定资产原价(2018年)
## Fixed Assets of Construction Enterprises by City(District)(2018)

单位：万元 (10 000 yuan)

| 地 区 | Region | 固定资产 合计 Total Fixed Assets | 中央企业 Central | 地方企业 Local | 施工 总承包 General Contracting | 专业 承包 Professional Contracting | 国有及国有控股企业 State-owned and State-holding | 集体企业 Collective Owned |
|---|---|---|---|---|---|---|---|---|
| **全 省** | **Shaanxi** | **8481988** | **3919383** | **4562605** | **7541666** | **940322** | **4840112** | **489587** |
| 西安市 | Xi'an | 4063210 | 2465680 | 1597530 | 3730574 | 332637 | 3048770 | 159503 |
| 铜川市 | Tongchuan | 35346 | 1418 | 33928 | 33919 | 1427 | 9032 | 14027 |
| 宝鸡市 | Baoji | 1887497 | 963353 | 924143 | 1361194 | 526303 | 1014997 | 76709 |
| 咸阳市 | Xianyang | 738395 | 455339 | 283056 | 702920 | 35475 | 508288 | 77257 |
| 渭南市 | Weinan | 233543 | 32232 | 201311 | 224624 | 8919 | 55320 | 37956 |
| 延安市 | Yan'an | 305501 | | 305501 | 300251 | 5251 | 21269 | 13603 |
| 汉中市 | Hanzhong | 190793 | | 190793 | 182812 | 7981 | 19759 | 5502 |
| 榆林市 | Yulin | 514558 | | 514558 | 501484 | 13074 | 10421 | 26543 |
| 安康市 | Ankang | 212199 | 1361 | 210838 | 206495 | 5704 | 9736 | 38065 |
| 商洛市 | Shangluo | 157118 | | 157118 | 156988 | 130 | 31421 | 40421 |
| 杨凌示范区 | Yangling | 143827 | | 143827 | 140407 | 3421 | 111101 | |

注：本表资料不含劳务分包企业，下表同。
a) Data in the table do not include the subcontractor of labour services. The same applies to the table following.

# 14－14 各市(区)建筑业企业流动资产合计(2018年)
## Circulating Assets of Construction Enterprises by City(District)(2018)

单位：万元 (10 000 yuan)

| 地 区 | Region | 流动资产 合计 Circulating Assets | 中央企业 Central | 地方企业 Local | 施工 总承包 General Contracting | 专业 承包 Professional Contracting | 国有及国有控股企业 State-owned and State-holding | 集体企业 Collective Owned |
|---|---|---|---|---|---|---|---|---|
| **全 省** | **Shaanxi** | **57447295** | **23058385** | **34388911** | **52888821** | **4558474** | **37854236** | **2829032** |
| 西安市 | Xi'an | 40846157 | 19303196 | 21542961 | 36897649 | 3948509 | 30351070 | 1564860 |
| 铜川市 | Tongchuan | 351382 | 7506 | 343876 | 340059 | 11323 | 191514 | 55573 |
| 宝鸡市 | Baoji | 2613107 | 841154 | 1771952 | 2275745 | 337362 | 1350585 | 532857 |
| 咸阳市 | Xianyang | 4214911 | 2618138 | 1596772 | 4132281 | 82629 | 3440399 | 145777 |
| 渭南市 | Weinan | 1451648 | 278278 | 1173370 | 1430108 | 21540 | 698001 | 115943 |
| 延安市 | Yan'an | 1370548 | | 1370548 | 1352774 | 17774 | 263507 | 20232 |
| 汉中市 | Hanzhong | 1138063 | | 1138063 | 1118408 | 19655 | 228897 | 40720 |
| 榆林市 | Yulin | 2839578 | | 2839578 | 2770932 | 68646 | 370611 | 83976 |
| 安康市 | Ankang | 994037 | 10111 | 983926 | 966653 | 27384 | 57015 | 146194 |
| 商洛市 | Shangluo | 811291 | | 811291 | 811291 | | 357476 | 122899 |
| 杨凌示范区 | Yangling | 816574 | | 816574 | 792920 | 23654 | 545161 | |

# 14–15 各市(区)建筑业企业负债合计(2018年)
# Total Liability of Construction Enterprises by City(District)(2018)

单位：万元 (10 000 yuan)

| 地 区 | Reion | 负债合计 Total Liability | 中央企业 Central | 地方企业 Local | 施工总承包 General Contracting | 专业承包 Professional Contracting | 国有及国有控股企业 State-owned and State-holding | 集体企业 Collective Owned |
|---|---|---|---|---|---|---|---|---|
| **全 省** | **Shaanxi** | **52057118** | **25124539** | **26932578** | **48369831** | **3687287** | **38212345** | **2531398** |
| 西安市 | Xi'an | 38392820 | 21046665 | 17346155 | 35235310 | 3157510 | 31074936 | 1422973 |
| 铜川市 | Tongchuan | 306443 | 8429 | 298014 | 297676 | 8767 | 167307 | 55069 |
| 宝鸡市 | Baoji | 3242082 | 1168990 | 2073092 | 2861495 | 380586 | 1575297 | 571943 |
| 咸阳市 | Xianyang | 3753444 | 2608202 | 1145242 | 3701865 | 51579 | 3295527 | 66929 |
| 渭南市 | Weinan | 1228056 | 282854 | 945202 | 1219319 | 8737 | 691689 | 107688 |
| 延安市 | Yan'an | 897428 | | 897428 | 885879 | 11550 | 264142 | 18214 |
| 汉中市 | Hanzhong | 738211 | | 738211 | 727494 | 10717 | 202961 | 25820 |
| 榆林市 | Yulin | 1813868 | | 1813868 | 1785812 | 28056 | 361308 | 68689 |
| 安康市 | Ankang | 678846 | 9399 | 669447 | 657821 | 21026 | 46750 | 102572 |
| 商洛市 | Shangluo | 432408 | | 432408 | 432408 | | 133792 | 91501 |
| 杨凌示范区 | Yangling | 573512 | | 573512 | 564753 | 8759 | 398637 | |

注：本表资料不含劳务分包企业，下表同。
a) Data in the table do not include the subcontractor of labour services. The same applies to the table following.

# 14–16 各市(区)建筑业企业实收资本(2018年)
# Contributed Capital of Construction Enterprises by City(District)(2018)

单位：万元 (10 000 yuan)

| 地 区 | Region | 实收资本 Contributed Capital | 中央企业 Central | 地方企业 Local | 施工总承包 General Contracting | 专业承包 Professional Contracting | 国有及国有控股企业 State-owned and State-holding | 集体企业 Collective Owned |
|---|---|---|---|---|---|---|---|---|
| **全 省** | **Shaanxi** | **13059234** | **2871760** | **10187475** | **11942960** | **1116275** | **5102104** | **663725** |
| 西安市 | Xi'an | 7813649 | 2586362 | 5227287 | 6904377 | 909272 | 4206711 | 309727 |
| 铜川市 | Tongchuan | 76766 | 665 | 76102 | 74359 | 2407 | 21285 | 13960 |
| 宝鸡市 | Baoji | 572502 | 48177 | 524324 | 507872 | 64630 | 154267 | 75040 |
| 咸阳市 | Xianyang | 679382 | 192355 | 487027 | 649763 | 29619 | 304491 | 100376 |
| 渭南市 | Weinan | 368936 | 43553 | 325383 | 354702 | 14235 | 111072 | 26221 |
| 延安市 | Yan'an | 491941 | | 491941 | 483463 | 8478 | 26904 | 13414 |
| 汉中市 | Hanzhong | 513063 | | 513063 | 501750 | 11314 | 46310 | 19018 |
| 榆林市 | Yulin | 1584111 | | 1584111 | 1534863 | 49249 | 47802 | 34902 |
| 安康市 | Ankang | 472992 | 648 | 472344 | 463226 | 9766 | 16178 | 30212 |
| 商洛市 | Shangluo | 252235 | | 252235 | 250235 | 2000 | 44586 | 40855 |
| 杨凌示范区 | Yangling | 233658 | | 233658 | 218352 | 15306 | 122500 | |

# 14–17　各市(区)建筑业营业收入(2018年)

## Business Revenue of Construction Enterprises by City(District)(2018)

单位：万元　　　　(10 000 yuan)

| 地　区 | Region | 营业收入 Business Revenuel | 中央企业 Central | 地方企业 Local | 施工总承包 General Contracting | 专业承包 Professional Contracting | 国有及国有控股企业 State-owned and State-holding | 集体企业 Collective Owned |
|---|---|---|---|---|---|---|---|---|
| **全　省** | **Shaanxi** | **70628889** | **27331773** | **43297116** | **65457809** | **5171080** | **46322241** | **4392269** |
| 西安市 | Xi'an | 45663742 | 23311542 | 22352200 | 41673680 | 3990063 | 35831690 | 1441279 |
| 铜川市 | Tongchuan | 419220 | 17490 | 401730 | 412048 | 7172 | 243640 | 63864 |
| 宝鸡市 | Baoji | 4804093 | 978095 | 3825998 | 4192030 | 612063 | 1881080 | 1075482 |
| 咸阳市 | Xianyang | 6684464 | 2732455 | 3952010 | 6330355 | 354109 | 4297590 | 763245 |
| 渭南市 | Weinan | 2362053 | 286380 | 2075673 | 2311372 | 50681 | 1235185 | 193083 |
| 延安市 | Yan'an | 1458001 | | 1458001 | 1446357 | 11644 | 321266 | 71100 |
| 汉中市 | Hanzhong | 2040237 | | 2040237 | 1997671 | 42567 | 547932 | 123270 |
| 榆林市 | Yulin | 3317672 | | 3317672 | 3254192 | 63480 | 690496 | 167769 |
| 安康市 | Ankang | 1489708 | 5812 | 1483895 | 1465592 | 24116 | 53794 | 259539 |
| 商洛市 | Shangluo | 1580870 | | 1580870 | 1580861 | 9 | 687492 | 233639 |
| 杨凌示范区 | Yangling | 808830 | | 808830 | 793653 | 15177 | 532077 | |

注：本表资料不含劳务分包企业，下表同。

a) Data in the table do not include the subcontractor of labour services. The same applies to the table following.

# 14–18　各市(区)建筑业企业利润总额(2018年)

## Total Profits of Construction Enterprises by City(District)(2018)

单位：万元　　　　(10 000 yuan)

| 地　区 | Region | 利润总额 Total Profits | 中央企业 Central | 地方企业 Local | 施工总承包 General Contracting | 专业承包 Professional Contracting | 国有及国有控股企业 State-owned and State-holding | 集体企业 Collective Owned |
|---|---|---|---|---|---|---|---|---|
| **全　省** | **Shaanxi** | **2217053** | **669983** | **1547070** | **2041685** | **175368** | **1065061** | **217946** |
| 西安市 | Xi'an | 1163645 | 599508 | 564137 | 1033629 | 130017 | 834825 | 43584 |
| 铜川市 | Tongchuan | 5509 | 1112 | 4397 | 4888 | 621 | 3540 | 1380 |
| 宝鸡市 | Baoji | 231895 | 26898 | 204998 | 204098 | 27797 | 42098 | 80010 |
| 咸阳市 | Xianyang | 205670 | 38699 | 166971 | 200020 | 5650 | 72057 | 51631 |
| 渭南市 | Weinan | 105981 | 3595 | 102386 | 101327 | 4654 | 27217 | 8826 |
| 延安市 | Yan'an | 53224 | | 53224 | 52961 | 262 | 1732 | 3265 |
| 汉中市 | Hanzhong | 80119 | | 80119 | 78648 | 1472 | 7984 | 3307 |
| 榆林市 | Yulin | 134948 | | 134948 | 132264 | 2683 | 14284 | 5181 |
| 安康市 | Ankang | 67655 | 172 | 67483 | 66444 | 1211 | 1929 | 12307 |
| 商洛市 | Shangluo | 100509 | | 100509 | 100489 | 20 | 36323 | 8456 |
| 杨凌示范区 | Yangling | 67898 | | 67898 | 66918 | 981 | 23072 | |

# 14—19 各市(区)建筑业企业税金总额(2018年)
# Total Tax of Construction Enterprises by City(District)(2018)

单位：万元 (10 000 yuan)

| 地 区 | Region | 税金总额 Total Tax | 中央企业 Central | 地方企业 Local | 施工总承包 General Contracting | 专业承包 Professional Contracting | 国有及国有控股企业 State-owned and State-holding | 集体企业 Collective Owned |
|---|---|---|---|---|---|---|---|---|
| **全 省** | **Shaanxi** | **2249115** | **359002** | **1890114** | **2029202** | **219913** | **859106** | **303841** |
| 西安市 | Xi'an | 891956 | 250729 | 641227 | 763916 | 128040 | 542968 | 66347 |
| 铜川市 | Tongchuan | 20787 | 387 | 20399 | 20598 | 188 | 10428 | 4963 |
| 宝鸡市 | Baoji | 256814 | 37701 | 219113 | 209460 | 47354 | 62901 | 52261 |
| 咸阳市 | Xianyang | 307451 | 49923 | 257528 | 279541 | 27910 | 86706 | 94375 |
| 渭南市 | Weinan | 132019 | 19773 | 112246 | 127715 | 4303 | 62793 | 16561 |
| 延安市 | Yan'an | 94652 | | 94652 | 94260 | 392 | 12125 | 6473 |
| 汉中市 | Hanzhong | 134746 | | 134746 | 129416 | 5330 | 16139 | 10491 |
| 榆林市 | Yulin | 183740 | | 183740 | 180383 | 3357 | 21020 | 9369 |
| 安康市 | Ankang | 96067 | 489 | 95578 | 94044 | 2024 | 2992 | 19866 |
| 商洛市 | Shangluo | 89088 | | 89088 | 89086 | 2 | 26945 | 23135 |
| 杨凌示范区 | Yangling | 41797 | | 41797 | 40782 | 1015 | 14088 | |

注：本表资料不含劳务分包企业，下表同。
a) Data in the table do not include the subcontractor of labour services. The same applies to the table following.

# 14—20 各市(区)建筑业企业年末应收工程款(2018年)
# Account Receivable of Projects at Year-end of Construction Enterprises by City(District)(2018)

单位：万元 (10 000 yuan)

| 地 区 | Region | 年末应收工程款 Account Receivable of Projects at Year-end | 中央企业 Central | 地方企业 Local | 施工总承包 General Contracting | 专业承包 Professional Contracting | 国有及国有控股企业 State-owned and State-holding | 集体企业 Collective Owned |
|---|---|---|---|---|---|---|---|---|
| **全 省** | **Shaanxi** | **18714604** | **6840668** | **11873936** | **16966760** | **1747844** | **12072574** | **693287** |
| 西安市 | Xi'an | 12549179 | 5407101 | 7142078 | 10940245 | 1608935 | 9213232 | 287665 |
| 铜川市 | Tongchuan | 153567 | 3462 | 150105 | 145022 | 8544 | 101803 | 19180 |
| 宝鸡市 | Baoji | 984286 | 282354 | 701932 | 957356 | 26930 | 511738 | 119788 |
| 咸阳市 | Xianyang | 1608377 | 1046428 | 561949 | 1576348 | 32029 | 1361175 | 51518 |
| 渭南市 | Weinan | 504423 | 100389 | 404034 | 498234 | 6189 | 215564 | 43643 |
| 延安市 | Yan'an | 597565 | | 597565 | 587609 | 9956 | 71081 | 12568 |
| 汉中市 | Hanzhong | 512326 | | 512326 | 503268 | 9057 | 98538 | 18175 |
| 榆林市 | Yulin | 910157 | | 910157 | 881463 | 28694 | 110845 | 43730 |
| 安康市 | Ankang | 243131 | 934 | 242197 | 233269 | 9863 | 26096 | 43952 |
| 商洛市 | Shangluo | 306522 | | 306522 | 306522 | | 126312 | 53069 |
| 杨凌示范区 | Yangling | 345071 | | 345071 | 337424 | 7647 | 236191 | |

# 14-21 各市(区)建筑业企业主要经济效益指标(2018年)
# Main Indicators on Economic Efficiency of Construction Enterprises by City(District)(2018)

| 地 区 | Region | 人均利润 (元/人) Per Capita Profits (yuan/person) | 人均利税 (元/人) Per Capita Pre-tax Profit (yuan/person) | 劳动生产率 (元/人) Overall Labor Productivity (yuan/person) | 人均施工面积 (平方米/人) Per Capita Floor Space of Buildings under Construction (sq.m/person) | 人均竣工面积 (平方米/人) Per Capita Floor Space of Buildings Completed (sq.m/person) |
|---|---|---|---|---|---|---|
| **全 省** | **Shaanxi** | **15322** | **30865** | **435075** | **206.2** | **49.3** |
| 西安市 | Xi'an | 15717 | 27765 | 457729 | 214.2 | 37.2 |
| 铜川市 | Tongchuan | 5039 | 24052 | 372499 | 349.1 | 65.0 |
| 宝鸡市 | Baoji | 11241 | 23690 | 386836 | 141.0 | 37.3 |
| 咸阳市 | Xianyang | 19403 | 48409 | 672025 | 311.8 | 104.3 |
| 渭南市 | Weinan | 14335 | 32192 | 398782 | 206.3 | 59.8 |
| 延安市 | Yan'an | 15240 | 42343 | 302720 | 114.6 | 38.0 |
| 汉中市 | Hanzhong | 10482 | 28112 | 376930 | 199.2 | 86.5 |
| 榆林市 | Yulin | 19632 | 46361 | 356223 | 169.8 | 43.3 |
| 安康市 | Ankang | 10383 | 25126 | 271595 | 220.4 | 72.0 |
| 商洛市 | Shangluo | 21352 | 40278 | 330040 | 232.6 | 76.3 |
| 杨凌示范区 | Yangling | 39552 | 63899 | 605874 | 138.5 | 44.2 |

14-21 续表 continued

| 地 区 | Region | 产值利润率 (%) Ratio of Profits to Output Value (%) | 产值利税率 (%) Ratio of Pre-tax Profit to Gross Output Value (%) | 资本利润率 (%) Ratio of Profits to Captitals (%) | 资本利税率 (%) Ratio of Pre-tax Profits to Captitals (%) | 资产负债率 (%) Assets-Liability Ratio (%) |
|---|---|---|---|---|---|---|
| **全 省** | **Shaanxi** | **3.2** | **6.4** | **17.0** | **34.2** | **72.3** |
| 西安市 | Xi'an | 3.0 | 5.2 | 14.9 | 26.3 | 76.4 |
| 铜川市 | Tongchuan | 1.3 | 6.3 | 7.2 | 34.3 | 77.4 |
| 宝鸡市 | Baoji | 2.8 | 5.9 | 40.5 | 85.4 | 71.6 |
| 咸阳市 | Xianyang | 3.0 | 7.4 | 30.3 | 75.5 | 77.8 |
| 渭南市 | Weinan | 3.3 | 7.4 | 28.7 | 64.5 | 69.2 |
| 延安市 | Yan'an | 3.9 | 10.8 | 10.8 | 30.1 | 50.4 |
| 汉中市 | Hanzhong | 2.8 | 7.4 | 15.6 | 41.9 | 53.1 |
| 榆林市 | Yulin | 4.5 | 10.6 | 8.5 | 20.1 | 48.9 |
| 安康市 | Ankang | 3.7 | 9.0 | 14.3 | 34.6 | 51.4 |
| 商洛市 | Shangluo | 5.9 | 11.1 | 39.8 | 75.2 | 40.6 |
| 杨凌示范区 | Yangling | 5.4 | 8.8 | 29.1 | 46.9 | 57.0 |

注：本表资料不含劳务分包企业。
a) Data in the table do not include the subcontractor of labour services. The same applies to the table following.

# 主要统计指标解释

**建筑业统计单位** 指从事房屋、构筑物建造和设备安装活动的法人企业。建筑业法人企业应具有建筑业资质并能够独立核算，同时其应具备以下条件：①依法成立，有自己的名称、组织机构和场所，能够承担民事责任；②独立拥有和使用资产，承担负债，有权与其他单位签订合同；③独立核算盈亏，能够编制资产负债表。

**建筑业总产值** 是以货币形式表现的建筑业企业在一定时期内生产的建筑业产品和提供的服务的总和。建筑业总产值包括：

⑴建筑工程产值：指列入建筑工程预算内的各种工程价值。

⑵安装工程产值：指设备安装工程价值，不包括被安装设备本身的价值。

⑶其他产值：建筑业总产值中除建筑工程、安装工程以外的产值。包括房屋构筑物修理产值、非标准设备制造产值、总包企业向分包企业收取的管理费以及不能明确划分的施工活动所完成的产值。

a.房屋构筑物修理产值：指房屋和构筑物修理所完成的产值，但不包括被修理房屋、构筑物本身价值和生产设备的修理价值。

b.非标准设备制造产值：指加工制造没有定型的非标准生产设备的加工费和原材料价值(如化工厂、炼油厂用的各种罐、槽，矿井生产统一使用的各种漏斗、三角槽、阀门等)以及附属加工厂为本企业承建工程制作的非标准设备的价值。

**建筑业增加值** 指建筑业企业在报告期内以货币形式表现的建筑业生产经营活动的最终成果。

从 2004 年第一次全国经济普查开始，建筑业现价增加值按生产法和分配法(收入法)两种方法计算，以收入法的计算结果为准，即从收入的角度出发，根据生产要素在生产过程中应得的收入份额计算。具体计算方法：经济普查年度建筑业增加值按照《经济普查年度 GDP 核算方案》计算，非经济普查年度建筑业增加值按照《非经济普查年度 GDP 核算方案》计算。

**房屋建筑施工面积** 指在报告期内施过工的全部房屋建筑面积，包括本期新开工的房屋面积、上期施工跨入本期继续施工的房屋面积、上期停缓建在本期恢复施工的房屋面积、本期竣工的房屋面积及本期施工后又停缓建的房屋面积。

**房屋建筑竣工面积** 指在报告期内房屋建筑按照设计要求全部完工，达到了使用条件，经验收鉴定合格，正式移交使用单位的房屋建筑面积。

# Explanatory Notes on Main Statistical Indicators

**Statistical Unit in the Construction Industry** refers to a corporate enterprise engaged in the construction of buildings and structures and in the installation of equipment. A corporate construction enterprise should have qualification certificates with independent accounting system, and should meet the following 3 requirements: a) being set up in line with relevant legal basis, having its full name, organization and location, and capable of taking civil liabilities; b) independently possessing and using its assets and assuming its liabilities, and entitled to sign contracts with other institutions; and c) making independent accounts of its profits and losses, and capable of compiling its own balance sheet.

**Gross Output Value of Construction** refers to total of construction products and services, expressed in money terms, produced or rendered by construction and installation enterprises during a given period of time. It includes:

(1) Output value of construction projects: the value of projects covered by the project budgets;

(2) Output value of installation projects: the value of the installation of equipment, (excluding the value of the equipment to be installed);

(3) Other output values: the output value of construction industry apart from that of construction projects and installation projects. It includes: output value of repair of buildings and structures; output value of non-standard equipment manufacturing; overhead expenses received by contracted enterprises from the sub-contracted enterprises and the completed output value of construction activities for which there is no clear definition.

a. Output value of repair of buildings and structures: the value created through the repairs of buildings or structures. It does not include the value of buildings or structures being repaired and the value of the repair of production equipment;

b. Output value of manufactured non-standard equipment: the value of non-standard production equipment, including raw materials and manufacturing cost, made for the construction project (i.e., chemical plant; kettles or tanks used by refineries; various fillers, triangle tanks, valves used by mines). It also includes the output value of equipment manufactured by subsidiary workshops.

**Value-added of Construction** refers to the final result of the activities of production and operation of enterprises of the construction industry in monetary terms during the reference period.

Starting from the 2004 economic census, value-added of construction is calculated by both production approach and income approach, with the figures from the income approach as the final figures. Under the income approach, calculation starts from the perspective of income and is based on the share of income derived from the production process by the relevant factors of production. Specifically, value-added of construction for the Census years is calculated in accordance with the *Programme of Compilation of GDP and National Accounts for the Year of Economic Census*, and value-added of construction for other years is calculated in accordance with the *Programme of Compilation of GDP and National Accounts for the Non Economic Census Years*.

**Floor Space of Buildings Under Construction** refers to floor space of buildings under construction during the reference period, including the floor space of buildings for which construction has newly started; buildings for which construction has started earlier and is continuing during the reference period; and buildings for which construction has been suspended earlier but has restarted during the reference period; buildings completed during the reference period; and buildings under construction but construction has subsequently been during the reference period.

**Floor Space of Buildings Completed** refers to the floor space of buildings that are completed in the reference period in accordance with the requirements of the design, up to the standard for being put into use, and having been checked and accepted by departments concerned as qualified ones.

# 十五、运输和邮电

Transport, Post and
Telecommunication Services

资料整理：巨振强　王晓飞

# 简 要 说 明

一、本篇资料反映陕西交通运输业和邮政、通信业发展的基本状况。

交通运输业资料主要包括：各种运输方式的线路里程、运输设备拥有量、各种运输方式完成的货物运输量和旅客运输量，城市公共交通情况等资料。

邮电通信业资料主要包括：邮电业务完成情况，邮电通信发展水平等资料。

二、本篇的资料来源：

本篇交通运输资料来源于省交通运输厅、省公安厅车管所、中国铁路西安局集团有限公司、西延铁路公司、东方航空公司西北分公司、长安航空有限责任公司、西安咸阳国际机场等。邮政电信资料来源于省通信管理局、省电信公司、省移动通信公司、省联通公司、省邮政管理局、省邮政公司等。

# Brief Introduction

I. This chapter reflects the basic conditions of transportation industry, post and communication industry of Shaanxi Province.

Data on transportation industry mainly include: routes of various transport modes, quantity of transportation equipment, freight and passenger traffic volume of various transport modes, urban public transport situation, etc.

Data on post and telecommunication mainly include: completion of post and telephone service and development of posts and telecommunications, etc.

II. Sources of Data:

Data on transportation industry are obtained from Department of Transport of Shaanxi Province, the DMV (department of motor vehicles) of Public Security Department of Shaanxi Province, Xi’an Railway Bureau, Xi Yan Railway Company, the Northwest Branch of China Eastern Airlines, Chang’an Airlines and Xi'an Xianyang International Airport , etc.

Data on post and telecommunication are obtained from Shaanxi Communications Administration, Shaanxi Telecommunication Company, Shaanxi Mobile Communication Company, Shaanxi Unicom Company, Shanxi Provincial Postal Administration and Shaanxi Post, etc.

# 15.运输和邮电

| | | |
|---|---|---|
| 2018年全省 | | |
| 客运量 | 72773 | 万人 |
| 货运量 | 173253 | 万吨 |
| 邮电业务总量 | 2354.79 | 亿元 |
| 每百人拥有固定电话 | 16.8 | 部 |
| 每百人拥有移动电话 | 121.3 | 部 |

## 快递业务量（万件）

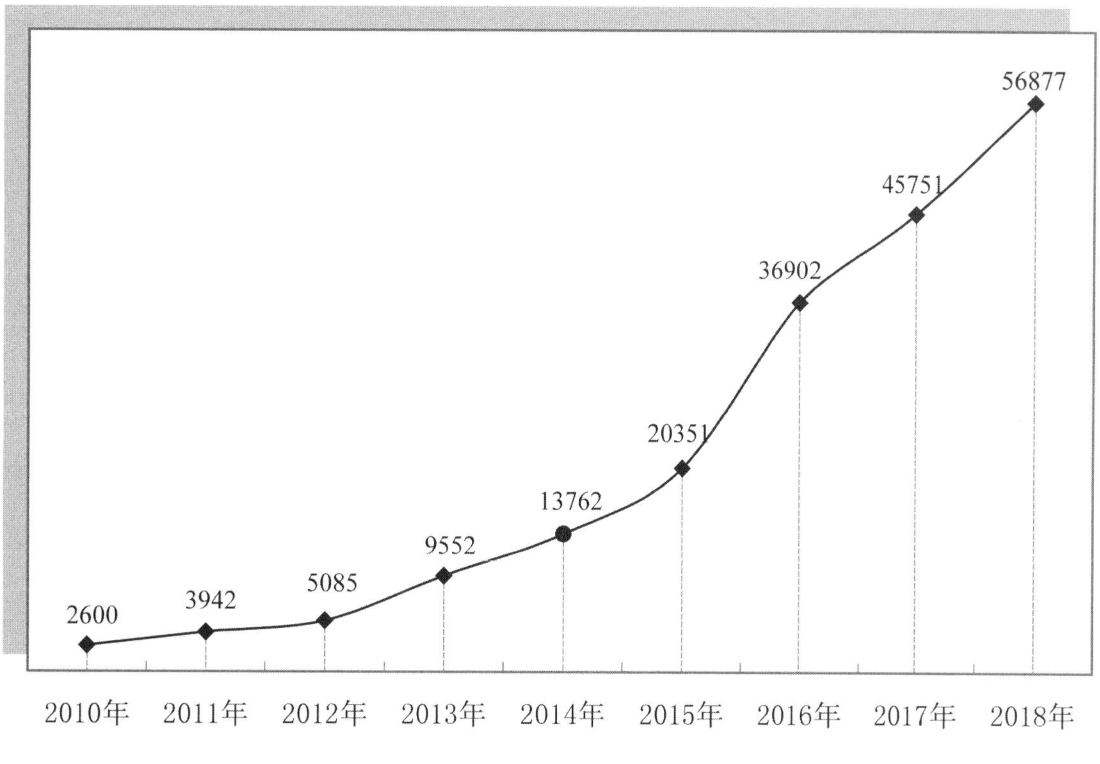

# 15-1 运输线路里程、质量和运输网密度
# Length, Quality and Density of Transportation Routes

| 指 标 | Item | 2016 | 2017 | 2018 |
|---|---|---|---|---|
| **一、运输线路里程 （公里）** | **Length of Transport Routes (km)** | | | |
| 铁路正线延展里程 | Extension Length of the Trunk Lines | 7807 | 8655 | 8714 |
| 营业里程 | Railways in Operation | 4748 | 5108 | 5140 |
| 公路通车里程 | Total Length of Highways | 172471 | 174395 | 177128 |
| 内河航道里程 | Navigable Inland Waterways | 1066 | 1066 | 1066 |
| # 机动船航道 | Motor Vessels | 558 | 558 | 558 |
| **二、运输线路质量** | **Quality of Transport Routes** | | | |
| 铁路营业里程 (公里) | Length of Railways in Operation (km) | 4748 | 5108 | 5140 |
| # 复线里程 | Double-Tracking Length | 3025 | 3445 | 3474 |
| 复线里程比重 (%) | Proportion (%) | 63.7 | 67.4 | 67.6 |
| 公路线路里程 (公里) | Length of Highways (km) | 172471 | 174395 | 177128 |
| # 等级公路 | Expressway and Class I to IV Highways | 156844 | 159026 | 161028 |
| 等级公路比重 (%) | Proportion (%) | 90.9 | 91.2 | 90.9 |
| 内河航道里程 (公里) | Length of Navigable Inland Waterways (km) | 1066 | 1066 | 1066 |
| # 水深一米以上 | Depth of Water Above 1 m | 558 | 558 | 558 |
| 水深一米以上比重 (%) | Proportion (%) | 50.7 | 50.7 | 50.7 |
| **三、运输网密度** | **Transport Density** | | | |
| 1.铁 路 | Railways | | | |
| 省内营业里程 (公里) | Length of Province Railways in Operation(km) | 4623 | 5108 | 5140 |
| 密 度 (公里/平方公里) | Density (km/sq.km) | 0.023 | 0.025 | 0.025 |
| 2.公 路 | Highways | | | |
| 线路长度 (公里) | Length of Routes (km) | 172471 | 174395 | 177128 |
| 密 度 (公里/平方公里) | Density (km/sq.km) | 0.839 | 0.848 | 0.862 |
| 3.水 路 | Waterways | | | |
| 通航里程 (公里) | Length of Waterways in Operation (km) | 1066 | 1066 | 1066 |
| 密 度 (公里/平方公里) | Density (km/sq.km) | 0.005 | 0.005 | 0.005 |

注：铁路线路为西安铁路局管线路。
a) The transport routes are managed by Xi'an Railway Bureau.

# 15-2 铁路、公路线路长度及民航航线
# Length of Railways, Highways and Civil Aviation

| 指　　标 | Item | 2016 | 2017 | 2018 |
|---|---|---|---|---|
| **一、铁路线路长度** | **Railways** | | | |
| 正线延展里程　（公里） | Extension Length　(km) | 7807 | 8655 | 8714 |
| # 省境内 | In Shaanxi | 7512 | 8315 | 8739 |
| 营业里程　（公里） | Length of Railways in operation　(km) | 4748 | 5108 | 5140 |
| # 省境内 | In Shaanxi | 4633 | 4972 | 5002 |
| **二、公路线路长度** | **Highways** | | | |
| 公路线路里程　（公里） | Length of Highways　(km) | 172471 | 174395 | 177128 |
| # 高级路面 | High Class and Sub-senior Class Pavement | 113804 | 120312 | 124608 |
| 等级公路　（公里） | Expressway and Class Ⅰ to Ⅳ Highways (km) | 156844 | 159026 | 161028 |
| # 高速公路 | Expressway | 5181 | 5279 | 5475 |
| 一级公路 | Class Ⅰ Highway | 1580 | 1575 | 1641 |
| 二级公路 | Class Ⅱ Highway | 8990 | 9393 | 9734 |
| 三级公路 | Class Ⅲ Highway | 15340 | 15776 | 15891 |
| 四级公路 | Class Ⅳ Highway | 125752 | 127003 | 128288 |
| **三、民用航空** | **Civil Aviation** | | | |
| 航线条数　（条） | Numbers of Routes　(line) | 313 | 337 | 345 |
| # 国际航线 | International Routes | 46 | 57 | 64 |
| 通航城市　（个） | Number of Cities　(unit) | 171 | 198 | 211 |
| # 国　际 | International Routes | 36 | 46 | 53 |

注：铁路线路省境内长度为国家反馈陕西省境内数据。民用航空数据取自西安咸阳国际机场。
a) Data of the length of railways in Shaanxi province refer to those responsed to Shaanxi.
Data of Civil Aviation is provided by Xi'an Xianyang International Airport.

# 15-3 运 输 工 具
# Transportation

| 指 标 | Item | 2016 | 2017 | 2018 |
|---|---|---|---|---|
| **一、铁路运输工具** | **Means of Railway Transportations** | | | |
| 机 车 (台) | Locomotives (unit) | 1226 | 1271 | 1285 |
| # 蒸 汽 | Steam Locomotives | | | |
| 内 燃 | Diesel Locomotives | 228 | 225 | 224 |
| 电 力 | Electric Locomotives | 998 | 1046 | 1061 |
| 客 车 (辆) | Passenger Coaches (coach) | 2924 | 3083 | 3113 |
| **二、公路运输工具** | **Means of Highway Transportations** | | | |
| 民用汽车 (辆) | Civil Vehicles (coach) | 5014827 | 5573292 | 6234239 |
| # 新注册 | New Registrations | 711227 | 850467 | 776512 |
| 载客汽车 (辆) | Passenger Vehicles (coach) | 4356970 | 4896337 | 5499397 |
| 载货汽车 (辆) | Trucks (coach) | 518688 | 560368 | 626066 |
| 汽车挂车 (辆) | Trailer Trucks (coach) | 49559 | 63402 | 72218 |
| 拖拉机 (辆) | Tractors (coach) | 335577 | 337354 | 319632 |
| **三、水运运输工具** | **Means of Waterway Transportations** | | | |
| 机动船 (艘) | Motor Vessels (unit) | 1160 | 1159 | 1135 |
| 客船载客量 (客位) | Passenger Capacity of Passenger Ships (seat) | 18871 | 18915 | 18520 |
| 货船净载重量 (吨) | Dead Weight Tonnage of Cargo Ships (ton) | 25598 | 22430 | 22430 |
| 拖轮功率 (千瓦) | Drawing Power (kw) | 405 | 395 | 395 |
| 驳 船 (艘) | Barges (unit) | 199 | 196 | 198 |

# 15-4 各市(区)公路里程(2018年末)
# Length of Highways by City(District)(2018)

单位：公里 (km)

| 地 区 | Region | 公路里程 Length of Highways | # 等级公路 Expressway and Class Ⅰ to Ⅳ Highways | # 高速公路 Expressway | # 一级公路 Class Ⅰ Highway | # 二级公路 Class Ⅱ Highway | # 三级公路 Class Ⅲ Highway |
|---|---|---|---|---|---|---|---|
| **全 省** | **Shaanxi** | **177128** | **161028** | **5475** | **1641** | **9734** | **15891** |
| 西 安 市 | Xi'an | 13483 | 13027 | 573 | 316 | 1410 | 1257 |
| 铜 川 市 | Tongchuan | 4180 | 3789 | 236 | 26 | 377 | 363 |
| 宝 鸡 市 | Baoji | 16698 | 15514 | 313 | 138 | 1157 | 1518 |
| 咸 阳 市 | Xianyang | 16302 | 14649 | 526 | 286 | 909 | 1885 |
| 渭 南 市 | Weinan | 19579 | 16427 | 367 | 276 | 886 | 1298 |
| 延 安 市 | Yan'an | 18194 | 17237 | 830 | 31 | 1509 | 2926 |
| 汉 中 市 | Hanzhong | 20533 | 18613 | 573 | 121 | 804 | 1055 |
| 榆 林 市 | Yulin | 29375 | 28388 | 1068 | 375 | 1663 | 3281 |
| 安 康 市 | Ankang | 24501 | 20284 | 525 | 1 | 565 | 1158 |
| 商 洛 市 | Shangluo | 13886 | 12711 | 450 | 66 | 384 | 1056 |
| 杨凌示范区 | Yangling | 396 | 389 | 12 | 4 | 72 | 95 |

# 15－5 客运量、旅客周转量及构成
## Passenger Traffic, Passenger-Kilometers and Composition

| 指　　标 | Item | 2016 | 2017 | 2018 |
|---|---|---|---|---|
| **一、客运量　　（万人）** | **Passenger Traffic　　(10 000 persons)** | **70822** | **71138** | **72773** |
| 铁　路 | Railways | 8302 | 8908 | 10953 |
| 公　路 | Highways | 61093 | 60724 | 60269 |
| 水　运 | Waterways | 425 | 393 | 361 |
| 民用航空 | Civil Aviation | 1002 | 1113 | 1190 |
| **二、旅客周转量（百万人公里）** | **Passenger-Kilometers (million passenger-km)** | **88684** | **90765** | **95771** |
| 铁　路 | Railways | 46417 | 47103 | 51036 |
| 公　路 | Highways | 29080 | 28915 | 28698 |
| 水　运 | Waterways | 70 | 68 | 62 |
| 民用航空 | Civil Aviation | 13117 | 14679 | 15975 |
| **三、客运量构成　　（%）** | **Composition of Passenger Traffic　　(%)** | **100.00** | **100.00** | **100.00** |
| 铁　路 | Railways | 11.72 | 12.52 | 15.05 |
| 公　路 | Highways | 86.26 | 85.36 | 82.82 |
| 水　运 | Waterways | 0.60 | 0.55 | 0.50 |
| 民用航空 | Civil Aviation | 1.41 | 1.56 | 1.63 |
| **四、旅客周转量构成　　（%）** | **Composition of passenger-Kilometers　　(%)** | **100.00** | **100.00** | **100.00** |
| 铁　路 | Railways | 52.34 | 51.90 | 53.29 |
| 公　路 | Highways | 32.79 | 31.86 | 29.97 |
| 水　运 | Waterways | 0.08 | 0.07 | 0.06 |
| 民用航空 | Civil Aviation | 14.79 | 16.17 | 16.68 |

注：本表资料为国家返馈陕西省境数。
a) Data in this table refer to those responsed to Shaanxi.

# 15－6 货运量、货物周转量及构成
## Freight Traffic, Freight Ton-Kilometers and Composition

| 指　　标 | Item | 2016 | 2017 | 2018 |
|---|---|---|---|---|
| **一、货运量　　（万吨）** | **Freight Traffic　　(10 000 tons)** | **149049** | **163086** | **173253** |
| 铁　路 | Railways | 35459 | 39162 | 42245 |
| 公　路 | Highways | 113360 | 123721 | 130823 |
| 水　运 | Waterways | 224 | 196 | 177 |
| 民用航空 | Civil Aviation | 7 | 6 | 7 |
| **二、货物周转量（百万吨公里）** | **Freight Ton-Kilometers　　(million ton-km)** | **344591** | **376163** | **402599** |
| 铁　路 | Railways | 151827 | 164177 | 172300 |
| 公　路 | Highways | 192583 | 211821 | 230137 |
| 水　运 | Waterways | 83 | 66 | 52 |
| 民用航空 | Civil Aviation | 99 | 99 | 110 |
| **三、货运量构成　　（%）** | **Composition of Freight Traffic　　(%)** | **100.00** | **100.00** | **100.00** |
| 铁　路 | Railways | 23.79 | 24.01 | 24.38 |
| 公　路 | Highways | 76.06 | 75.86 | 75.51 |
| 水　运 | Waterways | 0.15 | 0.12 | 0.10 |
| 民用航空 | Civil Aviation | 0.00 | 0.00 | 0.00 |
| **四、货物周转量构成　　（%）** | **Composition of Freight Ton-Kilometers　(%)** | **100.00** | **100.00** | **100.00** |
| 铁　路 | Railways | 44.06 | 43.65 | 42.80 |
| 公　路 | Highways | 55.89 | 56.31 | 57.16 |
| 水　运 | Waterways | 0.02 | 0.02 | 0.01 |
| 民用航空 | Civil Aviation | 0.03 | 0.03 | 0.03 |

注：本表资料为国家返馈陕西省境数。
a) Data in this table refer to those responsed to Shaanxi.

# 15-7　民用车辆拥有量(2018年末)

# Possession of Civil Vehicles(2018)

单位：辆　(unit)

| 地　区 | Region | 民用汽车总　计 Total | # 新注册 New Registrations | 载客汽车 Passenger Vehicles | 载货汽车 Trucks | 其他汽车 Others | 摩托车 Motorcycles | # 普　通 Normal Motorcycles |
|---|---|---|---|---|---|---|---|---|
| **全　省** | **Shaanxi** | **6234239** | **776512** | **5499397** | **626066** | **108776** | **1228117** | **1211103** |
| 西 安 市 | Xi'an | 3098568 | 432465 | 2802311 | 275077 | 21180 | 134994 | 132390 |
| 铜 川 市 | Tongchuan | 93899 | 8831 | 78936 | 12310 | 2653 | 25342 | 24890 |
| 宝 鸡 市 | Baoji | 364129 | 47310 | 327444 | 30563 | 6122 | 87283 | 85649 |
| 咸 阳 市 | Xianyang | 438286 | 42837 | 399167 | 33749 | 5370 | 79997 | 79165 |
| 渭 南 市 | Weinan | 566030 | 57302 | 470722 | 65939 | 29369 | 89322 | 88835 |
| 延 安 市 | Yan'an | 344703 | 39336 | 292281 | 41421 | 11001 | 19972 | 19848 |
| 汉 中 市 | Hanzhong | 296854 | 36398 | 264081 | 26667 | 6106 | 317574 | 311662 |
| 榆 林 市 | Yulin | 675728 | 68570 | 556587 | 102326 | 16815 | 38124 | 37687 |
| 安 康 市 | Ankang | 176674 | 25921 | 147004 | 24353 | 5317 | 356930 | 352670 |
| 商 洛 市 | Shangluo | 96417 | 11795 | 83118 | 9710 | 3589 | 71478 | 71226 |
| 杨凌示范区 | Yangling | 67793 | 5025 | 63412 | 3553 | 828 | 2997 | 2977 |

# 15-8　私人车辆拥有量(2018年末)

# Possession of Private Vehicles(2018)

单位：辆　(unit)

| 地　区 | Region | 汽车总计 Total | # 载客汽车 Passenger Vehicles | # 载货汽车 Trucks | 摩托车 Motorcycles | # 普　通 Normal Motorcycles |
|---|---|---|---|---|---|---|
| **全　省** | **Shaanxi** | **5597776** | **5090623** | **443717** | **1210945** | **1193955** |
| 西 安 市 | Xi'an | 2794590 | 2583256 | 200184 | 134343 | 131741 |
| 铜 川 市 | Tongchuan | 82287 | 71843 | 8190 | 25261 | 24809 |
| 宝 鸡 市 | Baoji | 320939 | 298560 | 18209 | 87008 | 85375 |
| 咸 阳 市 | Xianyang | 397155 | 372291 | 21802 | 79736 | 78905 |
| 渭 南 市 | Weinan | 501279 | 445320 | 44425 | 88978 | 88492 |
| 延 安 市 | Yan'an | 306705 | 272506 | 29178 | 19567 | 19443 |
| 汉 中 市 | Hanzhong | 273503 | 247635 | 20651 | 317019 | 311108 |
| 榆 林 市 | Yulin | 612890 | 527740 | 71282 | 37772 | 37335 |
| 安 康 市 | Ankang | 161049 | 135871 | 21052 | 355685 | 351443 |
| 商 洛 市 | Shangluo | 86007 | 75150 | 7893 | 62608 | 62356 |
| 杨凌示范区 | Yangling | 61369 | 60448 | 851 | 2967 | 2947 |

# 15-9 公路部门营运载客车拥有量(2018年末)

# Possession of Vehicles in Operation for Highway Transportation(2018)

| 地 区 | Region | 载客汽车合计(辆) Total (unit) | 班车客运车辆 Scheduled Coach 辆数 (unit) | 客位 (seat) | # 高级 Senior 辆数 (unit) | 客位 (seat) | # 中级 Medium 辆数 (unit) | 客位 (seat) |
|---|---|---|---|---|---|---|---|---|
| **全 省** | **Shaanxi** | **18447** | **14553** | **394810** | **4655** | **167787** | **7071** | **154339** |
| 西安市 | Xi'an | 4834 | 2442 | 98388 | 919 | 38728 | 744 | 16835 |
| 铜川市 | Tongchuan | 493 | 446 | 10854 | 126 | 5009 | 188 | 3711 |
| 宝鸡市 | Baoji | 1631 | 1273 | 32798 | 216 | 6904 | 739 | 20219 |
| 咸阳市 | Xianyang | 2044 | 1695 | 39582 | 715 | 23250 | 815 | 14352 |
| 渭南市 | Weinan | 2127 | 1993 | 50150 | 464 | 18251 | 1147 | 24099 |
| 延安市 | Yan'an | 1584 | 1385 | 31122 | 353 | 11466 | 898 | 17787 |
| 汉中市 | Hanzhong | 1370 | 1235 | 33853 | 560 | 18299 | 668 | 15458 |
| 榆林市 | Yulin | 1460 | 1395 | 37449 | 583 | 19293 | 740 | 16208 |
| 安康市 | Ankang | 1569 | 1542 | 27898 | 376 | 12543 | 414 | 7935 |
| 商洛市 | Shangluo | 1237 | 1059 | 30148 | 315 | 12958 | 658 | 16253 |
| 杨凌示范区 | Yangling | 98 | 88 | 2568 | 28 | 1086 | 60 | 1482 |

15-9 续表 continued

| 地 区 | Region | # 普通 Ordinary 辆数 (unit) | 客位 (seat) | 旅游客车 Tourist Bus 辆数 (unit) | 客位 (seat) | 包车客车 Chartered Bus 辆数 (unit) | 客位 (seat) | 其它客车 Others 辆数 (unit) | 客位 (seat) |
|---|---|---|---|---|---|---|---|---|---|
| **全 省** | **Shaanxi** | **2827** | **72684** | **3654** | **140033** | **85** | **2567** | **155** | **775** |
| 西安市 | Xi'an | 779 | 42825 | 2392 | 95316 | | | | |
| 铜川市 | Tongchuan | 132 | 2134 | 17 | 723 | 30 | 210 | | |
| 宝鸡市 | Baoji | 318 | 5675 | 352 | 12428 | 6 | 248 | | |
| 咸阳市 | Xianyang | 165 | 1980 | 309 | 12593 | 40 | 1880 | | |
| 渭南市 | Weinan | 382 | 7800 | 134 | 5413 | | | | |
| 延安市 | Yan'an | 134 | 1869 | 199 | 4476 | | | | |
| 汉中市 | Hanzhong | 7 | 96 | 126 | 4690 | 9 | 229 | | |
| 榆林市 | Yulin | 72 | 1948 | 65 | 2422 | | | | |
| 安康市 | Ankang | 752 | 7420 | 27 | 935 | | | | |
| 商洛市 | Shangluo | 86 | 937 | 23 | 623 | | | 155 | 775 |
| 杨凌示范区 | Yangling | | | 10 | 414 | | | | |

注：本表数字为在运管部门注册登记的全社会载客汽车数。

a) Data in this table refers to the whole society's for-hire vehicles registered in operation administration departments.

# 15-10 公路部门营运载货车拥有量(2018年末)
# Possession of Vehicles in Operation for Highway Transportation(2018)

| 地区 Region | 载货汽车合计 Total | | 普通载货车辆 Ordinary Trucks | | #大型 Heavy | | #重型 Heavy | | #中型 Medium | |
|---|---|---|---|---|---|---|---|---|---|---|
| | 辆数 (unit) | 吨位 (ton) | 辆数 (unit) | 吨位 (ton) | 辆数 (unit) | 吨位 (ton) | 辆数 (unit) | 吨位 (ton) | 辆数 (unit) | 吨位 (ton) |
| **全　省 Shaanxi** | **419578** | **2992291** | **312829** | **1403025** | **92229** | **1116469** | **77014** | **1019143** | **7280** | **23947** |
| 西安市 Xi'an | 210379 | 854636 | 197165 | 663967 | 41294 | 474117 | 33905 | 427462 | 1471 | 4968 |
| 铜川市 Tongchuan | 10271 | 142985 | 3908 | 40556 | 2772 | 38762 | 2465 | 36672 | 27 | 91 |
| 宝鸡市 Baoji | 25001 | 222413 | 17227 | 97410 | 6913 | 83804 | 5773 | 76166 | 202 | 689 |
| 咸阳市 Xianyang | 24623 | 216572 | 14047 | 77978 | 7668 | 71874 | 7668 | 71874 | 506 | 1638 |
| 渭南市 Weinan | 48580 | 513740 | 28524 | 187717 | 12565 | 164659 | 11227 | 156425 | 384 | 1345 |
| 延安市 Yan'an | 9127 | 83052 | 3250 | 18503 | 1486 | 16218 | 1301 | 15023 | 145 | 443 |
| 汉中市 Hanzhong | 18400 | 115439 | 13693 | 41129 | 3290 | 27002 | 2887 | 24562 | 201 | 560 |
| 榆林市 Yulin | 50425 | 682595 | 14091 | 141208 | 10315 | 132917 | 8138 | 119056 | 948 | 3273 |
| 安康市 Ankang | 13876 | 45744 | 13268 | 38841 | 1852 | 19315 | 1094 | 15138 | 1760 | 5930 |
| 商洛市 Shangluo | 6338 | 97433 | 5712 | 87302 | 3512 | 82071 | 2356 | 73625 | 1277 | 3627 |
| 杨凌示范区 Yangling | 2558 | 17682 | 1944 | 8414 | 562 | 5730 | 200 | 3140 | 359 | 1383 |

15-10 续表 continued

| 地区 Region | 专用载货车辆 Dedicated Trucks | | #集装箱 Container | | 其他机动车 Others | | 轮胎式拖拉机 Wheeled Tractor | |
|---|---|---|---|---|---|---|---|---|
| | 辆数 (unit) | 吨位 (ton) | 辆数 (unit) | TEU | 辆数 (unit) | 吨位 (ton) | 辆数 (unit) | 吨位 (ton) |
| **全　省 Shaanxi** | **9351** | **107580** | **38** | **73** | **18879** | **19957** | **652** | **1343** |
| 西安市 Xi'an | 2154 | 21626 | 38 | 73 | | | | |
| 铜川市 Tongchuan | 442 | 4531 | | | 21 | 13 | | |
| 宝鸡市 Baoji | 508 | 4138 | | | | | | |
| 咸阳市 Xianyang | 412 | 2948 | | | | | | |
| 渭南市 Weinan | 642 | 5399 | | | 1631 | 1516 | 368 | 862 |
| 延安市 Yan'an | 2327 | 32664 | | | | | | |
| 汉中市 Hanzhong | 415 | 2927 | | | 5191 | 7139 | 284 | 481 |
| 榆林市 Yulin | 1715 | 23567 | | | | | | |
| 安康市 Ankang | 307 | 1642 | | | 4721 | 7355 | | |
| 商洛市 Shangluo | 277 | 4141 | | | 7315 | 3934 | | |
| 杨凌示范区 Yangling | 152 | 3997 | | | | | | |

注：本表数字为在运管部门注册登记的全社会营运载货车数。
a) Data in this table refers to the whole society's for-hire vehicles registered in operation administration departments.

# 15-11 城市公共汽车情况(2018年)
## Basic Statistics on Bus in Cities (2018)

| 地 区 Region | 运营车数 (辆) Number of Operations (unit) | #汽油车 Gasoline | #柴油车 Diesel Cars | #天然气车 Natural Gas Vehicles | #双燃料车 Dual-fuel Vehicles | 标准运营车数 (标台) Number of Standard Operations (unit) | 运营线路总长度 (公里) Network Length (km) | 客运量 (万人次) Passengers Transported (10 000 person-times) | 运营里程 (万公里) Operating Distance (10 000 km) |
|---|---|---|---|---|---|---|---|---|---|
| **全 省 Shaanxi** | **15944** | **20** | **1134** | **6213** | **495** | **18621** | **19887** | **244452** | **91374** |
| 西 安 市 Xi'an | 8531 | | | 3584 | 5 | 10463 | 5817 | 134815 | 45437 |
| 铜 川 市 Tongchuan | 342 | | 2 | 66 | 92 | 376 | 279 | 4463 | 1924 |
| 宝 鸡 市 Baoji | 1826 | | 262 | 709 | 246 | 2022 | 4177 | 29061 | 11197 |
| 咸 阳 市 Xianyang | 1007 | | 38 | 394 | 10 | 1184 | 1648 | 13813 | 6099 |
| 渭 南 市 Weinan | 896 | | 125 | 183 | 14 | 950 | 1325 | 9976 | 5851 |
| 延 安 市 Yan'an | 767 | | 14 | 361 | 16 | 882 | 1048 | 16998 | 4592 |
| 汉 中 市 Hanzhong | 781 | | 245 | 149 | 65 | 827 | 1770 | 6983 | 4727 |
| 榆 林 市 Yulin | 912 | 19 | 111 | 471 | 47 | 1038 | 1662 | 17424 | 5616 |
| 安 康 市 Ankang | 466 | | 172 | 156 | | 483 | 1162 | 5889 | 3082 |
| 商 洛 市 Shangluo | 345 | 1 | 163 | 79 | | 329 | 845 | 4209 | 2665 |
| 杨凌示范区 Yangling | 71 | | 2 | 61 | | 65.9 | 154 | 822 | 185 |

# 15-12 城市出租汽车情况(2018年)
## Basic Statistics on Taxi in Cities (2018)

| 地 区 | Region | 运营车数 (辆) Number of Operations (unit) | 客运量 (万人次) Passengers Transported (10 000 person-times) | 运营里程 (万公里) Operating Distance (10 000 km) | 载客里程 (万公里) Passenger Milesdistance (10 000 km) |
|---|---|---|---|---|---|
| **全 省** | **Shaanxi** | **35720** | **123137** | **466804** | **316623** |
| 西 安 市 | Xi'an | 14509 | 48117 | 208865 | 137535 |
| 铜 川 市 | Tongchuan | 1081 | 4241 | 14550 | 9884 |
| 宝 鸡 市 | Baoji | 2753 | 8354 | 35240 | 23323 |
| 咸 阳 市 | Xianyang | 3358 | 11796 | 40095 | 24673 |
| 渭 南 市 | Weinan | 3237 | 11516 | 38693 | 27184 |
| 延 安 市 | Yan'an | 2686 | 10239 | 40770 | 30393 |
| 汉 中 市 | Hanzhong | 1590 | 4380 | 17962 | 11808 |
| 榆 林 市 | Yulin | 3795 | 13840 | 46468 | 34498 |
| 安 康 市 | Ankang | 1570 | 6502 | 11650 | 8444 |
| 商 洛 市 | Shangluo | 941 | 3315 | 9641 | 6835 |
| 杨凌示范区 | Yangling | 200 | 837 | 2871 | 2046 |

# 15–13 城市轨道交通情况
## Urban Rail Transit

| 指　　标 | | Item | | 2016 | 2017 | 2018 |
|---|---|---|---|---|---|---|
| 一、运营车辆 | | Operating Vechicles | | | | |
| 运营车数 | （辆） | Number of Operating Vechicles | (vechicles) | 630 | 750 | 1050 |
| 地　铁 | | Metro | | 630 | 750 | 1050 |
| 编组列数 | （列） | Number of Train Formation | (trains) | 105 | 125 | 175 |
| 二、运营线路 | | Operating Routes | | | | |
| 运营线路条数 | （条） | Number of Operating Routes | (line) | 3 | 3 | 4 |
| 地　铁 | | Metro | | 3 | 3 | 4 |
| 运营线路总长度 | （公里） | Length of Operating Routes | (km) | 89.0 | 89.0 | 123.4 |
| 地　铁 | | Metro | | 89.0 | 89.0 | 123.4 |
| 三、运营服务 | | Operating Services | | | | |
| 客运量 | （万人次） | Passenger Traffic | (10 000 persons) | 40816 | 60534 | 73930 |
| 旅客周转量 | （万人公里） | Total Passenger Turnover | (10 000 passengers-km) | 302609 | 467032 | 575324 |
| 运营里程 | （万车公里） | Operating Mileage | (1 0000 trains-km) | 5437 | 9107 | 10146 |

# 15–14 各市(区)公路客货运输量(2018年)
## Passenger and Freight Traffic of Highway Departments by City(District)(2018)

| 地　区 | Region | 客 运 量<br>(万人)<br>Passenger Traffic<br>(10 000 persons) | 客运周转量<br>(万人公里)<br>passenger-Kilometers<br>(10 000 passenger-km) | 货 运 量<br>(万吨)<br>Freight Traffic<br>(10 000 tons) | 货运周转量<br>(万吨公里)<br>Freight Ton-Kilometers<br>(10 000 ton-km) |
|---|---|---|---|---|---|
| **全　省** | **Shaanxi** | **60269** | **2869830** | **130823** | **23013743** |
| 西 安 市 | Xi'an | 15555 | 899071 | 25883 | 3805312 |
| 铜 川 市 | Tongchuan | 1343 | 64063 | 10118 | 1057035 |
| 宝 鸡 市 | Baoji | 9363 | 197052 | 13700 | 1240377 |
| 咸 阳 市 | Xianyang | 8471 | 220550 | 13697 | 3585308 |
| 渭 南 市 | Weinan | 10459 | 295090 | 21205 | 4192780 |
| 延 安 市 | Yan'an | 3054 | 206253 | 4766 | 262635 |
| 汉 中 市 | Hanzhong | 2247 | 228617 | 4436 | 730298 |
| 榆 林 市 | Yulin | 2704 | 334100 | 28799 | 7364297 |
| 安 康 市 | Ankang | 3393 | 217480 | 4296 | 183003 |
| 商 洛 市 | Shangluo | 3293 | 194920 | 3628 | 544510 |
| 杨凌示范区 | Yangling | 387 | 12634 | 295 | 48188 |

# 15-15 铁路客货运输量
# Passenger and Freight Traffic of Railways

| 指 标 | Item | 2016 | 2017 | 2018 |
|---|---|---|---|---|
| 一、路局范围 | Railways Bureau | | | |
| 客运量 （万人） | Passenger Traffic (10 000 persons) | 8398 | 9000 | 11046 |
| 旅客周转量(百万人公里) | passenger-Kilometers(million passenger-km) | 52041 | 52382 | 54503 |
| 货运量 （万吨） | Freight Traffic (10 000 tons) | 12195 | 14195 | 16715 |
| 货物周转量(百万吨公里) | Freight Ton-Kilometers (million ton-km) | 151367 | 163947 | 171009 |
| 二、省境内 | In Shaanxi Province | | | |
| 客运量 （万人） | Passenger Traffic (10 000 persons) | 8302 | 8908 | 10953 |
| 旅客周转量(百万人公里) | Passenger-Kilometers(million passenger-km) | 46417 | 47103 | 51036 |
| 货运量 （万吨） | Freight Traffic (10 000 tons) | 35459 | 39162 | 42245 |
| 货物周转量(百万吨公里) | Freight Ton-Kilometers (million ton-km) | 151827 | 164177 | 172300 |

注：本表路局范围为中国铁路西安局集团有限公司数字，省境内为国家反馈数。
a) The data of Railways Bureau is provided by China Railway Xi'an Group Co., Ltd. The data in Shaanxi province refer to the number responsed from

# 15-16 铁路分品类货物发送量
# Volume of Freight Dispatched of Railways by Category of Cargo

单位：万吨 (10 000 tons)

| 品 种 | Item | 2016 | 2017 | 2018 |
|---|---|---|---|---|
| **合 计** | **Total** | **12191** | **14195** | **16715** |
| 煤 | Coal | 8310 | 10191 | 12648 |
| 焦 炭 | Coke | 607 | 688 | 615 |
| 石 油 | Petroleum | 938 | 800 | 819 |
| 钢铁及有色金属 | Steel and Iron, and Non-Ferrous Metal | 396 | 611 | 610 |
| 金属矿石 | Metal Ores | 70 | 68 | 57 |
| 非金属矿石 | Non-metal Ores | 100 | 105 | 111 |
| 矿建材料 | Mineral Building Materials | 179 | 176 | 189 |
| 水 泥 | Cement | 4 | 1 | 0 |
| 木 材 | Timber | 8 | 14 | 5 |
| 化肥及农药 | Chemical Fertilizers and Pesticides | 237 | 234 | 186 |
| 粮 食 | Grain | 273 | 78 | 110 |
| 其 他 | Others | 1068 | 1228 | 1365 |

# 15-17 铁路运输主要经济技术指标

# Principal Economic and Technical Indicators of Railway Transport

| 指标 | Item | 2016 | 2017 | 2018 |
|---|---|---|---|---|
| 货车平均静载重 (吨) | Average Static Load of Freight Cars (ton) | 62.2 | 63.3 | 63.5 |
| 货车周转时间 (天) | Turning Around Time of Freight Cars (day) | 2.3 | 2.2 | 2.2 |
| 货运机车日产量 (万吨公里) | Average Daily Ton-kilometers of Freight Locomotives (10 000 ton-km) | 98.7 | 103.4 | 103.0 |
| 内燃机车耗油 (公斤/万吨公里) | Oil Consumption of Diesel Locomotives (kg/10 000 ton-km) | 66.3 | 66.8 | 60.0 |
| 电力机车耗电 (千瓦小时/万吨公里) | Electricity Consumption of Electric Locomotives (kwh/10 000 ton-km) | 126.6 | 138.2 | 140.7 |
| 货物列车出发正点率 (%) | Punctuality Rate of Freight Trains at Departure (%) | 99.2 | 99.1 | 98.4 |
| 货物列车运行正点率 (%) | Punctuality Rate of Freight Trains in Running (%) | 99.6 | 99.3 | 98.6 |
| 旅客列车出发正点率 (%) | Punctuality Rate of Passenger Trains at Departure(%) | 99.8 | 100.0 | 100.0 |
| 旅客列车运行正点率 (%) | Punctuality Rate of Passenger Trains in Running (%) | 99.9 | 99.9 | 100.0 |
| 客运密度 (万人公里/公里) | Density of Passenger Traffic (10 000 person-km/km) | 1096.1 | 1025.5 | 1060.3 |
| 每万名旅客拥有座卧车数 (辆) | Number of Seat Trains and Sleeping Trains Per 10 000 Passengers (unit) | 5.8 | 5.8 | 6.5 |
| 每百万旅客人公里拥有座卧车数 (辆) | Number of Seat Trains and Sleeping Trains Per million Passenger-km (unit) | 17.8 | 17.0 | 17.5 |
| 货物列车旅行速度 (公里/小时) | Running Speed of Freight Trains (km/hr) | 32.9 | 35.6 | 37.1 |
| 货运密度 (万吨公里/公里) | Density of Freight Traffic (10 000 ton-km/km) | 3188.0 | 3209.7 | 3326.8 |
| 一次货物作业时间 (小时) | Handling Time of Freigh (hour) | 15.9 | 16.0 | 16.7 |

# 15–18 邮电业务总量
## Total Business Volume of Post and Telecommunication Services

| 年 份 Year | 邮电业务总量 (万元) Business Volume of Postal and Telecommunication Services (10 000 yuan) | 函 件 (万件) Number of Letters (10 000 pcs) | 报刊期发数 (万份) Issue of Newspapers and Magazines (10 000 copies) | 快 递 (万件) Pieces of Express Mail Services (10 000 pcs) | 移动电话用户 (户) Number of Mobile Telephone Subscribers (subscriber) | 固定电话用户 (户) Number of Fixed Telephone Subscribers (subscriber) | 互联网宽带用户 (户) Broadband Subscribers of Internet (subscriber |
|---|---|---|---|---|---|---|---|
| 1978 | 5025 | 9188 | 319 | | | 46456 | |
| 1979 | 5395 | 9802 | 317 | | | 49251 | |
| 1980 | 5595 | 10386 | 494 | | | 51189 | |
| 1981 | 5729 | 10225 | 551 | | | 52491 | |
| 1982 | 5955 | 10394 | 615 | | | 54977 | |
| 1983 | 6385 | 10650 | 726 | | | 57925 | |
| 1984 | 6894 | 11708 | 836 | | | 63209 | |
| 1985 | 7871 | 13275 | 869 | | | 69806 | |
| 1986 | 8357 | 13917 | 795 | | | 77179 | |
| 1987 | 9519 | 15375 | 854 | | | 85049 | |
| 1988 | 12336 | 18254 | 840 | | | 94545 | |
| 1989 | 13975 | 16928 | 483 | | | 105693 | |
| 1990 | 16936 | 15955 | 506 | | | 117757 | |
| 1991 | 37813 | 14715 | 1117 | | | 136273 | |
| 1992 | 49102 | 15426 | 1023 | | | 175332 | |
| 1993 | 71005 | 16656 | 800 | | | 256622 | |
| 1994 | 103187 | 21738 | 1069 | | | 431203 | |
| 1995 | 145408 | 24277 | 1017 | | | 679380 | |
| 1996 | 206467 | 26456 | 1122 | | | 1036252 | |
| 1997 | 278942 | 15787 | 888 | | | 1412327 | |
| 1998 | 395410 | 14281 | 1335 | | | 1818765 | |
| 1999 | 538640 | 15678 | 521 | | 601260 | 2321572 | |
| 2000 | 850392 | 17444 | 454 | 227 | 1516687 | 3452449 | 198744 |
| 2001 | 945861 | 18518 | 386 | 285 | 2917135 | 4190611 | 697869 |
| 2002 | 1331745 | 20323 | 347 | 298 | 4813341 | 5242930 | 1106756 |
| 2003 | 1741428 | 20307 | 312 | 335 | 6110004 | 6724932 | 1687600 |
| 2004 | 2447665 | 19915 | 283 | 366 | 7886903 | 7919404 | 1946200 |
| 2005 | 3311322 | 15119 | 286 | 397 | 9381001 | 8593167 | 2369000 |
| 2006 | 4242336 | 16072 | 276 | 489 | 11835813 | 9144717 | 1613600 |
| 2007 | 5294031 | 11677 | 279 | 607 | 16126583 | 9256886 | 1936310 |
| 2008 | 6287289 | 11219 | 301 | 767 | 19122464 | 8812380 | 2351717 |
| 2009 | 7455960 | 8690 | 365 | 883 | 23373712 | 8149710 | 2550542 |
| 2010 | 9028500 | 9734 | 517 | 2600 | 25182317 | 7818853 | 3688265 |
| 2011 | 3482544 | 5877 | 335 | 3942 | 29071848 | 7754819 | 3890780 |
| 2012 | 3855369 | 6061 | 337 | 5085 | 32647663 | 7720686 | 4395866 |
| 2013 | 4174992 | 4914 | 346 | 9552 | 35124609 | 7692876 | 5062419 |
| 2014 | 5666602 | 3310 | 375 | 13762 | 36072076 | 7507857 | 5524403 |
| 2015 | 7570868 | 2499 | 379 | 20351 | 36496502 | 7232758 | 6054228 |
| 2016 | 12038145 | 2176 | 316 | 36902 | 38132907 | 6798596 | 8029617 |
| 2017 | 9523115 | 1908 | 302 | 45751 | 42206130 | 6227910 | 9032156 |
| 2018 | 23547914 | 2194 | 302 | 56877 | 46886203 | 6507170 | 10573968 |

注：邮电业务总量按不变价格计算，2011—2016年按2010年不变价格计算，2017—2018年按2015年不变价格计算。

a) The total amount of post and telecommunications services is calculated at the constant price, from 2011 to 2016 at the constant price in 2010 and 2017 to 2018 at the constant price in 2015.

# 15–19 各市(区)邮政业务量(2018年)
# Total Business Volume of Post Services by City(District)(2018)

| 地 区 | Region | 邮政业务总量 (万元) Business Volume of Postal cation Services (10 000 yuan) | 函 件 (万件) Number of Letters (10 000 pcs) | 包 裹 (万件) Package (10 000 pcs) | 快 递 (万件) Pieces of Express Mail Services (10 000 pcs) | 报刊累计数 (万份) Number of Total Newspapers and Magazines (10 000 copies) |
|---|---|---|---|---|---|---|
| **全 省** | **Shaanxi** | **1388798** | **2194** | **107** | **56877** | **46943** |
| 西安市 | Xi'an | 773477 | 1081 | 49 | 39945 | 14915 |
| 铜川市 | Tongchuan | 13341 | 16 | 1 | 310 | 1825 |
| 宝鸡市 | Baoji | 91079 | 83 | 7 | 2972 | 4182 |
| 咸阳市 | Xianyang | 174830 | 47 | 10 | 6621 | 3837 |
| 渭南市 | Weinan | 94773 | 83 | 8 | 2542 | 5200 |
| 延安市 | Yan'an | 32041 | 16 | 2 | 934 | 3252 |
| 汉中市 | Hanzhong | 84816 | 727 | 17 | 1176 | 3142 |
| 榆林市 | Yulin | 49722 | 28 | 10 | 1108 | 4711 |
| 安康市 | Ankang | 44247 | 27 | 2 | 868 | 2479 |
| 商洛市 | Shangluo | 30472 | 85 | 2 | 401 | 3400 |

# 15–20 各市(区)电信业务量(2018年)
# Total Business Volume of Telecommunication Services by City(District)(2018)

| 地 区 | Region | 电信业务总量 (万元) Business Volume of Telecommunication Services (10 000 yuan) | 移动电话用户 (户) Number of Mobile Telephone Subscribers (subscriber) | 固定电话用户 (户) Number of Fixed Telephone Subscribers (subscriber) | 互联网宽带用户 (户) Broadband Subscribers of Internet (subscriber) |
|---|---|---|---|---|---|
| **全 省** | **Shaanxi** | **22159116** | **46886203** | **6507170** | **10573968** |
| 西安市 | Xi'an | 8957993 | 17661844 | 3189684 | 3967698 |
| 铜川市 | Tongchuan | 360977 | 790098 | 74794 | 196746 |
| 宝鸡市 | Baoji | 1624410 | 3703238 | 512310 | 916987 |
| 咸阳市 | Xianyang | 2128759 | 4835077 | 378132 | 1090732 |
| 渭南市 | Weinan | 2094345 | 5033608 | 601145 | 1252408 |
| 延安市 | Yan'an | 1474585 | 2841431 | 323995 | 554967 |
| 汉中市 | Hanzhong | 1377408 | 3312665 | 427133 | 786263 |
| 榆林市 | Yulin | 2278448 | 4424119 | 527434 | 894283 |
| 安康市 | Ankang | 1117497 | 2524840 | 297350 | 576231 |
| 商洛市 | Shangluo | 744693 | 1759283 | 175193 | 337653 |

# 15-21 各市(区)邮电局所及邮递线路(2018年)
# Postal and Telecommunication Offices and Postal Routes by City(District)(2018)

| 地 区 | Region | 邮电局所总计(个) Total Number of Postal and Telecommunication Offices(unit) | 邮政自办局(所) Number of Self-postal Offices | 邮政代办所 Number of Sub-postal Offices | 电信自办局(所) Number of Branch Post Offices | 电信代办所 Number of Sub-Tele-communication Offices | 邮路长度(公里) Length of Postal Routes (km) | 农村投递线路总长度(公里) Total Length of Rural Delivery Routes(km) |
|---|---|---|---|---|---|---|---|---|
| **全 省** | **Shaanxi** | **34811** | **381** | **776** | **1250** | **32404** | **72747** | **3024** |
| 西安市 | Xi'an | 10795 | 160 | 60 | 367 | 10208 | 37730 | 451 |
| 铜川市 | Tongchuan | 802 | 11 | 24 | 18 | 749 | 1026 | 90 |
| 宝鸡市 | Baoji | 2559 | 62 | 54 | 165 | 2278 | 3691 | 291 |
| 咸阳市 | Xianyang | 3799 | 10 | 62 | 76 | 3651 | 3344 | 248 |
| 渭南市 | Weinan | 4227 | 14 | 62 | 150 | 4001 | 3841 | 408 |
| 延安市 | Yan'an | 2708 | 69 | 90 | 90 | 2459 | 4385 | 303 |
| 汉中市 | Hanzhong | 2393 | 18 | 108 | 86 | 2181 | 3137 | 338 |
| 榆林市 | Yulin | 4513 | 17 | 166 | 165 | 4165 | 5300 | 246 |
| 安康市 | Ankang | 1600 | 16 | 88 | 76 | 1420 | 6640 | 359 |
| 商洛市 | Shangluo | 1415 | 4 | 62 | 57 | 1292 | 3653 | 290 |

# 15-22 邮电通信水平
# Level of Post and Telecommunication Services

| 指 标 | Item | 2016 | 2017 | 2018 |
|---|---|---|---|---|
| **邮政通信水平** | **Postal Services Available** | | | |
| 平均每一营业网点服务面积(平方公里) | Average Area Served by Every Postal Office (sq.km) | 114.14 | 113.89 | 114.08 |
| 平均每一营业网点服务人口 (万人) | Average People Served by Every Postal Office (10 000 persons) | 2.11 | 2.12 | 2.14 |
| 平均每人每年发函件数 (件) | Annual Number of Letters Mailed per Capita (piece) | 0.57 | 1.00 | 0.57 |
| 平均每百人订有报刊数 (份) | Number of Newspaper and Magazine Subscribed per 100 Persons(copy) | 13.00 | 8.00 | 8.00 |
| **电信通信水平** | **Telecommunication Services Available** | | | |
| 电话普及率(包括移动电话)(部/百人) | Popularization Rate of Telephone (sets/100 persons) | 117.84 | 126.28 | 138.17 |
| 固定电话普及率 (部/百人) | Popularization Rate of Fixed Telephone (sets/100 persons) | 17.83 | 16.24 | 16.84 |
| 移动电话数普及率 (部/百人) | Popularization Rate of Mobile Telephone (sets/100 persons) | 100.02 | 110.04 | 121.33 |

# 主要统计指标解释

**铁路营业里程** 又称营业长度(包括正式营业和临时营业里程)，指办理客货运输业务的铁路正线总长度。凡是全线或部分建成双线及以上的线路，以第一线的实际长度计算；复线、站线、段管线、岔线和特殊用途线以及不计算运费的联络线都不计算营业里程。该指标可以反映铁路运输业基础设施的发展水平，也是计算客货周转量、运输密度和机车车辆运用效率等指标的基础资料。

**公路里程** 指在一定时期内实际达到《公路工程[WTBZ]技术标准 JTJ01-88》规定的等级公路，并经公路主管部门正式验收交付使用的公路里程数。包括大中城市的郊区公路以及通过小城镇街道部分的公路里程和桥梁、渡口的长度，不包括大中城市的街道、厂矿、林区生产用道和农业生产用道的里程。两条或多条公路共同经由同一路段，只计算一次，不得重复计算里程长度。该指标可以反映公路建设的发展规模，也是计算运输网密度等指标的基础资料。

**内河航道里程** 也称内河通航里程，指在一定时期内，能通航运输船舶及排筏的天然河流、湖泊水库、运河及通航渠道的长度。包括全年季节性通航累计三个月以上的航道，不包括仅供零散流放竹、木排的河道。该指标可以反映内河水运网的规模、水平和发展情况。

**货(客)运量** 指在一定时期内，各种运输工具实际运送的货物(旅客)数量。该指标是反映运输业为国民经济和人民生活服务的数量指标，也是制定和检查运输生产计划、研究运输发展规模和速度的重要指标。货运按吨计算，客运按人计算。货物不论运输距离长短、货物类别，均按实际重量统计。旅客不论行程远近或票价多少，均按一人一次客运量统计；半价票、小孩票也按一人统计。

**货物(旅客)周转量** 指在一定时期内，由各种运输工具运送的货物(旅客)数量与其相应运输距离的乘积之总和。该指标可以反映运输业生产的总成果，也是编制和检查运输生产计划，计算运输效率、劳动生产率以及核算运输单位成本的主要基础资料。计算货物周转量通常按发出站与到达站之间的最短距离，也就是计费距离计算。计算公式为：

$$\text{货物（旅客）周转量} = \Sigma\ \text{（货物（旅客）运输量} \times \text{运输距离）}$$

**铁路货车平均静载重** 指铁路货车在始发站静止状态下平均每车装载的货物重量，用以分析货车完成装车时车辆载重力的利用情况。计算公式为：

$$\text{货车平均静载量} = \frac{\text{货物发送吨数}}{\text{装车数}}$$

静载重的多少取决于运送货物的性质、种类、车辆的类型和装载技术的高低。根据货车的平均标记载重与静载重进行对比，可以反映货车载重能力的利用程度。计算公式为：

$$\text{货车载重力利用率(\%)} = \frac{\text{货车平均静载重}}{\text{货车平均标记载重}} \times 100\%$$

**铁路货运机车日产量** 指在一定时期内，平均每台货运机车在一昼夜内所完成的总重吨公里数，包括载运货物的重量和车辆本身的自重。该指标从时间和牵引能力两方面反映了机车运用效率。计算公式为：

$$\text{货运机车平均日产量} = \frac{\text{货运总重吨公里数}}{\text{货运机车台日数}}$$

**民用汽车拥有量** 指报告期末，在公安交通管理部门按照《机动车注册登记工作规范》，已注册登记领有民用车辆牌照的全部汽车数量。汽车拥有量统计的主要分类：根据汽车结构分为载客汽车、载货汽车及其他汽车；根据汽车所有者不同分为个人(私人)汽车、单位汽车；根据汽车的使用性质分为营运汽车、非营运汽车；根据汽车大小规格不同载客汽车分为大型、中型、小型和微型，载货汽车分为重型、中型、轻型和微型。

**邮电业务总量** 指以货币形式表示的邮电企业为社会提供各类邮电服务的总数量，是用于观察邮电业务发展变化总趋势的综合性总量指标。分别按邮政业务总量和电信业务总量统计。邮电业务总量是以各类业务的实物量分别乘以相应的不变单价，得出各类业务的货币量再加总求得。

**移动电话用户** 指在电信运营企业营业网点办理开户登记手续，通过移动电话交换机进入移动电话网，占用移动电话号码的各类电话用户。包括 GSM 数字移动电话用户、CDMA 数字移动电话用户和电信运营企业发行的报告期末已激活充值的能异地漫游的各种智能卡用户。

**固定电话用户** 指在电信运营企业营业网点办理开户登记手续并已接入固定电话网上的全部电话用户。包括普通电话用户、公用电话用户、窄带综合业务数字网（N—ISDN）用户、智能网专用接入终端用户等。按行政区划分为城市电话用户和农村电话用户。

# Explanatory Notes on Main Statistical Indicators

**Length of Railways in Operation** refers to the total length of the trunk line for passenger and freight transportation (including both full operation and temporary operation). The calculation is based on the actual length of the first line if this line has a full or partial double (or more). Not included are double tracks, station sidings, tracks under the charge of stations, branch lines, special-purpose lines and non-payable connecting lines. The length of railways in operation is an important indicator to show the development of the infrastructure of railway transport. It is also essential data to calculate volume of passenger freight transport, traffic density and utilization efficiency of locomotives and carriages.

**Length of Highways** refers to the length of highways which are built in conformity with the grades specified by the highway engineering standard [Highways WTBZ-Technical Standard JTJ01-88] formulated by the Ministry of Transport, and have been formally checked and accepted by the departments of highways and put into use. The length of highways includes that of the suburb highways at large and medium-sized cities, highways passing through streets at small cities and towns, and also the length of bridges and ferry piers. It does not include the length of streets in big and medium-sized cities and highways built for the production purpose at factories, mines, forest areas and agricultural areas. If two or more highways go the same section of the way, the length of the section is only calculated for once and no duplication is allowed. The length of highways is an indicator to show the development of the scale of highway construction and to provide essential information to calculate the transport network density.

**Length of Navigable Inland Waterways** refers to the length of natural rivers, lakes, reservoirs and canals that are open to navigation for ships and rafts during a given period. It includes the channels with annual seasonal navigation for more than three months other than the waterways only for scattered bamboo and wooden rafts. If two provinces share one river as the border, the length of waterways will be half divided for each province to avoid duplication.

**Freight (Passenger) Traffic** refers to the volume of freight (passenger) transported with various means within a specific period of time. This indicator reflects the service of the transport industry towards the national economy and people's living conditions, as well as an important indicator used in formulating and monitoring transport production plans and research into the scale and pace of transport development. Freight transport is calculated in tons and passenger traffic is calculated in terms of number of persons. Freight transport is calculated in terms of the actual weight of the goods and takes no account of the type of freight and distance of travel. Passenger traffic is calculated by the principle that one person can be counted only once in one trip and takes no account of the travelling distance and ticket price. The passengers who travel with a half price ticket or a child's ticket is also calculated as one person.

**Freight Ton-kilometres (Passenger-kilometres)** refers to the sum of the product of the volume of transported cargo (passengers) multiplied by the transport distance. It is an important indicator to reflect the achievement of the transportation industry. This is an important indicator to show the total results of the transport industry; to prepare and examine the transport plan; and to serve as the main basic data for calculating the efficiency, labour productivity and unit cost of transport. Normally, the shortest distance between the departure station and the destination station (i.e., the payable distance) is the basis in calculating the freight ton-kilometres. The formula is as follows:

$$\begin{matrix}\text{Freight ton - kilometres}\\ \text{(passenger - kilometres)}\end{matrix} = \sum \begin{matrix}\text{freight}\\ \text{(passenger) traffic}\end{matrix} \times \begin{matrix}\text{distance of}\\ \text{transportation}\end{matrix}$$

**Average Static Load of Freight Cars** refers to the average cargo weight as loaded by each freight car under the static condition at the departure station. It is used to show the utilization extent of the loading capacity of the freight cars. The formula is:

$$\begin{matrix}\text{Static load (ton)}\\ \text{of freight car}\end{matrix} = \frac{\text{tonnage of goods dispatched}}{\text{number of freight cars loaded}}$$

The static load of freight cars is determined by the nature and type of goods loaded the type of vehicles, and the technique of loading. Comparison of the average marked load with the static load of freight cars provides indication on the degree of utilization of loading capacity of freight cars. For its calculation the following formula is applied:

$$\begin{matrix}\text{Utilization rate of}\\ \text{capacity of freight cars (\%)}\end{matrix} = \frac{\text{Average static load}}{\text{Average marked load}} \times 100\%$$

**Average Daily Haul of Freight Locomotives** refers to the average total ton-kilometres accomplished by each freight transport locomotive over one day and night during a given period of time. It includes both the weight of the goods carried and the dead weight of the train itself. It is a comprehensive indicator reflecting the locomotive efficiency in terms of both time and the pulling force.

$$\begin{matrix}\text{Average daily haul of}\\ \text{freight transport locomotive}\\ \text{(ton - kilometre)}\end{matrix} = \frac{\begin{matrix}\text{Total ton - kilometres}\\ \text{of freight}\end{matrix}}{\begin{matrix}\text{Daily number of freight}\\ \text{transport locomotive}\end{matrix}}$$

**Possession of Civil Motor Vehicles** refer to the total numbers of vehicles that are registered and received vehicles license tags according to the *Work Standard for Motor Vehicles Registration* formulated by the Transport Management Office under the department of public security at the end of the reference period. They are divided into categories. According to the structure of motor vehicles, they are divided into passenger vehicles, trucks and others; according to ownership into private vehicles and vehicles for the unit's use; according to kind of usage into working vehicles and non-working vehicles; and according to size of vehicles into large passenger vehicles, medium-sized passenger vehicles, small passenger vehicles and mini passenger vehicles, heavy trucks, light-heavy trucks, light trucks and mini-trucks.

**Business Volume of Post and Telecommunications** refers to the total amount of postal and telecommunication services, expressed in value terms, provided by the post and telecommunications departments for society. This indicator reflects the overall results of development of postal and telecommunication services. It can be classificated as postal services and telecommunication services. Business volume of post and telecommunications is the sum of all services in kind multiplying with the unit price (constant price) to get the total business value.

**Mobile Telephone Subscribers** refer to persons who have gone through registration procedures in the operation points of enterprises engaged in telecommunications and are hence connected with the mobile telephone communication network through the mobile telephone switchboards and occupy mobile phone numbers. Included are GSM digital mobile phone subscribers, CDMA digital mobile phone subscribers and subscribers to intelligent phone cards with roaming facility issued by telecommunications enterprises and which have been subscribed to and activated at the end of the reference period.

**Local Telephone Subscribers** refer to all subscribers who have gone through registration procedures in the operation points of enterprises engaged in telecommunications and are hence connected to the local telecommunications service provider through fixed line network. Included are general subscribers, public telephones subscribers, N-ISDN subscribers and intelligent network terminal subscribers. They are also classified in terms of administrative districts as urban telephone subscribers and rural telephone subscribers according to location.

# 十六、批发和零售业、住宿和餐饮业

Wholesale and Retail Trades, Hotels and Catering Services

资料整理：解俊峰

# 简 要 说 明

一、本篇资料反映陕西批发和零售业、住宿和餐饮业的发展与经营状况，主要内容包括：社会消费品零售总额，限额以上批发和零售业、住宿和餐饮业基本情况、连锁经营情况，重点交易市场情况等。

二、限额以上企业指年主营业务收入2000万元及以上的批发企业（单位）；500万元及以上的零售业企业（单位）；200万元及以上的住宿和餐饮业企业（单位）。

三、批发业、零售业、住宿业、餐饮业大中小微型划分标准按照2011年《统计上大中小微型企业划分办法》标准执行。

# Brief Introduction

I. This chapter reflects the management and development of wholesale and retail trades, hotels and catering services, mainly including: total retail sales of consumer goods, the basic conditions of enterprises above designated size in wholesale and retail trades, hotels and catering services, the conditions of chain stores, focus on transaction markets, etc.

II. Enterprises above designated size cover wholesale enterprises with revenue from principal business over 20 million yuan, retail enterprises with revenue from principal business over 5 million yuan, wholesale and retail enterprises with revenue from principal business over 2 million yuan.

III. The division standard of large/medium/small/mini sized enterprises of wholesale, retail trades,hotels and catering services is based on *the Division Standard of Large/Medium/Small/Mini Sized Enterprises* in 2011.

# 16.批发和零售业、住宿和餐饮业

| | | | |
|---|---|---|---|
| 2018年全省 | | | |
| 限额以上法人企业数 | 7523 | 个 | |
| 批发业 | 1232 | 个 | |
| 零售业 | 3991 | 个 | |
| 住宿业 | 921 | 个 | |
| 餐饮业 | 1379 | 个 | |
| 社会消费品零售总额 | 8938.27 | 亿元 | 比上年增长 10.2% |
| 商品零售 | 7991.25 | 亿元 | 比上年增长 9.9 % |
| 餐饮收入 | 947.03 | 亿元 | 比上年增长 12.7% |

## 社会消费品零售总额构成
（2018年）

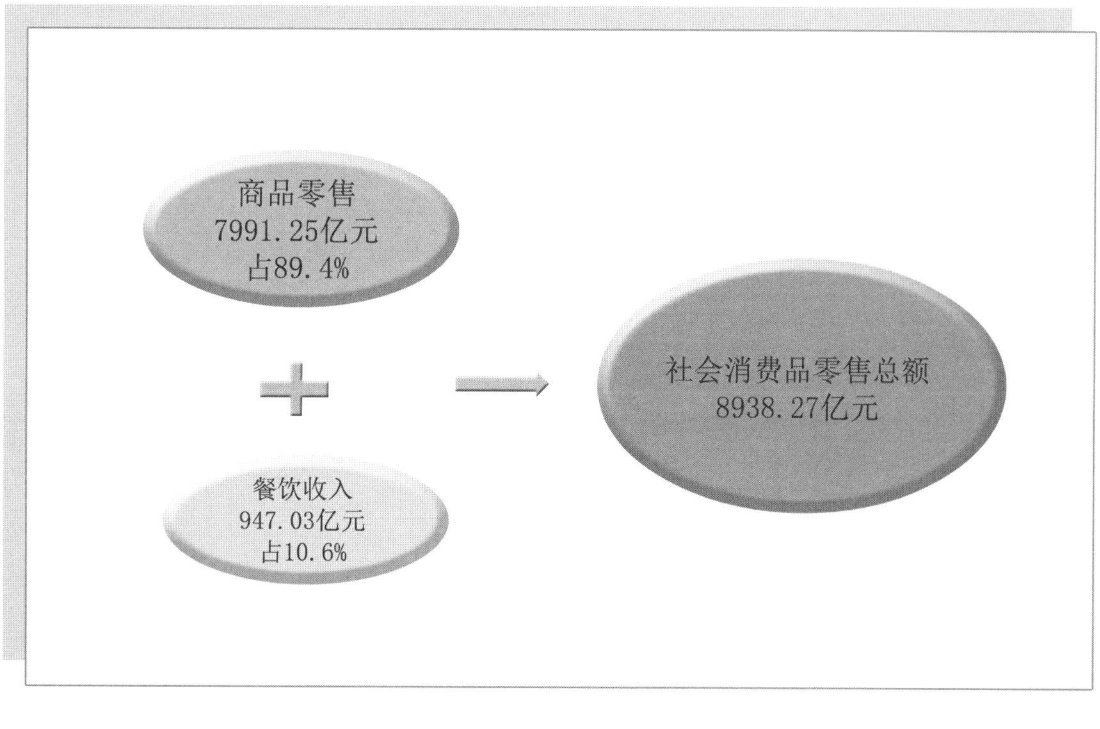

# 16-1 限额以上批发和零售业、住宿和餐饮业法人企业数(2018年)
# Number of Corporation Enterprises above Designated Size in Wholesale and Retail Trades, Hotels and Catering Services (2018)

| 地区 | Region | 法人企业数(个) Number of Corporation Enterprises (unit) | 批发业 Wholesale Trade | 零售业 Retail Trade | 住宿业 Hotels | 餐饮业 Catering Service |
|---|---|---|---|---|---|---|
| **全省** | **Shaanxi** | **7523** | **1232** | **3991** | **921** | **1379** |
| 西安市 | Xi'an | 1990 | 526 | 771 | 313 | 380 |
| 铜川市 | Tongchuan | 220 | 29 | 132 | 29 | 30 |
| 宝鸡市 | Baoji | 945 | 120 | 541 | 107 | 177 |
| 咸阳市 | Xianyang | 709 | 43 | 476 | 37 | 153 |
| 渭南市 | Weinan | 772 | 77 | 479 | 73 | 143 |
| # 韩城市 | Hancheng | 77 | 4 | 47 | 6 | 20 |
| 延安市 | Yan'an | 468 | 93 | 230 | 82 | 63 |
| 汉中市 | Hanzhong | 623 | 81 | 349 | 78 | 115 |
| 榆林市 | Yulin | 567 | 124 | 309 | 65 | 69 |
| 安康市 | Ankang | 931 | 103 | 527 | 89 | 212 |
| 商洛市 | Shangluo | 216 | 27 | 126 | 36 | 27 |
| 杨凌示范区 | Yangling | 82 | 9 | 51 | 12 | 10 |

# 16-2 社会消费品零售总额

# Total Retail Sales of Consumer Goods in the Whole Province

单位：亿元 (100 million yuan)

| 年 份 Year | 社会消费品零售总额 Total Retail Sales of Consumer Goods | 按地区分 By Region | | | 按行业分 By Sector | |
|---|---|---|---|---|---|---|
| | | 市的零售额 City | 县的零售额 County | 县以下的零售额 Under County Level | # 批发和零售业 Wholesale and Retail TradesTrades | # 住宿和餐饮业 Hotels and Catering Services |
| 1978 | 33.37 | 11.93 | 9.79 | 11.65 | 28.29 | 1.32 |
| 1980 | 43.38 | 17.47 | 12.18 | 13.73 | 35.86 | 1.78 |
| 1985 | 80.01 | 39.83 | 19.45 | 20.73 | 61.23 | 3.84 |
| 1990 | 159.67 | 91.21 | 34.29 | 34.17 | 118.55 | 7.99 |
| 1991 | 176.60 | 102.21 | 36.98 | 37.41 | 126.83 | 9.29 |
| 1992 | 227.53 | 132.25 | 47.31 | 47.97 | 156.17 | 16.22 |
| 1993 | 259.87 | 154.35 | 52.41 | 53.12 | 172.50 | 19.63 |
| 1994 | 318.70 | 192.44 | 62.69 | 63.58 | 203.73 | 24.57 |
| 1995 | 398.87 | 242.85 | 80.30 | 75.73 | 253.42 | 31.22 |
| 1996 | 474.87 | 289.83 | 93.90 | 91.14 | 308.35 | 39.50 |
| 1997 | 552.37 | 344.26 | 104.09 | 104.03 | 358.21 | 50.15 |
| 1998 | 601.89 | 371.47 | 114.28 | 116.14 | 386.19 | 62.37 |
| 1999 | 657.80 | 407.97 | 124.74 | 125.08 | 427.36 | 69.88 |
| 2000 | 725.64 | 454.84 | 135.78 | 135.02 | 476.18 | 81.27 |
| 2001 | 809.31 | 514.23 | 147.77 | 147.31 | 536.74 | 95.08 |
| 2002 | 907.64 | 585.01 | 162.28 | 160.36 | 616.17 | 105.10 |
| 2003 | 1010.95 | 649.27 | 183.56 | 178.12 | 878.03 | 113.87 |
| 2004 | 1162.80 | 756.54 | 206.49 | 199.77 | 1012.57 | 126.59 |
| 2005 | 1331.35 | 874.47 | 232.07 | 224.81 | 1162.77 | 141.93 |
| 2006 | 1542.37 | 1006.11 | 275.80 | 260.46 | 1344.44 | 167.76 |
| 2007 | 1837.25 | 1221.28 | 311.78 | 304.20 | 1598.15 | 204.31 |
| 2008 | 2317.11 | 1542.33 | 401.04 | 373.74 | 2013.65 | 262.94 |

| 年 份 Year | 社会消费品零售总额 Total Retail Sales of Consumer Goods | 按销售单位所在地分 By Location of Establishments | | | 按消费形态分 By Consumption Patterns | |
|---|---|---|---|---|---|---|
| | | 城 镇 Urban Areas | #城 区 Urban District | 乡 村 Rural Areas | 商品零售 Retail Sales | 餐饮收入 Catering income |
| 2009 | 2725.67 | 2367.26 | 1588.16 | 358.42 | 2412.13 | 313.55 |
| 2010 | 3257.54 | 2834.08 | 1935.09 | 423.46 | 2886.52 | 371.02 |
| 2011 | 3900.58 | 3442.78 | 2492.10 | 457.80 | 3471.61 | 428.96 |
| 2012 | 4581.62 | 4037.26 | 3086.68 | 544.36 | 4078.21 | 503.41 |
| 2013 | 5245.04 | 4620.77 | 3552.88 | 624.27 | 4706.69 | 538.35 |
| 2014 | 5918.71 | 5233.56 | 3921.36 | 685.14 | 5336.86 | 581.85 |
| 2015 | 6578.14 | 5794.94 | 4295.96 | 783.20 | 5904.80 | 673.34 |
| 2016 | 7367.57 | 6489.03 | 4887.28 | 878.53 | 6616.96 | 750.61 |
| 2017 | 8113.84 | 7152.02 | 5215.61 | 961.82 | 7273.75 | 840.09 |
| 2018 | 8938.27 | 7866.04 | 5764.05 | 1072.24 | 7991.25 | 947.03 |

注：2009—2013年数据依据第三次经济普查结果进行了修订。
a) Data from 2009 to 2013 were adjusted according to the 3rd national economic census.

# 16–3 各市(区)社会消费品零售总额
# Total Retail Sales of Consumer Goods by City(District)

单位：亿元 (100 million yuan)

| 年 份 Year | 全 省 Shaanxi | 西安市 Xi'an | 铜川市 Tongchuan | 宝鸡市 Baoji | 咸阳市 Xianyang | 渭南市 Weinan |
|---|---|---|---|---|---|---|
| 2000 | 725.64 | 360.42 | 13.79 | 71.89 | 70.35 | 58.53 |
| 2001 | 809.31 | 406.21 | 14.64 | 80.61 | 79.16 | 62.37 |
| 2002 | 907.64 | 459.76 | 15.96 | 91.19 | 88.83 | 66.68 |
| 2003 | 1010.95 | 502.65 | 17.73 | 105.06 | 101.56 | 73.21 |
| 2004 | 1162.80 | 578.60 | 19.94 | 122.91 | 119.07 | 81.58 |
| 2005 | 1331.35 | 670.56 | 21.76 | 137.48 | 133.03 | 93.02 |
| 2006 | 1542.37 | 784.95 | 24.12 | 155.23 | 148.88 | 108.65 |
| 2007 | 1837.25 | 936.21 | 27.58 | 179.81 | 173.11 | 131.96 |
| 2008 | 2317.11 | 1176.58 | 33.54 | 220.90 | 212.67 | 175.03 |
| 2009 | 2725.67 | 1398.37 | 40.56 | 260.10 | 250.59 | 202.80 |
| 2010 | 3257.54 | 1678.01 | 49.15 | 307.52 | 296.35 | 240.77 |
| 2011 | 3900.58 | 2039.24 | 59.15 | 358.23 | 345.10 | 284.08 |
| 2012 | 4581.62 | 2400.67 | 71.12 | 412.83 | 401.08 | 335.00 |
| 2013 | 5245.04 | 2742.89 | 84.70 | 473.39 | 462.68 | 387.70 |
| 2014 | 5918.71 | 3093.89 | 96.64 | 539.67 | 528.84 | 441.98 |
| 2015 | 6578.14 | 3405.38 | 110.05 | 612.84 | 601.59 | 503.25 |
| 2016 | 7367.57 | 3917.79 | 134.97 | 702.16 | 537.96 | 574.01 |
| 2017 | 8113.84 | 4249.81 | 138.25 | 783.43 | 607.64 | 651.85 |
| 2018 | 8938.27 | 4658.72 | 153.54 | 864.60 | 674.19 | 719.87 |

16–3 续表 continued

单位：亿元 (100 million yuan)

| 年 份 Year | 延安市 Yan'an | 汉中市 Hanzhong | 榆林市 Yulin | 安康市 Ankang | 商洛市 Shangluo | 杨凌示范区 Yangling |
|---|---|---|---|---|---|---|
| 2000 | 22.63 | 42.91 | 35.77 | 27.68 | 19.91 | 1.77 |
| 2001 | 26.22 | 45.22 | 40.40 | 29.88 | 22.59 | 2.01 |
| 2002 | 30.78 | 48.31 | 46.02 | 32.36 | 25.40 | 2.35 |
| 2003 | 34.99 | 52.69 | 55.55 | 36.06 | 28.65 | 2.79 |
| 2004 | 41.10 | 57.23 | 65.08 | 41.19 | 32.71 | 3.38 |
| 2005 | 47.53 | 65.30 | 76.33 | 46.75 | 35.97 | 3.62 |
| 2006 | 54.70 | 76.10 | 91.98 | 53.83 | 40.01 | 3.92 |
| 2007 | 65.85 | 91.80 | 116.02 | 64.12 | 46.22 | 4.57 |
| 2008 | 84.80 | 116.66 | 154.11 | 80.72 | 56.70 | 5.40 |
| 2009 | 96.86 | 133.02 | 176.72 | 93.56 | 66.79 | 6.30 |
| 2010 | 117.06 | 157.50 | 213.64 | 110.78 | 79.19 | 7.54 |
| 2011 | 140.48 | 184.44 | 259.18 | 129.72 | 92.18 | 8.76 |
| 2012 | 168.30 | 216.05 | 307.70 | 151.49 | 107.28 | 10.11 |
| 2013 | 192.28 | 248.15 | 348.27 | 171.72 | 121.82 | 11.44 |
| 2014 | 218.24 | 281.65 | 374.74 | 193.18 | 136.92 | 12.95 |
| 2015 | 241.09 | 319.00 | 396.41 | 219.20 | 154.66 | 14.66 |
| 2016 | 257.95 | 369.17 | 422.05 | 259.81 | 174.93 | 16.76 |
| 2017 | 284.65 | 421.05 | 467.16 | 297.14 | 193.73 | 19.13 |
| 2018 | 314.98 | 469.29 | 514.11 | 332.68 | 214.95 | 21.35 |

注：2017—2018年西安市数据含西咸新区，2016年西安市、咸阳市为同口径修订数。

a) Data of Xi'an city in 2017-2018 included xixian new area, while in 2016, Xi'an city and xianyang city were revised for the same caliber.

# 16-4 各市(区)按销售单位所在地和消费形态分的社会消费品零售总额(2018年)

# Total Retail Sales of Consumer Goods by Location of Establishments and Consumption Patterns by City(District)(2018)

单位：万元 (10 000 yuan)

| 地区 | Region | 社会消费品零售总额 Total Retail Sales of Consumer Goods | # 限额以上消费品零售额 Retail Sales of Enterprises above Designated Size | 按销售单位所在地分 By Location of Establishments: 城镇 Urban Areas | # 城区 Urban District | 乡村 Rural Areas | 按消费形态分 By Consumption Patterns: 商品零售 Retail Sales | 餐饮收入 Catering Income |
|---|---|---|---|---|---|---|---|---|
| 全省 | Shaanxi | 89382730 | 53701939 | 78660364 | 57640501 | 10722367 | 79912476 | 9470254 |
| 西安市 | Xi'an | 46587164 | 29731366 | 44897760 | 39008765 | 1689404 | 42883236 | 3703927 |
| 铜川市 | Tongchuan | 1535356 | 711050 | 1143111 | 786222 | 392244 | 1221544 | 313812 |
| 宝鸡市 | Baoji | 8646001 | 5807863 | 7832312 | 5773841 | 813689 | 7651014 | 994987 |
| 咸阳市 | Xianyang | 6741861 | 4488133 | 5118955 | 2463217 | 1622907 | 5471158 | 1270704 |
| 渭南市 | Weinan | 7198719 | 4017404 | 5387002 | 3276347 | 1811717 | 6336160 | 862559 |
| # 韩城市 | Hancheng | 616245 | 322672 | 441737 | 393063 | 174508 | 567181 | 49065 |
| 延安市 | Yan'an | 3149784 | 1685971 | 2473519 | 1106759 | 676265 | 2815185 | 334599 |
| 汉中市 | Hanzhong | 4692917 | 2658192 | 3780094 | 1547889 | 912823 | 4103767 | 589150 |
| 榆林市 | Yulin | 5141141 | 1661265 | 3379770 | 2133897 | 1761371 | 4558115 | 583026 |
| 安康市 | Ankang | 3326772 | 2189942 | 2848696 | 956774 | 478076 | 2773722 | 553050 |
| 商洛市 | Shangluo | 2149545 | 588872 | 1620625 | 408269 | 528920 | 1918862 | 230683 |
| 杨凌示范区 | Yangling | 213472 | 161881 | 178521 | 178521 | 34951 | 179713 | 33759 |

# 16-5 各市、县(市、区)社会消费品零售总额
## Total Retail Sales of Consumer Goods by City and County(City and District)

单位：万元 (10 000 yuan)

| 地 区 | Region | 2017 | 2018 |
|---|---|---|---|
| **全 省** | **Shaanxi** | **81138396** | **89382730** |
| **西安市** | **Xi'an** | **42498077** | **46587164** |
| 新城区 | Xincheng | 6670304 | 7397930 |
| 碑林区 | Beilin | 6259182 | 6703997 |
| 莲湖区 | Lianhu | 5036823 | 5449529 |
| 灞桥区 | Baqiao | 2323082 | 2605336 |
| 未央区 | Weiyang | 5583431 | 6151669 |
| 雁塔区 | Yanta | 7825882 | 8474983 |
| 阎良区 | Yanliang | 455934 | 499398 |
| 临潼区 | Lintong | 964690 | 1077461 |
| 长安区 | Chang'an | 2314011 | 2585983 |
| 高陵区 | Gaoling | 517787 | 591483 |
| 鄠邑区 | Huyi | 777533 | 866079 |
| 蓝田县 | Lantian | 704244 | 811013 |
| 周至县 | Zhouzhi | 570809 | 628440 |
| 西咸新区 | Xixian | 2494365 | 2743862 |
| **铜川市** | **Tongchuan** | **1382476** | **1535356** |
| 王益区 | Wangyi | 531807 | 591103 |
| 印台区 | Yintai | 276357 | 306618 |
| 耀州区 | Yaozhou | 494785 | 549478 |
| 宜君县 | Yijun | 79528 | 88156 |
| **宝鸡市** | **Baoji** | **7834266** | **8646001** |
| 渭滨区 | Weibin | 2546325 | 2709290 |
| 金台区 | Jintai | 1956993 | 2193789 |
| 陈仓区 | Chencang | 710311 | 795548 |
| 凤翔县 | Fengxiang | 546013 | 613719 |
| 岐山县 | Qishan | 602455 | 677762 |
| 扶风县 | Fufeng | 378659 | 426748 |
| 眉 县 | Meixian | 371691 | 419268 |
| 陇 县 | Longxian | 236628 | 265733 |
| 千阳县 | Qianyang | 112485 | 126321 |
| 麟游县 | Linyou | 75758 | 84889 |
| 凤 县 | Fengxian | 242240 | 271551 |
| 太白县 | Taibai | 54708 | 61383 |
| **咸阳市** | **Xianyang** | **6076385** | **6741861** |
| 秦都区 | Qindu | 1291359 | 1450805 |
| 渭城区 | Weicheng | 383516 | 388157 |
| 三原县 | Sanyuan | 535237 | 611238 |
| 泾阳县 | Jingyang | 44526 | 45003 |
| 乾 县 | Qianxian | 705126 | 734112 |
| 礼泉县 | Liquan | 623929 | 701571 |
| 永寿县 | Yongshou | 243279 | 283429 |
| 长武县 | Changwu | 197795 | 211427 |
| 旬邑县 | Xunyi | 251007 | 270373 |
| 淳化县 | Chunhua | 202889 | 213369 |
| 武功县 | Wugong | 482761 | 540043 |
| 兴平市 | Xingping | 718313 | 829863 |
| 彬州市 | Binzhou | 396648 | 462472 |
| **渭南市** | **Weinan** | **6518481** | **7198719** |
| 临渭区 | Linwei | 1772398 | 1949003 |
| 华州区 | Huazhou | 255760 | 281984 |
| 潼关县 | Tongguan | 177301 | 195313 |
| 大荔县 | Dali | 785341 | 866766 |
| 合阳县 | Heyang | 425136 | 470593 |
| 澄城县 | Chengcheng | 391627 | 432629 |
| 蒲城县 | Pucheng | 779058 | 861295 |
| 白水县 | Baishui | 299055 | 329824 |
| 富平县 | Fuping | 754525 | 835648 |
| 韩城市 | Hancheng | 552575 | 616245 |
| 华阴市 | Hancheng | 325706 | 359419 |

# 16-5 续表 continued

单位：万人 (10 000 persons)

| 地 区 | Region | 2017 | 2018 | 地 区 | Region | 2017 | 2018 |
|---|---|---|---|---|---|---|---|
| **延安市** | **Yan'an** | **2846503** | **3149784** | 靖边县 | Jingbian | 718744 | 820772 |
| 宝塔区 | Baota | 1267267 | 1394066 | 定边县 | Dingbian | 351234 | 384100 |
| 安塞区 | Ansai | 137548 | 153467 | 绥德县 | Suide | 140892 | 163963 |
| 延长县 | Yanchang | 100016 | 111024 | 米脂县 | Mizhi | 126068 | 147140 |
| 延川县 | Yanchuan | 135124 | 151644 | 佳 县 | Jiaxian | 35863 | 42691 |
| 子长县 | Zichang | 188062 | 207105 | 吴堡县 | Wubu | 60622 | 67773 |
| 志丹县 | Zhidan | 148024 | 163234 | 清涧县 | Qingjian | 96215 | 112623 |
| 吴起县 | Wuqi | 109225 | 120724 | 子洲县 | Zizhou | 86736 | 99095 |
| 甘泉县 | Ganquan | 62769 | 70186 | 神木市 | Shenmu | 561134 | 621076 |
| 富 县 | Fuxian | 130524 | 145032 | **安康市** | **Ankang** | **2971429** | **3326772** |
| 洛川县 | Luochuan | 250245 | 280647 | 汉滨区 | Hanbin | 1321991 | 1472834 |
| 宜川县 | Yichuan | 79826 | 87968 | 汉阴县 | Hanyin | 230539 | 256711 |
| 黄龙县 | Huanglong | 32326 | 35827 | 石泉县 | Shiquan | 150981 | 170845 |
| 黄陵县 | Huangling | 205546 | 228858 | 宁陕县 | Ningshan | 61332 | 67017 |
| **汉中市** | **Hanzhong** | **4210518** | **4692917** | 紫阳县 | Ziyang | 260008 | 290570 |
| 汉台区 | Hantai | 1663571 | 1848046 | 岚皋县 | Langao | 122194 | 138151 |
| 南郑区 | Nanzheng | 395137 | 439622 | 平利县 | Pingli | 158375 | 179063 |
| 城固县 | Chenggu | 471445 | 528018 | 镇坪县 | Zhenping | 52192 | 59002 |
| 洋 县 | Yangxian | 256720 | 286442 | 旬阳县 | Xunyang | 459747 | 519454 |
| 西乡县 | Xixiang | 253124 | 284546 | 白河县 | Baihe | 154071 | 173126 |
| 勉 县 | Mianxian | 404557 | 448571 | **商洛市** | **Shangluo** | **1937338** | **2149545** |
| 宁强县 | Ningqiang | 245093 | 274607 | 商州区 | Shangzhou | 475506 | 527531 |
| 略阳县 | Lueyang | 230524 | 257920 | 洛南县 | Luonan | 348643 | 387343 |
| 镇巴县 | Zhenba | 211724 | 237377 | 丹凤县 | Danfeng | 266761 | 295572 |
| 留坝县 | Liuba | 47810 | 53395 | 商南县 | Shangnan | 174275 | 193445 |
| 佛坪县 | Foping | 30815 | 34374 | 山阳县 | Shanyang | 306054 | 338802 |
| **榆林市** | **Yulin** | **4671583** | **5141141** | 镇安县 | Zhen'an | 241547 | 268600 |
| 榆阳区 | Yuyang | 1356721 | 1399718 | 柞水县 | Zhashui | 124551 | 138252 |
| 横山区 | Hengshan | 606232 | 702767 | **杨凌示范区** | **Yangling** | **191341** | **213472** |
| 府谷县 | Fugu | 531120 | 579422 | | | | |

注：2017年西安市数据含西咸新区，2016年西安市、咸阳市为同口径修订数。

a) Data of Xi'an city in 2017 included Xixian new area, while in 2016, Xi'an city and Xianyang city were revised for the same caliber.

# 16-6 限额以上批发和零售企业(单位)商品零售类值
# Total Sales of Enterprises above Designated Size in Retail Trades by Category of Commodities

单位：万元 (10 000 yuan)

| 类　别 | Item | 2017 | 2018 |
|---|---|---|---|
| **合　计** | **Total** | **49897072** | **51684446** |
| 1.粮油、食品类 | Food | 4822812 | 5519091 |
| # 粮油类 | Grain and Oil | 1226531 | 1483656 |
| 肉禽蛋类 | Meat, Poultry and Eggs | 511160 | 564742 |
| 水产品类 | Aquatic Products | 299093 | 160321 |
| 蔬菜类 | Vegetables | 703793 | 775058 |
| 干鲜果品类 | Dried and Fresh Melons and Fruits | 1211221 | 1542236 |
| 2.饮料类 | Beverages | 836169 | 779489 |
| 3.烟酒类 | Tobacco and Liquor | 1271284 | 1377001 |
| 4.服装、鞋帽、针纺织品类 | Garments, Shoes and Hats, Knitwear and Textiles | 6775918 | 6400682 |
| (1)服装类 | Garments | 5259165 | 4990378 |
| (2)鞋帽类 | Shoes and Hats | 954839 | 896614 |
| (3)针纺织品类 | Knitwear and Textiles | 561914 | 513690 |
| 5.化妆品类 | Cosmetics | 814421 | 967949 |
| 6.金银珠宝类 | Gold, Silver and Jewellery | 830601 | 807484 |
| 7.日用品类 | Daily Consumer Articles | 1468046 | 1673758 |
| # 儿童玩具类 | Children Toys | 186856 | 182941 |
| 8.五金、电料类 | Hardware | 430031 | 463822 |
| 9.体育、娱乐用品类 | Sports and Recreation Articles | 709667 | 776744 |
| # 照相机类 | Cameras | 96324 | 154422 |
| 10.书报杂志类 | Newspapers and Magazines | 510936 | 492067 |
| 11.电子出版物及音像制品类 | E-journals and Video Products | 78335 | 46655 |
| 12.家用电器和音像器材类 | Household Appliances and Audio/Video Equipments | 3071578 | 3225082 |
| 13.中西药品类 | Traditional Chinese and Western Medicines | 1499541 | 1782420 |
| # 西药类 | Western Medicine | 986629 | 1138481 |
| 中草药及中成药类 | Traditional Chinese Medicines | 334058 | 376370 |
| 14.文化办公用品类 | Cultural and Office Appliances | 1004021 | 1110424 |
| # 计算机及其配套产品 | Computers and Accessories | 319154 | 375176 |
| 15.家具类 | Furniture | 1643213 | 1688049 |
| 16.通讯器材类 | Communication Appliances | 1298762 | 1554573 |
| 17.煤炭及制品类 | Coal and Related Products | 1576258 | 1031446 |
| 18.木材及制品类 | Wood and Wooden Products | | |
| 19.石油及制品类 | Petroleum and Related Products | 7117776 | 7513850 |
| 20.化工材料及制品类 | Chemical Materials and Related Products | | |
| 21.金属材料类 | Metal Materials | | |
| 22.建筑及装潢材料类 | Building and Decoration Materials | 1566591 | 1542768 |
| 23.机电产品及设备类 | Mechanical and Electrical Products | 165753 | 174414 |
| 24.汽车类 | Automobiles | 11327526 | 11646044 |
| 25.种子饲料类 | Seeds and Feedstuff | | |
| 26.棉麻类 | Cotton and Hemp | 6290 | 8440 |
| 27.其他类 | Others | 1071546 | 1102197 |

# 16-7 批发和零售业、住宿和餐饮业连锁经营情况(2018年)
# Chain Management of Enterprises of Wholesale, Retail Trades, Hotels and and Catering Services(2018)

| 类　别 | Item | 合　计 Total | 直营店 Regular Chain | 加盟店 Franchise Chain |
|---|---|---|---|---|
| **批发和零售业** | **Wholesale and Retail Trades** | | | |
| 门店总数 （个） | Number of Stores (unit) | 3958 | 3661 | 297 |
| 年末零售营业面积 （平方米） | Retail Operating Area at year-end (sq.m) | 2588961 | 2567621 | 21340 |
| 年末从业人员数 （人） | Number of Employed Persons at year-end (person) | 41531 | 40339 | 1192 |
| 连锁门店商品购进总额 （万元） | Total Purchases Value of General Chain Stores(10 000 yuan) | 8847304 | 8824446 | 22859 |
| # 统一配送商品购进额 | Centralized Purchase and Delivery | 7131864 | 7109006 | 22859 |
| # 自有配送商品购进额 | Self Centralized Purchase and Delivery | 3362652 | 3357295 | 5357 |
| 非自有配送商品购进额 | Non-self Centralized Purchase and Delivery | 678895 | 678895 | |
| 连锁门店商品销售额 （万元） | Total Sale of General Chain Stores (10 000 yuan) | 10440464 | 10410023 | 30441 |
| # 零售额 | Retail Value | 4908853 | 4878412 | 30441 |
| **住宿和餐饮业** | **Hotels and Catering Services** | | | |
| 门店总数 （个） | Number of Stores (unit) | 413 | 406 | 7 |
| 年末餐饮营业面积 （平方米） | Retail Operating Area at year-end (sq.m) | 146570 | 145220 | 1350 |
| 年末从业人员数 （人） | Number of Employed Persons at year-end (person) | 13303 | 13136 | 167 |
| 餐位数 （位） | Number of Dining-seats (seat) | 84987 | 84719 | 268 |
| 连锁门店商品购进总额 （万元） | Total Purchases Value of General Chain Stores (10 000 yuan) | 97068 | 95770 | 1298 |
| # 统一配送商品购进额 | Centralized Purchase and Delivery | 92719 | 92719 | |
| # 自有配送商品购进额 | Self Centralized Purchase and Delivery | 65328 | 65328 | |
| 非自有配送商品购进额 | Non-self Centralized Purchase and Delivery | 16261 | 16261 | |
| 连锁门店营业额 （万元） | Business Revenue of General Chain Stores (10 000 yuan) | 262999 | 259766 | 3233 |
| 餐费收入 | Revenue From Meals | 257930 | 254696 | 3233 |
| 商品销售额 | Total Sales of Commodities | 5019 | 5019 | |

# 16-8 限额以上产业活动单位和个体户批发业商品购、销、存总额(2018年)
## Total Purchases, Sales and Inventory of Industrial Activity Units and Individuals above Designated Size in Wholesale Trades(2018)

单位：万元　　(10 000 yuan)

| 指　标 | Item | 商品购进总额 Total Purchases Value | 商品销售总额 Total Sales | 年末库存 Stock at Year-end |
|---|---|---|---|---|
| **总　计** | **Total** | **17589** | **19904** | **541** |
| **按批发行业分** | **By Wholesale Trade Sector** | | | |
| 食品、饮料及烟草制品批发 | Wholesale of Food, Beverages and Tobaccos | 6880 | 7712 | 323 |
| 酒、饮料及茶叶批发 | Wholesale of Beverages and Tea | 6880 | 7712 | 323 |
| 纺织服装及家庭用品批发 | Wholesale of Textiles, Garments and Daily | 3869 | 4164 | 165 |
| 厨房、卫生间用具及日用杂货批发 | Wholesale of Kitchen and Washroom Appliances and Groceries | 3869 | 4164 | 165 |
| 矿产品、建材及化工产品批发 | Wholesale of Mineral Products, Building Materials and Chemical Products | 2658 | 3023 | 53 |
| 化肥批发 | Wholesale of Garments | 2658 | 3023 | 53 |
| 机械设备、五金交电及电子产品批发 | Wholesale of Machinery, Hardware and Electronic Equipment | 4182 | 5005 | |
| 农业机械批发 | Wholesale of Agricultural Machinery | 4182 | 5005 | |
| **按登记注册类型分** | **By Status of Registration** | | | |
| 内资企业 | Domestic Funded Enterprises | 8051 | 9169 | 165 |
| 股份有限公司 | Share-holding Corporations Ltd. | 8051 | 9169 | 165 |
| 个体经营 | Individual Business | 9538 | 10735 | 376 |
| 个体户 | Individual | 9538 | 10735 | 376 |
| **按经营形式分** | **By Form of Management** | | | |
| 独立门店 | Independent Stores | 13720 | 15740 | 376 |
| 其他 | Others | 3869 | 4164 | 165 |

# 16-9 限额以上产业活动单位和个体户零售业商品购、销、存总额(2018年)

## Total Purchases, Sales and Inventory of Industrial Activity Units and Individuals above Designated Size in Retail Trades(2018)

单位：万元 (10 000 yuan)

| 指标 | Item | 商品购进总额 Total Purchases Value | 商品销售总额 Total Sales | 年末库存 Stock at year-end |
|---|---|---|---|---|
| **总计** | **Total** | **953456** | **1143782** | **62703** |
| **按零售行业分** | **By Retail Trades Sector** | | | |
| 综合零售 | Integrated Retail | 238172 | 325927 | 23630 |
| 百货零售 | Retail of General Merchandise | 99963 | 174537 | 13263 |
| 超级市场零售 | Retail of Supermarkets | 110497 | 119278 | 8108 |
| 便利店零售 | Retail of Convenient Store | 933 | 1100 | 71 |
| 其他综合零售 | Others | 26778 | 31012 | 2188 |
| 食品、饮料及烟草制品专门零售 | Special Retail of Food, Beverages and Tobaccos | 156564 | 168626 | 7586 |
| 粮油零售 | Retail of Grain and Oil | 51494 | 51372 | 1897 |
| 糕点、面包零售 | Retail of Cake and Bread | 2637 | 2622 | 222 |
| 果品、蔬菜零售 | Retail of Melons and Fruits,Vegetables | 13772 | 14948 | 669 |
| 肉、禽、蛋及水产品零售 | Retail of Meat, Poultry, Eggs and Aquatic Products | 31393 | 31032 | 603 |
| 营养和保健品零售 | Retail of Nourishment and Health Products | 6457 | 13919 | 916 |
| 酒、饮料及茶叶零售 | Retail of Beverages and Tea | 41999 | 44680 | 2204 |
| 烟草制品零售 | Retail of Tobaccos | 2279 | 2203 | 94 |
| 其他食品零售 | Others | 6534 | 7850 | 980 |
| 纺织、服装及日用品专门零售 | Special Retail of Textiles, Garments and Daily Consumer Articles | 188389 | 207458 | 7959 |
| 纺织品及针织品零售 | Retail of Textiles and Knitwear | 12097 | 12909 | 564 |
| 服装零售 | Retail of Garments | 60076 | 65504 | 3746 |
| 鞋帽零售 | Retail of Shoes and Hats | 2679 | 3298 | 127 |
| 化妆品及卫生用品零售 | Retail of Cosmetics and Health Consumer Articles | 18471 | 31940 | 1081 |
| 厨具卫具及日用杂品零售 | Retail of Kitchenware, Bathroom Accessories and Sundry Goods | 1000 | 999 | 10 |
| 箱包零售 | Retail of Cases and Bags | 660 | 640 | 700 |
| 自行车等代步设备零售 | Retail of Bicycle | 3544 | 3575 | 65 |
| 其他日用品零售 | Others | 89863 | 88593 | 1665 |
| 文化、体育用品及器材专门零售 | Special Retail of Culture, Sports Appliances and Equipments | 71809 | 86186 | 6034 |
| 文具用品零售 | Retail of Stationary | 8948 | 8754 | 1351 |
| 体育用品及器材零售 | Retail of Sports Goods | 2542 | 2653 | 111 |
| 图书、报刊零售 | Retail of Books | 2383 | 2975 | 142 |
| 珠宝首饰零售 | Retail of Jewelry | 56131 | 69509 | 3839 |
| 乐器零售 | Retail of Musical Instrument | 1805 | 2296 | 591 |
| 医药及医疗器材专门零售 | Special Retail of Medicines and Medical Appliances | 34476 | 36150 | 2310 |
| 西药零售 | Retail of Western medicines | 29699 | 30044 | 2046 |
| 医疗用品及器材零售 | Retail of Medicines | 4777 | 6106 | 263 |
| 汽车、摩托车、零配件和燃料及其他动力销售 | Retail of Motor Vehicles, Motorcycles, Fuel and Parts | 58554 | 70196 | 3066 |
| 汽车新车零售 | Retail of New Motor Vehicles | 4494 | 5301 | 92 |
| 汽车旧车零售 | Retail of Used Motor Vehicles | 1290 | 1289 | 26 |
| 汽车零配件零售 | Retail of Motor Vehicles and Parts | 594 | 570 | 54 |
| 摩托车及零配件零售 | Retail of Motorcycles and Parts | 13292 | 13040 | 1976 |
| 机动车燃料零售 | Retail of Fuel of Motor Vehicles | 38351 | 49484 | 897 |
| 机动车充电销售 | Retail of Motor Vehicles Charging | 533 | 512 | 21 |
| 家用电器及电子产品专门零售 | Special Retail of Household Appliances and Electronic Products | 118594 | 152965 | 5177 |
| 家用视听设备零售 | Retail of Home Audio-visual Equipment | 11829 | 12611 | 490 |
| 日用家电设备零售 | Retail of Household Appliances | 63864 | 70983 | 3216 |
| 计算机、软件及辅助设备零售 | Retail of Computer, Software and Peripherals | 28130 | 50152 | 1034 |

16-9 续表 continued

单位：万元 (10 000 yuan)

| 指 标 | Item | 商品购进总额 Total Purchases Value | 商品销售总额 Total Sales | 年末库存 Stock at year-end |
|---|---|---|---|---|
| 通信设备零售 | Retail of Communication Equipment | 14771 | 19219 | 436 |
| 五金、家具及室内装修材料 | Special Retail of Hardware, Furniture and Decoration Materials | 84099 | 92938 | 6826 |
| 五金零售 | Retail of Hardware | 11782 | 12531 | 1377 |
| 灯具零售 | Retail of Light Fittings | 5238 | 5648 | 278 |
| 家具零售 | Retail of Furniture | 39919 | 46340 | 3467 |
| 卫生洁具零售 | Retail of Sanitary Ware | 1579 | 1606 | 150 |
| 木质装饰材料零售 | Retail of Dooden Decorating Materials | 5156 | 4959 | 228 |
| 陶瓷、石材装饰材料零售 | Retail of Porcelainous, Stone Finishing Decorating Materials | 14179 | 14662 | 1048 |
| 其他室内装修材料零售 | Others | 6246 | 7191 | 279 |
| 货摊无店铺及其他零售业 | Non-shop and Other Retails | 2800 | 3337 | 116 |
| 其他未列明的零售 | Other Retail Not Classified Elsewhere | 2800 | 3337 | 116 |
| **按登记注册类型分** | **By Status of Registration** | | | |
| 内资企业 | Domestic Funded Enterprises | 63175 | 139745 | 11103 |
| 国有企业 | State-owned Enterprises | 19078 | 22510 | 852 |
| 集体企业 | Collective-owned Enterprises | 12899 | 18071 | 198 |
| 有限责任公司 | Limited Liability Corporations | 28341 | 96253 | 9568 |
| 其他有限责任公司 | Other Limited Liability Corporations | 28341 | 96253 | 9568 |
| 私营企业 | Private Enterprises | 2354 | 2281 | 425 |
| 私营有限责任公司 | Private Limited Liability Corporations | 2354 | 2281 | 425 |
| 其他企业 | Others | 504 | 630 | 60 |
| 个体经营 | Individual Business | 890281 | 1004037 | 51600 |
| 个体户 | Individual | 808013 | 919192 | 48916 |
| 个人合伙 | Individual Partnership | 82268 | 84845 | 2685 |
| **按经营形式分** | **By Form of Management** | | | |
| 独立门店 | Independent Stores | 934000 | 1120575 | 61775 |
| 连锁直营店 | Chain Direct Store | 6396 | 7358 | 554 |
| 其 他 | Others | 13060 | 15849 | 374 |
| **按零售业态分** | **By Business Categories** | | | |
| 有店铺零售 | Shop Retails | 952632 | 1142760 | 62678 |
| 食杂店 | Grocery Store | 20076 | 21443 | 1814 |
| 便利店 | Convenience Store | 17665 | 24217 | 864 |
| 折扣店 | Discount Store | 1000 | 1100 | 70 |
| 超 市 | Supermarket | 224378 | 241720 | 14294 |
| 大型超市 | Hypermarket | 2105 | 3034 | 123 |
| 百货店 | Department Store | 84319 | 156780 | 10944 |
| 专业店 | Specialty Store | 349038 | 410372 | 17223 |
| 专卖店 | Franchised Store | 218587 | 246970 | 14964 |
| 家居建材商店 | Building Material Store | 29679 | 30816 | 1817 |
| 购物中心 | Shopping Center | 5083 | 5607 | 536 |
| 厂家直销中心 | Factory Outlets Center | 702 | 701 | 29 |
| 无店铺零售 | None-store Retails | 825 | 1022 | 26 |
| 网上商店 | Online Store | 825 | 1022 | 26 |

# 16—10 限额以上产业活动单位和个体户住宿业经营情况(2018年)
# Management of Industrial Activity Units and Individuals above Designated Size of Hotels(2018)

单位：万元 (10 000 yuan)

| 指标 | Item | 营业额 Business Value | # 客房收入 From Hotel Rooms | # 餐费收入 From Meals | # 商品销售收入 From Commodities |
|---|---|---|---|---|---|
| **总计** | **Total** | **186250** | **86709** | **79445** | **13530** |
| **按住宿行业分** | **By Hotels** | | | | |
| 旅游饭店 | Tourist Hotels | 130881 | 59031 | 55574 | 11212 |
| 一般旅馆 | General Hotels | 52567 | 26270 | 22713 | 2268 |
| 经济型连锁酒店 | Economic Chain Hotels | 269 | 268 | | 1 |
| 其他一般旅馆 | Other General Hotels | 52299 | 26003 | 22713 | 2267 |
| 其他住宿业 | Other Hotel Services | 2802 | 1407 | 1158 | 51 |
| **按登记注册类型分** | **By Status of Registration** | | | | |
| 内资企业 | Domestic Funded Enterprises | 132036 | 57080 | 58322 | 11162 |
| 国有企业 | State-owned Enterprises | 24028 | 8767 | 12657 | 932 |
| 集体企业 | Collective-owned Enterprises | 538 | 232 | 306 | |
| 有限责任公司 | Limited Liability Corporations | 72137 | 33333 | 35033 | 555 |
| 其他有限责任公司 | Other Limited Liability Corporations | 72137 | 33333 | 35033 | 555 |
| 股份有限公司 | Share-holding Corporations Ltd. | 18367 | 3739 | 4500 | 9651 |
| 私营企业 | Private Enterprises | 14958 | 9449 | 5401 | 2 |
| 私营有限责任公司 | Private Limited Liability Corporations | 14958 | 9449 | 5401 | 2 |
| 其他企业 | Others | 2008 | 1560 | 425 | 23 |
| 港澳台商投资企业 | Enterprises with Funds from Hong Kong, Macao & Taiwan | 16620 | 8457 | 7541 | |
| 港澳台商独资企业 | Enterprises with Sole Investment | 16620 | 8457 | 7541 | |
| 个体经营 | Individual Business | 37595 | 21173 | 13583 | 2369 |
| 个体户 | Individual | 37595 | 21173 | 13583 | 2369 |
| **按经营形式分** | **By Form of Management** | | | | |
| 独立门店 | Independent Stores | 161172 | 72898 | 69201 | 13156 |
| 连锁加盟店 | Chain Franchise | 269 | 268 | | 1 |
| 其他 | Others | 24810 | 13543 | 10244 | 374 |
| **按星级分** | **By Star Rating** | | | | |
| 五星 | Five-star Level | 51387 | 27398 | 21532 | 182 |
| 四星 | Four-star Level | 13674 | 5791 | 7008 | 23 |
| 三星 | Three-star Level | 6544 | 3383 | 2984 | 54 |
| 二星 | Two-star Level | 3135 | 1007 | 1904 | 225 |
| 一星 | One-star Level | 4846 | 1928 | 2428 | 491 |
| 其他 | Others | 106664 | 47203 | 43591 | 12557 |

# 16-11 限额以上产业活动单位和个体户餐饮业经营情况(2018年)
# Management of Industrial Activity Units and Individuals above Designated Size of Catering Services(2018)

单位：万元 (10 000 yuan)

| 指 标 | Item | 营业额 Business Revenue | # 客房收入 From Hotel Rooms | # 餐费收入 From Meals | # 商品销售收入 From Commodities |
|---|---|---|---|---|---|
| **总 计** | **Total** | **324714** | **32726** | **270436** | **18546** |
| **按餐饮行业分** | **By Catering Services** | | | | |
| 正餐服务 | Restaurant | 319598 | 32726 | 265599 | 18267 |
| 快餐服务 | Fast Food | 1391 | | 1255 | 137 |
| 饮料及冷饮服务 | Beverages and Cold Drinks | 299 | | 299 | |
| 其他饮料及冷饮服务 | Other Beverages and Cold Drinks | 299 | | 299 | |
| 其他餐饮业 | Others | 3426 | | 3283 | 143 |
| 小吃服务 | Snack | 2621 | | 2478 | 143 |
| 其他未列明餐饮业 | Other Catering Service not Classified | 805 | | 805 | |
| **按登记注册类型分** | **By Status of Registration** | | | | |
| 内资企业 | Domestic Funded Enterprises | 74555 | 26938 | 42277 | 2748 |
| 国有企业 | State-owned Enterprises | 17788 | 3305 | 13564 | 866 |
| 集体企业 | Collective-owned Enterprises | 849 | 296 | 553 | |
| 有限责任公司 | Limited Liability Corporations | 39866 | 16181 | 19647 | 1868 |
| 国有独资公司 | State Sole Funded Corporations | 610 | 87 | 523 | |
| 其他有限责任公司 | Other Limited Liability Corporations | 39256 | 16094 | 19124 | 1868 |
| 私营企业 | Private Enterprises | 2761 | 238 | 2523 | 1 |
| 私营独资企业 | Private-funded Enterprises | 439 | 117 | 321 | 1 |
| 私营有限责任公司 | Private Limited Liability Corporations | 2323 | 121 | 2202 | |
| 其他企业 | Other Enterprises | 13290 | 6918 | 5991 | 14 |
| **按经营形式分** | **By Form of Management** | | | | |
| 独立门店 | Independent Stores | 289132 | 17545 | 251866 | 17157 |
| 连锁加盟店 | Chain Franchise | 2008 | | 1918 | 90 |
| 其 他 | Others | 33574 | 15182 | 16651 | 1300 |

# 16-12 重点交易市场情况(2018年)
# Focus on Transaction Markets(2018)

| 分　　类 | Item | 市场数(个) Number of Markets (unit) | 摊位数(个) Number of Booths (unit) | 年末出租摊位数(个) Number of Rented Stall(unit) | 营业面积(平方米) Operating Area (sq.m) | 成交额(万元) Turnover (10 000 yuan) |
|---|---|---|---|---|---|---|
| **总　　计** | **Total** | **55** | **41852** | **36792** | **4050183** | **11775859** |
| **按市场类别分** | **By Type of Markets** | | | | | |
| 1.综合市场 | Integrated Markets | 6 | 6202 | 5151 | 226726 | 181888 |
| 工业消费品综合市场 | Industrial Consumable Comprehensive Markets | 2 | 2780 | 2248 | 123000 | 60012 |
| 农产品综合市场 | Farm Produce Comprehensive Markets | 3 | 3204 | 2685 | 79726 | 80797 |
| 其他综合市场 | Other Comprehensive Markets | 1 | 218 | 218 | 24000 | 41079 |
| 2.专业市场 | Special Markets | 49 | 35650 | 31641 | 3823457 | 11593971 |
| 生产资料市场 | Production Markets | 12 | 9429 | 8761 | 1481154 | 1587931 |
| 建材市场 | Building Material Markets | 10 | 8123 | 7823 | 1408600 | 929899 |
| 金属材料市场 | Metallic Material Markets | 1 | 160 | 118 | 7300 | 505032 |
| 机械设备市场 | Mechanical Equipment Markets | 1 | 1146 | 820 | 65254 | 153000 |
| 农产品市场 | Farm Produce Markets | 11 | 9086 | 6592 | 618249 | 3406540 |
| 粮油市场 | Grain and Oil Markets | 1 | 283 | 283 | 9333 | 312715 |
| 水产品市场 | Aquatic Product Markets | 1 | 818 | 818 | 23000 | 82600 |
| 蔬菜市场 | Vegetables Markets | 5 | 4943 | 2483 | 354616 | 1272831 |
| 干鲜果品市场 | Dried and Fresh Melons and Fruits Markets | 3 | 1962 | 1930 | 191300 | 1331394 |
| 其他农产品市场 | Others | 1 | 1080 | 1078 | 40000 | 407000 |
| 纺织、服装、鞋帽市场 | Textiles, Clothing, Shoes and Hats Markets | 6 | 8002 | 7975 | 468382 | 3852160 |
| 布料及纺织品市场 | Cloth and Textiles Markets | 1 | 400 | 400 | 20000 | 12000 |
| 服装市场 | Clothing Markets | 3 | 4774 | 4774 | 213200 | 2058766 |
| 鞋帽市场 | Shoes and Hats Markets | 2 | 2828 | 2801 | 235182 | 1781394 |
| 电器、通讯器材、电子设备市场 | Electrical Appliances, Communication Appliances and Electronical Appliances Markets | 5 | 2193 | 2052 | 152800 | 679119 |
| 通讯器材市场 | Communication Appliances Markets | 2 | 923 | 782 | 30800 | 168764 |
| 计算机及辅助设备市场 | Computer and Auxillary Equipments Markets | 3 | 1270 | 1270 | 122000 | 510355 |
| 家具、五金及装饰材料市场 | Furniture,Hardware and Decoration Materials Markets | 13 | 5264 | 4731 | 1061896 | 1809221 |
| 家具市场 | Furniture Markets | 7 | 2265 | 2199 | 617756 | 781993 |
| 装饰材料市场 | Decoration Materials Markets | 2 | 1056 | 1010 | 265589 | 135528 |
| 灯具市场 | Light Fittings Markets | 2 | 608 | 567 | 30000 | 247900 |
| 五金材料市场 | Hardware Materials Markets | 1 | 800 | 420 | 11000 | 12600 |
| 其他装修市场 | Others | 1 | 535 | 535 | 137551 | 631200 |
| 汽车、摩托车及零配件市场 | Cars, Motorcycles and Spare Parts Markets | 2 | 1676 | 1530 | 40976 | 259000 |
| 汽车市场 | Cars Markets | 1 | 1166 | 1020 | 39576 | 125000 |
| 机动车零配件市场 | Motor Vehicle Spare Parts Markets | 1 | 510 | 510 | 1400 | 134000 |
| **按营业状态分** | **By Operating Status** | | | | | |
| 常年营业 | Perennial Operating | 55 | 41852 | 36792 | 4050183 | 11775859 |
| **按经营方式分** | **By Mode of Management** | | | | | |
| 以批发为主 | Wholesale Trade | 28 | 22843 | 18730 | 1676311 | 7985059 |
| 以零售为主 | Retail Trade | 27 | 19009 | 18062 | 2373872 | 3790800 |
| **按经营环境分** | **By Environment of Management** | | | | | |
| 露天式 | Open air | 11 | 7094 | 6483 | 900059 | 1630856 |
| 封闭式 | Closed | 38 | 29614 | 25586 | 2917524 | 8667220 |
| 其　他 | Others | 6 | 5144 | 4723 | 232600 | 1477783 |

# 16−13 重点交易市场商品销售类值(2018年)
# Total Sales at Main Trade Markets by Category of Commodities(2018)

| 类别 | Item | 年末出租摊位数(个) Number of Rented Stall(unit) | 成交额(万元) Turnover (10 000 yuan) |
|---|---|---|---|
| **总计** | **Total** | **36792** | **11775859** |
| 粮油、食品类 | Food | 8701 | 3448444 |
| # 粮油类 | Grain and Oil | 487 | 370562 |
| 肉禽蛋类 | Meat, Poultry and Eggs | 1020 | 342551 |
| 水产品类 | Aquatic Products | 619 | 81271 |
| 蔬菜类 | Vegetables | 3629 | 1227768 |
| 干鲜果品类 | Dried and Fresh Melons and Fruits | 2887 | 1420699 |
| 饮料类 | Beverages | 401 | 23611 |
| 烟酒类 | Tobacco and Liquor | 182 | 19852 |
| 服装、鞋帽、针纺织品类 | Garments, Shoes and Hats, Knitwear and Textiles | 9003 | 3886228 |
| 服装类 | Garments | 5488 | 2066682 |
| 鞋帽类 | Shoes and Hats | 2111 | 1709602 |
| 针纺织品类 | Knitwear and Textiles | 1404 | 109944 |
| 化妆品类 | Cosmetics | 64 | 4074 |
| 日用品类 | Daily Consumer Articles | 603 | 37964 |
| 五金、电料类 | Hardware | 922 | 115270 |
| 体育、娱乐用品类 | Sports and Recreation Articles | 223 | 108792 |
| # 照相器材类 | Photographic Equipments | 129 | 81715 |
| 书报杂志类 | Newspapers and Magazines | 2 | 26 |
| 电子出版物及音像制品类 | E-journals and Video Products | 1 | 12 |
| 家用电器和音像器材类 | Household Appliances and Audio/Video Equipments | 359 | 77854 |
| 中西药品类 | Chinese and Western Medicine | 135 | 1485 |
| 文化办公用品类 | Cultural and Office Appliances | 785 | 198477 |
| # 计算机及其配套产品 | Computer and Auxillary Equipments | 532 | 169726 |
| 家具类 | Furniture | 2703 | 1091187 |
| 通讯器材类 | Communication Appliances | 1001 | 307180 |
| # 智能手机 | Smartphone | 432 | 118269 |
| 木材及制品类 | Wood and Wooden Products | 6 | 168 |
| 化工材料及制品类 | Chemical Materials and Products | 191 | 461272 |
| # 化肥类 | Chemical Fertilizer | 160 | 13800 |
| 金属材料类 | Metal Materials | 87 | 57560 |
| 建筑及装潢材料类 | Building and Decoration Materials | 9158 | 1559260 |
| 机电产品及设备类 | Mechanical and Electrical Products and Equipments | 590 | 107000 |
| 汽车类 | Automobiles | 1530 | 259000 |
| 种子饲料类 | Seeds and Feedstuff | 2 | 88 |
| 其他类 | Others | 143 | 11055 |

# 16–14 重点交易市场成交情况(2018年)
# Turnover of Main Commodity Transaction Markets(2018)

| 市　　场<br>Market | 年末出租摊位数(个)<br>Number of Rented Stall(unit) | 成交额(万元)<br>Turnover (10 000 yuan) |
|---|---|---|
| 海星手机市场 | 420 | 10056 |
| 陕西义乌商城物业管理有限公司 | 654 | 16620 |
| 陕西银邦经营管理有限公司 | 2967 | 435175 |
| 康复路交易广场 | 850 | 1560340 |
| (陕西丹尼尔康复路大卖场有限公司) | | |
| 丹尼尔商城 | 780 | 1548720 |
| (陕西丹尼尔市场股份有限公司) | | |
| 锦绣国际商贸城有限公司 | 2021 | 232674 |
| 西安胡家庙果品批发市场 | 306 | 30028 |
| 西安粮油批发交易市场 | 283 | 312715 |
| 西安胡家庙蔬菜批发市场 | 170 | 22000 |
| 西安铁路局西铁大市场 | 294 | 8920 |
| 西安市文艺南路纺织品批发市场 | 400 | 12000 |
| 西安赛格电脑城 | 400 | 369746 |
| (西安赛格商贸有限公司) | | |
| 百脑汇电脑城 | 420 | 81829 |
| 西安东新科技贸易中心 | 450 | 58780 |
| 西安市玉林汽配批发市场有限责任公司 | 510 | 134000 |
| 西安海纳汽车服务有限公司西安汽配市场 | 1020 | 125000 |
| 西安蔚蓝机电市场有限公司 | 820 | 153000 |
| 陕西三盟庆安建材市场 | 400 | 10300 |
| 西安市方欣冷冻市场 | 818 | 82600 |
| 西安国亨市场 | 750 | 55000 |
| 陕西省生产资料第一交易市场 | 118 | 505032 |
| 西安大明宫灞桥建材家具股份有限公司 | 480 | 9745 |
| 贝斯特建材五金机电市场 | 1025 | 12165 |
| 红星美凯龙盛龙龙首店 | 170 | 20002 |
| (西安盛龙商业运营管理有限公司) | | |
| 同泰灯具城(陕西同泰实业有限公司) | 287 | 61687 |
| 大明宫建材家居北二环店 | 680 | 211914 |
| (西安大明宫现代家居有限责任公司) | | |
| 明珠家居(西安明珠家居有限公司) | 232 | 45988 |
| 红星美凯龙辛家庙商场 | 350 | 51137 |
| (陕西鸿瑞家居生活广场有限公司) | | |

| 市　　场<br>Market | 年末出租摊位数(个)<br>Number of Rented Stall(unit) | 成交额(万元)<br>Turnover (10 000 yuan) |
|---|---|---|
| 大明宫钻石店 | 287 | 57825 |
| (西安大明宫家居实业有限公司) | | |
| 西安大明宫五金机电灯饰城 | 420 | 12600 |
| 西北管材铝塑型材批发基地 | 105 | 18556 |
| (西安源兴实业有限公司) | | |
| 北三环大明宫建材家居市场 | 3550 | 400000 |
| (西安大明宫建材家居有限公司) | | |
| 大明宫建材家居含光路店 | 535 | 631200 |
| 光彩灯具城 | 280 | 186213 |
| 西部家具城 | 350 | 272431 |
| 三森家居建材城 | 690 | 323432 |
| 欣桥市场 | 1200 | 395058 |
| 西安朱雀农副产品物流中心 | 1078 | 407000 |
| 西安海荣赛格电子市场有限公司 | 362 | 158708 |
| 西安雨润农产品全球采购有限公司 | 1496 | 1251736 |
| 咸阳南郊装饰建材市场 | 177 | 7630 |
| 咸阳新阳光西北农副产品交易中心 | 456 | 530107 |
| 咸阳市秦都区嘉惠商业区 | 957 | 63251 |
| 咸阳天元建材市场 | 600 | 82452 |
| 大荔县同州农副产品批发市场 | 1641 | 16877 |
| 向阳沟蔬菜批发市场 | 145 | 71200 |
| (延安恒丰农副产品有限公司) | | |
| 居然之家(延安居然之家建材家居有限公司) | 120 | 11178 |
| 新圣明宫(延安晨曦商贸有限公司) | 348 | 114500 |
| 汉中市多联水果批发市场 | 128 | 49630 |
| 汉中市汽车运输总公司运达批发市场 | 1594 | 43392 |
| 汉中皇冠过街楼蔬菜批发市场 | 512 | 254466 |
| 汉中华夏建材城 | 705 | 35996 |
| 汉中汉森建材城 | 233 | 36386 |
| 绥德县五一商城综合批发市场 | 218 | 41079 |
| 安康市满意建材市场有限公司 | 530 | 125783 |

# 主要统计指标解释

**批发业** 指批发商向批发、零售单位及其他企事业、机关单位批量销售生活用品和生产资料的活动，以及从事进出口贸易和贸易经纪与代理的活动。批发商可以对所批发的货物拥有所有权，并以本单位、公司的名义进行交易活动；也可以不拥有货物的所有权，而以中介身份做代理销售商。还包括各类商品批发市场中固定摊位的批发活动。

**零售业** 指百货商店、超级市场、专门零售商店、品牌专卖店、售货摊等主要面向最终消费者（如居民等）的销售活动。包括以互联网、邮政、电话、售货机等方式的销售活动，还包括在同地点，后面加工生产，前面销售的店铺（如前店后厂的面包房）。不包括：谷物、种子、饲料、牲畜、矿产品、生产用原料、化工原料、农用化工产品、机械设备（用车、计算机及通信设备等除外）等生产资料的销售（批发业）；非零售单位附带的零售活动（如汽车修理单位销售汽车零件）；商业零售单位所在商厦的物业管理（物业管理）；商业零售单位所在的商品市场、商业大厦的市场管理活动（市场管理）。

**住宿业** 指有偿为顾客提供临时住宿的服务活动，不包括提供长期住宿场所的活动（如出租房屋、公寓等）。

**餐饮业** 指在一定场所，对食物进行现场烹饪、调制，并出售给顾客主要供现场消费的服务活动。

**社会消费品零售总额** 指批发和零售业、餐饮业、新闻出版业、邮政业和其他服务业等，售予城乡居民用于生活消费的商品和社会集团用于公共消费的商品之总量。社会消费品零售总额包括：

一、批发和零售业企业（单位）售予城乡居民用于生活消费和社会集团用于公共消费的商品。包括：

1.售予城乡居民的各种生活消费品；

2.售予入境旅游的外国人、华侨、港澳台同胞的各类商品；

3.售予行政事业单位、社会团体、军队和武警等机构的商品，以及以零售方式售予各类企业的商品。具体包括：用于非生产和社会交往的办公用品，如通讯设备、计算器具和设备、电讯网络设备、文印设备、音像视听器材和设备、纸张、本册、文具及装订文印材料、家具、日用电器、针纺织品、清洁卫生用品、文体用品、奖品、纪念品、礼品等；供内部人员乘坐的交通工具和燃料；用于办公设施修缮的各类配件、材料、工具等；用于取暖和防暑降温的设备、燃料、材料及食品等；专用于教学的用品和设备；非营利医疗机构的中、西药品、中药材和医疗设备器材；非专用的劳动保护用品；不对外营业的内部食堂用的餐具、炊具、设备、清洁卫生工具和食品、燃料等；军队、武警用于其人员生活的衣着品和个人用品；其他各类非生产性设备和用品。

二、餐饮业出售的主食、菜肴、烟酒饮料和其他商品。

三、新闻出版业、邮政业售予城乡居民、企事业单位、军队和武警等机构的书报杂志、音像制品、邮品等。

四、其他服务业出售的食品、烟酒饮料、服装鞋帽、日常生活用品、医药保健用品、艺术品、工艺美术品、玩具、殡葬用品以及其他消费品。

**批发和零售业商品购进、销售、库存总额** 指各种登记注册类型的批发和零售业企业(单位)以本企业(单位)为总体的，从国内、国外市场购进的商品总量，销售和出口的商品总量、库存的商品总量等情况。该指标可以反映商品流转过程中商品的购进、销售、库存之间的比例关系和存在的问题。

**购进总额** 指从本企业(单位)以外的单位和个人购进(包括从境外直接进口)作为转卖或加工后转卖的商品总额。它反映批发和零售业从国内、国外市场上购进商品的总量。商品购进包括：(1)从工农业生产者购进的商品；(2)从出版社、报社的出版发行部门购进的图书、杂志和报纸；(3)从各种登记注册类型的批发和零售业企业(单位)购进的商品；(4)从其他单位购进的商品，如从机关、团体、企业等单位购进的剩余物资，从住宿和餐饮业、其他服务业购进的商品，从海关、市场管理部门购进的缉私和没收的商品，从居民手中收购的废旧商品等；(5)从国(境)外直接进口的商品。不包括企业(单位)为自身经营用和未通过买卖行为而收入的商品以及销售退回、商品升溢等。

**销售总额** 指对本企业(单位)以外的单位和个人出售(包括对境外直接出口)的商品总额。它反映批发和零售业在国内市场上销售商品以及出口商品的总量。商品销售包括：(1)售给城乡居民和社会集团消费用的商品；(2)售给工业、农业、建筑业、运输邮电业、批发和零售业、住宿和餐饮业、其他服务业等作为生产、经营使用的商品；(3)售给批发和零售业作为转卖或加工后转卖的商品；(4)对国(境)外直接出口的商品。不包括出售本企业(单位)自用的废旧包装用品，未通过买卖行为付出的商品，经本单位介绍、由买卖双方直接结算、本单位只收取手续费的业务，购货退出的商品以及商品损耗和损失等。

**库存总额** 指报告期末各种登记注册类型的批发和零售业企业(单位)已取得所有权的商品。它反映批发和零售业企业(单位)的商品库存情况和对市场商品供应的保证程度。商品库存包括：(1)存放在批发和零售业经营单位(如门市部、批发站、经营处)仓库、货场、货柜和货架中的商品；(2)挑选、整理、包装中的商品；(3)已记入购进而尚未运到本单位的商品，即发货单或银行承兑凭证已到而货未到的商品；(4)寄放他处的商品，如因购货方拒绝承付而暂时存放在购货方的商品和已办完加工成品收回手续而未提回的商品；(5)委托其他单位代销(未作销售或调出)尚未售出的商品；(6)代其他单位购进尚未交付的商品。不包括所有权不属于本单位的商品、委托外单位加工生产尚未收回成品的商品、外贸企业代理其他单位从国外进口尚未付给订货单位的商品、代国家物资储备部门保管的商品等。

**住宿和餐饮业营业额** 指住宿和餐饮业法人企业（单位）在经营活动中因提供服务或销售商品等取得的收入。包括：客房收入、餐费收入、商品销售额和其他收入。客房收入指住宿和餐饮业法人企业（单位）在经营活动中因提供住宿服务取得的收入。餐费收入指住宿和餐饮业法人企业、（单位）因为顾客提供就餐服务取得的收入，包括经烹饪、调制加工后出售的各种食品，如主食、炒菜、凉拌菜等的收入。商品销售额指住宿和餐饮业法人企业（单位）伴随服务而出售商品所取得的收入（含增值税）。其他收入指营业收入中除客房收入、餐费收入、商品销售额以外的其他收入，包括娱乐、健身和商务服务等。

**连锁企业（或称连锁店、连锁公司）** 指在核心企业或总店的领导下，由分散的、经营同类商品或服务的企业或活动单位，采取共同方针，实行集中采购和分散销售的有机结合，通过规范化经营，实现规模效益的经济联合组织形式。一般连锁店应由若干个分店组成。其经营特征：(1)经营同类商品；(2)使用统一商号；(3)统一采购配送，采购与销售相分离（部分商品可根据物流合理和保质保鲜原则，由供应商直接送货到门店，其余均由总部统一配送）。

连锁门店的形式分为直营连锁和加盟连锁。

直营连锁也叫正规连锁。指连锁门店均由总部独资或控股开设，在总部的直接领导下统一经营。总部采取纵深似的管理方式，直接下令掌管所有的零售门店，零售门店也必须完全接受总部指挥。这是大型垄断商业资本通过吞并、兼并或独资、控股等途径，发展壮大自身实力和规模的一种形式。

加盟连锁包括特许连锁和自由连锁两种形式。

特许连锁指各连锁门店（被特许人）通过合同形式，取得使用总部（特许人）商标、商号、经营技术和销售总部开发的商品的特许权，各加盟连锁门店为独立法人，在总部指导下统一经营。

自由连锁也称自愿连锁。指连锁公司的门店均为独立法人，各自的资产所有权关系不变，在公司总部的指导下共同经营。各成员店使用共同的店名，与总部订阅有关购、销、宣传等方面的合同，并按合同开展经营活动。在合同规定的范围之外，各成员店可以自由活动。根据自愿原则，各成员店可自由加入连锁体系，也可自由退出。

# Explanatory Notes on Main Statistical Indicators

**Wholesale Trade** refers to the activities of wholesaler selling at wholesale commodities for daily use and capital goods to enterprises of wholesale and retail trades and other enterprises, institutions and government offices, including the activities of wholesaler engaged in import and export and acting as a trade agent. The wholesaler may have the right of ownership over the commodities of wholesale and trade in the name of its own or a company, the wholesaler may not have the right of ownership, only acts an agent. The wholesale trade also include the activities of wholesaler at the fixed stalls of the wholesale market of different commodities.

**Retail Trade** refers to the activities of department store, supermarket, franchised store, brand store, retail stall and on-the-spot-making-selling store selling commodities to the final consumers (citizens) by any means including internet, post, telephone, sales machine. Retail trade excludes the activities of sales of capital goods such a grain, seed, feed, livestock, mineral products, raw material for production, industrial chemicals, chemical products for farm, machine and equipment (vehicle, computer and communication equipment), and the activities of supplementary sales of non-retailer such as the sales of spare parts of car repair business

**Hotel Services** refer to the activities of enterprises providing paid services of lodging to the customer, excluding the activities of providing long period of services of lodging (such as leased house and apartments).

**Catering Services** refer to the activities of enterprises providing on-the-spot services of selling food cooked and prepared to the customer in certain sites

**Total Retail Sales of Consumer Goods** refer to the sum of retail sales of commodities sold by wholesale and retail trades, catering services, publishing, post and telecommunications and other service industries to urban and rural households for household consumption and to social institutions for public consumption. Retail sales of consumer goods include:

1) Sales sold by wholesale and retail trades to urban and rural households for household consumption and to social institutions for public consumption.

a) Of commodities to urban and rural households;

b) Of commodities to foreigners, overseas Chinese and Chinese compatriots from Hong Kong, Macao and Taiwan visiting China;

c) Of commodities to government agencies, institutions, social organizations, military and armed police units, and commodities to enterprises in the form of retail sales. More specifically, they include: office facilities and articles for non-production purposes such as communications equipment, computing equipment and instruments, TV and network equipment, printing and copying equipment, audio-visual equipment and instruments, paper, notebooks, stationeries, furniture, electric appliances, knitwear, sanitation and cleaning articles, cultural and sport articles, articles for prizes, souvenirs, etc.; transport vehicles and fuels for employees; materials, spare parts and tools for the maintenance of office facilities; equipment, fuels, materials and food for winter heating or summer cooling purposes; articles and equipment for teaching purpose; Chinese and western medicines and medical equipment and facilities purchased by non profit-making medical institutes; non-specialized work safety articles; cooking utensils, tableware, equipment, cleaning articles, food and fuels purchased by in-house cafeterias; clothes and personal articles purchased by military or armed police units for their officials and soldiers; and other equipment and articles for non-production purposes.

2) Sales of stable food, cooked dishes, beverages, tobaccos and other articles by catering units.

3) Sales of books, newspapers, magazines, audio-visual products and post products by publishing, post and telecommunications departments to urban and rural households and to enterprises, institutions, military and armed police units.

4) Sales of food, beverages, tobaccos, clothing, hats, footwear, articles for daily use, medicines, medical and health articles, work of art, handicrafts, toys, funeral articles and other articles by other service industries.

**Purchase, Sales and Stock of Commodities by Wholesale and Retail Trades** refer to the total volume of commodities purchased, total volume of sales and exports, and the stock of commodities by wholesale and retail enterprises (establishments) of different status of registration from domestic and overseas markets. This indicator reflects the relationship among purchase, sales and stock of commodities in the circulation of goods and reveals the existing problems.

**Total Purchases of Commodities** refer to the total value of purchases of commodities by enterprises (establishments) from other establishments or individuals (including direct import from abroad) for the purpose of re-selling, either with or without further processing of the commodities purchased. The commodities include: (1) commodities purchased from agricultural and industrial producer, wholesaler, retailer, publishing house and other service business; (2) commodities purchased from institutions and government departments; (3) confiscated goods purchased from the customs authorities or market management agencies; (4) second-hand goods and wastes purchased from residents; The commodities exclude 1 commodities purchased by enterprises (establishments) for use in their own business operation, commodities obtained without buying or selling procedures such as materials, consumable goods of low value, office appliances, etc. 2 received goods without trading, such as goods handed over from others, borrowed goods, preserved goods for others, donated goods from others, processed and retrieved goods, etc. 3. Goods of direct settlement between buyer and seller with handling fees introduced by others, 4. Goods returned or refused to pay by the buyer, 5. Excessive goods.

**Total Sales of Commodities** refer to value of commodities sold by the establishments to other establishments and individuals (including goods sold for self consumption, including the value-added tax). The commodities include: (1) Commodities sold to urban and rural residents and social groups for their consumption; (2) Commodities sold to establishments in all industries for their production and operation, including agriculture, industry, construction, transportation, post and telecommunications, catering services, and public utility including commodities sold to wholesale and retail establishments for re-selling, with or without further processing; and (3) Commodities for direct export to abroad. Excluded are (1) Extended commodities without trading, such as goods handed over to other enterprises and institutions because of the change of organizations, lent goods, returned goods preserved for others, extended processing materials and samples donated to others, (2) Goods of direct settlement between buyer and seller with handling fees introduced by others, 3. Goods returned after purchase, (4) Damaged and spoiled goods, (5) waste and used goods of self use,

**Total Stock of Commodities** refers to total commodities possessed by wholesaler and retailer of various types of registration status at the end of the reference period, reflecting the commodity stock level of various wholesaler and retailer and the potential for market supply. It includes: (1) Commodities located in storage, garages, counters, and shelves of operating places (such as sale stores, wholesale centres, and operating offices); (2) Commodities in the process of being selected, sorted, and packed; (3) Commodities not arrived but recorded as purchase in the account, i.e. commodities not arrived but payment receipts for the commodities from the sellers or the banks arrived; (4)Commodities deposited in other places rather than places mentioned above, for instance: commodities in the hold of purchasers temporarily due to the refusal of payment and commodities not taken back after going through the formalities; (5) Commodities entrusted to other units to sell but not sold yet; (6) Commodities purchased for other units but not delivered yet. Commodities not included as stock are those not owned by the enterprises (units), commodities on commission for processing but not yet delivered, imported commodities of agency of foreign trade enterprise but not yet delivered to ordering units and finally those put in stock on behalf of the state material reserves units.

**Business Revenue of Hotels and Catering Services** refers to revenue received from providing services or selling commodities by corporate enterprises and establishments engaged in hotels and catering services, including income from hotels, from catering services, from selling of commodities and from other services. Income from hotels refers to income of corporate enterprises and establishments engaged in hotels and catering services by providing lodging services. Income from catering services refers to income of corporate enterprises and establishments engaged in hotels and catering services by providing catering services, including selling of cooked or prepared foods such as staple food, cooked dishes or cold dishes. Income from selling of commodities refers to income of corporate enterprises and establishments engaged in hotels and catering services by selling commodities (including value-added tax) that accompany the services they provide. Income from other activities refers to income received other than income from hotels, catering services or selling of commodities, such as income from providing recreation, fitness or business services.

**Chain Head Stores (headquarter)** refer to the core leading stores responsible for development, allocation, administration and utilization of resources (name of stores, brand of stores, operation model, service standard, management way, ect.) of chain stores. Chain stores refers to the stores engaged in providing homogeneous commodities or services, with the central leadership of head store and guided by common policies, conduct centralized purchase and distributed selling of commodities, in order to gain better efficiency through standardized operation. The chain stores include regular chain stores, franchise chain stores and voluntary chain stores.

Regular Chain store refers to chain stores that are invested or controlled by the headquarters. They operate under direct and unified management from the headquarters.

Franchise chain store refers to the chain stores (franchisees) which are franchised with operation resources such as trade marks, names, patent and operation know-how by the franchisors in form of contract and pay the operation fees to the franchisors

Voluntary chain store refers the stores operate jointly on the voluntary bases while maintaining their status of independent legal entities with full ownership of their assets. They sell goods of same brand from same channel of resource to the consumers.

# 十七、对外经济贸易和旅游

Foreign Trade and Tourism

资料整理：杨　毅

# 简 要 说 明

一、本篇资料反映陕西对外贸易和旅游业发展状况，内容包括进出口总值，进出口货物的品种、数(重)量、金额，利用外资、旅游人数和旅游收入，星级饭店基本情况等。

二、进出口商品总值按收发货人所在地统计。收发货人所在地是指境内进出口企业报关注册的登记地。

三、本篇资料由西安海关、省商务厅、省文化和旅游厅提供。

## Brief Introduction

I. This chapter reflects development of international trades and tourism of Shaanxi, including kind, quantity(weight) and value of imported and exported products, utilization of foreign funds, tourist number and tourism revenue, basic conditions of star hotels, etc.

II. Total value of imported and exported commodities are calculated according to the location of consignors and consignees. The location of consignors and consignees is the place of registration where the resident imported and exported enterprises declare and register at customs.

III. The data sources are provided by Xi’an Customs District, Shaanxi Provincial Department of Commerce and Shaanxi Provincial Department of Culture and Tourism.

# 17.对外经济贸易和旅游

| | | | | |
|---|---|---|---|---|
| 2018年全省 | | | | |
| 进出口总值 | 3512.82 | 亿 元 | 比上年增长 | 29.2% |
| #出 口 | 2078.33 | 亿 元 | 比上年增长 | 25.2% |
| 实际利用外商直接投资额 | 68.48 | 亿美元 | 比上年增长 | 16.2% |
| 入境旅游人数 | 437.14 | 万 人 | 比上年增长 | 13.9% |
| 国际旅游收入 | 31.26 | 亿美元 | 比上年增长 | 15.6% |

## 实际利用外商直接投资（亿美元）

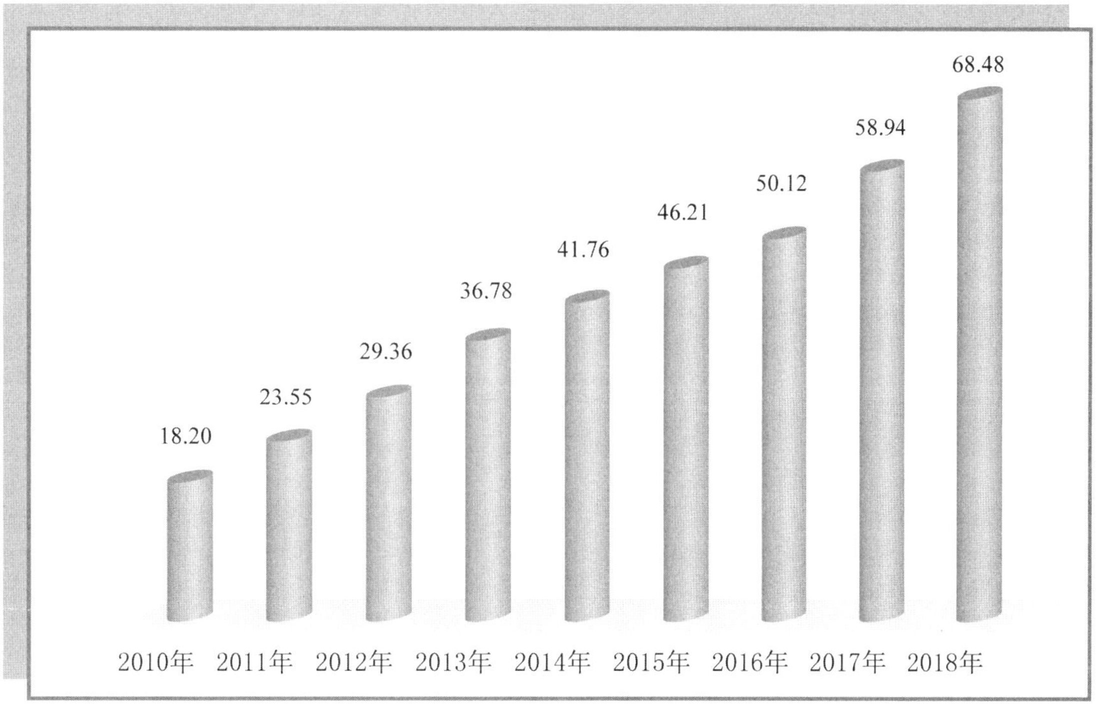

# 17-1 外贸进出口总值
# Total Value of Imports and Exports in Foreign Trade

| 年 份<br>Year | 进出口总值(万美元)<br>Total Value of Imports and Exports<br>(USD 10 000) | 出 口<br>Exports | 进 口<br>Imports |
|---|---|---|---|
| 1978 | | 1190 | |
| 1980 | | 973 | |
| 1985 | 15712 | 10359 | 5353 |
| 1990 | 57728 | 46059 | 11669 |
| 1991 | 81359 | 60502 | 20857 |
| 1992 | 111885 | 76531 | 35354 |
| 1993 | 149599 | 99347 | 50252 |
| 1994 | 160061 | 121615 | 38446 |
| 1995 | 173323 | 128261 | 45062 |
| 1996 | 178406 | 126922 | 51484 |
| 1997 | 173413 | 123120 | 50293 |
| 1998 | 205148 | 117668 | 87480 |
| 1999 | 200834 | 115225 | 85609 |
| 2000 | 214009 | 131003 | 83006 |
| 2001 | 206444 | 111044 | 95400 |
| 2002 | 222517 | 137717 | 84800 |
| 2003 | 278371 | 173523 | 104848 |
| 2004 | 364238 | 239658 | 124580 |
| 2005 | 457684 | 307581 | 150103 |
| 2006 | 536025 | 362960 | 173065 |
| 2007 | 688804 | 467244 | 221560 |
| 2008 | 832867 | 538066 | 294801 |
| 2009 | 840539 | 398815 | 441724 |
| 2010 | 1208283 | 620773 | 587510 |
| 2011 | 1462344 | 701085 | 761258 |
| 2012 | 1479854 | 865178 | 614677 |
| 2013 | 2012881 | 1022617 | 990265 |
| 年 份<br>Year | 进出口总值(万元人民币)<br>Total Value of Imports and Exports<br>(10 000 yuan) | 出 口<br>Exports | 进 口<br>Imports |
| 2014 | 16807150 | 8554836 | 8252314 |
| 2015 | 18952493 | 9184651 | 9767842 |
| 2016 | 19763020 | 10450661 | 9312360 |
| 2017 | 27196506 | 16597326 | 10599180 |
| 2018 | 35128162 | 20783306 | 14344855 |

# 17–2 按贸易方式分外贸进口总值

## Total Value of Imports in Foreign Trade by Type of Trade

单位：万元 (10 000 yuan)

| 贸易方式类别 | Type of Trade | 2017 | 2018 | 2018年比2017年增长(%) Growth Rate in 2018 over 2017(%) |
|---|---|---|---|---|
| **进 口 总 值** | **Total Imports** | **10597455** | **14344855** | **35.4** |
| 1.一般贸易 | General Trade | 2887000 | 3249206 | 12.5 |
| 2.国家间、国际组织无偿援助和赠送的物资 | Between Countries, International Organizations Aid and Donated Materials | | | |
| 3.华侨、港澳台同胞、外籍华人捐赠物资 | The overseas Chinese, Hong Kong, Macao, Taiwan,Chinese of foreign Donated Materials | | | |
| 4.来料加工装配贸易 | Assembly Processing Trade | 33853 | 6295085 | 18495.4 |
| 5.进料加工贸易 | Processing With Imported Trade | 6660635 | 3306105 | -50.4 |
| 6.来料加工装配进口的设备 | Assembly Processing Trade Equipment | 657 | 817 | 24.4 |
| 7.租赁贸易 | Lease Trade | 67783 | | -100.0 |
| 8.外商投资企业作为投资进口的设备、物品 | Foreign-invested Enterprises as the Import Investment of Equipment, Goods | 21120 | 14572 | -31.0 |
| 9.出料加工贸易 | Material Processing | 4438 | 2126 | -52.1 |
| 10.易货贸易 | Barter | | | |
| 11.保税监管场所进出境货物(保税仓库进出境货物) | Inward and Outward Goods of Free Trade Storehouse | 75002 | 174991 | 133.3 |
| 12.海关特殊监管区域物流货物(保税区仓储转口货物) | Re-export Goods of Free Trade Zone Re-exports | 323659 | 322479 | -0.4 |
| 13.海关特殊监管区域进口设备(出口加工区进口设备) | Export Processing Zones Imported Equipment | 511874 | 957236 | 87.0 |
| 14.其　他 | Other | 11434 | 22238 | 94.5 |

# 17–3 按贸易方式分外贸出口总值

## Total Value of Exports in Foreign Trade by Type of Trade

单位：万元 (10 000 yuan)

| 贸易方式类别 | Type of Trade | 2017 | 2018 | 2018年比2017年增长(%) Growth Rate in 2018 over 2017(%) |
|---|---|---|---|---|
| **出 口 总 值** | **Total Exports** | **16587866** | **20783306** | **25.3** |
| 1.一般贸易 | General Trade | 3852785 | 4482092 | 16.3 |
| 2.国家间、国际组织无偿援助和赠送的物资 | Between Countries, International Organizations Aid and Donated Materials | 4964 | 7290 | 46.9 |
| 3.来料加工装配贸易 | Assembly Processing Trade | 39743 | 9630149 | 24131.1 |
| 4.进料加工贸易 | Processing With Imported Trade | 10616167 | 3031167 | -71.4 |
| 5.对外承包工程出口货物 | Exports Contracted Projects | 396587 | 279054 | -29.6 |
| 6.租赁贸易 | Lease Trade | 866 | 139 | -83.9 |
| 7.易货贸易 | Barter | | | |
| 8.出料加工贸易 | Material Processing | 1399 | 252 | -82.0 |
| 9.保税监管场所进出境货物(保税仓库进出境货物) | Inward and Outward Goods of Free Trade Storehouse | 2708 | 6109 | 125.6 |
| 10.海关特殊监管区域物流货物 | Re-export Goods of Free Trade Zone | 1666547 | 3337282 | 100.3 |
| 11.其　他 | Others | 6100 | 9772 | 60.2 |

# 17-4 按国别(地区)分外贸进出口总值(2018年)
# Total Value of Imports and Exports in Foreign Trade by Country (Region)(2018)

单位：万元 (10 000 yuan)

| 国别(地区) | Country(Region) | 进出口 Total | 出口 Exports | 进口 Imports |
|---|---|---|---|---|
| **总　值** | **Total** | **35128162** | **20783306** | **14344855** |
| 阿富汗 | Afghanistan | 729 | 724 | 5 |
| 巴　林 | Bahrain | 2804 | 2804 | |
| 孟加拉国 | Bangladesh | 39038 | 38885 | 152 |
| 不　丹 | Bhutan | 94 | 94 | |
| 文　莱 | Brunei | 3026 | 3026 | |
| 缅　甸 | Myanmar | 29437 | 29424 | 13 |
| 柬埔寨 | Cambodia | 4957 | 4795 | 162 |
| 塞浦路斯 | Cyprus | 1177 | 1171 | 6 |
| 朝　鲜 | Korea DPR | 219 | 219 | |
| 中国香港 | Hong Kong, China | 6149291 | 6144240 | 5051 |
| 印　度 | India | 342828 | 292656 | 50172 |
| 印　尼 | Indonesia | 87536 | 77876 | 9659 |
| 伊　朗 | Iran | 88992 | 80439 | 8553 |
| 伊拉克 | Iraq | 9741 | 9741 | |
| 以色列 | Israel | 41893 | 18651 | 23242 |
| 日　本 | Japan | 1560437 | 530812 | 1029625 |
| 约　旦 | Jordan | 9552 | 8487 | 1065 |
| 科威特 | Kuwait | 24658 | 21161 | 3497 |
| 老　挝 | Laos | 16109 | 16109 | |
| 黎巴嫩 | Lebanon | 2004 | 2004 | |
| 中国澳门 | Macao, China | 1230 | 1230 | |
| 马来西亚 | Malaysia | 605938 | 522560 | 83378 |
| 马尔代夫 | Maldives | 984 | 984 | |
| 蒙　古 | Mongolia | 5782 | 5782 | |
| 尼泊尔联邦民主共和国 | Nepal | 1930 | 1930 | |
| 阿　曼 | Oman | 8312 | 7889 | 423 |
| 巴基斯坦 | Pakistan | 263281 | 262009 | 1271 |
| 巴勒斯坦 | Palestine | 22 | 22 | |
| 菲律宾 | Philippines | 116332 | 90435 | 25897 |
| 卡塔尔 | Qatar | 2545 | 2545 | |
| 沙特阿拉伯 | Saudi Arabia | 36521 | 36521 | |
| 新加坡 | Singapore | 803261 | 695692 | 107569 |
| 韩　国 | Korea Rep. | 6732526 | 3266225 | 3466302 |
| 斯里兰卡 | Sri Lanka | 17146 | 16961 | 184 |
| 叙利亚 | Syria | 819 | 819 | |
| 泰　国 | Thailand | 172012 | 150237 | 21775 |
| 土耳其 | Turkey | 42230 | 34112 | 8118 |
| 阿拉伯联合酋长国 | United Arab Emirates | 57918 | 53466 | 4452 |
| 也　门 | Republic of Yemen | 896 | 850 | 46 |
| 越　南 | Vietnam | 298952 | 291515 | 7437 |
| 中　国 | P. R. China | 164536 | | 164536 |
| 中国台湾 | Taiwan, China | 6749111 | 944154 | 5804956 |
| 东帝汶 | Timor Leste | 1824 | 1824 | |
| 哈萨克斯坦 | Kazakhstan | 55121 | 33973 | 21148 |
| 吉尔吉斯 | Kirghizia | 21206 | 21187 | 18 |
| 塔吉克斯坦 | Tadzhikistan | 10167 | 10167 | |
| 土库曼斯坦 | Turkmenistan | 198 | 198 | |
| 乌兹别克斯坦 | Uzbekistan | 23172 | 19993 | 3179 |

## 17-4 续表 1 continued

单位：万元 (10 000 yuan)

| 国别(地区) | Country(Region) | 进出口 Total | 出口 Exports | 进口 Imports |
|---|---|---|---|---|
| 阿尔及利亚 | Algeria | 66252 | 66252 | |
| 安哥拉 | Angola | 9060 | 8902 | 158 |
| 贝　宁 | Benin | 1648 | 1648 | |
| 博茨瓦纳 | Botswana | 140 | 140 | |
| 布隆迪 | Burundi | | | |
| 喀麦隆 | Cameroon | 582 | 564 | 18 |
| 中　非 | Central Africa | 7 | 6 | |
| 乍　得 | Chad | 30 | 30 | |
| 科摩罗 | Comorin | 102 | 102 | |
| 刚　果 | Congo | 5020 | 5020 | |
| 吉布提 | Djibouti | 3284 | 3284 | |
| 埃　及 | Egypt | 106502 | 106347 | 156 |
| 赤道几内亚 | Eq. Guinea | 1711 | 1711 | |
| 埃塞俄比亚 | Ethiopia | 3021 | 2865 | 156 |
| 加　蓬 | Gabon | 5786 | 5786 | |
| 冈比亚 | Gambia | 183 | 183 | |
| 加　纳 | Gambia | 7959 | 7316 | 643 |
| 几内亚 | Guinea | 2583 | 2583 | |
| 可特迪瓦 | Cote d'lvoire | 6936 | 4227 | 2708 |
| 肯尼亚 | Kenya | 8230 | 8031 | 199 |
| 利比里亚 | Liberia | 1132 | 1132 | |
| 利比亚 | Libya | 1281 | 1281 | |
| 马达加斯加 | Madagascar | 2878 | 2764 | 113 |
| 马拉维 | Malawi | 30 | 30 | |
| 马　里 | Mali | 1316 | 1316 | |
| 毛里塔尼亚 | Mauritania | 1238 | 1238 | |
| 毛里求斯 | Mauritius | 643 | 640 | 3 |
| 摩洛哥 | Morocco | 15159 | 4757 | 10402 |
| 莫桑比克 | Mozambique | 4200 | 3151 | 1049 |
| 纳米比亚 | Namibia | 30201 | 1492 | 28709 |
| 尼日尔 | Niger | 310 | 310 | |
| 尼日利亚 | Nigeria | 23874 | 23352 | 522 |
| 留尼汪 | Reunion | 297 | 297 | |
| 卢旺达 | Rwanda | 2142 | 2142 | |
| 圣多美和普林西比 | Sao Tome & Principe | 50 | 50 | |
| 塞内加尔 | Senegal | 1719 | 1719 | |
| 塞舌尔 | Seychelles | 348 | 348 | |
| 塞拉利昂 | Sierra Leone | 124 | 124 | |
| 索马里 | Somalia | 83 | 83 | |
| 南　非 | South Africa | 163671 | 52073 | 111598 |
| 苏　丹 | Sudan | 10622 | 10622 | |
| 坦桑尼亚 | Tanzania | 9344 | 9344 | |
| 多　哥 | Togo | 2286 | 2286 | |
| 突尼斯 | Tunisia | 3957 | 3782 | 175 |
| 乌干达 | Uganda | 2896 | 2896 | |
| 布基纳法索 | Burkina Faso | 9923 | 557 | 9366 |
| 扎伊尔 | Zaire | 11234 | 11207 | 27 |
| 赞比亚 | Zambia | 34371 | 10028 | 24343 |
| 津巴布韦 | Zimbabwe | 8406 | 8082 | 324 |
| 莱索托 | Lesotho | 125 | 125 | |
| 斯威士兰 | Swaziland | 84 | 78 | 6 |
| 厄立特里亚 | Eritrea | 10161 | 667 | 9494 |
| 南苏丹 | South Sudan | 94 | 94 | |

# 17-4 续表 2 continued

单位：万元 (10 000 yuan)

| 国别(地区) | Country(Region) | 进出口 Total | 出口 Exports | 进口 Imports |
|---|---|---|---|---|
| 比利时 | Belgium | 98689 | 34912 | 63777 |
| 丹　麦 | Denmark | 45289 | 8481 | 36809 |
| 英　国 | United Kingdom | 360110 | 298709 | 61401 |
| 德　国 | Germany | 743010 | 412602 | 330408 |
| 法　国 | France | 699797 | 640328 | 59469 |
| 爱尔兰 | Ireland | 106801 | 38215 | 68586 |
| 意大利 | Italy | 143619 | 71220 | 72400 |
| 卢森堡 | Luxembourg | 174 | 72 | 102 |
| 荷　兰 | Netherlands | 522870 | 349539 | 173332 |
| 希　腊 | Greece | 6450 | 6401 | 49 |
| 葡萄牙 | Portugal | 4699 | 4514 | 186 |
| 西班牙 | Spain | 40760 | 31288 | 9472 |
| 阿尔巴尼亚 | Albania | 1268 | 1038 | 230 |
| 奥地利 | Austria | 174247 | 140309 | 33938 |
| 保加利亚 | Bulgaria | 9461 | 3189 | 6273 |
| 芬　兰 | Finland | 25084 | 18292 | 6792 |
| 匈牙利 | Hungary | 46126 | 25252 | 20874 |
| 冰　岛 | Iceland | 97 | 97 | |
| 列支敦士登 | Liechtenstein | 94 | 27 | 67 |
| 马耳他 | Malta | 547 | 531 | 16 |
| 摩纳哥 | Monaco | 9 | 9 | |
| 挪　威 | Norway | 9365 | 6082 | 3283 |
| 波　兰 | Poland | 78827 | 74214 | 4613 |
| 罗马尼亚 | Romania | 21372 | 19932 | 1440 |
| 瑞　典 | Sweden | 48665 | 21286 | 27379 |
| 瑞　士 | Switzerland | 61375 | 10857 | 50519 |
| 爱沙尼亚 | Estonia | 4388 | 4273 | 115 |
| 拉脱维亚 | Latvia | 2406 | 2378 | 28 |
| 立陶宛 | Lithuania | 3807 | 3215 | 592 |
| 格鲁吉亚 | Georgia | 2095 | 1886 | 210 |
| 亚美尼亚 | Armenia | 4436 | 4436 | |
| 阿塞拜疆 | Azerbaijan | 1986 | 1986 | |
| 白俄罗斯 | Byelorussia | 8274 | 4557 | 3717 |
| 摩尔多瓦 | Moldavia | 243 | 235 | 8 |
| 俄罗斯 | Russia | 204084 | 143085 | 60999 |
| 乌克兰 | Ukraine | 86819 | 69721 | 17098 |
| 斯洛文尼亚共和国 | Slovenia | 10539 | 10004 | 534 |
| 克罗地亚共和国 | Croatia | 1475 | 1427 | 47 |
| 捷　克 | Czech | 112973 | 97853 | 15120 |
| 斯洛伐克 | Slovak | 11802 | 8994 | 2808 |
| 前南斯拉夫马其顿 | Macedonia | 283 | 283 | |
| 波斯尼亚-黑塞哥维那 | Bosnia & Herzegovina | 149 | 146 | 3 |
| 塞尔维亚 | Serbia | 813 | 813 | |
| 黑山 | Montenegro | 54 | 54 | |
| 阿根廷 | Argentina | 24012 | 15869 | 8143 |
| 阿鲁巴岛 | Aruba | 2 | 2 | |
| 巴哈马 | Bahamas | 414 | 414 | |
| 巴巴多斯 | Barbados | 266 | 266 | |
| 伯利兹 | Belize | 44 | 44 | |
| 玻利维亚 | Bolivia | 1204 | 1184 | 20 |

17-4 续表 3 continued

单位：万元 (10 000 yuan)

| 国别(地区) | Country(Region) | 进出口 Total | 出口 Exports | 进口 Imports |
|---|---|---|---|---|
| 巴　西 | Brazil | 256585 | 132708 | 123876 |
| 智　利 | Chile | 276863 | 18805 | 258058 |
| 哥伦比亚 | Colombia | 13131 | 13124 | 7 |
| 多米尼克 | Dominica | 131 | 131 | |
| 哥斯达黎加 | Costa Rica | 2331 | 2264 | 67 |
| 古　巴 | Cuba | 11438 | 11437 | 1 |
| 库腊索岛 | Curacao | 4 | 4 | |
| 多米尼加 | Dominica Rep. | 2861 | 2852 | 9 |
| 厄瓜多尔 | Ecuador | 23920 | 23920 | |
| 格林纳达 | Grenada | 1 | 1 | |
| 瓜德罗普 | Guadeloupe | 83 | 83 | |
| 危地马拉 | Guatemala | 5149 | 5038 | 111 |
| 圭亚那 | Guyana | 299 | 299 | |
| 海　地 | Haiti | 69 | 69 | |
| 洪都拉斯 | Honduras | 621 | 619 | 2 |
| 牙买加 | Jamaica | 5395 | 5395 | |
| 马提尼克 | Martinique | 36 | 36 | |
| 墨西哥 | Mexico | 287100 | 265127 | 21973 |
| 尼加拉瓜 | Nicaragua | 980 | 980 | |
| 巴拿马 | Panama | 3933 | 3933 | |
| 巴拉圭 | Paraguay | 5102 | 5102 | |
| 秘　鲁 | Peru | 142395 | 9766 | 132629 |
| 波多黎各 | Puerto Rico | 14613 | 458 | 14155 |
| 圣卢西亚 | Saint Lucia | 44 | 44 | |
| 圣马丁岛 | Saint Martin | 12 | 12 | |
| 圣文森特和格林纳丁斯 | Saint Vincent & Grenadines | 128 | 128 | |
| 萨尔瓦多 | El Salvador | 348 | 348 | |
| 苏里南 | Surinam | 356 | 356 | |
| 特立尼达和多巴哥 | Trinidad and Tobago | 556 | 556 | |
| 乌拉圭 | Uruguay | 9423 | 8245 | 1178 |
| 委内瑞拉 | Venezuela | 8832 | 8832 | |
| 荷属安地列斯群岛 | Andreas Is. (N) | 21 | 21 | |
| 加拿大 | Canada | 185765 | 85476 | 100289 |
| 美　国 | United States | 4207115 | 3275491 | 931624 |
| 澳大利亚 | Australia | 721668 | 159300 | 562368 |
| 斐　济 | Fiji | 1835 | 1835 | |
| 新喀里多尼亚 | New Caledonia (Fr) | 399 | 399 | |
| 瓦努阿图 | Vanuatu | 877 | 21 | 856 |
| 新西兰 | New Zealand | 12222 | 7534 | 4688 |
| 巴布亚新几内亚 | Papua New Guinea | 1329 | 1329 | |
| 所罗门群岛 | Solomon Is. | 77 | 77 | |
| 汤加 | Tonga | 20 | 20 | |
| 萨摩亚 | Samoa | 167 | 167 | |
| 贝劳共和国 | palau | 34 | 34 | |
| 法属波利尼西亚 | Polynesia (F) | 482 | 482 | |
| 大洋洲其他国家或地区 | Other countries or regions of Oceania | 1 | | 1 |
| 国(地)别不详 | Others | 43 | | 43 |

# 17-5 进出口商品分类金额(2018年)

# Value of Imports and Exports by HS Section and Division(2018)

单位：万元 (10 000 yuan)

| 商品分类 | HS Section and Division | 出口 Exports | 进口 Imports |
|---|---|---|---|
| **总 值** | **Total** | **20783306** | **14344855** |
| **第一类 活动物；动物产品** | **Live Animals; Animal Products** | | |
| 第1章 活动物 | Live Animals | 1685 | 4239 |
| 第2章 肉及食用杂碎 | Meat and Edible Meat Offal | | 6004 |
| 第3章 鱼、甲壳动物、软体动物及其他水生无脊椎动物 | Fish and Crustaceans Molluscs and Other Aquatic Invertebrates | | 781 |
| 第4章 乳品；蛋品；天然蜂蜜；其他食用动物产品 | Dairy Produce; Birds' Eggs; Natural Honey; Edible Products of Animal Origin, not ElsewhereSpecified or Included | 614 | 4608 |
| 第5章 其他动物产品 | Products of Animal Origin, not Elsewhere Specified or Included | 148 | |
| **第二类 植物产品** | **Vegetable Products** | | |
| 第6章 活树及其他活植物；鳞茎、根及类似品；插花及装饰用簇叶 | Live Tree and Other Plants; Bulbs, Roots and the Like; Cut Flowers and Ornamental Foliage | 420 | 3 |
| 第7章 食用蔬菜、根及块茎 | Edible Vegetables and Certain Roots and Tubers | 17110 | 3130 |
| 第8章 食用水果及坚果；甜瓜或柑桔属水果的果皮 | Edible Fruit and Nuts; Peel of Citrus Fruit or Melons | 60849 | 3463 |
| 第9章 咖啡、茶、马黛茶及调味香料 | Coffee, Tea, Mate and Spices | 5284 | 320 |
| 第10章 谷物 | Cereals | 1196 | 1638 |
| 第11章 制粉工业产品；麦芽；淀粉；菊粉；面筋 | Products of The Milling Industry; Malt; Starches;Inulin; Wheat Gluten | 2528 | 39 |
| 第12章 含油子仁及果实；杂项子仁及果实；工业用或药用植物；稻草、秸秆及饲料 | Oil Seeds and Oleaginous Fruits; Miscellaneous Grains, Seeds and Fruit; Industrial or Medicinal Plants; Straw and Fodder | 5516 | 156156 |
| 第13章 虫胶；树胶、树脂及其他 | Lac; Gums, Resins And Other Vegetable Saps and Extracts | 87294 | 1654 |
| 第14章 编结用植物材料；其他植物产品 | Vegetable Plaiting Materials; Vegetable Products Not Elsewhere Specified or Included | 418 | 175 |
| **第三类 动、植物油、脂及其分解产品；精制的食用油脂** | **Animal or Vegetable Fats and Oils and their Cleavage Products；Prepared** | | |
| 第15章 动、植物油、脂及其分解产品；精制的食用油脂；动、植物蜡 | Animal or Vegetable Fats and Oils and Their Products; Prepared Edible Fats; Animal or Vegetable Waxes | 310 | 769 |
| **第四类 食品；饮料、酒及醋；烟草、烟草及烟草代用品的制品** | **Prepared Foodstuffs; Beverages, Spirits And Vinegar; Tobacco and Manufactured Tobacco Substitutes** | | |
| 第16章 肉、鱼、甲壳动物、软体动物及其他水生无脊椎动物的制品 | Preparations of Meat, of Fish or of Crustaceans, Molluscs or other Aquatic Invertebrates | 71 | |
| 第17章 糖及糖食 | Sugars and Sugar Confectionery | 193 | 88 |
| 第18章 可可及可可制品 | Cocoa and Cocoa Preparations | 3 | 123 |
| 第19章 谷物、粮食粉、淀粉或乳的制品；糕饼点心 | Preparations of Cereals, Flour, Starch or Milk; Pastry-Cooks' Products | 27 | 9581 |
| 第20章 蔬菜、水果、坚果或植物其他部分的制品 | Preparations of Vegetables, Fruit, Nuts or Other Parts of Plants | 207683 | 8694 |
| 第21章 杂项食品 | Miscellaneous Edible Preparations | 9021 | 485 |
| 第22章 饮料、酒及醋 | Beverages, Spirits and Vinegar | 581 | 1980 |
| 第23章 食品工业的残渣及废料；配制的动物饲料 | Residues and Waste from The Food Industries; Prepared Animal Fodder | 2390 | 641 |
| 第24章 烟草、烟草及烟草代用品的制品 | Tobacco and Manufactured Tobacco Substitutes | 9700 | |

## 17-5 续表 1 continued

单位：万元 (10 000 yuan)

| 商 品 分 类 | HS Section and Division | 出 口 Exports | 进 口 Imports |
| --- | --- | --- | --- |
| **第五类 矿产品** | **Mineral Products** | | |
| 第25章 盐；硫磺；泥土及石料；石膏料、石灰及水泥 | Salt; Sulphur; Earths and Stone; Plastering Materials, Lime and Cement | 14205 | 13106 |
| 第26章 矿砂、矿渣及矿灰 | Ores, Slag and Ash | 163 | 781781 |
| 第27章 矿物燃料、矿物油及其蒸馏产品；沥青物质；矿物蜡 | Mineral Fuels, Mineral Oils and Products of Their Distillation; Bituminous Substances; Mineral Waxes | 30978 | 14375 |
| **第六类 化学工业及其相关工业的产品** | **Products of The Chemical or Industries Allied** | | |
| 第28章 无机化学品；贵金属、稀土金属、放射性元素及其同位素的有机及无机化合物 | Inorganic Chemicals; Organic or Inorganic Compounds of Precious Metals, of Rare-Earth Metals, of Radioactive Elements or of Isotopes | 68286 | 415185 |
| 第29章 有机化学品 | Organic Chemicals | 240658 | 150796 |
| 第30章 药品 | Pharmaceutical Products | 4376 | 257653 |
| 第31章 肥料 | Fertilizers | 13906 | |
| 第32章 鞣料浸膏及染料浸膏；鞣酸及其衍生物；染料、颜料及其他着色料；油漆及清漆；油灰及其他类似胶粘剂；墨水、油墨 | Tanning or Dyeing Extracts; Tannins and Their Derivatives; Dyes, Pigments and Other Colouring Matter;Paints and Varnishes; Putty and Other Mastics; Inks | 10983 | 12569 |
| 第33章 精油及香膏；芳香料制品及化妆盥洗品 | Essential Oils and Retinoid; Perfumery, Cosmetic or Toilet Preparations | 3501 | 1520 |
| 第34章 肥皂、有机表面活性剂、洗涤剂、润滑剂、人造蜡、调制蜡、光洁剂、蜡烛及类似品、塑型用膏、"牙科 用蜡"及牙科用熟石膏制剂 | Soap,Organic Surface-Active Agents,Washing Preparations,Lubricating Preparations, Waxes, Polishing or Scouring Preparations, Candles and Similar Articles, Modelling Pastes, "Dental Waxes" And Dental Preparations With a Basis of Plast | 2524 | 31142 |
| 第35章 蛋白类物质；改性淀粉；胶；酶 | Albuminoidal Substances; Modified Starches; Glues; Enzymes | 7718 | 6124 |
| 第36章 炸药；烟火制品；火柴；引火合金；易燃材料制品 | Explosives; Pyrotechnic Products; Matches; Pyrophoric Alloys; Certain Combustible Preparations | 21 | 12435 |
| 第37章 照相及电影用品 | Photographic or Cinematographic Goods | 304 | 47761 |
| 第38章 杂项化学产品 | Miscellaneous Chemical Products | 278036 | 166098 |
| **第七类 塑料及其制品；橡胶及其制品** | **Plastics and Articles Thereof Rubber and Articles Thereof** | | |
| 第39章 塑料及其制品 | Plastics and Articles Thereof | 99405 | 165576 |
| 第40章 橡胶及其制品 | Rubber and Articles Thereof | 87703 | 17729 |
| **第八类 生皮、皮革、毛皮及其制品；鞍具及挽具；旅行用品、手提包及类似品；动物肠线(蚕胶丝除外)制品** | **Raw Hides and Skins, Leather, Fur Skins and Thereof; Saddlery and Harness; Travel Goods,Articles Handbags and Similar Containers; Articles of Animal Gut (Other Than Silk- Worm Gut)** | | |
| 第41章 生皮(毛皮除外)及皮革 | Raw Hides and Skins(Other Than Fur Skins) and Leather | 313 | 419 |
| 第42章 皮革制品；鞍具及挽具；旅行用品、手提包及类似容器；动物肠线(蚕胶丝除外)制品 | Articles of Leather; Saddlery and Harness; Travel Goods, Handbags and Similar Containers; Articles of Animal Gut(Other Than Silk-Worm Gut) | 29505 | 3051 |
| 第43章 毛皮、人造毛皮及其制品 | Fur Skins and Artificial Fur; Manufactures Thereof | 741 | |

17-5 续表 2 continued

单位：万元 (10 000 yuan)

| 商 品 分 类 | HS Section and Division | 出 口 Exports | 进 口 Imports |
|---|---|---|---|
| **第九类 木及木制品；木炭；软木及软木制品；稻草，秸秆、针茅或其他编结材料制品；篮筐及柳条编结品** | **Wood and Articles of Wood; Wood Charcoal; Cork and Articles of Cork; Manufactures of Straw, of Esparto or of Other Plaiting Materials; Basket Ware and Wickerwork** | | |
| 第44章 木及木制品；木炭 | Wood and Articles of Wood; Wood Charcoal | 10113 | 3546 |
| 第45章 软木及软木制品 | Cork and Articles of Cork | 2118 | 163 |
| 第46章 稻草、秸秆、针茅或其他编结材料制品；篮筐及柳条编结品 | Manufactures of Straw, of Esparto or of Other Plaiting Materials; Basket Ware and Wickerwork | 270 | |
| **第十类 木浆及其他纤维状纤维素浆；纸及纸板的废碎品；纸、纸板及其制品** | **Pulp of Wood or of Other Fibrous Cellulosic Material; Waste and Scrap of Paper or Paperboard; Paper and Paperboard and Articles Thereof** | | |
| 第47章 木浆及其他纤维状纤维素浆；回收(废碎)纸或纸板 | Pulp of Wood or of Other Fibrous Cellulosic Material; Waste and Scrap of Paper or Paperboard | 2672 | 321 |
| 第48章 纸及纸板；纸浆、纸或纸板制品 | Paper and Paperboard; Articles of Paper Pulp, of Paper or Paperboard | 21817 | 6177 |
| 第49章 书籍、报纸、印刷图画及其他印刷品；手稿、打字稿及设计图纸 | Printed Books, Newspapers, Pictures and Other Products of The Printing Industry; Manuscripts, Typescripts and Plans | 3064 | 6542 |
| **第十一类 纺织原料及纺织制品** | **Textiles and Textile Articles** | | |
| 第50章 蚕丝 | Silk | 2329 | 2 |
| 第51章 羊毛、动物细毛或粗毛；马毛纱线及其机织物 | Wool, Fine or Coarse Animal Hair; Horsehair Yarn and Woven Fabric | 7249 | 18 |
| 第52章 棉花 | Cotton | 37471 | 1229 |
| 第53章 其他植物纺织纤维；纸纱线及其机织物 | Other Vegetable Textile Fibres; Paper Yarn and Woven Fabrics of Paper Yarn | 180 | 12 |
| 第54章 化学纤维长丝 | Man-Made Filaments | 4777 | 126 |
| 第55章 化学纤维短纤 | Man-Made Short Fibres | 66568 | 104 |
| 第56章 絮胎、毡呢及无纺织物；特种纱线；线、绳、索、缆及其制品 | Wadding, Felt and Nonwoven; Special Yarns; Twine, Cordage, Ropes and Cables and Articles Thereof | 4992 | 563 |
| 第57章 地毯及纺织材料的其他铺地制品 | Carpets and Other Textile Floor Coverings | 986 | 75 |
| 第58章 特种机织物；簇绒织物；花边；装饰毯；装饰带；刺绣品 | Special Woven Fabrics; Tufted Textile Fabrics; Lace; Tapestries; Trimmings; Embroidery | 1338 | 31 |
| 第59章 浸渍、涂布、包覆或层压的纺织物；工业用纺织制品 | Impregnated, Coated, Covered or Laminated Textile Fabrics; Textile Articles of a Kind Suitable for Industrial Use | 4091 | 1290 |
| 第60章 针织物及钩编织物 | Knitted or Crocheted Fabrics | 23727 | 29 |
| 第61章 针织或钩编的服装及衣着附件 | Articles of Apparel and Clothing Accessories, Knitted or Crocheted | 34386 | 927 |
| 第62章 非针织或非钩编的服装及衣着附件 | Articles of Apparel and Clothing Accessories, not Knitted or Crocheted | 59892 | 802 |
| 第63章 其他纺织制成品；成套物品；旧衣着及旧纺织品；碎织物 | Other Made Up Textile Articles; Sets; Worn Clothing And Worn Textile Articles; Rags Articles; Rags | 21965 | 862 |

17-5 续表 3 continued

单位：万元 (10 000 yuan)

| 商 品 分 类 | HS Section and Division | 出 口 Exports | 进 口 Imports |
|---|---|---|---|
| **第十二类 鞋、帽、伞、杖、鞭及其零件；已加工的羽毛及其制品；人造花；人发制品** | **Footwear, Headgear, Umbrellas, Sun Umbrellas, Walking-Sticks, Seat-Sticks, Whips, Riding-Crops and Parts Thereof; Prepared Feathers and Articles Made Therewith; Artificial Flowers; Articles of Human Hair** | | |
| 第64章 鞋靴、护腿和类似品及其零件 | Footwear, Gaiters and The Like; Parts of Such Articles | 31597 | 775 |
| 第65章 帽类及其零件 | Headgear and Parts Thereof | 4267 | 229 |
| 第66章 雨伞、阳伞、手杖、鞭子、马鞭及其零件 | Umbrellas, Sun Umbrellas, Walking-Sticks, Seat-Sticks, Whips, Riding-Crops And Parts Thereof | 1189 | 180 |
| 第67章 已加工羽毛、羽绒及其制品；人造花；人发制品 | Prepared Feathers and Down and Articles Made of Feathers or of Down; Artificial Flowers; Articles of Human Hair | 9236 | 106 |
| **第十三类 石料、石膏、水泥、石棉、云母及类似材料的制品；陶瓷产品；玻璃及其制品** | **Articles of Stone, Plaster, Cement, Asbestos, Mica or Similar Materials; Ceramic Products; Glass and Glassware** | | |
| 第68章 石料、石膏、水泥、石棉、云母及类似材料的制品 | Articles of Stone, Plaster, Cement, Asbestos, Mica or Similar Materials; Ceramic Products; Glass and Glassware | 35809 | 13714 |
| 第69章 陶瓷产品 | Ceramic Products | 38759 | 17021 |
| 第70章 玻璃及其制品 | Glass and Glassware | 68767 | 20939 |
| **第十四类 天然或养殖珍珠、宝石或半宝石、贵金属、包贵金属及其制品；仿首饰；硬币** | **Natural or Cultured Pearls, Precious or Semi-Precious Stones, Precious Metals, Metals Clad With Precious Metal and Stones, Precious Metals, Metals Clad With Precious Metal and Articles Thereof; Imitation Jewellery; Coin** | | |
| 第71章 天然或养殖珍珠、宝石或半宝石、 贵金属、包贵金属及其制品；仿首饰；硬币 | Natural or Cultured Pearls, Precious or Semi-Precious Stones, Precious Metals, Metals Clad With Precious Metal and Articles Thereof; Imitation Jewellery; Coin | 9899 | 33740 |
| **第十五类 贱金属及其制品** | **Base Metals and Articles of Base Metal** | | |
| 第72章 钢铁 | Iron and Steel | 54443 | 20252 |
| 第73章 钢铁制品 | Articles of Iron or Steel | 196781 | 93186 |
| 第74章 铜及其制品 | Copper and Articles Thereof | 13270 | 602386 |
| 第75章 镍及其制品 | Nickel and Articles Thereof | 2511 | 14069 |
| 第76章 铝及其制品 | Aluminium and Articles Thereof | 37791 | 78769 |
| 第78章 铅及其制品 | Lead and Articles Thereof | 1 | 262 |
| 第79章 锌及其制品 | Zinc and Articles Thereof | 114 | 137 |
| 第80章 锡及其制品 | Tin and Articles Thereof | 59 | 112 |
| 第81章 其他贱金属、金属陶瓷及其制品 | Other Base Metals; Cermets; Articles Thereof | 211095 | 36382 |
| 第82章 贱金属工具、器具、利口器、餐匙、餐叉及其零件 | Tools, Implements, Cutlery, Spoons and Forks, of Base Metal; Parts Thereof of Base Metal | 45655 | 8163 |
| 第83章 贱金属杂项制品 | Miscellaneous Articles of Base Metal | 40519 | 4052 |
| **第十六类 机器、机械器具、电气设备及其零件； 录音机及放声机、电视图像** | **Machinery and Mechanical Appliances; Electrical Equipment; Parts Thereof; Sound Recorders and Reproducers, Television Image and Sound Recorders and Reproducers; and and Accessories of Recorders and Reproducers; and Parts and Accessories of Such Artic** | | |
| 第84章 核反应堆、锅炉、机器、机械器具及其零件 | Nuclear Reactors, Boilers, Machinery and Mechanical Appliances; Parts Thereof | 8359494 | 1140807 |

## 17-5 续表 4 continued

单位：万元 (10 000 yuan)

| 商品分类 | HS Section and Division | 出口 Exports | 进口 Imports |
|---|---|---|---|
| 第85章 电机、电气设备及其零件；录音机及放声机、电视图像、声音的录制和重放设备及其零件、附件 | Electrical Machinery and Equipment and Parts Thereof; Sound Recorders and Reproducers, Television Image and Sound Recorders and Reproducers, and Parts and Accessories of Such Articles | 9177287 | 9460391 |
| **第十七类 车辆、航空器、船舶及有关运输设备** | **Vehicles, Aircraft, Vessels and Associated Transport Equipment** | | |
| 第86章 铁道及电车道机车、车辆及其零件；铁道及电车轨道固定装置及其零件、附件；各种机械(包括电动机械)交通信号设备 | Railway or Tramway Locomotives, Rolling-Stock and Parts Thereof; Railway or Tramway Track Fixtures And Fittings and Parts Thereof; Mechanical(Including Electro-Mechanical) Traffic Signalling Equipment of All Kinds | 3451 | 17329 |
| 第87章 车辆及其零件、附件，但铁道及电车道车辆除外 | Vehicles Other Than Railway or Tramway Rolling-Associated Stock, and Parts and Accessories Thereof | 417102 | 22763 |
| 第88章 航空器、航天器及其零件 | Aircraft, Spacecraft, and Parts Thereof | 30748 | 33010 |
| 第89章 船舶及浮动结构体 | Ships, Boats and Floating Structures | 1515 | 657 |
| **第十八类 光学、照相、电影、计量、检验、医疗或外科用仪器及设备、精密仪器及设备；钟表；乐器；上述物品的零件、附件** | **Optical, Photographic, Cinematographic, Measuring, Checking, Precision, Medical or Surgical Instruments and Apparatus; Clocks And Watches; Musical Instruments; Parts and Accessories Thereof** | | |
| 第90章 光学、照相、电影、计量、检验、医疗或外科用仪器及设备、精密仪器及设备；上述物品的零件、附件 | Optical, Photographic, Cinematographic, Measuring, Checking, Precision Medical or Surgical Instruments and Apparatus; Parts and Accessories Thereof | 220644 | 384332 |
| 第91章 钟表及其零件 | Clocks and Watches and Parts Thereof | 1622 | 311 |
| 第92章 乐器及其零件、附件 | Musical Instruments; Parts and Accessories of Such Articles | 1128 | 358 |
| **第十九类 武器、弹药及其零件、附件** | **Arms and Ammunition; Parts and Accessories Thereof** | | |
| 第93章 武器、弹药及其零件、附件 | Arms and Ammunition; Parts and Accessories Thereof | 29 | |
| **第二十类 杂项制品** | **Miscellaneous Manufactured Articles** | | |
| 第94章 家具；寝具、褥垫、弹簧床垫、软坐垫及类似的填充制品；未列名灯具及照明装置；发光标志、发光名牌及类似品；活动房屋 | Furniture; Bedding, Mattresses, Mattress Supports, Cushions and Similar Stuffed Furnishings; Lamps and Lighting Fittings, not Elsewhere Specified or Included; Illuminated Signs, Illuminated | 93922 | 10742 |
| 第95章 玩具、游戏品、运动用品及其零件、附件 | Toys, Games and Sports Requisites; Parts and Accessories Thereof | 44186 | 1758 |
| 第96章 杂项制品 | Miscellaneous Manufactured Articles | 13478 | 2763 |
| **第二十一类 艺术品、收藏品及古物** | **Works of Art, Collectors' Pieces and Antiques** | | |
| 第97章 艺术品、收藏品及古物 | Works of Art, Collectors' Pieces and Antiques | 195 | 226 |
| **第二十二类 特殊交易品及未分类商品** | **Commodities and Transactions not Classified According to Kind** | | |
| 第98章 特殊交易品及未分类商品 | Commodities and Transactions not Classified According to Kind | 368 | 225 |

# 17-6 主要出口商品数量、金额(2018年)
# Main Export Commodities in Volume and Value(2018)

| 商 品 名 称 | | Item | | 数 量 Volume | 金 额（万元） Value |
|---|---|---|---|---|---|
| 谷物及谷物粉 | （千克） | Cereals and Cereals Flour | (kg) | 3344780 | 1200 |
| 蔬　菜 | （千克） | Vegetable | (kg) | 6115571 | 4457 |
| #鲜或冷冻蔬菜 | | Fresh Vegetables | | 4012135 | 1032 |
| 干的食用菌类 | | Dry Edible Fungus | | 41970 | 415 |
| 干　豆 | （千克） | Dried Beans | (kg) | 12069600 | 12848 |
| 鲜的、干水果及坚果 | （千克） | Fresh, Dried Fruits and Nuts | (kg) | 86738043 | 60849 |
| #橘、橙 | | Mandarins and Oranges | | 6153752 | 4373 |
| 鲜苹果 | | Apples | | 62334926 | 42388 |
| 核桃仁 | | Chestnuts | | 11630 | 60 |
| 食用油籽 | （千克） | Edible Oil Seeds | (kg) | 74240 | 63 |
| #大　豆 | | Soybean | | 8950 | 9 |
| 花生、花生仁 | | Peanuts | | 59000 | 48 |
| 食用植物油(包括棕榈油) | （千克） | Edible Vegetable Oil | (kg) | 272951 | 183 |
| #豆　油 | | Soybean Oil | | 272726 | 181 |
| 天然蜂蜜 | （千克） | Natural Honey | (kg) | 40780 | 113 |
| 茶　叶 | （千克） | Tea | (kg) | 233450 | 3782 |
| 蘑菇罐头 | （千克） | Canned Mushrooms | (kg) | 335515 | 1311 |
| 植物榨油后的剩余物 | （千克） | The residue of oil extracted from plants | (kg) | 15360 | 8 |
| 猪　鬃 | （千克） | Bristles | (kg) | 10000 | 107 |
| 药　材 | （千克） | Medical Materials | (kg) | 847371 | 3173 |
| 烤　烟 | （千克） | Flue-cured Tobacco | (kg) | 3651196 | 6317 |
| 纸　烟 | （五条） | Cigarette | items) | 39007 | 766 |
| 锯　材 | （立方米） | Wood Sawn | (cu.m) | 91502 | 105 |
| 生　丝 | （千克） | Raw Silk | (kg) | 51731 | 2150 |
| 山羊绒 | （千克） | Cashmere | (kg) | 71231 | 5796 |
| 黏土及其他耐火矿物 | （千克） | Clay and Other Refractory Minerals | (kg) | 15442526 | 698 |
| #天然石墨 | | Natural Graphite | | 558000 | 213 |
| 天然碳酸镁；氧化镁 | | Natural Magnesium Carbonate;Magnesium Oxide | | 800345 | 81 |
| 天然硫酸钡(重晶石) | （千克） | Barite | (kg) | 3606480 | 400 |
| 滑石 | （千克） | talc | (kg) | 500 | 1 |
| 氧化铝 | （千克） | Aluminum Oxide | (kg) | 130990 | 105 |
| 焦炭、半焦炭 | （千克） | Coke and Semi-coke | (kg) | 254524834 | 29790 |
| 成品油 | （千克） | Petroleum Products Refined | (kg) | 119597 | 185 |
| 放射性元素、同位素及化合物 | （克） | Radioactive elements, isotopes and compounds | (g) | 1000 | 29 |
| 糠　醛 | （千克） | Furfural | (kg) | 2390500 | 3565 |
| 合成有机染料 | （千克） | Synthetic Organic Dyestuffs | (kg) | 179205 | 419 |
| 锌钡白(立德粉) | （千克） | lithopone | (kg) | 103025 | 93 |
| 医药品 | （千克） | Medical and Pharmaceutical Products | (kg) | 1412862 | 42592 |
| #抗菌素(制剂除外) | | Antibiotics(Except Preparations) | | 224197 | 5435 |
| 中式成药 | | Medicaments of Chinese Type | | 44078 | 1753 |
| 医用敷料 | | Pharmaceutical Goods | | 41363 | 377 |

## 17-6 续表 1 continued

| 商品名称 | | Item | | 数量 Volume | 金额(万元) Value |
|---|---|---|---|---|---|
| 美容化妆品及护肤品 | (千克) | Beauty cosmetics and skin care products | (kg) | 1093 | 7 |
| 口腔及牙齿清洁剂 | (千克) | Oral and dental cleanser | (kg) | 125 | 1 |
| 洗衣粉 | (千克) | Detergent | (kg) | 8946 | 12 |
| 初级形状的聚氯乙烯 | (千克) | The Primary PVC | (kg) | 23458331 | 12826 |
| 新的充气橡胶轮胎 | (条) | Rubber Tyres | (unit) | 51162433 | 78661 |
| 家用或装饰用木制品 | (千克) | Wood Articles for Household or Decoration Use | (kg) | 1465771 | 2563 |
| 纸及纸板(未切成型的) | (千克) | Paper and Paperboard in Rolls | (kg) | 4680542 | 6327 |
| 纺织纱线、织物及制品 | | Textiles | | | 169818 |
| #棉纱线 | (千克) | Cotton Yarn | (kg) | 302819 | 572 |
| 亚麻就及苎麻纱线 | (千克) | Linen and ramie yarn | (kg) | 4745 | 11 |
| 含合成短纤85%及以上的纱线 | (千克) | Yarn containing 85% synthetic staple or more | (kg) | 2527482 | 4350 |
| 合成短纤与棉混纺纱线(缝纫线) | (千克) | Synthetic staple and cotton blended yarn (sewing thread) | (kg) | 23587 | 50 |
| 人造纤维短纤纱线(缝纫线) | (千克) | Rayon staple yarn (sewing thread) | (kg) | 796 | 19 |
| 丝织物 | (米) | Silk fabrics | (m) | 10242 | 161 |
| 其他丝织物 | (米) | Other silk fabrics | (m) | 10242 | 161 |
| 毛纺机织物 | (米) | | (m) | 275 | 1 |
| 棉机织物 | (米) | Cotton Cloth | (m) | 41509149 | 37033 |
| 亚麻及苎麻机织物 | (米) | Flax or Ramie Woven Fabric | (m) | 137821 | 160 |
| 合成短纤与棉混纺机织物 | (米) | Synthetic Short Fibre and Cotton-fibre Mixture Woven Fabric | (m) | 45792662 | 25419 |
| 人造纤维短纤机织物 | (米) | Man-made Short Fibre Fabric | (m) | 6060577 | 2829 |
| 地毯 | (米) | Carpets | (m) | 702428 | 986 |
| 棉浴巾 | (米) | Cotton Towel | (m) | 247261 | 331 |
| 针织或钩编台布、盘垫 | (件) | Tablecloth and Plate Pad,Knitted or Crocheted | (unit) | 26082 | 17 |
| 塑料编织带(周转带除外) | (条) | Bags of PP or PE Strip (Except Turnover Bags) | (unit) | 10753748 | 1296 |
| 水泥 | (千克) | Cement | (kg) | 5530515 | 230 |
| 花岗岩石材及制品 | (千克) | Granite Material and Products | (kg) | 4045893 | 1054 |
| 平板玻璃 | 平方米) | Plate Glass | (sq.m) | 4808696 | 2054 |
| 玻璃制品 | | Glass Products | | | 42713 |
| 家用陶瓷器皿 | (千克) | Porcelain and Pottery Wares for Household Use | (kg) | 2769670 | 5926 |
| 装饰用陶瓷制品 | (千克) | Porcelain and Pottery Wares for Decoration Use | (kg) | 391239 | 1613 |
| 珍珠、宝石及半宝石 | (千克) | Pearls、Gems and Semi-gems | (kg) | 1238 | 315 |
| 硅铁 | (千克) | Ferrosilicon | (kg) | 16371940 | 12450 |
| 钢材 | (千克) | Rolled Steel | (kg) | 117152320 | 117536 |
| #钢铁棒材 | | Steel Bar | | 12540210 | 6542 |
| 角钢及型钢 | | Angle Iron and Steel | | 7601299 | 4209 |
| 钢铁板材 | | Steel Plate | | 13132041 | 11329 |
| 钢铁线材 | | Steel Wire | | 15319969 | 9550 |
| 钢铁管配件 | | Steel Tube Accessories | | 29030539 | 44942 |
| 废钢 | | Steel Scrap | | 368910 | 14 |
| 未锻造的铜及铜材 | (千克) | Unwrought Copper and its Alloys | (kg) | 2953356 | 11559 |
| 铜材 | | Rolled Copper | | 2953356 | 11559 |
| 未锻造的铝及铝材 | (千克) | Unwrought Aluminum and its Alloys | (kg) | 8373373 | 17194 |
| 铝材 | | Rolled Aluminum | | 8365368 | 17180 |
| 钢铁或铜制标准紧固件 | (千克) | Iron or Copper Nails, Bolts, etc. | (kg) | 8889144 | 11834 |

17-6 续表 2 continued

| 商品名称 | | Item | | 数 量 Volume | 金 额（万元） Value |
|---|---|---|---|---|---|
| 不锈钢厨具、餐具等家用器具 | （千克） | Stainless Steel Kitchenware, Tableware and Other Household Appliances | (kg) | 698486 | 4959 |
| 餐桌、厨房及其他家用搪瓷器 | （千克） | Table, Enamel Kitchen and other Household Devices | (kg) | 870035 | 1346 |
| 手用或机用工具 | （千克） | Hand Tools and Tools for Machines | (kg) | 12110684 | 40059 |
| 锁 | （千克） | Lock | (kg) | 680519 | 2157 |
| 电 扇 | （台） | Fans | (unit) | 866421 | 4954 |
| 纺织机械及零件 | | Textile Machinery | | | 3524 |
| 普通缝纫机 | （台） | Sewing Machines | (unit) | 9613 | 158 |
| 工业用缝纫机 | （台） | Industrial Use Sewing Machines | (unit) | 160744 | 53351 |
| 金属加工机床 | （台） | Machine Tools | (unit) | 27410 | 21930 |
| #车 床 | | Lathes | | 1382 | 11246 |
| 铣 床 | | Milling Machines | | 91 | 522 |
| 电子计算器(包括具有计算功能) | （台） | Electric Calculator | (unit) | 32998 | 24 |
| 自动数据处理设备及其部件 | （台） | Automatic Data Processing Machines and Components | (unit) | 38870521 | 3204681 |
| #数字式自动数据处理设备 | | Digital Automatic Processing Equipments | | 649 | 8267 |
| 数字式中央处理部件 | | Digital Central Processing Unit | | 727 | 1266 |
| 输入或输出部件 | | Input or Output Components | | 464223 | 4660 |
| #键盘、鼠标器 | | Keyboard, Mouse | | 456349 | 1537 |
| 自动数据处理设备零件 | | Parts for Auto Data Processing Equipment | | | 4396317 |
| 轴 承 | （套） | Bearings | (unit) | 44699868 | 25599 |
| 电动机及发电机 | （台） | Electric Motors and Generators | (unit) | 1964104 | 28828 |
| 变压器 | （个） | Transformers | (unit) | 4528341 | 49515 |
| 静止式变流气 | （个） | Static Converters | (unit) | 3252751 | 20019 |
| 原电池 | （个） | Primary Cells and Batteries | (unit) | 3494051 | 242 |
| 蓄电池 | （个） | Electric Accumulators | (unit) | 105412 | 2747 |
| 手电筒 | （个） | Flashlights | (unit) | 633104 | 1389 |
| 有线电话机(包括无绳电话机) | （台） | Wireless Telephone Sets | (unit) | 1237823 | 19687 |
| 扬声器 | （个） | Loudspeakers | (unit) | 1613354 | 5789 |
| 录、放像机 | （台） | VCR and videoplayers | (unit) | 88875 | 1053 |
| 录音机及收录(放)音组合机 | （台） | Sound Recording Apparatus | (unit) | 71869 | 1309 |
| 收音机 | （台） | Radio Sets | (unit) | 13530 | 62 |
| 录放音、像机及唱机的零附件 | （千克） | Parts of Sound Recorders, Video Tape Recorders and Phonographs | (kg) | 8354 | 99 |
| 电视、收音机及无线电讯设备的零件附件 | （千克） | Parts of Television, Radio and Wireless | (kg) | 1231131 | 20463 |
| 电容器 | （千克） | Electrical Capacitors | (kg) | 3032404 | 19869 |
| 印刷电路 | （块） | Printed Circuit | (unit) | 23004404 | 17731 |
| 通断保护电路装置及零件 | | Electrical Apparatus for Swithing or Protecting Electrical Circuit | | | 156402 |
| 二极管及类似半导体器件 | （个） | Diode and Semi Conductors | (unit) | 273869111 | 547376 |
| 电线和电缆 | （千克） | Insulated Wire or Cable | (kg) | 5886498 | 30237 |
| 集装箱 | （个） | Container | (unit) | 3 | 145 |
| 汽 车 | （辆） | Motor Vehicles | (unit) | 17066 | 224296 |
| 汽车零件 | | Parts of Motor Vehicles | | | 125903 |

17-6 续表 3 continued

| 商品名称 | | Item | | 数量 Volume | 金额（万元）Value |
|---|---|---|---|---|---|
| 摩托车 | （辆） | Motorcycle | (unit) | 26001 | 2249 |
| 自行车 | （辆） | Bicycles | (unit) | 6300 | 315 |
| 摩托车及自行车的零件 | | Parts of Motorcycles and Bicycles | | | 2416 |
| 船　舶 | （艘） | Ships | (unit) | 189 | 795 |
| 照相机 | （架） | camera | (frame) | 502 | 3 |
| 医疗仪器和器械 | | Medical Instruments and Appliances | | | 18156 |
| 手　表 | （只） | Wrist Watches | (set) | 789188 | 416 |
| 电动手表 | | Electric Watches | | 789188 | 416 |
| 已组装的完整表芯 | （只） | Assembled complete watch core | (set) | 13465 | 4 |
| 日用钟 | （只） | Clocks | (set) | 235289 | 692 |
| 家具及其零件 | | Furniture | | | 29991 |
| 床垫、寝具及类似品 | | Mattresses and Bedding Articles | | | 6102 |
| 灯具、照明装置及类似品 | | Lights and Lighting Apparatus | | | 54507 |
| 旅行用品及箱包 | | Boxes,Bags and Travel Goods | | | 28725 |
| 服装及衣着附件 | | Garments and Clothing Accessories | | | 100291 |
| #织物制服装 | | Textile Garments | | | 87259 |
| 非针织钩编织物服装 | | Garments(Excluding Knitwear and Crochet) | | | 56525 |
| 针织或钩编的服装 | | Garments, Knitted or Crocheted | | | 30734 |
| 皮革服装 | （件） | Leather Garments | (piece) | 130 | 1 |
| 裘皮服装 | （千克） | Fur Garments | (kg) | 5859 | 535 |
| 皮革手套 | （双） | Leather Gloves | (pair) | 45944 | 250 |
| 织物制手套 | （双） | Textiles Gloves | (pair) | 4110337 | 1778 |
| 织物制袜子 | （双） | Textiles Socks | (pair) | 1648346 | 1553 |
| 手帕 | （条） | handkerchief | (strip) | 16777 | 8 |
| 帽　类 | （个） | Hats | (unit) | 3319003 | 4262 |
| 鞋　类 | | Footwear | | | 31597 |
| 鞋 | （双） | Shoes | (pair) | 4455485 | 29343 |
| 鞋靴零件；护腿及类似品 | （千克） | Shose Accessories, Leg Guards and Analogs | (kg) | 476102 | 2254 |
| 塑料制品 | （千克） | Plastic Articles | (kg) | 17259461 | 50345 |
| 玩　具 | | Toys | | | 26427 |
| 游戏机 | （件） | Game Machine | (piece) | 23224 | 508 |
| 圣诞用品 | （千克） | Articles for Christmas | (kg) | 720801 | 5300 |
| 足球、篮球、排球 | （个） | Football,Basketball,Volleyball | (unit) | 121779 | 102 |
| 铅　笔 | （吨） | Penciles | (ton) | 710 | 2532 |
| 艺术品、收藏品及古董 | | Artwork, Collections and Antiques | | | 195 |
| 伞 | （把） | Umbrellas | (unit) | 291893 | 633 |
| 鬃　刷 | （把） | Bristles Brushes | (unit) | 2855964 | 382 |
| 人造花 | （千克） | Artificial Flowers | (kg) | 622718 | 8982 |
| 热水瓶 | （个） | Thermos | (unit) | 446188 | 312 |
| 机电产品 | | Machanical and Electrical Products | | | 18577707 |
| 金属制品 | | Metal Products | | | 291070 |
| 机械设备 | | Machinery and Equipments | | | 8359494 |
| 电器及电子产品 | | Electric and Electronic Products | | | 9177287 |
| 运输工具 | | Transport Equipments | | | 452816 |
| 仪器仪表 | | Instruments and Meters | | | 220644 |
| 其　他 | | Others | | | 76395 |

17–6 续表 4 continued

| 商品名称 | | Item | | 数量 Volume | 金额（万元） Value |
|---|---|---|---|---|---|
| 高新技术产品 | | High and New-tech Products | | | 16573816 |
| 生物技术 | | Biotechnology | | | 17893 |
| 生命科学技术 | | Life Sciences Technology | | | 110505 |
| 光电技术 | | Photoelectric Technology | | | 66636 |
| 计算机与通信技术 | | Computer and Communication Technology | | | 7825972 |
| 电子技术 | | Electronic Technology | | | 8040709 |
| 计算机集成制造技术 | | Computer Integrated Manufacturing | | | 57440 |
| 材料技术 | | Material Technology | | | 255341 |
| 航空航天技术 | | Aerospace Technology | | | 177448 |
| 其他技术 | | Others | | | 21717 |
| 粮 食 | （千克） | Grain | (kg) | 16102920 | 14207 |
| #淀粉块茎及薯类 | | Tubers | | 679590 | 150 |
| 豆 类 | | Beans | | 12078550 | 12857 |
| 苹 果 | （千克） | Apples | (kg) | 62334926 | 42388 |
| 乳 品 | （千克） | Milk and Dairy Products | (kg) | 39066 | 347 |
| 果蔬汁 | （千克） | Vegetable and Fruit Juice | (kg) | 282740957 | 201527 |
| #苹果汁 | | Apple Juice | | 270767082 | 192822 |
| 稀土及其制品 | （千克） | Rare earth and its products | (kg) | 161435 | 790 |
| 钨 品 | （千克） | Tungsten Products | (kg) | 170180 | 8377 |
| 钨及其制品 | | Tungsten and its Products | | 170180 | 8377 |
| 碳酸钠(纯碱) | （千克） | Sodium carbonate (pure alkali) | (kg) | 1022400 | 175 |
| 维生素C | （千克） | Vitamin C | (kg) | 9017 | 178 |
| 农 药 | （千克） | Pesticide | (kg) | 3107970 | 8052 |
| 初级形状的聚氯乙烯 | （千克） | The Primary PVC | (kg) | 23458331 | 12826 |
| 牛皮纸 | （千克） | Kraft Paper | (kg) | 112612 | 277 |
| 铁合金 | （千克） | Ferroalloy | (kg) | 24039140 | 22836 |
| 冰 箱 | （台） | Refrigerator | (unit) | 2141 | 277 |
| 洗衣机 | （台） | Washing Machine | (unit) | 234 | 41 |
| 打印机(包括多功能一体机) | （台） | Printer(Including Multi-function Printer) | (unit) | 2310 | 190 |
| 液晶显示板 | （个） | Liquid Crystal Display | (unit) | 1635112 | 39035 |
| 节能灯 | （只） | Energy-saving Lamps | (unit) | 58180 | 86 |
| 处理器及控制器 | （个） | Processor and controller | (unit) | 402825148 | 28890 |
| 存储器 | （个） | Memorizer | (unit) | 2168896208 | 7273957 |
| 放大器 | （个） | Amplifier | (unit) | 35131827 | 3039 |
| 装有引擎的汽车底盘 | （台） | A car chassis fitted with an engine | (unit) | 1 | 31 |
| 照相机 | （架） | Cameras | (unit) | 1405 | 16 |
| 数字式照相机 | | Digital Cameras | | 903 | 13 |
| 箱包及类似容器 | | Suitcases,Bags and Similar Containers | | | 28725 |
| 小轿车(包括整套散件) | （辆） | Cars(including a Complete Set of Spare Parts) | (unit) | 8877 | 30288 |
| 小客车(9座及以下) | （辆） | Minibus (9 seats and below) | (unit) | 902 | 7376 |
| 货车(包括整套散件) | （辆） | Trucks(including a Complete Set of Spare Par | (unit) | 6213 | 146833 |
| 打火机 | （个） | Lighters | (unit) | 7641576 | 535 |

# 17－7　主要进口商品数量、金额(2018年)

# Main Import Commodities in Volume and Value(2018)

| 商品名称 | | Item | | 数　量 Volume | 金额（万元） Value |
|---|---|---|---|---|---|
| 鲜、干水果及坚果 | （千克） | Fresh, Dried Fruits and Nuts | (kg) | 119552 | 193 |
| 谷物及谷物粉 | （千克） | Grain and grain powder | (kg) | 18419450 | 1668 |
| 大　豆 | （千克） | Soybean | (kg) | 538685367 | 150373 |
| 食用植物油 | （千克） | Edible Vegetable Oil | (kg) | 1439836 | 692 |
| #菜子油及芥子油 | | Vegetable oil and mustard oil | | 49450 | 24 |
| 饲料用鱼粉 | （千克） | The Fishmeal for Feed | (kg) | 422170 | 420 |
| 合成橡胶(包括胶乳) | （千克） | Synthetic Rubber (including Latex) | (kg) | 1898906 | 2836 |
| 原　木 | （立方米） | Logs | (cu.m) | 6195857 | 1207 |
| 锯　材 | （立方米） | Wood Sawn | (cu.m) | 8572403 | 1679 |
| 纸　浆 | （千克） | Pulp | (kg) | 620720 | 321 |
| 纺织用合成纤维 | （千克） | Synthetic Fibers Suitabl | (kg) | 12500 | 55 |
| 铁矿砂及其精矿 | （千克） | Iron Ore | (kg) | 8596905853 | 395738 |
| 锰矿砂及其精矿 | （千克） | Manganese ores | (kg) | 23602774 | 3267 |
| 铜矿砂及其精矿 | （千克） | Copper Ores | (kg) | 10500130 | 8365 |
| 铬矿砂及其精矿 | （千克） | Chromium ores | (kg) | 8929518 | 1285 |
| 氧化铝 | （千克） | Aluminum Oxide | (kg) | 90827 | 255 |
| 原油 | （千克） | raw petroleum | (kg) | 36961369 | 11844 |
| 成品油 | （千克） | Petroleum Products Refined | (kg) | 19421 | 58 |
| 液化石油气及其他烃类气 | （千克） | Liquefied petroleum gas and other hydrocarbon gases | (kg) | 34372 | 8 |
| 医药品 | （千克） | Pharmaceutical Products | (kg) | 284475 | 258365 |
| 钛白粉 | （千克） | Fertilizer | (kg) | 120000 | 291 |
| 聚合物油漆及清漆 | （千克） | Polymer Paint | (kg) | 80762 | 1025 |
| 感光材料 | | Photosensitive Materials | | | 85 |
| 初级形状的塑料 | （千克） | Plastic in primary Forms | (kg) | 13651326 | 25359 |
| #初级形状的聚乙烯 | | The Primary PVC | | 4080701 | 3466 |
| 初级形状的聚丙烯 | | Polyethylene in primary Forms | | 123025 | 178 |
| 初级形状的聚苯乙烯 | | The primary shape of polystyrene | | 52380 | 192 |
| 初级形状的聚氯乙烯 | | Polyvinyl chloride in primary form | | 87 | 1 |
| 初级形状的聚酯 | | Polyethylene in primary Forms | | 201945 | 808 |
| 非泡沫塑料的板、片、膜、箔 | （千克） | Non-Form-Plastic Plates,Sheets,Films and Foils | (kg) | 3159232 | 42832 |
| 农　药 | （千克） | Pesticides | (kg) | 246414 | 310 |
| 纸及纸板(未切成型的) | （千克） | Paper and Paperboard (Unchopped in Shape) | (kg) | 3448651 | 4960 |
| #牛皮纸 | | Kraft Papers | | 1410263 | 1083 |
| 无机物涂布纸 | | Inorganic Coated Papers | | 1645217 | 2378 |
| 毛纱线 | （千克） | Wool yarns | (kg) | 88 | 3 |
| 棉纱线 | （千克） | Cotton yarn | (kg) | 86258 | 200 |
| 合成纤维纱线 | （千克） | Fiber Yarns | (kg) | 183 | 4 |
| 丝织物 | （米） | silk fabric | (m) | 44 | 2 |
| 棉机织物 | （米） | Cotton Cloth | (m) | 2254105 | 1030 |
| 合成纤维长丝机织物 | （米） | Synthetic Fibers Long Silk Woven Fabric | (m) | 25968 | 120 |
| 合成短纤与棉混纺机织物 | （米） | Synthetic Short Fibre and Cotton-fibre Mixture Woven Fabric | (m) | 10940 | 26 |
| 涂覆浸渍塑料的织物 | （千克） | Coated plastic impregnated fabric | (kg) | 36002 | 221 |

17-7 续表 1 continued

| 商品名称 | | Item | | 数量 Volume | 金额（万元） Value |
|---|---|---|---|---|---|
| 针织或钩编织物 | （千克） | Knitted or crocheted fabrics | (kg) | 6554 | 29 |
| 玻璃纤维及其制品 | （千克） | Glass Fibers and Relative Products | (kg) | 205278 | 2218 |
| 钻　石 | （克） | Diamonds | (g) | 45 | 60 |
| 钢　材 | （千克） | Rolled Steel | (kg) | 12061493 | 43661 |
| #钢铁棒材 | | Steel Bar | | 3284343 | 11664 |
| 角钢及型钢 | | Angle Iron and Steel | | 318368 | 398 |
| 钢铁板材 | | Steel Plate | | 4602300 | 7186 |
| 钢铁管材及空心异型材 | | Steel Tube Accessories | | 1623056 | 12171 |
| 钢铁制标准坚固件 | （千克） | Standard Fastener Made of Steel | (kg) | 444526 | 12713 |
| 未锻造的铜及铜材 | （千克） | Unforged Copper and Rolled Copper | (kg) | 131666719 | 599878 |
| 未锻造的铜(包括铜合金) | | Unwrought Copper (Including Copper Alloys) | | 128431580 | 564623 |
| 铜　材 | | Rolled Copper | | 3235139 | 35255 |
| 未锻造的铝及铝材 | （千克） | Unforged Aluminum | (kg) | 12242532 | 68849 |
| 未锻造的铝(包括铝合金) | | Unwrought Aluminum (Including Aluminum Alloys) | | 32641 | 776 |
| 铝　材 | | Rolled Aluminum | | 12209891 | 68072 |
| 钢铁或铝制结构体及其部件 | （千克） | Structure and Relative Parts Made of Steel or Aluminu | (kg) | 2033927 | 8509 |
| 钢铁或铝制绞股线及类似品 | （千克） | Wires and Relative Products Made of Steel or Alumini | (kg) | 37132 | 180 |
| 蒸汽锅炉及过热水锅炉 | （台） | Steam Boilers and Superheated Boilers | (unit) | 4 | 255 |
| 汽轮机零件 | （千克） | The Steam Turbine Parts | (kg) | 4720 | 1281 |
| 活塞式内燃机的零件 | （千克） | Parts of Piston Combustion Engines | (kg) | 1797492 | 14528 |
| 涡轮喷气发动机 | （台） | Turbojet EngineS | (unit) | 56 | 6396 |
| 液泵及液体提升机 | （台） | Liquid Pumps and Elevators | (unit) | 14829 | 31181 |
| 制冷设备用压缩机 | （台） | Compressors for Refrigerating Equipment | (unit) | 357 | 285 |
| 空气调节器 | （台） | Air Conditioning | (unit) | 16 | 558 |
| 冷冻机和制冷设备 | | Refrigerators and Refrigerating Equipment | | | 1399 |
| 非家用型水的过滤、净化机器 | （台） | Non-family Machinery for Filtering and Purifing | (unit) | 1466 | 7837 |
| 机械提升搬运装卸设备及零件 | | Mechanical Elevators for Transport and Relative Parts | | | 10199 |
| 建筑及采矿用机械及零件 | | Machinery and parts for Construction and Mining | | | 17723 |
| 食品加工机械及零件 | | Machinery and parts for Food Processing | | | 646 |
| 制造纸及纸制品用机械及零件 | | Machinery for Paper and Paper Products | | | 550 |
| 印刷、装订机械及零件 | | Machinery and parts for Printing and Binding | | | 1052 |
| 纺织机械及零件 | | Textile Machinery and Relative Parts | | | 2030 |
| #纺织纱线生产及预处理机 | （台） | Textile Yarn and Pre-production Machines | (unit) | 12 | 675 |
| 纱线织物等后整理机器 | （台） | Yarn, Fabric and other Finishing Machines | (unit) | 145 | 244 |
| 工业用缝纫机 | （台） | Industrial Use Sewing Machines | (unit) | 200 | 202 |
| 金属加工机床 | （台） | Machine Tools | (unit) | 246 | 32316 |

17-7 续表 2 continued

| 商品名称 | | Item | | 数量 Volume | 金额(万元) Value |
|---|---|---|---|---|---|
| 金属冶炼铸造设备及零件 | | Metal Smelting and Forging Equipment and Relative Parts | | | 2 |
| 金属轧机及零件 | | Metal Mills and Relative Parts | | | 546 |
| 玻璃热加工机械及零件 | | Machinery and parts for Glass Hot Processing | | | 218 |
| 橡胶或塑料加工机械及零件 | | Machinery and for Rubber or Plastic Processing | | | 5981 |
| 型模及金属铸造用型箱 | | Casting Molds for Metal Forging | | | 1276 |
| 阀　门 | (套) | Valves | (unit) | 627745 | 41622 |
| 自动数据处理设备及其部件 | (台) | Automatic Data Processing Machines | | 76561 | 12992 |
| | | and Components | (unit) | | |
| #数字式自动数据处理设备 | | Automatic Data Processing Equipments | | 161 | 825 |
| 数字式中央处理部件 | | Digital Central Processing Unit | | 1235 | 6960 |
| 输入或输出部件 | | Input and Output Operations | | 4040 | 403 |
| 自动数据处理设备的零件 | (千克) | Parts of Data Processing Machines | (kg) | 248647 | 46594 |
| 电动机及发电机 | (台) | Electric Motors and Generators | (unit) | 8541 | 8820 |
| 发电机组及旋转式变流机 | (台) | Dynamo Units and Rotated Converters | (unit) | 1 | 26 |
| 旋转式电力设备的零件 | (千克) | Parts of Rotated Electric Equipment | (kg) | 89972 | 2509 |
| 变压、整流、电感器及零件 | | Transformers, Rectifiers, Inductancers and Relative Parts | | | 92627 |
| 电　池 | (个) | Batteries | (unit) | 4369 | 586 |
| 焊接机器及零件 | | Welders and Relative Parts | | | 12458 |
| 未录的磁带及类似品 | | Unrecorded Tapes and The Analogs | | | 62032 |
| 无线电导航雷达及遥控设备 | (台) | Radar for Radio Navigationequipment and | | 379 | 1825 |
| | | Control Equipment | (unit) | | |
| 录、放像机机 | (台) | Record, like machine | (unit) | 26 | 16 |
| 电视、收音机及无线电讯设备 | | Parts of Television, Radio and Wireless | | | |
| 的零附件 | (千克) | Telecommunication Equipment | (kg) | 10214 | 1175 |
| 电容器 | (千克) | Electrical Capacitors | (kg) | 328185 | 54031 |
| 电阻器 | (千克) | Resistor | (kg) | 113108 | 14960 |
| 印刷电路 | (块) | Printed Circuit | (unit) | 751844286 | 88986 |
| 断路保护电路装置及零件 | | Breaking-off and Safety CircuitSets and Parts | | | 138320 |
| 二极管及类似半导体器件 | (个) | Diodes Transistors and Semiconductor Devices | (unit) | 580002510 | 52674 |
| 电线和电缆 | (千克) | Insulated Wire or Cable | (kg) | 1123211 | 16764 |
| 汽车和汽车底盘 | (辆) | Cars and chassis | | 5 | 792 |
| 汽车零件 | | Auto parts | | | 21160 |
| 飞　机 | (架) | Airplanes | (unit) | 30 | 8880 |
| 航空器零件 | (千克) | Parts of Air Craft | (kg) | 150425 | 24035 |

17—7 续表 3 continued

| 商品名称 | | Item | | 数 量 Volume | 金 额（万元） Value |
|---|---|---|---|---|---|
| 船 舶 | （艘） | Camera Accessories | (unit) | 2 | 657 |
| 医疗仪器及器械 | | Medical Instruments and Appliances | | | 18439 |
| 计量检测分析自控仪器及器具 | | Measuring, Checking and Analyzing Auto-controlling Apparatus | | | 299268 |
| 计钟表机芯及钟表零件 | | Design Watch Movement and Watch Parts | | | 75 |
| 印刷品 | （千克） | Presswork | (kg) | 1065498 | 6542 |
| 塑料制品 | （千克） | Plastic Articles | (kg) | 3067897 | 50863 |
| 玩 具 | | Toys | | | 710 |
| 纽扣及其零件 | （千克） | Buckles and Relative Parts | (kg) | 31 | 2 |
| 拉链及其零件 | （千克） | Zippers and Relative Parts | (kg) | 24000 | 25 |
| 机电产品 | | Machanical and Electrical Products | | | 11186643 |
| 金属制品 | | Metal Products | | | 114151 |
| 机械设备 | | Machinery and Equipments | | | 1140807 |
| 电器及电子产品 | | Electric and Electronic Products | | | 9460391 |
| 运输工具 | | Transport Equipments | | | 73759 |
| 仪器仪表 | | Instruments and Meters | | | 384332 |
| 其 他 | | Others | | | 12928 |
| 高新技术产品 | | High and New-tech Products | | | 10374009 |
| 生物技术 | | biotechnology | | | 91 |
| 生命科学技术 | | Life Sciences Technology | | | 310840 |
| 光电技术 | | Photoelectric Technology | | | 103214 |
| 计算机与通信技术 | | Computer and Communication Technology | | | 95785 |
| 电子技术 | | Electronic Technology | | | 9001093 |
| 计算机集成制造技术 | | Computer Integrated Manufacturing Technology | | | 655553 |
| 材料技术 | | Material Technology | | | 90769 |
| 航空航天技术 | | Aerospace Technology | | | 128195 |
| 其他技术 | | Others | | | 3984 |
| 酒 类 | | Liquor | | | 1929 |
| #啤 酒 | | Beer | | | 13 |
| 葡萄酒 | | Wine | | | 1917 |
| 美容化妆品及护肤品 | | Cosmetics and skin care products | | | 1024 |
| 涂布纸 | | Coated Papers | | | 2572 |
| 加工中心 | | Machining Center | | | 15101 |
| 数控铣床 | | NC Milling Machine | | | 9664 |
| 制造单晶柱或晶圆用的机器及装置 | | Boules or Wafers of a Single Plant and Equipment | | | 27651 |
| 制造半导体器件或集成电路用的机器及装置 | | Semiconductor Devices or Integrated Circuits Used in Machinery and Equipment | | | 189363 |
| 制造平板显示器用的机器及装置 | | Flat Panel Display Manufacturing Machines and Equipment | | | 14929 |
| 蓄电池 | | Electric Accumulators | | | 11216 |

# 17–8 利用外资情况
# Utilization of Foreign Capital

单位：万美元 (USD 10 000)

| 年 份 Year | 签订合同项目(个) Number of Signed Projects (unit) | 签订外商直接投资合同 Contracts of Direct Foreign Investments | | 实际利用外商直接投资 Amount of FDI Actually Utilized | |
|---|---|---|---|---|---|
| | | 金 额 Value | 比上年增长% Growth Rate as Preceding Year(%) | 金 额 Value | 比上年增长% Growth Rate as Preceding Year(%) |
| 1983 | 2 | 823 | | 25 | |
| 1984 | 7 | 154 | -81.3 | 129 | 416.0 |
| 1985 | 50 | 42848 | 27723.4 | 818 | 534.1 |
| 1986 | 34 | 34786 | -18.8 | 942 | 15.2 |
| 1987 | 18 | 17381 | -50.0 | 2890 | 206.8 |
| 1988 | 14 | 2096 | -87.9 | 18007 | 523.1 |
| 1989 | 22 | 2650 | 26.4 | 9679 | -46.2 |
| 1990 | 24 | 1134 | -57.2 | 4191 | -56.7 |
| 1991 | 54 | 2068 | 82.4 | 3159 | -24.6 |
| 1992 | 424 | 52290 | 2428.5 | 4583 | 45.1 |
| 1993 | 790 | 92204 | 76.3 | 23432 | 411.3 |
| 1994 | 444 | 41142 | -55.4 | 23809 | 1.6 |
| 1995 | 272 | 41518 | 0.9 | 32407 | 36.1 |
| 1996 | 280 | 60054 | 44.6 | 33008 | 1.9 |
| 1997 | 182 | 64954 | 8.2 | 61016 | 84.9 |
| 1998 | 196 | 37582 | -42.1 | 30010 | -50.8 |
| 1999 | 157 | 42693 | 13.6 | 24197 | -19.4 |
| 2000 | 215 | 49931 | 17.0 | 28842 | 19.2 |
| 2001 | 223 | 73009 | 46.2 | 36455 | 26.4 |
| 2002 | 203 | 84060 | 15.1 | 41064 | 12.6 |
| 2003 | 229 | 83428 | -0.8 | 46602 | 13.5 |
| 2004 | 271 | 104877 | 25.7 | 52664 | 13.0 |
| 2005 | 256 | 158237 | 50.9 | 62839 | 19.3 |
| 2006 | 255 | 203530 | 28.6 | 92489 | 47.2 |
| 2007 | 184 | 197311 | -3.1 | 119516 | 29.2 |
| 2008 | 156 | 181781 | -7.9 | 136954 | 14.6 |
| 2009 | 101 | 140117 | -22.9 | 151053 | 10.3 |
| 2010 | 139 | 221030 | 57.8 | 182006 | 20.5 |
| 2011 | 138 | 254910 | 15.3 | 235483 | 29.4 |
| 2012 | 144 | 515036 | 102 | 293609 | 24.7 |
| 2013 | 204 | 372078 | -28 | 367800 | 25.3 |
| 2014 | 141 | 585453 | 57.4 | 417557 | 13.5 |
| 2015 | 112 | 578208 | -1.2 | 462118 | 10.7 |
| 2016 | 116 | 463330 | -19.9 | 501178 | 8.5 |
| 2017 | 203 | 1002910 | 116.5 | 589437 | 17.6 |
| 2018 | 283 | 537672 | -46.4 | 684794 | 16.2 |

# 17–9 外商投资情况
# Foreign Investment

单位：万美元 (USD 10 000)

| 分　组 | Groups | 项目数(个) Number of Projects (unit) | | 合同外资 Contracted Foreign Investments | | 实际外资 Actually Utilized Foreign Investments | |
|---|---|---|---|---|---|---|---|
| | | 2017 | 2018 | 2017 | 2018 | 2017 | 2018 |
| **总　计** | **Total** | **203** | **283** | **1002910** | **537672** | **589437** | **684794** |
| **按投资方式分** | **By Investment Form** | | | | | | |
| 中外合资企业 | Equity Joint Venture | 106 | 113 | 241273 | 254368 | 131071 | 69686 |
| 中外合作企业 | Contractural Joint Venture | | 5 | 530 | 1908 | 2480 | |
| 外资企业 | Wholly Foreign-owned Enterprise | 95 | 164 | 759110 | 281395 | 453230 | 146126 |
| 外商投资股份制 | FDI Shareholding Inc. | 2 | 1 | 1997 | 1 | 2656 | |
| 外方股东留存收益 | Foreign Shareholders Retained Earnings | | | | | | 228893 |
| 境外融资 | Overseas Financing | | | | | | 240089 |
| **按国民经济行业分** | **By Sector** | | | | | | |
| 农、林、牧、渔业 | Agriculture, Forestry, Animal Husbandry and Fishery | 5 | 8 | 6441 | 1812 | 370 | 1011 |
| 采矿业 | Mining | 1 | 3 | | 20256 | 115 | |
| 制造业 | Mining | 35 | 48 | 663365 | 114705 | 430868 | 74537 |
| 电力、热力、燃气及水生产和供应业 | Production and Supply of Electricity, Heat, Gas and Water | 10 | 7 | 20268 | 10342 | 16801 | 5726 |
| 建筑业 | Construction | 3 | 7 | 4177 | 6932 | | |
| 批发和零售业 | Wholesale and Retail Trades | 38 | 61 | 31876 | 104127 | 33211 | 49525 |
| 交通运输、仓储和邮政业 | Transport, Storage and Post | 11 | 13 | 24594 | 31926 | 16994 | 24002 |
| 住宿和餐饮业 | Hotels and Catering Services | 3 | 10 | 8707 | 632 | 6309 | |
| 信息传输、软件和信息技术服务业 | Information Transmission, Software and Information Technology | 7 | 26 | 16053 | 35447 | 3363 | 2350 |
| 金融业 | Financial Intermediation | 24 | 21 | 39349 | 45061 | 9662 | 10431 |
| 房地产业 | Real Estate | 8 | 16 | 98555 | 56893 | 68559 | 45715 |
| 租赁和商务服务业 | Leasing and Business Services | 33 | 31 | 56861 | 17539 | 1689 | 2136 |
| 科学研究和技术服务业 | Scientific Research and Technical Services | 9 | 18 | 819 | 85756 | 818 | 277 |
| 水利、环境和公共设施管理业 | Management of Water Conservancy,Environment | 3 | 8 | 4002 | 1237 | 473 | 102 |
| 居民服务、修理和其他服务业 | Services to Households, Repair and Other Services | 2 | 4 | 34 | 586 | 13 | |
| 卫生和社会工作 | Health and Social Service | 4 | 1 | 26175 | 4320 | 92 | |
| 文化、体育和娱乐业 | Culture, Sports and Entertainment | 7 | 1 | 1634 | 101 | 100 | |

注：2018年实际外资按国民经济行业分未含外方股东留存收益和境外融资。
a)Actual foreign investment by sector in 2018 does not contain the foreign shareholders retained earnings and overseas financing.

## 17-9 续表 continued

单位：万美元 (USD 10 000)

| 分组 | Groups | 项目数(个) Number of Projects (unit) | | 合同外资 Contracted Foreign Investments | | 实际外资 Actually Utilized Foreign Investments | |
|---|---|---|---|---|---|---|---|
| | | 2017 | 2018 | 2017 | 2018 | 2017 | 2018 |
| **按国别(地区)分** | **By Country(Region)** | | | | | | |
| 孟加拉 | Bangladesh | 2 | | 30 | | | |
| 柬埔寨 | Cambodia | 1 | | 10 | | | |
| 香　港 | Hong Kong, China | 77 | 115 | 385251 | 372314 | 252221 | 127242 |
| 印　度 | India | 1 | 2 | 1000 | 2 | | |
| 日　本 | Japan | 1 | 11 | 5835 | -344 | 5918 | 268 |
| 澳　门 | Macao, China | | 3 | 414 | 2351 | 696 | 9 |
| 马来西亚 | Malaysia | 1 | 6 | 123 | 2813 | 194 | |
| 巴基斯坦 | Pakistan | 4 | 7 | 145 | 186 | | |
| 沙特阿拉伯 | Saudi Arabia | | | | | | |
| 新加坡 | Singapore | 5 | 13 | 12367 | 19350 | 14332 | 18705 |
| 韩　国 | Korea Rep. | 17 | 30 | 456912 | 16241 | 220684 | 32042 |
| 也　门 | Yemen | 1 | 1 | 15 | | | |
| 台湾省 | Taiwan, China | 10 | 8 | 14982 | 744 | 10914 | 556 |
| 哈萨克斯坦 | Kazakhstan | | 2 | | 536 | | |
| 塔吉克斯坦 | Tajikistan | 1 | | 74 | | | |
| 贝　宁 | Benin | 1 | | 15 | | | |
| 埃　及 | Egypt | | 1 | | 7 | | |
| 摩洛哥 | Morocco | 1 | | 15 | | | |
| 尼日利亚 | Nigeria | 1 | | 1 | | | |
| 塞舌尔 | Seychelles | | | 108 | 211 | 114 | 228 |
| 南　非 | South Africa | | 1 | | 1020 | | |
| 毛里求斯 | Mauritius | | | 396 | | 396 | |
| 百慕大 | Bermuda | | | 420 | | 420 | |
| 丹　麦 | Denmark | 1 | | 25614 | -25614 | 13736 | |
| 英　国 | United Kingdom | 3 | 4 | 13203 | 710 | 12880 | 255 |
| 德　国 | Germany | 2 | 3 | 6750 | 4109 | 6146 | 2376 |
| 法　国 | France | 3 | 1 | 3354 | 5 | 2126 | 2026 |
| 意大利 | Italy | 1 | | 45 | 48 | 45 | |
| 卢森堡 | Luxembourg | 1 | | 36 | | | |
| 荷　兰 | Netherlands | 3 | 2 | 2133 | 29164 | 810 | 3234 |
| 西班牙 | Spain | | 1 | | 7 | | |
| 芬　兰 | Finland | | 1 | | 73 | | |
| 冰　岛 | Iceland | | | | | 734 | |
| 挪　威 | Norway | | 1 | | 23 | | |
| 罗马尼亚 | Rumania | | 1 | | 15 | | |
| 瑞　典 | Sweden | | 1 | | 197 | | |
| 瑞　士 | Switzerland | | | 531 | | 800 | |
| 俄罗斯联邦 | Russian federation | 1 | 3 | 500 | 103 | | |
| 乌克兰 | Ukraine | 1 | 8 | 1 | 520 | | |
| 格鲁吉亚 | Georgia | | 1 | | 1 | | 65 |
| 阿根廷 | Argentina | | | | | | |
| 巴　西 | Brazil | 1 | 2 | 5 | 1 | | |
| 开曼群岛 | Cayman Islands | | | 6771 | 70 | 7186 | |
| 古　巴 | Cuba | 1 | | 1 | | | |
| 墨西哥 | Mexico | | 1 | | 10 | | |
| 维尔京群岛 | Virgin Is. (E) | 3 | 5 | 10942 | 75741 | 3622 | 5966 |
| 乌拉圭 | Uruguay | | | | | | 586 |
| 加拿大 | Canada | 7 | 3 | 2499 | 63 | 455 | |
| 美　国 | United States | 10 | 13 | 16622 | 8193 | 17512 | 4121 |
| 澳大利亚 | Australia | 3 | 4 | 1974 | 258 | | |
| 新西兰 | New Zealand | 1 | 1 | -633 | 1 | | |
| 萨摩亚 | Samoa | 1 | 1 | 5139 | -158 | 4671 | 150 |
| 创业投资性公司 | Venture Investments | 8 | | 866 | | 6 | 119 |
| 投资性公司投资 | Investment Companies | 21 | 12 | 28444 | 28701 | 12819 | 17864 |
| 外方股东留存收益 | Retained earnings of foreign shareholders | | | | | | 228893 |
| 境外融资 | Outside financing | | | | | | 240089 |

# 17–10 旅游总收入和总人数
## Total Income and Number of Visitors

| 年 份<br>Year | 总收入<br>(亿元)<br>Total<br>Income<br>(100 million yuan) | 国内旅游收入<br>(亿元)<br>Domestic Tourism<br>(100 million yuan) | 国际旅游收入<br>(万美元)<br>International Tourism<br>(USD 10 000) | 总人数<br>(万人)<br>Total<br>Number<br>(10 000 persons) | 国内游客<br>Domestic<br>Vistiors | 国际游客<br>International<br>Vistiors |
|---|---|---|---|---|---|---|
| 1991 | 27 | 23 | 5482 | 1532 | 1500 | 32 |
| 1992 | 31 | 25 | 7505 | 1594 | 1550 | 44 |
| 1993 | 35 | 28 | 8900 | 1746 | 1700 | 46 |
| 1994 | 39 | 30 | 11279 | 1794 | 1750 | 44 |
| 1995 | 54 | 42 | 14090 | 2144 | 2100 | 44 |
| 1996 | 77 | 61 | 19820 | 2350 | 2300 | 50 |
| 1997 | 86 | 67 | 22464 | 2554 | 2500 | 54 |
| 1998 | 95 | 74 | 24717 | 2604 | 2550 | 54 |
| 1999 | 111 | 88 | 27189 | 2663 | 2600 | 63 |
| 2000 | 150 | 127 | 28000 | 3131 | 3060 | 71 |
| 2001 | 168 | 142 | 30871 | 3436 | 3360 | 76 |
| 2002 | 187 | 158 | 35097 | 3818 | 3733 | 85 |
| 2003 | 160 | 144 | 19800 | 3347 | 3300 | 47 |
| 2004 | 301 | 271 | 36136 | 5312 | 5232 | 80 |
| 2005 | 353 | 316 | 44625 | 6081 | 5988 | 93 |
| 2006 | 418 | 378 | 51000 | 7056 | 6950 | 106 |
| 2007 | 504 | 458 | 61200 | 8138 | 8015 | 123 |
| 2008 | 607 | 561 | 66011 | 9182 | 9056 | 126 |
| 2009 | 767 | 715 | 77107 | 11555 | 11410 | 145 |
| 2010 | 984 | 916 | 101596 | 14566 | 14354 | 212 |
| 2011 | 1324 | 1240 | 129505 | 18406 | 18135 | 270 |
| 2012 | 1713 | 1610 | 159747 | 23276 | 22941 | 335 |
| 2013 | 2135 | 2031 | 167620 | 28514 | 28161 | 352 |
| 2014 | 2521 | 2435 | 141630 | 33219 | 32953 | 266 |
| 2015 | 3006 | 2904 | 200022 | 38567 | 38274 | 293 |
| 2016 | 3813 | 3659 | 233855 | 44913 | 44575 | 338 |
| 2017 | 4814 | 4630 | 270400 | 52284 | 51901 | 384 |
| 2018 | 5995 | 5789 | 312642 | 63025 | 62588 | 437 |

# 17-11 旅游业发展情况
# Development of Tourism

| 指　　标 | Item | 2015 | 2016 | 2017 | 2018 |
|---|---|---|---|---|---|
| 入境旅游人数　（万人次） | Number of Overseas Visitor Arrivals (10 000 person-times) | 293.03 | 338.20 | 383.74 | 437.14 |
| 1.港澳同胞 | Chinese Compatriots From Hong Kong and Macao | 58.08 | 63.86 | 69.88 | 76.16 |
| 2.台湾同胞 | Chinese Compatriots From Taiwan Province | 40.80 | 45.82 | 51.81 | 53.68 |
| 3.外 国 人 | Foreigners | 194.15 | 228.52 | 262.06 | 307.30 |
| 国际旅游收入(万美元) | Foreign Exchange Earnings from International Tourism (USD 10 000) | 200022 | 233855 | 270440 | 312642 |
| 1.长途交通 | Long Distance Transportation | 69170 | 80914 | 97899 | 72533 |
| 飞　机 | Civil Aviation | 54943 | 61972 | 78157 | 55963 |
| 火　车 | Railway | 7824 | 10757 | 11088 | 12193 |
| 汽　车 | Highway | 6403 | 8185 | 8654 | 4377 |
| 2.景区游览 | Sightseeing | 27529 | 10056 | 12711 | 28763 |
| 3.住　宿 | Accommodation | 12101 | 34611 | 42459 | 44395 |
| 4.餐　饮 | Food and Beverage | 8705 | 14265 | 17849 | 30639 |
| 5.购　物 | Shopping | 8327 | 39522 | 41107 | 70657 |
| 6.娱　乐 | Entertainment | 33772 | 9588 | 10547 | 19071 |
| 7.邮电通讯 | Postal and Communication Services | 4924 | 7016 | 7302 | 18759 |
| 8.市内交通 | Local Transportation | 6390 | 6080 | 7031 | 8129 |
| 9.其他服务 | Other Service | 29102 | 31804 | 33534 | 19696 |
| 入境游客在陕人均天花费（美元/人天） | Per Capita Days Spent of Visitors in Shaanxi (USD/per-day) | | 195 | 207 | 225 |
| 国内旅游人数　（万人次） | Number of Domestic Visitors (10 000 person-times) | 38274 | 44575 | 51901 | 62588 |
| 国内旅游收入　（亿元） | Earnings from Domestic Tourism (100 million yuan) | 2904 | 3659 | 4603 | 5789 |
| 旅行社数　（个） | Number of Travel Agencies (unit) | 665 | 708 | 751 | 845 |

# 17–12 入境旅游人数
# Number of Oversea Visitor Arrivals

单位：人 (person)

| 国别和地区 | Country and Region | 2015 | 2016 | 2017 | 2018 |
|---|---|---|---|---|---|
| **总　计** | **Total** | **2930347** | **3382047** | **3837439** | **4371420** |
| 港澳同胞 | Chinese Compatriots From Hong Kong and Macao | 580847 | 638628 | 698802 | 761647 |
| 台湾同胞 | Chinese Compatriots From Taiwan Province | 408011 | 458230 | 518078 | 536781 |
| 日　本 | Japan | 95712 | 115270 | 152810 | 162095 |
| 韩　国 | Korea Rep. | 348803 | 401291 | 310739 | 559690 |
| 蒙　古 | Mongolia | 1160 | 1758 | 2492 | 2724 |
| 菲律宾 | Philippines | 5292 | 5691 | 8439 | 9233 |
| 印　度 | India | 28589 | 32560 | 38765 | 44540 |
| 越　南 | Vietnam | 3352 | 4047 | 5851 | 7634 |
| 缅　甸 | Myanmar | 1268 | 2377 | 2868 | 3875 |
| 朝　鲜 | Korea DPR | 868 | 500 | 1121 | 1018 |
| 巴基斯坦 | Pakistan | 7228 | 10909 | 22287 | 22061 |
| 英　国 | United Kingdom | 126863 | 143895 | 153952 | 148475 |
| 法　国 | France | 107090 | 101837 | 117944 | 128587 |
| 德　国 | Germany | 115683 | 104782 | 130488 | 124033 |
| 意大利 | Italy | 43236 | 55928 | 68196 | 76206 |
| 瑞　士 | Switzerland | 19359 | 18146 | 20672 | 21339 |
| 瑞　典 | Sweden | 12548 | 12079 | 14798 | 12689 |
| 俄罗斯 | Russia | 19874 | 25319 | 36082 | 36611 |
| 西班牙 | Spain | 41910 | 54082 | 65922 | 75435 |
| 美　国 | United States | 300857 | 352475 | 401495 | 391525 |
| 加拿大 | Canada | 72815 | 94364 | 129360 | 93385 |
| 澳大利亚 | Australia | 97878 | 115144 | 152027 | 142884 |
| 新西兰 | New Zealand | 14226 | 17995 | 21879 | 30037 |
| 泰　国 | Thailand | 25544 | 37824 | 47353 | 59798 |
| 新加坡 | Singapore | 36520 | 51783 | 73644 | 71573 |
| 印度尼西亚 | Indonesia | 14049 | 18289 | 25016 | 25180 |
| 马来西亚 | Malaysia | 81058 | 103793 | 124345 | 162589 |
| 其　他 | Others | 319707 | 403051 | 492014 | 659776 |

# 17-13 各市(区)对外经济和国际旅游情况(2018年)
# Foreign Economy Trade and International Tourism by City(District)(2018)

| 地区 | Region | 进出口总值(万元) Total Value of Imports and Exports (10 000 yuan) | #出口 Exports | 外商投资 Foreign Capital 项目数(个) Number of Projects (unit) | 合同外资(万美元) Contracts of Foreign Investments (USD 10 000) | 实际外资(万美元) Actually Utilized Foreign Investments (USD 10 000) | 星级饭店数(个) Number of Star-rated Hotel (unit) |
|---|---|---|---|---|---|---|---|
| **全省** | **Shaanxi** | **35128162** | **20783306** | **283** | **537672** | **684794** | **356** |
| 西安市 | Xi'an | 33032389 | 19571656 | 184 | 352632 | 598168 | 92 |
| 铜川市 | Tongchuan | 30039 | 30039 | 5 | 6467 | 2009 | 10 |
| 宝鸡市 | Baoji | 631070 | 336328 | 7 | 10112 | 9092 | 27 |
| 咸阳市 | Xianyang | 598603 | 341715 | 14 | 15866 | 9016 | 15 |
| 渭南市 | Weinan | 148275 | 131734 | 7 | 13450 | 5641 | 51 |
| #韩城市 | Hancheng | | | 2 | 7642 | 2317 | 25 |
| 延安市 | Yan'an | 29907 | 18043 | 5 | 3800 | 2332 | 46 |
| 汉中市 | Hanzhong | 108915 | 69776 | 7 | 1670 | 3066 | 30 |
| 榆林市 | Yulin | 73449 | 63321 | 3 | 3028 | 8762 | 27 |
| 安康市 | Ankang | 47091 | 44733 | 7 | 6969 | 3559 | 31 |
| 商洛市 | Shangluo | 212907 | 125096 | 1 | 230 | 2007 | 15 |
| 杨凌示范区 | Yangling | 81664 | 44869 | 6 | 572 | 2173 | 6 |
| 西咸新区 | Xixian New Area | | | 35 | 122876 | 37202 | 6 |
| 其他 | Others | 133853 | 5996 | 2 | | 1767 | |

# 17-14 主要星级饭店基本情况(2018年)
# Basic Conditions of Main Star-Degree-Hotels(2018)

| 饭店名称 | Name of Hotel | 地址 | Address |
|---|---|---|---|
| **五星级** | **Five Star** | | |
| 喜来登大酒店 | Sharaton Hotel | 西安市沣镐东路262号 | No.262 East Fenghao Avenue,Xi'an |
| 西安君樂城堡酒店 | Grand Park Hotel,Xi'an | 西安市环城南路西段12号 | No.12 West Section ,South City Ring Road,Xi'an |
| 索菲特人民大厦 | Sofitel,Renmin Square, Xi'an | 西安市东新街319号 | No.319 East New Street,Xi'an |
| 西安香格里拉大酒店 | Shangri-la Hotel,Xi'an | 西安市科技路38号乙 | No.38 Keji Road,Xi'an |
| 陕西世纪金源大饭店 | Empark Grand Hotel | 西安市建工路19号 | No.19 Jiangong Road,Xi'an |
| 天域凯莱大酒店 | Tian-yu Gloria Plaza Hotel | 西安市雁塔北路15号 | No.15 North Yanta Road,Xi'an |
| 西安建国饭店 | Jianguo Hotel,Xi'an | 西安市互助路2号 | No.2 Huzhu Road,Xi'an |
| 吉朗丽大酒店 | Branley Hotel | 西安市高新区沣惠南路22号 | No.22 West Fenghui Avenue,Xi'an |
| 西安阳光国际大酒店 | Grand Soluxe International Hotel Xi’an | 西安市解放路177号 | No.177 Jiefang Road,Xi'an |
| 西安赛瑞喜来登大酒店 | Sheraton Xian North City Hotel | 西安市未央路32号 | No.32 Weiyang Road,Xi'an |
| 西安新兴戴斯大酒店 | Days Hotel Suites Xinxing Xi’an | 西安市金花北路189号 | No.189 North Jinhua Road,Xi'an |
| 西安万达希尔顿酒店 | Hilton Xian | 西安市东新街199号 | No.199 East New Street,Xi'an |
| 西安皇冠假日酒店 | Crowne Plaza Xi'an | 西安市朱雀路中段1号 | No.1 Middle Zhuque Road,Xi'an |
| 西安威斯汀酒店 | The Westin Xian | 西安曲江新区慈恩路66号 | No.66 Ci'en Road,Xi'an |
| 西安悦豪酒店 | Yohol Hotel | 西安市二环南路西段180号 | No.180 West Section ,South Erhuan |
| 永昌国际大酒店 | Yongchang International Hotel | 榆林市高新技术产业园区朝阳路 | Yulin high-tech industrial park chaoyang road Road,Xi'an |
| **四星级** | **Four Star** | | |
| 唐华宾馆 | Xi'an Garden Hotel | 西安市雁引路40号 | No.40 Yanyin Road,Xi'an |
| 古都文化大酒店 | Grand Dynasty Culture Hotel | 西安市莲湖路172号 | No.172 Lianhu Road,Xi'an |
| 西安宾馆 | Xi'an Hotel | 西安市长安北路58号 | No.58 North Chang'an Road,Xi'an |
| 西安骊苑大酒店 | Le Garden Hotel,xian | 西安市劳动南路8号 | No.8 South Laodong Road,Xi'an |
| 唐城宾馆 | Tangcheng Hotel | 西安市含光路南段229号 | No.229 South Hanguang Road,Xi'an |
| 陕西皇城豪门酒店 | Imperial City Haomen Hotel | 西安市东大街334号 | No.334 East Street,Xi'an |
| 东方大酒店 | East Hotel | 西安市朱雀大街393号 | No.393 Zhuque Street,Xi'an |
| 润天宾馆 | Runtian Hotel | 西安市阎良区润天大道15号 | No.15 Runtian Road,Yanlian District,Xi'an |
| 高速神州酒店 | Sino Pearl Hotel | 西安市环城东路9号 | No.9 East City Ring Road,Xi'an |
| 陕西奥罗国际大酒店 | Aurum International Hotel | 西安市南新街30号 | No.30 South New Street,Xi'an |
| 西京国际饭店 | West Capital International Hotel | 西安市西大街241号 | No.241 West Street,Xi'an |
| 天翼新商务酒店 | Tianyi Commercial Hotel,Xi'an | 西安市西二环南段281号 | No.281 South Section ,West Second |
| 西安美居人民大厦 | Mercure on Renmin Square,Xi'an | 西安市东新街319号 | No.319 East New Street,Xi'an |
| 西安志诚丽柏酒店 | Ziction Liberal Hotel,Xi'an | 西安市高新路46号 | No.46 Gaoxin Road,Xi'an |

17-14 续表 continued

| 饭店名称 | Name of Hotel | 地址 | Address |
|---|---|---|---|
| 万年饭店 | Eternity Hotel,Xi'an | 西安市长乐中路副11号 | No.11 Changle Road,Xi'an |
| 陕西中江之旅时代大酒店 | ZhongJiang Journey Time Hotel,Shaanxi | 西安市文景路18号 | No.18 Wenjing Road,Xi'an |
| 西安皇后大酒店 | Xi'an Empress Hotel | 西安市兴庆路45号 | No.45 Xingqing Road,Xi'an |
| 西安美丽豪国际酒店 | Mei Li Hao International Hotel,Xi'an | 西安市西大街79号 | No.79 West Street,Xi'an |
| 西安绿地假日酒店 | Green Holiday Hotel,Xi'an | 西安市锦业路5号 | No.5 Jinye Road, Xi'an |
| 西安维也纳国际大酒店 | Vienna International Hotel,Xi'an | 西安市西影路西段609号 | No.609 West of Xiying Road, Xi'an |
| 陕西华山国际酒店 | Huashan International Hotel,Shaanxi | 西安市北大街199号 | No.199 North Street,Xi'an |
| 长庆宾馆 | Changqing Hotel | 西安市未央路151号 | No.151 Weiyang Road,Xi'an |
| 西安长征国际酒店 | Long March International Hotel | 西安市高新区西部大道1号 | No.1,West Avenue,New&Hi-tech Industrial Development Zone,Xi'an |
| 西安新都酒店 | Xin Du Hotel,Xi'an | 西安市长安区郭杜北街58号 | No.58 North Guodu Street,Chang'an District,Xi'an |
| 西安富海明都酒店 | Fu Hai Ming Du Hotel,Xi'an | 西安市文艺北路228号 | No.228 North Wenyi Road,Xi'an |
| 陕西省止园饭店 | ZhiYuan hotel,Shaanxi | 西安市青年路111号 | No.111 Qingnian Road, Xi'an |
| 西安名都国际酒店 | MingDu International Hotel | 西安市未央路140号 | No.140 Weiyang Road,Xi'an |
| 怡和酒店 | Jardine Matheson Hotel | 宝鸡市火炬路中段 | Middle Section ,Huoju Road,Baoji |
| 高新君悦国际酒店 | Gaoxin Junyue International Hotel | 宝鸡市高新区高新大道69号 | No.69,New&Hi Avenue,New&Hi-tech Industrial Development Zone,Baoji |
| 红螺湾假日酒店 | Red screw holiday Hotel | 咸阳市渭阳西路中段 | Middle Section ,West Weiyang Road, Xianyang |
| 国贸大酒店 | International Trade Hotel | 咸阳市渭阳中路 | Weiyang Zhong Road,Xianyang |
| 邮政大酒店 | Post Hotel | 汉中市天汉大道中段 | Middle Section,Tianhan Avenue,Hanzhong |
| 红叶大酒店 | Red Leaf Hotel | 汉中市劳动东路中段33号 | Middle Section,East Laodong Road, Hanzhong |
| 金江大酒店 | Jinjian Hotel | 汉中市人民路北段123号 | No.123 North Renmin Road,Hanzhong |
| 明江国际酒店 | MingJiang International Hotel | 安康市滨江大道3号 | No.3 Binjiang Avenue,AnKang |
| 京康国际酒店 | JingKang International Hotel | 安康市金堂路3号 | No.3 JinTang Road,AnKang |
| 延安旅游大厦 | Yan'an Tourism Hotel | 延安市中心街 | Central Street,Yanan |
| 延安丽森酒店 | Lisen Hotel,Yan'an | 延安市双拥大道 | Double Support Avenue,Yanan |
| 黄陵桥山滨湖酒店 | Huangling Bridge Lake Hotel | 黄陵县黄帝陵西侧 | West Tomb of Huangdi,Huangling |
| 延安高第华苑大酒店 | Gaodee Garden Hotel | 延安市大桥街6号 | No.6 Daqiao Street,Yanan |
| 延安维也纳国际大酒店 | Vienna International Hotel,Yan'an | 延安市火车站南侧 | South of Railway Station,Yanan |
| 延安龙飞盛世国际酒店 | Long Fei Sheng Shi International Hotel,YanAn | 延安市双拥大道3333号 | No.3333 Double Support Avenue,Yanan |
| 延安隆华花园酒店 | Longhua Garden Hotel | 延安市隆华路1号 | No.1 Longhua Road, Yanan |
| 延安圣通大酒店 | Shengtong Hotel | 延安市东滨路103号 | No.103 Dongbin Road, Yanan |
| 延飞丽柏酒店 | Yanfei Libo Hotel | 延安市七里铺街与南桥交汇处东南角 | Southeast Corner,Interchange of Qilipu and Nanqiao,Yanan |
| 五洲国际大饭店 | Wuzhou International Hotel | 神木县东兴街北段 | Nouth Section,Dongxing Street,Shenmu |
| 亚华商务酒店 | Yahua Business Hotel | 神木市东兴街南段 | South section of dongxing street, Shenmu |
| 天峰国际酒店 | Tianfeng International Hotel | 神木县中兴街东段 | East Section,Zhongxing Street,Shenmu |
| 天鹿酒店 | Tianlu Hotel | 商南县塘坝广场西南角 | Southwestern Corner,Tangba Square, Shangnan |
| 正阳国际大酒店 | Zhengyang International Hotel | 铜川新区正阳路16号 | No.16 Zhengyang Road, New Zone of Tongchuan |
| 杨凌国际会展中心酒店 | International Exhibition Centers | 杨凌示范区新桥北路1号 | No.1 North New Bridge Road,Yangling |

# 主要统计指标解释

**进出口总额** 指实际进出我国国境的货物总金额。包括对外贸易实际进出口货物，来料加工装配进出口货物，国家间、联合国及国际组织无偿援助物资和赠送品，华侨、港澳台同胞和外籍华人捐赠品，租赁期满归承租人所有的租赁货物，进料加工进出口货物，边境地方贸易及边境地区小额贸易进出口货物(边民互市贸易除外)，中外合资企业、中外合作经营企业、外商独资经营企业进出口货物和公用物品，到、离岸价格在规定限额以上的进出口货样和广告品(无商业价值、无使用价值和免费提供出口的除外)，从保税仓库提取在中国境内销售的进口货物，以及其他进出口货物。该指标可以观察一个国家在对外贸易方面的总规模。我国规定出口货物按离岸价格统计，进口货物按到岸价格统计。

**商品经营单位所在地进、出口额** 指在所在地海关注册登记的有进出口经营权的企业实际进、出口额。

**商品目的地进口额和商品货源地出口额** 目的地进口额指进口货物的消费、使用或最终抵运地的实际进口额；货源地出口额指出口货物的产地或原始发货地的实际出口额。

**利用外资** 指我国各级政府、部门、企业和其他经济组织通过对外借款、吸收外商直接投资以及用其他方式筹措的境外现汇、设备、技术等。

**外商直接投资** 指外国企业和经济组织或个人(包括华侨、港澳台胞以及我国在境外注册的企业)按我国有关政策、法规，用现汇、实物、技术等在我国境内开办外商独资企业、与我国境内的企业或经济组织共同举办中外合资经营企业、合作经营企业或合作开发资源的投资(包括外商投资收益的再投资)，以及经政府有关部门批准的项目投资总额内企业从境外借入的资金。

**旅游人数**

(1)入境旅游人数：指报告期内来我国观光、度假、探亲访友、就医疗养、购物、参加会议或从事经济、文化、体育、宗教活动的外国人、港澳台同胞等入境游客。统计时，外国人、港澳台同胞每入境一次统计1人次。

(2)出境人数：指中国（大陆）居民因公或因私出境前往其他国家、中国香港特别行政区、澳门特别行政区和台湾省观光、度假、探亲访友、就医疗养、购物、参加会议或从事经济、文化、体育、宗教活动的人数，即出境游客。统计时，按每出境一次统计1人次。

(3)国内旅游人数：指在报告期内在中国（大陆）观光游览、度假、探亲访友、就医疗养、购物、参加会议或从事经济、文化、体育、宗教活动的中国（大陆）居民人数，其出游的目的不是通过所从事的活动谋取报酬。统计时，国内游客按每出游一次统计1人次。

**国际旅游(外汇)收入** 指入境游客在中国（大陆）境内旅行、游览过程中用于交通、参观游览、住宿、餐饮、购物、娱乐等全部花费。

**国内旅游收入** 又称旅游总花费指国内游客在国内旅行、游览过程中用于交通、参观游览、住宿、餐饮、购物、娱乐等全部花费。

**国际旅行社** 指经营业务范围包括入境旅游业务、出境旅游业务和国内旅游业务的旅行社。

**国内旅行社** 指经营范围仅限于国内旅游业务的旅行社。

**星级饭店** 指设备、设施、服务符合《旅游饭店星级的划分与评定》(GB/T14308–2003)，通过相关旅游管理部门评定，并取得星级饭店称号的饭店（含预备星级饭店）。

# Explanatory Notes on Main Statistical Indicators

**Total Imports and Exports at Customs** refer to the real value of commodities imported and exported across the border of China. They include the actual imports and exports through foreign trade, imported and exported goods under the processing and assembling trades and materials, supplies and gifts as aid given gratis between governments and by the United Nations and other international organizations, and contributions donated by overseas Chinese, compatriots in Hong Kong and Macao and Chinese with foreign citizenship, leasing commodities owned by tenant at the expiration of leasing period, the imported and exported commodities processed with imported materials, commodities trading in border areas (excluding mutual exchange goods), the imported and exported commodities and articles for public use of the Sino-foreign joint ventures, cooperative enterprises and ventures with sole foreign investment. Also included is import or export of samples and advertising goods for which CIF or FOB value are beyond the permitted ceiling (excluding goods of no trading or use value and free commodities for export), imported goods sold in China from bonded warehouses and other imported or exported goods. The indicator of the total imports and exports at customs can be used to observe the total size of external trade in a country. In accordance with the stipulation of the Chinese government, imports are calculated at CIF, while exports are calculated at FOB.

**Import Export Value by Location of China's Foreign Trade Managing Units** refers to actual value of imports and exports carried out by corporations which have been registered by the local Customs house and are vested with right to run import export business.

**Import Value of Commodities by Place of Destination and Export Value of Commodities by Place of Origin in China** The former indicator refers to the value of import commodities of the places of their consumption, utilization or the places of their final destination. The latter indicator refers to the value of export commodities of the places of their origin or the places of the commodities dispatched.

**Utilization of Foreign Capitals** refers to remittance, equipment and technology financed from abroad, by loans, foreign direct investment and other forms undertaken by the Chinese governments at all levels, by various departments, enterprises and other economic units.

**Foreign Borrowings** refer to funds borrowed from abroad through formal signing of borrowing agreements with foreign institutions, including loans of foreign governments, loans of international financial institutions, commercial loans of foreign banks, export credit, and funds raised by Chinese bonds (and shares before 1996) issued abroad. It is an important part of China's utilization of foreign capitals.

**Foreign Direct Investment** refers to the investments inside China by foreign enterprises and economic organizations or individuals (including overseas Chinese, compatriots from Hong Kong, Macao and Taiwan, and Chinese enterprises registered abroad), following the relevant policies and laws of China, for the establishment of ventures exclusively with foreign own investment, Sino-foreign joint ventures and cooperative enterprises or for co-operative exploration of resources with enterprises or economic organizations in China.

**Number of Tourists**

(1) Visitor arrivals refer to the number of foreigners, Chinese compatriots from Hong Kong, Macao and Taiwan Chinese (mainland) who come to China (mainland) for sight-seeing, vacation, visiting relatives, medical treatment, shopping, attending conference, or to engage in economic, cultural, sports and religious activities. In compiling statistics, each time of entering China is counted as one person-time.

(2) Number of Chinese residents going abroad refer to the number of Chinese (mainland) residents going to other countries, Hong Kong Special Administrative region, Macao Special Administrative region and Taiwan for on official or private purposes, for sight-seeing, vacation, visiting relatives, medical treatment, shopping, attending conference, or to engage in economic, cultural, sports and religious activities. In compiling statistics, each time of leaving is counted as one person-time.

(3) Number of domestic tourists refers to the number of Chinese (mainland) residents who travel within China (mainland) for sight-seeing, vacation, visiting relatives, medical treatment, shopping, attending conference, or to engage in economic, cultural, sports and religious activities. In compiling statistics, each time of travelling is counted as one person-time.

**Foreign Exchange Earnings from International Tourism** refer to the total expenditure of foreigners, overseas Chinese, Chinese compatriots from Hong Kong, Macao and Taiwan during their stay in the mainland of China on transportation, sighting, accommodation, food, shopping and entertainment.

**Income from Domestic Tourism** refer to expenditure of domestic tourists on transportation, sighting, accommodation, food, shopping and entertainment while they travel.

**International Travel Agencies** refer to travel agencies engaged in tourism entering China, Chinese residents going abroad and domestic tourism.

**Domestic Travel Agencies** refer to travel agencies only engaged in domestic tourism.

**Star-rated Hotels** refer to hotels rated with stars as assessed by the relevant tourism authorities according to GB/T14308-2003 standard with reference to their infrastructure, facilities and service levels.

# 十八、教育、科技和文化

## Education, Science, Technology and Culture

**资料整理：杨小侠　董清刚　潘英杰**

# 简 要 说 明

一、本篇资料反映陕西教育、科学技术活动和文化事业的基本情况。

二、本篇资料主要包括：

1．各级各类教育基本情况，指标主要包括各级各类的学校数、在校生数、招生数、毕业生数、教职工数和专任教师数等。

2．科技活动情况，科技成果及科技人员情况，专利申请和授权，规模以上工业企业研究与试验发展（R&D）活动发展情况等。

3．文化艺术、文物、图书馆、新闻出版、广播、电影、电视等文化事业的机构、人员及业务活动开展情况等。

三、本篇资料来源：

教育统计资料由省教育厅提供。

科技统计资料由省科技厅、省人力资源和社会保障厅、省知识产权局提供（其中规模以上工业企业科技活动由统计局根据统计年报整理）。

文化统计资料由省文化和旅游厅、省新闻出版局、省广播电视局、省文物局等有关部门提供。

# Brief Introduction

Ⅰ. This chapter reflects the basic conditions on the development Shaanxi's education, science and technology.

Ⅱ. The data in this chapter mainly include:

1. The data on tertiary, secondary, primary, and kindergarten education and various types of adult education at all levels, including the number of schools, the number of students enrolled, the number of new enrollments, the number of graduates, the number of staff and workers, and the number of full-time teachers of various levels and categories.

2. The data on scientific and technological, including personnel, achievements and prizes of scientific and technical, numbers of patent applications accepted and granted, R&D activities development of industrial enterprises above designated size, etc.

3. The data on institutions, personnel and business activities of culture and arts, cultural relics, libraries, news and publication, radio, film and television, etc.

III. Data sources:

Data on education are provided by Shaanxi Provincial Department of Education.

Data on science and technology are provided by Shaanxi Provincial Department of Science and Technology, Shaanxi Provincial Department of Human Resources and Social Security and Shaanxi Provincial Office of Intellectual Property. (Science and technology activities of industrial enterprises above designated size are processed and prepared in accordance with the annual statistical reports provided by Shaanxi Provincial Bureau of Statistics.

Data on culture are provided by Shaanxi Provincial Department of Culture and Tourism, Shaanxi Provincial Bureau of Press and Publication、Shaanxi Provincial Bureau of Radio and Television, Shaanxi Provincial Bureau of Cultural Relics and the related departments.

# 18.教育、科技和文化

| | | |
|---|---|---|
| 2018年全省 | | |
| 普通高等学校在校学生 | 105.48 | 万人 |
| 普通高等学校毕业生 | 31.10 | 万人 |
| 专利申请量 | 76512 | 件 |
| 专利授权量 | 41479 | 件 |

## 高等学校在校学生数（万人）

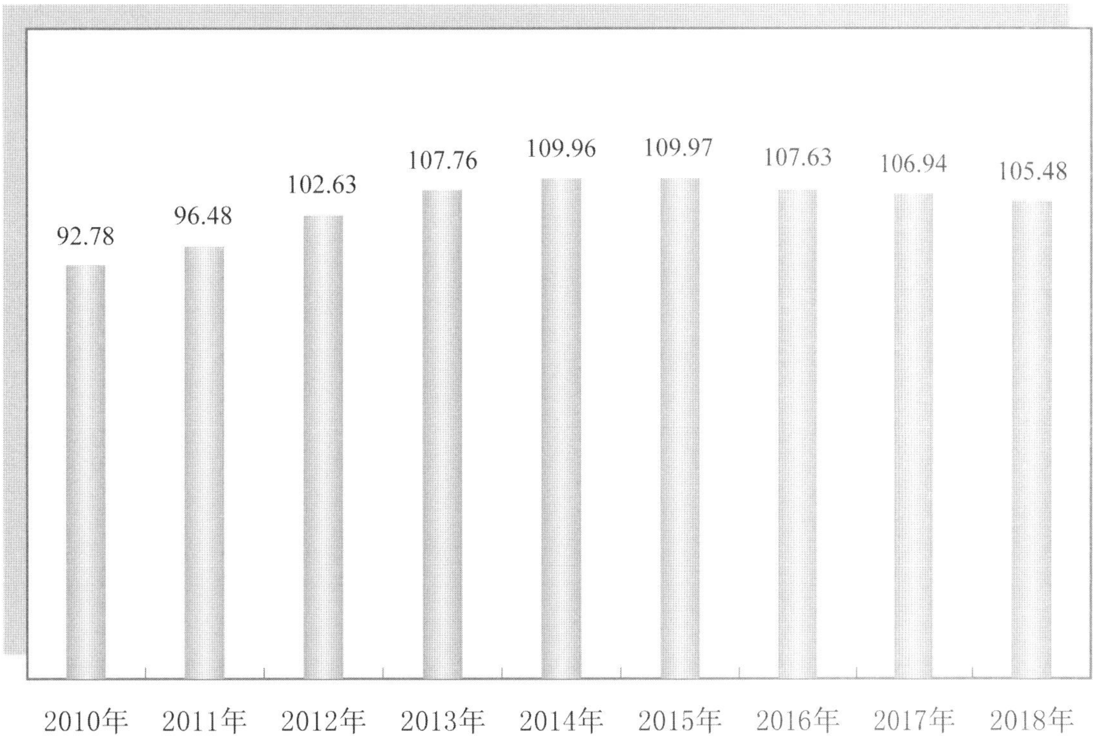

# 18-1 各级各类教育基本情况(2018年)
# Basic Statistics on Schools by Level and Type of School(2018)

| 指标 | Item | 学校数(所) Number of Schools (unit) | 毕业生数(人) Graduates (person) | 招生数(人) New Enrollment (person) | 在校学生数(人) Total Enrollment (person) | 教职工数(人) Teachers and Staff (person) | # 专任教师 Full-time Teachers |
|---|---|---|---|---|---|---|---|
| 一、高等教育 | Higher Education | 109 | 506302 | 617982 | 1685746 | 108602 | 91223 |
| 1.研究生(含科研机构) | Institutions Providing Postgraduate Programs (Include Research Institutions) | 49 | 30759 | 43597 | 125431 | | 18694 |
| # 普通高校 | Regular Institutions of Higher Education | 27 | 30568 | 43412 | 124799 | | 18058 |
| 2.普通高等教育 | Regular Higher Education | 95 | 311010 | 303452 | 1054808 | 106096 | 68459 |
| # 地方院校 | Local Universities | 77 | 282927 | 274079 | 936963 | 81514 | 54471 |
| (1)本　科 | Enrolled in Full Undergraduate Courses | 55 | 169633 | 177530 | 674094 | | |
| # 地方院校 | Local Universities | 49 | 141550 | 148157 | 556249 | | |
| (2)专　科 | Enrolled in Specialized Courses | 40 | 141377 | 125922 | 380714 | | |
| # 地方院校 | Local Universities | 40 | 141377 | 125922 | 380714 | | |
| 3.成人高等教育 | Higher Education for Adult | | 63892 | 75819 | 159652 | | |
| # 成人高等学校 | Institutions of Higher Education for Adult | 14 | 4530 | 12953 | 26384 | 2506 | 1298 |
| 4.网络本专科 | Students Enrolled in Internet-based Courses | | 100641 | 195114 | 345855 | | |
| # 本　科 | Enrolled in Full Undergraduate Courses | | 39203 | 67173 | 129396 | | |
| 二、中等职业教育学校 | Vocational Secondary Education | 369 | 114972 | 137969 | 399749 | 29476 | 20928 |
| 普通中等专业学校 | Regular Specialized Secondary Schools | 31 | 18745 | 19006 | 55078 | 3287 | 2223 |
| 成人中等专业学校 | Adult Specialized Secondary Schools | 3 | 626 | 128 | 428 | 185 | 99 |
| 职业高中学校 | Vocational Senior Secondary Schools | 200 | 65506 | 63364 | 177830 | 15118 | 11725 |
| 技工学校 | Technical Schools | 135 | 30095 | 55471 | 166413 | 10886 | 6881 |
| 三、普通中学 | Regular Secondary Schools | 2072 | 599783 | 607836 | 1808117 | 197466 | 155892 |
| 高　中 | Senior Secondary Schools | 471 | 263301 | 232057 | 722663 | | 57414 |
| 初　中 | Junior Secondary Schools | 1601 | 336482 | 375779 | 1085454 | | 98478 |
| 四、小　学 | Primary Schools | 4714 | 375999 | 513552 | 2656120 | 161425 | 164159 |
| 五、幼儿园(含学前班) | Kindergartens(include Pre-schools) | 7963 | 534235 | 603581 | 1413089 | 162654 | 92972 |
| 六、特殊教育学校 | Special Education | 65 | 385 | 1007 | 5984 | 1727 | 1408 |
| 七、工读学校 | Schools for Juvenile Delinquents | 1 | 21 | 12 | 18 | 42 | 32 |
| 八、成人中、小学 | Adult High and Primary Schools | 249 | 39740 | | 33845 | 737 | 381 |
| 九、职业技术培训机构 | Vocational and Technical Training Institution | 5759 | 1090820 | | 1180725 | 33537 | 20959 |

注：1.研究生培养机构中所含24所普通高等学校的教职工数已计入高等学校教职工总数中。
　　2.普通高等学校数含12所独立学院。

a) Teachers and staff of regular institutions of higher education include the 24 regular institutions of higher education in institutions providing postgraduate programs.

b) Number of regular institutions of higher education include 12 independent colleges.

## 18-2 普通高等学校基本情况
## Basic Statistics on Regular Institutions of Higher Education

| 年份<br>Year | 学校数(所)<br>Number of Schools (unit) | 招生数(万人)<br>New Enrollment (10 000 persons) | 在校学生数(万人)<br>Total Enrollment (10 000 persons) | 毕业生数(万人)<br>Graduates (10 000 persons) | 教职工数(人)<br>Teachers and Staff (person) | # 专任教师<br>Full-time Teachers |
|---|---|---|---|---|---|---|
| 1978 | 30 | 1.37 | 3.44 | 0.82 | 27210 | 10699 |
| 1980 | 34 | 1.44 | 5.39 | 0.38 | 31694 | 12066 |
| 1985 | 45 | 2.86 | 8.21 | 1.47 | 43210 | 16516 |
| 1990 | 47 | 2.62 | 9.54 | 2.81 | 51130 | 19558 |
| 1995 | 46 | 4.07 | 12.83 | 3.75 | 52440 | 20200 |
| 2000 | 39 | 9.52 | 24.17 | 3.51 | 52220 | 20723 |
| 2001 | 47 | 11.55 | 31.74 | 4.35 | 58846 | 23613 |
| 2002 | 52 | 14.70 | 41.16 | 5.16 | 63412 | 27637 |
| 2003 | 57 | 16.84 | 49.97 | 7.98 | 67405 | 35716 |
| 2004 | 62 | 19.98 | 58.39 | 11.10 | 74607 | 37145 |
| 2005 | 72 | 20.89 | 66.69 | 14.06 | 82317 | 42864 |
| 2006 | 76 | 21.91 | 72.62 | 16.23 | 87981 | 47549 |
| 2007 | 76 | 24.36 | 77.65 | 19.55 | 90306 | 50741 |
| 2008 | 76 | 27.64 | 83.97 | 21.73 | 94196 | 53740 |
| 2009 | 77 | 27.30 | 89.37 | 21.20 | 96485 | 56171 |
| 2010 | 78 | 27.44 | 92.78 | 23.55 | 98536 | 58288 |
| 2011 | 78 | 29.69 | 96.48 | 25.89 | 99010 | 59171 |
| 2012 | 79 | 32.45 | 102.63 | 26.53 | 100881 | 61500 |
| 2013 | 80 | 31.13 | 107.76 | 25.38 | 102017 | 64171 |
| 2014 | 80 | 30.64 | 109.96 | 27.74 | 103332 | 64970 |
| 2015 | 80 | 30.61 | 109.97 | 29.97 | 103911 | 66506 |
| 2016 | 81 | 30.45 | 107.63 | 32.13 | 103453 | 66133 |
| 2017 | 81 | 30.48 | 106.94 | 30.51 | 103994 | 66930 |
| 2018 | 95 | 30.35 | 105.48 | 31.10 | 106096 | 68459 |

注：2018年普通高等学校数中含12所独立学院。
a) Number of regular institutions of higher education of 2018 include 12 independent colleges.

## 18-3 中等职业学校基本情况
## Basic Statistics on Vocational Secondary Schools

| 年份<br>Year | 学校数(所)<br>Number of Schools (unit) | 招生数(万人)<br>New Enrollment (10 000 persons) | 在校学生数(万人)<br>Total Enrollment (10 000 persons) | 毕业生数(万人)<br>Graduates (10 000 persons) | 教职工数(人)<br>Teachers and Staff (person) | # 专任教师<br>Full-time Teachers |
|---|---|---|---|---|---|---|
| 1978 | 89 | 1.77 | 2.93 | 0.45 | 10401 | 3297 |
| 1980 | 162 | 2.54 | 6.55 | 0.92 | 15246 | 5699 |
| 1985 | 382 | 5.54 | 11.92 | 3.14 | 29279 | 11893 |
| 1990 | 499 | 7.48 | 17.99 | 5.89 | 39880 | 17960 |
| 1995 | 569 | 11.64 | 27.01 | 8.39 | 41736 | 20926 |
| 2000 | 648 | 13.66 | 36.37 | 11.38 | 40692 | 21693 |
| 2001 | 535 | 13.07 | 34.43 | 11.49 | 38050 | 20746 |
| 2002 | 533 | 17.26 | 38.54 | 10.80 | 37540 | 22760 |
| 2003 | 607 | 20.12 | 45.57 | 12.14 | 41265 | 25043 |
| 2004 | 588 | 22.61 | 50.88 | 13.33 | 41817 | 23868 |
| 2005 | 563 | 25.43 | 55.84 | 15.92 | 40698 | 28525 |
| 2006 | 573 | 28.78 | 63.55 | 18.12 | 40347 | 25902 |
| 2007 | 691 | 37.18 | 76.44 | 23.09 | 31986 | 20916 |
| 2008 | 676 | 37.19 | 84.99 | 25.41 | 49713 | 35742 |
| 2009 | 680 | 35.23 | 89.91 | 25.98 | 52727 | 36834 |
| 2010 | 663 | 35.20 | 89.93 | 27.35 | 51534 | 34619 |
| 2011 | 616 | 31.45 | 84.67 | 30.59 | 48923 | 33274 |
| 2012 | 564 | 24.98 | 73.31 | 29.09 | 44041 | 30063 |
| 2013 | 520 | 21.43 | 60.56 | 25.76 | 43440 | 33025 |
| 2014 | 491 | 17.71 | 50.26 | 22.43 | 37306 | 27483 |
| 2015 | 435 | 14.93 | 43.69 | 15.91 | 30890 | 21704 |
| 2016 | 398 | 15.69 | 41.17 | 15.19 | 31655 | 22643 |
| 2017 | 380 | 16.46 | 41.56 | 13.39 | 29990 | 21194 |
| 2018 | 369 | 13.80 | 39.97 | 11.50 | 29476 | 20928 |

# 18-4 普通中学基本情况
## Basic Statistics on Regular Secondary Schools

| 年　份 Year | 学校数 (所) Number of Schools (unit) | 招生数 (万人) New Enrollment (10 000 persons) | 在校学生数 (万人) Total Enrollment (10 000 persons) | 毕业生数 (万人) Graduates (10 000 persons) | 教职工数 (人) Teachers and Staff (person) | # 专任教师 Full-time Teachers |
|---|---|---|---|---|---|---|
| 1978 | 7558 | 90.52 | 193.47 | 73.47 | 116097 | 91701 |
| 1980 | 5838 | 52.56 | 180.85 | 31.21 | 127056 | 97643 |
| 1985 | 3103 | 56.24 | 170.33 | 41.32 | 122187 | 93102 |
| 1990 | 3041 | 47.18 | 132.64 | 45.95 | 127861 | 98272 |
| 1995 | 2788 | 55.71 | 145.07 | 37.48 | 129046 | 100084 |
| 2000 | 2599 | 88.94 | 230.52 | 56.25 | 149267 | 122279 |
| 2001 | 2680 | 97.02 | 254.75 | 63.42 | 160109 | 131183 |
| 2002 | 2699 | 103.01 | 278.26 | 72.35 | 169628 | 140192 |
| 2003 | 2714 | 104.15 | 295.41 | 80.51 | 178330 | 148437 |
| 2004 | 2719 | 103.73 | 302.56 | 90.27 | 185508 | 154242 |
| 2005 | 2727 | 102.44 | 304.56 | 97.20 | 191041 | 159138 |
| 2006 | 2688 | 102.32 | 307.93 | 97.72 | 193560 | 162876 |
| 2007 | 2637 | 96.95 | 300.09 | 101.67 | 195705 | 166340 |
| 2008 | 2583 | 93.73 | 288.87 | 101.84 | 198259 | 169126 |
| 2009 | 2509 | 88.08 | 274.68 | 98.86 | 198656 | 170177 |
| 2010 | 2436 | 83.18 | 259.91 | 93.76 | 198543 | 170482 |
| 2011 | 2363 | 79.47 | 246.80 | 89.61 | 210135 | 170878 |
| 2012 | 2295 | 73.02 | 225.70 | 83.86 | 207578 | 168822 |
| 2013 | 2252 | 68.31 | 210.13 | 77.35 | 206168 | 167457 |
| 2014 | 2220 | 63.94 | 196.83 | 71.17 | 203128 | 164374 |
| 2015 | 2215 | 61.07 | 187.57 | 66.95 | 200853 | 161752 |
| 2016 | 2176 | 61.42 | 183.42 | 64.32 | 198548 | 159395 |
| 2017 | 2094 | 59.99 | 180.63 | 61.50 | 197886 | 157291 |
| 2018 | 2072 | 60.78 | 180.81 | 59.98 | 197466 | 155892 |

# 18-5 普通小学基本情况
## Basic Statistics on Regular Primary Schools

| 年　份 Year | 学校数 (所) Number of Schools (unit) | 招生数 (万人) New Enrollment (10 000 persons) | 在校学生数 (万人) Total Enrollment (10 000 persons) | 毕业生数 (万人) Graduates (10 000 persons) | 教职工数 (人) Teachers and Staff ( person) | # 专任教师 Full-time Teachers |
|---|---|---|---|---|---|---|
| 1978 | 39747 | 117.01 | 450.51 | 67.91 | 180682 | 173003 |
| 1980 | 40800 | 87.10 | 452.14 | 58.76 | 198082 | 187394 |
| 1985 | 38815 | 59.93 | 367.87 | 61.41 | 186208 | 169225 |
| 1990 | 37155 | 58.42 | 353.75 | 42.74 | 193292 | 176756 |
| 1995 | 36471 | 86.30 | 451.58 | 50.12 | 200359 | 183152 |
| 2000 | 33336 | 68.22 | 480.93 | 77.00 | 199395 | 182297 |
| 2001 | 29359 | 66.87 | 461.57 | 81.32 | 200185 | 183464 |
| 2002 | 26989 | 59.51 | 433.22 | 83.04 | 203733 | 188394 |
| 2003 | 24922 | 53.01 | 401.48 | 80.62 | 206447 | 190964 |
| 2004 | 22988 | 48.16 | 370.97 | 76.57 | 204007 | 188062 |
| 2005 | 20711 | 43.59 | 340.09 | 72.46 | 203262 | 186644 |
| 2006 | 18590 | 48.52 | 325.11 | 67.98 | 200256 | 184573 |
| 2007 | 16316 | 45.43 | 305.53 | 65.26 | 198058 | 182940 |
| 2008 | 14185 | 43.18 | 286.48 | 61.79 | 196323 | 180898 |
| 2009 | 11583 | 40.99 | 271.44 | 55.56 | 193530 | 178320 |
| 2010 | 9710 | 40.86 | 261.04 | 50.59 | 190545 | 175184 |
| 2011 | 8867 | 40.77 | 253.60 | 46.46 | 173769 | 171011 |
| 2012 | 7994 | 37.89 | 234.62 | 44.86 | 169723 | 166822 |
| 2013 | 7356 | 38.81 | 227.33 | 40.05 | 163908 | 162841 |
| 2014 | 6574 | 40.50 | 226.41 | 37.46 | 160287 | 147511 |
| 2015 | 5851 | 42.58 | 233.11 | 34.76 | 155843 | 143064 |
| 2016 | 5507 | 46.24 | 241.78 | 35.98 | 156019 | 142761 |
| 2017 | 4752 | 48.05 | 252.31 | 35.99 | 157442 | 144065 |
| 2018 | 4714 | 51.36 | 265.61 | 37.60 | 161425 | 164159 |

# 18-6 技工学校基本情况(2018年)
# Basic Statistics on Technical Schools(2018)

| 指　标 | Item | 学校数(所) Number of Schools (unit) | 招生数(人) New Enrollment (person) | 在校学生数(人) Total Enrollment (person) | 毕业生数(人) Graduates (person) | 教职工数(人) Teachers and Staff (person) | #专任教师 Full-time Teachers |
|---|---|---|---|---|---|---|---|
| **总　计** | **Total** | **135** | **55471** | **166413** | **30095** | **10886** | **6881** |
| 一、地方人社部门办校 | Run by Labour Department | 6 | 3626 | 9964 | 2651 | 891 | 739 |
| 二、国有经济单位办校 | Run by State-owned Unit | 50 | 10808 | 31687 | 9943 | 2991 | 2136 |
| 行业办校 | Run by Sector | 19 | 6117 | 16984 | 4701 | 1447 | 1080 |
| 企业办校 | Run by Enterprise | 31 | 4691 | 14703 | 5242 | 1544 | 1056 |
| 三、民　办 | Run by Private | 77 | 40378 | 122961 | 16831 | 6800 | 3882 |
| 四、国务院部委办 | Run by the Ministries in the State Council | 2 | 659 | 1801 | 670 | 204 | 124 |

# 18-7 全省科技活动情况
# Scientific and Technological Activities in the Whole Province

| 指　标 | Item | 2015 | 2016 | 2017 |
|---|---|---|---|---|
| 一、机构数　(个) | Number of Institutions　(unit) | | | |
| 1.科研院所 | Research Institutions | 111 | 106 | 104 |
| 2.高等院校 | Regular Institutions of Higher Education | 401 | 443 | 571 |
| 3.规模以上工业企业 | Large and Medium-sized Industrial Enterprises | 552 | 626 | 652 |
| 4.其　他 | Others | 112 | 122 | 154 |
| 二、R&D经费内部支出　(万元) | Internal Expenditure on R&D　(10 000 yuan) | 3931727 | 4195554 | 4609363 |
| 1.按来源构成分 | By Composition of Source | | | |
| 政府资金 | Government Funds | 2202211 | 2231466 | 2326046 |
| 企业资金 | Self-raised Funds by Enterprises | 1629506 | 1856926 | 2108775 |
| 境外资金 | Foreign capital | 2140 | 2774 | 5641 |
| 其他资金 | Others | 97870 | 104388 | 168900 |
| 2.按隶属关系分 | By Jurisdiction of Management | | | |
| 中　央 | Central | 2750933 | 2761864 | 2936854 |
| 地　方 | Local | 1180794 | 1433689 | 1672508 |
| 三、科技成果与著作情况 | Achievements and Books in S&T | | | |
| 1.科技论文　(篇) | Technical and Scientific Papers　(piece) | 71779 | 74300 | 78926 |
| 2.出版科技著作　(种) | Kinds of Published Scientific Books　(unit) | 1693 | 1768 | 1907 |

# 18–8 全省地方登记的科技成果

# Achievements in Science and Technology in the Whole Province

单位：项 (unit)

| 行　业 | Sector | 2016 | 2017 | 2018 |
|---|---|---|---|---|
| **总　计** | **Total** | **3220** | **3139** | **3152** |
| 农、林、牧、渔业 | Agriculture, Forestry, Animal Husbandry and Fishery | 357 | 306 | 427 |
| 采矿业 | Mining | 112 | 120 | 137 |
| 制造业 | Manufacturing | 559 | 476 | 686 |
| 电力、燃气及水的生产和供应业 | Production and Distribution of Electricity,Gas and Water | 382 | 454 | 287 |
| 建筑业 | Construction | 130 | 123 | 244 |
| 批发和零售业 | Wholesale and Retail Trades | 4 | | 4 |
| 交通运输、仓储和邮政业 | Traffic, Transport, Storage and Post | 95 | 92 | 112 |
| 住宿和餐饮业 | Hotels and Catering Services | 17 | 45 | 19 |
| 信息传输、软件和信息技术服务业 | Information Transmission, Software and Information Services | 456 | 432 | 346 |
| 金融业 | Financial Intermediation | 17 | 123 | 61 |
| 房地产业 | Real Estate | 1 | | |
| 租赁和商务服务业 | Leasing and Business Services | | | 1 |
| 科学研究和技术服务业 | Scientific Research, Technology Services | 618 | 627 | 472 |
| 水利、环境和公共设施管理业 | Management of Water Conservancy, Environment and Public Facilities | 94 | 59 | 44 |
| 居民服务、修理和其他服务业 | Residents Service, Repair and other Services | 16 | 11 | 21 |
| 教　育 | Education | 2 | 5 | 7 |
| 卫生和社会工作 | Health, Social Work | 317 | 241 | 268 |
| 文化、体育和娱乐业 | Culture, Sports and Entertainment | 31 | 19 | 6 |
| 公共管理、社会保障和社会组织 | Public Management, Social Security and Social Organization | 10 | 6 | 10 |
| 国际组织 | International Organizations | 2 | | |

# 18–9 地方公有经济企业专业技术人才分行业情况(2018年)
# Situation of Professional and Technical Personnel in Local Public Economy Enterprises(2018)

单位：人 (person)

| 行业 | Sector | 总计 Total | #工程技术人员 Engi-neering | #农业技术人员 Agri-culture | #科学研究人员 Scientific Research | #卫生技术人员 Health Care | #教学人员 Teaching |
|---|---|---|---|---|---|---|---|
| **总计** | **Total** | **179864** | **104409** | **1155** | **1724** | **7518** | **1680** |
| 农、林、牧、渔业 | Agriculture, Forestry, Animal Husbandry and Fishery | 2920 | 1071 | 747 | 55 | 16 | 35 |
| 采矿业 | Mining | 35689 | 20905 | 126 | 1 | 2650 | 461 |
| 制造业 | Manufacturing | 47612 | 27542 | 76 | 646 | 1281 | 483 |
| 电力、燃气及水的生产和供应业 | Production and Distribution of Electricity, Gas and Water | 12233 | 8534 | 6 | 2 | 22 | 59 |
| 建筑业 | Construction | 30535 | 25009 | 34 | 2 | 122 | 19 |
| 批发和零售业 | Wholesale and Retail Trades | 4946 | 311 | 31 | 2 | 2140 | 8 |
| 交通运输、仓储和邮政业 | Traffic, Transport, Storage and Post | 10096 | 5849 | 23 | 14 | 90 | 47 |
| 住宿和餐饮业 | Hotels and Catering Services | 1305 | 137 | | | 18 | 13 |
| 信息传输、软件和信息技术服务业 | Information Transmission, Software and Information Services | 928 | 482 | 20 | 1 | 23 | 12 |
| 金融业 | Financial Intermediation | 7190 | 383 | | 14 | 44 | 3 |
| 房地产业 | Real Estate | 3490 | 2334 | 36 | 1 | 9 | 6 |
| 租赁和商务服务业 | Leasing and Business Services | 574 | 227 | 14 | | 11 | 1 |
| 科学研究和技术服务业 | Scientific Research, Technology Services | 11311 | 8445 | | 950 | 159 | 128 |
| 水利.环境和公共设施管理业 | Management of Water Conservancy, Environment and Public Facilities | 3280 | 2366 | 12 | 33 | 1 | 1 |
| 居民服务、修理和其他服务业 | Residents Service, Repair and other Services | 2461 | 461 | | | 168 | 25 |
| 教育 | Education | 584 | 6 | | | | 366 |
| 卫生和社会工作 | Health, Social Work | 852 | 16 | | | 759 | |
| 文化、体育和娱乐业 | Culture, Sports and Entertainment | 3549 | 315 | | 3 | 5 | 13 |
| 公共管理、社会保障和社会组织 | Public Management, Social Security and Social Organization | 309 | 16 | 30 | | | |

# 18-10 规模以上工业企业研究与试验发展(R&D)人员和经费支出情况(2017年)
# R&D Personnel and Expenditure of Industrial Enterprises above Designated (2017)

| 分组 | Item | R&D人员(人) R&D Personnel (person) | #研究人员 Research Personnel | R&D经费内部支出(万元) R&D Internal Expenditure (10 000 yuan) | #政府资金 Government Funds | #企业资金 Enterprises Funds | #境外资金 Foreign Funds |
|---|---|---|---|---|---|---|---|
| **总　　计** | **Total** | **70156** | **29023** | **1963697** | **394907** | **1558488** | **1579** |
| **按企业规模分** | **Grouped by Size of Enterprises** | | | | | | |
| 大　型 | Large Enterprises | 43199 | 18317 | 1357479 | 356934 | 999123 | 754 |
| 中　型 | Medium-sized Enterprises | 14640 | 5830 | 303563 | 22544 | 275304 | 465 |
| 小　型 | Small Enterprises | 12149 | 4813 | 298783 | 15383 | 280349 | 360 |
| 微　型 | Micro Enterprises | 168 | 63 | 3873 | 46 | 3713 | |
| **按登记注册类型分** | **By Status of Registration** | | | | | | |
| 内资企业 | Domestic Funded | 65494 | 27176 | 1769601 | 394294 | 1366420 | 913 |
| 国有企业 | State-owned Enterprises | 13717 | 6036 | 348723 | 117637 | 229936 | 530 |
| 集体企业 | Collective-owned Enterprises | 54 | 15 | 1519 | 36 | 1483 | |
| 有限责任公司 | Limited Liability Corporations | 40526 | 16561 | 1130226 | 260069 | 867645 | 371 |
| 国有独资公司 | State Sole Funded Corporations | 10766 | 4424 | 291200 | 41212 | 249837 | 136 |
| 其他有限责任公司 | Other Limited Liability Corporations | 29760 | 12137 | 839026 | 218857 | 617808 | 235 |
| 股份有限公司 | Share-holding Corporations Limited | 6057 | 2637 | 180741 | 11394 | 166038 | 12 |
| 私营企业 | Private Enterprises | 5099 | 1912 | 107487 | 5153 | 100419 | |
| 私营独资企业 | Private-funded Enterprises | 30 | 13 | 989 | 123 | 866 | |
| 私营有限责任公司 | Private Limited Liability Corporations | 4242 | 1570 | 88134 | 4514 | 81903 | |
| 私营股份有限公司 | Private Share-holding Corporations Ltd. | 827 | 329 | 18365 | 516 | 17650 | |
| 其他企业 | Other Enterprises | 41 | 15 | 906 | 6 | 900 | |
| 港、澳、台商投资企业 | Enterprises with Funds from Hong Kong, Macao and Taiwan | 2006 | 626 | 33450 | 265 | 33156 | |
| 合资经营企业(港或澳、台资 | Joint-venture Enterprises | 1428 | 447 | 24556 | 205 | 24350 | |
| 港澳台商独资经营企业 | Enterprises with Sole Investment | 148 | 41 | 5990 | 50 | 5913 | |
| 港澳台商投资股份有限公司 | Share-holding Corporations Ltd. | 81 | 25 | 1473 | | 1473 | |
| 其他港澳台投资企业 | Other Enterprises with Funds from Hong Kong, Macao and Taiwan | 349 | 113 | 1430 | 10 | 1420 | |
| 外商投资企业 | Foreign Funded Enterprises | 2656 | 1221 | 160646 | 348 | 158912 | 667 |
| 中外合资经营企业 | Joint-venture Enterprises | 912 | 433 | 25266 | 263 | 23997 | 350 |
| 外资企业 | Enterprises with Sole Funds | 1514 | 694 | 118205 | | 117888 | 317 |
| 外商投资股份有限公司 | Share-holding Corporations Ltd. | 170 | 90 | 15887 | 85 | 15802 | |
| 其他外商投资企业 | Other Foreign Funded Enterprises | 60 | 4 | 1288 | | 1225 | |
| **按国民经济行业分** | **By Sector** | | | | | | |
| 采矿业 | Mining | 4120 | 1764 | 66624 | 4189 | 62421 | |
| 煤炭开采和洗选业 | Mining and Washing of Coal | 1553 | 553 | 36463 | 32 | 36431 | |
| 石油和天然气开采业 | Extraction of Petroleum and Natural Gas | 925 | 490 | 6747 | 3806 | 2941 | |
| 黑色金属矿采选业 | Mining and Processing of Ferrous Metal Ores | 53 | 20 | 360 | 50 | 310 | |
| 有色金属矿采选业 | Mining and Processing of Non-Ferrous Metal Ores | 886 | 365 | 8501 | 98 | 8388 | |
| 非金属矿采选业 | Mining and Processing of Nonmetal Ores | 116 | 25 | 1315 | 42 | 1273 | |
| 开采辅助活动 | Support Activities for Mining | 587 | 311 | 13238 | 161 | 13077 | |
| 制造业 | Manufacturing | 63991 | 26542 | 1872439 | 390618 | 1471534 | 1579 |
| 农副食品加工业 | Processing of Food from Agricultural Products | 1052 | 334 | 25919 | 1499 | 24419 | |
| 食品制造业 | Manufacture of Foods | 717 | 215 | 22204 | 401 | 21611 | |

18−10 续表 continued

| 分组 | Item | R&D人员(人) R&D Personnel (person) | #研究人员 Research Personnel | R&D经费内部支出(万元) R&D Internal Expenditure (10 000 yuan) | #政府资金 Government Funds | #企业资金 Enterprises Funds | #境外资金 Foreign Funds |
|---|---|---|---|---|---|---|---|
| 酒、饮料和精制茶制造业 | Manufacture of Wine,Beverages and Refined Tea | 911 | 281 | 23022 | 1374 | 21648 | |
| 烟草制品业 | Manufacture of Tobacco | 50 | 20 | 584 | | 584 | |
| 纺织业 | Manufacture of Textile | 319 | 145 | 9523 | 50 | 9473 | |
| 纺织服装、服饰业 | Manufacture of Textile and Clothing | 137 | 49 | 1817 | 235 | 1582 | |
| 皮革、毛皮、羽毛及其制品和制鞋业 | Manufacture of Leather, Fur, Feather and Related Products and Footwear | 62 | 14 | 2320 | 3 | 2317 | |
| 木材加工和木、竹、藤、棕、草制品业 | Processing of Timber, Manufacture of Wood, Bamboo, Rattan,Palm and Straw Products | 36 | 14 | 1062 | | 1062 | |
| 造纸和纸制品业 | Manufacture of Paper and Paper Products | 53 | 19 | 1194 | 42 | 1152 | |
| 印刷和记录媒介复制业 | Printing, Reproduction of Recording Media | 401 | 135 | 2808 | | 2808 | |
| 文教、工美、体育和娱乐用品制造业 | Manufacture of Articles for Culture, Education, Arts and Crafts, Sport and Entertainment Activities | 18 | 1 | 700 | | 700 | |
| 石油加工、炼焦和核燃料加工业 | Processing of Petroleum, Coking, Processing Nuclear Fuel | 1521 | 547 | 126945 | 14211 | 112618 | 88 |
| 化学原料和化学制品制造业 | Manufacture of Chemical Raw Material and Chemical Products | 4195 | 1761 | 144758 | 9144 | 134838 | |
| 医药制造业 | Manufacture of Medicines | 2690 | 1066 | 75892 | 2609 | 72926 | |
| 化学纤维制造业 | Manufacture of Chemical Fibers | 39 | 18 | 1580 | | 1580 | |
| 橡胶和塑料制品业 | Manufacture of Rubber and Plastics | 595 | 208 | 17129 | 1866 | 15192 | |
| 非金属矿物制品业 | Manufacture of Non-metallic Mineral Products | 1081 | 401 | 29930 | 751 | 28968 | |
| 黑色金属冶炼和压延加工业 | Smelting and Pressing of Ferrous Metals | 800 | 238 | 44691 | 559 | 44132 | |
| 有色金属冶炼和压延加工业 | Smelting and Pressing of Non-ferrous Metals | 2864 | 1202 | 107022 | 11958 | 94476 | |
| 金属制品业 | Manufacture of Metal Products | 3227 | 1138 | 52954 | 10536 | 42258 | 146 |
| 通用设备制造业 | Manufacture of General Purpose Machinery | 2827 | 1288 | 62177 | 9468 | 52212 | 350 |
| 专用设备制造业 | Manufacture of Special Purpose Machinery | 4360 | 2026 | 87548 | 11302 | 76003 | 12 |
| 汽车制造业 | Automotive Industry | 4866 | 1622 | 138696 | 2819 | 132589 | 16 |
| 铁路、船舶、航空航天和其他运输设备制造业 | Manufacture of Railway,Shipping,Aerospace and Other Transport Equipments | 16859 | 7233 | 449719 | 292796 | 156525 | |
| 电气机械和器材制造业 | Manufacture of Electrical Machinery and Equipment | 3875 | 1585 | 130101 | 3676 | 124424 | 967 |
| 计算机、通信和其他电子设备制造业 | Manufacture of Computers,Communication and Other Electronic Equipment | 7020 | 3268 | 224564 | 13111 | 211113 | |
| 仪器仪表制造业 | Manufacture of Measuring Instrument and Machinery | 2524 | 1284 | 74375 | 1535 | 71795 | |
| 其他制造业 | Other Manufacturing | 179 | 60 | 4710 | 107 | 4603 | |
| 废弃资源综合利用业 | Utilization of Waste Resources | 14 | 6 | 34 | 10 | 24 | |
| 金属制品、机械和设备修理业 | Industry of Metalwork,Machinery, and Equipment Repair | 699 | 364 | 8463 | 556 | 7907 | |
| 电力、热力、燃气及水生产和供应业 | Production and Distribution of Electricity, Gas and Water | 2045 | 717 | 24634 | 100 | 24534 | |
| 电力、热力生产和供应业 | Production and Supply of Electric Power and Heat Power | 2042 | 716 | 24592 | 100 | 24492 | |
| 燃气生产和供应业 | Production and Supply of Gas | 3 | 1 | 42 | | 42 | |

# 18-11 规模以上工业企业研究与试验发展(R&D)项目情况(2017年)
# The Situation of Industrial Enterprises above Designated Projects (2017)

| 分组 | Item | 项目数 (项) Number of R&D Projects (item) | 参加项目人员 (人) R&D Personnel (person) | 项目人员全时当量 (人年) Full-time Equivalent of R&D Personnel (man-year) | 项目经费内部支出 (万元) Expenditure on R&D Projects (10 000 yuan) |
|---|---|---|---|---|---|
| **总计** | **Total** | **5125** | **60959** | **39054** | **1956854** |
| **按企业规模分** | **Grouped by Size of Enterprises** | | | | |
| 大型 | Large Enterprises | 2117 | 37052 | 25644 | 1351603 |
| 中型 | Medium-sized Enterprises | 1315 | 12744 | 7825 | 303033 |
| 小型 | Small Enterprises | 1660 | 11001 | 5505 | 298346 |
| 微型 | Micro Enterprises | 33 | 162 | 79 | 3872 |
| **按登记注册类型分** | **By Status of Registration** | | | | |
| 内资企业 | Domestic Funded | 4941 | 56414 | 35354 | 1763018 |
| 国有企业 | State-owned Enterprises | 726 | 11911 | 7761 | 344343 |
| 集体企业 | Collective-owned Enterprises | 8 | 48 | 15 | 1517 |
| 有限责任公司 | Limited Liability Corporations | 2842 | 34746 | 22910 | 1128411 |
| 国有独资公司 | State Sole Funded Corporations | 787 | 9409 | 5749 | 290175 |
| 其他有限责任公司 | Other Limited Liability Corporations | 2055 | 25337 | 17161 | 838236 |
| 股份有限公司 | Share-holding Corporations Limited | 727 | 4976 | 2550 | 180481 |
| 私营企业 | Private Enterprises | 636 | 4692 | 2115 | 107361 |
| 私营独资企业 | Private-funded Enterprises | 5 | 23 | 10 | 989 |
| 私营有限责任公司 | Private Limited Liability Corporations | 518 | 3906 | 1791 | 88029 |
| 私营股份有限公司 | Private Share-holding Corporations Ltd. | 113 | 763 | 314 | 18343 |
| 其他企业 | Other Enterprises | 2 | 41 | 3 | 906 |
| 港、澳、台商投资企业 | Enterprises with Funds from Hong Kong, Macao and Taiwan | 36 | 1977 | 1830 | 33438 |
| 合资经营企业(港或澳、台资) | Joint-venture Enterprises | 10 | 1428 | 1390 | 24546 |
| 港、澳、台商独资经营企业 | Enterprises with Sole Investment | 12 | 138 | 88 | 5990 |
| 港、澳、台商投资股份有限公司 | Share-holding Corporations Ltd. | 5 | 81 | 29 | 1471 |
| 其他港澳台投资企业 | Other Enterprises with Funds from Hong Kong, Macao and Taiwan | 9 | 330 | 323 | 1430 |
| 外商投资企业 | Foreign Funded Enterprises | 148 | 2568 | 1869 | 160398 |
| 中外合资经营企业 | Joint-venture Enterprises | 92 | 857 | 468 | 25019 |
| 外资企业 | Enterprises with Sole Funds | 41 | 1481 | 1344 | 118205 |
| 外商投资股份有限公司 | Share-holding Corporations Ltd. | 10 | 170 | 45 | 15886 |
| 其他外商投资企业 | Other Foreign Funded Enterprises | 5 | 60 | 13 | 1288 |
| **按国民经济行业分** | **By Sector** | | | | |
| 采矿业 | Mining | 366 | 3267 | 1396 | 66517 |
| 煤炭开采和洗选业 | Mining and Washing of Coal | 137 | 1461 | 642 | 36444 |
| 石油和天然气开采业 | Extraction of Petroleum and Natural Gas | 73 | 614 | 212 | 6672 |
| 黑色金属矿采选业 | Mining and Processing of Ferrous Metal Ores | 3 | 46 | 3 | 360 |
| 有色金属矿采选业 | Mining and Processing of Non-Ferrous Metal Ores | 70 | 574 | 148 | 8491 |
| 非金属矿采选业 | Mining and Processing of Non-metal Ores | 8 | 111 | 77 | 1311 |
| 开采辅助活动 | Support Activities for Mining | 75 | 461 | 314 | 13238 |
| 制造业 | Manufacturing | 4638 | 55874 | 37346 | 1865725 |
| 农副食品加工业 | Processing of Food from Agricultural Products | 120 | 975 | 349 | 25802 |
| 食品制造业 | Manufacture of Foods | 58 | 670 | 339 | 22189 |

18-11 续表 continued

| 分 组 | Item | 项目数 (项) Number of R&D Projects (item) | 参加项目人员 (人) R&D Personnel (person) | 项目人员全时当量 (人年) Full-time Equivalent of R&D Personnel (man-year) | 项目经费内部支出 (万元) Expenditure on R&D Projects (10 000 yuan) |
|---|---|---|---|---|---|
| 酒、饮料和精制茶制造业 | Manufacture of Wine,Beverages and Refined Tea | 105 | 883 | 477 | 22744 |
| 烟草制品业 | Manufacture of Tobacco | 8 | 50 | 12 | 573 |
| 纺织业 | Manufacture of Textile | 29 | 225 | 79 | 9479 |
| 纺织服装、服饰业 | Manufacture of Textile and Clothing | 8 | 106 | 40 | 1809 |
| 皮革、毛皮、羽毛及其制品和制鞋业 | Manufacture of Leather, Fur, Feather and Related Products and Footwear | 19 | 59 | 28 | 2320 |
| 木材加工和木、竹、藤、棕、草制品业 | Processing of Timber, Manufacture of Wood, Bamboo, Rattan,Palm and Straw Products | 2 | 36 | 22 | 1062 |
| 造纸和纸制品业 | Manufacture of Paper and Paper Products | 5 | 46 | 14 | 1191 |
| 印刷和记录媒介复制业 | Printing, Reproduction of Recording Media | 22 | 182 | 87 | 2806 |
| 文教、工美、体育和娱乐用品制造业 | Manufacture of Articles for Culture, Education, Arts and Crafts, Sport and Entertainment Activities | 1 | 18 | 16 | 700 |
| 石油加工、炼焦和核燃料加工业 | Processing of Petroleum, Coking, Processing Nuclear Fuel | 127 | 1344 | 832 | 126903 |
| 化学原料和化学制品制造业 | Manufacture of Chemical Raw Material and Chemical Products | 535 | 3700 | 2338 | 144662 |
| 医药制造业 | Manufacture of Medicines | 378 | 2465 | 1475 | 75800 |
| 化学纤维制造业 | Manufacture of Chemical Fibers | 2 | 33 | 23 | 1580 |
| 橡胶和塑料制品业 | Manufacture of Rubber and Plastics | 76 | 506 | 164 | 17091 |
| 非金属矿物制品业 | Manufacture of Non-metallic Mineral Products | 117 | 1024 | 566 | 29900 |
| 黑色金属冶炼和压延加工业 | Smelting and Pressing of Ferrous Metals | 62 | 780 | 523 | 44689 |
| 有色金属冶炼和压延加工业 | Smelting and Pressing of Non-ferrous Metals | 236 | 1991 | 983 | 106950 |
| 金属制品业 | Manufacture of Metal Products | 207 | 2955 | 1898 | 52951 |
| 通用设备制造业 | Manufacture of General Purpose Machinery | 214 | 2303 | 1253 | 62167 |
| 专用设备制造业 | Manufacture of Special Purpose Machinery | 461 | 3760 | 2249 | 87483 |
| 汽车制造业 | Automotive Industry | 178 | 4691 | 4094 | 137975 |
| 铁路、船舶、航空航天和其他运输设备制造业 | Manufacture of Railway,Shipping,Aerospace and Other Transport Equipments | 590 | 14558 | 11723 | 447954 |
| 电气机械和器材制造业 | Manufacture of Electrical Machinery and Equipment | 487 | 3554 | 2018 | 129730 |
| 计算机、通信和其他电子设备制造业 | Manufacture of Computers,Communication and Other Electronic Equipment | 396 | 6053 | 4443 | 224102 |
| 仪器仪表制造业 | Manufacture of Measuring Instrument and Machinery | 154 | 2115 | 1139 | 71921 |
| 其他制造业 | Other Manufacturing | 22 | 157 | 58 | 4699 |
| 废弃资源综合利用业 | Utilization of Waste Resources | 2 | 14 | 12 | 34 |
| 金属制品、机械和设备修理业 | Industry of Metalwork,Machinery, and Equipment Repair | 17 | 621 | 92 | 8462 |
| 电力、热力、燃气及水生产和供应业 | Production and Distribution of Electricity, Gas and Water | 121 | 1818 | 311 | 24613 |
| 电力、热力生产和供应业 | Production and Supply of Electric Power and Heat Power | 120 | 1815 | 311 | 24571 |
| 燃气生产和供应业 | Production and Supply of Gas | 1 | 3 | | 42 |

# 18–12 规模以上工业企业新产品开发、生产及销售情况(2017年)
# Developing, Producing and Sales of Industrial Enterprises above Designated (2017)

| 分　组 | Item | 新产品开发项目数(项) Number of New products Development Project (item) | 新产品开发经费支出(万元) New products Development Expenditure (10 000 yuan) | 新产品产　值(万元) New products Output Value (10 000 yuan) | 新产品销售收入(万元) New products Sales Income (10 000 yuan) |
|---|---|---|---|---|---|
| **总　计** | **Total** | **5093** | **2042467** | **19730477** | **17148934** |
| **按企业规模分** | **Grouped by Size of Enterprises** | | | | |
| 大　型 | Large Enterprises | 1855 | 1364200 | 15937511 | 13570055 |
| 中　型 | Medium-sized Enterprises | 1309 | 319624 | 2135445 | 1965927 |
| 小　型 | Small Enterprises | 1889 | 352949 | 1641880 | 1581839 |
| 微　型 | Micro Enterprises | 40 | 5694 | 15642 | 31112 |
| **按登记注册类型分** | **By Status of Registration** | | | | |
| 内资企业 | Domestic Funded | 4874 | 1847062 | 18736679 | 16398896 |
| 国有企业 | State-owned Enterprises | 731 | 401407 | 1552552 | 1611334 |
| 集体企业 | Collective-owned Enterprises | 8 | 1528 | 510 | 503 |
| 股份合作企业 | Cooperative Enterprises | 1 | 136 | 3320 | 2302 |
| 有限责任公司 | Limited Liability Corporations | 2670 | 1137901 | 15135512 | 12754895 |
| 国有独资公司 | State Sole Funded Corporations | 659 | 259198 | 2220215 | 2399168 |
| 其他有限责任公司 | Other Limited Liability Corporations | 2011 | 878703 | 12915297 | 10355727 |
| 股份有限公司 | Share-holding Corporations Limited | 716 | 175321 | 1491492 | 1491224 |
| 私营企业 | Private Enterprises | 747 | 130256 | 547493 | 532852 |
| 私营独资企业 | Private-funded Enterprises | 5 | 995 | 1760 | 1295 |
| 私营有限责任公司 | Private Limited Liability Corporations | 629 | 112601 | 491430 | 484385 |
| 私营股份有限公司 | Private Share-holding Corporations Ltd. | 113 | 16660 | 54303 | 47173 |
| 其他企业 | Other Enterprises | 1 | 513 | 5800 | 5786 |
| 港、澳、台商投资企业 | Enterprises with Funds from Hong Kong, Macao and Taiwan | 44 | 14713 | 692467 | 488393 |
| 合资经营企业(港或澳、台资) | Joint-venture Enterprises | 18 | 6675 | 601181 | 420124 |
| 港澳台商独资经营企业 | Enterprises with Sole Investment | 9 | 3933 | 38718 | 34608 |
| 港澳台商投资股份有限公司 | Share-holding Corporations Ltd. | 8 | 2515 | 2590 | 2590 |
| 其他港澳台投资企业 | Other Enterprises with Funds from Hong Kong, Macao and Taiwan | 9 | 1591 | 49979 | 31071 |
| 外商投资企业 | Foreign Funded Enterprises | 175 | 180692 | 301331 | 261644 |
| 中外合资经营企业 | Joint-venture Enterprises | 120 | 32144 | 185264 | 173370 |
| 外资企业 | Enterprises with Sole Funds | 43 | 120787 | 72971 | 54297 |
| 外商投资股份有限公司 | Share-holding Corporations Ltd. | 9 | 26748 | 43095 | 33978 |
| 其他外商投资企业 | Other Foreign Funded Enterprises | 3 | 1014 | | |
| **按国民经济行业分** | **By Sector** | | | | |
| 采矿业 | Mining | 147 | 39256 | 20788 | 199596 |
| 煤炭开采和洗选业 | Mining and Washing of Coal | 39 | 20525 | 100 | 100 |
| 石油和天然气开采业 | Extraction of Petroleum and Natural Gas | 35 | 5609 | | |
| 黑色金属矿采选业 | Mining and Processing of Ferrous Metal Ores | 3 | 511 | | |
| 有色金属矿采选业 | Mining and Processing of Non-Ferrous Metal Ores | 28 | 3499 | 40 | 179118 |
| 非金属矿采选业 | Mining and Processing of Nonmetal Ores | 7 | 1653 | 18248 | 18142 |
| 开采辅助活动 | Support Activities for Mining | 35 | 7460 | 2400 | 2235 |
| 制造业 | Manufacturing | 4905 | 1996081 | 19706316 | 16939958 |
| 农副食品加工业 | Processing of Food from Agricultural Products | 157 | 37375 | 211267 | 204973 |
| 食品制造业 | Manufacture of Foods | 86 | 29398 | 47251 | 57549 |

18-12 续表 continued

| 分　组 | Item | 新产品开发项目数（项）Number of New products Development Project (item) | 新产品开发经费支出（万元）New products Development Expenditure (10 000 yuan) | 新产品产值（万元）New products Output Value (10 000 yuan) | 新产品销售收入（万元）New products Sales Income (10 000 yuan) |
|---|---|---|---|---|---|
| 酒、饮料和精制茶制造业 | Manufacture of Wine,Beverages and Refined Tea | 135 | 28924 | 227997 | 236512 |
| 烟草制品业 | Manufacture of Tobacco | 18 | 2808 | 157377 | 118966 |
| 纺织业 | Manufacture of Textile | 38 | 9730 | 19421 | 19161 |
| 纺织服装、服饰业 | Manufacture of Textile and Clothing | 10 | 2113 | 5972 | 11395 |
| 皮革、毛皮、羽毛及其制品和制鞋业 | Manufacture of Leather, Fur, Feather and Related Products and Footwear | 21 | 2773 | 9264 | 17816 |
| 木材加工和木、竹、藤、棕、草制品业 | Processing of Timber, Manufacture of Wood, Bamboo, Rattan, Palm and Straw Products | 3 | 393 | 2995 | 2950 |
| 家具制造业 | Manufacture of Furniture | 2 | 293 | 1530 | 1529 |
| 造纸和纸制品业 | Manufacture of Paper and Paper Products | 7 | 4434 | 5500 | 5500 |
| 印刷和记录媒介复制业 | Printing, Reproduction of Recording Media | 24 | 5258 | 13196 | 7208 |
| 文教、工美、体育和娱乐用品制造业 | Manufacture of Articles for Culture, Education, Arts and Crafts, Sport and Entertainment Activities | 2 | 731 | | 185 |
| 石油加工、炼焦和核燃料加工业 | Processing of Petroleum, Coking, Processing Nuclear Fuel | 78 | 61555 | 178868 | 184376 |
| 化学原料和化学制品制造业 | Manufacture of Chemical Raw Material and Chemical Products | 477 | 140022 | 1088195 | 1060458 |
| 医药制造业 | Manufacture of Medicines | 346 | 89972 | 680794 | 537819 |
| 化学纤维制造业 | Manufacture of Chemical Fibers | 2 | 2085 | | |
| 橡胶和塑料制品业 | Manufacture of Rubber and Plastics | 91 | 18047 | 83236 | 75290 |
| 非金属矿物制品业 | Manufacture of Non-metallic Mineral Products | 76 | 23792 | 117057 | 113930 |
| 黑色金属冶炼和压延加工业 | Smelting and Pressing of Ferrous Metals | 52 | 16864 | 238987 | 208238 |
| 有色金属冶炼和压延加工业 | Smelting and Pressing of Non-ferrous Metals | 214 | 121186 | 930631 | 1011011 |
| 金属制品业 | Manufacture of Metal Products | 203 | 54404 | 299489 | 296816 |
| 通用设备制造业 | Manufacture of General Purpose Machinery | 219 | 70962 | 573812 | 596933 |
| 专用设备制造业 | Manufacture of Special Purpose Machinery | 524 | 102390 | 510615 | 501567 |
| 汽车制造业 | Automotive Industry | 223 | 153370 | 8095137 | 5317088 |
| 铁路、船舶、航空航天和其他运输设备制造业 | Manufacture of Railway,Shipping,Aerospace and Other Transport Equipments | 592 | 505528 | 3567073 | 3765029 |
| 电气机械和器材制造业 | Manufacture of Electrical Machinery and Equipment | 653 | 165888 | 1510484 | 1538583 |
| 计算机、通信和其他电子设备制造业 | Manufacture of Computers,Communication and Other Electronic Equipment | 421 | 241358 | 783299 | 723462 |
| 仪器仪表制造业 | Manufacture of Measuring Instrument and Machinery | 190 | 87353 | 291528 | 270914 |
| 其他制造业 | Other Manufacturing | 18 | 4836 | 17254 | 20657 |
| 废弃资源综合利用业 | Utilization of Waste Resources | 2 | 408 | 12 | 8 |
| 金属制品、机械和设备修理业 | Industry of Metalwork,Machinery, and Equipment Repair | 21 | 11834 | 38075 | 34035 |
| 电力、热力、燃气及水生产和供应业 | Production and Distribution of Electricity, Gas and Water | 41 | 7129 | 3373 | 9380 |
| 电力、热力生产和供应业 | Production and Supply of Electric Power and Heat Power | 36 | 4875 | 3373 | 9380 |
| 燃气生产和供应业 | Production and Supply of Gas | 4 | 821 | | |
| 水的生产和供应业 | Production and Supply of Water | 1 | 1433 | | |

# 18—13 规模以上工业企业自主知识产权保护情况(2017年)

| 分　组 | Item | 专利申请数 (件) Number of Patent Application (piece) | # 发明专利 Patent of Invention |
|---|---|---|---|
| **总　计** | **Total** | **9232** | **3939** |
| **按企业规模分** | **Grouped by Size of Enterprises** | | |
| 大　型 | Large Enterprises | 4640 | 2236 |
| 中　型 | Medium-sized Enterprises | 1758 | 550 |
| 小　型 | Small Enterprises | 2790 | 1127 |
| 微　型 | Micro Enterprises | 44 | 26 |
| **按登记注册类型分** | **By Status of Registration** | | |
| 内资企业 | Domestic Funded | 8998 | 3845 |
| 国有企业 | State-owned Enterprises | 1551 | 858 |
| 集体企业 | Collective-owned Enterprises | | |
| 股份合作企业 | Cooperative Enterprises | | |
| 有限责任公司 | Limited Liability Corporations | 4771 | 2047 |
| 国有独资公司 | State Sole Funded Corporations | 1178 | 458 |
| 其他有限责任公司 | Other Limited Liability Corporations | 3593 | 1589 |
| 股份有限公司 | Share-holding Corporations Limited | 1586 | 543 |
| 私营企业 | Private Enterprises | 1090 | 397 |
| 私营独资企业 | Private-funded Enterprises | 2 | |
| 私营有限责任公司 | Private Limited Liability Corporations | 910 | 330 |
| 私营股份有限公司 | Private Share-holding Corporations Ltd. | 178 | 67 |
| 其他企业 | Other Enterprises | | |
| 港、澳、台商投资企业 | Enterprises with Funds from Hong Kong, Macao and Taiwan | 78 | 29 |
| 合资经营企业(港或澳、台资) | Joint-venture Enterprises | 44 | 18 |
| 港、澳、台商独资经营企业 | Enterprises with Sole Investment | 8 | 6 |
| 港、澳、台商投资股份有限公司 | Share-holding Corporations Ltd. | 5 | 5 |
| 其他港澳台投资企业 | Other Enterprises with Funds from Hong Kong, Macao and Taiwan | 21 | |
| 外商投资企业 | Foreign Funded Enterprises | 156 | 65 |
| 中外合资经营企业 | Joint-venture Enterprises | 125 | 56 |
| 外资企业 | Enterprises with Sole Funds | 19 | 8 |
| 外商投资股份有限公司 | Share-holding Corporations Ltd. | | |
| 其他外商投资企业 | Other Foreign Funded Enterprises | 12 | 1 |
| **按国民经济行业分** | **By Sector** | | |
| 采矿业 | Mining | 758 | 295 |
| 煤炭开采和洗选业 | Mining and Washing of Coal | 282 | 46 |
| 石油和天然气开采业 | Extraction of Petroleum and Natural Gas | 362 | 194 |
| 黑色金属矿采选业 | Mining and Processing of Ferrous Metal Ores | 5 | 1 |
| 有色金属矿采选业 | Mining and Processing of Non-Ferrous Metal Ores | 48 | 25 |
| 非金属矿采选业 | Mining and Processing of Nonmetal Ores | 27 | 4 |
| 开采辅助活动 | Support Activities for Mining | 34 | 25 |

# Proprietary Intellectual Property Rights of Industrial Enterprises above Designated (2017)

| 有效发明专利数（件）<br>Number of Effective Patent Invention (piece) | # 境外授权<br>Abroad Authorization | 专利所有权转让及许可数（项）<br>Number of Patent Ownership Transfer and Permission (item) | 专利所有权转让与许可收入（万元）<br>Income of Patent Ownership Transfer and Permission (10 000 yuan) | 发表科技论文（篇）<br>Pulish Technical Thesis (piece) | 拥有注册商标数（件）<br>Number of Registered Trademark (piece) | # 境外注册<br>Abroad Register | 形成国家或行业标准数（项）<br>Number of National and Trade Standards (item) |
|---|---|---|---|---|---|---|---|
| **14806** | **459** | **269** | **11326** | **6866** | **9630** | **1351** | **630** |
| | | | | | | | |
| 6314 | 327 | 141 | 834 | 5507 | 3825 | 1018 | 354 |
| 3187 | 66 | 43 | 3648 | 953 | 1777 | 244 | 124 |
| 5214 | 66 | 85 | 6844 | 388 | 4021 | 89 | 152 |
| 91 | | | | 18 | 7 | | |
| | | | | | | | |
| 14129 | 456 | 269 | 11326 | 6848 | 9236 | 1350 | 624 |
| 2601 | 288 | 26 | 3079 | 1858 | 373 | 17 | 116 |
| | | | | | 2 | | |
| 8 | | | | | 1 | | |
| 7158 | 104 | 168 | 6936 | 3798 | 5269 | 1090 | 274 |
| 1636 | 32 | 24 | | 844 | 651 | 129 | 103 |
| 5522 | 72 | 144 | 6936.2 | 2954 | 4618 | 961 | 171 |
| 2820 | 55 | 40 | 1095 | 1134 | 1824 | 232 | 84 |
| 1541 | 9 | 35 | 216 | 58 | 1767 | 11 | 150 |
| 1 | | | | | 3 | | |
| 1336 | 4 | 35 | 216 | 54 | 1692 | 11 | 147 |
| 204 | 5 | | 0 | 4 | 72 | | 3 |
| 1 | | | | | | | |
| 114 | | | | 3 | 77 | | 3 |
| | | | | | | | |
| 40 | | | | 3 | 16 | | 3 |
| 11 | | | | | 3 | | |
| 42 | | | | | | | |
| 21 | | | | | 58 | | |
| | | | | | | | |
| 563 | 3 | | | 15 | 317 | 1 | 3 |
| 453 | | | | 15 | 60 | | 2 |
| 65 | 3 | | | | 256 | 1 | |
| 25 | | | | | 1 | | 1 |
| 20 | | | | | | | |
| | | | | | | | |
| 706 | 58 | 9 | 219 | 1957 | 45 | | 8 |
| 178 | 55 | 4 | 130 | 1004 | 29 | | 2 |
| 285 | 1 | 5 | 89 | 729 | | | |
| 4 | | | | 2 | 3 | | |
| 120 | | | | 62 | 1 | | 6 |
| 14 | | | | 3 | 3 | | |
| 105 | 2 | | | 157 | 9 | | |

18-13 续表

| 分 组 | Item | 专利申请数 (件) Number of Patent Application (piece) | # 发明专利 Patent of Invention |
|---|---|---|---|
| 制造业 | Manufacturing | 8163 | 3496 |
| 农副食品加工业 | Processing of Food from Agricultural Products | 144 | 75 |
| 食品制造业 | Manufacture of Foods | 58 | 24 |
| 酒、饮料和精制茶制造业 | Manufacture of Wine,Beverages and Refined Tea | 122 | 51 |
| 烟草制品业 | Manufacture of Tobacco | 35 | 7 |
| 纺织业 | Manufacture of Textile | 18 | 4 |
| 纺织服装、服饰业 | Manufacture of Textile and Clothing | 9 | 3 |
| 皮革、毛皮、羽毛及其制品和制鞋业 | Manufacture of Leather, Fur, Feather and Related Products and Footwear | 16 | 4 |
| 造纸和纸制品业 | Manufacture of Paper and Paper Products | | |
| 印刷和记录媒介复制业 | Printing, Reproduction of Recording Media | 31 | 19 |
| 文教、工美、体育和娱乐用品制造业 | Manufacture of Articles for Culture, Education, Arts and Crafts, Sport and Entertainment Activities | 1 | |
| 石油加工、炼焦和核燃料加工业 | Processing of Petroleum, Coking, Processing Nuclear Fuel | 219 | 88 |
| 化学原料和化学制品制造业 | Manufacture of Chemical Raw Material and Chemical Products | 647 | 320 |
| 医药制造业 | Manufacture of Medicines | 198 | 68 |
| 橡胶和塑料制品业 | Manufacture of Rubber and Plastics | 64 | 23 |
| 非金属矿物制品业 | Manufacture of Non-metallic Mineral Products | 93 | 39 |
| 黑色金属冶炼和压延加工业 | Smelting and Pressing of Ferrous Metals | 126 | 40 |
| 有色金属冶炼和压延加工业 | Smelting and Pressing of Non-ferrous Metals | 380 | 222 |
| 金属制品业 | Manufacture of Metal Products | 273 | 140 |
| 通用设备制造业 | Manufacture of General Purpose Machinery | 469 | 186 |
| 专用设备制造业 | Manufacture of Special Purpose Machinery | 1149 | 372 |
| 汽车制造业 | Automotive Industry | 766 | 222 |
| 铁路、船舶、航空航天和其他运输设备制造业 | Manufacture of Railway,Shipping,Aerospace and Other Transport Equipments | 1414 | 899 |
| 电气机械和器材制造业 | Manufacture of Electrical Machinery and Equipment | 672 | 205 |
| 计算机、通信和其他电子设备制造业 | Manufacture of Computers,Communication and Other Electronic Equipment | 837 | 332 |
| 仪器仪表制造业 | Manufacture of Measuring Instrument and Machinery | 328 | 112 |
| 其他制造业 | Other Manufacturing | 44 | 4 |
| 废弃资源综合利用业 | Utilization of Waste Resources | 8 | 8 |
| 金属制品、机械和设备修理业 | Industry of Metalwork,Machinery, and Equipment Repair | 42 | 29 |
| 电力、热力、燃气及水生产和供应业 | Production and Distribution of Electricity,Gas and Water | 311 | 148 |
| 电力、热力生产和供应业 | Production and Supply of Electric Power and Heat Power | 306 | 148 |
| 燃气生产和供应业 | Production and Supply of Gas | 2 | |
| 水的生产和供应业 | Production and Supply of Water | 3 | |

continued

| 有效发明专利数(件) Number of Effective Patent Invention (piece) | # 境外授权 Abroad Authorization | 专利所有权转让及许可数(项) Number of Patent Ownership Transfer and Permission (item) | 专利所有权转让与许可收入(万元) Income of Patent Ownership Transfer and Permission (10 000 yuan) | 发表科技论文(篇) Pulish Technical Thesis (piece) | 拥有注册商标数(件) Number of Registered Trademark (piece) | # 境外注册 Abroad Register | 形成国家或行业标准数(项) Number of National and Trade Standards (item) |
|---|---|---|---|---|---|---|---|
| 13836 | 401 | 260 | 11107 | 4427 | 9584 | 1351 | 619 |
| 79 | | 2 | | 11 | 129 | | 18 |
| 73 | | 5 | | 20 | 233 | | 24 |
| 59 | | | | 31 | 402 | 8 | 20 |
| 13 | | | | 49 | 159 | 1 | 1 |
| 15 | | | | 16 | 4 | | 2 |
| 1 | | | | 1 | 4 | | |
| 3 | | | | 2 | 5 | | 2 |
| | | | | | | | |
| | | | | | 4 | | |
| 100 | | | | 1 | 3 | | 4 |
| 1 | | | | 1 | 2 | | 1 |
| | | | | | | | |
| 261 | | 1 | | 355 | 39 | | 9 |
| 1184 | 12 | 26 | 2904 | 451 | 2566 | 166 | 36 |
| | | | | | | | |
| 630 | 8 | 7 | 1000 | 53 | 1396 | 21 | 124 |
| 115 | | | | 33 | 308 | 126 | 27 |
| 301 | | | 200 | 38 | 70 | | |
| 110 | | | | 310 | 1 | | 12 |
| 830 | 5 | 2 | 24 | 269 | 281 | 34 | 47 |
| 482 | | 18 | 4010 | 137 | 69 | | 11 |
| 803 | | 35 | 1 | 95 | 216 | 12 | 28 |
| 1599 | 23 | 22 | 2658 | 382 | 319 | 27 | 50 |
| 798 | 50 | 23 | 6 | 437 | 1881 | 817 | 11 |
| 2647 | 12 | 59 | 305 | 799 | 223 | 25 | 40 |
| | | | | | | | |
| 1253 | 210 | 26 | | 226 | 248 | 23 | 61 |
| 1488 | 80 | 28 | | 405 | 838 | 91 | 84 |
| | | | | | | | |
| 794 | 1 | 6 | | 291 | 92 | | 7 |
| 148 | | | | 14 | 92 | | |
| 9 | | | | | | | |
| 40 | | | | | | | |
| 264 | | | | 482 | 1 | | 3 |
| 264 | | | | 481 | | | 3 |
| | | | | 1 | | | |
| | | | | | 1 | | |

# 18-14 专 利 项 目
# Patent Items

单位:件 (piece)

| 指 标 | Item | 2016 | 2017 | 2018 |
|---|---|---|---|---|
| **一、申请量总计** | **Patents Application Accepted** | **69611** | **98935** | **76512** |
| 发明专利 | Inventions | 22565 | 46607 | 30888 |
| 实用新型专利 | Utility Models | 27149 | 31595 | 35241 |
| 外观设计专利 | Designs | 19897 | 20733 | 10383 |
| **二、授权量总计** | **Patents Application Granted** | **48455** | **34554** | **41479** |
| 发明专利 | Inventions | 7503 | 8774 | 8884 |
| 实用新型专利 | Utility Models | 17084 | 17003 | 24205 |
| 外观设计专利 | Designs | 23868 | 8777 | 8390 |

# 18-15 各类技术合同签定情况
# Statistics on Technical Contracts Signed by Type

| 指 标 | Item | 合同数(项) Number of Contracts (unit) | | | 成交金额(亿元) Turnover Fulfilled (100 million yuan) | | |
|---|---|---|---|---|---|---|---|
| | | 2016 | 2017 | 2018 | 2016 | 2017 | 2018 |
| **合 计** | **Total** | **21033** | **31355** | **37952** | **802.74** | **921.55** | **1125.28** |
| 技术开发合同 | Technical Development Contracts | 8609 | 9172 | 13904 | 296.74 | 342.03 | 297.75 |
| 技术转让合同 | Technology Transfer Contracts | 299 | 359 | 513 | 13.32 | 19.30 | 16.76 |
| 技术咨询合同 | Technical Consultation Contracts | 1274 | 1319 | 1401 | 12.48 | 11.64 | 8.69 |
| 技术服务合同 | Technical Service Contracts | 10851 | 20505 | 22134 | 480.20 | 548.58 | 802.08 |

# 18-16 文化事业
# Development of Culture Industry

| 指 标 | Item | 2016 | 2017 | 2018 |
|---|---|---|---|---|
| 艺术表演团体演出场次(万场次) | Number of Performance of Art Troupes (10 000 shows) | 3.9 | 5.9 | 8.3 |
| 观众人次 (万人次) | Number of Spectators (10 000 person-times) | 3241 | 4252 | 4938 |
| 图书馆藏书数 (万册) | Total Collections in Public Libraries (10 000 volumes) | 1626 | 1733 | 1893 |
| 书刊文献外借人次 (万人次) | Number of Books Borrowed by the Readers (10 000 person-times) | 411 | 454 | 469 |
| 书刊文献外借册数 (万册次) | Number of Books and Magazines Lent to Readers (10 000 volume-times) | 707 | 795 | 888 |

# 18-17 文化事业机构和人员
# Number of Institution and Personnel in Cultural Industry

| 指 标 | Item | 2016 | | 2017 | | 2018 | |
|---|---|---|---|---|---|---|---|
| | | 机构数(个) Number of Institutions (unit) | 人 数(人) Number of Persons (person) | 机构数(个) Number of Institutions (unit) | 人 数(人) Number of Persons (person) | 机构数(个) Number of Institutions (unit) | 人 数(人) Number of Persons (person) |
| **总 计** | **Total** | **2130** | **21071** | **2088** | **21557** | **2058** | **21057** |
| #一、艺术事业 | Arts | | | | | | |
| #表演团体 | Arts Performance Troupes | 93 | 6220 | 92 | 6247 | 92 | 6121 |
| 表演场所 | Arts Performance Places | 82 | 1059 | 82 | 1529 | 80 | 1447 |
| 二、图书馆事业 | Public Libraries | 110 | 2123 | 110 | 2020 | 111 | 2085 |
| 三、群众文化事业 | Mass Culture | 1581 | 7254 | 1536 | 7162 | 1507 | 7057 |
| 四、艺术教育事业 | Culture and Education | 4 | 160 | 3 | 130 | 3 | 130 |

# 18-18 群众艺术馆、文化馆(站)活动情况
# Activities Statistics on Mass Art Centers and Cultural Centers(Stations)

| 指　　标 | | Item | | 2016 | 2017 | 2018 |
|---|---|---|---|---|---|---|
| 机构数 | (个) | Number of Institutions | (unit) | 1581 | 1536 | 1507 |
| 举办展览次数 | (次) | Number of Exhibitions | (unit) | 6251 | 5629 | 5378 |
| 组织文艺活动次数 | (次) | Art Performances and Story-telling Sessions | (time) | 23904 | 26583 | 28988 |
| 举办训练班班次 | (次) | Number of Training Courses | (time) | 12659 | 12842 | 17279 |
| 举办训练班结业人数(万人次) | | Number of Training Course Completers (10 000 person-times) | | 99 | 101 | 117 |
| 藏　书 | (万册) | Books Collected | (10 000 volumes) | 501 | | |
| 总收入 | (万元) | Total Income | (10 000 yuan) | 58300 | 62491 | 62529 |
| 总支出 | (万元) | Total Expenditure | (10 000 yuan) | 62187 | 64913 | 63006 |

注：本表含乡镇文化站的活动情况。
a) Data in this table include those of township cultural stations.

# 18-19 文　物　事　业
# Development of Cultural Relics

| 指　　标 | | Item | | 2016 | 2017 | 2018 |
|---|---|---|---|---|---|---|
| **文物机构** | | **Cultural Relics Institutions** | | | | |
| 机构数 | (个) | Number of Institutions | (unit) | 654 | 658 | 676 |
| 人员数 | (人) | Number of Persons | (person) | 15153 | 15085 | 16040 |
| 藏品件数 | (件) | Number of Collections | (piece) | 2617470 | 4004127 | 4046736 |
| # 一级品 | | Grade One | | 8560 | 7312 | 7354 |
| 二级品 | | Grade Two | | 14779 | 14802 | 15119 |
| 三级品 | | Grade Three | | 84770 | 84310 | 86061 |
| 参观人次 | (万人次) | Number of Spectators | (10 000 person-times) | 6907 | 7764 | 8607 |
| # 博物馆 | | **Museums** | | | | |
| 机构数 | (个) | Number of Institutions | (unit) | 274 | 282 | 294 |
| 人员数 | (人) | Number of Persons | (person) | 8947 | 8732 | 9354 |
| 藏品件数 | (件) | Number of Collections | (piece) | 2409927 | 3792154 | 3810089 |
| # 一级品 | | Grade One | | 7735 | 6482 | 6497 |
| 二级品 | | Grade Two | | 13050 | 13060 | 13034 |
| 三级品 | | Grade Three | | 72742 | 72041 | 72045 |
| 参观人次 | (万人次) | Number of Spectators | (10 000 person-times) | 5338 | 5791 | 6713 |
| 基本陈列 | (个) | Permanent Exhibition | (unit) | 729 | 712 | 710 |
| 举办展览 | (个) | Exhibition Hold | (unit) | 454 | 475 | 453 |

# 18−20 广播电视基本情况
## Basic Statistics on Radio and Television

| 指 标 | Item | 2016 | 2017 | 2018 |
|---|---|---|---|---|
| 一、无线广播宣传基本情况 | Radio | | | |
| 广播电台 (座) | Number of Broadcasting Stations (set) | 10 | 10 | 10 |
| 调频广播发射台 (座) | Relaying Stations of Frequency Modulation Broadcasting (unit) | 214 | 205 | 197 |
| 调频广播发射机部数和功率 (部／千瓦) | Stations and Power of Frequency Modulation Broadcasting (unit/kw) | 394/492.25 | 392/515.48 | 409/520.3 |
| 节目套数 (套) | Number of Radio Programs (set) | 109 | 111 | 112 |
| 全年播出时间(时：分) | Length of Public Radio Programs Broadcasted(hour:minute) | 471540:53 | 462546:33 | 467126.23(时) |
| 广播人口覆盖率 (%) | Radio Coverage of Population (%) | 98.27 | 98.6 | 98.84 |
| 全年制作广播节目(时) | Length of Radio Programs Produced (hour) | 241550 | 237767 | 244831.98 |
| 新闻节目 | News Programs | 37349 | 41902 | 40719.52 |
| 专题节目 | Special Subject Programs | 62196 | 68615 | 65243.23 |
| 文艺节目 | General Entertainment Programs | 63107 | 47679 | 67953.43 |
| 其他类 | Others | 78898 | 79571 | 70915.8 |
| 二、电视宣传基本情况 | Television | | | |
| 电视台 (座) | Number of TV Stations (set) | 10 | 10 | 10 |
| 发射台及转播台 (座) | TV Transmission and Relaying Stations (unit) | 214 | 205 | 197 |
| 发射机功率(部／千瓦) | Power of Transmision (unit/kw) | 229/513.9 | 301/527.81 | 339/559.14 |
| 节目套数 (套) | Number of TV Programs (set) | 123 | 122 | 122 |
| 全年播出时间(时：分) | Length of Public TV Programs Broadcasted (hour:minute) | 605489:24 | 618695:22 | 611591.62(时) |
| 电视人口覆盖率 (%) | TV Coverage of Population (%) | 98.87 | 98.99 | 99.34 |
| 制作电视节目 (时) | Length of TV Programs Produced (hour) | 127759 | 127553 | 121921.38 |
| 新闻节目 | News Programs | 38419 | 36855 | 34962.08 |
| 专题节目 | Special Subject Programs | 27181 | 28300 | 30527.65 |
| 文艺节目 | General Entertainment Programs | 16899 | 18666 | 18862.42 |
| 影视剧节目 | TV Play Programs | 505 | 935 | 386 |
| 其他节目 | Others | 44755 | 42797 | 37182.83 |
| 三、县广播电视台 (个) | Number of Broadcasting Stations (unit) | 88 | 88 | 88 |

注：调频广播发射台含调频广播发射台和电视发射台。
a) Number of relaying stations of frequency modulation include relaying stations of frequency modulation and TV.

# 18–21 图 书 出 版
# Number of Books Published

| 类 别 | Category | 图书种数(种) Number of Publications(kind) | | 总印数(万册) Printed Copies(10 000 copies) | |
|---|---|---|---|---|---|
| | | 2017 | 2018 | 2017 | 2018 |
| **图 书 总 计** | **Total** | **11220** | **11923** | **18748** | **21650** |
| 一、使用“中国标准书号”部分合计 | Publications with "China International Standard Book Number" | 11220 | 11923 | 18748 | 21650 |
| A.马列主义、毛泽东思想 | Marxism-Leninism, Mao Zedong Though | 12 | 10 | 43 | 244 |
| B.哲 学 | Philosophy | 201 | 143 | 64 | 56 |
| C.社会科学总论 | General Social Sciences | 67 | 73 | 21 | 15 |
| D.政治、法律 | Politics and Law | 194 | 189 | 473 | 236 |
| E.军 事 | Military Affairs | 28 | 52 | 14 | 39 |
| F.经 济 | Economics | 413 | 417 | 72 | 76 |
| G.文化、科学、教育、体育 | Culture, Science, Education and Sports | 6315 | 7119 | 16299 | 19649 |
| H.语言、文字 | Languages | 349 | 350 | 165 | 144 |
| I.文 学 | Literature | 917 | 921 | 615 | 627 |
| J.艺 术 | Arts | 319 | 345 | 92 | 94 |
| K.历史、地理 | History and Geography | 437 | 443 | 161 | 131 |
| N.自然科学总论 | General Natural Sciences | 15 | 10 | 21 | 2 |
| O.数理科学、化学 | Mathematics and Chemistry | 250 | 212 | 202 | 80 |
| P.天文学、地球科学 | Astronomy and Geology | 34 | 37 | 19 | 7 |
| Q.生物科学 | Biology | 44 | 62 | 21 | 34 |
| R.医药、卫生 | Medicine and Health Care | 442 | 316 | 98 | 133 |
| S.农业科学 | Agricultural Science | 84 | 77 | 24 | 11 |
| T.工业技术 | Industrial Technology | 903 | 918 | 251 | 247 |
| U.交通运输 | Transportation | 69 | 54 | 33 | 16 |
| Y.航空、航天 | Aeronautics and Aerospace | 44 | 51 | 25 | 9 |
| X.环境科学 | Environmental Science | 33 | 23 | 19 | 3 |
| Z.综合性图书 | General Books | 50 | 101 | 18 | 29 |
| 二、不使用“中国标准书号”部分合计 | Publications without "China International Standard Book Number" | | | | 0.24 |

# 18-22 杂志、报纸出版
## Number of Magazines and Newspapers Published

| 类　别 | Category | 种　数(种) Number of Publications(kind) 2017 | 2018 | 总印数(万份) Printed Copies(10 000 copies) 2017 | 2018 | 总印张(千印张) Printed Sheets(1 000 sheets) 2017 | 2018 |
|---|---|---|---|---|---|---|---|
| **一、杂　志** | **Magazines** | **268** | **268** | **2976** | **3119** | **180273** | **180332** |
| # 少年儿童 | Children's Books | 5 | 5 | 749 | 904 | 29051 | 33554 |
| 画　刊 | Pictorials | 2 | 2 | 12 | 12 | 1160 | 1153 |
| 1.综　合 | Synthesis | 5 | 5 | 78 | 81 | 4615 | 4751 |
| 2.哲学、社会科学 | Philosophy and Social Science | 52 | 52 | 1443 | 1558 | 75901 | 79290 |
| 3.自然科学技术 | Natural Science and Technology | 160 | 160 | 652 | 767 | 47671 | 51574 |
| 4.文化教育 | Culture and Education | 37 | 37 | 603 | 552 | 37733 | 34829 |
| 5.文学、艺术 | Literature and Arts | 14 | 14 | 201 | 160 | 14352 | 9888 |
| **二、报　纸** | **Newspapers** | **43** | **43** | **52761** | **52265** | **1454775** | **1389544** |
| 1.省　级 | Provincial-level Newspapers | 27 | 27 | 31936 | 32020 | 961545 | 911524 |
| 2.市　级 | City-level Newspapers | 16 | 16 | 20826 | 20246 | 22118 | 478020 |

# 18-23 各市(区)文化事业情况(2018年)
## Basic Statistics on Cultural Industry by City(District)(2018)

| 地　区 | Region | 公共图书馆(个) Public Libraries (unit) | 公共图书馆藏书量(千册) Total Collections (1000 volumes) | 群众艺术馆、文化馆(个) Art Centers Cultural Centers (unit) | 文化站(个) Cultural Stations (unit) | 广播人口覆盖率(%) Radio Coverage of Population (%) | 电视人口覆盖率(%) TV Coverage of Population (%) |
|---|---|---|---|---|---|---|---|
| **全　省** | **Shaanxi** | **111** | **18927** | **123** | **1384** | **98.84** | **99.34** |
| 西安市 | Xi'an | 12 | 2460 | 15 | 186 | 100.00 | 100.00 |
| 铜川市 | Tongchuan | 5 | 680 | 5 | 40 | 99.95 | 99.99 |
| 宝鸡市 | Baoji | 13 | 1760 | 14 | 115 | 99.94 | 99.97 |
| 咸阳市 | Xianyang | 12 | 1816 | 14 | 141 | 99.73 | 99.86 |
| 渭南市 | Weinan | 12 | 1662 | 12 | 137 | 96.28 | 97.83 |
| # 韩城市 | Hancheng | 1 | 237 | 1 | 8 | 99.60 | 99.38 |
| 延安市 | Yan'an | 13 | 1222 | 15 | 132 | 99.64 | 99.68 |
| 汉中市 | Hanzhong | 11 | 942 | 14 | 179 | 98.60 | 99.34 |
| 榆林市 | Yulin | 12 | 1564 | 13 | 212 | 97.88 | 98.43 |
| 安康市 | Ankang | 11 | 813 | 11 | 139 | 99.26 | 99.51 |
| 商洛市 | Shangluo | 8 | 722 | 8 | 98 | 97.28 | 98.95 |
| 杨凌示范区 | Yangling | 1 | 34 | 1 | 5 | 100.00 | 100.00 |
| 省直单位 | Others | 1 | 5252 | 1 | | | |

注：公共图书馆藏书量不含电子图书。
a)The public library hldings don't include electronic book.

# 主要统计指标解释

**普通高等学校** 指按国家规定的设置标准和审批程序批准举办的，通过全国普通高等学校统一招生考试，招收高中毕业生为主要培养对象，实施高等学历教育的全日制大学、独立设置的学院和高等专科学校、高等职业学校及其他机构（独立学院和分校、大专班）。

大学、独立设置的学院主要实施本科层次以上教育。高等专科学校、高等职业学校实施专科层次教育。其他机构是承担国家普通招生计划任务不计校数的机构，包括独立学院、普通高等学校分校、大专班和批准筹建的普通高等学校等。独立学院指由普通本科高校按新机制、新模式举办的本科层次的二级学院，一些普通本科高校按公办机制和模式建立的二级学院，“分校”或其他类似的二级办学机构不属此范畴。

**成人高等学校** 指按照国家规定的设置标准和审批程序批准举办的，通过全国成人高等教育统一招生考试，招收具有高中毕业或同等学历的人员为主要培养对象，利用函授、业余、脱产等多种形式对其实施高等学历教育的学校。包括职工高等学校、农民高等学校、管理干部学院、教育学院、独立函授学院、广播电视大学、其他机构等。其他机构是承担国家成人招生计划任务不计校数的机构。

**小学学龄儿童净入学率** 指调查范围内已入小学学习的学龄儿童占校内外学龄儿童总数(包括弱智儿童，不包括盲聋哑儿童)的比重。计算公式为：

$$\text{小学学龄儿童净入学率} = \frac{\text{已入学的小学学龄儿童数}}{\text{校内外小学学龄儿童总数}} \times 100\%$$

**研究与试验发展(R&D)** 指在科学技术领域，为增加知识总量，以及运用这些知识去创造新的应用进行的系统的创造性的活动，包括基础研究、应用研究、试验发展三类活动。国际上通常采用 R&D 活动的规模和强度指标反映一国的科技实力和核心竞争力。

**R&D 人员** 指参与研究与试验发展项目研究、管理和辅助工作的人员，包括项目(课题)组人员，企业科技行政管理人员和直接为项目(课题)活动提供服务的辅助人员。反映投入从事拥有自主知识产权的研究开发活动的人力规模。

**R&D 人员全时当量** 指全时人员数加非全时人员按工作量折算为全时人员数的总和。例如：有两个全时人员和三个非全时人员(工作时间分别为 20%、30%和 70%)，则全时当量为 2+0.2+0.3+0.7=3.2 人年。为国际上比较科技人力投入而制定的可比指标。

**R&D 经费支出合计** 指调查单位用于内部开展 R&D 活动（基础研究、应用研究和试验发展）的实际支出。包括用于 R&D 项目（课题）活动的直接支出，以及间接用于 R&D 活动的管理费、服务费、与 R&D 有关的基本建设支出以及外协加工费等。不包括生产性活动支出、归还贷款支出以及与外单位合作或委托外单位进行 R&D 活动而转拨给对方的经费支出。

**专业技术人员** 指从事专业技术工作和专业技术管理工作的人员，即企事业单位中已经聘任专业技术职务从事专业技术工作和专业技术管理工作的人员，以及未聘任专业技术职务，现在专业技术岗位上工作的人员。包括工程技术人员，农业技术人员，科学研究人员，卫生技术人员，教学人员，经济人员，会计人员，统计人员，翻译人员，图书资料、档案、文博人员，新闻出版人员，律师、公证人员，广播电视播音人员，工艺美术人员，体育人员，艺术人员及企业政治思想工作人员，共十七个专业技术职务类别。用来反映科技人力资源情况。

**专利** 是专利权的简称，是对发明人的发明创造经审查合格后，由专利局依据专利法授予发明人和设计人对该项发明创造享有的专有权。包括发明、实用新型和外观设计。反映拥有自主知识产权的科技和设计成果情况。

**发明（专利）** 指对产品、方法或者其改进所提出的新的技术方案。是国际通行的反映拥有自主知识产权技术的核心指标。

**实用新型（专利）** 指对产品的形状、构造或者其结合所提出的适于实用的新的技术方案。反映具有一定技术含量的技术成果情况。

**外观设计（专利）** 指对产品的形状、图案、色彩或者其结合所作出的富有美感并适于工业上应用的新设计。反映拥有自主知识产权的外观设计成果情况。

**艺术表演团体** 指由文化部门主办或实行行业管理（经文化市场行政部门审批或已申报登记并领取相关许可证），专门从事表演艺术等活动的各类专业艺术表演团体，含民间职业剧团。如话剧团、方言话剧团、滑稽剧团、儿童剧团、歌剧团、木偶团、皮影团等以及由若干剧种组成的综合性专业艺术表演团体。不包括群众业余文艺表演团体。

**艺术表演场馆** 指由文化部门主办或实行行业管理（经文化市场行政部门审批或已申报登记并领取相关许可证），有观众席、舞台、灯光设备，公开售票、专供文艺团体演出的文化活动场所。附属于文化部门机构内非独立核算的剧场、排演场，公开营业的也应单独统计。

**广播/电视节目综合人口覆盖率** 指根据原国家广电总局制定的《广播电视人口覆盖率统计技术标准和方法》进行统计调查的，在对象区内能接收到由中央、省、地市或县通过无线、有线或卫星等各种技术方式转播的各级广播/电视节目的人口数占全国总人口数的百分比。

# Explanatory Notes on Main Statistical Indicators

**Regular Institutions of Higher Education** refer to educational establishments set up according to the government evaluation and approval procedures, recruiting graduates from senior secondary schools as the main target by National Matriculation TEST. They include full-time universities, colleges, institutions of higher professional education, institutions of higher vocational education, institutions of higher vocational education and others (non-university tertiary, branch schools and undergraduate classes).

Universities and colleges primarily provide undergraduate courses; institutions of higher professional education and institutions of higher vocational education primarily provide professional trainings; and others refer to educational establishments, which are responsible for enrolling higher education students under the State Plan but not enumerated in the total number of schools, including: branch schools of universities and colleges, and universities and colleges that have been approved and under plan for construction. Non-university tertiary refers to the regular undergraduate branch college which is running in new mechanism and mode, excluding the branch schools and other similar branches of educational institutions.

**Institutions of Higher Education for Adults** refer to educational establishments, set up in line with relevant rules approved by the government, enrolling staff and workers with senior secondary school or equivalent education, and providing higher education courses in many forms of correspondence, spare time, or full time for adults. Professionals thus trained receive a qualification equivalent to graduates studying regular courses at regular universities, colleges and professional colleges. Institutions of higher learning for adults include schools of higher education for staff and workers, schools of higher education for peasants, colleges for management cadres, pedagogical colleges, independent correspondence colleges, Radio and TV universities and other educational establishments. Other educational establishments have undertakings to enrol adult students but not enumerated in the schools under the State Plan.

**Net Enrolment Ratio of Primary Schools** refers to the proportion of school age children enrolled at schools to the total number of school age children both in and outside schools (including retarded children, but excluding blind, deaf and mute children). The formula is:

$$\text{Net Enrolment Ratio of Primary Schools} = \frac{\text{Total Primary School - age Children at Schools}}{\text{Total Primary School - age Children Whether or Not Attending School}} \times 100\%$$

**Research and Development (R&D)** refers to systematic and creative activities in the field of science and technology aiming at increasing the knowledge and using the knowledge for new application. R&D includes 3 categories of activities: basic research, applied research and experimentation for development. The scale and intensity of R&D are widely used internationally to reflect the strength of S&T and the core competitiveness of a country in the world.

**R & D Personnel** refer to persons engaged in research, management and supporting activities of R & D, including persons in the project teams, persons engaged in the management of S&T activities of enterprises and supporting staff providing direct service to the research projects. This indicator reflects the size of personnel engaged in R&D activities with independent intellectual property.

**Full-time Equivalent of R&D Personnel** refers to the sum of the full-time persons and the full-time equivalent of part-time persons converted by workload. For instance, if there are 2 full-time persons and 3 part-time workers (20%, 30% and 70% of working hours respectively on R&D activities), the full-time equivalent are 2+0.2+0.3+0.7=3.2 person-years. This is an internationally comparable indicator of S&T manpower input.

**Total Expenditure of Funds on R&D** refers to the real expenditure of surveyed units on their own R&D activities (basic research, application study, test and development) including direct expenditure on R&D activities, indirect expenditure of management and services on R&D activities, expenditure on capital construction and material processing by others. Excluding the expenditure on production activities, return of loan, and fees transferred to cooperated and entrusted agencies on R&D activities.

**Professional and Technical Personnel** refer to persons engaged in professional and technical work or in the management of professional and technical activities, i.e., people with professional or technical positions who are engaged in professional and technical work or in the management of professional and technical activities, and people without professional or technical positions but are working on professional or technical posts. They include professionals and technicians working in 17 categories of technical occupations including engineering, agriculture, scientific researches, medical service, teaching, economic research and application, accounting, statistics, translation, libraries, archives, cultural and museum service, journalism and publication, lawyers, notarization service, radio and television broadcasting, handicraft and fine arts, sports, performing art, and political workers in enterprises. This indicator reflects the condition of human resources in S&T.

**Patent** is an abbreviation for the patent right and refers to the exclusive right of ownership by the inventors or designers for the creation or inventions, given from the patent offices after due process of assessment and approval in accordance with the Patent Law. Patents are granted for inventions, utility models and designs. This indicator reflects the achievements of S&T

and design with independent intellectual property.

**Patented Inventions** refer to new technical proposals to the products or methods or their modifications. This is universal core indicator reflecting the technologies with independent intellectual property.

**Patented Utility Models** refer to the practical and new technical proposals on the shape and structure of the product or the combination of both. This indicator reflects the condition of technological results with certain technical content.

**Designs** refer to the aesthetics and industrially applicable new designs for the shape, pattern and colour of the product, or their combinations. This indicator reflects the appearance design achievements with independent intellectual property.

**Arts Performance Troupes** refer to the various professional performing arts groups, which sponsored by the cultural sectors or guided by the cultural society (approved by the cultural market administration, or registered and permitted with the relative certificate), including non-governmental troupes, such as drama troupes, dialect troupes, comedy troupes, children troupes, Opera troupes, puppetry troupes, Shadowgraph troupes, etc., comprehensive professional arts performance troupes. The mass sparetime arts performance troupes are not included.

**Arts Performance Places** refer to the various sites for cultural activities, which sponsored by the cultural sectors or guided by the cultural society (approved by the cultural market administration, or registered and permitted with the relative certificate), with the facility of auditorium, stage, and lighting, and selling tickets in public, including the opera halls and rehearse sites, etc. which are affiliated to the culture sectors without independent financial accounts and open to the public.

**The Population Coverage Rate of Radio/Television** refers to the percentage of the whole country's population who can receive radio/television programmes transmitted by national, provincial, municipal or county stations through wireless, cable or satellite techniques, according to *Statistical Standard and Method on Television and Radio Coverage of Population* established by the former State Administration of Broadcasting, Film and Television.

# 十九、体育、卫生和其他

Sports, Public Health and Others

资料整理：杨小侠

# 简 要 说 明

一、本篇资料反映陕西体育、卫生、社会福利、安全生产等情况。

二、本篇资料主要内容及资料来源：

体育部分主要包括体育系统职工人数、群众体育活动开展情况及运动竞技成绩等，资料由省体育局提供。

卫生部分主要包括卫生机构、床位及人员数，农村合作医疗情况等，资料由省卫生健康委提供。

社会福利部分主要包括各种社会福利事业的机构数、收养救济人数、婚姻登记状况等，资料由省民政厅提供。

交通、火灾、伤亡事故情况由省公安厅、省应急管理厅提供。

律师、公证及人民调解工作等资料由省司法厅提供。

# Brief Introduction

Ⅰ. This chapter reflects the development of Shaanxi's sports, public health, social welfare, safe production and other undertakings.

Ⅱ. Primary coverage and data sources:

The data on sports mainly include the number of staff and workers in sports departments, mass sports and athletics sports, etc. The data are provided by Shaanxi Provincial Bureau of Sports.

The data on public health mainly include the number of health institutions, hospital beds and personnel, situation of rural cooperative medical service and etc. The data are provided by Shaanxi Health Commission.

The data on social welfare mainly include the number of institutions, the number of persons receiving social welfare relief funds and marriage registration status, etc. The data are provided by Shaanxi Provincial Department of Civil Affairs.

The data on traffic, fire and casualties accident are provided by Shaanxi Provincial Department of Public Security and Shaanxi Provincial Department of Emergency Management.

The data on lawyer, notarization and the people's mediation work are provided by Shaanxi Provincial Department of Justice.

# 19.体育、卫生和其他

| | | |
|---|---|---|
| 2018年全省 | | |
| 等级运动员发展人数 | 1338 | 人 |
| 等级裁判员发展人数 | 2605 | 人 |
| 卫生机构数（不含个体诊所） | 5146 | 个 |
| # 医 院 | 2729 | 个 |
| 卫生技术人员 | 32.78 | 万人 |
| # 执业(助理)医师 | 9.88 | 万人 |

## 卫生技术人员和医生数（万人）

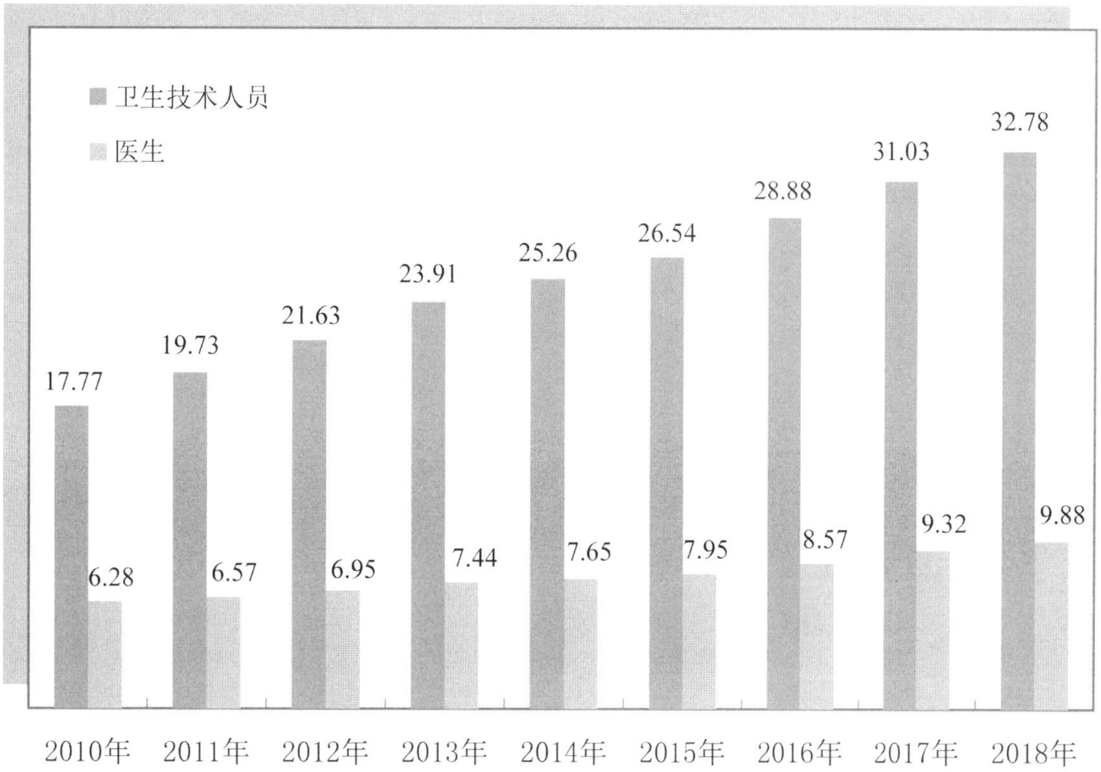

# 19-1 体 育 事 业
# Statistics on Sports Industry

| 指 标 | Item | 2015 | 2016 | 2017 | 2018 |
|---|---|---|---|---|---|
| 一、体育系统职工人数 （人） | Employees Sports System (person) | 5446 | 5420 | 5711 | 5380 |
| 二、等级运动员发展人数（人） | Number of Class Athlete Development (person) | 593 | 1162 | 1033 | 1338 |
| #女运动员 | Female Athletes | 150 | 331 | 449 | 593 |
| #国际健将 | International Masters Sports | 2 | 4 | | 1 |
| 运动健将 | Masters of Sports | 33 | 40 | 37 | 38 |
| 三、等级裁判员发展人数（人） | Number of Graded Referees (person) | 1886 | 2450 | 1838 | 2605 |
| #女裁判员 | Female Referees | 456 | 560 | 536 | 728 |
| #国家级 | National Referees | | 12 | 13 | 52 |
| 四、少年儿童业余体校 （所） | Spare-time Sports School (unit) | 76 | 66 | 64 | 82 |
| #重点体校 | Key Sports School | 10 | 57 | | 31 |
| 在校学生 （人） | Number of Students in School (person) | 9861 | 15580 | 12081 | 16300 |
| 五、取得冠军次数 （次） | Number of Champions (time) | 18 | 15 | 40 | 65 |
| 世界冠军 | International Champion | 2 | 2 | 6 | 10 |
| 亚洲冠军 | Asian Champions | 1 | 3 | 3 | 6 |
| 全国冠军 | National Champion | 15 | 10 | 31 | 49 |

# 19-2 等级运动员发展人数(2018年)
# Number of Athletes in Grades by Type of Sports (2018)

单位：人 (person)

| 地 区 | Region | 等级运动员 Number of Athletesin Grades | # 女 Women | # 国际级健将 International Masters Sports | # 运动健将 Masters of Sports | # 一 级 First Grade | # 二 级 Second Grade |
|---|---|---|---|---|---|---|---|
| **全 省** | **Shaanxi** | **1338** | **593** | **1** | **38** | **345** | **711** |
| 省级直属 | Directly under the Provincial | 454 | 217 | 1 | 37 | 345 | 935 |
| 西 安 市 | Xi'an | 234 | 92 | | | | 234 |
| 铜 川 市 | Tongchuan | 37 | 14 | | | | 37 |
| 宝 鸡 市 | Baoji | 100 | 65 | | | | 100 |
| 咸 阳 市 | Xianyang | 62 | 22 | | | | 62 |
| 渭 南 市 | Weinan | 84 | 30 | | | | 84 |
| 延 安 市 | Yan'an | 54 | 17 | | | | 54 |
| 汉 中 市 | Hanzhong | 108 | 63 | | | | 108 |
| 榆 林 市 | Yulin | 80 | 36 | | | | 80 |
| 安 康 市 | Ankang | 42 | 14 | | | | 42 |
| 商 洛 市 | Shangluo | 10 | 2 | | | | 10 |

# 19-3 卫生机构、床位及人员数
## Number of Health Units, Beds and Staff

| 年 份 Year | 卫生机构(个) Health Institutions (unit) | # 医院 Hospitals | 卫生机构床位(万张) Number of Hospital Beds (10 000 beds) | # 医院 Hospitals | 卫生技术人员(万人) Medical Technical Personnel (10 000 persons) | # 医生 Doctors | # 护士(师) Nurses |
|---|---|---|---|---|---|---|---|
| 1978 | 5598 | 3064 | 5.39 | 4.99 | 7.12 | 3.43 | 1.11 |
| 1979 | 5780 | 3078 | 5.78 | 5.32 | 7.58 | 3.60 | 1.17 |
| 1980 | 5845 | 3095 | 6.08 | 5.52 | 8.05 | 3.72 | 1.19 |
| 1981 | 6158 | 3109 | 6.37 | 5.72 | 8.84 | 4.07 | 1.40 |
| 1982 | 6369 | 3113 | 6.51 | 5.92 | 9.23 | 4.20 | 1.57 |
| 1983 | 6280 | 3106 | 6.66 | 6.06 | 9.57 | 4.38 | 1.73 |
| 1984 | 6251 | 3119 | 6.87 | 6.23 | 10.01 | 4.63 | 1.81 |
| 1985 | 6346 | 2218 | 7.20 | 6.46 | 10.61 | 4.97 | 1.88 |
| 1986 | 6309 | 2439 | 7.45 | 6.70 | 10.89 | 5.12 | 1.93 |
| 1987 | 6293 | 2559 | 7.68 | 6.95 | 11.22 | 5.29 | 2.04 |
| 1988 | 6248 | 2502 | 8.03 | 7.22 | 11.48 | 5.70 | 2.41 |
| 1989 | 6312 | 2515 | 8.29 | 7.47 | 11.63 | 5.84 | 2.64 |
| 1990 | 6416 | 2521 | 8.55 | 7.80 | 11.82 | 5.91 | 2.72 |
| 1991 | 6433 | 2577 | 9.02 | 8.22 | 11.99 | 5.87 | 2.81 |
| 1992 | 6404 | 2604 | 9.29 | 8.51 | 12.33 | 5.97 | 2.87 |
| 1993 | 6215 | 2389 | 9.56 | 8.81 | 12.28 | 5.89 | 2.91 |
| 1994 | 6227 | 3040 | 9.84 | 9.07 | 12.60 | 6.20 | 3.03 |
| 1995 | 6215 | 3313 | 9.88 | 9.05 | 12.80 | 6.28 | 3.10 |
| 1996 | 6033 | 3315 | 9.59 | 9.05 | 12.82 | 6.30 | 3.10 |
| 1997 | 5947 | 3217 | 9.48 | 9.04 | 12.99 | 6.23 | 3.25 |
| 1998 | 5639 | 2779 | 9.48 | 9.09 | 13.03 | 6.17 | 3.37 |
| 1999 | 5493 | 2753 | 9.68 | 9.22 | 13.28 | 6.37 | 3.48 |
| 2000 | 5572 | 2779 | 9.69 | 9.26 | 13.34 | 6.43 | 3.56 |
| 2001 | 5563 | 2780 | 9.91 | 9.43 | 13.53 | 6.60 | 3.62 |
| 2002 | 5240 | 2748 | 10.00 | 9.53 | 13.53 | 5.95 | 3.65 |
| 2003 | 5039 | 2740 | 10.27 | 9.89 | 13.47 | 6.03 | 3.72 |
| 2004 | 5138 | 2710 | 10.31 | 9.97 | 13.46 | 5.97 | 3.75 |
| 2005 | 5366 | 2674 | 10.67 | 10.34 | 13.66 | 6.03 | 3.85 |
| 2006 | 5385 | 2672 | 11.12 | 10.90 | 13.91 | 6.06 | 4.07 |
| 2007 | 4753 | 2645 | 11.78 | 11.42 | 14.17 | 5.93 | 4.25 |
| 2008 | 4429 | 2629 | 12.52 | 12.31 | 14.82 | 5.81 | 4.69 |
| 2009 | 4421 | 2660 | 13.45 | 13.05 | 16.29 | 6.13 | 5.44 |
| 2010 | 4638 | 2639 | 14.24 | 13.72 | 17.77 | 6.28 | 6.13 |
| 2011 | 4669 | 2611 | 15.38 | 14.69 | 19.73 | 6.57 | 7.02 |
| 2012 | 4684 | 2603 | 16.92 | 16.31 | 21.63 | 6.95 | 7.94 |
| 2013 | 6290 | 2634 | 18.51 | 17.93 | 23.91 | 7.44 | 8.96 |
| 2014 | 6314 | 2587 | 19.94 | 19.37 | 25.26 | 7.65 | 9.72 |
| 2015 | 6186 | 2612 | 21.19 | 20.63 | 26.54 | 7.95 | 10.43 |
| 2016 | 5823 | 2655 | 22.54 | 22.10 | 28.88 | 8.57 | 11.69 |
| 2017 | 5293 | 2710 | 24.14 | 23.71 | 31.03 | 9.32 | 12.70 |
| 2018 | 5146 | 2729 | 25.37 | 24.94 | 32.78 | 9.88 | 13.80 |

注：1.本表卫生机构不含个体诊所，医院、医院床位数含卫生院、妇幼保健院和专科疾病防治院。2013年起新增计划生育技术服务机构。
2.2002年起医生为执业医师和执业助理医师，护士(师)为注册护师。

a) The health institutions in the table does not include private clinics.Hospitals and hospital beds include health center, women and children care agencies and specialized disease prevention &treatment institutes. Since 2013, Family Planning Technical Service Institutions.

b) Since 2002, doctors refer to practicing physicians, practicing physician assistants, nurses (division) refer to registered nurses.

# 19–4 各类卫生机构、床位及人员数(2018年)
# Number of Various Health Units, Beds and Staff (2018)

| 指 标 | Item | 机构数(个) Health Institutions (unit) | 床位数(张) Beds (bed) | 人员合计(人) Persons Engaged (person) | 卫生技术人员 Medical Technical Personnel | 其他技术人员 Other Technical Personnel | 管理人员 Management | 工勤人员 Support Staff |
|---|---|---|---|---|---|---|---|---|
| **总 计** | **Total** | **35300** | **253711** | **410735** | **327795** | **3821** | **26120** | **23575** |
| 一、医院 | Hospitals | 1175 | 204359 | 258366 | 219678 | 2482 | 18498 | 17708 |
| 综合医院 | Comprehensive Hospitals | 764 | 147566 | 193452 | 165522 | 1774 | 13422 | 12734 |
| 中医医院 | Hospitals of Traditional Chinese Medicine | 163 | 31400 | 38391 | 32870 | 410 | 2553 | 2558 |
| 中西医结合医院 | Hospitals Combined by Medium Doctors | 14 | 2495 | 3048 | 2503 | 34 | 341 | 170 |
| 专科医院 | Specialized Hospitals | 230 | 22660 | 23363 | 18684 | 262 | 2176 | 2241 |
| 护理院 | Nursing homes | 4 | 238 | 112 | 99 | 2 | 6 | 5 |
| 二、基层医疗卫生机构 | Basic Medical and Health Institutions | 33412 | 39933 | 119821 | 82813 | 527 | 4006 | 3051 |
| 社区卫生服务中心(站) | Community Health Service Center (station) | 625 | 3350 | 11990 | 10222 | 95 | 965 | 708 |
| 社区卫生服务中心 | Community Health Service Center | 255 | 3022 | 8546 | 7205 | 68 | 630 | 643 |
| 社区卫生服务站 | Community Health Service station | 370 | 328 | 3444 | 3017 | 27 | 335 | 65 |
| 卫生院 | Commune Hospitals | 1554 | 36474 | 48720 | 43850 | 382 | 2570 | 1918 |
| 街道卫生院 | Hospitals in the Streets | 10 | 254 | 461 | 403 | 2 | 19 | 37 |
| 乡镇卫生院 | Township Hospitals | 1544 | 36220 | 48259 | 43447 | 380 | 2551 | 1881 |
| 中心卫生院 | Center Hospital | 639 | 21261 | 26583 | 24017 | 213 | 1274 | 1079 |
| 乡卫生院 | Rural Hospitals | 905 | 14959 | 21676 | 19430 | 167 | 1277 | 802 |
| 村卫生室 | Village Clinic | 24183 | | 34525 | 5101 | | | |
| 门诊部 | Outpatient Departments | 392 | 109 | 6104 | 5500 | 33 | 351 | 220 |
| 综合门诊部 | Comprehensive Outpatient Departments | 196 | 75 | 3558 | 3213 | 27 | 197 | 121 |
| 中医门诊部 | Chinese Medical Outpatient Department | 49 | 10 | 511 | 449 | | 39 | 23 |
| 中西医结合门诊部 | Combination of Traditional Chinese and Western Medicine Outpatient Department | 7 | | 80 | 72 | 2 | 5 | 1 |
| 专科门诊部 | Specialist OutPatient Department | 140 | 24 | 1955 | 1766 | 4 | 110 | 75 |
| 诊所、卫生所、医务室 | Clinics, Health Institute, Medical Office | 6658 | | 18482 | 18140 | 17 | 120 | 205 |
| 诊 所 | Clinics | 5971 | | 16072 | 15841 | 16 | 86 | 129 |
| 卫生所、医务室 | Health Institute, Medical Office | 687 | | 2410 | 2299 | 1 | 34 | 76 |
| 三、专业公共卫生机构 | Specialty Public Health Agency | 613 | 8651 | 30071 | 23737 | 661 | 3142 | 2531 |
| 疾病预防控制中心 | Disease Prevention and Controlling Center | 120 | | 6405 | 4930 | 209 | 675 | 591 |
| 专科疾病防治院(所、站) | Specialized Disease Prevention and Treatment Centers (stations) | 5 | 939 | 820 | 615 | 9 | 101 | 95 |
| 健康教育所(站、中心) | Health Education Offices (stations or centers) | 7 | | 221 | 123 | 38 | 29 | 31 |
| 妇幼保健院(所、站) | Maternity and Child Care Centers (stations) | 116 | 7712 | 15726 | 13177 | 198 | 1300 | 1051 |
| 急救中心(站) | First-aid Center (station) | 5 | | 207 | 87 | 4 | 45 | 71 |
| 采供血机构 | Blood Collecting and Supply Organizations | 10 | | 836 | 542 | 31 | 112 | 151 |
| 卫生监督所(中心) | Health Supervision Centers | 116 | | 3061 | 2322 | 38 | 372 | 329 |
| 计划生育技术服务机构 | Family Planning Technical Service Institutions | 234 | | 2795 | 1941 | 134 | 508 | 212 |
| 四、其他卫生机构 | Other Health Institutions | 100 | 768 | 2477 | 1567 | 151 | 474 | 285 |
| 疗养院 | Sanatoriums | 3 | 768 | 225 | 145 | 8 | 40 | 32 |
| 医学研究机构 | Research Institutes of Medical Science | 8 | | 219 | 152 | 16 | 31 | 20 |
| 医学在职培训机构 | Medical On-the-job Training Organizations | 34 | | 770 | 472 | 65 | 163 | 70 |
| 统计信息中心 | Statistical Information Center | 4 | | 251 | 118 | 5 | 15 | 113 |
| 临床检验中心(所、站) | Clinical Laboratory Center | 1 | | 5 | | | 5 | |
| 其 他 | Others | 50 | | 1007 | 680 | 57 | 220 | 50 |

注：本表人员合计中含乡村医生和卫生员。
a) Summation-personnel in this table includes country doctors and medical orderlies.

# 19-5 法定传染病发病率和死亡率(2018年)
# The Incidence and Death of Infectious Diseases(2018)

| 病　名 | Diseases | 发病率 (1/10万) Incidence (1/100 000) | 死亡率 (1/10万) Death Rate (1/100 000) | 病死率 (%) Mortality Rate (%) |
|---|---|---|---|---|
| **合　计** | **Total** | **493.2235** | **0.7379** | **0.1496** |
| 鼠　疫 | The Plague | | | |
| 霍　乱 | Cholera | | | |
| 传染性非典 | SARS | | | |
| 艾滋病 | AIDS | 2.6620 | 0.4302 | 16.1606 |
| 肝　炎 | Hepatitis | 63.2913 | 0.0183 | 0.0288 |
| 脊　灰 | Poliomyelitis | | | |
| 人感染高致病性禽流感 | Highly Pathogenic Avian Influenza | | | |
| 麻　疹 | Measles | 0.1929 | | |
| 出血热 | Hemorrhagic Fever | 4.5445 | 0.0261 | 0.5737 |
| 狂犬病 | Hydrophobia | 0.0469 | 0.0469 | 100.0000 |
| 乙　脑 | JE | 0.5684 | 0.0183 | 3.2110 |
| 登革热 | Dengue Fever | 0.0209 | | |
| 炭　疽 | Anthrax | 0.0104 | | |
| 痢　疾 | Dysentery | 9.3105 | | |
| 肺结核 | Pulmonary Tuberculosis | 55.9049 | 0.1825 | 0.3265 |
| 伤寒+副伤寒 | Typhoid and Paratyphoid Fever | 0.1278 | | |
| 流　脑 | Epidemic Encephalitis | 0.0026 | | |
| 百日咳 | Pertussis | 6.2001 | | |
| 白　喉 | Diphtheria | | | |
| 新生儿破伤风 | Newborn Tetanus | 0.0048 | | |
| 猩红热 | Scarlet Fever | 8.0955 | | |
| 布　病 | Brucellosis | 1.7364 | | |
| 淋　病 | Gonorrhea | 5.1911 | | |
| 梅　毒 | Syphilis | 28.1558 | 0.0026 | 0.0093 |
| 钩体病 | Leptospirosis | 0.0052 | | |
| 血吸虫病 | Schistosomiasis | 0.0026 | | |
| 疟　疾 | Malaria | 0.2320 | 0.0026 | 1.1236 |
| 人感染H7N9禽流感 | HpAI H7N9 | | | |
| 流行性感冒 | Influenza | 37.6358 | 0.0078 | 0.0208 |
| 流行性腮腺炎 | Mumps | 21.8306 | | |
| 风　疹 | Rubella | 0.1590 | | |
| 急性出血性结膜炎 | Acute Hemorrhagic Conjunctivitis | 1.6295 | | |
| 麻风病 | Leprosy | 0.0026 | | |
| 斑疹伤寒 | Typhus | 0.0521 | | |
| 黑热病 | Black Fever | 0.0548 | | |
| 包虫病 | Echinococcosis | 0.0183 | | |
| 丝虫病 | Filariasis | | | |
| 其它感染性腹泻病 | Other Infectious Diarrhoea | 70.5890 | | |
| 手足口病 | Hand, Foot and Mouth Disease | 174.9446 | 0.0026 | 0.0015 |

# 19-6 出院病人前十位疾病构成(2018年)
# Discharged Patients Diseases of the Top Ten (2018)

| 序号 NO. | 城市 Urban | | |
|---|---|---|---|
| | 疾病 | Diseases | 构成 (%) Constitute |
| 1 | 循环系统疾病 | Circulatory System Diseases | 15.58 |
| 2 | 呼吸系统疾病 | Respiratory System Diseases | 14.63 |
| 3 | 妊娠、分娩和产褥期 | Pregnancy, Childbirth and the Puerperium | 10.71 |
| 4 | 消化系统疾病 | Digestive Diseases | 8.86 |
| 5 | 其他接受医疗服务 | Other Medical Services | 8.86 |
| 6 | 损伤、中毒 | Injury, Poisoning | 7.00 |
| 7 | 肿瘤疾病 | Tumor Diseases | 5.28 |
| 8 | 泌尿生殖系统疾病 | Genitourinary System Diseases | 5.00 |
| 9 | 传染病和寄生虫病 | Infectious and Parasitic Diseases | 3.80 |
| 10 | 肌肉骨骼系统和结缔组织疾病 | Musculoskeletal and Connective Tissue Diseases | 3.47 |
| | 构成合计 | Total | 83.19 |

19-6 续表 continued

| 序号 NO. | 农村 Rural | | |
|---|---|---|---|
| | 疾病 | Disease | 构成 (%) Constitute |
| 1 | 呼吸系统疾病 | Respiratory System Diseases | 22.92 |
| 2 | 循环系统疾病 | Circulatory System Diseases | 20.33 |
| 3 | 妊娠、分娩和产褥期 | Pregnancy, Childbirth and the Puerperium | 9.62 |
| 4 | 消化系统疾病 | Digestive Diseases | 9.22 |
| 5 | 损伤、中毒 | Injury, Poisoning | 8.77 |
| 6 | 泌尿生殖系统疾病 | Genitourinary System Diseases | 4.43 |
| 7 | 传染病和寄生虫病 | Infectious and Parasitic Diseases | 3.38 |
| 8 | 其他接受医疗服务 | Other Medical Services | 2.84 |
| 9 | 肌肉骨骼系统和结缔组织疾病 | Musculoskeletal and Connective Tissue Diseases | 2.50 |
| 10 | 内分泌、营养和代谢疾病 | Endocrine,Nutritional and Metabolic Diseases | 2.45 |
| | 构成合计 | Total | 86.46 |

# 19-7 各市(区)卫生机构、床位及人员数(2018年)
# Number of Health Institutions, Beds and Persons Engaged by City(District) (2018)

| 地 区 | Region | 机构数 (个) Health Institu-tions (unit) | 床位数 (张) Beds Total (bed) | 人员数 (人) Total Staff (person) | 卫生技术人员 (人) Medical Technical Personnel (person) | # 执业(助理)医师 Lecensed (Assistant) Doctors | # 注册护士 Registered Nurses |
|---|---|---|---|---|---|---|---|
| **全 省** | **Shaanxi** | **35300** | **253711** | **410735** | **327795** | **98836** | **138021** |
| 西 安 市 | Xi'an | 5928 | 66337 | 120583 | 98030 | 32529 | 45015 |
| 铜 川 市 | Tongchuan | 873 | 6568 | 11262 | 9186 | 2534 | 4035 |
| 宝 鸡 市 | Baoji | 2991 | 26921 | 39223 | 31768 | 10212 | 13134 |
| 咸 阳 市 | Xianyang | 4363 | 29130 | 50562 | 42292 | 10982 | 16677 |
| 渭 南 市 | Weinan | 4320 | 31281 | 48342 | 37419 | 10309 | 14463 |
| 延 安 市 | Yan'an | 2655 | 13705 | 23481 | 17597 | 5400 | 7800 |
| 汉 中 市 | Hanzhong | 3662 | 23976 | 32072 | 25196 | 7194 | 10181 |
| 榆 林 市 | Yulin | 3860 | 20623 | 34206 | 26394 | 7622 | 11040 |
| 安 康 市 | Ankang | 2897 | 16539 | 23379 | 18877 | 5523 | 7415 |
| 商 洛 市 | Shangluo | 2840 | 14397 | 20278 | 15176 | 4581 | 5738 |
| 杨凌示范区 | Yangling | 201 | 1590 | 2751 | 2413 | 703 | 1088 |
| 西咸新区 | Xixian New Area | 710 | 2644 | 4596 | 3447 | 1247 | 1435 |

# 19–8 农村村级卫生组织情况(2018年)
# Situations of Health Institutions in Rural Village (2018)

| 地 区 | Region | 村卫生室(个) Village Health Room (unit) | 乡村医生和卫生员(人) Rural Doctors and Health Workers (person) | 乡村医生 Rural Doctors | 卫生员 Health Workers |
|---|---|---|---|---|---|
| **全 省** | **Shaanxi** | **24183** | **29424** | **28492** | **932** |
| 西安市 | Xi'an | 2822 | 2816 | 2684 | 132 |
| 铜川市 | Tongchuan | 543 | 532 | 529 | 3 |
| 宝鸡市 | Baoji | 1797 | 2918 | 2705 | 213 |
| 咸阳市 | Xianyang | 3078 | 3395 | 3323 | 72 |
| 渭南市 | Weinan | 3121 | 5999 | 5820 | 179 |
| 延安市 | Yan'an | 2042 | 2172 | 2153 | 19 |
| 汉中市 | Hanzhong | 2704 | 3149 | 3068 | 81 |
| 榆林市 | Yulin | 2949 | 2898 | 2737 | 161 |
| 安康市 | Ankang | 2300 | 2252 | 2239 | 13 |
| 商洛市 | Shangluo | 2199 | 2685 | 2631 | 54 |
| 杨凌示范区 | Yangling | 113 | 77 | 77 | |
| 西咸新区 | Xixian New Area | 515 | 531 | 526 | 5 |

# 19–9 社区卫生服务中心(站)情况(2018年)
# Statistics on Community Health Service Centers (Stations) (2018)

| 地 区 | Region | 社区卫生服务中心(站)(个) Community Health Service Center(station) (unit) | 床位数(张) Beds (bed) | 人员数(人) Persons Engaged (person) | 卫生技术人员(人) Medical Technical Personnel (person) | # 执业(助理)医师 Lecensed (Assistant) Doctors | # 注册护士 Registered Nurses |
|---|---|---|---|---|---|---|---|
| **全 省** | **Shaanxi** | **625** | **3350** | **11990** | **10222** | **3459** | **3902** |
| 西安市 | Xi'an | 206 | 1609 | 5909 | 4937 | 1508 | 1762 |
| 铜川市 | Tongchuan | 41 | 298 | 439 | 373 | 128 | 149 |
| 宝鸡市 | Baoji | 71 | 601 | 1319 | 1151 | 434 | 482 |
| 咸阳市 | Xianyang | 107 | 107 | 1466 | 1328 | 504 | 595 |
| 渭南市 | Weinan | 68 | 190 | 872 | 750 | 307 | 269 |
| 延安市 | Yan'an | 24 | 125 | 317 | 262 | 114 | 85 |
| 汉中市 | Hanzhong | 19 | 118 | 338 | 287 | 95 | 118 |
| 榆林市 | Yulin | 52 | 174 | 595 | 489 | 168 | 185 |
| 安康市 | Ankang | 14 | 40 | 223 | 207 | 67 | 81 |
| 商洛市 | Shangluo | 4 | 50 | 123 | 110 | 42 | 35 |
| 杨凌示范区 | Yangling | 3 | | 86 | 82 | 16 | 31 |
| 西咸新区 | Xixian New Area | 16 | 38 | 303 | 246 | 76 | 110 |

# 19—10　新型农村合作医疗情况
## Statistics on New Cooperative Medical System

| 年　份<br>Years | 实行新型农村合作医疗县(区)<br>(个)<br>Number of Counties Implementing NCMS<br>(unit) | 参加新农合人数<br>(万人)<br>Number of Enrollees<br>(10 000 persons) | 参　合　率<br>(%)<br>Rate of Enrollees<br>(%) |
|---|---|---|---|
| 2007 | 104 | 2434.95 | 90.05 |
| 2008 | 104 | 2495.47 | 91.58 |
| 2009 | 104 | 2566.11 | 92.97 |
| 2010 | 104 | 2581.38 | 95.00 |
| 2011 | 104 | 2631.66 | 97.10 |
| 2012 | 104 | 2649.65 | 98.70 |
| 2013 | 91 | 2550.35 | 99.40 |
| 2014 | 91 | 2569.95 | 99.80 |
| 2015 | 92 | 2581.16 | 99.97 |
| 2016 | 92 | 2578.28 | 99.83 |
| 2017 | 92 | 2553.42 | 99.27 |
| 2018 | 92 | 2534.25 | 98.74 |

# 19—11　社会福利事业单位基本情况(2018年)
## Basic Statistics on Social Welfare Institutions (2018)

| 指　　标 | Item | 院　　数<br>(个)<br>Number of Homes<br>(unit) | 工作人员<br>(人)<br>Number of Staff and Workers<br>(person) | 床　　位<br>(张)<br>Number of Beds<br>(bed) | 年在院总人数<br>(万人)<br>Number of Persons Housed<br>(10 000 persons) |
|---|---|---|---|---|---|
| 一、民政部门办收养性社会 | Adopting Social Welfare Institutions | | | | |
| 福利事业单位 | Established by the Home Department | 214 | 4878 | 34026 | 291.1 |
| #城市福利院 | Urban Welfare | 46 | 1305 | 10774 | 228.8 |
| 二、老年收养性机构 | Adoption of the Old Institutions | 478 | 8006 | 76696 | 1008.6 |

注：1.城市福利院包括社会福利院、社会儿童福利院、社会精神病人福利院。
　　2.老年收养性机构包括城镇、农村的敬老院、养老院、老年性公寓。

a) Urban welfare include social welfare, social welfare homes, social welfare of mental patients.

b) Old adoption of institutions include urban and rural areas of the nursing home, nursing homes, senile apartment.

# 19-12 城镇社区服务设施(2018年)
# Urban Welfare Facilities (2018)

| 地 区 | Region | 城镇社区服务设施数 (个) Urban Welfare Facilities (unit) | 从业人员 (人) Employed Persons (person) |
|---|---|---|---|
| **全 省** | **Shaanxi** | **9624** | **34765** |
| 西安市 | Xi'an | 1652 | 8718 |
| 铜川市 | Tongchuan | 467 | 1522 |
| 宝鸡市 | Baoji | 1173 | 3252 |
| 咸阳市 | Xianyang | 1357 | 3864 |
| 渭南市 | Weinan | 958 | 3269 |
| 延安市 | Yan'an | 568 | 2639 |
| 汉中市 | Hanzhong | 1012 | 3126 |
| 榆林市 | Yulin | 548 | 2106 |
| 安康市 | Ankang | 1230 | 3808 |
| 商洛市 | Shangluo | 507 | 2061 |
| 西咸新区 | Xixian New Area | 152 | 400 |

# 19-13 工 会 工 作(2018年)
# Basic Statistics on Trade Unions (2018)

| 项 目 | | Item | | 实有数 Number |
|---|---|---|---|---|
| 基层工会 | (个) | Basic Trade Unions | (unit) | 116989 |
| 工会女职工组织 | (个) | Women Workers Organization | (unit) | 113020 |
| 工会经费审查委员会 | (个) | Review Organization of Trade Union Funds | (unit) | 56400 |
| 工会会员 | (万人) | Union Members | (10 000 persons) | 880.52 |
| #女 性 | | Women | | 314.74 |
| #农民工 | | Migrant Workers | | 343.56 |
| 专职工会工作人员 | (人) | Full-time Union Staff | (person) | 29821 |
| 兼职职工会工作人员 | (人) | Part-time Union Staff | (person) | 283721 |
| 建立职代会制度的工会 | (个) | Union System Workers'Congress | (unit) | 96338 |
| 职代会制度覆盖职工 | (万人) | The Number of Staff and Workers covered by Workers Congress System | (10 000 persons) | 711.47 |
| #职代会中职工代表 | | Workers representatives of workers' congress | | 55.21 |
| 建立职工技协组织 | (个) | Establish Staff Technical Association Organizations | (unit) | 829 |
| 职工技协组织会员 | (万人) | Staff Technical Association Members | (10 000 persons) | 5.1 |
| 建立劳动争议调解委员会 | (个) | Establish Labor Dispute Mediation Mommittees | (unit) | 58807 |

# 19-14 律师、公证及人民调解工作(2018年)
# Lawyers, Notarization and Mediation of Civil Disputes (2018)

| 项　　目 | | Item | | 实有数 Number |
|---|---|---|---|---|
| **一、律师工作** | | **Lawyers** | | |
| 律师人员 | (人) | Number of Lawyers | (person) | 10271 |
| # 专　职 | | Full-time Lawyers | | 9002 |
| 兼　职 | | Part-time Lawyers | | 511 |
| 刑事诉讼辩护及代理 | (件) | Agent of Criminal Defense | (case) | 13394 |
| 民事诉讼代理 | (件) | Agent of Civil Case | (case) | 79078 |
| 行政诉讼代理 | (件) | Agent of Administrative Action | (case) | 4042 |
| 担任法律顾问 | (家) | As Legal Advisers | (unit) | 8446 |
| 律师事务所 | (个) | Number of Law Offices | (unit) | 592 |
| **二、公证工作** | | **Notarial Personnel** | | |
| 公证处 | (个) | Number of Notary Offices | (unit) | 118 |
| #涉外公证处 | | Foreign-related Notary Offices | | 24 |
| 公证人员 | (人) | Notarial Personnel | (person) | 989 |
| 办理公证文书 | (件) | Notarized Documents | (case) | 220719 |
| **三、人民调解工作** | | **Number of People's Mediation** | | |
| 人民调解委员会 | (个) | Number of People's Mediation Committees | (unit) | 23683 |
| 调解委员 | (人) | Member of a Mediation Committee | ( person) | 95139 |
| 调解民间纠纷 | (件) | Number of Civil Disputes Mediated | (case) | 113889 |

# 19-15 国内公证文书分类(2018年)
# Domestic Notarized Documents by Type (2018)

| 分类 | Type | 办证件数(件) Number of Notarial Documents Issued (case) | 分类 | Type | 办证件数(件) Number of Notarial Documents Issued (case) |
|---|---|---|---|---|---|
| **合计** | **Total** | **173900** | 赠与 | Presentation Documents | 1061 |
| 合同(协议) | Contracts | 18517 | 遗嘱 | Testaments | 1049 |
| 买卖合同 | Sale and Purchase Contracts | 788 | 保证(担保) | Guarantees | 91 |
| 赠与合同 | Gift Contracts | 820 | 承诺(要约) | Offer(Acceptance) | 145 |
| 借款合同 | Loan Contracts | 10129 | 其他 | Others | 1037 |
| 租赁合同 | Lease Contracts | 50 | 现场监督 | Field Supervision | 819 |
| 承揽合同 | Work Contracts | 31 | 招标投标 | Bidding | 224 |
| 建设工程合同 | Engineering and Construction | 300 | 拍卖 | Auctions | 47 |
| | Contracts | | 开奖、评选 | Lottery | 20 |
| 委托合同 | Application Contracts | 454 | 公司会议 | Corporate Meeting | 4 |
| 担保合同 | Guaranty Contracts | 526 | 抽签(摇号) | Draw Lots | 295 |
| 土地使用权合同 | Land Use Rights Contracts | 238 | 其他 | Others | 229 |
| 知识产权合同 | Intellectual Property Contracts | 42 | 保全证据 | Evidence Preservation | 5997 |
| 承包合同 | Contracts | 35 | 公司章程 | Corporation Constitutions | 46 |
| 企业经营合同 | Operation Enterprises Contracts | 34 | 组织资格 | Organization Qualification | 38 |
| 劳动(劳务)合同 | Labor contracts | 193 | 财产权 | Property Right | 84 |
| 其他合同 | Other contracts | 1278 | 身份 | Status | 1012 |
| 合伙协议 | Partnership Agreements | 128 | 收养关系 | Adoption Relationship | 364 |
| 财产分割协议 | Property Partitioning Contracts | 95 | 婚姻状况 | Marital Status | 591 |
| 财产约定协议 | Property Agreements | 309 | 亲属关系 | Kindred Relationship | 1181 |
| 扶养协议 | Legacy-support Agreements | 97 | 有无违法犯罪记录 | have or no Illegal and Criminal Record | 1645 |
| 出国留学协议 | Foreign Study Agreements | 1534 | 其他有法律意义事实 | Other Facts of Legal Significance | 400 |
| 拆迁安置协议 | Compensation and Resettlement | 95 | 证书(执照) | Certificate(License) | 1669 |
| | Agreements | | 签名(印鉴) | Signatures and Seals | 13252 |
| 赔偿协议 | Indemity Agreements | 103 | 文本相符 | Text Conformity | 2334 |
| 还款协议 | Payment Contracts | 99 | 赋予执行效力 | Given Executory Effect | 53076 |
| 其他 | Others | 1139 | 执行证书 | Execution Certificate | 3216 |
| 继承 | Inheritances | 21082 | 抵押登记 | Mortgage Registration | 15 |
| 单方法律行为 | Unilateral Legal Act | 45557 | 提存 | Drawing | 42 |
| 委托 | Proxy | 30769 | 保管 | Reserve | 2 |
| 声明 | Announcement | 11405 | 其他 | Others | 2961 |

# 19—16 婚姻登记情况
# Registered Marriages

| 指　标 | | Item | | 2015 | 2016 | 2017 | 2018 |
|---|---|---|---|---|---|---|---|
| **一、登记结婚数** | **(对)** | **Number of Registered Marriages** | **(couples)** | **356413** | **332952** | **300594** | **300405** |
| 内地居民登记结婚数 | (对) | Registered Marriages in the Mainland | (couples) | 355978 | 332406 | 300135 | 299897 |
| 涉外婚姻数 | (对) | Number of Marriages with Foreigner | (couples) | 435 | 546 | 459 | 508 |
| 初婚数 | (人) | Number of First Marriages | (person) | 598491 | 544943 | 482662 | 467482 |
| 再婚数 | (人) | Number of Re-marriages | (person) | 113465 | 119869 | 118526 | 133328 |
| # 恢复结婚数 | | Restoration of Marriages | | 6997 | 12670 | 11432 | 14111 |
| **二、登记离婚数** | **(对)** | **Number of Registered Divorces** | **(couples)** | **74097** | **78588** | **85870** | **100174** |
| 内地居民登记离婚数 | (对) | Registered Divorces in the Mainland | (couples) | 74038 | 78526 | 85787 | 100108 |
| 涉外婚姻数 | (对) | Number of Divorces with Foreigner | (couples) | 59 | 62 | 83 | 66 |

# 19—17 各市(区)婚姻登记情况(2018年)
# Registered Marriages by City(District) (2018)

| 地　区 | Region | 登记结婚数(对) Number of Registered Marriages (couples) | 初婚数(人) Number of First Marriages (person) | 再婚数(人) Number of Re-marriages (person) | # 恢复结婚数 Restoration of Marriages | 登记离婚数(对) Number of Registered Divorces (couples) |
|---|---|---|---|---|---|---|
| **全　省** | **Shaanxi** | **300405** | **467482** | **133328** | **14111** | **100174** |
| 西 安 市 | Xi'an | 83698 | 128701 | 38695 | 3863 | 33985 |
| 铜 川 市 | Tongchuan | 5641 | 8463 | 2819 | 380 | 1924 |
| 宝 鸡 市 | Baoji | 25239 | 40457 | 10021 | 861 | 6957 |
| 咸 阳 市 | Xianyang | 36006 | 56808 | 15204 | 1814 | 10852 |
| 渭 南 市 | Weinan | 39621 | 59692 | 19550 | 1849 | 12732 |
| 延 安 市 | Yan'an | 15859 | 24344 | 7374 | 1366 | 5199 |
| 汉 中 市 | Hanzhong | 23386 | 35338 | 11434 | 554 | 7307 |
| 榆 林 市 | Yulin | 26620 | 43556 | 9684 | 1928 | 7511 |
| 安 康 市 | Ankang | 19908 | 31799 | 8017 | 604 | 6588 |
| 商 洛 市 | Shangluo | 14610 | 24030 | 5190 | 331 | 3815 |
| 西咸新区 | Xixian New Area | 9309 | 13529 | 5089 | 561 | 3238 |
| 厅级小计 | Others | 508 | 765 | 251 | | 66 |

# 19–18 交通事故情况(2018年)
# Basic Statistics on Traffic Accidents(2018)

| 地　区 | Region | 事故次数(起) Number of Accidents (case) | 死亡人数(人) Number of Deaths (person) | 受伤人数(人) Number of Injuries (person) | 损失折款(万元) Converted into Cash Losses (10 000 yuan) |
|---|---|---|---|---|---|
| **全　省** | **Shaanxi** | **5816** | **1452** | **5860** | **4465** |
| 西安市 | Xi'an | 2957 | 430 | 2980 | 2045 |
| 铜川市 | Tongchuan | 211 | 31 | 302 | 96 |
| 宝鸡市 | Baoji | 700 | 127 | 720 | 299 |
| 咸阳市 | Xianyang | 137 | 88 | 135 | 437 |
| 渭南市 | Weinan | 490 | 153 | 533 | 341 |
| 延安市 | Yan'an | 179 | 164 | 133 | 104 |
| 汉中市 | Hanzhong | 268 | 90 | 287 | 219 |
| 榆林市 | Yulin | 461 | 185 | 352 | 599 |
| 安康市 | Ankang | 120 | 88 | 97 | 213 |
| 商洛市 | Shangluo | 213 | 89 | 235 | 87 |
| 杨凌示范区 | Yangling | 15 | 2 | 15 | 4 |
| 西咸新区 | Xixian New Area | 45 | 5 | 48 | 14 |
| 铁　路 | Railway | 4 | | 4 | 0.7 |
| 民　航 | Civil Aviation | 16 | | 19 | 7.5 |

# 19–19 火灾事故情况(2018年)
# Basic Statistics on Fires(2018)

| 地　区 | Region | 事故次数(起) Number of Accidents (case) | 死亡人数(人) Number of Deaths (person) | 受伤人数(人) Number of Injuries (person) | 损失折款(万元) Losses Converted into Cash (10 000 yuan) |
|---|---|---|---|---|---|
| **全　省** | **Shaanxi** | **9462** | **46** | **36** | **10208** |
| 西安市 | Xi'an | 2043 | 12 | 32 | 1643 |
| 铜川市 | Tongchuan | 264 | 4 | 1 | 274 |
| 宝鸡市 | Baoji | 1035 | 11 | 3 | 798 |
| 咸阳市 | Xianyang | 1192 | 1 | | 726 |
| 渭南市 | Weinan | 285 | 3 | | 938 |
| 延安市 | Yan'an | 357 | 1 | | 973 |
| 汉中市 | Hanzhong | 802 | 2 | | 760 |
| 榆林市 | Yulin | 1373 | 4 | | 1214 |
| 安康市 | Ankang | 675 | 5 | | 1155 |
| 商洛市 | Shangluo | 498 | 1 | | 976 |
| 杨凌示范区 | Yangling | 103 | | | 27 |
| 西咸新区 | Xixian New Area | 835 | 2 | | 725 |

# 19-20 各类伤亡事故情况(2018年)

## Statistics on Various Fatal Accidents (2018)

| 类别 | Type | 总计 Total 起数(起) Times (time) | 总计 Total 死亡(人) Deaths (person) | 较大事故 Larger Accidents 起数(起) Times (time) | 较大事故 Larger Accidents 死亡(人) Deaths (person) | 特大事故 Major Accidents 起数(起) Times (time) | 特大事故 Major Accidents 死亡(人) Deaths (person) |
|---|---|---|---|---|---|---|---|
| **全省** | **Shaanxi** | **1017** | **682** | **22** | **82** | **1** | **10** |
| 农林牧渔业 | Agriculture, Forestry, Animal Husbandry and Fishery | 22 | 12 | 1 | 4 | | |
| #农业机械 | Agricultural Machinery | 15 | 4 | | | | |
| 采矿业 | Mining | 41 | 50 | 3 | 12 | | |
| 煤矿 | Coal Mine | 21 | 27 | 2 | 8 | | |
| 金属非金属矿山 | Metallic and Nonmetallic Mine | 20 | 23 | 1 | 4 | | |
| 商贸制造业 | Manufacturing | 46 | 45 | 1 | 3 | | |
| #化工 | Chemical Industry | 7 | 5 | | | | |
| 烟花爆竹 | Fireworks | | | | | | |
| 冶金机械八行业 | Eight Branches about Metallurgy Machinery | 15 | 16 | 1 | 3 | | |
| 建筑业 | Construction | 71 | 94 | 7 | 26 | | |
| #屋建筑及市政工程 | Housing Construction and Municipal Engineering | 34 | 43 | 3 | 9 | | |
| 交通建设工程 | Transportation Construction | 6 | 6 | | | | |
| 交通运输和仓储业 | Traffic, Transport, Storage and Post | 807 | 450 | 10 | 37 | 1 | 10 |
| #铁路运输业 | Railway Transport | 26 | 20 | | | | |
| 道路运输业 | Road Transport | 779 | 428 | 10 | 37 | 1 | 10 |
| 水上运输业 | Water Transport | 1 | 1 | | | | |
| 其他行业 | Others | 30 | 31 | | | | |

# 19-21 收养登记情况(2018年)

## Statistics on Social Donation and Adopting Registration (2018)

| 地区 | Region | 收养登记合计(人) Number of Registered Adoption (person) | 中国公民 Adoption by Chinese | 外国人 Adoption by Foreigners |
|---|---|---|---|---|
| **全省** | **Shaanxi** | **342** | **230** | **112** |
| 西安市 | Xi'an | 118 | 118 | |
| 铜川市 | Tongchuan | 3 | 3 | |
| 宝鸡市 | Baoji | 7 | 7 | |
| 咸阳市 | Xianyang | 11 | 11 | |
| 渭南市 | Weinan | 3 | 3 | |
| 延安市 | Yan'an | | | |
| 汉中市 | Hanzhong | 38 | 38 | |
| 榆林市 | Yulin | | | |
| 安康市 | Ankang | 46 | 46 | |
| 商洛市 | Shangluo | | | |
| 西咸新区 | Xixian New Area | 4 | 4 | |
| 厅级小计 | Others | 112 | | 112 |

# 主要统计指标解释

**卫生机构**　指从卫生行政部门取得《医疗机构执业许可证》，或从民政、工商行政、机构编制管理部门取得法人单位登记证书，为社会提供医疗保健、疾病控制、卫生监督服务或从事医学科研和教育等工作的单位。卫生机构包括医院、疗养院、社区卫生服务中心(站)、卫生院、门诊部、诊所(卫生所、医务室)、急救中心(站)、采供血机构、妇幼保健院(所、站)、专科疾病防治院(所、站)、疾病预防控制中心(防疫站)、卫生监督所、卫生监督检验(监测、检测)机构、医学科研机构、医学在职培训机构、健康教育所(站)等其他卫生机构。

**卫生技术人员**　包括执业(助理)医师、注册护士、药剂人员、检验和影像人员等卫生专业人员。不包括从事管理工作的卫生技术人员(一律计入管理人员)。

**执业医师**　指具有《医师执业证》及其“级别”为“执业医师”且实际从事医疗、预防保健工作的人员，不包括实际从事管理工作的执业医师。执业医师类别分为临床、中医、口腔和公共卫生。

**执业助理医师**　指具有《医师执业证》及其“级别”为“执业助理医师”且实际从事医疗、预防保健工作的人员，不包括实际从事管理工作的执业助理医师。执业助理医师类别同样分为临床、中医、口腔和公共卫生四类。

**社区卫生服务中心(站)**　指为本社区居民提供预防、医疗、保健、康复、健康教育、计划生育技术服务等的基层卫生机构。包括社区卫生服务中心和社区卫生服务站。

**社会福利企业**　指以集中安置有一定劳动能力的残疾人员就业为目（残疾职工占生产人员 10%以上）、带有社会福利性质的企业总称。主要包括福利工厂、假肢厂和其他福利企业。

**城镇社区服务设施数**　指报告期末城镇（街道办事处、居委会）设立的以非盈利为目的，为本社区居民服务，特别是为老年人、残疾人、儿童服务的社区服务中心、活动站、服务站、养老院、老年公寓（托老所），残疾人工疗站、残疾儿童日托所、家务服务站、婚姻介绍所等福利性设施以及职工社会保险管理服务的机构数。几种不同类型的社区服务单位，共用一个场所的，只能统计为一个社区服务设施。成为社区服务设施的条件：(1）是独立核算单位；(2）有固定的从业人员；(3）有一定的服务项目；(4）有一定的场所。

**公证人员**　指在公证处工作的人员总称，包括公证处主任、副主任、公证员、公证员助理(助理公证员)和其他从事辅助性工作的人员。

**公证文书**　指公证处根据当事人申请，依照事实和法律，按照法定程序制作的，具有法律效力的司法证明文书。

**受理劳动争议案件数**　指劳动争议仲裁委员会根据国家有关规定，对劳动争议当事人的申请予以审查，符合受理条件而正式立案、准备处理的劳动争议案件数。

# Explanatory Notes on Main Statistical Indicators

**Health Care Institutions** refer to the units which have been qualified the Certification of Health Care Institution by the administration of public health, or qualified the Certification of Corporate Unit by the civil affairs, administration for industry and commerce, commission office for public sector reform, and engaging in medical care, disease prevention and control, health supervision and inspection, medicine research and health education, etc., including: hospitals, sanatoriums, community health service centers (stations), health centers, clinics (health stations and infirmaries), first-aid canters (stations), blood gathering and supplying institutions, women and children care agencies (centers and stations), special disease prevention and curing agencies (canters and stations), disease prevention and control centers (epidemic prevention stations), health supervision and inspection agencies, sanitary inspection institutions, medicinal scientific research and on-job training institutions, health education canters and so on.

**Medical Technical Personnel** refer to the professional staff engaged in health care, including licensed (assistant) doctors, registered nurse, pharmacists, laboratory technician, and imaging staff, excluding the medical technical personnel engaged in management job (included as the management staff).

**Licensed Doctors** refer to the medical workers who have obtained the licenses of qualified doctors and are employed in medical treatment, disease prevention or healthcare institutions, excluding the licensed doctors engaged in management job. The classification of licensed doctors is clinician, Chinese medicine, dentist and public health.

**Licensed Assistant Doctors** refer to the medical workers who have obtained the licenses of qualified assistant doctors and are employed in medical treatment, disease prevention or healthcare institutions, excluding the licensed assistant doctors engaged in management job. The classification of licensed assistant doctors is clinician, Chinese medicine, dentist and public health.

**Community Health Service Centers (stations)** refer to the primary units that provide the health care for community residents, such as disease prevention and control, medical treatment, health care, rehabilitation, health education, family planning technical services, including community health service centers and community health service stations.

**Social Welfare Enterprises** refers to those welfare-oriented enterprises employing a significant number of handicapped people with certain labour ability (handicapped employees shall exceed 10% of the production staff), including welfare factories, artificial limb plants as well as other welfare enterprises.

**Number of Service Facilities in Urban Communities** refers to the number non-profit welfare facilities set up by urban communities (community offices and residents' committees) to serve the community residents, including, among others, community-based centers that serve senior citizens, the handicapped or children, recreational centers, service centers, nursing homes, apartments for the elderly (nursery for the aged), work and treatment stations for the handicapped, day-care centers for handicapped children, domestic help agencies and dating services, as well as social insurance management agencies for the employees. Different types of community service providers that share the same premise are regarded as one community service facility. The requirements for a social service facility of communities include: (1) independent accounting; (2) fixed employees; (3) provision of services; and (4) premises.

**Notary Personnel** refers to people working for notary offices including: directors, deputy directors, notaries, assistant notaries and other people providing assistance.

**Notary Documents** refer to the judicial notary documents drawn up at the request of the interested party and are in accordance with facts and the law and following certain legal proceedings.

**Number of Labour Disputes Cases Accepted** refers to the number of cases of labour disputes submitted that, after being reviewed by the labour dispute arbitration committees in line with the relevant national regulations, are accepted and registered for treatment.

# 二十、水利

Irrigation

资料整理：陈　艳　郭力涛　文　燕

# 简 要 说 明

一、本篇资料反映陕西水利建设基本情况。主要内容包括水利建设投资，水利工程供水，水库，灌区，灌溉面积，水土保持，农村饮水等情况。

二、本篇资料由省水利厅提供。

## Brief Introduction

Ⅰ. This chapter reflects the basic conditions of Shaanxi's water conservancy, mainly including investment in water conservancy projects, water supply of water conservancy projects, reservoir, irrigated area, water and soil conservation, drinking water in rural areas and etc.

Ⅱ. The data are provided by Shaanxi Province Department of Water Resources.

# 20.水 利

| | | |
|---|---|---|
| 2018年全省 | | |
| 水利建设投资 | 302.59 | 亿　元 |
| 灌溉面积 | 1431.79 | 千公顷 |
| 水利工程供水量 | 93.72 | 亿立方米 |
| 水库数量 | 1013 | 座 |

## 水利建设投资（亿元）

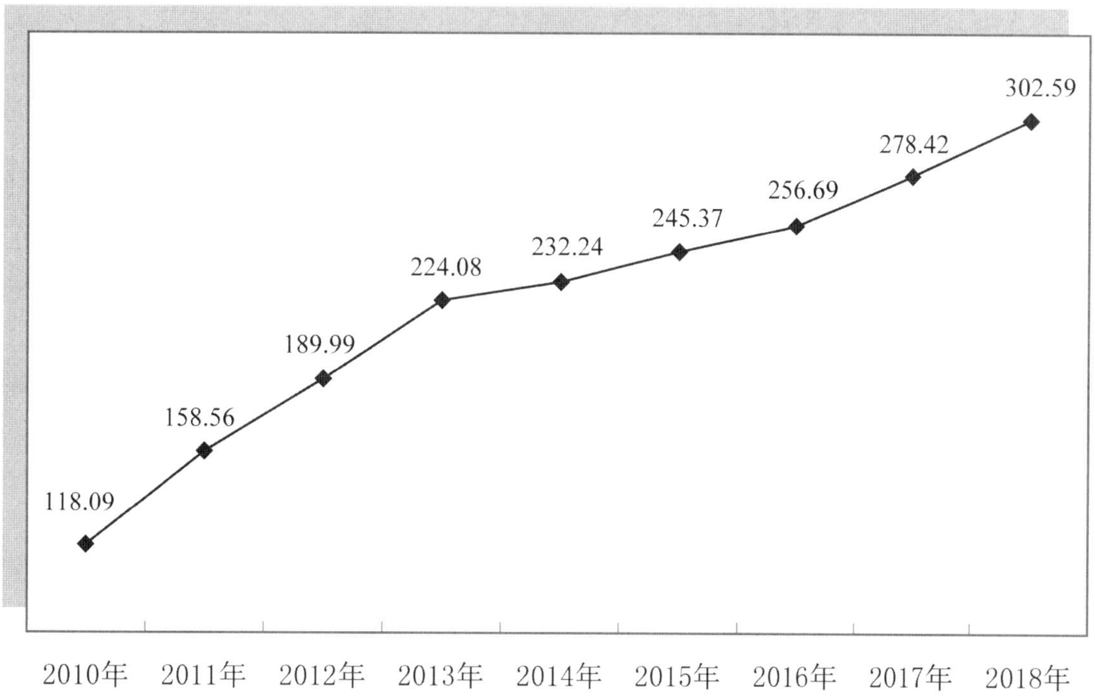

# 20–1 水利建设投资情况(2018年)
## Construction Investment Situation of Hydroproject(2018)

单位：万元 (10 000 yuan)

| 地区 | Region | 水利建设投资总计 Total | 中央 Central Level | 省级 Provincial Level | 市级 City Level | 县及县以下 at and below County Level | 民间投资 Nongovernment Investment |
|---|---|---|---|---|---|---|---|
| **全省** | **Shaanxi** | **3025890** | **691679** | **595433** | **554714** | **394936** | **789129** |
| 省属 | Provincial | 405358 | 91042 | 86108 | | | 228208 |
| 西安市 | Xi'an | 483435 | 13190 | 22721 | 192724 | | 254800 |
| 铜川市 | Tongchuan | 57092 | 19808 | 20012 | 9981 | 3175 | 4116 |
| 宝鸡市 | Baoji | 141939 | 54144 | 38365 | 14918 | 15753 | 18758 |
| 咸阳市 | Xianyang | 210311 | 39769 | 48231 | 57362 | 56242 | 8707 |
| 渭南市 | Weinan | 349836 | 165586 | 82221 | 6380 | 7000 | 88648 |
| #韩城市 | Hancheng | 85822 | 10377 | 2804 | 3992 | | 68648 |
| 延安市 | Yan'an | 395663 | 50549 | 63589 | 206695 | 74350 | 480 |
| 汉中市 | Hanzhong | 234765 | 91126 | 64347 | 10094 | 44415 | 24783 |
| 榆林市 | Yulin | 224437 | 54938 | 49776 | 52465 | 28152 | 39106 |
| 安康市 | Ankang | 212874 | 66632 | 54408 | 700 | 52214 | 38921 |
| 商洛市 | Shangluo | 168673 | 38548 | 61429 | 427 | 30748 | 37521 |
| 杨凌示范区 | Yangling | 8765 | 3977 | 749 | 2968 | 1071 | |
| 西咸新区 | Xixian | 132744 | 2370 | 3477 | | 81816 | 45081 |

注：水利建设投资主要包括：防洪、险库、重点水源及枢纽、灌排、城乡供排水、水土保持及生态治理、农村小水电、渔业等。
a)Construction investment of hydroproject mainly includes flood protection ,dangerous reservoir,key water source and key position,irrigation and drainage ,potable water,water and soil conservation ,rual small hydropower ,fishery industry etc.

# 20–2 用水总量(2018年)
## Water Use (2018)

单位：万立方米 (10 000 cu.m)

| 地区 | Region | 用水总量 Water Use | 农田灌溉用水量 Farmland Irrigation Water | #耕地灌溉用水量 Water Consumption of Forestry, Animal Husbandry, Fishery and Livestock | 工业生产用水量 Consumption of Industry Water | 城镇生活用水量 Consumption of Town Public Water | 乡村生活用水量 Residents Living Water | 生态环境用水量 Ecological Environment Water |
|---|---|---|---|---|---|---|---|---|
| **全省** | **Shaanxi** | **937173** | **543997** | **471222** | **144910** | **124165** | **76553** | **47548** |
| 西安市 | Xi'an | 191030 | 60035 | 51070 | 44128 | 50830 | 9547 | 26490 |
| 铜川市 | Tongchuan | 8003 | 2638 | 1843 | 1786 | 2244 | 1027 | 308 |
| 宝鸡市 | Baoji | 82098 | 50408 | 42076 | 10400 | 10674 | 8628 | 1988 |
| 咸阳市 | Xianyang | 89752 | 54418 | 45971 | 13337 | 10414 | 8248 | 3335 |
| 渭南市 | Weinan | 153150 | 109181 | 90743 | 15590 | 11819 | 9658 | 6902 |
| #韩城市 | Hancheng | 8969 | 2296 | 1431 | 3873 | 1202 | 500 | 1098 |
| 延安市 | Yan'an | 27402 | 9786 | 6255 | 7775 | 5136 | 3787 | 918 |
| 汉中市 | Hanzhong | 166537 | 137861 | 127759 | 10131 | 7929 | 9531 | 1085 |
| 榆林市 | Yulin | 85071 | 45490 | 41627 | 22909 | 7185 | 7838 | 1649 |
| 安康市 | Ankang | 75409 | 46520 | 40135 | 7896 | 7661 | 12357 | 975 |
| 商洛市 | Shangluo | 30729 | 11856 | 9823 | 6615 | 6434 | 4658 | 1166 |
| 杨凌示范区 | Yangling | 4209 | 2172 | 816 | 506 | 1091 | 227 | 213 |
| 西咸新区 | xixianxinqu | 23783 | 13633 | 13104 | 3837 | 2748 | 1047 | 2519 |

# 20−3　水利工程供水总量(2018年)
# Water Supply by Water Projects(2018)

单位：万立方米 (10 000 cu.m)

| 地　区 | Region | 供水总量 Water Supply | 地表水源供水量 Surface Water Supply | 蓄　水 Reserve Water | 引　水 Channel Water | 提　水 Draw Water | 人工载运 Artificial Ferried |
|---|---|---|---|---|---|---|---|
| **全　省** | **Shaanxi** | **937173** | **593548** | **217841** | **263466** | **112193** | **48** |
| 西安市 | Xi'an | 191030 | 92447 | 57445 | 31189 | 3813 | |
| 铜川市 | Tongchuan | 8003 | 5699 | 3266 | 1239 | 1181 | 13 |
| 宝鸡市 | Baoji | 82098 | 40109 | 25786 | 11708 | 2605 | 10 |
| 咸阳市 | Xianyang | 89752 | 48130 | 6641 | 34703 | 6783 | 3 |
| 渭南市 | Weinan | 153150 | 92177 | 17625 | 16161 | 58371 | 20 |
| #韩城市 | Hancheng | 8969 | 3139 | 2663 | 306 | 170 | |
| 延安市 | Yan'an | 27402 | 17575 | 6164 | 5462 | 5949 | |
| 汉中市 | Hanzhong | 166537 | 144961 | 56409 | 77497 | 11055 | |
| 榆林市 | Yulin | 85071 | 50360 | 14390 | 21685 | 14285 | |
| 安康市 | Ankang | 75409 | 71804 | 22392 | 42643 | 6769 | |
| 商洛市 | Shangluo | 30729 | 21938 | 7723 | 13140 | 1073 | 2 |
| 杨凌示范区 | Yangling | 4209 | 1542 | | 1542 | | |
| 西咸新区 | xixianxinqu | 23783 | 6806 | | 6497 | 309 | |

## 20−3　续表　continued

单位：万立方米 (10 000 cu.m)

| 地　区 | Region | 地下水源供水量 Groundwater Supply | 深层水 Deep Water | 浅层水 Shallow Water | 微咸水 A Little Salty Water | 其他水源供水量 Other Walter Supply | 污水处理回用 Waste Water reuse | 雨水利用 Rain Use |
|---|---|---|---|---|---|---|---|---|
| **全　省** | **Shaanxi** | **317436** | **3981** | **311482** | **1973** | **26189** | **24334** | **1855** |
| 西安市 | Xi'an | 83070 | 1395 | 81334 | 341 | 15513 | 15347 | 166 |
| 铜川市 | Tongchuan | 1969 | | 1969 | | 335 | 120 | 215 |
| 宝鸡市 | Baoji | 40499 | 36 | 40463 | | 1490 | 1184 | 306 |
| 咸阳市 | Xianyang | 38762 | 761 | 38001 | | 2860 | 2683 | 177 |
| 渭南市 | Weinan | 58324 | 201 | 57198 | 925 | 2649 | 2602 | 47 |
| #韩城市 | Hancheng | 4486 | | 4486 | | 1344 | 1312 | 32 |
| 延安市 | Yan'an | 9043 | 1339 | 7704 | | 784 | 607 | 177 |
| 汉中市 | Hanzhong | 21377 | | 21377 | | 199 | | 199 |
| 榆林市 | Yulin | 33986 | | 33279 | 707 | 725 | 326 | 399 |
| 安康市 | Ankang | 3498 | | 3498 | | 107 | | 107 |
| 商洛市 | Shangluo | 8729 | | 8729 | | 62 | | 62 |
| 杨凌示范区 | Yangling | 2399 | | 2399 | | 268 | 268 | |
| 西咸新区 | xixianxinqu | 15779 | 249 | 15530 | | 1197 | 1197 | |

# 20-4 堤防情况(2018年)
# Dikes Situation(2018)

| 地 区 | Region | 堤防总长度(公里) Dikes Total Length (km) | 1级堤防 Level 1 Dikes | 2级堤防 Level 2 Dikes | 3级堤防 Level 3 Dikes | 4级堤防 Level 4 Dikes | 5级堤防 Level 5 Dikes | 5级以下堤防 Other Grades Dikes | 达标堤防长 度(公里) Length of Standard Dikes (km) | 1级堤防 Level 1 Dikes | 2级堤防 Level 2 Dikes |
|---|---|---|---|---|---|---|---|---|---|---|---|
| **全 省** | **Shaanxi** | **7504** | **439** | **468** | **885** | **1755** | **1973** | **1984** | **4895** | **435** | **425** |
| 西 安 市 | Xi'an | 1049 | 194 | 126 | 104 | 240 | 317 | 70 | 911 | 194 | 126 |
| 铜 川 市 | Tongchuan | 202 | | 1 | 48 | 79 | 65 | 8 | 81 | | |
| 宝 鸡 市 | Baoji | 567 | 104 | 79 | 67 | 137 | 148 | 32 | 517 | 100 | 79 |
| 咸 阳 市 | Xianyang | 176 | 27 | 32 | 12 | 55 | 50 | | 170 | 27 | 32 |
| 渭 南 市 | Weinan | 504 | 50 | 87 | 22 | 130 | 172 | 43 | 426 | 50 | 76 |
| # 韩城市 | Hancheng | 38 | | | 9 | 26 | 3 | | 38 | | |
| 延 安 市 | Yan'an | 467 | | 42 | 308 | 78 | 25 | 14 | 413 | | 15 |
| 汉 中 市 | Hanzhong | 1186 | 29 | 50 | 91 | 399 | 182 | 435 | 537 | 29 | 46 |
| 榆 林 市 | Yulin | 590 | | 19 | 135 | 72 | 143 | 222 | 367 | | 19 |
| 安 康 市 | Ankang | 1034 | 4 | 2 | 37 | 283 | 265 | 444 | 519 | 4 | 2 |
| 商 洛 市 | Shangluo | 1675 | | 30 | 47 | 276 | 605 | 717 | 922 | | 30 |
| 杨凌示范区 | Yangling | 22 | 12 | 1 | 2 | 7 | | | 15 | 12 | 1 |
| 西咸新区 | xixianxinqu | 31 | 19 | | 12 | | | | 19 | 19 | |

## 20-4 续表 continued

| 地 区 | Region | 3级堤防 Level 3 Dikes | 4级堤防 Level 4 Dikes | 5级堤防 Level 5 Dikes | 本年新增堤防达标长度(公里) Newly Increased Standard Dikes Length This Year(km) | 全部堤防保护人口(万人) All the Dikes Protected the Population (10 000 persons) | 全部堤防保护耕地(千公顷) All the Dikes Protected the Farmland (1 000 hectares) |
|---|---|---|---|---|---|---|---|
| **全 省** | **Shaanxi** | **818** | **1439** | **1777** | **259** | **1167.17** | **612.51** |
| 西 安 市 | Xi'an | 104 | 210 | 278 | 19 | 246.10 | 99.12 |
| 铜 川 市 | Tongchuan | 9 | 11 | 61 | 5 | 35.53 | 5.19 |
| 宝 鸡 市 | Baoji | 60 | 129 | 148 | 26 | 149.72 | 71.47 |
| 咸 阳 市 | Xianyang | 12 | 55 | 44 | | 95.62 | 25.15 |
| 渭 南 市 | Weinan | 22 | 121 | 157 | 12 | 88.90 | 95.29 |
| # 韩城市 | Hancheng | 9 | 26 | 3 | | 2.27 | 1.65 |
| 延 安 市 | Yan'an | 302 | 77 | 19 | 39 | 131.83 | 150.21 |
| 汉 中 市 | Hanzhong | 90 | 256 | 116 | 48 | 127.42 | 88.08 |
| 榆 林 市 | Yulin | 134 | 72 | 143 | 21 | 95.92 | 12.20 |
| 安 康 市 | Ankang | 36 | 249 | 227 | 69 | 66.62 | 16.12 |
| 商 洛 市 | Shangluo | 47 | 259 | 585 | 14 | 100.28 | 45.85 |
| 杨凌示范区 | Yangling | 2 | | | | 6.13 | 2.10 |
| 西咸新区 | xixianxinqu | | | | 6 | 23.10 | 1.73 |

# 20-5 灌溉面积(2018年)
# Irrigated Areas(2018)

单位：千公顷 (1 000 hectares)

| 地 区 | Region | 总灌溉面积 Irrigated Areas This Year | 耕地灌溉 Effective Irrigated Areas | 林地灌溉 Irrigated Wooded-land Areas | 园地灌溉 Garden Plot Irrigated Areas | 牧草地灌溉 Irrigated Pasture |
|---|---|---|---|---|---|---|
| **全 省** | **Shaanxi** | **1431.79** | **1274.99** | **19.92** | **135.60** | **1.28** |
| 西 安 市 | Xi'an | 185.32 | 171.36 | 2.06 | 11.90 | |
| 铜 川 市 | Tongchuan | 26.49 | 19.36 | | 7.13 | |
| 宝 鸡 市 | Baoji | 178.24 | 153.07 | 0.78 | 24.38 | 0.01 |
| 咸 阳 市 | Xianyang | 218.69 | 207.54 | 1.24 | 9.91 | |
| 渭 南 市 | Weinan | 374.51 | 334.85 | 2.99 | 36.67 | |
| # 韩城市 | Hancheng | 13.06 | 12.94 | | 0.12 | |
| 延 安 市 | Yan'an | 52.51 | 39.81 | 0.10 | 12.33 | 0.27 |
| 汉 中 市 | Hanzhong | 133.58 | 112.70 | 7.27 | 13.61 | |
| 榆 林 市 | Yulin | 148.20 | 133.14 | 3.18 | 11.03 | 0.85 |
| 安 康 市 | Ankang | 54.35 | 47.12 | 1.60 | 5.48 | 0.15 |
| 商 洛 市 | Shangluo | 24.71 | 24.71 | | | |
| 杨凌示范区 | Yangling | 5.86 | 5.57 | 0.03 | 0.26 | |
| 西咸新区 | xixianxinqu | 29.34 | 25.77 | 0.67 | 2.90 | |

## 20-5 续表 Continued

单位：千公顷 (1 000 hectares)

| 地 区 | Region | 节水灌溉面积 Water Saving Irrigation Areas | 喷 灌 Spray Irrigation | 微 灌 Micro Irrigation | 低压管灌 Low Pressure Pipe Irrigation | 其他节水灌溉 Others | 有效实灌面积 Effectively Irrigated Areas | 旱涝保收面积 Stable-harvest Farming Areas |
|---|---|---|---|---|---|---|---|---|
| **全 省** | **Shaanxi** | **965.52** | **35.67** | **67.21** | **364.09** | **498.55** | **1045.56** | **749.66** |
| 西 安 市 | Xi'an | 155.52 | 4.80 | 4.32 | 83.44 | 62.96 | 150.40 | 124.80 |
| 铜 川 市 | Tongchuan | 21.17 | 0.40 | 6.96 | 12.27 | 1.54 | 4.15 | 4.01 |
| 宝 鸡 市 | Baoji | 152.81 | 5.13 | 11.61 | 53.66 | 82.41 | 115.86 | 114.20 |
| 咸 阳 市 | Xianyang | 148.49 | 2.56 | 9.04 | 59.44 | 77.45 | 163.51 | 101.62 |
| 渭 南 市 | Weinan | 245.40 | 3.59 | 15.42 | 57.70 | 168.69 | 280.22 | 173.40 |
| # 韩城市 | Hancheng | 11.52 | 0.08 | 0.16 | 3.98 | 7.30 | 9.25 | 8.50 |
| 延 安 市 | Yan'an | 42.11 | 4.13 | 8.13 | 28.58 | 1.27 | 27.61 | 13.87 |
| 汉 中 市 | Hanzhong | 73.10 | 4.78 | 2.36 | 5.76 | 60.21 | 106.72 | 83.47 |
| 榆 林 市 | Yulin | 47.16 | 5.05 | 3.94 | 36.50 | 1.67 | 114.95 | 65.28 |
| 安 康 市 | Ankang | 38.99 | 2.97 | 2.28 | 8.91 | 24.83 | 37.88 | 35.92 |
| 商 洛 市 | Shangluo | 10.69 | 1.16 | 0.57 | 6.43 | 2.53 | 18.89 | 11.04 |
| 杨凌示范区 | Yangling | 4.60 | 0.05 | 1.52 | 2.12 | 0.91 | 5.36 | 4.62 |
| 西咸新区 | xixianxinqu | 25.47 | 1.05 | 1.06 | 9.28 | 14.08 | 20.01 | 17.43 |

# 20-6 万亩以上灌区基本情况(2018年)
# Basic Irrigated Area above 10 000 Acres (2018)

| 地 区 | Region | 灌区数 (处) Number of Irrigated Areas (unit) | 50万亩以上 Over 500000 Mu | 30~50万亩 300000-500000 Mu | 10~30万亩 100000-300000 Mu | 5~10万亩 50000-100000 Mu | 1~5万亩 10000-50000 Mu |
|---|---|---|---|---|---|---|---|
| **全 省** | **Shaanxi** | **187** | **8** | **4** | **12** | **19** | **144** |
| 西安市 | Xi'an | 24 | | | 3 | 2 | 19 |
| 铜川市 | Tongchuan | 4 | | 1 | | | 3 |
| 宝鸡市 | Baoji | 21 | 1 | 1 | 1 | 2 | 16 |
| 咸阳市 | Xianyang | 29 | 2 | 1 | 2 | 3 | 21 |
| 渭南市 | Weinan | 46 | 4 | 1 | 3 | 4 | 34 |
| # 韩城市 | hancheng | 3 | | | 1 | | 2 |
| 延安市 | Yan'an | 9 | | | | 1 | 8 |
| 汉中市 | Hanzhong | 20 | 1 | | 3 | 5 | 11 |
| 榆林市 | Yulin | 17 | | | | | 17 |
| 安康市 | Ankang | 7 | | | | 2 | 5 |
| 商洛市 | Shangluo | 8 | | | | | 8 |
| 西咸新区 | xixianxinqu | 2 | | | | | 2 |

20-6 续表 continued

| 地 区 | Region | 灌区耕地面积 (千公顷) Area of Irrigated Land (1000 hectares) | 50万亩以上 Over 500000 Mu | 30~50万亩 300000-500000 Mu | 10~30万亩 100000-300000 Mu | 5~10万亩 50000-100000 Mu | 1~5万亩 10000-50000 Mu |
|---|---|---|---|---|---|---|---|
| **全 省** | **Shaanxi** | **825.08** | **449.95** | **62.20** | **106.61** | **67.72** | **138.60** |
| 西安市 | Xi'an | 68.47 | | | 41.95 | 11.15 | 15.37 |
| 铜川市 | Tongchuan | 7.71 | | 4.38 | | | 3.33 |
| 宝鸡市 | Baoji | 129.63 | 83.33 | 17.48 | 6.19 | 9.47 | 13.16 |
| 咸阳市 | Xianyang | 163.45 | 112.59 | 16.01 | 9.49 | 8.20 | 17.16 |
| 渭南市 | Weinan | 322.76 | 232.38 | 24.33 | 22.18 | 12.60 | 31.27 |
| # 韩城市 | hancheng | 11.91 | | | 7.88 | | 4.03 |
| 延安市 | Yan'an | 8.68 | | | | 3.00 | 5.68 |
| 汉中市 | Hanzhong | 76.64 | 21.65 | | 26.80 | 14.93 | 13.26 |
| 榆林市 | Yulin | 23.16 | | | | | 23.16 |
| 安康市 | Ankang | 12.84 | | | | 8.37 | 4.47 |
| 商洛市 | Shangluo | 9.95 | | | | | 9.95 |
| 西咸新区 | xixianxinqu | 1.79 | | | | | 1.79 |

# 20-7 水库情况(2018年)
## Situation of Reservoir (2018)

| 地 区 | Region | 水库数量(座) Reservoir Volume (block) | 大型水库 large | 中型水库 Medium | 小型水库 Small | 水库库容(万立方米) Reservoir Storage Capacity (10 000 cu.m) | 大型水库 large | 中型水库 Medium | 小型水库 Small |
|---|---|---|---|---|---|---|---|---|---|
| **全 省** | **Shaanxi** | **1102** | **12** | **77** | **1013** | **943527** | **535030** | **290617** | **117879** |
| 西 安 市 | Xi'an | 92 | 1 | 2 | 89 | 43075 | 20000 | 12060 | 11015 |
| 铜 川 市 | Tongchuan | 32 | | 3 | 29 | 11741 | | 8185 | 3556 |
| 宝 鸡 市 | Baoji | 106 | 2 | 6 | 98 | 91796 | 57400 | 22967 | 11429 |
| 咸 阳 市 | Xianyang | 71 | 1 | 8 | 62 | 50420 | 12000 | 25804 | 12617 |
| 渭 南 市 | Weinan | 117 | | 5 | 112 | 28505 | | 13203 | 15302 |
| # 韩城市 | hancheng | 11 | | 1 | 10 | 6565 | | 4360 | 2205 |
| 延 安 市 | Yan'an | 41 | 1 | 9 | 31 | 61953 | 20300 | 33891 | 7762 |
| 汉 中 市 | Hanzhong | 343 | 1 | 8 | 334 | 64244 | 10980 | 29064 | 24201 |
| 榆 林 市 | Yulin | 93 | 1 | 26 | 66 | 170162 | 38900 | 115130 | 16133 |
| 安 康 市 | Ankang | 153 | 5 | 8 | 140 | 407079 | 375450 | 21177 | 10452 |
| 商 洛 市 | Shangluo | 52 | | 2 | 50 | 14325 | | 9138 | 5187 |
| 杨凌示范区 | Yangling | | | | | | | | |
| 西咸新区 | xixianxinqu | 2 | | | 2 | 226 | | | 226 |

# 20-8 水土保持情况(2018年)
## Basic Statistics on Soil and Water Conservation(2018)

单位：千公顷 (1 000 hectares)

| 地 区 | Region | 累计水土流失治理面积 Total Area of Soil Erosion under Control | # 小流域治理面积 Area of Small Watershed under Control | 本年新增治理面积(含生态修复) Area of Newly Increased Soil Erosion under Control This Year | # 小流域治理面积 Area of Small Watershed under Control | 本年减少水土流失面积 Area of Decreased Soil Erosion This Year | # 自然因素 Natural Factors | # 人为因素 Human Factors |
|---|---|---|---|---|---|---|---|---|
| **全 省** | **Shaanxi** | **7917.95** | **3047.32** | **653.40** | **105.20** | **134.18** | **125.70** | **8.48** |
| 西 安 市 | Xi'an | 207.31 | 24.56 | 28.15 | 0.37 | 1.00 | 0.80 | 0.20 |
| 铜 川 市 | Tongchuan | 218.08 | 77.08 | 20.55 | 1.40 | 3.50 | 3.50 | |
| 宝 鸡 市 | Baoji | 614.55 | 170.27 | 40.00 | 5.47 | 5.00 | 5.00 | |
| 咸 阳 市 | Xianyang | 537.71 | 232.95 | 50.09 | 10.25 | 4.69 | 4.69 | |
| 渭 南 市 | Weinan | 504.67 | 191.34 | 59.06 | 5.63 | 20.39 | 20.39 | |
| # 韩城市 | Hancheng | 75.08 | 21.39 | 4.03 | 0.13 | 0.03 | 0.03 | |
| 延 安 市 | Yan'an | 1590.46 | 469.06 | 100.00 | 28.45 | 15.21 | 15.21 | |
| 汉 中 市 | Hanzhong | 913.40 | 381.56 | 85.00 | 13.05 | 12.29 | 12.29 | |
| 榆 林 市 | Yulin | 1798.57 | 796.64 | 114.66 | 16.12 | 58.73 | 50.45 | 8.28 |
| 安 康 市 | Ankang | 747.36 | 299.34 | 85.19 | 7.36 | 0.10 | 0.10 | |
| 商 洛 市 | Shangluo | 779.04 | 398.60 | 70.20 | 17.10 | 13.27 | 13.27 | |
| 杨凌示范区 | Yangling | 6.80 | 5.92 | 0.50 | | | | |

# 20–9 农村水电装机情况(2018年)
# Basic Statisticson Rural Hydropower Installed Capacity(2018)

| 地 区 | Region | 处 数 (处) Number (unit) | 容 量 (千瓦) Capacity (kw) | 1(含)~5万千瓦(含) 10000kw(inclusive)-50000kw(inclusive) | | 0.1(含)~1万千瓦 1000kw(inclusive)-10000kw | |
|---|---|---|---|---|---|---|---|
| | | | | 处 数 (处) Number (unit) | 容 量 (千瓦) Capacity (kw) | 处 数 (处) Number (unit) | 容 量 (千瓦) Capacity (kw) |
| **全 省** | **Shaanxi** | **693** | **1578291** | **32** | **623460** | **243** | **816420** |
| 省 属 | Directlyunderthe ProvincialGovernment | 10 | 69450 | 2 | 37400 | 7 | 31550 |
| 西安市 | Xi'an | 50 | 80918 | 1 | 20000 | 16 | 50500 |
| 铜川市 | Tongchuan | 1 | 4200 | | | 1 | 4200 |
| 宝鸡市 | Baoji | 118 | 157885 | 1 | 26000 | 38 | 98520 |
| 咸阳市 | Xianyang | 9 | 87100 | 1 | 48000 | 7 | 38300 |
| 渭南市 | Weinan | 11 | 39240 | | | 9 | 38630 |
| 延安市 | Yan'an | 10 | 6695 | | | 2 | 2760 |
| 汉中市 | Hanzhong | 207 | 522627 | 14 | 269100 | 62 | 217410 |
| 榆林市 | Yulin | 5 | 16750 | | | 4 | 15850 |
| 安康市 | Ankang | 186 | 505115 | 12 | 191960 | 81 | 281040 |
| 商洛市 | Shangluo | 85 | 87591 | 1 | 31000 | 16 | 37660 |
| 杨凌示范区 | Yangling | 1 | 720 | | | | |

## 20–9 续表 continued

| 地 区 | Region | 0.1万千瓦以下 Under 1000kw | | 本年新增装机 Newly Increased Hydropower Installed Capacity This Year | | 全年发电量 (万千瓦时) Annual Electricity Generation (10000kwh) | 年利用小时 (小时) Annual Use Hours (hour) |
|---|---|---|---|---|---|---|---|
| | | 处 数 (处) Number (unit) | 容 量 (千瓦) Capacity (kw) | 处 数 (处) Number (unit) | 容 量 (千瓦) Capacity (kw) | | |
| **全 省** | **Shaanxi** | **418** | **138411** | **7** | **88537** | **422921** | **2680** |
| 省 属 | Directlyunderthe ProvincialGovernment | 1 | 500 | | **2100** | 27472 | 3956 |
| 西安市 | Xi'an | 33 | 10418 | 2 | 285 | 23723 | 2932 |
| 铜川市 | Tongchuan | | | | | 850 | 2024 |
| 宝鸡市 | Baoji | 79 | 33365 | | 1175 | 38810 | 2458 |
| 咸阳市 | Xianyang | 1 | 800 | | | 26454 | 3037 |
| 渭南市 | Weinan | 2 | 610 | 1 | 2800 | 11195 | 2853 |
| 延安市 | Yan'an | 8 | 3935 | | 460 | 1722 | 2572 |
| 汉中市 | Hanzhong | 131 | 36117 | 1 | 40000 | 131082 | 2508 |
| 榆林市 | Yulin | 1 | 900 | | | 4480 | 2675 |
| 安康市 | Ankang | 93 | 32115 | 2 | 37225 | 137803 | 2728 |
| 商洛市 | Shangluo | 68 | 18931 | 1 | 4492 | 19120 | 2183 |
| 杨凌示范区 | Yangling | 1 | 720 | | | 210 | 2917 |

# 主要统计指标解释

**灌溉面积**　指一个地区当年农、林、牧等灌溉面积的总和。总灌溉面积=有效灌溉面积（耕地）+林地灌溉面积+园地灌溉面积+牧草灌溉面积+其他灌溉面积。

**有效灌溉面积（农田或耕地灌溉面积）**　指灌溉工程或设备已基本配套，有一定水源，土地比较平整，在一般年景可以进行正常灌溉的农田或耕地灌溉面积。

**有效实灌面积**　指利用灌溉工程和设施，在有效灌溉面积中当年实际已进行正常（灌水一次以上）灌溉的耕地面积。在同一亩耕地上，报告期内无论灌水几次，都应按一亩计算，而不应按灌溉亩次计算。凡是肩挑、人抬、马拉抗旱点种的面积，一律不算实灌面积。

**旱涝保收面积**　指有效灌溉面积中，遇旱能灌，遇涝能排的面积。灌溉设施的抗旱能力，按各地不同情况，应达到三十天到五十天，适宜发展双季稻的地方，应达到五十到七十天，除涝达到五年一遇以上标准，防洪一般达到二十年一遇标准的有效灌溉面积。

**节水灌溉面积**　是指在给农作物进行灌溉时采用先进的设备和手段，在满足农作物需要用水的同时减少了用水。一般要有水源保证，利用渠道防渗、管灌、喷滴灌等工程节水措施，当年已进行正常灌溉的农田、果园、林地、牧草等面积，不包括农作物种植方式、种植品种改变等非工程节水措施的灌溉面积。节水灌溉面积包括渠道防渗面积、低压管道输水灌溉面积、喷灌面积、微灌面积和其他工程节水灌溉面积。在同一灌溉面积上，采用多种节水灌溉工程措施时，只能依主要工程或措施统计一种，不得重复计算。

**易涝面积**　一些地区由于地势低洼，降雨径流不能及时排走，田间积水超过农作物的耐淹能力，造成农业损失，即为涝。形成的受淹农田面积称为易涝面积，易涝耕地面积是指抗涝能力标准低的低洼涝耕地面积。

**除涝面积**　通过水利工程如围埝、抽水等对易涝面积进行治理，使易涝耕地免除淹涝称除涝面积。按除涝的标准分为3－5年、5－10年和10年以上。易涝面积虽经过治理，但标准尚未达到三年一遇标准的，不作为除涝面积统计。

**水土流失**　是由于水力、重力、风力等外力引起的水土资源和土地生产力遭到破坏和损失的现象。造成水土流失的原因可分为自然原因和人类活动原因两类。遭到水土流失侵害和损失的土地面积称水土流失面积。

**水土流失治理面积（又称水土保持面积）**　是指在水土流失面积上，按照综合治理的原则，采取各种治理措施如：坡改梯、淤地坝、谷坊、造林、种草、封山育林育草（指有种林、种草补植任务的）等，以及按小流域综合治理措施所治理的水土流失面积总和。

**灌区**　是指在蓄水灌溉工程、引水灌溉工程、提水灌溉工程等灌溉工程中，灌溉设备齐全、渠系配套完整，自成灌溉体系，有统一管理，设计灌溉面积为万亩及以上和有效灌溉面积达到万亩及以上的灌溉区域。灌区由各省水利厅审定、备案。

**堤防**　是指修筑在江、河、湖、海岸适用于防止洪水的工程。堤防工程按防洪标准分为五个级别：防洪标准[重现期(年)]>=100为1级，100−50为2级，50−30为3级，30−20为4级，20−10为5级。

**供水量**　指各种水利供水工程为农业灌溉、工业生产、城镇生活、乡村生活、生态环境等方面的实际供水量，它包括输水损失的毛水量，按供水对象所在区域进行统计。供水量来源包括地表水供水量（蓄水、引水、提水、调水）、地下水供水量和其他水源供水量。

**水库**　在江河上筑坝（闸）所形成的拦洪蓄水和调节水流的水利工程建筑物，可以用来灌溉、发电、防洪和养鱼。总库容在1亿立方米及以上为大型水库，1000（含1000）万立方米至1亿立方米为中型水库，10万立方米至1000万立方米为小型水库。

**水库库容**　校核洪水位以下的水库容积，包括死库容、兴利库容、调洪库容（减掉和兴利库容重复部分）之总和，称为总库容。它是一项表示水库工程规模的代表性指标，是划分水库等级、确定工程安全标准的重要依据。

**兴利库容**　水库在正常运用情况下，为满足兴利要求在开始供水时应蓄到的水位，称正常蓄水位，又称正常高水位、兴利水位，或设计蓄水位。正常蓄水位至死水位之间的水库容就是兴利库容，即调节库容。它主要用以调节径流，提供水库的供水量。

**死库容**　水库死水位以下的水库容积。除特殊情况外，死库容不参与径流调节，即不动用这部分库容内的水量。

# Explanatory Notes on Main Statistical Indicators

**Irrigated Area** The sum of irrigated areas for agricultural, forest, pasture and grazing areas in a particular region. The total irrigation area is equal to the sum of effective irrigated areas (arable land), forest irrigated areas, orchard irrigated areas, grazing irrigated areas and other irrigated areas.

**Effective Irrigated Areas (irrigated areas of farmland or cultivated land)** The effective irrigated area refers to farmland or cultivated land with irrigation in normal years, equipped with installed irrigation facilities, water source and relatively leveled land.

**Actual Effective Irrigated Area** The area of effective irrigated land has been applied irrigation (once or more than once) in the current year, taking the advantage of irrigation works or facilities. No matter how many times irrigation is made in the same area of land within report period, it is all counted as one mu, but not be counted according to the irrigation times. All non-mechanized irrigated areas such as irrigated area with drought-relief measures of people or animal carrying water for irrigation are not included.

**Farmlands with Stable Yields Despite of Drought or Waterlogging** Farmlands, within effective irrigation areas, can irrigate in drought season and drain in flood season. According to drought-resistant capacity of irrigation facilities under varied conditions of different regions, irrigation may last for 30 days to 50 days, and may last for 50 days to 70 days in the regions suitable for double cropping rice. Waterlogging control in the effective irrigated areas should reach the standard of once in five years return period and flood control should reach the standard of once in twenty years return period.

**Water-saving Irrigated Areas** It refers to reducing water consumption by advanced equipment and measures when irrigating, which also meeting the need of plants. Generally, there are actual water resources, and taking measures of leakage free channel, pipe irrigation, jetting and dropping irrigation to save water. The normal irrigation area of arable land, forest areas, orchard areas, grazing areas etc., which do not take water saving measures, such as non engineering measures of planting manner and planting variety in the current year are not included in this indicator. It includes leakage free channel, jetting and dropping irrigation, tiny irrigation, and others. In the same area, with more than two water saving measures taken, only one main project can be counted.

**Prone-waterlogging Farmland** In some area, for low lying, rain can not be drained in time, plants submerged into water are over endurance, leading to agricultural losses. Farmland of waterlogging are called prone- waterlogging farmland, which refers to low lying farmland with low standard of preventing waterlogging.

**Waterlogging Control Areas** The controlled area of prone-waterlogging farmland by waterworks such as cofferdams and water pump. The standard of waterlogging control can be divided into 3-5 years, 5-10 years and above 10 years. The area of waterlogging farmland with control measures but has not reached to the standard of once in three years return period, are excluded from waterlogging control areas.

**Soil Erosion** Damage or losses of water resources and land productivity caused by external forces, such as water power, gravity and wind etc. Soil erosion is usually caused by two reasons of nature or human activities. The damaged or lost farmland areas caused by soil erosion are termed as soil erosion areas.

**Improved Eroded Area (also named soil and water conservation area)** The sum of improved eroded areas in Mountinous or hilly areas, has implemented comprehensive control measures, including terraced fields, silt retention dam, check dam, reforestation, grass plantation, enclosed reforestation and grass planting (refers to the area with tasks of planting forest and grass) and small watershed comprehensive management, in line with the principle of integrated management.

**Irrigation District** Irrigation area has above 10,000 mu of designed and effective irrigated area, with complete irrigation facilities, sub-canal system, self-established irrigation system and unified management system, under water storage irrigation project, water diversion irrigation project or pumping irrigation projects. Irrigation districts are approved and recorded by provincial departments of water resources.

**Embankment** Embankment project is constructed along the banks of river, lake or coast to prevent flood disasters. Embankment project can divided into five classes according to the standard of preventing flood disasters. Class 1: with reappear year over 100 years, class 2: 100-50, class 3: 50-30; class 4: 30-20, class 5: 20-10.

**Quantity of Water Supply** Actual quantity of water supply provided by all kinds of water supply projects for irrigation, industrial, domestic water use in urban and rural areas and ecological environment etc, including gross water loss in water transportation and data are sorted according to water consumption region for statistics. The quantity of water supply consists of quantity of surface water (water storage, water diversion, pumping and water transfer), groundwater and quantity of water supply of other water sources.

**Reservoir** Storage area that is formed by constructing dams (gates) to detain and store water resources and regulate water flow. Large reservoir: the total storage capacity is over 100 million $m^3$.Medium reservoir: the total storage capacity is between 10 million $m^3$ (including 10 million $m^3$) to 100 million $m^3$.Small reservoir: the total storage capacity is between 0.1 million $m^3$ to 10 million $m^3$.

**Storage Capacity of Reservoir** It is also called total storage capacity. It refers to storage capacity above the check water level, including dead storage capacity, usable storage capacity, and flood control storage capacity (deducting the repeating part of usable storage). It is a key index for the total scale of a reservoir, and is a key index for dividing the class of reservoir and deciding standard of project safety.

**Usable Storage Capacity of Reservoir** refers to the water level which called normal water level, that should be reached for providing water in normal conditions. Storage capacity of reservoir between normal water level and dead storage capacity level are called usable storage capacity, which also called adjusting capacity. It is used for adjusting runoff, providing quantity of reservoir.

**Dead Storage Capacity of Reservoir** It refers to storage below the dead storage water level. It does not take part in adjusting of runoff, it can't be moved.

# 二十一、全国各省、市、自治区主要指标

## Main Indicators of National Economy by Countrywide, Province, Municipality and Autonomous Region

资料整理：孙士梅

# 简 要 说 明

一、本篇资料反映全国各省、市、自治区经济发展情况，包括人口、生产总值、居民消费价格指数、居民收入、财政、固定资产投资、农林牧渔业总产值、主要产品产量、社会消费品零售总额、进出口总额等指标。

二、本篇资料来源于《中国统计摘要-2019》。

# Brief Introduction

Ⅰ. This chapter reflects economic development of China’s provinces, cities and autonomous region, including population,gross domestic product, consumer price indices, resident income,finance,investment in fixed assets, gross output value of agriculture, forestry, animal husbandry and fisheries,output of major products, total retail sales of consumer goods, total export import volume, etc.

Ⅱ. The data sources are obtained from “Chinese statistical abstract-2019”.

# 21-1 年末常住人口
# Resident Population and Per Capita GDP

| 地 区 | Region | 年末常住人口(万人) Resident Population at year-end (10 000 persons) | | 城镇人口比重(%) Proportion of Urban Population(%) | |
|---|---|---|---|---|---|
| | | 2017 | 2018 | 2017 | 2018 |
| **全 国** | **National Total** | **139008** | **139538** | **58.52** | **59.58** |
| 北 京 | Beijing | 2171 | 2154 | 86.50 | 86.50 |
| 天 津 | Tianjin | 1557 | 1560 | 82.93 | 83.15 |
| 河 北 | Hebei | 7520 | 7556 | 55.01 | 56.43 |
| 山 西 | Shanxi | 3702 | 3718 | 57.34 | 58.41 |
| 内蒙古 | Inner Mongolia | 2529 | 2534 | 62.02 | 62.71 |
| 辽 宁 | Liaoning | 4369 | 4359 | 67.49 | 68.10 |
| 吉 林 | Jilin | 2717 | 2704 | 56.65 | 57.53 |
| 黑龙江 | Heilongjiang | 3789 | 3773 | 59.40 | 60.10 |
| 上 海 | Shanghai | 2418 | 2424 | 87.70 | 88.10 |
| 江 苏 | Jiangsu | 8029 | 8051 | 68.76 | 69.61 |
| 浙 江 | Zhejiang | 5657 | 5737 | 68.00 | 68.90 |
| 安 徽 | Anhui | 6255 | 6324 | 53.49 | 54.69 |
| 福 建 | Fujian | 3911 | 3941 | 64.80 | 65.82 |
| 江 西 | Jiangxi | 4622 | 4648 | 54.60 | 56.02 |
| 山 东 | Shandong | 10006 | 10047 | 60.58 | 61.18 |
| 河 南 | Henan | 9559 | 9605 | 50.16 | 51.71 |
| 湖 北 | Hubei | 5902 | 5917 | 59.30 | 60.30 |
| 湖 南 | Hunan | 6860 | 6899 | 54.62 | 56.02 |
| 广 东 | Guangdong | 11169 | 11346 | 69.85 | 70.70 |
| 广 西 | Guangxi | 4885 | 4926 | 49.21 | 50.22 |
| 海 南 | Hainan | 926 | 934 | 58.04 | 59.06 |
| 重 庆 | Chongqing | 3075 | 3102 | 64.08 | 65.50 |
| 四 川 | Sichuan | 8302 | 8341 | 50.79 | 52.29 |
| 贵 州 | Guizhou | 3580 | 3600 | 46.02 | 47.52 |
| 云 南 | Yunnan | 4801 | 4830 | 46.69 | 47.81 |
| 西 藏 | Tibet | 337 | 344 | 30.89 | 31.14 |
| **陕 西** | **Shaanxi** | **3835** | **3864** | **56.79** | **58.13** |
| 甘 肃 | Gansu | 2626 | 2637 | 46.39 | 47.69 |
| 青 海 | Qinghai | 598 | 603 | 53.07 | 54.47 |
| 宁 夏 | Ningxia | 682 | 688 | 57.98 | 58.88 |
| 新 疆 | Xinjiang | 2445 | 2487 | 49.38 | 50.91 |

# 21-2 生产总值(2018年)
# Gross Domestic Product(2018)

| 地区 | Region | 生产总值(亿元) Gross Domestic Product (100 million yuan) | 第一产业 Primary Industry | 第二产业 Secondary Industry | 第三产业 Tertiary Industry | 生产总值指数(上年=100) Index of Gross Domestic Product (preceding year=100) | 人均生产总值(元) Per Capita GDP (yuan) |
|---|---|---|---|---|---|---|---|
| **全国** | **National Total** | **900309.5** | **64734.0** | **366000.9** | **469574.6** | **106.6** | **64644** |
| 北京 | Beijing | 30320.0 | 118.7 | 5647.7 | 24553.6 | 106.6 | 140211 |
| 天津 | Tianjin | 18809.6 | 172.7 | 7609.8 | 11027.1 | 103.6 | 120711 |
| 河北 | Hebei | 36010.3 | 3338.0 | 16040.1 | 16632.2 | 106.6 | 47772 |
| 山西 | Shanxi | 16818.1 | 740.6 | 7089.2 | 8988.3 | 106.7 | 45328 |
| 内蒙古 | Inner Mongolia | 17289.2 | 1753.8 | 6807.3 | 8728.1 | 105.3 | 68302 |
| 辽宁 | Liaoning | 25315.4 | 2033.3 | 10025.1 | 13257.0 | 105.7 | 58008 |
| 吉林 | Jilin | 15074.6 | 1160.8 | 6410.9 | 7503.0 | 104.5 | 55611 |
| 黑龙江 | Heilongjiang | 16361.6 | 3001.0 | 4030.9 | 9329.7 | 104.7 | 43274 |
| 上海 | Shanghai | 32679.9 | 104.4 | 9732.5 | 22843.0 | 106.6 | 134982 |
| 江苏 | Jiangsu | 92595.4 | 4141.7 | 41248.5 | 47205.2 | 106.7 | 115168 |
| 浙江 | Zhejiang | 56197.2 | 1967.0 | 23505.9 | 30724.3 | 107.1 | 98643 |
| 安徽 | Anhui | 30006.8 | 2638.0 | 13842.1 | 13526.7 | 108.0 | 47712 |
| 福建 | Fujian | 35804.0 | 2379.8 | 17232.4 | 16191.9 | 108.3 | 91197 |
| 江西 | Jiangxi | 21984.8 | 1877.3 | 10250.2 | 9857.2 | 108.7 | 47434 |
| 山东 | Shandong | 76469.7 | 4950.5 | 33641.7 | 37877.4 | 106.4 | 76267 |
| 河南 | Henan | 48055.9 | 4289.4 | 22034.8 | 21731.7 | 107.6 | 50152 |
| 湖北 | Hubei | 39366.6 | 3547.5 | 17089.0 | 18730.1 | 107.8 | 66616 |
| 湖南 | Hunan | 36425.8 | 3083.6 | 14453.5 | 18888.7 | 107.8 | 52949 |
| 广东 | Guangdong | 97277.8 | 3831.4 | 40695.2 | 52751.2 | 106.8 | 86412 |
| 广西 | Guangxi | 20352.5 | 3019.4 | 8072.9 | 9260.2 | 106.8 | 41489 |
| 海南 | Hainan | 4832.1 | 1000.1 | 1095.8 | 2736.2 | 105.8 | 51955 |
| 重庆 | Chongqing | 20363.2 | 1378.3 | 8328.8 | 10656.1 | 106.0 | 65933 |
| 四川 | Sichuan | 40678.1 | 4426.7 | 15322.7 | 20928.7 | 108.0 | 48883 |
| 贵州 | Guizhou | 14806.5 | 2159.5 | 5755.5 | 6891.4 | 109.1 | 41244 |
| 云南 | Yunnan | 17881.1 | 2498.9 | 6957.4 | 8424.8 | 108.9 | 37136 |
| 西藏 | Tibet | 1477.6 | 130.3 | 628.4 | 719.0 | 109.1 | 43397 |
| **陕西** | **Shaanxi** | **24438.3** | **1830.2** | **12157.5** | **10450.7** | **108.3** | **63477** |
| 甘肃 | Gansu | 8246.1 | 921.3 | 2794.7 | 4530.1 | 106.3 | 31336 |
| 青海 | Qinghai | 2865.2 | 268.1 | 1247.1 | 1350.1 | 107.2 | 47689 |
| 宁夏 | Ningxia | 3705.2 | 279.9 | 1650.3 | 1775.1 | 107.0 | 54094 |
| 新疆 | Xinjiang | 12199.1 | 1692.1 | 4923.0 | 5584.0 | 106.1 | 49475 |

注：本表绝对数按当年价格计算，指数按不变价格计算。
a) Level data in this table are calculated at current prices, while index at constant prices.

# 21-3 居民消费价格分类指数(2018年)
# Consumer Price Index by Category(2018)

(上年=100) (preceding year=100)

| 地 区 | Region | 总指数 General Index | 食品烟酒 Food, Tobacco and Liquor | 衣 着 Clothing | 居 住 Residence | 生活用品及服务 Articles for Daily Use and Services | 交通和通信 Transport and Communi-cation | 教育文化和娱乐 Education, Culture and Recreation | 医疗保健 Health Care | 其他用品和服务 Other Articles and Services |
|---|---|---|---|---|---|---|---|---|---|---|
| **全 国** | **National Total** | **102.1** | **101.9** | **101.2** | **102.4** | **101.6** | **101.7** | **102.2** | **104.3** | **101.2** |
| 北 京 | Beijing | 102.5 | 103.1 | 99.7 | 103.2 | 101.3 | 100.6 | 103.6 | 103.0 | 102.2 |
| 天 津 | Tianjin | 102.0 | 103.1 | 101.1 | 101.3 | 101.1 | 101.3 | 102.4 | 102.6 | 101.1 |
| 河 北 | Hebei | 102.4 | 102.0 | 101.7 | 102.5 | 101.7 | 100.4 | 102.4 | 107.4 | 102.5 |
| 山 西 | Shanxi | 101.8 | 101.7 | 100.5 | 102.4 | 100.6 | 101.2 | 101.9 | 103.6 | 101.3 |
| 内蒙古 | Inner Mongolia | 101.8 | 102.0 | 101.7 | 102.3 | 101.1 | 101.4 | 100.8 | 102.7 | 100.6 |
| 辽 宁 | Liaoning | 102.5 | 102.2 | 100.4 | 101.5 | 100.4 | 101.5 | 102.1 | 111.1 | 100.9 |
| 吉 林 | Jilin | 102.1 | 101.4 | 102.5 | 102.1 | 102.3 | 100.8 | 102.3 | 105.3 | 100.7 |
| 黑龙江 | Heilongjiang | 102.0 | 100.9 | 100.9 | 101.1 | 100.8 | 101.2 | 102.9 | 108.6 | 99.8 |
| 上 海 | Shanghai | 101.6 | 102.3 | 98.3 | 100.2 | 101.4 | 104.0 | 103.1 | 102.4 | 102.4 |
| 江 苏 | Jiangsu | 102.3 | 102.3 | 102.2 | 102.4 | 103.4 | 102.5 | 102.4 | 101.2 | 102.2 |
| 浙 江 | Zhejiang | 102.3 | 102.6 | 101.1 | 103.4 | 101.4 | 101.0 | 102.2 | 102.6 | 100.2 |
| 安 徽 | Anhui | 102.0 | 102.1 | 102.0 | 102.1 | 101.7 | 101.1 | 102.2 | 102.8 | 100.6 |
| 福 建 | Fujian | 101.5 | 101.7 | 99.6 | 101.9 | 100.9 | 101.2 | 102.1 | 102.1 | 100.5 |
| 江 西 | Jiangxi | 102.1 | 101.0 | 100.2 | 102.6 | 101.0 | 101.6 | 102.6 | 108.3 | 100.8 |
| 山 东 | Shandong | 102.5 | 102.3 | 103.2 | 103.1 | 101.6 | 101.8 | 102.2 | 103.0 | 100.8 |
| 河 南 | Henan | 102.3 | 101.5 | 101.1 | 102.2 | 101.6 | 102.2 | 103.0 | 106.1 | 101.4 |
| 湖 北 | Hubei | 101.9 | 101.8 | 100.8 | 102.5 | 101.3 | 102.2 | 101.5 | 103.5 | 100.6 |
| 湖 南 | Hunan | 102.0 | 100.8 | 101.9 | 103.6 | 101.3 | 102.8 | 101.5 | 102.5 | 100.6 |
| 广 东 | Guangdong | 102.2 | 102.1 | 101.7 | 102.1 | 101.4 | 101.9 | 102.3 | 104.5 | 101.0 |
| 广 西 | Guangxi | 102.3 | 101.0 | 101.5 | 104.3 | 101.9 | 101.6 | 102.5 | 104.5 | 101.3 |
| 海 南 | Hainan | 102.5 | 101.2 | 104.1 | 103.4 | 102.0 | 103.3 | 102.7 | 103.6 | 101.8 |
| 重 庆 | Chongqing | 102.0 | 101.4 | 101.5 | 102.8 | 101.7 | 100.1 | 103.0 | 105.7 | 100.9 |
| 四 川 | Sichuan | 101.7 | 101.3 | 101.1 | 102.6 | 101.5 | 101.2 | 101.5 | 102.8 | 102.4 |
| 贵 州 | Guizhou | 101.8 | 100.7 | 100.9 | 102.9 | 100.9 | 102.1 | 103.4 | 102.0 | 100.6 |
| 云 南 | Yunnan | 101.6 | 100.5 | 101.4 | 102.1 | 101.1 | 101.7 | 102.3 | 104.1 | 100.8 |
| 西 藏 | Tibet | 101.7 | 102.3 | 102.3 | 101.1 | 101.7 | 101.5 | 100.4 | 102.1 | 101.1 |
| **陕 西** | **Shaanxi** | **102.1** | **102.0** | **100.9** | **102.7** | **102.3** | **101.0** | **101.7** | **104.0** | **101.3** |
| 甘 肃 | Gansu | 102.0 | 100.9 | 101.1 | 103.5 | 100.8 | 101.2 | 100.5 | 108.0 | 100.8 |
| 青 海 | Qinghai | 102.5 | 102.7 | 101.4 | 102.5 | 101.1 | 101.6 | 104.8 | 103.4 | 100.5 |
| 宁 夏 | Ningxia | 102.3 | 102.5 | 102.2 | 102.6 | 102.3 | 102.7 | 101.8 | 101.9 | 101.2 |
| 新 疆 | Xinjiang | 102.0 | 103.1 | 98.9 | 97.9 | 102.3 | 101.2 | 101.3 | 112.5 | 100.1 |

# 21-4 居民人均可支配收入
# Per Capita Disposable Income of Households

单位：元 (yuan)

| 地　区 | Region | 全体居民人均可支配收入 Per Capita Disposable Income of Households | | 城镇居民人均可支配收入 Per Capita Disposable Income of Urban Households | | 农村居民人均可支配收入 Per Capita Disposable Income of Rural Households | |
|---|---|---|---|---|---|---|---|
| | | 2017 | 2018 | 2017 | 2018 | 2017 | 2018 |
| **全　国** | **National Total** | **25974** | **28228** | **36396** | **39251** | **13432** | **14617** |
| 北　京 | Beijing | 57230 | 62361 | 62406 | 67990 | 24240 | 26490 |
| 天　津 | Tianjin | 37022 | 39506 | 40278 | 42976 | 21754 | 23065 |
| 河　北 | Hebei | 21484 | 23446 | 30548 | 32977 | 12881 | 14031 |
| 山　西 | Shanxi | 20420 | 21990 | 29132 | 31035 | 10788 | 11750 |
| 内蒙古 | Inner Mongolia | 26212 | 28376 | 35670 | 38305 | 12584 | 13803 |
| 辽　宁 | Liaoning | 27835 | 29701 | 34993 | 37342 | 13747 | 14656 |
| 吉　林 | Jilin | 21368 | 22798 | 28319 | 30172 | 12950 | 13748 |
| 黑龙江 | Heilongjiang | 21206 | 22726 | 27446 | 29191 | 12665 | 13804 |
| 上　海 | Shanghai | 58988 | 64183 | 62596 | 68034 | 27825 | 30375 |
| 江　苏 | Jiangsu | 35024 | 38096 | 43622 | 47200 | 19158 | 20845 |
| 浙　江 | Zhejiang | 42046 | 45840 | 51261 | 55574 | 24956 | 27302 |
| 安　徽 | Anhui | 21863 | 23984 | 31640 | 34393 | 12758 | 13996 |
| 福　建 | Fujian | 30048 | 32644 | 39001 | 42121 | 16335 | 17821 |
| 江　西 | Jiangxi | 22031 | 24080 | 31198 | 33819 | 13242 | 14460 |
| 山　东 | Shandong | 26930 | 29205 | 36789 | 39549 | 15118 | 16297 |
| 河　南 | Henan | 20170 | 21964 | 29558 | 31874 | 12719 | 13831 |
| 湖　北 | Hubei | 23757 | 25815 | 31889 | 34455 | 13812 | 14978 |
| 湖　南 | Hunan | 23103 | 25241 | 33948 | 36698 | 12936 | 14093 |
| 广　东 | Guangdong | 33003 | 35810 | 40975 | 44341 | 15780 | 17168 |
| 广　西 | Guangxi | 19905 | 21485 | 30502 | 32436 | 11325 | 12435 |
| 海　南 | Hainan | 22553 | 24579 | 30817 | 33349 | 12902 | 13989 |
| 重　庆 | Chongqing | 24153 | 26386 | 32193 | 34889 | 12638 | 13781 |
| 四　川 | Sichuan | 20580 | 22461 | 30727 | 33216 | 12227 | 13331 |
| 贵　州 | Guizhou | 16704 | 18430 | 29080 | 31592 | 8869 | 9716 |
| 云　南 | Yunnan | 18348 | 20084 | 30996 | 33488 | 9862 | 10768 |
| 西　藏 | Tibet | 15457 | 17286 | 30671 | 33797 | 10330 | 11450 |
| **陕　西** | **Shaanxi** | **20635** | **22528** | **30810** | **33319** | **10265** | **11213** |
| 甘　肃 | Gansu | 16011 | 17488 | 27763 | 29957 | 8076 | 8804 |
| 青　海 | Qinghai | 19001 | 20757 | 29169 | 31515 | 9462 | 10393 |
| 宁　夏 | Ningxia | 20562 | 22400 | 29472 | 31895 | 10738 | 11708 |
| 新　疆 | Xinjiang | 19975 | 21500 | 30775 | 32764 | 11045 | 11975 |

# 21-5 地方一般公共预算收支
# Local General Public Budget Revenue and Expenditure

单位：亿元 (100 million yuan)

| 地区 | Region | 一般公共预算收入 General Public Budget Revenue 2017 | 2018 | 一般公共预算支出 General Public Budget Expenditure 2017 | 2018 |
|---|---|---|---|---|---|
| **地方合计** | **Region Total** | **91469.4** | **97904.5** | **173228.3** | **188198.3** |
| 北京 | Beijing | 5430.8 | 5785.9 | 6824.5 | 7467.5 |
| 天津 | Tianjin | 2310.4 | 2106.2 | 3282.5 | 3104.2 |
| 河北 | Hebei | 3233.8 | 3513.7 | 6639.2 | 7720.2 |
| 山西 | Shanxi | 1867.0 | 2292.6 | 3756.4 | 4285.4 |
| 内蒙古 | Inner Mongolia | 1703.2 | 1857.5 | 4529.9 | 4806.3 |
| 辽宁 | Liaoning | 2392.8 | 2616.0 | 4879.4 | 5323.7 |
| 吉林 | Jilin | 1210.9 | 1240.8 | 3725.7 | 3789.6 |
| 黑龙江 | Heilongjiang | 1243.3 | 1282.5 | 4641.1 | 4675.8 |
| 上海 | Shanghai | 6642.3 | 7108.2 | 7547.6 | 8351.5 |
| 江苏 | Jiangsu | 8171.5 | 8630.2 | 10621.0 | 11658.2 |
| 浙江 | Zhejiang | 5804.4 | 6598.1 | 7530.3 | 8627.5 |
| 安徽 | Anhui | 2812.4 | 3048.6 | 6203.8 | 6571.5 |
| 福建 | Fujian | 2809.0 | 3007.4 | 4684.2 | 4836.7 |
| 江西 | Jiangxi | 2247.1 | 2372.3 | 5111.5 | 5669.9 |
| 山东 | Shandong | 6098.6 | 6485.4 | 9258.4 | 10099.0 |
| 河南 | Henan | 3407.2 | 3763.9 | 8215.5 | 9225.4 |
| 湖北 | Hubei | 3248.3 | 3307.0 | 6801.3 | 7257.6 |
| 湖南 | Hunan | 2757.8 | 2860.7 | 6869.4 | 7530.9 |
| 广东 | Guangdong | 11320.3 | 12102.9 | 15037.5 | 15737.4 |
| 广西 | Guangxi | 1615.1 | 1681.5 | 4908.6 | 5310.9 |
| 海南 | Hainan | 674.1 | 752.7 | 1444.0 | 1685.4 |
| 重庆 | Chongqing | 2252.4 | 2265.5 | 4336.3 | 4541.2 |
| 四川 | Sichuan | 3578.0 | 3910.9 | 8694.8 | 9718.3 |
| 贵州 | Guizhou | 1613.8 | 1726.8 | 4612.5 | 5017.3 |
| 云南 | Yunnan | 1886.2 | 1994.3 | 5713.0 | 6075.0 |
| 西藏 | Tibet | 185.8 | 230.3 | 1681.9 | 1972.7 |
| **陕西** | **Shaanxi** | **2006.7** | **2243.1** | **4833.2** | **5302.4** |
| 甘肃 | Gansu | 815.7 | 870.8 | 3304.4 | 3773.8 |
| 青海 | Qinghai | 246.2 | 272.9 | 1530.4 | 1647.5 |
| 宁夏 | Ningxia | 417.6 | 444.4 | 1372.8 | 1430.6 |
| 新疆 | Xinjiang | 1466.5 | 1531.5 | 4637.2 | 4985.6 |

# 21-6 固定资产投资
# Investment in Fixed Assets

| 地区 | Region | 固定资产投资(不含农户)增长速度(%) The growth rate of Investment in Fixed Assets (Excluding Rural Households) | | 房地产开发投资(亿元) Total Investment in Real Estate Development | |
|---|---|---|---|---|---|
| | | 2017 | 2018 | 2017 | 2018 |
| **全国** | **National Total** | **7.2** | **5.9** | **109798.53** | **120263.51** |
| 北京 | Beijing | 5.3 | -5.5 | 3692.54 | 3873.35 |
| 天津 | Tianjin | 0.5 | -5.6 | 2233.39 | 2424.49 |
| 河北 | Hebei | 5.3 | 6.0 | 4823.91 | 4476.40 |
| 山西 | Shanxi | 6.3 | 5.7 | 1166.28 | 1376.59 |
| 内蒙古 | Inner Mongolia | -7.2 | -28.3 | 889.72 | 882.85 |
| 辽宁 | Liaoning | 0.1 | 3.7 | 2289.67 | 2599.27 |
| 吉林 | Jilin | 1.4 | 1.6 | 910.14 | 1175.88 |
| 黑龙江 | Heilongjiang | 6.2 | -4.7 | 815.60 | 944.40 |
| 上海 | Shanghai | 7.2 | 5.2 | 3856.53 | 4033.18 |
| 江苏 | Jiangsu | 7.5 | 5.5 | 9629.11 | 10982.34 |
| 浙江 | Zhejiang | 8.6 | 7.1 | 8226.78 | 9944.93 |
| 安徽 | Anhui | 11.0 | 11.8 | 5612.47 | 5974.11 |
| 福建 | Fujian | 13.9 | 11.5 | 4794.23 | 4940.34 |
| 江西 | Jiangxi | 12.3 | 11.1 | 2013.98 | 2174.93 |
| 山东 | Shandong | 7.3 | 4.1 | 6637.25 | 7552.97 |
| 河南 | Henan | 10.4 | 8.1 | 7090.25 | 7015.47 |
| 湖北 | Hubei | 11.0 | 11.0 | 4574.89 | 4693.12 |
| 湖南 | Hunan | 13.1 | 10.0 | 3426.13 | 3945.95 |
| 广东 | Guangdong | 13.5 | 10.7 | 12075.69 | 14412.19 |
| 广西 | Guangxi | 12.8 | 10.8 | 2683.48 | 3004.13 |
| 海南 | Hainan | 10.1 | -12.5 | 2053.11 | 1715.04 |
| 重庆 | Chongqing | 9.5 | 7.0 | 3980.08 | 4248.76 |
| 四川 | Sichuan | 10.6 | 10.2 | 5149.89 | 5697.87 |
| 贵州 | Guizhou | 20.1 | 15.8 | 2201.00 | 2349.23 |
| 云南 | Yunnan | 18.0 | 11.6 | 2786.25 | 3247.23 |
| 西藏 | Tibet | 23.8 | 9.8 | 40.36 | 92.60 |
| **陕西** | **Shaanxi** | **14.6** | **10.4** | **3101.97** | **3534.67** |
| 甘肃 | Gansu | -40.3 | -3.9 | 944.52 | 1116.39 |
| 青海 | Qinghai | 10.5 | 7.3 | 408.59 | 351.82 |
| 宁夏 | Ningxia | 3.0 | -18.2 | 652.84 | 449.57 |
| 新疆 | Xinjiang | 20.0 | -25.2 | 1037.86 | 1033.44 |

注：本表各地区固定资产投资不含跨省项目。
a) This table, investment in fixed assets by region do not include inter-provincial projects.

# 21—7 商品房销售面积和销售额(2018年)
# Floor Space and Total Sale of Commercialized Buildings(2018)

| 地　区 | Region | 商品房销售面积(万平方米) Floor Space of Commercialized Buildings Sold(10 000 sq.m) | #住　宅 Residential Buildings | 商品房销售额(亿元) Total Sale of Commercialized Buildings Sold(100 million yuan) | #住　宅 Residential Buildings |
|---|---|---|---|---|---|
| **全　国** | **National Total** | **171654.4** | **147929.4** | **149972.7** | **126392.6** |
| 北　京 | Beijing | 696.2 | 526.8 | 2377.0 | 1971.1 |
| 天　津 | Tianjin | 1249.9 | 1140.7 | 2006.6 | 1816.5 |
| 河　北 | Hebei | 5251.9 | 4714.4 | 4035.0 | 3567.3 |
| 山　西 | Shanxi | 2360.9 | 2215.6 | 1610.6 | 1473.2 |
| 内蒙古 | Inner Mongolia | 2007.7 | 1702.4 | 1113.9 | 909.0 |
| 辽　宁 | Liaoning | 3934.6 | 3554.8 | 2967.3 | 2615.8 |
| 吉　林 | Jilin | 2074.5 | 1813.8 | 1452.4 | 1233.5 |
| 黑龙江 | Heilongjiang | 1913.3 | 1665.6 | 1320.3 | 1112.3 |
| 上　海 | Shanghai | 1767.0 | 1333.3 | 4751.5 | 3864.0 |
| 江　苏 | Jiangsu | 13484.2 | 12040.7 | 14527.3 | 12693.9 |
| 浙　江 | Zhejiang | 9755.5 | 7936.2 | 14089.8 | 12096.3 |
| 安　徽 | Anhui | 10038.4 | 8901.2 | 7077.0 | 6174.8 |
| 福　建 | Fujian | 6213.4 | 4781.6 | 6579.5 | 5074.5 |
| 江　西 | Jiangxi | 6200.7 | 5389.0 | 4219.9 | 3524.3 |
| 山　东 | Shandong | 13454.7 | 11755.4 | 10065.7 | 8682.8 |
| 河　南 | Henan | 13990.5 | 12482.9 | 8055.3 | 6903.8 |
| 湖　北 | Hubei | 8865.4 | 8101.7 | 7531.4 | 6591.4 |
| 湖　南 | Hunan | 9239.1 | 7997.9 | 5354.0 | 4377.4 |
| 广　东 | Guangdong | 14336.3 | 12075.1 | 18742.1 | 15595.3 |
| 广　西 | Guangxi | 6212.9 | 5589.9 | 3826.5 | 3330.7 |
| 海　南 | Hainan | 1432.2 | 1298.8 | 2083.3 | 1832.0 |
| 重　庆 | Chongqing | 6536.2 | 5424.8 | 5272.7 | 4442.9 |
| 四　川 | Sichuan | 12210.7 | 9895.3 | 8532.3 | 6621.2 |
| 贵　州 | Guizhou | 5182.0 | 4441.4 | 2921.0 | 2278.1 |
| 云　南 | Yunnan | 4531.9 | 3643.9 | 3406.8 | 2690.8 |
| 西　藏 | Tibet | 73.4 | 62.1 | 52.8 | 42.9 |
| **陕　西** | **Shaanxi** | **4118.6** | **3545.6** | **3407.4** | **2808.8** |
| 甘　肃 | Gansu | 1595.7 | 1438.0 | 922.3 | 774.6 |
| 青　海 | Qinghai | 447.9 | 377.4 | 289.9 | 224.1 |
| 宁　夏 | Ningxia | 1026.5 | 888.0 | 517.7 | 420.6 |
| 新　疆 | Xinjiang | 1452.2 | 1195.1 | 863.3 | 648.6 |

# 21-8 农林牧渔业总产值(2018年)
# Gross Output Value of Farming, Forestry, Animal Husbandry and Fishery (2018)

| 地区 | Region | 农林牧渔业总产值(亿元) Total Gross Output Value (100 million yuan) | #农业 Farming | #林业 Forestry | #牧业 Animal Husbandry | #渔业 Fishery | 农林牧渔业总产值比上年增长(%) Total Gross Output Value Over the Previous Year (%) |
|---|---|---|---|---|---|---|---|
| **全国** | **National Total** | **113579.5** | **61452.6** | **5432.6** | **28697.4** | **12131.5** | **3.5** |
| 北京 | Beijing | 296.8 | 114.7 | 95.1 | 72.0 | 6.1 | -6.0 |
| 天津 | Tianjin | 390.5 | 197.2 | 12.7 | 95.8 | 71.1 | 0.9 |
| 河北 | Hebei | 5707.0 | 3085.9 | 186.6 | 1813.8 | 207.5 | 3.0 |
| 山西 | Shanxi | 1460.6 | 894.9 | 99.9 | 361.5 | 6.9 | 2.2 |
| 内蒙古 | Inner Mongolia | 2985.3 | 1512.5 | 100.3 | 1294.3 | 29.2 | 3.0 |
| 辽宁 | Liaoning | 4061.9 | 1749.4 | 149.5 | 1346.2 | 628.5 | 2.6 |
| 吉林 | Jilin | 2184.3 | 993.0 | 73.3 | 1001.6 | 39.0 | 2.2 |
| 黑龙江 | Heilongjiang | 5624.3 | 3635.0 | 186.4 | 1542.4 | 105.7 | 3.5 |
| 上海 | Shanghai | 289.6 | 150.1 | 15.8 | 48.3 | 56.2 | -2.3 |
| 江苏 | Jiangsu | 7192.5 | 3735.0 | 147.3 | 1091.3 | 1707.9 | 0.9 |
| 浙江 | Zhejiang | 3157.3 | 1518.0 | 177.0 | 331.8 | 1043.3 | 1.7 |
| 安徽 | Anhui | 4672.7 | 2253.7 | 332.9 | 1315.8 | 505.7 | 2.6 |
| 福建 | Fujian | 4229.5 | 1653.4 | 389.0 | 718.4 | 1318.2 | 3.5 |
| 江西 | Jiangxi | 3148.6 | 1549.2 | 319.6 | 672.2 | 473.9 | 3.5 |
| 山东 | Shandong | 9397.4 | 4678.3 | 181.6 | 2432.7 | 1425.9 | 3.0 |
| 河南 | Henan | 7757.9 | 4973.7 | 129.0 | 2067.7 | 122.7 | 3.9 |
| 湖北 | Hubei | 6207.8 | 3033.8 | 235.2 | 1386.5 | 1106.0 | 3.4 |
| 湖南 | Hunan | 5361.6 | 2664.3 | 387.1 | 1464.6 | 417.2 | 3.6 |
| 广东 | Guangdong | 6318.1 | 3089.6 | 390.6 | 1184.7 | 1383.8 | 4.2 |
| 广西 | Guangxi | 4909.2 | 2717.5 | 379.9 | 1072.3 | 504.3 | 5.6 |
| 海南 | Hainan | 1535.7 | 729.5 | 110.4 | 245.3 | 387.4 | 4.1 |
| 重庆 | Chongqing | 2052.4 | 1292.7 | 101.1 | 520.1 | 100.4 | 2.5 |
| 四川 | Sichuan | 7195.6 | 4153.7 | 358.7 | 2246.1 | 247.9 | 3.9 |
| 贵州 | Guizhou | 3619.5 | 2288.7 | 253.3 | 846.3 | 54.8 | 7.0 |
| 云南 | Yunnan | 4108.9 | 2234.7 | 396.9 | 1237.1 | 98.3 | 6.3 |
| 西藏 | Tibet | 195.5 | 88.1 | 3.2 | 98.4 | 0.3 | 5.5 |
| **陕西** | **Shaanxi** | **3240.0** | **2245.0** | **104.6** | **682.8** | **29.8** | **3.3** |
| 甘肃 | Gansu | 1659.4 | 1166.1 | 33.1 | 318.9 | 2.0 | 3.7 |
| 青海 | Qinghai | 405.9 | 169.2 | 10.4 | 216.0 | 3.6 | 4.6 |
| 宁夏 | Ningxia | 575.8 | 344.6 | 9.2 | 176.1 | 19.7 | 4.0 |
| 新疆 | Xinjiang | 3637.8 | 2541.2 | 62.7 | 796.4 | 28.1 | 5.1 |

注：本表绝对数按当年价格计算，增长速度按可比价格计算。

a) Level data in this table are calculated at current prices, while the growth rate are at constant prices.

# 21-9 主要农产品产量(2018年)
# Output of Major Farm Crops (2018)

单位：万吨 (10 000 tons)

| 地 区 | Region | 粮 食 Grain | 棉 花 Cotton | 油 料 Oil-bearing Crops | 蔬 菜 Vegetables | 水 果 Fruit | 肉 类 Meat | 奶 类 Milk |
|---|---|---|---|---|---|---|---|---|
| **全 国** | **National Total** | **65789.2** | **610.3** | **3433.4** | **70346.7** | **25688.4** | **8624.6** | **3176.8** |
| 北 京 | Beijing | 34.1 | 0.0 | 0.42 | 130.6 | 61.5 | 17.5 | 31.1 |
| 天 津 | Tianjin | 209.7 | 1.8 | 0.6 | 254.0 | 62.5 | 33.9 | 48.0 |
| 河 北 | Hebei | 3700.9 | 23.9 | 121.4 | 5154.5 | 1347.9 | 466.7 | 391.1 |
| 山 西 | Shanxi | 1380.4 | 0.4 | 15.5 | 821.9 | 750.5 | 93.1 | 81.7 |
| 内蒙古 | Inner Mongolia | 3553.3 | 0.0 | 201.5 | 1006.5 | 264.2 | 267.3 | 571.8 |
| 辽 宁 | Liaoning | 2192.4 | 0.0 | 78.13 | 1852.3 | 788.9 | 377.1 | 132.6 |
| 吉 林 | Jilin | 3632.7 | | 87.5 | 438.2 | 148.1 | 253.6 | 39.0 |
| 黑龙江 | Heilongjiang | 7506.8 | | 11.2 | 634.4 | 170.8 | 247.5 | 458.5 |
| 上 海 | Shanghai | 103.7 | 0.0 | 0.7 | 294.5 | 54.3 | 13.5 | 33.4 |
| 江 苏 | Jiangsu | 3660.3 | 2.1 | 86.0 | 5625.9 | 934.1 | 328.5 | 50.0 |
| 浙 江 | Zhejiang | 599.1 | 0.8 | 29.4 | 1888.4 | 743.6 | 104.6 | 15.8 |
| 安 徽 | Anhui | 4007.3 | 8.9 | 158.0 | 2118.2 | 643.8 | 421.7 | 30.8 |
| 福 建 | Fujian | 498.6 | 0.0 | 21.24 | 1493.0 | 683.1 | 256.1 | 14.3 |
| 江 西 | Jiangxi | 2190.7 | 7.2 | 120.8 | 1537.0 | 684.4 | 325.7 | 9.6 |
| 山 东 | Shandong | 5319.5 | 21.7 | 310.9 | 8192.0 | 2788.8 | 854.7 | 232.5 |
| 河 南 | Henan | 6648.9 | 3.8 | 631.0 | 7260.7 | 2492.8 | 669.4 | 208.9 |
| 湖 北 | Hubei | 2839.5 | 14.9 | 302.5 | 3963.9 | 998.0 | 430.9 | 12.8 |
| 湖 南 | Hunan | 3022.9 | 8.6 | 234.4 | 3822.0 | 1016.8 | 541.7 | 6.2 |
| 广 东 | Guangdong | 1193.5 | | 106.3 | 3330.2 | 1669.2 | 449.9 | 13.9 |
| 广 西 | Guangxi | 1372.8 | 0.1 | 66.7 | 3432.2 | 2116.6 | 426.8 | 8.9 |
| 海 南 | Hainan | 147.1 | | 8.4 | 566.8 | 430.4 | 79.9 | 0.2 |
| 重 庆 | Chongqing | 1079.3 | | 63.70 | 1932.7 | 431.3 | 182.3 | 4.9 |
| 四 川 | Sichuan | 3493.7 | 0.4 | 362.5 | 4438.0 | 1080.7 | 664.7 | 64.3 |
| 贵 州 | Guizhou | 1059.7 | 0.1 | 112.6 | 2613.4 | 369.5 | 213.7 | 4.6 |
| 云 南 | Yunnan | 1860.5 | 0.0 | 60.98 | 2205.7 | 813.4 | 427.2 | 65.7 |
| 西 藏 | Tibet | 104.4 | | 5.9 | 72.6 | 0.3 | 28.4 | 40.8 |
| **陕 西** | **Shaanxi** | **1226.3** | **1.0** | **61.0** | **1808.4** | **1835.1** | **114.5** | **159.7** |
| 甘 肃 | Gansu | 1151.4 | 3.5 | 70.4 | 1292.6 | 609.3 | 101.2 | 41.1 |
| 青 海 | Qinghai | 103.1 | | 28.5 | 150.3 | 3.5 | 36.5 | 33.5 |
| 宁 夏 | Ningxia | 392.6 | | 7.3 | 550.8 | 197.2 | 34.1 | 169.4 |
| 新 疆 | Xinjiang | 1504.2 | 511.1 | 67.8 | 1465.1 | 1497.8 | 162.0 | 201.7 |

注：水果产量含果用瓜。
a) The fruit production includes melons for fruits use.

# 21-10 主要工业产品产量(2018年)
# Output of Major Industrial Products(2018)

| 地区 | Region | 原煤(万吨) Coal (10 000 units) | 原油(万吨) Crude oil (10 000 units) | 天然气(亿立方米) Natural Gas (100 million cu.m) | 水泥(万吨) Cement (10 000 units) | 粗钢(万吨) Crude Steel (10 000 units) | 钢材(万吨) Rolled Steel (10 000 units) | 汽车(万辆) Motor Vehicles (10 000 units) | 发电量(亿千瓦小时) Electricity (100 million kwh) |
|---|---|---|---|---|---|---|---|---|---|
| **全国** | **National Total** | **368324.9** | **18910.6** | **1602.7** | **220770.7** | **92800.9** | **110551.7** | **2781.9** | **71117.7** |
| 北京 | Beijing | 176.2 | | 17.3 | 397.0 | | 179.9 | 165.3 | 450.5 |
| 天津 | Tianjin | | 3085.5 | 33.9 | 619.4 | 2023.0 | 4733.8 | 86.3 | 711.5 |
| 河北 | Hebei | 5508.2 | 537.2 | 6.2 | 9554.3 | 23723.4 | 26916.9 | 121.1 | 3133.2 |
| 山西 | Shanxi | 92633.5 | | 52.4 | 4415.6 | 5386.2 | 4903.3 | 10.8 | 3180.5 |
| 内蒙古 | Inner Mongolia | 97560.3 | 10.7 | 16.1 | 3052.3 | 2307.6 | 2259.5 | 0.5 | 5003.0 |
| 辽宁 | Liaoning | 3403.4 | 1036.9 | 5.9 | 4155.9 | 6873.9 | 6899.1 | 94.9 | 1982.7 |
| 吉林 | Jilin | 1564.9 | 387.8 | 18.4 | 1480.0 | 1204.6 | 1300.9 | 276.9 | 838.2 |
| 黑龙江 | Heilongjiang | 6070.7 | 3224.2 | 43.5 | 1955.2 | 774.3 | 561.4 | 16.3 | 1029.2 |
| 上海 | Shanghai | | 6.5 | 14.5 | 414.5 | 1630.1 | 1983.3 | 297.8 | 839.7 |
| 江苏 | Jiangsu | 1245.8 | 151.4 | 10.0 | 14717.8 | 10422.1 | 12146.7 | 121.9 | 5085.1 |
| 浙江 | Zhejiang | | | | 12323.5 | 1266.5 | 3048.7 | 119.2 | 3438.4 |
| 安徽 | Anhui | 11529.1 | | 2.3 | 13248.2 | 3103.9 | 3195.0 | 82.4 | 2734.5 |
| 福建 | Fujian | 941.3 | | | 8831.9 | 2085.7 | 2915.9 | 24.0 | 2494.2 |
| 江西 | Jiangxi | 622.3 | | 0.2 | 8884.3 | 2499.2 | 2571.3 | 55.0 | 1281.3 |
| 山东 | Shandong | 12632.1 | 2231.4 | 4.8 | 12619.0 | 7177.2 | 9427.8 | 87.9 | 5825.6 |
| 河南 | Henan | 11445.9 | 258.8 | 2.9 | 11020.0 | 2892.0 | 3661.0 | 58.9 | 3050.1 |
| 湖北 | Hubei | 120.1 | 54.3 | 5.1 | 10695.3 | 3071.8 | 3649.9 | 241.9 | 2835.8 |
| 湖南 | Hunan | 1857.5 | | | 10997.4 | 2307.6 | 2374.7 | 52.9 | 1532.7 |
| 广东 | Guangdong | | 1393.5 | 102.5 | 16082.2 | 2880.5 | 4337.6 | 321.6 | 4694.8 |
| 广西 | Guangxi | 487.7 | 51.9 | 0.2 | 11827.1 | 2262.1 | 2890.9 | 215.1 | 1752.0 |
| 海南 | Hainan | | 30.4 | 1.1 | 2104.2 | | | 2.1 | 323.4 |
| 重庆 | Chongqing | 1212.3 | | 61.2 | 6583.1 | 638.2 | 1187.7 | 172.6 | 799.5 |
| 四川 | Sichuan | 3708.2 | 8.1 | 369.8 | 13752.8 | 2400.7 | 2896.7 | 74.7 | 3687.0 |
| 贵州 | Guizhou | 14323.3 | | 3.0 | 11121.8 | 418.4 | 554.3 | 0.5 | 2016.0 |
| 云南 | Yunnan | 4727.5 | | | 12119.8 | 1925.0 | 1940.7 | 15.9 | 3241.0 |
| 西藏 | Tibet | | | | 913.0 | | | | 66.6 |
| **陕西** | **Shaanxi** | **62324.5** | **3519.5** | **444.5** | **6270.8** | **1310.8** | **1445.2** | **62.1** | **1782.2** |
| 甘肃 | Gansu | 3601.9 | 51.8 | 1.0 | 3883.3 | 802.4 | 833.5 | 1.1 | 1531.4 |
| 青海 | Qinghai | 821.3 | 223.3 | 64.1 | 1354.9 | 138.1 | 146.6 | | 811.0 |
| 宁夏 | Ningxia | 7840.1 | | | 1767.9 | 252.5 | 266.8 | | 1610.0 |
| 新疆 | Xinjiang | 21317.4 | 2647.4 | 321.8 | 3592.6 | 1155.3 | 1322.7 | 2.5 | 3283.2 |

# 21-11 社会消费品零售总额和进出口总额
# Total Retail Sales of Consumer Goods and Total Import and Export

| 地 区 | Region | 社会消费品零售总额(亿元) Total Retail Sales of Consumer Goods(100 million yuan) | | 进出口总额(亿元人民币) Total Import and Export (RMB 100 million) | | 出口总额(亿元人民币) Total Exports (RMB 100 million) | |
|---|---|---|---|---|---|---|---|
| | | 2017 | 2018 | 2017 | 2018 | 2017 | 2018 |
| **全 国** | **National Total** | **366261.6** | **380986.9** | **278099.2** | **305050.4** | **153309.4** | **164176.7** |
| 北 京 | Beijing | 11575.4 | 11747.7 | 21943.7 | 27180.7 | 3966.7 | 4878.5 |
| 天 津 | Tianjin | 5729.7 | 5533.0 | 7645.1 | 8078.8 | 2952.1 | 3208.5 |
| 河 北 | Hebei | 15907.6 | 16537.1 | 3378.8 | 3551.6 | 2126.1 | 2243.0 |
| 山 西 | Shanxi | 6918.1 | 7338.5 | 1162.8 | 1369.9 | 690.2 | 810.4 |
| 内蒙古 | Inner Mongolia | 7160.2 | 7311.1 | 940.9 | 1034.4 | 330.9 | 378.7 |
| 辽 宁 | Liaoning | 13807.2 | 14142.8 | 6748.9 | 7545.9 | 3041.0 | 3214.9 |
| 吉 林 | Jilin | 7855.8 | 7520.4 | 1255.0 | 1362.8 | 299.4 | 325.8 |
| 黑龙江 | Heilongjiang | 9099.2 | 9317.4 | 1281.7 | 1747.7 | 353.0 | 294.0 |
| 上 海 | Shanghai | 11830.3 | 12668.7 | 32242.9 | 34009.4 | 13117.8 | 13666.9 |
| 江 苏 | Jiangsu | 31737.4 | 33230.4 | 39997.5 | 43802.4 | 24588.7 | 26657.7 |
| 浙 江 | Zhejiang | 24308.5 | 25007.9 | 25605.1 | 28519.2 | 19439.5 | 21182.1 |
| 安 徽 | Anhui | 11192.6 | 12100.1 | 3657.2 | 4150.8 | 2072.7 | 2386.6 |
| 福 建 | Fujian | 13013.0 | 14317.4 | 11590.0 | 12354.3 | 7112.9 | 7615.6 |
| 江 西 | Jiangxi | 7448.1 | 7566.4 | 3011.1 | 3164.9 | 2209.0 | 2224.1 |
| 山 东 | Shandong | 33649.0 | 33605.0 | 17923.4 | 19302.5 | 9961.1 | 10569.6 |
| 河 南 | Henan | 19666.8 | 20594.7 | 5233.9 | 5512.7 | 3171.9 | 3579.0 |
| 湖 北 | Hubei | 17394.1 | 18333.6 | 3136.3 | 3487.2 | 2063.3 | 2253.2 |
| 湖 南 | Hunan | 14854.9 | 15638.3 | 2433.9 | 3079.5 | 1565.4 | 2026.7 |
| 广 东 | Guangdong | 38200.1 | 39501.1 | 68168.8 | 71618.3 | 42192.5 | 42718.3 |
| 广 西 | Guangxi | 7813.0 | 8291.6 | 3912.4 | 4106.7 | 1899.1 | 2176.1 |
| 海 南 | Hainan | 1618.8 | 1717.1 | 702.8 | 849.0 | 295.6 | 297.7 |
| 重 庆 | Chongqing | 8067.7 | 7977.0 | 4508.1 | 5222.6 | 2883.5 | 3395.3 |
| 四 川 | Sichuan | 17480.5 | 18254.5 | 4604.9 | 5947.8 | 2538.5 | 3334.8 |
| 贵 州 | Guizhou | 4154.0 | 3971.2 | 551.3 | 500.8 | 391.3 | 337.4 |
| 云 南 | Yunnan | 6423.1 | 6826.0 | 1582.5 | 1973.0 | 774.6 | 847.7 |
| 西 藏 | Tibet | 523.3 | 597.6 | 58.7 | 47.5 | 29.3 | 28.6 |
| **陕 西** | **Shaanxi** | **8113.8** | **8938.3** | **2719.7** | **3512.8** | **1659.7** | **2078.3** |
| 甘 肃 | Gansu | 3426.6 | 3428.3 | 326.1 | 394.7 | 115.4 | 145.8 |
| 青 海 | Qinghai | 839.0 | 835.6 | 44.5 | 46.0 | 28.8 | 31.1 |
| 宁 夏 | Ningxia | 930.4 | 935.8 | 341.5 | 249.2 | 247.7 | 180.5 |
| 新 疆 | Xinjiang | 3044.6 | 3187.0 | 1392.3 | 1326.2 | 1194.1 | 1089.3 |

# 2018年陕西省统计局大事记

1月，省统计局《“一带一路”国家统计年鉴》编印完成，正式出版。该书收录了“一带一路”相关65个国家和地区概况及50项统计指标数据，助力陕西丝绸之路经济带新起点建设。

1月，省统计局制定完善陕西省军民融合统计报表制度。

1月10日，省统计局召开2017年度目标责任考核测评大会，省委第三考核组对省统计局进行了年度目标责任考核测评。

1月11日，《中国信息报》在第5版头条以《笃行望远 从“新”出发》为题，刊载了省统计局推进统计改革创新工作情况。

1月13日，省统计局国民经济综合统计处在全国统计系统先进表彰大会上获“全国统计系统先进集体”荣誉称号。

2月5日，2018年度全省统计工作会议在西安召开。省统计局党组书记、局长张晓光在会上作了题为《把握新时代要求 服务高质量发展 加快建设新时代现代化统计体系》的工作报告。

2月5日，全省统计系统先进集体和先进工作者表彰大会在西安举行，省人力资源和社会保障厅与省统计局联合表彰了33个“全省统计系统先进集体”、77名“全省统计系统先进工作者”。

2月6日，省统计局印发《陕西省“三新”经济统计核算工作实施方案》。

2月12日，陕西省人民政府印发《陕西省人民政府关于做好第四次全国经济普查工作的通知》(陕政发〔2018〕7号)，安排部署我省第四次全国经济普查工作。

2月13日，省委常委、省委宣传部部长庄长兴对省统计局《每周调查》作出批示。

2月28日，省统计局发布《2018年度陕西省统计科学研究项目申报公告》。

3月，省委常委、西安市委书记王永康和省委常委、宣传部长庄长兴对省统计局报送的《2018年陕西人民新年愿望调查报告》作出批示。

3月7日，《陕西日报》要闻版整版全文刊登《2018年陕西省国民经济和社会发展统计公报》。省统计局党组书记、局长张晓光应邀接受《陕西日报》专题采访，解读统计公报。3月9日，《陕西日报》在要闻版面以《追赶超越蹄疾步稳 质效双提动力增强》为题刊登了专访内容。

3月27日–28日，国家统计局党组成员、总经济师盛来运来陕调研经济形势。

4月4日，省统计局发布《2017年陕西果业发展统计公报》。

4月16日–18日，国家统计局党组成员、副局长李晓超来陕调研。

4月21日，省统计局召开“青春梦想 奋斗以成”第二届青年工作会议。省统计局党组书记、局长张晓光出席会议并作讲话。

5月，省委常委、常务副省长梁桂对省统计局建立的“陕西经济运行季度监测指标体系”作出批示。

5月7日，《陕西日报》全文刊登《陕西省第三次全国农业普查主要数据公报》。

5月9日，陕西省人民政府办公厅印发《陕西省人民政府办公厅关于成立省第四次全国经济普查领导小组的通知》(陕政办函〔2018〕132号)，成立以梁桂常务副省长为组长，省统计局张晓光局长为副组长，35个部门领导为成员的陕西省四经普领导小组。

5月14日，省统计局处级以上干部“学习贯彻党的十九大精神”研讨班在省委党校开班。

5月23日，省统计局报送的《节能降耗成效显著 煤炭消费值得关注》获分管副省长批示。

5月13日–20日，陕西省统计局在西安举办“第二届陕西统计援藏业务培训班”，来自西藏阿里地区统计系统和陕西部分市（区）县的统计人员共31人参加培训。

6月27日，省委、省政府召开全省年度目标责任考核总结表彰会议，省统计局荣获2017年度目标责任考核优秀单位。

6月，省统计局制定了《陕西省统计局社会经济调查队财务管理和会计工作规范》。

7月19日，省委常委、常务副省长梁桂对省统计局《农业经营主体参保率27.9%》《全省近半农村居民用电做饭取暖》和《农村居民饮用水条件有待进一步改善》作出批示。

7月20日，省统计局党组书记、局长张晓光向省委组织部全体干部作了题为《“五新”战略引领新发展追赶超越实现新成就—宏观经济形势分析及展望》的报告。

7月26日，省委常委、常务副省长梁桂对省统计局撰写的统计分析《上半年全省民间投资保持较快增长》作出批示

8月3日，副省长陆治原对省统计局撰写的统计分析《工业经济稳中向好 稳增长亟待新动力——上半年全省工业经济运行情况》作出批示。

8月10日，省统计局党组书记、局长张晓光同志为全局党员作题为《不忘初心 砥砺前行 牢记使命不懈奋斗》党课辅导。

8月11日，省委常委、常务副省长梁桂对省统计局撰写的统计分析《我省营商环境全面提升——2018年上半年全省县域营商环境监测评价报告》作出批示。

8月10日，省统计局与陕西广播电视台联合推出的“辉煌陕西 奋进新时代”系列广播访谈节目正式开播，邀请各市（区）统计局和省统计局专业处室主要负责同志做客陕西新闻广播《秦风热线》，宣传改革开放40年陕西发展成就。

8月20日，国家统计局党组成员、总经济师盛来运一行来陕督导检查第四次全国经济普查工作。

9月7日，省委全面深化改革领导小组召开第六次会议，审议通过《陕西省市、县生产总值统一核算改革方案》。

9月20日，由陕西省统计局主办，咸阳市统计局和渭城区人民政府承办的陕西省第九届“中国统计开

放日”活动在咸阳市举办，本届统计开放日以 “走进四经普” 为主题。

9 月 26 日，陕西省人民政府发布《陕西省人民政府关于开展第四次全国经济普查的通告》(陕政发〔2018〕30 号)，向全社会通告开展四经普工作。

9 月 27 日，省统计局和国家统计局陕西调查总队在西安组织了全省统计执法资格考试。

10 月 8 日，省统计局发布 2016 年度各市生态文明年度评价结果。

10 月 22 日，省统计局在西安召开了市（区）生产总值统一核算改革试点会议。

10 月 25 日，省统计局党组书记、局长张晓光就 2018 年前三季度经济形势接受了《陕西日报》专访，该报在要闻版以《坚定信心 保持定力 为高质量发展积蓄后劲》为题刊登了专访内容。

10 月 27 日，陕西省统计系统第三届球类比赛在铜川举行。

11 月，省人大常委会副主任梁宏贤、省人大常委会副主任、榆林市委书记戴征社带领执法检查组开展《统计法》《陕西省实施<统计法>办法》执法检查工作。

11 月，省统计局编纂完成了《陕西统计风采 40 年》。

11 月 2 日，省委常委、省委宣传部部长牛一兵对省统计局撰写的文化产业统计分析《前三季度文化产业保持快速增长》作出批示。

11 月 21 日，《陕西日报》在 2018 年经济版刊登省统计局统计分析《改革开放以来我省非公经济蓬勃发展》，并被“今日头条”关注引用。

11 月 28 日，省委副书记、省长刘国中来省统计局调研，并召开座谈会。省统计局党组书记、局长张晓光代表局党组做了工作汇报。

12 月，陕西投资统计管理与监测平台一期正式交付上线试点运行。

12 月，省统计局研究制定陕西省全社会物流统计报表制度。

12 月 20 日，省委常委、常务副省长梁桂来省统计局调研，并召开座谈会。省统计局党组书记、局长张晓光代表局党组做了工作汇报。

12 月 27 日，省委常委、常务副省长梁桂在《陕西日报》要闻版发表了题为《坚持依法普查 切实打好经济普查攻坚战》的署名文章，号召全省各级政府、各部门、各企事业单位以及社会各界要齐心协力、共同参与，全力以赴做好陕西省第四次全国经济普查工作。

（曹瑞天）

# 2018年陕西调查总队大事记

1月18日，陕西省人力资源和社会保障厅、国家统计局陕西调查总队联合印发《关于表彰陕西国家统计调查系统先进集体和先进工作者的决定》(陕人社发〔2018〕8号)，授予总队综合处等11个单位“陕西国家统计调查系统先进集体”称号，授予王喜生等48名同志为“陕西国家统计调查系统先进工作者”称号。

1月22日，陕西省委常委、常务副省长梁桂对陕西统计调查工作作出重要批示：“过去的一年，陕西国家统计调查系统紧盯追赶超越目标，着力攻坚克难、改革创新，统计数据质量、统计能力建设、服务大局水平显著提升，为全省经济社会发展作出了重要贡献。向全系统干部职工致敬！今年是全面贯彻落实十九大精神的开局年、追赶超越的关键年，做好统计调查工作意义重大，省委、省政府寄予厚望。希望大家继续主动担当、奋发图强，继续扎扎实实、严谨细致干事创业，在推动陕西经济社会高质量发展、建设富有陕西特色现代化经济体系上下功夫、做文章，努力为追赶超越作出更多新贡献！”。

1月31日–2月1日，陕西统计调查工作会议在西安召开。党组书记、总队长孙法臣作题为《深入学习贯彻党的十九大精神　加快推进新时代陕西统计调查事业持续发展》工作报告；总队领导程海营、孙卫南、王献宝、吕康分别主持传达学习李克强总理、张高丽副总理对全国统计系统的重要批示；学习贯彻习近平新时代中国特色社会主义思想和党的十九大精神；深入贯彻落实全国统计工作会议精神。

2月1日，陕西调查总队在西安举办陕西国家统计调查系统依法治统依法统计培训班。总队领导、市县调查队主要负责人、总队机关和西安调查队全体干部、省统计局部分处级干部参加培训。

2月12日，中共国家统计局陕西调查总队党组发表新年献辞。

2月24日，陕西调查总队印发《2018年陕西国家统计调查工作要点》。

2月27日，与省统计局联合发布《2017年陕西省国民经济和社会发展统计公报》。

2月27日，陕西调查总队印发《关于做好移交相关业务工作的通知》，要求各级调查队全面做好陕西局队业务分工调整优化工作，确保统计调查工作平稳有序和数据质量稳定可靠。

3月8日，陕西调查总队与陕西省统计局联合印发《陕西省月度劳动力调查局队业务分工调整优化实施细则》《陕西省规模以下工业调查局队业务分工调整优化实施细则》《陕西省投资领域小微企业调查局队业务分工调整优化实施细则》《陕西省以全国为总体的限额以下批发零售住宿餐饮行业抽样与问卷调查局队业务分工调整优化实施细则》《规模以下企业创新调查局队业务分工调整优化实施细则》《陕西省规模以下服务业调查局队业务分工调整优化实施细则》，对局队业务分工调整优化工作作出全面部署和具体规定。

3月8日–10日，陕西调查总队开展2018年度陕西国家统计调查系统公务员招录面试工作。

3月12日，陕西调查总队发文，在全系统开展自查，清理纠正将调查队作为地方目标完成责任单位问题，对存在问题的市县调查队主要负责人进行约谈，将有关情况向常务副省长梁桂同志作专题报告，在省政府领导的有力支持下，相关违背统计法精神的做法得到全面清理和及时纠正。

3 月 26 日–28 日，国家统计局党组成员、总经济师盛来运来陕调研一季度经济形势，主持召开企业和省级部门座谈会，党组书记、总队长孙法臣陪同调研并参加座谈。

3 月 28，省委书记胡和平在陕西调查总队报送的《2 月陕西工业生产者价格调查数据有关情况》上圈阅；3 月 25 日，省委副书记、省长刘国中在该件上圈阅；3 月 22 日，省委常委、常务副省长梁桂对该件作出批示。

3 月 28 日，陕西调查总队在总队机关举行新任职干部宪法宣誓仪式。党组书记、总队长孙法臣监誓，党组成员、副总队长程海营主持宣誓仪式。宣誓仪式结束后，总队纪检组长对新任职的干部进行集体廉政谈话，分管领导对新任职干部进行任前谈话。

3 月 29 日–30 日，陕西国家统计调查系统 2018 年党风廉政建设工作会议在西安召开，党组书记、总队长孙法臣作题为《认真学习贯彻党的十九大精神　着力推动系统全面从严治党向纵深发展》工作报告。总队领导、机关各处室主要负责人、市县调查队主要负责人、市级调查队纪检组长、县级调查队纪检（监察）员等 123 人参加会议。

3 月，陕西调查总队荣获 2017 年度陕西省政务信息工作先进单位。

4 月 19 日，国家统计局西咸新区调查队领导班子就职，党组书记、总队长孙法臣出席。

4 月，陕西调查总队撰写的《陕西金融服务实体经济情况调查》被国家统计局《每日调查》综合稿采用，获得中央领导批示。

4 月，陕西省人民政府建立由省发改委、工信厅、统计局等 12 个省级部门参加的季度经济形势分析会商机制。陕西调查总队作为参与单位之一参加季度经济形势会商。

5 月 3 日，国家统计局雁塔调查队领导班子就职，党组书记、总队长孙法臣出席。

5 月 10 日，省委常委、常务副省长梁桂对陕西调查总队报送的《陕西省 2018 年第一季度城乡调查失业率为 4.8%》作出批示。

5 月 26 日–6 月 4 日，陕西调查总队在陕西省行政学院举办县处级以上干部学习贯彻党的十九大精神集中轮训班，系统 98 名县处级以上干部参加了培训。

5 月，陕西调查总队举办五四青年节纪念系列活动，开展系统青年干部学习十九大精神征文活动，共收到征文作品 86 篇，评选出一等奖 8 篇、二等奖 10 篇、三等奖 11 篇。

5 月，陕西调查总队启动 OA 办公平台升级、改造工作。

6 月 6 日，陕西调查总队党组印发《中共陕西调查总队党组巡察工作办法》。

6 月 13 日，陕西调查总队发文，开展改革开放 40 周年民生经济系列分析研究工作。

6 月 29 日，陕西调查总队举行“七一”专题活动暨十九大知识竞赛，并对总队机关先进党支部、优秀党务工作者、优秀共产党员进行表彰。

7 月 16 日，省委常委、常务副省长梁桂对陕西调查总队报送的《陕西小微企业银行贷款资金利用率不高 利息压力偏大》作出批示；此件被国家统计局《每日调查》综合稿采用，获得中央领导批示。

7 月 30 日，陕西调查总队在渭南召开纪检组长履职情况汇报会，听取 10 个市级调查队纪检组长 2018 年上半年履行监督责任情况汇报。

7 月，陕西调查总队撰写的《部分地区小麦收购价格高开高走收购量有所减少》被国家统计局《每日调查》综合稿采用，获得中央领导批示。

7 月，国家统计局审计组对主要领导任期内经济责任开展现场审计。

8 月 6 日，陕西调查总队课题研究报告《陕西资源型城市经济转型升级的统计测度与对策研究》荣获全国优秀统计分析报告二等报告。

8 月 13 日，陕西调查总队印发《中共国家统计局陕西调查总队党组关于中央巡视反馈问题整改工作方案》，全面启动中央巡视整改工作。

8 月 16 日，陕西调查总队在宜君县召开 2018 年工作务虚会，党组书记、总队长孙法臣主持会议。会议对上半年工作完成情况进行总结，安排部署下半年重点工作，就贯彻落实中央《意见》《办法》和中央巡视整改要求、进一步做好局队业务分工调整后的各项工作展开了深入讨论研究。总队领导、各处室主要负责人、市级调查队及部分县级调查队主要负责人参加会议。

8 月 21 日，陕西调查总队召开巡视整改专题民主生活会，国家统计局党组成员、总经济师盛来运一行现场督导。

8 月 28 日–31 日，陕西调查总队党组成员分赴市县调查队督导巡视整改专题民主生活会。

8 月 29 日，省委常委、常务副省长梁桂对陕西调查总队报送的《我省“放管服”改革成效显著 存在问题亟待关注》作出批示。

9 月 14 日，国家统计局党组发文，任命孙学光同志为陕西调查总队党组书记、总队长。9 月 26 日，陕西调查总队召开机关干部大会，宣布主要领导任免决定，国家统计局党组成员、总经济师盛来运出席会议并作重要讲话，国家统计局人事司副司长谢炳芬主持会议。

9 月 25 日–27 日，陕西调查总队与陕西省统计局在西安联合举办 2018 年陕西统计执法资格考试培训班，全省 184 人参加培训和考试。陕西国家统计调查系统 37 名同志参加培训考试，21 人达到 65 分以上，合格率为 57%。

9 月 26 日–27 日，国家统计局党组成员、总经济师盛来运来陕调研中央巡视意见整改落实情况及党风廉政建设工作。

9 月，陕西国家统计调查系统组织开展第九届统计开放日活动；并结合改革开放 40 周年宣传，开展主题为“改革开放与民生，经济普查与统计”的改革开放宣传月活动。

10 月 12 日–13 日，陕西调查总队党组赴延安，开展“弘扬延安精神，加强党性锻炼”主题教育活动，

党组书记孙学光讲党课。

10 月 19 日–20 日，陕西调查总队召开 2018 年巡察动员暨培训会议，启动 2018 年系统巡察工作，对 2 市、5 县开展巡察。

10 月 22 日–11 月 2 日，陕西国家统计调查系统公务员初任培训班在陕西社会主义学院举办，49 名新招录公务员参加培训。

10 月 23 日，陕西调查总队组织全体干部职工参观鄠邑区廉政警示教育基地，开展廉政警示教育。

10 月 26 日，陕西调查总队建立总队长接待日制度，每月最后一个工作日定为总队长接待日，由总队领导轮流负责接待。

10 月 31 日，陕西调查总队党建办组织开展“不忘初心永向党，砥砺奋进新时代”千字文征文活动，共收到征文 91 篇，评选出一等奖 3 篇、二等奖 10 篇、三等奖 17 篇。

11 月 5 日，国家统计局党组第三巡视组进驻陕西调查总队和西安调查队，对陕西调查总队党组、西安调查队党组开展为期一个月的巡视工作。

11 月，陕西调查总队为 33 个县（区）调查队配备实职纪检（监察）员。截至 2018 年 11 月底，陕西国家统计调查系统 41 个县（区）调查队全部配备实职纪检（监察）员。

12 月 4 日，陕西调查总队开展“全面弘扬宪法精神，奋力推进依法治统”统计法治宣传活动。

12 月 14 日，陕西调查总队召开第三届机关工会换届选举大会，圆满完成换届选举工作。

12 月 25 日，陕西调查总队在总队机关举行新任职干部宪法宣誓仪式。党组书记、总队长孙学光监誓，党组成员、副总队长程海营主持宣誓仪式。宣誓仪式结束后，总队纪检组长对新任职干部进行集体廉政谈话，总队分管领导对新任职干部任前谈话。

12 月 25 日–26 日，陕西国家统计调查系统青年联合会第二届全体会议在西安召开，党组书记、总队长孙学光，党组成员、副总队长程海营、孙卫南出席会议并讲话；国家统计局和省直机关青联有关负责人员出席开幕式，40 名系统青联委员参加会议。

2018 年，陕西调查总队提交的论文《基于不同分层的居民收入差异测度及其影响因素研究》，荣获全国统计建模大赛三等奖。

（张　蕾）

# 陕西省统计局机构一览表

- 行政单位
  - 办公室
  - 统计执法监督处
  - 统计设计管理处
  - 国民经济综合统计处
  - 国民经济核算处
  - 工业统计处
  - 能源与环境统计处
  - 固定资产投资统计处
  - 贸易外经统计处
  - 人口与就业统计处
  - 社会科技与文化产业统计处
  - 农村社会经济统计处
  - 人事处（离退休人员服务管理处）
  - 财务处
  - 机关党委
- 参照公务员法管理的事业单位
  - 陕西省地方社会经济调查中心（副厅级）
    - 组织指导处
    - 县域经济监测考核处
    - 服务业调查处
    - 城乡居民收入调查处
    - 新兴产业调查处
    - 非公有制经济调查处
    - 农村社会发展监测处
    - 社情民意调查处
    - 宏观数据管理处
  - 陕西省统计普查中心

# 陕西调查总队机构一览表

- 总队机关
  - 办公室
  - 执法监督处
  - 制度方法处
  - 综合处
  - 分析研究处
  - 农业调查处
  - 农村调查处
  - 居民收支调查处
  - 住户监测处
  - 劳动力调查处
  - 生产价格调查处
  - 消费价格调查处
  - 专项调查处
  - 信息技术应用处
  - 人事教育处
  - 财务管理处
  - 纪检监察室（巡察办）
  - 机关党委
- 市级调查队
  - 西安调查队
  - 铜川调查队
  - 宝鸡调查队
  - 咸阳调查队
  - 渭南调查队
  - 延安调查队
  - 汉中调查队
  - 榆林调查队
  - 安康调查队
  - 商洛调查队
- 县级调查队
  - 杨凌
  - 雁塔　临潼　长安　鄠邑　西咸新区　蓝田　周至
  - 耀州　宜君
  - 陈仓　凤翔　扶风　眉县
  - 三原　泾阳　礼泉　彬州　旬邑
  - 大荔　合阳　澄城　蒲城　富平
  - 子长　志丹　黄陵　宜川
  - 城固　勉县　略阳
  - 定边　绥德　清涧　子洲　神木
  - 汉阴　紫阳　旬阳
  - 洛南　商南

# 统计职业道德规范

忠诚统计
乐于奉献
实事求是
不出假数
依法统计
严守秘密
公正透明
服务社会

# 陕西统计人精神

## 严谨　求实　卓越　奉献

**严谨**：是统计人的科学态度。严谨即严肃谨慎、严密周到。体现在统计人在工作中不浮夸、不马虎、不好高骛远、不粗枝大叶，认真求证每一个统计数据和统计指标、仔细核对每一张统计报表、深入分析每一次统计调查，努力提高统计数据质量、维护政府统计公信力。

**求实**：是统计人的职业素养。"求"是探究、求证；"实"，真也，是反映在统计数据中的真理、规律。求实，是贯穿于统计生产全过程的一种工作理念。

**卓越**：是统计人的工作标准。卓越，意味着杰出与超越。是社会发展对统计工作提出的要求，也是检验统计工作好坏的标准。

**奉献**：是统计人的职业要求。奉献就是付出、给予、呈现。展现统计人在平凡的岗位上，将甘于奉献化作对工作的无限热爱，受得清苦、耐得寂寞、吃苦耐劳、无怨无悔。